Ruokarouvan tytär

ON KIRJOJA JOITA LUETAAN
JA KIRJOJA JOISTA NAUTITAAN.
JA SITTEN ON KIRJOJA, JOTKA
IMAISEVAT SYDÄMEN JA SIELUN JA
JÄTTÄVÄT LÄHTEMÄTTÖMÄN JÄLJEN.

KIRJAAN VOI KADOTA,
TARINAAN VOI SUKELTAA JA
SIVUIHIN UPPOUTUA.
JOKAINEN PÄIVÄ VOI KOOSTUA
SYKÄHDYTTÄVISTÄ HETKISTÄ,
JOTKA OVAT TÄYNNÄ ELÄMÄÄ
– SEVEN-POKKARIN PARISSA.

Enni Mustonen

Ruokarouvan tytär

Syrjästäkatsojan tarinoita V

Helsingissä Kustannusosakeyhtiö Otava

ISBN 978-951-1-32293-1

RUOKAROUVAN TYTÄR – KESKEISIÄ HENKILÖITÄ

ALBERGASSA JA HELSINGISSÄ

IDA KRISTIINA HELENIUS, ent. Eriksson, s. 1880, täysihoitolan pitäjä, neljän lapsen äiti Espoon Albergasta, papinkirjan mukaan toisissa naimisissa

ELIAS HELENIUS, s. 1878, entinen vossikkakuski, mainari, merimies ja jääkäri, joka on hankkinut pirssiauton. Perheeseen kuuluvat Idan ja tämän opiskelijatyttärien lisäksi pariskunnan yhteiset kaksospojat VOITTO ja VEIKKO, s. 1919

KIRSTI ERIKSSON, s. 1905, Idan tytär, joka opiskelee romaanista filologiaa Helsingin yliopistossa, mutta tekisi paljon mieluummin hattuja ja muuta kaunista käsillään

ALLI TUOMINEN, s. 1905, Idan kasvattitytär ja Kirstin kasvinkumppani, joka opiskelee suomen kieltä ja kirjallisuutta sekä suomalaista ja vertailevaa kansanrunoudentutkimusta Helsingin yliopistossa ja harrastaa lausuntaa ja kaunolukua

IISAKKI HAAPALUOMA, s. 1858, kuortanelaissyntyinen kirvesmies, joka asuu Idan ja Eliaksen piharakennuksessa eräänlaisena setämiehenä ja auttelee talon töissä

ILMARI TIKKANEN, s. 1876, maisteri, joka hankkii elantonsa sanomalehtien avustajana ja korrehtuurinlukijana, Idan täysihoitolan viimeinen asukas

EMILIA ELI MIILI WECKMAN, s. 1893, käsityönopettaja ja Idan täyshoitolan entinen asukas, joka on perustanut Bulevardille hattupuodin perintörahoillaan ja on opettanut Kirstille käsitöistä kaiken sen, minkä itsekin taitaa

VILLE VALLGREN, s. 1855, ja VIIVI PAARMIO, s. 1867, albergalainen taiteilijapariskunta, jolla on huvila Heleniusten naapurissa ja kaupunkikoti Laivurinkadulla sekä ystäviä ja tuttavia Pariisissa

OLAVI PAAVOLAINEN, s. 1903, Kirstin ja Allin koulu- ja osakuntatoveri, jota Alli ihailee ja Kirsti pitää itseriittoisena keikarina

MAURI JAAKKOLA, s. 1900, agronomi ja tilanomistaja, joka etsii emäntää sukutilalleen

IIVO BORISSAINEN, s. 1903, käsistään kätevä Itä-Karjalan pakolainen, jonka Kirsti toimittaa Ville Vallgrenin kuvanveisto-oppiin ja tapaa myöhemmin Pariisissa, kun Iivosta on tullut kuvanveistäjä ILMARI AALTONEN

MINNA CRAUCHER alias MARIA LINDELL, s. 1891, seurapiiritähtenä esiintyvä huijari, jolla on takanaan kyseenalainen ura ilotyttönä ja varkaana

PARIISISSA

JEKATERINA POLENKOFF eli KATARIINA POLÉN, s. 1894, mallimestari Chanelin muotitalossa, Miilin venäläissyntyinen kurssitoveri, joka kyllästyi aikoinaan kasvatusopilliseen käsityökouluun ja lähti Pariisiin

VIRGINIE LAURENT, s. 1882, COCO CHANELIN uskottu ja Chanelin muotitalon mallipukuompelimon työnjohtaja

PAULINE PFEIFFER, s. 1895, amerikkalainen muotitoimittaja, joka asuu Pariisissa pikkusisarensa GINNYN kanssa ja tutustuttaa Kirstin ERNEST HEMINGWAYHIN ja tämän HADLEY-vaimoon sekä pikku-BUMBYYN

ROGER MARTIN, s. 1898, ranskalainen valokuvaaja, joka tahtoisi Kirstin mallikseen

ELSA SCHIAPARELLI, s. 1890, italialaisen aristokraattisuvun musta lammas ja aloitteleva muodinluoja, jolla on jo takanaan värikäs menneisyys huijaripsykologin vaimona Amerikassa

I. LUKU

HUHTIKUUSTA KESÄKUUHUN 1924

– Kirsti! Kirsti, hoi!

Äidin askeleet kuuluivat jo portaikosta. Ehdin juuri ja juuri kahmaista syliini lattialle pudonneet vaatteet ja tunkea ne takaisin kaappiin, kun hän ilmestyi huoneeni kynnykselle ja kysyi ärtyneenä, mitä ihmettä oikein viivyttelin.

– En löydä ylioppilaslakkia mistään, oli pakko tunnustaa.

– Voi sun kanssas! äiti puuskahti kiirehtiessään lattian poikki vaatekaapilleni. Väistin suosiolla syrjään, kun hän kurottautui kaivamaan ylähyllyltä siististi silitettyjen kesäpuseroitteni alta sen punaruudullisen käsityöpussin, jonka olin ommellut kansakoulussa.

– Etkö muista, että sinun lakkisi laitettiin syksyllä säilöön tänne? hän tuhahti ojentaessaan pussin minulle ja käski pitää kiirettä, jottei Eliaksen tarvitse odottaa kauempaa. – Muut istuvat jo autossa!

Olin ehtinyt portaiden puoliväliin, kun äiti kumartui kaiteen yli kysymään, olimmeko hakeneet Vallgreneilta avaimen.

– Alli haki sen jo aamulla Viivi-tädiltä, huikkasin vastaukseksi, mutta äiti ei hellittänyt vaan jatkoi ohjeiden antamista.

– Ota nyt sinäkin takki päällesi! hän komensi. – Huomenna Alppilassa voi olla kylmä tuuli, ettekä te Allin kanssa tarkene pelkissä kävelypuvuissa.

Oli niin äidin tapaista huolehtia meistä ihan kuin olisimme vieläkin pikkutyttöjä. Ei auttanut muu kuin siepata naulakosta päällystakki kainaloon. Ylleni en sitä kyllä pukisi, ellei rupeaisi satamaan. Me olimme Allin kanssa jo toissapäivänä päättäneet pukeutua vappuna niihin leninkeihin, jotka olin ommellut Miilin ateljeerissa viime keväänä meidän ylioppilasjuhliimme. Niissä oli kaksi volankia helmassa ja samasta kankaasta jakku, jossa oli helmiäisnapit. Minun pukuni oli lehmuksenvihreä ja Allin kermankeltainen ja hiukan erimallinen, kun Alli oli minua puolta päätä lyhyempi.

Kun lopulta ehdin ovesta ulos, Eliaksen pirssiauto odotti porraspäässä. Maisteri Tikkanen näkyi istuvan etupenkillä. Alli kurottui avaamaan auton takaoven, teki kiireesti tilaa vieressään ja vilkaisi varoittavasti Eliaksen suuntaan. Niskasta näki, että isäpuoli oli todella kiukkuinen.

– Anteeksi, en tahtonut löytää ylioppilaslakkia mistään, mutisin nolona, kun auto käynnistyi.

Elias ei vastannut vaan painoi kaasua. Oli pidettävä kaksin käsin kiinni penkin reunasta, kun auto nytkähteli muutaman kerran edestakaisin mutaa ja hiekkaa ruopien ja käänsi vihdoin nokkansa kohti metsänreunaa.

– Varo! ehdin huudahtaa juuri kun Voitto ja Veikko pinkaisivat näkyviin hirsimökin nurkan takaa.

Jarrut kirskahtivat ja auto seisahtui kuin seinään. Me Allin kanssa sinkouduimme vasten etupenkin selkänojaa, muttemme uskaltaneet päästää ääntäkään.

– Jumaliste! Pitääkö sitä juosta auton alle kuin päättömät kanat! Elias karjahti noustessaan autosta.

Kaksoisveljet luimistelivat isänsä edessä säikähtäneen näköisinä. Piki, Iisakin uusi koiranpentu, pyöri haukkuen heidän jaloissaan.

– Kukas Eliaksen käsköö tualla lailla tryykööstää keskellä pihaa, kuului samassa Haapaluoman Iisakin möreä ääni, kun hän ennätti talon takaa paikalle puolustamaan pikkupoikia. – Ei niin kiirus saa olla, nottei ehri kattua etehensä!

Me Allin kanssa huokasimme helpotuksesta, kun Elias istahti mitään puhumatta ratin taa, paukautti auton oven kiinni ja käynnisti moottorin uudelleen.

Iisakin kanssa Elias ei milloinkaan ruvennut sanaharkkaan, vaikka kiivastui muuten herkästi. Sodasta ne Eliaksen kiukunpuuskat johtuivat ja siitä kamalasta vankilasta, jossa hän oli ollut Pietarissa melkein vuoden, äiti selitti. Me Allin kanssa kyllä arvelimme, että Elias oli aina ollut tulinen luonteeltaan, vaikka leppyikin nopeasti. Ilmeisesti hänkin oli pelästynyt pikkupoikien takia, sillä Turuntielle asti ajettiin melkein kävelyvauhtia lätäköitä väistellen.

Huhtikuu oli ollut sateinen ja kylmä. Vasta pari päivää sitten oli navakka etelätuuli lakaissut pilvet taivaalta. Auringossa hirsituvan seinustalla oli tänäänkin ollut niin lämmintä, että pikkupojat olivat riisuneet kenkänsä ja sukkansa ja uittaneet kaarnaveneitä ja varpaitaan kallionkoloon jääneessä vedessä.

Jos näin lämpimät päivät vielä jatkuvat, kevät muuttuu kesäksi liiankin nopeasti, ajattelin vähän haikeana, kun vihdoin ajettiin radan yli Turuntielle. Ilta-auringon valossa näkyi selvästi, miten Arkadia-huvilan mäellä olivat koivunlatvat jo alkaneet vihertää.

Mieli teki sanoa hiirenkorvista Allille, mutta tämä istui totisena eteensä tuijottaen ja supisi hiljaa itsekseen. Niinpä tietysti. Alli näytti harjoittelevan sitä runoa, jonka hän oli luvannut lausua tänä iltana Naisylioppilaiden Karjala-Seuran illanvietossa.

Äkkiä huono omatuntoni vaihtui kuplivaan iloon. Mitä siitä, vaikka olinkin ollut myöhässä ja suututtanut Eliaksen! Oli vappuaatto, meidän ensimmäinen ylioppilasvappumme Allin kanssa, ja me olimme matkalla juhlimaan!

Kansallismuseon kohdalla Elias oli leppynyt sen verran, että sanoi ajavansa pirssiautonsa nyt alkuillaksi Ylioppilastalon aukiolle.

– Siitä saa varmaan paremmin kyytejä kuin Rautatientorilla. Siellä on kumminkin taas autoja jonoksi asti, hän arveli.

– Voi kiitos, sehän sopii meille hienosti, Alli kiirehti sanomaan. Maisteri Tikkanenkin oli tyytyväinen siihen, että kyyti sattui niin sopivasti. Hän oli näet menossa Kappeliin illastamaan vanhojen koulutovereittensa kanssa.

– Jos hyvin käy, Einokin on tulossa Tuusulasta, maisteri selitti, kun Elias oli kiertänyt raitiovaunujen kääntöpaikan ja pysäyttänyt pirssiautonsa kioskin viereen keskelle aukiota.

– Lindenin Väinö oli mulla kyydissä pääsiäisen aikaan, ja valitteli, että Leino on nykyään kovin huonossa kunnossa, Elias totesi noustessaan pukemaan pirssikuskin takkia ylleen. – Väinöhän oli Shpalernajassa mun kanssani yhtä aikaa, mutta nykyään se on Hyrylän varuskunnassa lääkärinä ja on kuulemma hoitanut Leinoakin, hän selitti ja painoi lopuksi päähänsä sen komean koppalakin, jota piti käyttää ajossa.

– Toivotaan nyt, että Eino pääsee siellä Syvärannassa taas jaloilleen, maisteri huokasi, toivotti sitten hattuaan nostaen meille hauskaa vappua ja lähti selkä suorana kävelemään Esplanadin suuntaan.

– Ja likatkos menee Laivurinkadulle yöksi? Elias kysyi, kun mekin aloimme tehdä lähtöä ja keräilimme takkejamme ja laukkujamme takapenkiltä.

– Niin on tarkoitus, kun aamulla pitää olla Alppilassa niin aikaisin kuin mahdollista, että saadaan paikka osakunnan pöydässä, Alli ehätti vastaamaan.

– Älkää sitten jääkö juhliin riekkumaan koko yöksi, Elias tokaisi ja veti jo vähän suutaan hymyyn. – Ja kattokaakin, ettei teitä tarvitte aamulla hakea putkan pahnoilta!

– Tuskin tänä yönä tulee Esplanadilla sellaisia mellakoita kuin viime vappuna, vastasin reippaasti. – Sen takia osakunnassakin pidetään nyt Naisylioppilaiden Karjala-Seuran iltamat, ettei siellä voi ruveta ryyppäämään pirtua.

– Ja kuraattorien määräyksestä ylioppilaslakitkin saa panna päähän vasta aamulla, Alli lisäsi lyhyitä kiharoitaan ravistaen. Me olimme jo toissa kesänä leikauttaneet äidin suruksi pitkät palmikkomme. Tosin hänenkin oli ollut lopulta myönnettävä, että polkkatukka oli paljon siistimpi ja käytännöllisempi kuin nutturalle kierretyt pitkät hiukset, joista aina tahtoi olla jokin suortuva irrallaan.

– Me tullaan joskus iltapäivällä, lisäsin vielä lähtiäisiksi. – Jos äiti tulee pikkupoikien kanssa huomenna kaupunkiin, mekin yritetään ehtiä siihen kello neljän junaan, niin voidaan tulla samaa matkaa kotiin.

– Eikös olekin jännittävää? Alli kuiskasi hymyssä suin, kun lähestyttiin osakuntatalon portaita. Edellämme kulki muutama tutunnäköinen pariskunta, ja ylhäältä juhlasalin avoimesta ikkunasta kuului naurua ja puheensorinaa.

– Sitä runoako sinä jännität? kysyin Allilta.

– Sitäkin, Alli vastasi punastuen. – Ja sitä, mahtaako Salolan Eero olla tulossa iltamiin, niin kuin lupasi.

– Ai se lausujapoika, joka kävi toissatalvena Musiikkiopistossa Poppiuksen lausuntatunneilla samaan aikaan kuin sinäkin? kysyin hämmästyneenä ja seisahduin keskelle portaita. Väkeä kulki koko ajan meidän ohitsemme. – Eikös se lähtenyt viime syksynä Jyväskylän seminaariin hospitantiksi?

– Me ollaan kirjoiteltu silloin tällöin, Alli tunnusti ja lähti päättäväisesti kohti ulko-ovea, jota joku kohtelias harmaapukuinen mies oli jäänyt pitämään auki.

– Kiitos! sanoin miehelle kiirehtiessäni hänen ohitseen ja lähdin juosten portaita saadakseni Allin kiinni.

– Minä luulin, että ne Jyväskylän kirjeet olivat Marjalta, tokaisin hengästyneenä, kun ennätimme yhtä aikaa toisen kerroksen tasanteelle. Koska iltamiin myytiin lippuja Itä-Karjalan pakolaisten hyväksi, oli porrastasanteella tungosta, vaikka lipunmyynti oli järjestetty sekä Eteläsuomalaisen että Hämäläisen osakunnan ovensuuhun. Meidän ei tietenkään tarvinnut maksaa sisäänpääsystä, kun Alli lausui ja minä olin luvannut auttaa puhvetissa.

Tuskin olimme selviytyneet ovesta pyöreään eteishalliin, kun Olga-rouva, joka ohjasi illan ohjelmaa, viittoili juhlasalin ovelta Allin luokseen. Kävin ensin viemässä meidän takkimme ja laukkumme tampuurihuoneeseen ja pujottelin sitten tungoksen läpi tarjoilutiskin luo. Salme kaatoi juuri kahvia kuppeihin, Enäjärven Elvi ja hänen sisarensa Elsa olivat tiskin ääressä myymässä ja Inkeri ja meidän emännöitsijä tekivät sivupöydän ääressä voileipiä.

– Ihanaa, että tulit, Kirsti! Elvi huudahti minut nähdessään.

Me olimme vanhoja luokkatovereita, mutta olimme tänä talvena nähneet harvemmin, kun Elvi kävi seminaarikurssia ja me Allin kanssa opiskelimme yliopistossa.

– Jos Kirsti nostelisi tuohon tiskin toiseen päähän niitä Itä-Karjalan karamellipusseja! Inkeri kääntyi sanomaan. – Ne ovat pöydän alla siinä laatikossa, jonka kyljessä lukee Fazer. Hinnaksi saat laittaa kaksi markkaa pussilta, niin saadaan jotakin kassaankin.

Ei siinä joutanut aikailemaan. Kietaisin yhden kyökinnaulassa riippuvista valkoisista esiliinoista vyötäisilleni ja ryhdyin puuhaan. Vaikka leningissä ei ollut kuin ohuet olkaimet, hiki tuli väkisinkin, kun pienessä tilassa hääräsi kuusi naista ja tiskin takana tungeksi kymmeniä ihmisiä.

Liisa ehti jo soittaa salissa alkusoiton, ennen kuin tungos puhvettitiskin ääressä hiljeni sen verran, että mekin pääsimme hetkeksi ovensuuhun katsomaan ohjelmaa. Yleisöä oli todellakin tullut kiitettävästi myös hämäläisten puolelta, ja ikkunalaudoillakin istui väkeä kylki kyljessä.

Puheenjohtajattaremme Elin Tammisen pontevien tervehdyssanojen jälkeen Olga-rouva aloitti lausuntaohjelmansa oikein komeasti kalevalaisella tervehdyksellä. Pahaksi onneksi seuraava lausuja oli joku säikähtäneen näköinen koulutyttö, jonka ääni ei tahtonut kantaa edes meidän luoksemme ovensuuhun. Ei ihme, että salin perällä väki alkoi supista keskenään ja liikehtiä levottomasti. Sääliksi kävi tyttöparkaa, kun piinallinen esitys vihdoin päättyi ja hän pujahti pää painuksissa ohitsemme eteiseen. Onneksi sentään etupenkkiläiset olivat taputtaneet kohteliaasti.

– Mennääs poijat kanslian puolelle limunaatille, ei näitä värssyjä jaksa kukaan, joku miehistä mutisi selkäni takana, kun seuraavaksi tuli Allin vuoro esiintyä. Mieli teki sähähtää heille, mutta kun käännyin vilkaisemaan olkani yli, takanani seisoi enää naisväkeä.

– Ja nyt on vuorossa Eteläsuomalaisen osakunnan oma neitokainen, ylioppilas Alli Tuominen, joka lausuu *Kantelettaren* runon *Kun mun kultani tulisi*, Olga-rouva kuulutti.

Allin silmistä näki, että jännitys kuristi kurkkua, vaikka hän yrittikin hymyillä asettuessaan yleisön eteen. Omatkin kämmeneni hikosivat, kun Alli sulki hetkeksi silmänsä, veti lopulta kevyesti henkeä ja aloitti matalalla äänellä:

– *Kun mun kultani tulisi, armahani asteileisi, tuntisin ma tuon tulosta, arvoaisin astunnasta, jos ois vielä virstan päässä, tahikka kahen takana*...

Vaikkei Alli huutanut eikä deklamoinut, hänen äänensä kantoi salin joka soppeen. Hälinä vaimeni nopeasti, kun runo eteni säe säkeeltä ja muuttui yhä kiihkeämmäksi. Se ei totisesti ollut mitään värssyn lopotusta vaan niin kuin puhetta. Melkein saattoi kuvitella, kuinka joku nuori nainen oli kauan sitten istunut aittansa kynnyspuulla ja pukenut ikävänsä ja intohimonsa sanoiksi:

– *Tok' mie suuta suikkajaisin, vaikk' ois surma suun eessä; tok' mie kaulahan kapuisin, vaikk' ois kalma kaulaluilla; tok' mie vierehen viruisin, vaikk' ois vierus verta täynnä.*

Niin vahvasti Alli tuntui eläytyvän runoonsa, että hän näytti itsekin melkein säikähtävän omaa kiihkoaan. Samassa järkytys kuitenkin jo vaihtui huojennukseksi:

– *Vaanp' ei ole kullallani, ei ole suu suen veressä, käet käärmehen talissa, kaula kalman tarttumissa,* Alli selitti, veti taas henkeä ja jatkoi punastellen ja hymyssä suin niin kuin ainakin rakastunut tyttö, joka vähän ujosti kehuu sulhastaan. – *Suu on rasvasta sulasta, huulet kuin hunajameestä, käet kultaiset, koriat, kaula kuin kanervan varsi.*

Kun runo päättyi, oli hetken pelottavan hiljaista. Sitten suosionosoitusten myrsky täytti pienen juhlasalin. Etupenkissä joku palavasilmäinen nuorimies nousi oikein seisomaan ja kätteli Allia, kun tämä kulki hänen ohitseen ja seisahtui vaihtamaan muutaman sanan.

– Salolan Eero sanoi, ettei ole koskaan kuullut tuota runoa noin hyvin lausuttuna, Alli tuli kuiskaamaan posket hehkuen, kun olin taas palannut puhvetin puolelle.

– Hyvin se meni, vakuutin minäkin. – Ja nyt voit pitää hauskaa hyvällä omallatunnolla!

– Et kai joudu olemaan puhvetissa koko iltaa? Alli kysyi mutta joutui saman tien väistymään, sillä hänen taakseen oli syntynyt jonoa.

– Jos Kirsti auttaisi tässä siihen saakka kun tanssi alkaa, Elinrouva pyysi puoliääneen tuodessaan hetken päästä uuden voileipätarjottimen tiskille. – Sitten me jo varmaan selviämme Salmen ja emännöitsijän kanssa kolmisinkin.

Mikäs siinä. Tanssia minäkin halusin, vaikkei näissä ylioppilastansseissa aina tiennyt, millaisen varpaantallojan kanssa joutui pyörähtelemään. Osakunnan poikamieskerholaisten joukossa oli kyllä monta hyvää tanssijaa, mutta heidän oli vaikea pitää käsiään kurissa.

Kun salista vihdoin kajahtivat ensimmäisen valssin sävelet, lähdin etsimään Allia. Salin ovella oli kuitenkin niin kova tungos, että kiersin suosiolla seurusteluhuoneen puolelle. Sielläkin oli niin paljon väkeä, että osa istui nojatuolien ja sohvien käsinojilla ja jotkut olivat kantaneet istuimikseen salin tuoleja, jotka oli siirretty tanssin ajaksi syrjään.

– Onko Allia näkynyt? kysyin Enäjärven Elviltä, joka nojasi salin ovenpieleen tanssijoita katsellen.

– Tuollahan tuo tanssii Salolan Eeron kanssa, Elvi naurahti ja osoitti tanssiparia, joka keinahteli hitaasti ikkunan luona. – Vaikka ei tuota tanssiksi paljon voi kutsua, kun ne puhuvat koko ajan ja pyörivät paikallaan.

Jaha, ajattelin puoliksi pettyneenä, puoliksi huvittuneena ja käännyin katselemaan ympärilleni. Samassa joku koputti olkapäätäni ja huudahti hilpeästi:

– No mutta täällähän on Erikssonin Kirsti!

Lassehan se oli, Bärlundin Lasse meidän entiseltä luokalta. Asetakin kangas tuntui karhealta poskea vasten, kun Lasse tempaisi minut karhunsyleilyynsä. Samanlainen hulivili Lasse oli kuin ennenkin, vaikka näyttikin miehistyneen sotaväessä. Lassen takaa työntyi tietysti näkyviin myös Gusse, Lassen kaksoisveli, joka tyytyi onneksi vain puristamaan kättäni ja väistyi sitten sivuun esitelläkseen harmaapukuisen miehen, joka seisoi hänen vieressään.

Kesti hetken, ennen kuin tajusin, että tämä taisi olla se sama herrasmies, joka oli pitänyt meille alaovea auki.

– Kirsti, tässä on Jaakkolan Mauri, ja tämä pörröpää on Erikssonin Kirsti meidän ja Irman vanhalta luokalta, Gusse selvitti ja kysyi sitten minulta, muistinko sen Irman sukulaistalon, jossa olimme olleet penkinpainajaisajelulla. Totta kai minä sen muistin, eihän siitä ollut kuin vähän yli vuosi. Rustholli oli ollut iso ja komea ja valkotukkainen vanhaemäntä vähän pelottava. Unohtumattomin oli sentään ollut koivukuja, jonka huurteiset puut olivat kimaltaneet kuutamossa, kun olimme lähteneet ajamaan takaisin kaupunkiin.

– Ikävä kyllä en ollut silloin kotona, Mauriksi esitelty naurahti ja ojensi kätensä. – Agronomi Mauri Jaakkola, hauska tutustua!

Kun Lasse kysyi, missä ihmeessä olin piileksinyt koko illan, selitin olleeni puhvettivuorossa. Allin esitystä veljekset kehuivat kovasti ja väittivät tienneensä jo alaluokilla, että Allista tulee vielä oikea komeljanttari.

– Ja Kirstistä suuri taiteilija, Gusse lisäsi. – Kai sinä menit Taideyhdistyksen piirustuskouluun niin kuin Böömi ehdotti?

– Höpöhöpö, nauroin Gusselle päin näköä. – Totta kai me menimme yliopistoon! Minä luen romaanista filologiaa, ja Allilla on pääaineena kansanrunous. Mitä muuten Irmalle kuuluu nykyään? käännyin kysymään Mauri Jaakkolalta.

– Irma meni syksyllä Orimattilan emäntäkouluun ja jouluna kihloihin, hän vastasi. – Häät pidetään kuulemma juhannuksena.

Irma-parka, en voinut olla ajattelematta, vaikken tietenkään sanonut sitä ääneen. Irma, joka rakasti hevosia yli kaiken, olisi tahtonut lähteä Saksaan opiskelemaan eläinlääkäriksi. Siitä oli ollut puhetta vielä lakkiaisiltanakin. Tosin Irma pelkäsi jo silloin, ettei hänen äitinsä, lujatahtoinen leskirouva ja suuren kartanon tytär, ehkä suostuisi rahoittamaan tyttärensä opintoja.

– Siinäs kuulit, Kirsti, Lasse nauroi silmää iskien. – Ottaisitte tekin Allin kanssa vain kauhan kauniiseen käteen ettekä pilaisi silmiänne turhilla akateemisilla opinnoilla!

– Hui hai, vastasin samaan äänilajiin. – Pitäähän meillä olla maisterin paperit, jottei tarvitse ruveta kenenkään elätettäväksi.

Juuri silloin alettiin salissa soittaa charlestonia. Ehkä tanssinhalu näkyi kasvoistani tai sitten agronomi Jaakkola oli todellinen herrasmies.

– Haluaisiko neiti Eriksson lähteä kanssani tanssimaan? hän kysyi ja tarjosi minulle käsivartensa.

– Voi, mielelläni! vastasin varmaan turhankin innokkaasti ja tartuin hänen käsipuoleensa.

Koskaan ennen en ollut saanut tanssia niin loistavan kavaljeerin kanssa. Kun charleston lopulta vaihtui tangoksi, mies tarttui vyötäisiini ja veti minut lähelleen. Jo muutaman tahdin jälkeen tajusin, ettei hänen kanssaan tarvinnut laskea askeleita, ei pelätä varpaittensa puolesta, riitti kun sulki silmänsä ja antoi musiikin ja tanssittajan viedä.

– Kirsti-neiti taitaakin olla oikea prima ballerina, Mauri kuiskasi korvaani, kun tangojen jälkeen seistiin lähekkäin tanssilattian tungoksessa ja odotettiin seuraavaa kappaletta.

– Tuskinpa sentään, mutta rakastan kyllä tanssimista, tunnustin sen kummemmin kursailematta. Tuntui ihan siltä, kuin olisin tuntenut Maurin paljon kauemmin kuin muutaman tanssin ajan.

– Me Allin kanssa opettelimme tanssimaan jo pikkutyttöinä äidin täyshoitolassa. Siellä asui sodan aikaan muuan pianoa soittava emigranttileski, joka piti meille tanssikoulua.

– Tuskin hän sentään charlestonia opetti, Mauri naurahti.

– Mutta *grande valsea* me saimme opetella tanssimaan kirja pään päällä, vastasin hymyillen, sillä juuri silloin kajahtivat salissa wienervalssin ensimmäiset sävelet. – Missäs herra Jaakkola on tanssikurssinsa käynyt?

– Väentuvassa, hän vastasi ja pyöritti minua niin että salin valot vilisivät silmissä. – Ja maailmalla on tietysti tullut opituksi lisää.

Kai se oli eräänlaista huumausta, vaikkei muuta juotukaan kuin sitruunalimonaadia puhvetissa. Olin jo melkein unohtanut Allin, kun vihdoin törmäsin häneen naulakkojen luona naistenhuoneen jonossa.

– Kenen kanssa olet tanssinut koko illan? Alli kysyi uteliaana.

– Se oli vaan joku Rosenqvistin Irman serkku, joka on täällä Bärlundin kaksosten kanssa, vastasin mahdollisimman huolettomasti. – Tanssii muuten todella hyvin!

– Paremmin kuin Paavolaisen Olavi? Alli kysyi kulmiaan kohottaen.

– Paljon paremmin, vastasin ihan kiusallakin. Olavi oli ollut koulussa meidän luokan tyttöjen suuri ihastus, vaikka hän olikin meitä pari luokkaa ylempänä. Olavin tanssitaidosta liikkui tyttöjen kesken villejä huhuja, samoin kuin niistä hurjista juhlista, joita hän järjesti boksissaan. Allille runot olivat tietysti henki ja elämä, mutta minä pidin enemmän piirustelusta ja siitä, että sain Weckmanin Miilin hattupuodissa luoda käsilläni jotakin kaunista.

– Te tanssitte aika lähekkäin sen serkkupojan kanssa, Alli huomautti virnistäen, kun jono liikahti jälleen yhden tytön verran eteenpäin.

– Ja te ette sen Salolan pojan kanssa tanssineet ollenkaan, huojuitte vain paikoillanne, heitin herjan takaisin. – Mihin sinä sen Eeron muuten jätit?

– Tuolla se istuu klubihuoneen tupakkapöydässä, siellä missä Olavi ja muutkin nuorvoimalaiset, Alli sanoi haukotellen. – Lähdetään varmaan kohta Hattupäähän. Se on tänä iltana auki ainakin yhteen. Tule sinäkin sinne!

– Lupasin auttaa puhvetin siivouksessa, mutisin kellooni vilkaisten. Se näytti jo yhtätoista. – Mutta voinhan minä tulla sen kautta. Lähdetään sitten yhtä matkaa Laivurinkadulle nukkumaan.

Kun vihdoin tuli minun vuoroni sulkeutua klosetin kaikkein pyhimpään, kaikui avoimesta ikkunasta epämääräistä laulunloilotusta. Se tuntui kuuluvan Ylioppilastalon suunnalta. Isoontaloon Anttia siellä hoilattiin. Pohjalaiset taitavat taas olla liikkeelle

Havis Amandaa lakittamaan, ajattelin hymähtäen.

Ostrobotnialaiset eivät ilmeisesti aikoneet antaa periksi, vaikka kymmeniä heikäläisiä oli viime vappuna viety putkaan, eikä syyttä. He olivat kasanneet Esplanadille barrikaadeja puistonpenkeistä ja heitelleet ratsupoliiseja kivillä. Poliisit oli näet komennettu estämään Havis Amandan lakittamista keinolla millä hyvänsä, vaikka Ville-setä oli ollut oikein mielissään, kun hänen tyttärestään – niin kuin hän patsastaan kutsui – oli lopultakin tehty ylioppilas ja vappuyön kuningatar.

Ilmeisesti huhu pohjalaisten hyökkäyssuunnitelmista oli levinnyt jo meidänkin iltamavieraittemme joukkoon. Kun tulin klosetista, suuri joukko nuoria miehiä tungeksi ylioppilaslakit päässään tampuurissa ja eteishallissa.

– Ne ovat juovuksissa kaikki, rouva Tamminen puuskahti yritettyään turhaan saada jonkinlaista järjestystä lähtijöiden tungokseen. – Miten ihmeessä ne ovat saaneet tänne viinaksia, vaikka ovella oli vahdit?

– Niillä on todennäköisesti ollut taskumatit povitaskussa, Enäjärven Elsa, joka oli jo valmis maisteri, vastasi suutaan muikistaen. – Ja ikävä kyllä, meidän osakunnan pojat ovat kunnostautuneet aivan erityisesti, hän lisäsi harmissaan. – Ei ihme, että heitä haukutaan veteläsuomalaisiksi!

Totta kai juuri silloin Bärlundin pojat ilmestyivät tiskin ääreen. Lasse oli ainakin ottanut jotakin miestä väkevämpää, sen näki silmistä, vaikka hän koettikin esiintyä korostetun ryhdikkäästi.

– Neiti Eriksson, tehän olitte menossa Laivurinkadulle? hän kysyi niin kovalla äänellä, että muutkin puhvetin naiset kääntyivät katsomaan. – Me voisimme saattaa teidät kortteeriin, hän jatkoi naisten katseista välittämättä ja nyökkäsi epämääräisesti kohti Gussea ja Mauria, jotka seisoivat vähän etäämpänä. – Yksinäisen naisen ei ole hyvä kulkea kadulla eikä varsinkaan Erottajalla. Siellä kuuluu taas olevan aikamoinen melakka.

– Kirsti menee nyt vain, kun kerran saa saattajat turvaksi, Elinrouva lupasi ennen kuin ehdin itse sanoa sanaakaan.

Turha siinä oli vastustella. Niinpä riisuin esiliinani ja hain tampuurista takkini ja olkalaukkuni. Vasta kun laskeuduimme kierreportaita alas, sanoin Maurille ja Bärlundin pojille, että olen luvannut hakea Allin Hattupäästä.

– Ai Markan kahvilasta? Sehän on tuossa matkan varrella, Mauri totesi ja tarjosi käsivartensa, kun päästiin kadulle.

Tuskin oli ehditty Ylioppilastalon kohdalle, kun jo ensimmäiset ratsupoliisit karauttivat ohitsemme kohti Erottajaa. Esplanadin suunnasta kuului epämääräistä meteliä. Äkkiä kajahti terävä pamaus, ihan kuin joku olisi ampunut. Vaistomaisesti tartuin lujemmin Maurin käsivarteen, kun kuljimme kadun yli kahvilan eteen.

– Ei tässä kauan mene, sanoin saattajilleni. – Ja selvitäänhän me toki Allin kanssa kahdenkin kortteeriimme, jos teillä on muuta menoa.

– Totta kai me odotamme teitä, Mauri sanoi ja kaivoi taskustaan savukekotelon. – Ei mitään kiirettä!

Kahvila oli täynnä väkeä niin kuin aina. Useimmat miehet tosiaan istuivat hattu päässä niin kuin täällä oli tapana. Valkolakkejakin näkyi siellä täällä, vaikkei vielä ollut puoliyö. Allikin, mokoma, oli jo pannut ylioppilaslakin päähänsä, kun löysin hänet vihdoin tupakansavun keskeltä kahvilasalin takimmaisesta nurkasta.

– Istu toki joukkoon, Alli sanoi ja teki tilaa vieressään. Se lausuja-Eero istui hänen toisella puolellaan puoliksi selin Alliin ja keskusteli kiihkeästi komean tummatukkaisen miehen kanssa, jonka kasvot näyttivät jotenkin kumman tutuilta.

– Sehän oli Jylhän Yrjö Tampereelta, istuu aina välillä hämäläisten klubihuoneessa ja välillä meidänkin, Alli selitti kahvilan ulko-ovella, kun lopulta olin saanut taivutelluksi hänet mukaani. – Olavin kavereita, runoilee hänkin, ja sitä paitsi nyrkkeilee ja heittää keihästä.

Kahvilan ulkopuolella meitä odottivat enää Mauri ja Lasse. Gusse oli kuulemma lähtenyt muiden meidän osakuntalaisten kanssa katsomaan, mitä Esplanadilla tapahtui. Maurillakin oli nyt ylioppilaslakki päässään, sillä kello oli jo yli kaksitoista. Kukaan ei näyttänyt piittaavan kuraattorien päätöksistä.

– Missäs sinun lakkisi on? kysyin Lasselta, kun kaivoin oman ruttuisen valkolakkini laukusta ja asettelin sen päähäni.

– Sitä ei saa käyttää sotilasunivormun kanssa, Lasse naurahti ja ehdotti sitten, että mekin lähtisimme Kauppatorille. – Ei siellä mitään vaaraa ole, kun pysytellään syrjässä eikä jäädä ratsupoliisien jalkoihin.

Kun päästiin Esplanadille, näkyi iso joukko valkolakkisia laulavan Runebergin patsaan luona Gaudeamusta. Sinne mekin yritimme, mutta juuri silloin poliisit lähtivät tulemaan täyttä laukkaa Kauppatorin suunnasta ainakin viiden hevosen rintamana, joka täytti koko kadun ja kummankin jalkakäytävän. Niinpä Mauri ehdotti, että perääntyisimme Aleksanterinkadun puolelle ja kiertäisimme sitä kautta rantaan.

Tietysti meidän olisi pitänyt Allin kanssa kieltäytyä lähtemästä sen pidemmälle, mutta kun kevätilta oli vieläkin harvinaisen lämmin ja valoisa, seikkailunhalu voitti terveen järjen. Olihan tämä ensimmäinen vappumme valkolakkisina. Lassen kanssa en olisi missään tapauksessa uskaltautunut uhmaamaan poliiseja, mutta Mauri pystyisi varmaan pitämään meidät erossa ikävyyksistä, niin ainakin kuvittelin.

Mitä lähemmäs Senaatintoria tultiin, sitä kovempi meteli kuului Esplanadin suunnalta. Fabianinkadun kulmassa meitä vastaan vyöryi joukko valkolakkisia, osa kiroillen ja osa naureskellen. Joku nainen oli nyrjäyttänyt nilkkansa ratsupoliisia paetessaan ja konkkasi itkien ystävättäriensä tukemana keskellä katua.

– Pahempia tootta ku ryssän kasakat! toinen taluttajista kääntyi huutamaan olkansa yli, mutta onneksi ratsupoliisit eivät seuranneet pakenijoita sivukaduille saakka.

– Pitäisiköhän meidän kumminkin lähteä jo nukkumaan? Alli ehdotti säikähtäen.

– Eihän tässä mitään hätää ole, Lasse vakuutti ja veti hänet kainaloonsa. – Mennään rantaan Mariankadun kautta, länteenpäinhän ne ihmisiä jahtaavat!

– Kyllä on meidän ajoista miehet huonontuneet, jos eivät saa lakkia Mantalle, Mauri uhosi, kun kuljimme Senaatintorin laitaa ja meteli tuntui vähitellen vaimenevan Kauppatorin puolella.

– Kolme vuotta sitten, kun me viimeksi Mantaa lakitettiin, meillä oli kolme lakkia ja kolme viiden miehen porukkaa. Sillä aikaa kun poliisit kävivät niiden kahden muun kimppuun, me juostiin Kappelin takaa altaalle ja nostettiin lakki seipään nenässä likan päähän. Pantiin se sen verran rantaan päin kallelleen, etteivät poliisitkaan sitä huomanneet ennen kuin aamulla.

Kun käännyttiin Mariankadun kulmasta kohti Esplanadia, kuului kadulta rytmikäs kavionkopse. Kaksi ratsupoliisia tuli täyttä laukkaa Presidentinlinnan kulman takaa ja karautti Katajanokan sillalle.

– Kävellään ihan kaikessa rauhassa, Mauri sanoi puoliääneen, kun lähdimme jatkamaan matkaa. – Mehän olemme kunniallisia kansalaisia.

Lasse oli ollut oikeassa. Mellakka näytti tällä kertaa laantuneen nopeasti. Kauppatori oli tyhjennetty, eikä Kappelin luonakaan näkynyt väkeä, vaikka valot loistivat ravintolan ikkunoista ja sisältä kuului soittoa. Ilma oli jo viilentynyt, ja tuuli lennätti kuivia lehtiä ja muuta roskaa pitkin autiota toria. Olimme melkein suihkulähteen luona, kun sen toiselta puolelta ilmestyi näkyviin tuikeailmeinen poliisikonstaapeli, joka käski meidän pysähtyä.

– Mitäs te täällä teette? hän karjaisi ja osoitti meitä pampullaan.

– Me olemme saattamassa näitä daameja kotiin, Mauri selitti kohteliaasti. – Minä olen agronomi Jaakkola, hyvää iltaa! hän esittäytyi ja ojensi poliisin yllätykseksi kätensä miestä kohti ikään kuin tervehtiäkseen.

Lasse ei sanonut mitään, vei vain käden ohimolleen ja kalautti saappaankantansa yhteen. Poliisimies näytti todella hämääntyvän, teki hänkin kunniaa, kääntyi sitten kannoillaan ja lähti astelemaan hitaasti kohti Unioninkadun ja Pohjois-Esplanadin kulmaa. Katulyhdyn alla näkyi seisoskelevan pari hänen virkatoveriaan.

– Helpostihan se kävi, Mauri naurahti puoliääneen. – Jatketaan matkaa!

Lassen ehdotuksesta olimme päättäneet oikaista Kasarmintorin kautta suoraan Johanneksen kirkolle ja sieltä Laivurinkadulle. Ennen kuin pääsimme kadun yli, oli kuitenkin seisahduttava hetkeksi, sillä Etelä-Esplanadia pitkin ajoi pirssiauto täyttä vauhtia meidän ohitsemme ja kaarsi renkaat ulvahtaen Etelärantaan päin. Hetken jo pelkäsin, että Elias näkee meidät herraseurassa keskellä yötä, mutta onneksi pirssiauto oli musta eikä harmaa niin kuin Eliaksen uusi auto. Samassa tuulenpuuska lennätti kadun laidasta jotakin valkoista meidän jalkoihimme. Oliko se leija vai mikä? Alli oli meistä vikkelin ja sieppasi sen maasta.

– Taitaa olla Mantan lakki, Lasse totesi puoliääneen.

Vaikka valkoinen selstoffi oli ryvettynyt ja vähän repeillytkin, Alli näytti todellakin pitelevän käsissään tavallista isokokoisempaa ylioppilaslakkia. Sen musta hikinauha oli tehty kreppipaperista ja kiiltävä lippa pahvista. Kultainen lyyra taisi olla niitä kakunkoristeita, joita sokerileipurit laittoivat toukokuun lopussa ylioppilasleivoksiin.

– Perhana, mihinkähän ne sen seipään ovat viskanneet? Mauri mutisi ja tähyili ympärilleen sen näköisenä, että oli äkkiä päättänyt panna toimeksi. – Täytyy kiivetä viemään tuo Mantan päähän. Pitäkää te muut vahtia!

– Älä nyt ihmeessä, sinähän kastut kokonaan, Lasse yritti estellä, mutta Mauri oli jo riisumassa puvuntakkiaan.

– Jos Mauri jaksaa nostaa minut jalustan päälle, niin minä voin kiivetä ylös, ehdotin äkillisessä uhkarohkeuden puuskassa. – Olen taatusti sinua ketterämpi.

– Älä ole hullu, Kirsti! Alli parkaisi mutta vaikeni, kun me muut suhahdimme hänet hiljaisiksi. Poliiseja ei näkynyt lähistöllä. Nekin konstaapelit, jotka olivat äsken jutelleet lyhdyn alla torin toisella laidalla, olivat kadonneet jonnekin.

– No hyvä on, tehdään niin, Mauri myöntyi ehdotukseeni ja sieppasi Mantan lakin Allilta. – Menkää vahtiin tuonne kadun toiselle puolelle, ettette itse jää kiinni, hän komensi Lassea ja Allia. – Ja jos joku tulee, sinä vihellät, Lasse!

Me juoksimme peräkanaa kyyryssä suihkulähteen graniittikaiteen luokse. Riisuin kiviportaalle ylioppilaslakkini ja takkini ja potkaisin kengät jalasta. Oikeastaan olisi ollut järkevää riisua myös leninki ja silkkisukat ja kavuta ylös alushame yllä, mutta siihen ei nyt ollut aikaa. Mauri sen sijaan riisui takin lisäksi pelkästään kenkänsä ja sukkansa ja loikkasi suoraan altaaseen. Vesi ulottui onneksi vain vähän yli hänen polviensa, mutta totta kai hän kastui läpimäräksi, kun merileijonat purskuttivat vettä joka puolelta.

– Tule, minä kannan sinut, hän kuiskasi ja ojensi käsivartensa. Vilusta ja jännityksestä hytisten nousin seisomaan suihkulähteen kaiteelle. Kun Mauri kaappasi minut syliinsä, takerruin toisella kädellä hänen kaulaansa ja roikotin ylioppilaslakkia toisessa kädessä. Vain muutama askel ja niin olimme jalustan juurella. Senkin laidan yli ryöppysi jääkylmää vettä.

– Hitto, tämähän on korkeampi kuin muistinkaan, Mauri mutisi. Hänen päälakensa ei ulottunut edes patsasta kannattelevan pronssilevyn reunaan saakka. – Pystytkö kiipeämään hartioilleni?

En vieläkään tajua, miten onnistuin lopulta kapuamaan hänen olkapäilleen seisomaan ja ponnistamaan siitä patsaan jalustalevyn päälle. Mantan lakki ehti kastua, kun ryömin liukasta pronssipintaa myöten patsasta kannattelevien ja vettä suihkuttavien kalaveistosten juurelle ja kapusin suurella vaivalla niiden päälle seisomaan. Varpaat olivat jäisestä vedestä jo aivan tunnottomat. Kun vilkaisin ylöspäin, näytti patsaan päälaki olevan vielä toivottoman kaukana.

– Tulenko auttamaan? kuulin Maurin kysyvän alhaalta.

– Ei, kyllä minä, vastasin sisuuntuen, työnsin pahvisen lakinlipan hampaitteni väliin ja kurottauduin ottamaan tukevan otteen patsaan vasemmasta käsivarresta. Silkkisukka repesi lopullisesti, kun työnsin varpaani neidon metallisen vaipan uurteisiin, mutta sain kuin sainkin nostetuksi oikean jalkani Mantan koukistuneen polven varaan. Hetken oli pakko tasata hengitystä. Lopulta uskalsin irrottaa toisen käteni patsaan olkapäästä niin että sain viskatuksi melkein muodottomaksi lionneen ylioppilaslakin neidon silmille.

Sitten jalka jo lipesi. Hetken roikuin pelkästään Mantan käsivarren varassa, kunnes varpaat osuivat vettä ruiskuttavaan kalanpäähän ja pääsin liukumaan alas jalustalevylle. Siinä samassa kuului veden solinan yli kimakka vihellys.

– Hyppää alas! kuulin Maurin äänen alapuoleltani. Kylmä vesi ryöppysi ylitseni, kun vierähdin reunan yli suoraan hänen syliinsä.

– Älä liiku, Mauri sähähti ja painoi minut aivan vesirajaan patsaan jalustan kulmuraista pintaa vasten. Vaikka kyyristelimme melkein vyötäisiä myöten kylmässä vedessä, Maurin leveä rintakehä lämmitti selkääni kuin kuuma muurinkylki märkien vaatteittemme lävitse.

– Voisiko konstaapeli käydä hakemassa meille pirssiauton? kuulimme Lassen huutavan. – Vaimoani pyörryttää!

– Hetkinen vain, juoksen katsomaan, onko Kappelin pirssissä yhtään autoa! kuului miehen ääni vastaavan aivan lähellämme altaan toisella puolella. Sydän jyskytti korvissani, vai oliko se sittenkin Maurin sydän?

Me uskalsimme liikahtaa vasta kun kadun toiselta puolelta kuului kaksi lyhyttä vihellystä. Muutama askel kylmässä vedessä ja pääsimme kapuamaan altaan laidan yli. Pukemaan emme voineet jäädä, sieppasimme vain vaatteemme ja kenkämme altaan juurelta ja syöksyimme ne sylissämme kadun yli Unioninkadulle. Vasta Makasiinikadun kulman takana seisahduimme huohottaen ensimmäiseen porttikonkiin.

– Ai saakuri! Sepäs temppu oli! Lasse päivitteli, kun he Allin kanssa löysivät meidät pukemassa portin suojassa. Hampaat kalisivat niin, etten tahtonut saada sanaa suustani.

Olin riisunut Maurista piittaamatta märät ja revenneet silkkisukkani ja pujottanut kiiltonahkakengät paljaisiin jalkoihin. Luojan kiitos, äiti oli lähtiessä pakottanut ottamaan päällystakin mukaan! Ilman sitä olisin jäätynyt siihen paikkaan likomärässä leningissäni.

Mauri ei näyttänyt olevan kylmästä millänsäkään, väänsi vain enimmät vedet housunlahkeistaan ja paidanhelmastaan ja veti puvuntakin päälleen.

– Tämä pikkuneiti se varsinainen sissi onkin! hän kehaisi ja veti minut syliinsä lämmittelemään.

– Marakatti pikemminkin, vastasin käheästi nauraen. – Juostaan, ettei jäädytä kokonaan!

Kylmä siivitti askeleitamme. Me jouduimme odottamaan Allia ja Lassia ainakin viisi minuuttia Laivurinkadun porraskäytävässä, ennen kuin he ilmestyivät paikalle. Onneksi talon alaovi oli jäänyt joltakulta hiukan raolleen. Muuten olisimme joutuneet hytisemään kadulla.

– Tulkaa nyt tekin ylös lämmittelemään, sanoin Maurille, kun

Alli etsi avainnippua laukustaan ja meidän olisi oikeastaan pitänyt hyvästellä.

– Mutta jos Vera herää, Alli mutisi nolona.

– Sitten keitetään totivettä, vastasin reippaasti. – Vera on tottunut siihen, että Ville-sedän ja Viivi-tädin huusholliin tuodaan vieraita vaikka keskellä yötä.

Askel alkoi jo painaa, kun kapusimme jäykin jaloin neljänteen kerrokseen. Vera oli jättänyt tampuurin kattovalon palamaan. Sen sijaan kyökinporstuan ikkuna, joka avautui porraskäytävään, näytti olevan pimeänä. Niinpä hiivimme kuiskaillen eteisestä suoraan salin puolelle, kun Alli oli lopulta löytänyt avainnipusta oikean avaimen ja saanut paraatioven auki.

– Alli, laitatko tulen kaakeliuuniin, niin käyn etsimässä meille jotakin kuivaa ylle, supatin salin ovella. Lasse oli jo heittäytynyt nojatuoliin ja riisui saappaitaan, mutta Mauri-parka ei uskaltanut istua märissä vaatteissaan mihinkään vaan seisoi keskellä lattiaa.

Viivi-tädin ja Ville-sedän makuuhuoneessa oli vaatekaappi täynnä vaatteita. Valitsin sieltä kiireesti Ville-sedän sikarilta tuoksuvan samettisen kotitakin ja ne harmaat flanellihousut, joita hän tapasi käyttää ateljeessa.

– Tuossa tampuurin toisella puolella on kylpyhuone, jossa voit käydä riisumassa märät vaatteesi ja pukemassa nämä päällesi, neuvoin Mauria, joka otti kuivan vaatekerran kiitollisena vastaan. Kun hetken kuluttua palasin salin puolelle Viivi-tädin paksuun silkkiseen aamutakkiin kietoutuneena, Mauri istui jo Ville-sedän vaatteissa kaakeliuuniin sytytetyn tulen ääressä lämmittämässä paljaita jalkojaan.

– Komeat kaakeliuunit, hän totesi. – Meillä on kotona isännän konttorissa samanlainen koivikkouuni kuin tämäkin.

– Me pikkutyttöinä aina kiisteltiin Kirstin kanssa, kumpi näistä on komeampi, koivu- vai mäntyuuni, Alli selitti huvittuneena. – Minusta koivikko oli kauniimpi, mutta Kirsti piti enemmän mäntyuunista, kun siinä on yö ja nuotion loimu.

– Kirsti onkin oikea seikkailijatar, Lasse naureskeli. – Muistatkos silloin, kun oltiin kuudennella luokalla Suomenlinnassa ja te Gussen kanssa muka eksyitte…

– Anna nyt olla, Lasse! Meidän on saatava lämmintä juotavaa, muuten iskee kuolemantauti, sanoin yskänpuuskasta selvittyäni. – Alli, ota ruokasalin kaapista totilasit ja sokeriastia ja Ville-sedän yöpöydän kaapista konjakkipullo! Minä haen kyökistä kuumaa vettä.

Vaikka kuinka yritin olla kolistelematta keittiössä, totta kai Vera heräsi, kun laskin kraanasta vettä sähköpannuun.

– Mitäs se Kirsti-neiti täällä häärää keskellä yötä? hän kysyi haukotellen ilmestyessään shaali harteillaan omasta porstuakamaristaan kyökin ovelle.

– Ei hätää, Vera menee vain nukkumaan, laitan meille totivettä, kun kastuttiin Mantaa lakittaessa, selitin niin kuin asia oli. Eipä Vera näyttänyt siitä sen kummemmin hämmästyvän. – Meillä on täällä pari herraakin, jotka saattoivat meidät kotiin. He lähtevät kyllä heti, kun vaatteet vähän kuivahtavat.

– Ne pitää laittaa kylpyhuoneeseen vesikamiinan kylkeen ja siihen tuli alle, Vera neuvoi lähtiessään takaisin nukkumaan. – Siinähän ne märät vaatteet kuivuu nopeimmin.

Muut jäivät nuuhkimaan höyryäviä totilasejaan, mutta minun oli mentävä kylpyhuoneeseen ripustamaan Maurin vaatteet kuivumaan. Kun asettelin kylpyvannan reunalle kamiinan viereen hänen housujaan, niiden taskusta putosi sileä kultasormus. Se oli niin pieni, että mahtui hädin tuskin nimettömääni.

Totta kai olin sen verran utelias, että vilkaisin, mitä sormuksen sisään oli kaiverrettu. *B&M 24/6/1922.* Sormus oli ilmiselvästi kihlaksi tarkoitettu. M oli tietysti Mauri itse, mutta kuka mahtoi olla B? Ja jos mies oli mennyt kihloihin toissa juhannuksena, miksi sormus oli nyt hänen taskussaan?

Samassa ovi kolahti. Askeleet tulivat eteisen poikki ja seisahtuivat kylpyhuoneen oven taakse. Kuin pahanteosta tavattuna sujautin sormuksen nopeasti takaisin Maurin housuntaskuun.

– Etkö saa tulta syttymään? kuului Allin kuiskaus.

– Sain toki, vastasin oven aukaisten. – Piti vain katsoa, ettei kamiinan kylki kuumene liikaa.

Lopulta minäkin pääsin lämmittelemään salin kaakeliuunin ääreen totilasi kourassani. Ihmeen hyvältä konjakki ja kuuma vesi maistuivat sokerin kanssa, eikä kurkkuakaan enää karvastellut. Vähitellen alkoivat kohmettuneet varpaat kihelmöidä, ja lopulta posketkin hehkuivat kuin kuumetaudissa.

Ei tämä ollut ensimmäinen kerta, kun me Allin kanssa olimme nauttimassa Ville-sedän viinaksia. Setä nimittäin vastusti kieltolakia henkeen ja vereen ja oli tarjonnut meillekin aina välillä lasillisen viiniä tai kuohuvaa, jos äiti ja Elias eivät olleet paikalla. En tiedä, mistä Viivi-täti oli hankkinut kaikki ne sampanja-, viini- ja konjakkipullot, jotka olivat piilossa Ville-sedän ateljeerin lattian alla.

Sen kaikki kumminkin tiesivät, että sen jälkeen, kun kieltolaki tuli voimaan viisi vuotta sitten, Tarvaspään niemennokkaan ja Ruukinrannan laivalaiturin kupeelle ilmestyi aina silloin tällöin iltapimeällä jokin outo vene, jonka lasti purettiin vähin äänin. Joskus saattoi auto ajaa ilman valoja meidänkin pihan poikki, vaikkei rannasta nouseva tie ollut vieläkään metsäpolkua kummempi. Välillä olivat poliisit kuulemma asettuneet odottamaan tulijoita, mutta toistaiseksi he eivät olleet saaneet ketään kiinni. Muualla sen sijaan pirtulasteja takavarikoitiin jatkuvasti. Villesetä väittikin, että joku Albergan poliiseista oli samassa juonessa ja varoitti salakuljettajia.

– Ai saakeli kun nukuttaa, Lasse sanoi haukotellen, kun kolmas totilasi oli juotu ja konjakkipullo oli tyhjentynyt. – Mitäs sanotte, jos oikaisen tuohon matolle ja nukun siinä aamuun asti. Ei nuo

Maurinkaan vaatteet kuivu vielä moneen tuntiin. Yhtä hyvin me voidaan lähteä tästä suoraan Alppilaan, vai mitä?

Alli näytti vähän epäröivän, mutta minä myönnyin ilman muuta Lassen ehdotukseen. Ruokasalin kello oli lyönyt juuri kolme. Ei tähän aikaan aamuyöstä näillä nurkilla saisi pirssiautoa mistään. Ja olihan meillä Vera esiliinana, jos sikseen tuli, vaikka palvelijatar nukkuikin sikeästi omalla puolellaan.

– Minä katson, löytyykö teille tyynyjä ja peittoja, lupasin jaloilleni kavuten. Kylläpä maailma keinuikin silmissä ja jalat tuntuivat huterilta. Pakko oli ottaa ovenpielestä kiinni.

– Mitä sinä hihität, Kirsti? Alli kuiski äkäisesti, kun päästiin makuukamarin puolelle. – Et kai vain ole juovuksissa? Ja se Mantan lakitus nyt oli aivan älytöntä! Ajattele, jos olisit pudonnut ja taittanut niskasi tai poliisi olisi saanut teidät kiinni! hän toruskeli riisuessaan.

– Älä nyt motkota, vaan heitä ne tyynyt siitä Ville-sedän puolelta, minä selviän kyllä yhdelläkin, sanoin keräten syliini silkkiset päiväpeitteet vuoteiden jalkopäästä. Minun märkä leninkini riippui yhä henkarissa vaatekaapin ovea vasten ja märät alusvaatteet olivat mytyssä ovensuussa. Nekin pitäisi viedä kylpyhuoneeseen kuivumaan.

– Eiköhän ne pojat noilla tarkene, kun salin uunikin on vielä lämmin, Alli tuumi vajotessaan Viivi-tädin pitsikoristeisten pielusten keskelle.

Lasse oli jo täydessä unessa, kun tulin tuomaan vuodevaatteita salin puolelle. Sain sentään työnnetyksi tyynyn hänen päänsä alle ennen kuin peittelin hänet permannolle. Kun ryhdyin petaamaan Maurille vuodetta salin leposohvalle, mies tuli yllättäen halaamaan minua takaapäin.

– Olet sinä aika tyttö, Kirsti, Mauri kuiskasi korvaani. – Tiedätkös, taidan kohta rakastua sinuun.

– Höpsistä, Ville-sedän konjakista se vain johtuu, käännyin sanomaan naureskellen, mutta en toki pannut vastaan, kun Mauri kumartui suutelemaan minua. Hetken teki mieli heittäytyä hänen kanssaan leposohvalle, mutta kun miehen kuuma kämmen kosketti olkapäätäni aamutakin alla, irtauduin nopeasti hänen syleilystään.

– Hyvää yötä, toivotin lentosuukon kera salin ovelta. – Ja kauniita unia!

– Senkin pikku pentele, Mauri naurahti oikaistessaan itsensä leposohvalle.

Itsekseni hymyillen sammutin valot ja suljin salin oven. Allikin tuhisi jo syvässä unessa, kun vihdoin olin ripustanut vaatteeni kuivumaan ja kömmin Ville-sedän vuoteeseen.

Kevätaamu valkeni vähitellen makuukamarin pitsiverhojen takana. Vaikka olin kuolemanväsynyt, ajatukseni harhailivat kaikessa siinä, mitä äsken oli tapahtunut. Oli vappu, ja minä olin tavannut miehen, joka sai vereni kuumenemaan.

Mauri ei ollut mikään pojankloppi, jonka kanssa vaihdettiin märkiä pusuja konventin jälkeen koulun nurkalla. Ei hän liioin ollut mikään itseään täynnä oleva osakunnan poikamieskerholainen, joka katsoi oikeudekseen ja velvollisuudekseen kopeloida jokaista beaanityttöä puurojuhlassa. Ei, Mauri oli herrasmies ja silti niin hullunrohkea, että oli saanut minutkin innostumaan Mantan lakituksen kaltaisesta järjettömästä uhkayrityksestä.

Se kihlasormus tietysti vähän kaihersi mieltä. Silti olin varma jo tämän ensimmäisen suudelman jälkeen, ettei se jäisi viimeiseksi.

Aamulla heräsin siihen, että Alli ravisteli minua. Kahvi tuoksui, ja pitsiverhojen välistä häämötti kirkkaansininen taivas.

– Kello on kohta puoli kahdeksan, Alli hoputti täysissä pukeissa. – Lasse ja Mauri juovat jo kahvia ruokasalissa.

Siunattu Vera! Ei Viivi-täti häntä suotta kehunut joka käänteessä. Kahvi oli vahvaa ja hyvää, voi ja kerma tuoretta ja rieska niin lämmintä, että Vera oli varmaan ottanut sen juuri uunista. Kun Lasse valitteli päänkivistystä, Vera kiikutti hänelle hetken kuluttua etikkaveteen kastetun pyyheliinan, joka piti kietoa pään ympäri.

– Tämähän auttaa todella, Lasse totesi ilahtuneena hetkeä myöhemmin. Sen verran pohmeloinen poikaparka kuitenkin tuntui olevan, ettei tohtinut lähteä kanssamme marssimaan Alppilaan asti vaan sanoi menevänsä kotiin nukkumaan. Iltakuudelta hänen pitäisi joka tapauksessa olla jo Turussa ilmoittautumassa varuskuntaansa.

Kun me lopulta kiirehdimme Maurin ja Allin kanssa Erottajan mäkeä alas, näkyi Ylioppilastalon aukio olevan täynnä valkolakkisia, jotka etsivät paikkaansa rivistöissä. Me Allin kanssa olisimme varmaan eksyneet tungoksessa, ellei Mauri olisi opastanut meitä esolaisten lokkilipun juureen.

Tuskin olimme ehtineet paikoillemme jonon hännille, kun jo lähdettiin liikkeelle. Vaikka Ylioppilaskunnan laulajat kulkivat kulkueen kärjessä lauluja kajautellen, ei meidän joukossa monikaan laulanut. Ilmeisesti viimeöinen juhliminen oli vaatinut veronsa. Minunkin ääneni oli sen verran painuksissa, etten yhtynyt Allin lauluun, vaikka hän nykäisikin minua hihasta, kun meidän joukko ryhtyi laulamaan *Uusmaalaisten laulua.*

– Pohjalaisilla on kyllä paremmat marssit kuin meillä uusmaalaisilla, Mauri naureskeli, sillä Ostrobotnian kulkueet vyöryivät jo Kansallismuseon kohdalla meidän taaksemme ja kajauttivat ensin *Vaasan marssin* ja sitten *Kymmenen virran maan.*

– Niin mutta meidän laulu on sentään Sibeliuksen säveltämä, Alli puolusteli osakunnan omaa laulua.

– Sibeliuksen Jääkärimarssi onkin paljon iskevämpi, sanoin sovitellen. – Mutta siinä vaiheessa, kun meidän maakuntalaulussa ruvetaan laulamaan sitä ”Uusmaa Suomen kruunussa”, tekee mieli ruveta pyörähtelemään valssia kesken marssin.

Kun käännyttiin Läntiseltä Viertotieltä sille hiekkatielle, joka vei Sokeritehtaan takaa Töölönlahden rannalle, minun oli pakko seisahtua syrjään ravistamaan kiviä kengästä. Kalliit silkkisukkani olin joutunut jo illalla viskaamaan Laivurinkadulla roskakoriin, sillä niistä ei olisi enää parsimallakaan saanut kalua. Ne rumat ruskeat puuvillasukat, jotka olin lainannut Viivi-tädin sukkalaatikosta, peittyivät onneksi takin pitkien liepeitten alle kuten leningin nuhjaantuneet helmatkin. Vaatteet olivat kyllä yön aikana kuivuneet mutta jääneet liasta laikullisiksi eilisiltaisen kiipeilyn jäljiltä.

Alli ei nähtävästi huomannut minun jättäytyneen sivuun vaan marssi laulaen eteenpäin muiden mukana. Mauri sen sijaan jäi luokseni ja tarjosi käsivartensa tueksi, kun minun piti seistä hetki yhdellä jalalla. Ennen kuin sain kengän taas jalkaani, oli melkein koko kulkue ehtinyt kulkea ohitsemme. Niinpä maleksimme jälkijoukoissa kaikessa rauhassa ja ihailimme joutsenta, joka lipui kaislikon rajassa. Jäät olivat jo sulaneet melkein koko Töölönlahdelta ja vedenpinta säihkyi aamuauringossa.

– Katsopas, nehän saavat kohta tuon uuden rautatiesillan valmiiksi, Mauri totesi, kun tultiin kasvihuoneiden jälkeen sille Eläintarhan puistotielle, joka johti ylös Alppilaan. Vaikka olin koko talven kulkenut junalla siltatyömaan yli, vasta täältä alapuolelta näki, miten valtavan suuri silta siitä oli tulossa. Sillan ali johti kolme tunnelia, yksi autoja, raitiovaunuja ja hevospelejä varten ja kaksi pienempää ilmeisesti jalankulkijoille ja polkupyöräilijöille. Pari uhkarohkeaa valkolakkista viiletti nytkin vimmatusti polkien ohitsemme sillan toiselle puolelle.

– Kierretäänpäs mekin tuota kautta ylös, Mauri ehdotti, tarttui saman tien käteeni ja lähti harppomaan kohti keskeneräistä tunnelia. Minä yritin kiiltonahkakengissäni väistellä kivenlohkareita ja parrunpätkiä, joita lojui siellä täällä. Maurin kanssa taisi aina joutua vaarallisille syrjäpoluille.

– Hyvä tästä tulee, oikein hyvä, Mauri julisti seisahdettuaan keskelle suurinta tunnelia ja tähyili yllämme kaartuvaa betoniholvia. – Kunhan ne saavat tämän valmiiksi, Läntiseltä Viertotieltä pääsee suoraan Itäiselle eikä tarvitse enää kiertää kaupungin kautta.

Itse asiassa se Alppilaan vievä reitti, jonka Mauri oli meille valinnut, oli nopeampi, vaikka jouduimmekin kiipeämään jyrkempää kalliopolkua. Vanhaa puistotietä kuljettaessa rautatien alikulku oli nimittäin niin ahdas ja matala, että kulkue joutui aina välillä seisahtumaan, kun tunneliin tuli ruuhkaa. Alli oli vasta ennättänyt istahtaa uusmaalaisille varatun pitkän pöydän ääreen, kun mekin saavuimme Alppihytin terassille.

– Menkää sinne toiseen päähän, etteivät pohjalaiset vie meiltä penkkejä! Hirnin Salme komensi, kun yritimme asettua Allin viereen. Pöydän alapää, joka ulottui melkein jyrkänteen kaiteeseen asti, näkyi olevan vielä tyhjillään.

– Tule sinäkin, sanoin Allille, mutta tämä ei ollut kuulevinaan. Paavolaisen Olavi oli näet joukkoineen juuri tulossa istumaan häntä vastapäätä.

Niin me sitten lähdimme Maurin kanssa pöydän toiseen päähän paikkoja pitämään. Pitkään saatiinkin olla kahden kesken, sillä totta kai väki mieluummin etsiytyi istumaan pöydän yläpäähän, missä oli enemmän tuttuja. Oikeastaan olisin tahtonut olla kasvot etelään päin, mutta Maurin neuvosta asetuimme kuitenkin pöydän toiselle puolelle selin aurinkoon.

– Tämmöisenä aamuna täällä polttaa naamansa helposti, hän selitti kokemuksen rintaäänellä, viittoi tarjoilijan luoksemme ja pyysi tätä tuomaan meille simapullon ja kaksi lasia.

Hetken tuntui siltä kuin aika olisi seisahtunut. Aurinko lämmitti selkää ja niskaa. Linnut lauloivat niin vimmatusti alhaalla puistossa, että niiden luritukset miltei peittivät ylempää terassilta kuuluvan ääntensorinan. Ylioppilaskunnan laulajat olivat ilmeisesti kostuttamassa kurkkuaan, sillä kukaan ei aloittanut uutta yhteislaulua.

Muutama valkoinen pilvenhattara leijui taivaalla. Muuten taivas kaartui loputtoman sinisenä meidän ja Fredriksbergin kukkuloiden yllä. Kun maistoin simaa, muistin sen ensimmäisen vapun, jolloin olimme äidin kanssa tulleet Helsinkiin. Silloin oli ollut lämpimämpää kuin nyt ja äiti oli vienyt minut vappuaamuna Kaisaniemeen. Vieläkin muistin, miten se kiltti teekkari oli selittänyt, miksi hänen ylioppilaslakissaan oli tupsu.

– Penni ajatuksistasi, Mauri sanoi ja pudotti kiiltävän penninrahan simalasini viereen.

– Muistelen lapsuuttani, vastasin hymyillen. – Me tulimme äidin kanssa Tukholmasta laivalla Helsinkiin tasan kymmenen vuotta sitten, tai oikeastaan jo iltamyöhällä vapunaattona. Äiti vei minut vapunpäivänä Kaisaniemeen juomaan simaa ja kuuntelemaan lauluja, ja minä ihmettelin, kun täälläkin laulettiin ruotsiksi.

Ennen kuin huomasinkaan, olin kertonut Maurille koko elämäntarinani alkaen siitä, miten äiti oli jäänyt leskeksi jo ennen syntymääni, ja päättyen siihen, että asuimme Allin kanssa yhä kotona Albergassa äidin, isäpuolen ja viisivuotiaiden kaksosveljieni kanssa.

– Ai oletteko tekin Allin kanssa kaksosia? Mauri kysyi, enkä ollut varma, laskiko hän leikkiä vai oliko tosissaan.

– Ei sentään, vastasin huvittuneena. – Alli on kasvattisiskoni. Me ystävystyimme kauan sitten ensimmäisenä koulupäivänäni Albergan suomalaisessa kansakoulussa. Allin äiti oli silloin jo kuolemansairas, ja kun hänen isänsä ja isoäitinsäkin kuolivat, äiti otti hänet meille kasvatiksi. Minä olin tietysti ikionnellinen, kun sain ihan oikean sisaren. Entä onko sinulla veljeä tai sisarta?

– On sisar ja veli... tai oikeastaan oli, Mauri vastasi totisena eikä katsonut minuun vaan kauas horisonttiin. – Minulla oli isoveli, mutta hän kaatui Viipurin valtauksessa.

Mitä semmoiseen voi sanoa, ei mitään, kun toisen äänestä kuuli, että hän suri yhä veljensä kuolemaa. Ikuisuudelta tuntuvan hiljaisuuden jälkeen Mauri kietoi kätensä hartioitteni ympäri ja antoi suukon poskelleni.

– Kiitos, kun et sanonut mitään, hän kuiskasi ja kääntyi sitten katsomaan äkäisesti sitä remuavaa joukkoa, joka oli juuri tungeksimassa viereiseen pöytään.

– Jukoliste! Oottako kuullehet, notta joku oli kumminkin saanu pistetyksi viime yönä Mantalle lakin päähän! yksi remuajista julisti kovalla äänellä. Me Maurin kanssa katsoimme toisiimme huvittuneina.

Kun muut epäilivät miekkosen valehtelevan, hän vakuutti itse nähneensä aamulla varhain valkolakin roikkumassa Mantan silmillä tullessaan Tähtitorninmäen suunnasta Kappeliin aamukahville.

– Mitä hemmetiä sinä Tähtitorninmäellä teit? rupesivat toiset kyselemään.

– Noo, mitä siellä nyt tehrähän, mies rehvasteli. – Olin naisis tietysti.

Onneksi kuorolaiset olivat vihdoin saaneet virvokkeensa nautituksi, ja naapuripöydän yhä karkeammiksi muuttuneet puheet peittyivät yhteislauluun. Taas leivoset ilmassa leikkiä löivät, ja kevätvirsiä viidakko kaikui. Niin seurasi tuttu kevätlaulu toistaan. Lopulta keinuimme pitkinä riveinä rullaatia. Minun kurkkuni alkoi kuitenkin olla jo niin kipeä, että ääni tuskin pihisi, vaikka olin juonut siman sijasta kupillisen kuumaa teetä.

– Et kai vain ole kuumeessa? Mauri huolestui ja ryhtyi koettelemaan otsaani.

– Parasta on varmaan lähteä kotiin Albergaan ja mennä nukkumaan, huokasin vääntäytyessäni penkiltä ylös. – Pitäisi vielä lukea latinaakin. Yritän keskiviikkona selviytyä Hidénin kuulustelusta.

– Jos minä tulen saattamaan, Mauri ehdotti. – Tilataan pirssiauto, niin ei tarvitse kävellä takaisin kaupunkiin.

– Lyhyempi matka tästä on Fredriksbergin asemalle, kiirehdin sanomaan. – Mennään varmaan Allin kanssa yhtä matkaa.

Alli olisi kai vielä tahtonut jäädä Olavin pöytäkuntaan. Siellä puhuttiin näet kiihkeästi jostakin runokokoelmasta, joka ilmestyisi syksyllä. Onneksi Alli lähti sentään mukaani huomatessaan, että olin todella tulossa kipeäksi. Herrasmiehenä Mauri saattoi meidän Fredriksbergiin ja odotteli kanssamme aseman seinustalla, kunnes juna vihdoin puuskutti laiturin viereen. Hyvästiksi sain jälleen suudelman ja lupauksen siitä, että hän soittaisi minulle, kun saapuu seuraavan kerran kaupunkiin. Meidän puhelinnumeromme Mauri oli merkinnyt muistikirjaansa jo Alppilassa.

– Annoitko sen miehen suudella keskellä kirkasta päivää? Alli kysyi puoliääneen, kun vihdoin löydettiin istumapaikat täpötäydessä junassa. – Ettehän te ole tunteneet toisianne vielä vuorokauttakaan!

– Meillä oli mukavaa keskenämme, puolustauduin. – Miksi ihmeessä minun pitäisi eilisen jälkeen leikkiä päivänvalossa jotakin siveydensipulia?

– Toivottavasti kukaan albergalainen ei nähnyt teitä, Alli mutisi. – Äiti on muutenkin huolissaan meistä ja meidän maineestamme.

– Ai siksi että me olemme naisylioppilaita ja meillä on polkkatukat ja silkkisukat ja lyhyet helmat? sanoin Allin puheet leikiksi lyöden. – Ei äiti niin ahdasmielinen ole. Ajattele nyt vaikka Villesetää ja Viivi-tätiäkin.

– Herranen aika, se avain! Alli huudahti säikähtäen. – En kai unohtanut sitä sinne ulko-oveen?

– Et, vaan eteisen pöydälle, mutta poimin sen aamulla laukkuuni, vastasin virnistäen. Samanlaisia huithapeleita me olimme kumpikin, vaikka Alli aina välillä kuvitteli olevansa meistä järkevämpi.

Vasta Albergan asemalaiturilla huomattiin, että äiti ja pikkupojat olivat sittenkin tulleet kaupungista samalla junalla kuin mekin. Voitto meidät kai huomasi ensimmäisenä, lähti juoksemaan peräämme ja huusi täyttä kurkkua:

– Kirstiii! Alliii! Odottakaa!

Veikko sen sijaan kulki tiiviisti käsi äidin kädessä, kun oli muutenkin pojista se arempi.

– Kas kun en huomannutkaan, että nousitte junaan Fredriksbergissä, äiti päivitteli, kun käveltiin kartanon kuusiaidan viertä kotia kohti. Onneksi, ajattelin. Pikkupojat juoksentelivat edellämme ja pyörittivät kilpaa niitä kiiltäväsiipisiä hyrräkeppejä, jotka äiti oli ostanut heille Kaisaniemessä joltakin kaupustelijalta.

– Älkää nyt huitoko niillä! hänen piti välillä komentaa, kun pojat oikein innostuivat. – Kestäisivät nyt edes huomiseen asti, äiti kuiskasi meille ja alkoi sitten kysellä, miten meidän vappujuhlamme olivat sujuneet.

– Allin runoa kehuivat kaikki, kiirehdin selittämään, jottei Alli vain vahingossa puhuisi sivu suunsa viime yön tapahtumista. – Ja pakolaisille saatiin puhvetista ja pääsylipuista sievoinen summa, kun väkeä oli niin että seinät pullistelivat.

– Mutta Kirstin ääni on kyllä painuksissa, äiti huomautti. Hänen haukankatseeltaan eivät jääneet edes oudot sukkani huomaamatta. – Ja mihin sinä olet silkkisukkasi hävittänyt?

– Repäisin toisen vahingossa munkkikorin laitaan, valehtelin sujuvasti. – Ja toisessa oli jo ennestään silmäpako polven yläpuolella. Ei auttanut muu kuin lainata Viivi-tädin kaapista nämä pumpulisukat.

– Paremmin noilla tarkeni tänään Alppilassa, Alli kiirehti avukseni. – Minulla oli varpaat ihan jäässä, kun istuttiin niin pitkään ulkona pöytien ääressä laulamassa. Simakin oli varmaan haettu suoraan kellarista.

– Juostaanko kilpaa? kysyin pikkumiehiltä, kun käännyimme

Tarvaspään tieltä meidän kujalle. Hilpeästi kiljahdellen pojat kirmasivat ohitseni, ja minäkin otin muutaman juoksuaskeleen, jottei äiti enää voinut jatkaa kuulusteluaan.

Hirsituvan kohdalla Piki ryntäsi meitä kohti ja hyppeli innoissaan minua vasten. Ties missä rantaryteikössä se oli taas rypenyt. Kun lopulta selvittiin sisälle taloon, olivat sukkani ja helmani kuraisten jälkien peitossa. Parempi niin, ajattelin, vaikka olinkin olevinani harmistunut. Nyt ei tarvitsisi selittää äidille, miksi leninkini oli niin nuhraantunut.

– Mene nyt ylös vaihtamaan vaatteet ja vie nuo alas pyykkitupaan likoamaan, äiti käski, kun kauhistelin rapaisia vaatteitani. – Minä menen tekemään vaikka omeletin. Teillä on tietysti Allin kanssa kova nälkä!

Portaiden yläpäässä tuli maisteri Tikkanen minua vastaan ja kysyi, oliko meillä ollut hauska vappu.

– Kiitos kysymystä, oikein mukava, vastasin kohteliaasti. – Entäs maisterilla? Tuliko se Eino Leino illalliselle?

– Ei tullut, maisteri vastasi päätään pudistaen. – Ei tullut Eino eikä moni muukaan. Ei meitä ollut Kappelissa loppujen lopuksi illastamassa kuin kolme vanhaa ukkoa. Menin sitten Rainerin luokse Kruununhakaan yöksi ja nukuin hänen sohvallaan. Nyt on niska niin kipeä, ettei tahdo saada päätä käännetyksi, hän lisäsi niskaansa hieroen ja lähti varoen laskeutumaan portaita alakertaan.

Eliaskin tuli lopulta pirssinajosta, kun istuimme ruokasalissa syömässä. Äiti riensi heti eteiseen isäpuolta passaamaan, auttoi kuskintakin päältä, kiskoi saappaat jalasta ja kyseli, oliko nälkä, vaikka väsynythän Elias oli, sen näki jo kauas.

– Koko yön sai taas olla ajossa, hän murahti, kaivoi housuntaskustaan paksun nahkalompakon ja ojensi sen äidille. – Siinä on rahat, minä menen nyt maate.

Äiti jäi ruokasalin ovelle laskemaan rahoja, kun makuukamarin ovi kolahti kiinni.

– No, ainakin saadaan autovelan lyhennys taas maksetuksi, hän totesi palatessaan takaisin ruokapöytään lompakko esiliinataskussaan.

Ei se mikään salaisuus ollut maisteri Tikkasellekaan, että Elias oli väen väkisin tahtonut ostaa pari kuukautta sitten uuden kalliin pirssiauton. Se vanha Ford, jolla hän oli aloittanut pirssikyytien ajon heti vapaussodan jälkeen, oli näet jatkuvasti reistaillut eikä tahtonut enää lähteä käyntiin, jos oli pakkasta tai vähänkin kostea ilma.

Uuden Fordin olisi saanut vähän yli 20 000 markalla, mutta Elias ei siihen tyytynyt vaan tahtoi ison Lincolnin, joka oli puolta kalliimpi. Eihän semmoisia summia kenelläkään ollut pankissa eikä niitä saanut lainaksikaan. Niinpä Elias oli sopinut autoliikkeen kanssa, että hän maksaa autosta joka kuukausi tuhat markkaa, kunnes koko summa on maksettu korkojen kera. Toistaiseksi oli onneksi kyytejä riittänyt ja pitempiäkin ajomatkoja, joista maksettiin hyvin.

Totuushan oli, että kaikki nämä vuodet me olimme eläneet Eliaksen rahoilla, sillä äidin täyshoitolasta ei saatu paljonkaan tuloja. Everstinna oli lähtenyt Mashansa kanssa pian maailmansodan päätyttyä Ranskaan, ja Manneliuksen neidit olivat muuttaneet kaupunkiin kohta sen jälkeen, kun Töölöön ruvettiin rakentamaan uusia kivitaloja, joissa oli kaikki mukavuudet ja halvat vuokrat.

Äiti ei halunnut ottaa huvilaan enää uusia täyshoitolaisia, kun kaksoset olivat syntyneet. Me niitä hoidimme Allin kanssa äidin avuksi, minkä koulunkäynniltä ehdimme, ja Weckmanin Miili tietysti. Toissasyksynä Miilikin muutti vihdoin pois meidän vinttikamarista. Hän oli saanut pienen perinnön isotädiltään ja perusti Bulevardille oman hattupuodin, jonka peräkamariin saattoi asettua asumaan.

Ainoa äidin täyshoitolainen oli nykyään maisteri Tikkanen, joka kuului oikeastaan jo perheeseen, vaikka maksoikin muodon vuoksi pientä ruokarahaa. Meidän kouluaikoina maisteri oli auttanut joskus läksyjen teossa, vaikkei hän kyllä matematiikasta muistanut enää paljon muuta kuin Pythagoraan lauseen.

– Mihin aikaa teidän pitää mennä huomenna yliopistolle? äiti kysyi, kun tiskattiin päivällisastioita kyökin puolella.

– Minulla on ainakin ranskan käännösharjoituksia huomisaamuna ja iltapäivällä Wallenskiöldin luento. Lauantaina ei ole muuta kuin Kraemerin luku- ja puheharjoitukset, vastasin vähän ihmeissäni. Ei äiti yleensä kysellyt meidän luennoistamme.

– Ja minun pitäis käydä Krohnin vastaanotolla huomisaamuna saamassa merkintä, Alli selitti. – Lauantaina meillä on Musiikkiopistolla Olga-rouvan lausuntapiiri. Siellä voi mennä taas koko iltapäivä.

– No, ei sille sitten mitään mahda, äiti huokaisi. – Kun Elias on tietysti ajossa, niin täytyy pyytää, että Iisakki olisi pikkupoikien kanssa sen aikaa, kun käyn hammaslääkärissä. Aika on huomenna yhdeltätoista.

– Sekö poskihammas taas? kysyin myötätuntoisena. Äiti ei paljon valitellut, vaikka hammas oli taatusti valvottanut häntä yökaudet.

– Eihän se paikka pysynyt, ja nyt on koko hammas varmaan haljennut. Pois se on kiskottava, äiti huokasi ja pyyhkäisi suortuvan korvansa taakse niin kuin aina ollessaan uuvuksissa. Oikeastaan äiti olisi tarvinnut piian avukseen, mutta kun raha oli tiukassa, ei siihen ollut varaa. Kokeneet taloudenhoitajat halusivat kunnon palkan, ja huonoista piioista äiti oli saanut kyllikseen jo sodan aikana. Iisakki sentään autteli puunkannossa ja muissa askareissa, mutta hänenkin askeleitaan alkoi jo ikä painaa.

Voi äiti-pieni! Mieli olisi tehnyt rutistaa häntä, muttei äiti halauksista perustanut, ei ainakaan silloin, jos hän itse tarvitsi apua tai lohdutusta. Äiti oli joutunut pikkutytöstä saakka selviytymään itsekseen eikä halunnut näyttää heikkouttaan ainakaan meille nuoremmille.

– Taidan käydä nyt saman tien viemässä avaimen Vallgreneille, sanoin Allille, kun tiskit oli hoidettu ja äiti oli lähtenyt pikkupoikien kanssa hakemaan tinkimaitoa kartanosta. Meille ei ollut hankittu uutta lehmää enää sen jälkeen, kun Sunnuntai katkaisi koipensa rantahetteikössä ja se piti hätäteurastaa.

Tänään oli ihmeen lämmin ilta, paljon lämpimämpi kuin eilen kaupungissa. Mustarastas visersi kuusikossa, kun kuljin rinnettä alas. Ville-sedän ateljeesta kuului naurua ja ovi oli raollaan. Pöydän ympärillä näkyivät istuvan Viivi-tädin ja Ville-sedän lisäksi Albergan kartanon Mikko-herra ja pankinjohtaja af Heurlin Leppävaaran kartanosta.

– No mutta Kirsti, ma petite, mikä ilo, mikä kunnia! Ville-setä huudahti minut nähdessään ja olisi varmaan läikyttänyt viiniä pöytäliinalle, ellei Viivi-täti olisi ottanut avattua pulloa hänen kädestään ja jatkanut viinin kaatamista vieraiden tyhjiin laseihin. Muutama malja oli ilmeisesti jo ehditty kumota, vaikkei kello ollut vielä kuuttakaan.

– Istu toki meidän seuraksemme ja kerro, millainen vappu teillä oli! Viivi-täti kehoitti ja pyörähti hakemaan minullekin viinilasin, vaikka kuinka estelin.

– Kiitos avaimesta ja yösijasta, aloitin varovaisesti. Olisi ollut paljon helpompaa kertoa kaikki, jolleivät vieraat herrat olisi istuneet korvat hörössä kuuntelemassa. – Niin ja kiitos siitä konjakista, jonka löysimme makuuhuoneen komuutista. Meidän oli pakko juoda muutama toti, sillä… tuota… me vähän kastuimme.

– Satoiko kaupungissa? Viivi-täti ihmetteli. – Täällä meillä oli mitä ihanin ilta!

– Ei kun… itse asiassa… Kun Ville-sedästä on aina ollut niin hauskaa, että Manta on edes vappuna ylioppilas, niin me hoidimme sen asian itse, mutta vesi oli todella kylmää ja me kastuimme ihan läpimäriksi ja kuivattelimme sitten Laivurinkadulla ja joimme muutama totin, selitin yhteen hengenvetoon, kun lopulta pääsin vauhtiin.

– Ma petite chérie, tu est ma fille brave, ma fille magnifique! Ville-setä huudahti liikuttuneena ja muiskautti märät suudelmat molemmille poskilleni. Hän puhui taas ranskaa niin kuin aina ollessaan riemastunut jostakin.

– Oikeinko totta? Viivi-täti kysyi epäuskoisen näköisenä. Ihme kyllä, kartanonherratkin näyttivät olevan varsin huvitettuja.

– Kuka sinne ylös kiipesi? Mikko-herra tahtoi tietää. – Vai oliko teillä jokin korento apuna?

– No itse asiassa minut nostettiin sen jalustalevyn päälle niin että pääsin kapuamaan riittävän ylös, tunnustin vähän nolona. – Ylioppilaslakki oli kuulemma Mantan korvallisilla vielä aamuvarhaisella, mutta tottapa poliisit kävivät hakemassa sen pois niin pian kuin se huomattiin.

– Ja kukas se Kirstin rikoskumppani oli, ei kai vain pikku-Alli? Viivi-täti kysyi silmää vilkuttaen.

– Alli oli vahdissa yhden meidän vanhan luokkatoverin kanssa, vastasin sen tarkemmin nimiä mainitsematta. – Mutta oli siinä muitakin, semmoisia, jotka ovat olleet ennenkin Amandaa lakittamassa.

Onneksi Ville-setä alkoi paasata poliiseista ja siitä miten ikäväksi kaikki oli Suomessa muuttunut kieltolain jälkeen, kun spriin lisäksi oli kielletty myös esprit eli henkevyys. Nauroimme kaikki kohteliaasti tälle sanaleikille, jonka Ville-setä oli keksinyt jo vuosia sitten. Jotten olisi joutunut enää juomaan lisää viiniä, nousin lasini tyhjennyttyä, kiitin vielä kerran Viivi-tätiä ja Ville-setää, toivotin vanhoille herroillekin hyvää vappua ja pujahdin ateljeen ovesta ulos.

Puolivälissä rinnettä pysähdyin hetkeksi katselemaan puunlatvojen takaa häämöttävää aurinkoa, joka kohta sukeltaisi taivaanrannan taakse. Ajatukset kiertyivät väkisinkin Mauriin, vaikka kuinka yritin vakuutella itselleni, ettei tällaisen beaanitytön, alta kahdenkymmenen ja vasta opintojensa alussa, kannattanut suhtautua vakavasti mieheen, joka oli ainakin viisi ellei kuusi vuotta vanhempi, valmis agronomi ja ison talon isäntä.

Ei tulevaisuutta rakennettu muutaman tanssin, parin suudelman ja vappuyön hulluttelun varaan. Tuskin Mauri minulle soittaisi, vaikka tulisikin joskus kaupungissa käymään. Ja mitä sitten? Istuisimmeko Kappelin terassilla vai kävelisimmekö Esplanadin puistossa puhumassa säästä?

Ja siltikin...

– Kirsti! Mitä ihmettä sinä siellä seisoskelet? äidin ääni kuului ylhäältä meidän verannalta. – Tule nyt rakas lapsi juomaan teetä, ettet menetä kokonaan ääntäsi!

– Kiitos, äiti, mutta olin jo Vallgreneilla iltateellä, vastasin polkua kavuten. En todellakaan halunnut, että äiti huomaisi minun juoneen viiniä naapurissa. – Taidan mennä suoraan ylös nukkumaan, hyvää yötä!

– Hyvää yötä, Kirsti-pieni, minä herätän sinut aamulla, äiti lupasi ja katosi sisälle taloon. Kun hetkeä myöhemmin hiivin portaita yläkertaan, näin äidin ja Eliaksen suutelevan toisiaan ohimennen alhaalla makuuhuoneen ovella.

Jompikumpi pikkupojista oli ilmeisesti nukahtanut teepöytään, ja Elias oli kantamassa häntä vuoteeseen. Voitto ja Veikko nukkuivat yhä vanhempiensa makuuhuoneessa, sillä kumpikin heräili helposti öisin ja saattoi lähteä unenpöpperössä hortoilemaan ympäri taloa. Elias oli kuulemma ollut lapsena samanlainen unissakävelijä ja puhui vieläkin joskus unissaan.

Omassa vuoteessani mietin jälleen kerran, miksi en osannut iloita siitä, että äiti ja Elias näkyivät sentään rakastavan toisiaan arjen murheista huolimatta. Ehkä se oli jonkin sortin mustasukkaisuutta. Kun oli elänyt koko siihenastisen elämänsä niin tiivisti yhdessä kuin äiti ja minä, jokainen uusi ihminen tuntui tunkeutuvan meidän väliimme. Allin kanssa oli vielä ollut helppoa jakaa äidin huomio, kun meillä kahdella pikkutytöllä oli kumminkin omat leikkimme ja salaisuutemme.

Eliaksen kanssa oli toisin. Kun hän muutti meille vapaussodan päätyttyä ja he menivät naimisiin, äiti tuntui muuttuvan toiseksi ihmiseksi. Hänestä tuli jotenkin arempi, huolehtivampi, taipuisampi. Ennen äiti oli aina määrännyt, mitä tehtiin ja millä lailla. Nyt joka asiassa piti ruveta kysymään Eliaksen mieltä. Jatkuvasti joutui arvailemaan, mitä isäpuoli mahtoi toivoa, ja pelkäämään hänen suututtamistaan. "Kysytään Eliakselta", äiti sanoi sellaisistakin asioista, joista hän oli ennen kysynyt meidän tyttöjen mielipidettä.

Siitäkin äiti oli loukkaantunut, etten halunnut sanoa Eliasta isäksi. Kaksosille Elias oli tietysti isä, välillä hellä ja huolehtiva, välillä käsittämättömän ankara ja kärsimätön. Onneksi Iisakki piti pikkupoikien puolta eikä antanut Eliaksen kiukuspäissään rankaista näitä kohtuuttomasti.

Alli oli pitkään paljon tottelevaisempi, muttei hänkään enää pariin vuoteen ollut puhunut isästä vaan Eliaksesta. Joskus nuorempana toivoin, että olisin voinut suhtautua Eliakseen yhtä mutkattomasti kuin Alli. Kerran, vuosia sitten, kun meille oli Eliaksen kanssa tullut riitaa jostakin mitättömästä asiasta, olin kiukuspäissäni huutanut hänelle, etten minä isää tarvitse, kun ei semmoista meidän huushollissa ennenkään ollut.

Vaikka myöhemmin pyysin äidiltä ja Eliakselta anteeksi, oli siinä huudossa totuuden siemen. Olin kasvanut toistakymmentä vuotta ilman isää. Allilla taas oli ollut isä melkein kymmenvuotiaaksi, tosin viinaan menevä ja pahansisuinen, mutta isä kumminkin. Joskus oikein nauratti, miten näppärästi Alli sai Eliaksen lepytetyksi, kun vain kallisti tummaa kiharapäätään ja pyöritteli suuria ruskeita silmiään. Minä olin semmoiseen peliin ihan liian äksy ja suoranuottinen.

Olin jo puoliksi unten mailla, kun säpsähdin hereille. Mikä se oli? Ihan kuin joku olisi käynnistänyt Eliaksen auton talon päädyssä. Pakko oli nousta katsomaan ikkunasta. Juuri ja juuri ehdin nähdä auton ajavan rinnettä alas Vallgrenien huvilalle päin. No, ehkä pankinjohtaja Heurlin oli tilannut pirssikyydin, ajattelin haukotellen ja kömmin takaisin peiton alle.

Viikkoa myöhemmin koivuissa oli jo täysi lehti. Rinteet ja pientareet peittyivät ensin vuokkoihin, sitten kieloihin ja lopulta voikukkiin. Helluntaihin mennessä olivat omenapuut ja syreenipensaatkin jo täydessä kukassa ja alkoivat varisuttaa terälehtiään. Kaikki kävi ihan liian nopeasti: kevät vaihtui kesäksi, luennot ja kurssit loppuivat kuin seinään, osakunnasta ja kuppilasta katosivat tutut kasvot kesänviettoon. Vain yhtä asiaa odotin turhaan, Mauri Jaakkolan puhelinsoittoa.

Ellei Miiliä ja hänen pientä hattukauppaansa olisi ollut, olisin jäänyt aivan tyhjän päälle. Joka aamu ajoin äidin polkupyörällä Tarvon siltojen kautta kaupunkiin ja palasin sieltä illansuussa takaisin kotiin. Onneksi juuri nyt oli kesähattujen kuumin sesonki. Pystylierisiä ja vähän leveälierisempiäkin olki- ja panamahattuja olisi mennyt kaupaksi enemmän kuin ehdimme koristella.

Vaikka hatut tulivat tehtaasta, niihin piti ommella käsin nauhat, harsot, rusetit ja kuminauhat, näperrellä pienet kukkakimput tai ruiskaunokit, solmia päivänkakkaraseppeleet, kielokiehkurat tai muhkeat ruusut, ja kiinnittää ne juuri oikeaan kohtaan korvallisille tai lierin taitteeseen. Jokaisesta koneella prässätystä tekeleestä piti loihtia juuri sellainen hattu, että se erottui kaikista muista.

Yhtenä iltana kesäkuun alussa, kun Miili oli juuri noussut ompelupöydän äärestä sulkeakseen puodin, Alli tupsahti ovesta palavissaan.

– Kirsti! Lupaathan auttaa minua! hän huudahti jo kynnykseltä.

– Mitä nyt? kysyin ihmeissäni.

– Se Pakolaisten kiertue, Alli puuskahti ja lysähti istumaan lähimpään tuoliin. – Koko juttu kaatuu, jos et suostu lähtemään meidän mukaamme.

– Hetkinen, toppuuttelin Miiliin vilkaisten. – En minä voi lähteä mihinkään, kun olen luvannut olla täällä Miilin apuna koko kesän!

– Koska se teidän kiertueenne lähtee liikkeelle? Miili kysyi rauhallisesti.

– Vähän ennen juhannusta, aatonaattona, jos tarkkoja ollaan, Alli selitti. – Aloitetaan Oulunkylästä ja kuljetaan junalla Vaasaan saakka. Neljänä päivänä viikossa annetaan näytös jollakin isommalla paikkakunnalla. Elokuun alussa palataan taas Helsinkiin, sillä mukana on monta sellaista pakolaisnuorta, jotka ovat menossa kansanopistoon.

Totta kai olin kuullut, että Alli oli jo joulun jälkeen lupautunut kesäksi Naisylioppilaiden Karjala-Seuran näytelmäkiertueelle, jossa oli tarkoitus esittää itäkarjalaisten nuorten sekä muutamien vapaaehtoisten ylioppilaiden voimin Itä-Karjalan pakolaisista kertovaa näytelmää. Esityksillä piti saada kokoon ainakin yhtä paljon rahaa pakolaistyttöjen koulutukseen kuin meidän viimevuotisilla joulumyyjäisillä, jonne minäkin olin ommellut oikein urakalla toistakymmentä sohvatyynyä ja kahvipannunmyssyä.

– Mihin minua muka tarvittaisiin? puuskahdin Allille. – Enhän minä näyttele!

– Ei sinun tarvitsekaan! Alli vastasi ja alkoi sitten selittää tapansa mukaan pitkään ja monipolvisesti, mitenkä Sirkka-Liisa, joka oli luvannut tulla kiertueelle hoitamaan puvustuksen lisäksi myös maskeerauksen ja lavasteiden laiton, olikin nyt peruuttanut osallistumisensa kuultuaan, että odottaa esikoistaan.

– Ihan pätevä syy minusta, keskeytin Allin puhetulvan. – Mutta miten ihmeessä te kuvittelette, että yksi ihminen voisi hoitaa koko tuon rulijanssin?

– Totta kai muutkin auttavat, mutta jonkun pitää järjestää kaikki ja komentaa muita! Alli jatkoi selostustaan. – Sirkka-Liisa olisi ollut siinä niin hyvä ja muutenkin näppärä ja kekseliäs. Me joudumme esiintymään ties missä koululuokissa ja nuorisoseurantaloilla, osuuskaupan lastauslaiturillakin kuulemma jossakin paikassa ja ainakin parissa muussa pitäjässä navetanvintillä tai ladossa. Kun lavasteita ja tarpeistoa on niukasti, tarvitaan joku, joka pystyy tekemään vähästä paljon ja näyttävää. Kun tätä pohdittiin NYKS:in johtokunnassa eilisiltana, kaikki olivat sitä mieltä, että sinä olisit paras mahdollinen.

– Kuusi viikkoa, melkein seitsemän, ei se käy, ei missään tapauksessa, keskeytin Allin heti. – Minä olen luvannut Miilille.

– Ei siitä niin suurta vahinkoa tulisi, vaikka pistäisin tämän puodin kiinni jo juhannukselta, Miili huomautti tyynesti. – Heinäkuussa kaikki ovat kumminkin jo ostaneet hattunsa ja lähteneet maalle. Viime kesänäkin istuin täällä ihan turhan panttina hikoilemassa.

– Siinäs kuulit! Alli innostui. – Kaikki kulut tietysti maksetaan ja matkaliput. Ruuat ja majapaikat saadaan lahjoituksina paikallisilta.

– Entäs puvut ja muu tarpeisto, joko ne on hankittu? en voinut olla kysymättä, vaikka tajusinkin niin sanoessani astuneeni suoraan ansaan.

– Paljon on jo tehty ja hommattu, totta kai, Alli vastasi ilme kirkastuen. – Mutta paljon on vielä tekemättä, Kirsti-kulta!

Juhannuspäivänä puoli tuntia ennen näytöksen alkua kannettiin viimeiset koivut Oulunkylän Seurahuoneen saliin. Osa yleisöstä istui jo paikoillaan ja ihmetteli tietysti, kun me Iivon kanssa raahasimme kivillä ja vedellä täytetyt ämpärit kattoa hipovine koivuineen omille paikoilleen.

– Hyvältä näyttää! Viivi-täti julisti ovelta. – Oikein hyvältä, ja mikä ihana koivuntuoksu!

Olimme Allin kanssa saaneet äidille, Viivi-tädille, Miilille ja maisteri Tikkaselle vapaaliput näytelmän ensiesitykseen. Villesetä oli Porvoossa museotaan rakentamassa, Elias tietysti ajossa ja Iisakki pikkupoikia vahtimassa. *Pakolaiset* ei nimittäin ollut mikään lastennäytelmä vaan todenmukainen kuvaus itäkarjalaisten elämästä kommunistihallinnon ja puna-armeijan ahdistelemana.

– Totta kai me menemme etupenkkiin, kuulin Viivi-tädin sanovan, kun kiirehdin takahuoneeseen. Rouva Poppius antoi siellä viimeisiä ohjeitaan hermostuneille nuorille näyttelijöille, joista useimmat eivät olleet eläessään seisseet yleisön edessä.

– Se ei haittaa, vaikka jokin vuorosana unohtuisikin, hän vakuutti. – Kun pysyy roolissa, muistaa kuka on ja missä tilanteessa, voi puhua omiaankin! Tärkeintä on, ettei näytelmä pysähdy. Muutoin yleisö kiusaantuu ja alkaa suotta jännittää puolestanne!

– Ja minä istun joka tapauksessa pätsin takana kuiskaamassa, lisäsin siihen.

– Jos Kirsti voisi katsoa, että kaikkien puvut ovat järjestyksessä ja kaikilla on tarpeeksi sminkkiä, niin minä menen katsomaan, joko Elin ja muut johtokunnan jäsenet ovat jo tulleet paikalle, Olga-rouva sanoi ja liihotteli tiehensä.

– Minusta ei kannattaisi laittaa tyttöjen poskiin noin paljon punaa, Alli tuli kuiskaamaan minulle Olga-rouvan mentyä. – Katso nyt Anastasiaakin, hänhän näyttää ihan kokotilta eikä kärsineeltä vanhalta vienalaisemännältä.

Tein minkä pystyin kymmenessä minuutissa. Tyttöjen räikeänpunaisista poskista paineltiin liikaväriä selstoffiin ja kasvoja kalvennettiin puuterilla. Vanhan Jormakoffin irtoparran tueksi oli pakko laittaa ohut rihma, joka pujotettiin korvien taa ja solmittiin niskaan hiusten alle. Pelkkä partaliima ei näet kyennyt kannattelemaan pitkää rohdinpartaa.

Kun ohjaajatar tuli ilmoittamaan, että esitys voi alkaa heti rouva Tammisen alkupuheen jälkeen, pujahdin käsikirjoitus mukanani kyyhöttämään karjalaispirtin pätsiä eli valkoiseksi kalkittua uunia esittävän faneerirakennelman taakse. Onneksi olin älynnyt ottaa meiltä kotoa mukaan vanhan lypsyjakkaran. Muuten olisin joutunut istumaan koko esityksen ajan permannolla enkä olisi ulottunut katsomaan faneeriin tehdystä pienestä aukosta, mitä näyttämöllä tapahtui.

Oikeastaan olisin toivonut, että olisimme voineet aloittaa kiertueemme jostakin syrjäkylästä. Nyt näkyivät salissa istuvan melkein kaikki helsinkiläiset heimotyön arvohenkilöt. Etupenkissä oli Viivi-tädin ja äidin lisäksi Naisylioppilaiden Karjala-Seuran rouvia, ainakin pari professoria ja jokunen dosentti sekä useampikin professuurska, muutama univormupukuinen upseerikin vaimoineen sekä koko joukko toimittajia. Sen saattoi päätellä siitä, että jotkut kirjoittivat ahkerasti lehtiöihinsä, kun Elin-rouva luetteli, ketkä kaikki olivat suosiollisesti avustaneet kiertuettamme.

Elin-rouvan pitkän kiitoslitanian jälkeen yleisö taputti huojentuneena. Ikävä kyllä, Seurahuoneen salia ei saatu täysin pimennetyksi, vaikka verhot olikin vedetty ikkunoiden eteen. Toisaalta se helpotti minun osaani, kun ei tarvinnut seurata käsikirjoitusta taskulampun valossa.

Lopulta sali hiljentyi, ja minäkin pidätin henkeäni. Kun kanteleen helisevä soitto vihdoin täytti huoneen, kyyneleet kihosivat väkisinkin silmiin. Merkillistä, miten pelkän Iivon kanteleensoiton voimalla oltiin äkkiä Karjalan salomailla.

Borissaisen Iivo, joka oli lähtöisin Uhtualta, oli oppinut kanteleensoiton omalta Ukoltaan. Hän oli myös todella kätevä käsistään ja oli rakentanut kanteleensa viime talvena Impilahdella kansanopistossa. Ilman Iivoa en olisi kyennyt parissa viikossa saamaan aikaan oikean näköistä karjalaispirtin pätsiä, kolpitsapenkkiä enkä muitakaan lavasteita.

Iivon keksintö oli koivikkokin, johon nuoret pakenisivat loppukohtauksessa. Oli toki helpompaa hankkia joka paikkakunnalla esitykseen muutama koivu kuin kuljettaa junassa suuria lavasteita. Meidän pakaaseissamme oli muutoinkin rahtaamista, kun liikuteltavana oli kaksi suurta faneerilaatikollista vaatteita ja monenlaista rekvisiittaa kolmijalkapadoista bolshevikkisotilaiden sinisiin piippalakkeihin.

Ei miun lauloa pitäisi,
ei iloita ensinkänä.
Miun on kulta kulkemassa,
valio vaeltamassa
Suomessa soan polulla…
Eikä tuolta viestit vieri,
viestit vieri, sanat saavu:
sortiko sorjan suuri surma
sotapellon pientarille,
verilammen lainehille.

Niin alkaa vanha Anastasia laulaa väräjävällä äänellä hääriessään pirtissä. Samassa jyrähtää ilkeä Kuisma vanhalle äidilleen, joka suree Suomen puolelle paennutta toista poikaansa. Volostin toimeenpanevan komitean puheenjohtaja ja ryövärihallituksen pääpomo Kuisma ei kunnioita edes isäänsä vanhaa Jormakoffia. Suuri on vanhempien murhe, sillä heidän nuorimmaisensa, Outi-paran, joka on vasta kuudentoista, on Kuisma painostanut punaupseerin hentukaksi.

Sormi liikkuu pitkin näytelmävihkon rivejä. On käännettävä sivua. Onneksi Olga-rouva on lyhentänyt kaikkein pisimpiä repliikkejä. Muuten saisin olla koko ajan kuiskimassa. Nyt ei apua tarvitse kuin Jormakoff, joka jatkuvasti hypistelee partaansa, pelkää kai sen putoavan.

Taas käännän sivua. Nyt ollaan jo toisessa kohtauksessa. On Iivon sisääntulon aika.

– Terve taloon! Iivo eli Juho huutaa ja heittää repun selästään pöydälle. Vanhemmat riemuitsevat, kun heidän Vanjansa on palannut kolmen vuoden jälkeen tervehtimään omaisiaan. Hän on Suomessa muuttanut nimensä Juhoksi ja ylennyt metsätyönjohtajaksi. Totta kai Juho kauhistuu vanhempiensa ja pikkusisarensa kurjaa kohtaloa. Hän lähettää sisarensa hakemaan rakastettuaan, kylän entisen pohatan tytärtä Natjaa, jonka perheeltä Kuisma on ryövännyt viimeisenkin lehmän, kun ei ole saanut tyttöä suostumaan itseensä.

– No, sinä hyvin Suomeen pääsit? Alli kysyy tullessaan Natjana tupaan.

Vaikka Allin ääni vähän särähtää ensi alkuun, hänen ilmeensä ja eleensä ovat ylpeän karjalaistytön, joka ei roistojen sorron alle taivu. Tuntuu siltä kuin Iivokin saisi Allin sisääntulosta uutta pontta esiintymiseensä.

Vuorosanat leiskuvat komeasti, ja minäkin unohdan seurata tekstiä vihosta. Ei ihme, että joku yleisön joukossa kirkaisee kauhusta, kun ilkeä punaupseeri komentaa sotilaansa tähtäämään vanhaa Jormakoffia, joka yrittää suojella kamariin piiloutunutta Juhoa ja Natjaa.

– Seis! Ampukaa minut, jos haluatte! Tässä olen. Olen aseeton, Juho huutaa ja syöksyy isänsä suojaksi.

Vaikka tiedänkin, että Iivon paidan alle on pantu paksu sanomalehti, jotteivät punaupseerin iskut murtaisi hänen kylkiluitaan, silti minuakin hirvittää, kun hän lysähtää iskun voimasta permannolle. Kun Natja yhä kieltäytyy suostumasta Kuisman vaimoksi, vaikka voisi siten ehkä pelastaa Juhon, Kuisma tulee hulluksi ja vaatii punaupseeria pidättämään kaikki, isän, Natjan, Outinkin.

Kylläpäs Ontrei näyttelee hyvin raivostunutta punakomissaaria, ihmettelen piilopaikassani. Hän on tukeva tummakulmainen karjalaispoika, joka on harjoituksissa istunut yleensä erillään muista lukemassa vuorosanojaan.

Samassa Iivo sysää syrjään vartijansa ja saa Allilta revolverinsa, jota tämä on piilotellut koko ajan povellaan. Roistot sidotaan ja punaupseeri pakotetaan pyytämään polvillaan anteeksi Outilta. Natja, jota Juho on jo kosinut, puhuu Outin puolesta, jotta Juho huolisi hänetkin mukaan Suomeen. Sisarusten sovinto on liikuttava, sillä Outin esittäjä on todellisuudessakin 17-vuotias Anni, lapsenkasvoinen karjalaistyttö.

Iivo sinkoaa venäläiselle punaupseerille Juhon viimeiset repliikit sellaisella raivolla, että jokainen tässä salissa tajuaa hänen puhuvan omista tunnoistaan:

– *Kerro kansallesi tämä Karjalan miehen viesti: Täällä eli saloilla ylväs heimo. Te tulitte ja teitte uljaat miehet orjiksenne. Mitä ne nyt ovat? Joukko rentoselkäisiä raukkoja, lauma koiria, jotka nuolevat ruoskaansa. Sitä minä en unohda. Sitä teille ei anneta anteeksi!*

Kun nuoret ovat lähteneet, Kuisma käskee isäänsä avaamaan siteet, mutta tämä kieltäytyy, vaikka tietääkin, että hänet ammutaan aamunkoitossa. Vuosikausien tuska on poissa hänen tunnoltaan. Vielä kerran on Jumalan ihana aurinko valaiseva karjalaisten omaa Karjalaa.

Esitys päättyi ja alkoi aplodien pauhu. En ollut ainoa, jota tämä pieni näytöskappale liikutti. Me tiesimme Iivon ja muiden pakolaisnuorten ja heidän perheittensä kokeneen todella näin kovia entisissä kotikylissään. Vaikkei Elin-rouva ollut paljastanut meille, kuka näytelmän kirjoittaja L.L. Jyrähmi todellisuudessa oli, hän oli vakuuttanut, että näytelmä perustui tositapahtumiin.

– Huomasitko, että runoilija Larson pyyhki äsken silmäkulmiaan, Alli supatti, kun minutkin oli kutsuttu piilopaikastani kumartelemaan muiden kanssa riviin eikä aplodeista tahtonut tulla loppua.

– Kuka? kysyin ihmeissäni.

– Tuo pieni harmaatukkainen laiha mies, joka istuu etupenkin oikeassa laidassa, Alli kuiskasi, muttei sentään ruvennut osoittelemaan sormella. – Se jota sanotaan Larin-Kyöstiksi. Vappunahan me taas hoilattiin kaikki sitä *Leivoset ilmassa leikkiä lyö*. Sekin on hänen runonsa.

Kun Olga-rouva oli kukitettu, päästiin vihdoin takahuoneen puolelle. Moneen kertaan piti näyttelijöille kertoa, miten ihmeen hyvin kaikki oli mennyt. Kukaan ei ollut huomannut, että Jormakoff oli unohtanut ensimmäisessä näytöksessä puolet pisimmästä repliikistään eikä ollut kuunnellut kuiskaustani. Me teimme Allin kanssa parhaamme lohduttaaksemme poikaparkaa, joka istui synkkänä kaulaansa raapien. Rohdinparta oli todella liian karhea. Ennen seuraavaa esitystä sen alapuolelle oli pakko laittaa joko pehmeää kangasta tai oikein hienoksi harjattua pellavaa.

Kun näyttelijät olivat lopulta rauhoittuneet, komensin jokaisen pakkaamaan omat vaatteensa tiiviiksi mytyksi paitojensa sisään ja jaoin kaikille nuppineulat ja nimilaput, jotka piti kiinnittää vaatepinon päälle. Itse lähdin vielä salin puolelle katsomaan, ettei mitään ollut unohtunut nurkkiin.

– Ettekö te pääsekään vielä pois? Elias on tulossa ihan kohta hakemaan meitä pirssiautolla, äiti tuli kysymään, kun tulin purkamaan Iivon kanssa pätsilavastetta. Se oli niin nerokkaasti suunniteltu, että muutaman rautatapin irrottamalla koko hökötyksen pystyi purkamaan viideksi levyksi.

– Meidän pitää vielä pakata kaikki pakaasit ja sopia huomisesta menosta Tuusulaan, selitin äidille. – Kyllä me täältä yöksi kotiin selvitään.

– Asutkos kaukana? Iivo kysyi äidin mentyä. – Saanhan mie nää korjuun, jos siun täytyy mennä.

– Ei, ei, mehän asumme Allin kanssa kotona Albergassa, radan varressa, kiirehdin sanomaan. – Ei tässä niin kauan mene, etteikö ehdittäisi junalle.

Puolessa tunnissa oli tavarat pakattu hyvään järjestykseen. Iivo ja muut nuoret miehet raahasivat faneerilaatikot Tuusulasta lähetettyyn kuorma-autoon. Kun oli vielä syöty Seurahuoneen tarjoama kalasoppa, lähdettiin joukolla Oulunkylän asemalle. Karjalaisnuoret lähtivät junalla yöksi Tuusulan kansanopistoon, jossa meidän piti esiintyä huomisiltana.

Me Allin kanssa jouduimme odottelemaan pohjoisesta tulevaa junaa puolisen tuntia. Siinä ajassa olisi ehtinyt kävellä Fredriksbergiin, harmittelimme kumpikin. Oli jo melkein puoliyö, ennen kuin oltiin Albergassa.

Iisakki istui piippua poltellen hirsituvan portailla, kun tulimme asemalta kävellen. Olimme puhuneet koko matkan illan esityksestä ja siitä, mitä pitäisi seuraavalla kerralla muistaa ja tehdä paremmin.

– Et sunkaan soo Kirsti ruvennu friiaamahan? Iisakki murahti, kun ehdimme hänen kohdalleen.

– En tietääkseni, vastasin naurahtaen. – Kuinka niin?

– Eikö äitees mitään puhunu? Iisakki ihmetteli ja alkoi sitten selittää, että joku mies oli kysynyt minua puhelimessa tänään jo kahdesti. – Enste se soitti päivällä, kun oltihin pualisella, ja sitte uurestansa illansuus, kun äitees oli justihin lähteny Viivi-rouvan kans teitä kattomahan. Meinasin ensin, notten vastaakaan, mutta kun telefooni pirisi ja pirisi, niin pitihän se luuri ottaa kätehen.

– Sanoiko mies nimeään? minun oli kysyttävä, vaikka epäilinkin heti, että kyse oli Jaakkolan Maurista.

– Sanoohan se, muttei mulla enää pysy pääs mikkään tuallaaset vierahat nimet, hyvä jos omani muistan, Iisakki murahti. – Joku akronoomi soli vissihin, ei se miltään poijanmälkiltä kuulostanu.

– Kertoiko Iisakki, että me olimme Oulunkylässä? Alli ehätti kysymään ennen minua.

– Mistä mä tiäsin, mihnä tootta! Iisakki puuskahti. – Mä sanoon sille, jotta tootta johnakin teatteria pelaamas ja se käski sanua Kirstille terfyysiä, jotta jos huamispäivänä passaas tavata.

No ny moon sen sulle toimittanu, Iisakki päätti selontekonsa, kopautti piipunperät porraspieleen, könysi seisaalleen ja rupesi tekemään lähtöä sisälle mökkiinsä.

– Meidänhän pitää lähteä Tuusulaan jo aamulla ja seuraavana päivänä Hyvinkäälle ja siitä eteenpäin, Alli puuskahti. – Miksei se typerys ole soittanut aikaisemmin?

Sitä minäkin harmittelin.

2. LUKU

KESÄKUUSTA HEINÄKUUHUN 1924

Turhaan odotin seuraavana aamuna puhelimen soivan. Aamiaisen jälkeen Allin ja minun oli pakko hyvästellä kotiväki. Äiti oli pyytänyt, että Elias veisi meidät junalle Helsinkiin. Olihan hän muutenkin taas lähdössä Rautatientorin pirssiin.

– Koettakaa nyt sitten syödä ja nukkua kunnolla, äiti muistutti, kun tulimme yläkerrasta laukkujamme kantaen. – Sitä väsyy niin helposti, kun koko ajan pitää olla menossa.

– Ei hätää, äiti, Alli sanoi ja halasi äitiä lähtiäisiksi. – Saatte meiltä postia joka paikasta, ja pojille lähetetään kuvakortteja!

– Ei mitään kukankuvia sitte vaan autoja, Voitto ilmoitti topakasti.

– Ja lentokoneita ja höyrylaivoja ja vetureita, niinkö? nauroin pikkumiesten tukkaa pörröttäen.

– Ei saa! Veikko parkaisi ja karkasi taas äidin helmoihin, mutta Voitto vain hihkui ja yritti painia kanssani.

– Ja tuokaa tuliaisia kans! hän juoksi huutamaan vielä portailta, kun me nostimme laukut Eliaksen autoon. Alli istui etupenkille, ja minä kömmin pakaasien viereen takapenkille.

Pakko oli ottaa mukaan riittävästi vaatteita, kun ei keleistä tiennyt eikä siitä, ehtisikö matkalla pesemään pyykkiä. Tampereella oltaisiin kuulemma kolme päivää samassa kortteerissa ja Seinäjoella saman verran. Muuten vaihdettaisiin paikkakuntaa melkein joka päivä.

– Mitä järkeä on järjestää iltamia juhannusaattona? Elias aloitti ärtyneenä heti kun oli päästy liikkeelle. – Eiköhän Tuusulassakin ole ihan muita huvituksia aattoillaksi!

– Siksihän tänään aloitetaan jo kuudelta, että väki ehtii vielä kokolle, vastasin napakasti. – Emmekä me Allin kanssa tätä aikataulua ole laatineet.

– Totta kai mekin olisimme mieluummin viettäneet juhannusta vielä kotona, Alli vakuutti.

Hetken ajettiin äänettöminä eteenpäin. Sitten Elias aloitti taas jurnutuksensa.

– Te ette vissiin ehdi käymään kertaakaan kotona tässä välissä, hän totesi ja jatkoi sitten samassa äänilajissa. – Saas nähdä, kuinka äitinne jaksaa, kun pitää yksin hoitaa koko huusholli ja pikkupojat ja kasvimaat ja kaikki.

– Miili on luvannut tulla heinäkuun alusta äidin avuksi, kun hattupuoti pannaan kiinni, vastasin tyynesti. – Pääsee samalla pois sieltä kivijalasta, ja kummallekin on seuraa toisistaan. Äidillähän on aika yksinäistä, kun hän pääsee niin harvoin ihmisten ilmoille.

Alli kai aisti sanattomia syytöksiä ilmassa ja rupesi yhtäkkiä kehumaan Eliakselle, miten tasaisesti uusi auto kulki ja kehräsi. Hän saikin Eliaksen vaihtamaan puheenaihetta. Kohta mies jo selitti innostuneena, miten uudessa autossa oli paljon parempi moottori ja isommat renkaat kuin vanhassa fordinrämässä.

– Jos kilpaa ruvettaisiin ajamaan, niin siinä jäisi helposti muut pölypilveen, kun kahdeksan pyttyä jyrähtää konepellin alla, Elias kehuskeli kuin pikkupoika. Siinä samassa hän tosin joutui jarruttamaan äkisti, sillä Pitäjämäelle tultaessa maantien notko oli taas muuttunut melkein kynnöspelloksi. Ei näillä teillä paljon kilpaa ajella, ajattelin itsekseni, mutten ruvennut enää haastamaan riitaa.

– Turhaan taas rupesit Eliasta pistelemään, kun toinen hyvää hyvyyttään toi meidät Helsinkiin asti, Alli torui, kun raahasimme laukkujamme asemahallin poikki. Meidän piti ehtiä Vaasan pikajunaan, jotta pääsisimme Tuusulaan ajoissa. Opistolta tulisi joku hakemaan meitä Järvenpään asemalta.

– Itsehän tuo rupesi meitä syyttelemään siitä, että äiti joutuu raatamaan yksin koko kesän, vastasin nyreänä.

– Se Mauriko sinua nyt suututtaa? Alli kysyi ihan suoraan ja osui aika lailla oikeaan. Harmitti koko matkaan lähtö. Miten paljon hauskempi ja hyödyllisempi tästä kesästä olisikaan tullut, jos en olisi lupautunut mukaan Naisylioppilaiden Karjala-Seuran kiertueelle.

– Äitihän lupasi kertoa Maurille, että meillä on tänään esitys Tuusulan kansanopistolla ja huomenna Hyvinkään parantolassa, Alli yritti lohduttaa. – Siis jos hän nyt vielä soittaa.

– Mauri tuskin lähtee varta vasten meidän peräämme pakolaisiltamiin, älähdin vastaukseksi. – Kyllä ison talon isännällä on juhannuksena muutakin tekemistä!

Junassa äksyilyni alkoi jo kaduttaa, kun Alli istui vastapäisellä penkillä niin totisena ja omissa ajatuksissaan. Lopulta oli pakko kumartua koskettamaan hänen polveaan.

– Anteeksi, että taas tuittuilin, sanoin puoliääneen. – Hienostihan sinä hoidit ne autopuheetkin Eliaksen kanssa.

– No siihen nyt paljon taitoja tarvita, automiehen kanssa, Alli naurahti.

Onneksi Alli leppyi helposti, helpommin kuin minä. Kohta hän alkoi jo selostaa, mitä ohjelmaa tänään Tuusulan iltamissa esitettäisiin. Koska näytelmä oli niin lyhyt, oli sovittu, että Iivo pitäisi ennen näytöstä pienen puheen ja kertoisi oman tarinansa ikään kuin pohjustukseksi. Alli lausuisi muutaman runon *Kante-*

lettaresta, ja Anni ja Darja laulaisivat pari karjalaista laulua Iivon kanteleen säestyksellä.

– Tanhut olisivat tietysti olleet hauskoja, mutta kun pojat eivät osaa kuin vähän ryssän ripaskaa, niin sitä nyt ei voi ajatellakaan, Alli huokasi ja vilkaisi minuun. – Jonkun pitää kuitenkin ihan aluksi toivottaa yleisö tervetulleeksi ja kertoa illan ohjelmasta.

– Eikö se nyt ole paikallisten järjestäjien tehtävä? torjuin Allin vaivihkaisen esityksen heti alkuunsa. – Mielellään ne kumminkin esiintyvät, ainakin mieluummin kuin minä.

– En käsitä, miksi sinä olet ruvennut kainostelemaan! Alli harmitteli. – Koulussahan sinä olit lavalla siinä missä minäkin. Sekin vuoropuhelu...

– Anna olla! Totta kai minä voin sopia, kuka meidän emännistämme tai isännistämme hoitaa tervetuliaissanat. Kirjoitan vaikka etukäteen paperille illan ohjelman, mutta puhujaksi en rupea! ilmoitin. – Kuiskaajana olo riittää minulle, tästä kaikesta muusta nyt puhumattakaan.

Siihen se jäi. Kun juna seisahtui Järvenpään asemalle, Iivo seisoi asemalaiturilla odottamassa ja kiirehti auttamaan meidät laukkuinemme alas vaunusillalta.

– Hommasin opistolta hevosen lainaksi, ko aattelin, jot painaaha nää tei pakaasit tietyst, hän selitti nostellessaan laukut kärryihin asemanmäen hevospuomin luona. – Vaikka eihä täst oo kansanopistolle ees puolta peninkulmaa.

– Oho, Iivohan on ehtinyt jo kotiutua! Alli huomautti huvittuneena kiivetessään viereeni vanhanaikaisten kiesien takaistuimelle. Iivo itse kapusi kuskipenkille, tarttui suitsiin ja maiskautti hevosen liikkeelle.

– Oha tää tuttu paikka, ko Ontrein kans oltii opistolla jatkokursseil jo viime syksynä, Iivo alkoi selittää ja vilkaisi aina välillä olkansa yli meihin. – Ois saatu jäähäkin vaikka koko talveksi kansanopistoon, mut pakko oli mennä välillä puusepän hommiin, jot ei vallan almuilla eletä.

Hirvitti vähän, kun kiesit jyristelivät asemanmäkeä alas. Samaan aikaan linja-auto ajoi meitä vastaan ankarasti savuttaen. Onneksi hevonen ei ollut millänsäkään, löntysti vain eteenpäin sivuilleen vilkuilematta. Vielä enemmän säikähdin, kun alhaalla risteyksessä takaapäin tuli iso musta pirssiauto torvea toitottaen ja ohitti meidät kiesien kylkeä hipoen.

– Näitkö! Alli henkäisi ja tarttui käsivarteeni. – Se oli Sibelius!

– Ai autossa vai?

– Niin niin, etupenkillä! Sikaria poltti ja oli ihan itsensä näköinen, Alli intoili kuin pikkutyttö. – Tuli varmaan Helsingistä samassa junassa meidän kanssa.

– Tähän aikaan aamusta? ihmettelin.

– Jos se on ollut kaupungissa yötä, Alli vastasi vältellen, vaikka olihan osakunnassakin juoruttu Sibeliuksen ryyppäävän nykyään entistä enemmän.

Samanlainen kyläpahainen Järvenpää näytti olevan kuin meidän Albergamme. Rapaisen maantien molemmin puolin oli siroteltu puutaloja kauppapuoteineen. Niiden takana häämötti puiden ja pensaiden välistä kaikenlaisia mökkejä ja liitereitä. Ihmisiä oli täällä kumminkin liikkeellä enemmän kuin Albergan raitilla. Vaatteista päätellen nämä olivat samantapaista rahvasta kuin Harakan väki. Pari kartanoa kuului kylässä olevan ihan niin kuin Albergassa.

– Järvenpään kartano on tuol eessäpäin, Iivo selitti, kun maantie kaarsi etelään rantaniityn luona. – Ja tuol vastarannal on se vanhempi hovi, mut sen nimeä mie en muista.

Vähän ennen kartanon koivukujaa Alli huomasi valtavan suuren kivinavetan seinustalla lauman mustankirjavia lehmiä. Ei Iivokaan muuta tiennyt kuin että jotakin ulkomaan lehmiä ne olivat. Opistolla oli kuulemma puhuttu jo viime syksynä, että pankrotti siitä vielä tulee, kun kartanonherran pitää koko ajan syytää rahaa kaiken maailman kokeiluihin.

– Ja tuolla asuu sitte se Sibelius, Iivo ilmoitti ja viittasi kohti pellon takana metsänreunassa häämöttävää hirsitaloa. Tie oli aikansa kartanon rakennuksia kierreltyään jälleen kääntynyt kohti järvenrantaa. – Saa nähä, tulleeko hää ihe meijän iltamiin. Kerttu-rouva kyl sano, jot sinne on tulossa paljo herrasväkkee.

Alli oli nyrjäyttää niskansa tähytessään Sibeliuksen kotipaikkaa, ja minäkin silmäilin sitä uteliaana, vaikka talo peittyi melkein kokonaan puiden ja pensaiden taakse. Samanlainen hirsitalo tuo näytti olevan kuin Vallgrenienkin huvila.

– Mikäs kartano tuo on? kysyin, kun ehdittiin saman peltoaukean toiseen laitaan. Tien vasemmalla puolella korkean mäen päällä kohosi näet rakennus, jonka valkoiset pylväät toivat mieleen temppelin.

– Sehän on näije Paloheimo herrasväkien uus pytinki, Iivo naurahti. – Kerttu-rouvaha se meijät tänne on hommannu. Kävi jo aamulla opistolla ja sano tulevansa iltapäivällä uuestaan. Siin on hieno ihminen, meillekin hankki uuet saappaat ja talvipalttoot silloin viime syksynä, kun näki, jot oltiin huonois vetimis.

Hevonen näytti tuntevan tien tarkkaan. Kärryt vain heilahtivat, kun se kääntyi äkkiä kapealle peltotielle, jonka päässä häämötti metsän keskeltä kohoava kukkula. Se rakennus, jonka jyrkkä katto näkyi puunlatvojen yläpuolella, oli kuulemma Tuusulan kansanopisto.

Kun lopulta oli kierretty kallioiden ympäri opiston pihamaalle, hevonen ei suostunutkaan seisahtumaan pääovelle vaan kiskoi kiesit Iivon pysäytysyrityksistä huolimatta kyökinportaiden eteen. Meitä se tietysti huvitti, mutta Iivon hevosmieskunniaa vanhan tamman itsepäisyys näytti koettelevan. Myöhemmin, kun syötiin hernekeittoa opiston ruokasalissa, saimme kuulla, että hevosta käytettiin nykyään vain maitotonkkien ja puodista haettavien ruokatavaroiden kuljetukseen. Siksi se vei aina kuormansa suoraan keittiön ovelle.

Iivo ja muut nuoret miehet asuivat kyökkisiiven toisessa päässä, mutta meidän tyttöjen suuri kamari oli yläkerrassa. Sen ikkunoista näkyi yli koko kylän ja kauas järvelle. No, eipä siinä joudettu kauan maisemia ihailemaan. Oli kiirehdittävä alakertaan ja syötävä kiireesti puolinen. Sitten pitikin jo ruveta purkamaan pakkilaatikoita, jotka oli kannettu opiston suureen saliin.

– Myö lähetään ne koivut hakemaan, Iivo ilmoitti, kun isoimmat lavasteet oli saatu pystyyn. – Kerttu-rouva sano, jot ne saa ottaa tuolta pellon laijasta.

Olin juuri kantamassa vaatesylystä salin takana olevaan veistoluokkaan, joka oli annettu meille pukuhuoneeksi, kun valkotukkainen vanharouva tuli ruokasalin ovella minua vastaan ja kysyi, olinko neiti Eriksson.

– Olen kyllä, vastasin reippaasti.

– Mainiota! Minä olen Kerttu Paloheimo, hän ilmoitti hymyillen ja aikoi kai ensin ojentaa kätensä tervehtiäkseen minua, mutta tyytyikin sitten vain naurahtamaan ja kiiruhti avaamaan veistoluokan oven. Vasta kun olin saanut kuormani lasketuksi lähimmän höyläpenkin päälle, sanottiin käsipäivää.

Ei Iivo ollut suotta rouva Paloheimoa ylistänyt. Totta kai hän lupasi toivottaa vieraat tervetulleiksi ja kuuluttaa iltamien ohjelman. Eikä sitä tarvinnut paperille kirjoittaa, kyllä hän muistaisi ilman lappujakin, että ensin on vuorossa Iivon puhe, sitten tyttöjen laulu ja lopuksi Allin lausuntaesitys. Lipunmyynninkin Kerttu rouva sanoi jo järjestäneensä, samoin puhvetin, jonka opiston emäntä hoitaisi apulaisineen.

– On todella hienoa, että te ylioppilasneitoset uhraatte kallisarvoisen kesälomanne tähän Naisylioppilaiden Karjala-Seuran kiertueeseen, rouva Paloheimo kiitteli, kun Allikin vihdoin ehti veistoluokkaan peruukkikoppaa kantaen. – Eiväthän nämä pakolaisnuoret näin suuresta urakasta yksin selviäisi, vaikka he muuten reippaita ovatkin.

– Voi kun joka paikassa olisikin noin ystävällisiä ja tarmokkaita rouvia, Alli huokasi Kerttu-rouvan lähdettyä. – Ajatella, että hän kutsui meidät kaikki juhannuskokolle heidän rantaansa!

Puoli viideltä oli kaikki salin puolella valmista. Koivut tuoksuivat ämpäreissään ja peittivät sopivasti sen ruokasalin oven, jonka kautta näyttelijät tulivat ja menivät. Tuolirivit kaartuivat kauniisti salin keskikäytävän molemmin puolin, ja keittiöstä kulkeutui vastapaistetun vehnäsen tuoksu.

– Kun nyt tulisi väkeä! Jos on liian kaunista, eivät ehkä tulekaan, Anni huokasi hiuksiaan palmikoiden, kun oli siirrytty veistoluokan puolelle. Pojat olivat siirtäneet peräseinältä yhden kaapin keskelle huonetta niin että tytöille jäi sen taakse oma pukeutumisnurkka.

– Eiköhän sali saada täyteen, vastasin luottavaisena nähtyäni ne kahvikuppien ja mehulasien rivistöt, jotka oli järjestetty ruokasalin pitkälle pöydälle. – Kerttu-rouva sanoi, että lippuja on myyty jo etukäteen.

Olin juuri ruvennut kiinnittämään hiusneuloilla Darjan kiharoiden peitoksi harmaata peruukkia, kun Alli tuli supattamaan, että hänestä näytti ihan siltä kuin Mauri seisoisi eteisessä puhumassa jonkun valkopartaisen miehen kanssa.

– Ei kai nyt sentään, mutisin suu täynnä hiusneuloja, vaikka kieltämättä sydänalaa kouraisi.

– Mene itse katsomaan ovenraosta! Alli sanoi, sieppasi loput hiusneulat suupielestäni ja veti minut Darjan tuolin takaa. – Ne seisoivat äsken eteisaulassa yläkertaan menevien portaiden juurella.

– Onkohan siellä jo paljon väkeä? sanoin muodon vuoksi emännälle, joka kantoi juuri keittiöstä liinalla peitetyn vehnäskorin puhvettipöydän päähän.

– Eiköhän sali täyteen tule, nainen totesi kiirehtiessään tarjoiluhuoneen kautta takaisin keittiön puolelle.

Varmuuden vuoksi vilkaisin vielä ympärilleni, ennen kuin raotin eteiseen johtavaa ovea. Puheensorina oli melkoinen, sillä aulassa tungeksi iso joukko ihmisiä valkopukuisista neitosista harmaapartaisiin vanhuksiin. Ei siinä väenpaljoudessa erottanut, oliko joukossa tuttuja.

– Iltaa, Kirsti! sanoi silloin miehen ääni selkäni takana. Vetäisin eteisen oven kiinni ja käännyin tervehtimään Mauria, joka oli ilmeisesti tullut salin kautta etsimään minua.

– Iltaa, Mauri, tämäpä yllätys! vastasin käteni ojentaen, mutta hän ei päästänytkään siitä irti vaan veti minut mukanaan ruokasalin seinustalle avoimen oven katveeseen ja suuteli niin että henki oli salpautua.

– Täytyy mennä katsomaan, että kaikki on valmista, kuiskasin hänen sylistään irtautuen. – Mutta nähdään täällä puhvetissa näytelmän jälkeen!

– Enkös ollut oikeassa? Alli nauroi, kun pujahdin posket hehkuen veistoluokan ovesta sisään. – Kun Mauri tuli tänne kyselemään sinua, sanoin, että olet eteisen ovella häntä tähyilemässä.

Niinpä tietysti. Ilmankos miestä oli huvittanut, kun olin ollut muka yllättyvinäni.

Olisin varmaan torunut Allia, ellei vanhaa Jormakoffia esittävä Simo olisi tullut juuri silloin pyytämään apua rohdinpartansa kanssa. Se flanellinsuikale, jonka olin päivällä liimannut parran alle kutinaa estämään, oli irronnut toisesta reunasta. Ei auttanut muu kuin etsiä nopeasti neula ja lankaa ja ommella suojus harsimapistoin kiinni rohtimiin.

– Onko kaikki valmista? Kerttu-rouva tuli kysymään, kun sidoin partaa kannattelevia rihmoja Simon niskaan. – Täysi huone, rakkaat nuoret! Tästä tulee hieno ilta.

Me odottelimme Iivon kanssa koivujen katveessa ruokasalin

ovella Kerttu-rouvan tervehdyssanojen ajan. Puhe oli lämmin ja hauska, ja väki taputti sille innokkaasti. Kun Kerttu-rouva esitteli Iivon yleisölle, minä pujahdin kuiskaajan paikalle takaseinän vierustaa kiertäen.

Sillä aikaa kun Iivo kertoi koskettavasti omasta perheestään, tähyilin pätsin kurkistusaukosta yleisöä. Etupenkissä näytti olevan tutunnäköistä herrasväkeä. Rouva Sibeliuksen vieressä istui ainakin Halosen herrasväki. Olin tavannut heidät muutama vuosi sitten Ville-sedän syntymäpäivillä. Mauria ei sen sijaan näkynyt. Ilmeisesti hän oli löytänyt istuinpaikan jostakin taaempaa.

Iivon päätettyä puheenvuoronsa väki taputti vielä innokkaammin kuin äsken Kerttu-rouvalle. Tämä nousi etupenkistä kiittämään Iivoa ja kääntyi sitten kuuluttamaan:

– Rakkaat ystävät! Nyt saamme kuulla kaksi vienankarjalaista kansanlaulua meidän viehättävien uhtualaisneitostemme Anni Siikosen ja Darja Timosen esittäminä. Heitä säestää Iivo Borissainen omatekoisella kanteleellaan.

Tyttöjä jännitti varmaan hirmuisesti, eikä esiintymistä suinkaan helpottanut, että he joutuivat tulemaan yleisön eteen näytelmävaatteissaan, Anni halvannäköisessä silkkileningissä kaikkine helyineen ja Darja harmaa peruukki päässään vanhan karjalaisnaisen ryysyissä. Ilmeisesti Kerttu-rouvakin huomasi, että tyttöjä nolotti heidän vaatepartensa. Nopeasti hän nousi vielä kerran paikaltaan ja kääntyi selittämään yleisölle:

– Niin, hyvä yleisö, nämä laululintuset näette kohta myös illan näytelmässä. Anni Iivonen esittää *Pakolaiset*-näytelmässä karjalaistyttö Outia ja Darja hänen vanhaa äitiään Anastasiaa.

Yleisö taputti kohteliaasti, kun tytöt niiasivat ja asettuivat sitten pöydän viereen seisomaan. Iivo istui penkillä kantele polvillaan ja heläytti muutaman soinnun. Ensin tytöt lauloivat pienen herttaisen kehtolaulun, jossa puhuttiin pikkarastusta ja muamon lastusta. Heidän äänensä soivat niin kauniisti yhteen, että minäkin liikutuin.

Kun kättentaputukset lopulta vaimenivat, Anni rykäisi ja ilmoitti, että seuraavaksi he laulaisivat karjalan kielellä laulun, joka on tosin alun perin kirjoitettu suomeksi, mutta kertoo heidänkin koti-ikävästään.

Iivon kannel soi jälleen. Kun tytöt alkoivat laulaa, tunnistin *Karjalan kunnailla* -laulun, jota opettajaneiti Sippola oli laulattanut meillä jo kansakoulussa. Karjalan kielellä laulettuna siihen tuli kuitenkin aivan erityinen sointi:

– *Jo Karjalan kumbuzil puut kukitah,*
jo Karjalan koivikot tuuhevutah.
Kägöi kuldane kukkuu, on mua lumetoin,
viey sinne miun kaibavo pohjatoin.

Nyt ei suosionosoituksista tahtonut tulla loppua ollenkaan. Vihdoin Kerttu-rouva nousi jälleen seisomaan, nosti kätensä pystyyn yleisön intoa tyynnytellen ja saikin väen hiljenemään niin että saattoi kuuluttaa ylioppilas Alli Tuomisen lausuvan *Kanteletarta.*

Hassua kyllä, Allin näytelmäasu vaaleine palmikkoperuukkeineen sopi paremmin tähän esitykseen kuin hänen tumma polkkatukkansa ja se tyylikäs ylioppilasleninki, jossa Alli oli viimeksi lausunut *Kanteletarta* vapunaaton iltamissa. Tällä kertaa Alli oli valinnut kepeämmät runot, jotka saivat yleisön nauraa hörähtelemään. Ensimmäisessä runossa ylpeä tyttö julisti, ettei huoli huitukoille vaan tahtoo tasaisen varren tasaiselle varrelleen. Toisessa runossa hän puhutteli sulhastaan, köyhää poikarukkaa, jota muut pahaksi panettelivat, tuhmemmaksi tunnustivat.

– *Selin muihin seisotate, selin muihin, päin minuhun*, Alli lausui ääni pehmentyen. Tuntui aivan siltä kuin hän olisi puhunut oikealle rakastetulleen. Ei ihme, että aplodien alkaessa moni nousi seisomaan. Minäkin taputin piilopaikassani niin että näytelmävihko putosi permannolle.

– Ja nyt, hyvät ystävät, on vuorossa näiden iltamien päänumero, uunituore näytöskappale *Pakolaiset*, joka on varta vasten kirjoitettu Akateemiselle Karjala-Seuralle, Kerttu-rouva kuulutti. – Näytelmä kuvaa totuudenmukaisesti niitä oloja, joista nämä nuoret ovat paenneet ja joissa heidän heimolaisensa yhä elävät bolshevikkivallan alla rajantakaisessa Karjalassa.

Jostain syystä kuiskaajaa tarvittiin tällä kertaa useammin kuin ensi-illassa. Iivokin unohti kerran loppuosan repliikistään, mutta onneksi Alli kiirehti korjaamaan asian omilla vuorosanoillaan. Katsojat olivat tuskin huomanneet pientä takeltelua, ajattelin huojentuneena, kun seistiin taas rivissä kumartamassa ja minutkin oli pyydetty kulissin takaa ottamaan vastaan kiitoksia.

Tällä kertaa Kerttu-rouva oli huolehtinut siitä, että meidät kaikki kukitettiin pienillä sievillä kimpuilla, jotka olivat varmaan peräisin hänen omasta puutarhastaan. Kun vihdoin marssimme rivissä veistoluokkaan, Alli tempaisi peruukin päästään ja ilmoitti, että tästä lähtien pidetään väliaika ennen näytelmää.

– Minä olen aivan puhki sen lausumisen jälkeen! hän julisti. – Ja Iivo samoin, kun on ensin pitänyt puheen ja sitten vielä soittanut kannelta. Meidän on pakko saada vetää vähän henkeä, muuten vuorosanat unohtuvat!

– Hyvä on, tehdään niin, kiirehdin vastaamaan. – Vaihtakaa nyt vaatteet kaikessa rauhassa ja pakatkaa ne niin kuin eilenkin. Minä käyn kysymässä, saataisiinko tänne takahuoneeseen kannullinen mehua ja vadillinen pullia.

– Johan täs taas onkii nälkä ja jano, Ontrei mutisi ja pyyhki mustattuja kulmakarvojaan selstoffiin. Sitäkin pitäisi kohta hankkia lisää, totesin itsekseni.

– Katsotaan, löytäisinkö keittiöstä voileipiäkin, lupasin pujahtaessani ovesta ulos.

Näin kyllä, että Mauri seisoi ruokasalin ovella ympärilleen tähyillen, mutta ensin oli pakko kiirehtiä keittiöön, missä opiston emäntä oli juuri sekoittamassa kannuun lisää mehua. Kuultuaan pyyntöni hän työnsi mehukannun minulle, poimi liinan alta tusinan verran lämpimiä pullia leipäkoriin ja lupasi tuoda hetken kuluttua veistoluokkaan myös vadillisen voileipiä. Tarjouduin kyllä tekemään ne itse, mutta hän vain nauroi ja sanoi, ettei toki päästä vieraita ruokakomeroonsa.

Kun luovin kantamuksineni puhvettipöydän edessä tungeksivan ihmisjoukon lävitse, Mauri tuli minua vastaan ja otti sen kummemmin kyselemättä painavan mehukannun kädestäni.

– Hieno esitys! Onneksi olkoon kaikille! hän huikkasi heti veistoluokan kynnykseltä. Pojat, jotka olivat jo ehtineet vaihtaa vaatteensa, hyökkäsivät oitis pullavadin kimppuun nälkäisinä kuin sudet.

– Seis, seis! huusin pelastaen pullat selkäni taakse. – Sieltä on tulossa voileipiä pahimpaan nälkään. Pullia on vain yksi jokaiselle. Katsokaakin, että näistä riittää kaikille!

Juuri kun olimme Maurin kanssa lähdössä, Kerttu-rouva ilmestyi veistoluokan ovelle, kiitti vielä kaikkia hienosta esityksestä ja ilmoitti, että heidän kotonaan tässä aivan opiston naapurissa tarjottaisiin koko seurueelle illallista ja sen jälkeen lähdettäisiin yhdessä rantaan juhannuskokolle.

– Iivo ja Ontrei, jotka ovat käyneet meillä ennenkin, osaavat varmasti opastaa teidät perille, hän sanoi lähtiessään. – Nähdään siis kohta! Tervetuloa kaikki, ja agronomi Jaakkola tietysti myös!

Mauri vastasi kutsuun kiittäen ja kumartaen, mutta minä olin hiukan yllättynyt siitä, että Kerttu-rouva tunsi hänet ennestään. Silloin en vielä tiennyt Maurin isonveljen olleen Paloheimojen pojan kanssa jääkärinä Saksassa ja taistelleen samassa komppaniassa vapaussodan aikaan.

Tuskin oli Kerttu-rouva ehtinyt lähteä ruokasalin puolelle, kun meidän joukossamme alkoi iloinen hälinä. Ihanko totta? Tarjottaisiinko meille oikea illallinen? Oliko se Kallio-Kuninkala se uusi kartano, jota kaikki olivat ihastelleet tänne tullessaan? Anni ja Darja alkoivat kuitenkin pian murehtia vaatteitaan.

– Mitä turhaa! keskeytin heidän voivottelunsa. – Eihän kukaan lähde iltapuvussa juhannuskokolle. Kannattaa pukeutua lämpimästi. Järvenrannassa tulee helposti kylmä, vaikka kokko hohkaakin hetken kuumuutta.

– Sinähän kuulostat aivan meidän äidiltä, Alli naurahti kiiruhtaessaan tyttöjen kanssa ohitseni hakemaan ylhäältä lisää vaatteita. Pojat olivat jo rymistelleet tiehensä. Äkkiä olimme Maurin kanssa kahden. Ruokasalin oven takaa kuului vain astioiden kilahtelua, kun emäntä ja hänen apulaisensa keräsivät laseja ja kahvikuppeja pöydiltä.

– Minä olin kyllä ajatellut, että ajettaisiin meille juhannuskokolle, Mauri mutisi korvaani vetäessään minut syliinsä. – Mutta meidän täytyy kai noudattaa Kerttu-rouvan kutsua.

Muut olivat jo ehtineet lähteä sillä aikaa kun hain villatakkini ylhäältä meidän huoneestamme. Kamarissa vallitsi melkoinen mylläkkä, kun tytöt olivat penkoneet laukkujaan.

– Jätin auton tuonne liiterin päätyyn, Mauri sanoi, kun ennätin pihamaalle.

– Onko sinulla autokin? kysyin hämmästyneenä.

– Tietysti, Mauri sanoi naurahtaen. – Miten muuten kuvittelit minun ehtineen tänne sen jälkeen, kun äitisi kertoi teidän olevan täällä esiintymässä. Hän lähetti muuten terveisiä ja oli oikein ystävällinen.

Maurin auto näytti vähän samanlaiselta kuin Eliaksen uusi pirssiauto, mutta tässä ei ollut kuin kaksi ovea ja paljon pidempi nokka. Kun ilta oli vielä lämmin eikä aurinkokaan ollut painunut metsän taakse, Mauri jätti kuomun auki. Ilta-aurinko paistoi suoraan silmiin, kun ajoimme käyntivauhtia opistonmäkeä alas ja peltotietä maantielle. Meidän joukkomme oli ehtinyt vasta

Paloheimojen kartanon tienkäänteeseen, kun ohitimme heidät ja Mauri kaasutti mäkeä ylös. Hän ei kuitenkaan ajanut autoaan talon porraspäähän vaan pysäytti sen hiukan kauemmaksi mäenharjan toiselle puolelle.

Vaikka valkoesiliinainen sisäkkö seisoi jo ulko-ovella, me viivyttelimme portin pielessä, kunnes muutkin ehtivät paikalle. Maurin johdolla menimme vihdoin yhtenä joukkona ovesta sisään. Kerttu-rouva tuli miehensä kanssa hymyssä suin meitä vastaan eteisaulaan.

– Hilma, otatko heidän päällysvaatteensa, hän sanoi sisäkölleen. – Muut vieraat ovatkin jo salissa!

Luojan kiitos, Mauri otti johdon käsiinsä. Kaipa hän näki, miten meitä kaikkia ujostutti, Allia ja minuakin. Olimme toki olleet kymmeniä kertoja illallisella Viivi-tädin ja Ville-sedän luona, milloin syömässä, milloin tarjoilemassa, mutta siellä ei koskaan ollut näin muodollista. Kun siis parveilimme hämmentyneinä salin ovensuussa, Mauri astui pari askelta eteenpäin ja julisti kuin paraskin sirkustirehtööri:

– Arvoisa herrasväki, saanko esitellä tämän loistavan näytelmäseurueen, jota johtaa neiti Kirsti Eriksson…

Onneksi älysin astua hänen viereensä ja nyökätä hymyillen. Niin ymmärsivät muutkin astua esiin, kun Mauri heidät esitteli. Lopulta bolshevikkisotilaamme Vasili ja Aleksikin olivat kumartaneet vuorollaan. Mauri antoi meille merkin ja lähti johtamaan kättelykierrosta. Niin me kiersimme tervehtimässä salin sohville ja nojatuoleihin asettuneita arvovieraita, joiden joukossa näkyi olevan Halosten ja Aino-rouvan lisäksi itse säveltäjämestarikin.

Paikalla oli myös kaksi nuorempaa pariskuntaa. Miehet olivat selvästi veljeksiä ja ilmeisesti isäntäväen aikuisia poikia. Heidän vaimonsa olivat hyvin tyylikkäitä kumpikin. Pidempi heistä esittäytyi Eva Paloheimoksi ja lyhyempi sanoi nimekseen Leena. Mauri oli selvästi näiden nuorempien Paloheimojen hyvä tuttava, niin ilahtuneesti häntä tervehdittiin, vaikka toinen pojista kysäisikin pilke silmäkulmassa, milloin Maurista oli tullut teatteriseurueen johtaja.

– Heimoaate velvoittaa, Mauri vastasi naurahtaen.

– Kiitos Mauri, pelastit meidät, sain kuiskatuksi, kun Kerttu-rouva oli kutsunut vieraat illallispöytään ruokasalin puolelle.

– Ihan kuin oltaisiin kuninkaanlinnassa, Darja supatti, kun seisahduimme hetkeksi ruokasalin ovelle. Ei ihme, että illallispöydän kattaus häikäisi meidät kaikki. Kristallit ja hopeat kimalsivat, valkoiset pellavaservietit oli taiteltu taidokkaiksi liljoiksi ja juhannusruusut tuoksuivat maljakoissa.

Ihmettelin ensin, miksi vieraat eivät istuneet suoraan pöytään, kunnes tajusin, että jokaisen oma paikka oli merkitty pienellä valkoisella nimikortilla. Kun me lopulta löysimme paikkamme, olivat Kerttu-rouva ja pujopartainen talon isäntä jo asettuneet pöydän kumpaankin päähän. Emännän vieressä istuivat kunniapaikalla Pekka Halonen ja Jean Sibelius.

Alli näytti hämmentyvän kovin huomattuaan oman paikkansa olevan vinosti Sibeliusta vastapäätä. Sitä saa, mitä toivoo, hykertelin itsekseni. Minun pöytäseuranani olivat onneksi vain Paloheimon veljekset. Heidän vaimonsa istuivat pöydän toisella puolella Maurin ja meidän karjalaispoikiemme daameina.

Vaikka meikäläiset vielä jännittivätkin keittoa lusikoidessaan ja näyttivät säikähtävän jokaista lusikan kalahdusta lautasen reunaan, tunnelma vapautui vähitellen, kun muut vieraat rupattelivat hilpeästi. Sibelius oli kovin kiinnostunut Iivon kanteleensoitosta ja kertoi itsekin aikoinaan kulkeneensa Itä-Karjalassa runonlaulajia kuuntelemassa.

– Niin, oikeastaan se oli meidän häämatkamme, Aino-rouva huomautti. – Mutta kun Janne tahtoi välttämättä lähteä kiertämään Karjalan korpia, minut lähetettiin Aleksandra-tädin luo Kuopioon.

– No, olihan siihen muitakin syitä, Janne-herra tokaisi silmää iskien. – Et sinä siinä tilassa olisi kestänyt semmoisia patikkamatkoja. Mutta parasta oli, kun Tuupovaarassa tapasin Pedri Shemeikan. Hän lauloi minulle semmoisen sävelmän, joka oli varmaan tuhansia vuosia vanha, Sibelius jatkoi selostustaan siniset silmät innosta säihkyen ja näytti nuorentuvan hetkessä. Vielä äsken salin puolella hän oli vaikuttanut kovin vanhalta ja väsyneeltä.

Meidän pöytäkunnassamme minun ei tarvinnut huolehtia seurustelusta. Maurilla ja Paloheimon veljeksillä tuntui olevan paljon puhuttavaa keskenään. Siitä huolimatta Mauri ehti pitää seuraa myös daameilleen ja veti nämä aina välillä mukaan herrojenkin keskusteluun. Puheet liikkuivat metsänmyynnistä vuosien takaisiin osakuntamuistoihin.

Ei sille mitään voinut, että tunsin itseni kovin ulkopuoliseksi, kun hilpeä puheet singahtelivat ympärilläni. Vaikka ruoka oli mainiota tai ehkä juuri siksi, minua alkoi nukuttaa. Pari kertaa jouduin kätkemään haukotukseni lautasliinan poimuihin.

Olin oikein huojentunut, kun Kerttu-rouva korotti viimein äänensä ja ilmoitti, että jälkiruoka nautitaankin vasta kokkorannassa.

– Aurinko hipoo jo taivaanrantaa, hän sanoi noustessaan pöydästä. – On aika lähteä Puotinnokkaan kokolle, jotta lapset pääsevät nukkumaan ennen puoltayötä.

Ei ulkona vielä ollut pimeää, ei edes hämärää, sillä järven takana taivas hehkui liekinpunaisena. Vastarannalla näkyi jo muutama sytytetty kokko. Äskeinen orpo olo helpotti nopeasti, kun Mauri tarttui käteeni ja työnsi sen kainaloonsa. Me jäimme seisoskelemaan hetkeksi maisemaa ihaillen ja liityimme vasta jälkijoukkoihin. Koko seurue joutui näet vaeltamaan hitaasti mäkeä alas Sibeliuksen ja muiden iäkkäämpien ihmisten tahtiin.

– Siellä taidettiin tarjota vanhoille herroille oikeaa viiniä, Alli kuiskasi korvaani, kun seistiin hetki maantien laidassa odottamassa, että joukko hilpeästi rupattelevia polkupyöräilijöitä ehti ajaa ohitsemme. – Huomasitko, että heille kaadettiin juomat eri karahvista kuin meille?

– Ehkä se oli kotiviiniä, vastasin hiljaa. – No, eihän Vallgreneillakaan kieltolaista piitata.

Kokkopaikka oli loppujen lopuksi lähempänä kuin arvasimmekaan. Ensimmäiset liekit nuolivat jo korkean kokkorakennelman huippua, kun saavuimme toisten luo kallioiseen niemenkärkeen. Joku pikkupoika kiskoi innoissaan Kerttu-rouvaa kädestä ja yritti saada hänet kanssaan lähemmäs kokkoa. Ihan tuli meidän Voitto mieleen.

Jokohan ne olivat sytyttäneet Vallgrenin rantaan tehdyn kokon? Vaikka nojasin yhä Maurin käsivarteen, koti-ikävä teki taas haikeaksi. Mahtoikohan Allista tuntua samanlaiselta? Ei, tuolla tuo näkyi rupattelevan hilpeästi Iivon ja Ontrein kanssa, käsi kummankin kainalossa.

– Pitääkö minun taas tarjota penni ajatuksistasi, Kirsti, Mauri sanoi puoliääneen, kun unohduin tuijottamaan kipinäsuihkua, joka ryöpsähti ilmoille kokon huipulta. Tulen rätinä tuntui vain yltyvän. Ilmeisesti järveltä päin kävi tuulenvire, koska savu vaihtoi aina välillä suuntaa ja sai katselijat siirtymään vikkelästi kokon toiselle puolelle.

– Ajattelin pikkuveljiäni, vastasin vältellen. – Täytyy huomenna lähettää heille postikortit, kummallekin omansa ja mieluummin sellaiset, joissa on auton kuva.

– Mennäänkö vähän kävelylle? Mauri ehdotti, kun tuuli käänsi jälleen kokkosavun meitä kohti.

Polulla meitä vastaan tulivat Paloheimon sisäköt, ne samat, jotka olivat tarjoilleet illallispöydässä. Nyt he kantoivat keskellään suurta liinalla peitettyä pärekoria. Kummallakin oli lisäksi kahvipannu kädessään.

– Siellä ois kohta kahvia ja kaakkua, sanoi vanhempi naisista, kun teimme heille tietä ja astuimme polun sivuun.

– Kiitos, Mauri vastasi kohteliaasti mutta jatkoi naisten mentyä kohti maantietä. Ei auttanut muu kuin seurata nöyrästi perässä.

– Mihin me olemme menossa? kysyin Maurilta, kun olimme jo sivuuttaneet opiston tienhaaran.

– Ajattelin, että käydään Syvärannan kokolla, Mauri vastasi minuun vilkaisten. – Siellä voi olla Gusse ja muitakin tuttuja lehtimiehiä perheineen.

Syväranta kuulosti jotenkin tutulta paikannimeltä, mutta vasta kun saavuimme lepokodin rantaan, muistin maisteri Tikkasen maininneen tämän paikan Eino Leinosta puhuessaan. Meitä vastaan rantapolulla tuli nimittäin Gussen ja jonkun tukevatekoisen vanhemman naisen taluttamana hilpeästi hoiperteleva lyhyenläntä mies, joka seisahtui meidät nähdessään ja huudahti hiukan sammaltaen:

– *Ave Caesar, morituri te salutant!* Sanokaas te nyt Naimarouvalle ja tälle kukonpojalle, ettei Einoa vielä nukuta!

Ei tämä todellakaan ollut ensimmäinen kerta, kun näin Eino Leinon juovuksissa, mutta koskaan ennen hän ei ollut näyttänyt näin säälittävältä kuin nyt, sänkisin poskin, vesissäsilmin ja tukka harittaen.

– Iltaa, Eino-setä, sanoin ojentaen käteni. Gusse hellitti sen verran otettaan, että Eino Leino pystyi tarttumaan siihen.

– Onko se… onko se… Albergasta… Ida-rouvan pikku Kirsti? hän kysyi kumartuen katsomaan minua tarkemmin. Silmien sumeus oli hetkessä kadonnut, vaikka katse oli yhä pohjattoman murheellinen.

– Olen minä Erikssonin Kirsti, iltaa pitkästä aikaa, vastasin hymyillen.

Äkkiä kaikki oli aivan selvää, koko tilanne, Mauri, Gusse, uupuneen näköinen vanhempi rouva ja juopunut runoilija, joka hädin tuskin pysyi jaloillaan. Tein niin kuin äitikin olisi tehnyt, tartuin Eino-setää lempeästi käsipuolesta ja kysyin, lähtisikö hän kanssani sisälle juomaan teetä.

– Saahan teiltä vielä teetä tähän aikaan? kysyin naiselta, joka nyökkäsi innokkaasti ja jatkoi samaan äänilajiin, että hänellä oli vielä ruokakomerossa pari palaa sitä toskakakkua, josta Eino oli niin tykännyt päiväkahvilla.

Onneksi Mauri ja Gusse ymmärsivät jättää Eino-sedän meidän huomaamme. Lauhkeana kuin vanha takkuinen karhu hän antoi taluttaa itsensä maantien yli ja portista sisään puistokäytävälle. Se oli muuten oudon näköinen portti, niin kuin hämähäkin seitti. Sen takia Eino-setä alkoi varmaan hyräillä sitä *Laulua ristilukista,* jota mekin Allin kanssa olimme pikkutyttöinä pimputtaneet meidän pianolla. Vaikkei hyräily ihan nuotilleen mennytkään, sävelen tunnisti silti.

Sillä aikaa kun Naima-rouva, joka oli ilmeisesti jonkinlainen lepokodin emännöitsijä, lähti puuhaamaan meille teetä, me istuimme Eino-sedän kanssa vastatusten ruokasalin ikkunan ääreen. Hän tuntui selviävän ihmeen nopeasti humalastaan eikä enää sammaltanut selittäessään, että aikoi lähteä jo ensi viikolla Kajaaniin katsomaan lapsuudenkotiaan ja muitakin tuttuja paikkoja.

– Tiedätkös, Kirsti, hän puheli hypistellen kättäni omiensa välissä. – Kun ihminen vanhenee, ja minähän olen jo vanha mies, kohta viidenkymmenen, niin nämä nykyiset sitä unohtaa, mutta entisajat, ne nousevat mieleen ihan kirkkaina. Sitä näkee väritkin selvästi, tuntee tuoksut nenässään ja kuulee äänet. Monta kertaa yöllä kuulen ihan selvästi, kun äiti minua huhuilee. Minähän olin oikea äidin lellipoika, nuorimmainen ja kaikkein rakkain, Eino lisäsi ääntään alentaen. – Olin pitkälti yli kahden vanha ennen kuin äiti minut vierotti rinnoiltaan.

Ties mitä tunnustuksia Eino-setä olisi vielä ehtinyt tehdä, ellei Naima-rouva olisi kiikuttanut meille teetarjotinta. Yhtä perso Eino-setä näkyi olevan makealle kuin ennenkin. Neljä lusikallista sokeria upposi teekuppiin, ja toskakakun viipaleesta riitti vain pariksi suupalaksi. Hyvää emännöitsijän kakku kyllä olikin, kieltämättä.

Lämmin tee teki tehtävänsä. Ihan tahallani minäkin haukottelin leveästi. Kun Eino-sedän pää alkoi nuokkua, Naima-rouva, joka oli seurannut meitä sivummalta, riensi avuksi.

– Sano terveisiä äidillesi, Eino-setä kääntyi sanomaan, kun ponteva emännöitsijä lähti taluttamaan häntä yöpuulle. – En ikinä unohda, miten paljon hän ja Viivi-rouva tekivät Kasimir-rukan hyväksi.

Tottahan se olikin, että ilman äidin ja Viivi-tädin huolenpitoa Kasimir Leino olisi kuollut kurjaan vinttikamariinsa täysin laiminlyötynä. Äiti odotti silloin kaksosia, mutta jaksoi silti käydä melkein joka päivä Landénin vintillä viemässä Kasimir-herralle ruokaa. Sairaalaan tuota kuolemansairasta miestä ei kuitenkaan saatu, vaikka tohtori oli tullut kaupungista asti hakemaan häntä vaunuilla.

Vasta kun ovi kolahti jossakin talon uumenissa ja nousin pöydästä, huomasin Maurin ja Gussen istuvan ulkona verannalla. Ruokasalin seinäkello löi jo puolta yhtä. Ulkona oli kesäyön hämärin hetki.

– Minun täytyy varmaan lähteä opistolle, sanoin Maurille, kun tulin heidän luokseen. – Jää sinä tänne juttelemaan, osaan minä yksinkin, lisäsin reippaasti, vaikka arvasinkin, ettei Mauri voisi tinkiä herrasmiehen velvollisuuksista.

– Jokos Kirsti on ilmoittautunut emäntäkouluun? Gusse kysyi silmää iskien saatellessaan meitä portille. Rannasta kuului vielä laulua, vaikka kokko näytti jo sammuneen.

– Minä olen kuule käynyt emäntäkoulua koko ikäni, vastasin naurahtaen, vaikka ymmärsin toki, mitä Gusse yritti vihjata. – Osaan lypsää ja juottaa sikoja ja vasikoita, kirnuta voita ja etsiä kananmunat piilosta, jos sikseen tulee.

Kerrankin Gusse jäi täysin sanattomaksi, heilautti vain kättään ja katosi rantaan johtavalle polulle. Mauri kietoi käsivartensa hartioitteni ympäri ja veti minut itseään vasten.

– Senkin pikku pentele, hän sanoi hellästi kumartuessaan suutelemaan minua. – Pitikö sinun ehdoin tahdoin karata toisen miehen matkaan?

– Eino-sedässä ei ole paljon enää miestä jäljellä, vastasin huokaisten. – Sitä paitsi olen nähnyt, miten hankalaksi hän voi heittäytyä juovuspäissään.

– No jos totta puhutaan, Mauri vastasi ääni vakavoituen. – Hoidit tilanteen todella hienosti. Me Gussen kanssa olemme kehuneet sinua kilvan. Olit kuulemma luokan reiluin tyttö ja aina valmis auttamaan, jos joku oli pulassa.

– Gusse liioittelee! minun oli pakko keskeyttää moiset ylistyspuheet. – Kiukkuinen minä olin, annoin ympäri korvia Gussellekin, kun hän... no, olkoon... yritti tehdä tyhmyyksiä.

– Ai siellä Suomenlinnassa? Mauri kysyi virnistäen.

– Sielläkin, ja penkinpainajaisissa sinun kotonasi, vastasin tyynesti enkä kiusallanikaan väistänyt hänen katsettaan. – Lassea kaikki pitivät hulivilinä, mutta tosiasiassa Gusse on aina ollut kaksosista se hurjempi.

– Ilmankos Gusse käski minun pitää sinusta hyvää huolta, Mauri totesi, kun hetken oli kävelty äänettöminä. Vielä kantautui laulua Syvärannan suunnasta. Jossakin kaukaa järven toiselta puolelta kuului hetken auton tai moottoripyörän pärinää. Koillisen taivas oli jo ruvennut kirkastumaan.

Kai minun olisi pitänyt silloin heti sanoa Maurille napakasti vastaan, mutta olin liian väsynyt ryhtyäkseni väittelemään. En halunnut huolenpitoa vaan toveruutta ja naurua, ymmärtämystä ja intohimoa, alkukantaista ja ehdotonta. Mutta ei sellaisesta tietenkään sovi sanoa miehelle, jonka tapaa vasta toista kertaa.

Ei sanota, vaikka olisi pitänyt.

– Mihin te katositte?

Pahus soikoon! Alli oli ponnahtanut peittonsa alta istumaan kuin vieterinukke heti kun rupesin vääntämään herätyskellon nuppia. Olin jo ehtinyt iloita siitä, että olin päässyt vuoteeni laidalle tyttöjä herättämättä. Onneksi opiston alaovea ei ollut lukittu. Ehkä se oli jätetty minua varten auki.

– Käytiin Syvärannassa, vastasin kuiskaten. – Siellä oli Gussekin ja Eino Leino, joka muisti meidät ja lähetti äidille terveisiä.

– Siinä kaikki? Allin ääni kuulosti pettyneeltä.

– Siinä kaikki, oli pakko jatkaa kuiskailua, vaikka Darja jo kääntelehti vuoteessaan. – Mauri saattoi minut alaovelle ja lähti hakemaan autoaan Paloheimojen pihasta. He ovat huomenna menossa Orimattilaan Irman häihin.

– Mitä kello on? Darjan käheä ääni keskeytti supinamme.

– Kohta puoli kaksi, vastasin. – Laitoin kellon soimaan kahdeksalta, nukutaan nyt!

Darja vaipui varmaan saman tien uneen. Hetken kuului Allin sängystä vielä lakanoiden kahahtelua. Sitten hänenkin hengityksensä muuttui raskaammaksi.

Vaikka käännyin selin ikkunaan, jonka takana päivä jo valkeni, ja painoin silmät väkisin kiinni, ajatukset poukkoilivat levottomina. Sitä en aikonut Allille kertoa, että opiston pihamaalla vähän ennen viimeistä suudelmaa Mauri oli pyytänyt minua kiertueen päätyttyä vieraakseen maalle.

– Silloin on kyllä puintiaika pahimmoillaan, hän oli todennut hymyillen. – Mutta tuskin se sinua haittaa, kun kerran olet jo emäntäkoulusi käynyt.

Vaikka kuinka yritin vakuuttaa itselleni, ettei sellainen vierailu mitään merkinnyt, jokin tässä kaikessa arvelutti. Tuntui ihan siltä, kuin minut olisi istutettu hänen autonsa etupenkille ja me olisimme olleet kovaa vauhtia matkalla määränpäähän, jonka hän oli valinnut minun mieltäni kysymättä.

Silloin kun olin pieni tyttö, meille oli syntynyt vasikka, Sunnuntai nimeltään. Se oli liikuttava pieni otus, suurisilmäinen ja hontelojalkainen, mutta erittäin itsepäinen. Jos sitä yritti naurussa kuljettaa laitumelle tai takaisin navettaan, se löi kaikki neljä sorkkaansa lujasti maahan eikä hievahtanutkaan.

Ehdin jo tuskastua temppuilevan vasikan kanssa, kunnes Iisakki neuvoi minulle, miten Sunnuntain sai ruohotupolla seuraamaan vaikka maailman ääriin eikä silloin tarvittu naruakaan.

– Eksä huamaa, notta soot pikkuusen samallaane, Kirsti, muistin Iisakin naurahtaneen. – Sun pitääs kans aina itte saara päättää.

Kai olin kumminkin niihin vasikkamuistoihini nukahtanut, sillä makeat unet katkesivat väkivalloin herätyskellon räminään. Alli oli minua nopeampi ja ehti hiljentää kellon ennen kuin ehdin nousta istumaan sängyn laidalle.

– Mitä kello on? Darja kysyi jälleen peittonsa suojasta.

– Kahdeksan kai, vastasin vilusta värähtäen, sillä sängyn vieressä lattialaudat tuntuivat jääkylmiltä jalkapohjien alla.

– Nyt nouskaa lapsikullat, on käki kukkunut, Alli hyräili ja oli saman tien jalkeilla. Siinäkin suhteessa olimme aivan erilaisia. Jos minä jouduin heräämään kesken unien, vatsaa kouristi ja maailma keinui silmissä. Alli sen sijaan oli aamuisin aina kuin västäräkki, heti valmiina hääräämään.

Pojat istuivat ruokasalissa aamupuurolla, kun me tulimme yläkerrasta kantamuksinemme.

– Myö laitettiin jo kulissit kasaan ja tavarat laatikoihin, Iivo kääntyi selittämään meidät nähdessään. – Kerttu-rouva lupasi, jot kartanosta tulee se sama kuorma-auto hakemaan meijät yheksältä Hyvinkäälle. Näin kauniil ilmal voijaan mennä samas kyydis kaikki, niin säästyy junapiletitkin.

Niin me sitten kapusimme kuorma-auton lavalle kaikki ja istuimme pakkilaatikoiden päälle riviin kuin kanat orrelle. Auton hyttiin halusi vain kokkorannassa vilustunut Darja, jottei menettäisi kokonaan ääntään.

– Kyllä tämä tunkkaiset junanvaunut voittaa, Alli nauroi, kun auto lähti liikkeelle. Kerttu-rouva oli kuulemma hyvästellyt toiset jo eilen. Vain opiston emäntä seisoi nyt keittiön portailla vilkuttamassa, kun kuorma-auto kaarsi rämisten pihamaalla ympäri.

Tie oli niin kapea, että kuusenoksat hipovat lavan laitoja. Kun auto kääntyi maantielle, ajoviima tuiversi tukan silmille. Pakko oli liukua pakkilaatikon päältä alemmas tuulensuojaan.

Vaikkei matka kestänyt kuin vähän toista tuntia, tiet olivat niin mutkaisia ja mäkisiä ja kuoppia täynnä, että Annille tuli huono olo.

– Oksennat vain reippaasti laidan yli, sanoin tyttöparalle, kun autoimme hänet takalaidan ääreen tomupilvestä piittaamatta.
– Kyllä me Allin kanssa pidetään sinusta kiinni!

Takin taskusta löysin palan selstoffia, jolla Anni sai pyyhkiä suunsa oksennettuaan aamupuuronsa. Allin viimeisiä Pectus-pastilleja imeskellen Anni selviytyi loppumatkan, mutta oli aivan kalpea ja vetämätön, kun kuorma-auto viimein seisahtui valtavan suuren parantolarakennuksen eteen.

Kovin oli erilainen vastaanotto täällä kuin Tuusulassa. Ehkä me olimme tulleet liian aikaisin perille tai sitten se nuori nainen, jolle meidän opastamisemme oli annettu tehtäväksi, piti meitä epämääräisenä roskasakkina. Juuri ja juuri hän suostui näyttämään meille sen juhlasalin viereisen kamarin, jota voisimme käyttää pukeutumiseen. Yösijaksi meille oli kuulemma varattu huoneet vähän kauempana näkyvästä valkoisesta puuhuvilasta. Kun kysyin, oliko siellä kukaan avaamassa ovea, nainen kohautti vain olkapäitään.

– Vet inte, hän tuhahti.

Vasta silloin ymmärsin, että ongelmana taisikin olla kieli eikä pölyinen ulkoasumme. Tietysti pojat olivat laatikoita kantaessaan pajattaneet keskenään omaa karjalankieltään. Kun on melkein yhdeksän ensimmäistä elinvuottaan puhunut riikinruotsia, ei kielenvaihto tuottanut minulle ongelmia. Kävi niin kuin arvelinkin, ruotsiksi esitettyihin kysymyksiin saatiin jo vastauksia, tosin hymyttömästi nekin.

Huvilan oven pitäisi kyllä olla auki, koska sinne oli juuri äsken lähetetty siivooja laittamaan meidän huoneitamme kuntoon. Ruokailla voisimme tämän rakennuksen toisessa päässä olevassa henkilökunnan ruokasalissa. Jos joku tulisi kysymään, meidän pitäisi ilmoittaa, että rouva Tigerstedt on sopinut asiasta ylihoitaja Sandelinin kanssa.

Ilmeisesti rouva Tigerstedt oli paikallisen Lotta Svärd -yhdistyksen johtohahmoja. Hän oli kuulemma tulossa puolelta päivin tapaamaan meitä. Koivuista nuori nainen ei sen sijaan osannut sanoa mitään, levitteli vain käsiään ja lähti sitten korot kopisten paikalta.

– Näkyyhä tuolla huvilan takana olevan sopivaa pöheikköä, Ontrei mutisi naisen lähdettyä. – Kuka sitä huomaa, jos käyvään puukolla nirhaamassa muutama riisku sieltä.

– Odotetaan nyt ensin sitä rouva Tigerstedtiä, tyynnyttelin poikia, jotka olivat selvästi ärsyyntyneet oppaan ylimielisyydestä. – Ei muuta kuin kannetaan laukut huvilalle ja tullaan sitten laittamaan lavasteet pystyyn!

Onneksi ehdimme huvilarakennukseen ennen siivoojan lähtöä. Hän olisi nimittäin vienyt avaimen mennessään. Huoneet olivat sinänsä iloinen yllätys, sillä makuusalin sijasta saimme nukkua kahden hengen huoneissa. Rakennuksessa oli myös pari vesiklosettia ja oikea kylpyhuone, jonka kraanasta tuli lämmintä vettä. Niinpä sovittiin, että jokainen, joka haluaa, pääsee kylpyyn ennen illan esitystä. Ensimmäinen kylpyvuoro annettiin tietysti Annille. Me muut lähdimme pystyttämään lavasteita ja järjestämään vaatteita ja rekvisiittaa.

Toiset olivat jo lähteneet etsimään ruokasalia, kun rouva

Tigerstedt tuli juhlasaliin. Ilmeisesti Karjala-Seuran naiset olivat ilmoittaneet minun olevan jonkinlainen kiertueen johtaja, koska hänkin kysyi ensitöikseen, olinko mahdollisesti neiti Eriksson. Ei rouva Tigerstedtkään varsinaisesti ollut epäystävällinen, päinvastoin, hän vaikutti hyvin tehokkaalta ja asialliselta, melkein sotilaalliselta seistessään siinä suoraryhtisenä keskellä salia korkeakorkoisissa kiiltonahkakengissä ja lottapuvussa, jossa oli hohtavan valkoiset kalvosimet.

– Kyllä, lotat huolehtivat lipunmyynnistä, arpajaisista ja kanttiinista, joka perustetaan aulaan, hän vastasi kysymykseeni illan järjestelyistä. Kun rohkenin tiedustella, voisiko alkuohjelman jälkeen pitää edes neljännestunnin mittaisen kahvitauon, jotta ohjelmansuorittajat ehtisivät valmistautua rooleihinsa, rouva Tigerstedt sanoi sen sopivan mainiosti.

– Pidetään puolen tunnin tauko, niin kanttiinissa ehditään myydä enemmän, hän päätti ja kysyi, oliko muita toivomuksia.

– Entä tilaisuuden avaus? ennätin sanoa, kun vastaus tuli jo kuin pyssyn suusta.

– Minä pidän tietysti tervetuliaispuheen, hän ilmoitti. – Jos neiti Eriksson kirjoittaa ylös kaikki ohjelmanumerot ja esiintyjien nimet, niin voin kuuluttaa nekin.

Rouva ehti jo kääntyä kannoillaan, kun muistin ne pahuksen koivut.

– Montako tarvitaan? rouva kysyi ilmeenkään värähtämättä.

– Neljä riittää aivan hyvin, kiirehdin vakuuttamaan.

– Koivut tuodaan tuohon ulko-ovelle kolmeen mennessä, rouva Tigerstedt julisti, nyökkäsi hyvästiksi ja lähti salista.

Tasan kello kolmelta kaksi raavasta työmiestä nosti kuorma-auton lavalta neljä komeaa koivua. Vanhempi mies kysyi minulta, kannetaanko nämä saliin asti vai jätetäänkö tähän ovenpieleen niin kuin rouva käski.

– Saliin, kiitos, jos siitä ei ole liikaa vaivaa, vastasin ja jäin pitelemään ulko-ovea auki. Miehet marssivat ohitseni koivu kummallakin olkapäällä.

– Rouva käski kysyä, tarttetaanko muuta? se vanhempi mies kääntyi sanomaan, kun he olivat jättäneet koivut nojalleen salin seinää vasten.

– Kyllä nämä riittävät, kiitos vielä kerran! vakuutin. Koko toimitukseen ei ollut kulunut viittä minuuttiakaan.

– Näähä ulottuu melkein kattoon, Iivo ihmetteli, kun pyysin pojat auttamaan koivujen pystytyksessä. Pelkillä kivipainoilla puut olisivat tuskin pysyneet pystyssä ämpäreissä. Onneksi meillä oli nuoraa mukana niin että saatiin rungot sidotuiksi naruilla lipputangon pitimiin, jotka oli ruuvattu salin etuseinään.

Tällä kertaa tytöt eivät halunneet laulaa peruukeissa. Alli sen sijaan suostui panemaan palmikkoperuukin päähänsä jo etukäteen, kun sanoin, että se sopi hänen runoihinsa paremmin kuin polkkatukka. Olin melkein unohtanut sen ohjelma- ja nimilistan, kun Alli kysäisi, kuka tänään avaa iltamat. Ehdin juuri ja juuri saada paperin valmiiksi, kun rouva Tigerstedt jo tulikin takahuoneen ovelle.

– Eikö neiti Eriksson kuulu Lotta Svärdiin? rouva kysyi yllättäen, kun olin ojentanut listani hänelle.

– Kuulun kyllä kuten sisarenikin ja meidän äitimme, vastasin rauhallisesti.

– No, miksei hänellä sitten ole lottapuku yllä? rouva Tigerstedt sanoi moittivasti.

– Sääntöjen mukaan lottapuvun pitäisi olla aina siisti ja puhdas, selitin korostetun asiallisesti. – Tällaisella kiertueella, kun vaatteet on sullottu kapsäkkiin ja joudutaan matkustamaan viikkotolkulla milloin junassa, milloin kuorma-auton lavalla, se olisi aivan mahdotonta. Siksi Naisylioppilaiden Karjala-Seuran johtokunta on päättänyt, että me pukeudumme omiin vaatteisiimme.

Kyse on myös meidän pakolaisnuoristamme, joiden vaatevarasto on hyvin vaatimaton.

– Jaha, minä ymmärrän, rouva Tigerstedt tokaisi, otti paperin ja kääntyi antamaan ohjeita omalle esikunnalleen.

– Hyvin sanottu, Alli kehui, kun palasin oikomaan Jormakoffin onnetonta partaa. Se oli taas pahoin takussa, ja toinen kannatinlangoista oli katkennut, kun Simo oli kiskonut parran päästään.

– Tässä täytyy kai olla varustautunut kaikkeen mahdolliseen, huokasin. – Mutta niin kuin äiti aina sanoo, kaikkehen tottuu paitti puukkohon seljäs ja siihenkin tottuu, jos makaa vattallansa.

– Iisakki tuon on opettanut, Alli sanoi nauruun purskahtaen ja sai minutkin nauramaan. Ei tätä revohkaa kestänyt, jollei välillä saanut nauraa.

Loppujen lopuksi Hyvinkään iltamat onnistuivat vielä paremmin kuin ne kaksi aikaisempaa esitystä, vaikkei sali ollutkaan niin tupaten täynnä kuin Tuusulassa, Oulunkylästä nyt puhumattakaan. Rahaa tuli enemmän kuin kahdesta aikaisemmasta tilaisuudesta yhteensä, sillä puhvetissa myytiin kahvia, limonaadia, voileipiä ja vehnäsiä ennätysmäärä. Saman verran saatiin rahaa myös arpajaisista, jonka voitot olivat hämmästyttävän arvokkaita.

Päävoittona oli nimittäin oikea taulu, upean tummaverikön muotokuva, jonka oli lahjoittanut muuan täkäläinen taiteilijatar. Sen voitti tilanomistaja, jonka Anni väitti ostaneen arpoja tukullisella seteleitä.

– Se taulu ol muute ihan sen Tigerstedtin rouvan näkönen, Iivo aprikoi, kun iltamien päätyttyä kuljettiin puiston poikki omaan majapaikkaamme. Niin tosiaan olikin, kun sitä oikein ajatteli, vaikkei kuvan naisella ollut yllään tiukkaan napitettua lottapukua vaan punainen iltapuku ja turkisstoola. Mutta ilme oli sama ja kampaus myös, poskelle vedettyjä hiuskiehkuroita myöten.

– Se tuli joka tapauksessa todistetuksi, että väliaika kannattaa pitää, Alli totesi myöhemmin illalla, kun minäkin olin lopulta päässyt käymään kylvyssä ja palasin yöpaidassa meidän kahden huoneeseen. – Nyt ei kukaan unohtanut vuorosanojaan, ei edes Simo. Jos tätä menoa jatketaan, NYKS voi kohta perustaa näillä rahoilla oman kansanopiston itäkarjalaisia varten!

Seuraavana päivänä pakaasit vietiin hyvissä ajoin junaan lastattaviksi ja vaelsimme läpi kesäisen mäntymetsän Hyvinkään rautatieasemalle. Kun päästiin perille, Iivo jo istuskelikin aseman seinustalla pakaasipiletit kädessään.

– Siel ois kioskis kaikenlaisii kuvakorttei myytävänä, hän vihjaisi Allille ja minulle. Kun junan tuloon oli vielä aikaa melkein puoli tuntia, me lähdimme kioskille juoksujalkaa. Kioskin ikkunaruutua vasten oli laitettu näkyville rivi käsinväritettyjä kuvakortteja. Me ostimme varastoon kaikki ne kortit, joissa oli erilaisia automobiileja ja höyryvetureita. Äidille valittiin komea kuva Hyvinkään parantolasta kaksine torneineen.

Eihän sitä ensin tullut ajatelleeksikaan, miksi muut istuivat junassa niin vaitonaisina, kun me Allin kanssa kirjoittelimme korttejamme ja luimme naureskellen niiden tekstejä ääneen. Vasta kun Darja mutisi, että kyllä hänenkin pikkuveljensä tuommoisista korteista tulisi iloiseksi, me vilkaisimme toisiimme noloina.

Alli pyysi anteeksi meidän kummankin puolesta. Eivät nämä pakolaisnuoret voineet tietenkään lähettää omaisilleen edes viatonta kuvakorttia Suomesta. Olihan heidät leimattu Neuvosto-Venäjällä suorastaan rikollisiksi.

– Miul on koko perhe Kotkassa leirillä, Anni huokasi. – Mut ei hyö kuvakorteista perusta. Joka penni on säästettävä, jot mie voin ostaa, jos mitä tarvitaan.

Harmitti vähän, etten ollut älynnyt puhua rouva Tigerstedtille meidän karjalaisnuortemme rahapulasta. Niistä iltamatuloista, jotka hän oli luvannut viedä pankkiin, olisi toki voinut antaa heille edes muutaman markan kullekin. Meillehän Allin kanssa oli maksettu jo etukäteen koko kiertueen päivärahat, viisi markkaa päivältä, vaikka meillä olikin täysi ylläpito. Toisille ei sen sijaan ollut luvassa matkojen ja ylläpidon lisäksi kuin pieni opiskelustipendi ensi talveksi.

Täytyypä ottaa asia puheeksi paikallisten järjestäjien kanssa, päätin mielessäni, kun juna alkoi hiljentää vauhtiaan lähestyessään Turenkia, jossa meillä oli seuraava esitys. Ei sille mitään voinut, että välillä tunsin itseni paljon vanhemmaksi kuin muut, vaikka Iivo oli tosiasiassa minua kaksi vuotta vanhempi. Ontrei ja Darja olivat kai samanikäisiä kuin Alli eli minua melkein vuoden vanhempia, eikä Annikaan, joukon nuorin, ollut minua kuin pari vuotta nuorempi. Vastuu vanhentaa, siitä kai oli kyse.

– Älä nyt rypistä otsaasi tuolla lailla! Alli komensi, kun noustiin vaunun käytävälle seisomaan ja Iivo ja toiset pojat nostelivat laukkujamme verkkohyllyiltä alas. – Mitä Maurikin sanoo, jos palaat täältä naama ruttuisena kuin rusina.

Kun juna vihdoin pysähtyi asemalle, hirmuinen helle löi vastaan. Muut lähtivät jo odottelemaan varjoon asemalaiturin katoksen alle, mutta meidän piti jäädä Iivon kanssa vahtimaan, että kaikki pakaasimme nostettiin alas tavaravaunusta ja kuormattiin asemamiesten käsikärryihin.

– Auttakaa! Darja putosi! kuulimme Allin huutavan juuri kun juna lähti liikkeelle.

Kukaan ei oikeastaan ollut nähnyt, mitä tapahtui. Ilmeisesti Darja oli kulkiessaan vilkaissut taakseen, astunut harhaan ja suistunut korkealta asemalaiturilta alas. Kun ehdin paikalle, hänet oli jo autettu istumaan puupenkille makasiinin seinustalle.

– Mihin sattuu? Alli oli kyselemässä.

– Polveen, Darja ähkäisi. – Siit tullee verta.

Haava ei ollut kovin syvä, vaikka nahkaa olikin nirhautunut, mutta tietysti se näytti pahalta, kun vereen oli sekoittunut hiekkaa ja hiilenmurusia. Sukkaansa Darja eniten harmitteli, sillä ohut vaalea pumpulisukka oli mennyt polvesta rikki.

– Onkohan se suojeluskuntatalo kovin kaukana? kysyin vantteralta nuorelta mieheltä. Hän oli saapastellut parahiksi paikalle kyselemään, mekö olimme niitä näyttelijöitä, joiden pakaaseja hänet oli lähetetty hakemaan.

– Jaa, suajeluskuntataloko? mies vastasi hymähtäen ja osoitti isoa rakennusta radan toisella puolella. – Tuallahan tua on mäellä. Tosta kiskojen takaa voi oikasta polkua pitkin. Mää kiärrän hevosella tiän kautta.

Loppujen lopuksi Darjakin istutettiin hevosmiehen kyytiin, kun loukkaantunut jalka ei oikein tahtonut ottaa alle. Me muut marssimme peräkanaa kiskojen yli ja löysimme ratapenkan juurelta polun, joka johti kukkivan angervopöheikön lävitse maantien laitaan aivan suojeluskuntatalon kohdalle. Darja vilkutti meille reippaasti, kun hevoskärryt ajoivat ohitsemme mäkeä ylös.

– Aikamoinen paikka, Alli totesi, kun vihdoin seisoimme ylhäällä näyttämön reunalla ja tähyilimme alas juhlasaliin. Pojat raahasivat hevosmiehen kanssa pakkilaatikoita takaovesta näyttämön taakse. Talonmiehen vaimo, joka oli rientänyt meitä vastaan, oli ottanut Darjan hoteisiinsa ja vienyt hänet Annin kanssa suoraan keittiöön haavaa puhdistamaan.

– Ei tänne kannata ruveta koivuja raahaamaan, sanoin hetken silmiteltyäni. – Ei ne kumminkaan näkyisi katsomoon tuolta näyttämön sivusta, kun lavastus täytyy rakentaa tähän keskelle.

– Niin mutta tuoksuisivat ne kumminkin, jos ne laittaisi salin puolelle, Alli yritti väittää vastaan.

– Mitä turhaa, kyllä nämä täkäläiset saavat koivuja haistella muutenkin! löin leikiksi koko asian. – Se on ihan eri asia, jos ei ole kunnon näyttämöä vaan joudutaan näyttelemään tavallisen juhlasalin peräseinällä.

Sillä aikaa, kun Iivo ja muut pojat ryhtyivät pystyttämään kulisseja, me Allin kanssa menimme keittiöön, missä Darjan polvi oli jo puhdistettu jodilla ja kiedottu puhtaaseen sideharsoon. Tytöt istuivat kaikessa rauhassa kahvilla emännän kanssa.

– Ne on tuolla yläkerrassa ne teirän huoneet, nainen vastasi, kun kyselin, oliko hänellä tietoa, mihin meidät majoitetaan. – Mutta mahtushan teitä pari tyttöä tohon meirän kammariinkin, kun ukko ei oo kotona. Meinaan, ne on jyrkät ne viimmeset portaat, kun ton plikan jalka on tuommonen.

Ensin Darja oli sitä mieltä, että hän voi konkata yläkertaan meidän muiden kanssa, mutta jo puolivälissä ensimmäisiä portaita hänen oli pakko antaa periksi.

– Nilkkan koskee, hän mutisi surkeana.

Kun jalkaa tutkittiin tarkemmin näyttämön takahuoneessa, nilkka näytti tosiaan turpoavan vähitellen. Ei auttanut muu kuin laittaa siihen kylmä kääre. Varmuuden vuoksi määräsin Darjan istumaan kipeä jalka tuolille nostettuna, jottei se paisuisi sen enempää ennen illan esitystä.

– En mie tiedä mikä siin on, kun jalkaterä liikkuu kumminkin, Darja itse vakuutteli vaikka irvistikin kivusta yrittäessään liikuttaa varpaitaan.

– Mitäs jos Darja ei pysty illalla kävelemään? Alli kysyi huolestuneena, kun käytiin ulkohuoneessa kahdestaan.

– No, se riittää, että hän konkkaa näyttämölle ja istuu pöydän viereen penkille, vastasin huolettomasti. – Eihän Anastasiamuorin tarvitse välttämättä kulkea ympäriinsä. Menkööt lapset syleilemään istuvaa äitiään. Sitä paitsi iltaan on vielä pitkä aika. Voihan olla, että nilkka kestää silloin jo astua muutaman askeleen.

Turengin esitys meni vielä jotenkuten, kun Darja puri hammasta ja istui aina välillä lepuuttamaan jalkaansa. Väkeä oli jälleen tupa täynnä, ja väliaikaa piti pidentää kymmenellä minuutilla, jotta kaikki saivat kahvinsa ja limonaadinsa. Kun esityksen jälkeen yritin mennä puhumaan paikallisten lottien puheenjohtajalle niistä meidän karjalaisnuorten taskurahoista, tämä pahoitteli ja sanoi rahastonhoitajan jo vieneen kassan mennessään.

– Mutta tietysti voisin antaa jotakin omasta pussistani, hän sanoi hetken epäröityään ja kaivoi taskustaan kaksi kymmenen markan seteliä. – Riittääkö tämä?

Totta kai minun oli pakko kiittää kauniisti ja sanoa että riittää, vaikkei tuosta summasta saisi neljääkään markkaa päätä kohti, kun jakajia oli seitsemän. Kun en muutakaan keksinyt, kävin vaivihkaa kysymässä Allilta, liikenisikö meiltä vielä yksitoista markkaa kummaltakin, niin saataisiin edes kuusi markkaa jokaiselle taskurahaksi.

– Eipä tässä paljon ehditä tuhlaamaan, Alli naurahti ja ojensi minulle kourallisen kolikkoja.

Kun seuraavana aamuna mentiin asemalle piletinostoon, vaihdoin setelit pienempiin niin että saatoin jakaa kaikille taskurahaa.

– Mahottomasti kiitoksia, Anni sanoi. – Mistä hyö arvaskii, jot meillä ei ole yhtään rahaa.

Hyvillä mielin noustiin siis junaan. Darjan nilkka oli ollut yön yli kääreessä ja turvotus näytti vähän laskeneen, vaikka iho sinersikin.

– Kyl mie pärjään, Darja arveli. – Jos ei tarvihe kävellä pitkää matkaa.

Tunnin verran odoteltiin Hämeenlinnan asemalla vastaanottajia. Minkäänlaista puhelinnumeroa tai edes nimeä ei löytynyt siitä paperilapusta, johon oli kirjoitettu kiertueen aikataulu. Hämeenlinnan kohdalla luki vain Palokunnantalo, ei edes osoitetta.

Iivo jäi pitämään vahtia pakaasitoimiston nurkalle sillä aikaa kun me muut kävimme juomassa pullakahvit asemaravintolassa. Jottei meidän karjalaisnuortemme tarvinnut heti kajota vähiin rahoihinsa, maksoin omistani ja pyysin tarjoilijalta kuitin. Kunhan joku paikallisista löytyisi, ottaisin kyllä omani takaisin iltamien kassasta.

– Nyt saa riittää! sanoin lopulta toisille, kun ketään ei vieläkään näkynyt. – Jätetään pakaasit tänne ja lähdetään etsimään sitä Palokunnantaloa.

Pakko oli ottaa Darjaa varten vossikka, vaikka asemaravintolan tarjoilija olikin sanonut, ettei matka ollut kuin alun toista kilometriä. Me neljä tyttöä mahduimme hyvin vossikan kyytiin, kun pojat lupasivat tulla kävellen perässä.

Ensin näytti siltä, ettei Palokunnantalollakaan ole ristinsielua. Darja-rukka alkoi näyttää jo tuskaiselta kyyhöttäessään faneerisen matkalaukkunsa päällä, kun kolkuttelin turhaan kadun puolen ovia. Helle oli täälläkin sietämätön. Lopulta älysin mennä portista pihan puolelle ja löysinkin sieltä kasvimaata perkaamasta puolenkasvuisen tytön.

– Pappa kyllä lähti jo aikaa sitten hakemaan teitä, hän sanoi hämmentyneenä kuultuaan, keitä me olemme. – Ja mamma läksi käymään Skuuksterissa, kyllä se sieltä kohta tulee.

Mikäs siinä auttoi. Kävin hakemassa toisetkin kadun puolelta odottamaan pihamaalle. Seinustalla oli sopivan varjoisa penkki. Darjakin sai lopulta kipeän jalkansa nostetuksi ylös, kun istui sivuttain penkin päässä. Sen verran pahalta nilkka kumminkin näytti, että kaivoin laukustani pyyheliinan ja kävin kastelemassa sen pumppukaivon alla. Hyvältä tuntui huuhdella hikiset kasvot kaivonkylmällä vedellä ja juoda vähän vettä kämmenpohjasta.

– Voi mite helpottaa, Darja kiitteli, kun kiedoin hänen nilkkansa kylmään kääreeseen.

Jossakin aivan lähellä talojen takana helähti tornikello pari kertaa. Vaikka kuinka yritin ajatella, ettei tämä minun syytäni ollut, hermostutti se silti. Pakaasit olivat yhä rautatieasemalla. Miten ihmeessä ehtisimme muutamassa tunnissa pystyttää kulissit ja valmistautua illan esitykseen, kun ei edes yöpaikka ollut tiedossa?

– Käyn katsomassa, ovatko pojat kadun puolella, sanoin lopulta, kun odotus alkoi käydä hermoille. Juuri kun ehdin portinpieleen, hevoskärryt kääntyivät pihamaalle. Hädin tuskin ehdin väistää talon seinustalle.

– Tulihan tuo ukko sentään, Iivo sanoi puoliääneen hypätessään kärryjen perälaudalta kohdallani. – Onneks ol pakaasilaput jääneet miun taskuun, niin saatiin tavarat kyytiin.

Ei siinä kiireessä ehtinyt ruveta kyselemään, missä ihmeessä talonmies oli hevosineen viipynyt. Kun hän oli mitään puhumatta avannut takaoven, pakkilaatikot ja faneerilevyt kannettiin yläkerran juhlasaliin.

Sillä aikaa kun pojat kokosivat salin toiseen päätyyn lavasteita, me tyttöjen kanssa selvittelimme vaate- ja peruukkiarkun sekaisin joutunutta sisältöä. Vaikutti ihan siltä, kuin pakkilaatikkoa olisi pyöritelty ympäri. Darja oli komennettu pitkälleen lavasteiden kolpitsapenkille. Talonmiehen tytär oli vihdoin tuonut meille kannullisen vettä ja vadillisen voileipiä. Kunnon ateriasta täällä ei ilmeisesti ollut toivoakaan.

Kello oli melkein viisi, kun paikallisen suojeluskunnan päällikkö ja hänen vaimonsa saapuivat lopulta paikalle. Mieli teki sanoa muutama valittu sana huonosti hoidetuista järjestelyistä, mutta hillitsin itseni. Lottapukuinen vaimo ei paljon puhunut, ryhtyi vain järjestämään puhvettipöytää viereiseen huoneeseen. Mies ilmoitti, että meille oli varattu huoneet torin pohjoislaidalta Kaupunginhotellista.

Tietysti olisi pitänyt kysyä, onko tori kaukanakin ja puhua myös Darjan jalasta, mutta kun suojeluskunnan päällikkö kalautti majoituksesta ilmoitettuaan kantansa yhteen ja lähti rivakasti harppoen paikalta, jäin hämmästyksestä sanattomaksi. Ei auttanut muu kuin lähteä viereiseen huoneeseen, johon oli saapunut jo enemmänkin lottia järjestelyjä hoitamaan. Hetken silmäilin joukkoa ovelta ja päätin lopulta kääntyä reippaannäköisen keski-ikäisen lottarouvan puoleen. Hän kun näytti neuvovan muitakin ja oli siis jonkinlainen organisaattori.

– Ei sinne pitkä matka ole, nainen vakuutti kuultuaan huoleni. – Tori on tuossa ihan kulman takana ja Kaupunginhotelli sen toisella laidalla. Oletteko te muuten saaneet mitään suuhunne? hän kysäisi ja käski meidän tulla hakemaan puhvetista kahvia ja syötävää ennen kuin iltamavieraat tulevat.

Me toimme Darjallekin kahvia ja voileipiä sivuhuoneeseen. Jalka ei kaikesta makuuttamisesta ja hautomisesta huolimatta ollut sen parempi, pikemminkin päinvastoin. Darja vakuutti kuitenkin urheasti, että selviää kyllä illan esityksestä, jos saa istua penkillä koko ajan.

– Kukas nyt pitää tervetuliaispuheen? Alli kysyi kuiskaten, kun kello oli viittä vaille seitsemän ja seisoimme kurkkimassa sivuoven raosta, koska päästäisiin alkamaan. Darja-rukka oli jo autettu harmaassa peruukissaan ja ryysyissään istumaan katsojien eteen.

Herrajumala! Olin unohtanut koko alkupuheen!

– No, sitten menet itse, Alli tokaisi ja tuuppasi minut muitta mutkitta ovenraosta salin puolelle. Mikäs siinä auttoi. Veri kohisi korvissa, kun kävelin yleisön eteen, rykäisin ja aloitin niin kuuluvalla äänellä kuin pystyin:

– Tervetuloa Naisylioppilaiden Karjala-Seuran iltamiin! Moni on varmaan jo ehtinyt ihmetellä, miksi yksi näyttelijöistämme istuu tässä penkillä, jatkoin hetken mielijohteesta ja laskin käteni Darjan olkapäälle. Yleisö tuntui lämpenevän heti, kun kerroin ihan lyhyesti hänen loukanneen jalkansa eilen Turengissa.

– Kipua ja särkyä uhmaten on meidän urhea uhtualainen Darjamme luvannut tänään sekä laulaa että näytellä meille. Harmaista hapsistaan huolimatta hän on vasta yhdeksäntoistavuotias, lisäsin Darjaan vilkaisten, ja hänkin veti suunsa hymyyn, kun yleisö puhkesi suosionosoituksiin.

Loppu menikin sitten jo kuin itsestään. Luettelin ohjelmanumerot ja esiintyjien nimet, kerroin väliajasta ja kehoitin väkeä nauttimaan puhvetin antimista. Iltamien tuotto käytettäisiin nimittäin lyhentämättömänä Itä-Karjalan pakolaisnuorison koulutukseen. Sitten olikin jo Iivon vuoro astua esiin, ja minä saatoin vetäytyä kuiskaajan paikalle faneeriseinän suojaan. Koville se puheenpito oli silti ottanut. Sydän jyskytti vielä tyttöjen laulunkin aikana.

– Tästä lähtien saat kyllä hoitaa tuon alkupuheen joka kerta! Alli kehui, kun näytelmä oli onnellisesti ohi ja me pääsimme aikamme kumarreltuamme vihdoin sivuhuoneeseen.

– Ja esityskin män paremmin kuin ikinä! Iivo riemuitsi. – Darjalkii ol silmät vallan vesikierteellä.

– No kun miun jalkaan sattuu, Darja sanoi irvistäen vaikka yrittikin hymyillä.

Tyytyväinen oli se topakka lottarouvakin, joka tuli erikseen kiittämään meitä ja sanoi vielä varmistaneensa, että saisimme syödä illallista Kaupunginhotellin ruokasalissa Lotta Svärd -yhdistyksen laskuun. Hän oli jo lähdössä huoneesta, kun Darja nousi seisomaan Anniin nojaten ja yritti ottaa muutaman askeleen. Jalka ei kuitenkaan kannattanut enää ollenkaan. Kivusta irvistäen Darja lysähti lähimmälle tuolille.

– Hyvänen aika! lottarouva huudahti nähtyään Darjan sinipunaiseksi ja muodottomaksi muuttuneen nilkan. – Täytyy mennä heti soittamaan tohtorille!

Kun arvelin, että lääkäriä jouduttaisiin odottamaan pitkään, käskin toisten jo mennä hotelliin ja syödä illallista.

– Me tulemme Darjan kanssa perässä, kunhan lääkäri on katsonut jalkaa.

Lopulta tohtori saapuikin. Hän oli jo vanhempi mies ja melko lailla hengästynyt kiivettyään portaita palokunnantalon yläkertaan lottarouvamme opastamana.

– Koska tämä tapahtui? tohtori kysyi kumartuen tutkimaan jalkaa, jonka Darja oli nostanut penkille. Ei puhettakaan, että mies olisi esittäytynyt tai kysynyt Darjan nimeä.

Kun Darja tuntui olevan aivan liian peloissaan eikä saanut sanaa suustaan, selitin lyhyesti, miten hän oli kompastunut Turengin asemalla ja pudonnut korkean asemalaiturin reunalta alas.

– Tjah, eikö siinä ollut kaidetta? tohtori jatkoi kyselyään ja väänteli samalla Darjan nilkkaa niin että tämä vaikeroi kivusta.

– Ei siinä pakaasitoimiston vieressä mitään kaidetta ollut, vastasin reippaasti, vaikken ollutkaan aivan varma, mistä kohdasta Darja oli pudonnut alas. – Siitä kai lastataan kuormia kärryihin.

– Potilas pitää nyt viedä saman tien lääninsairaalaan, tohtori ilmoitti selkänsä oikaisten. – Täytyy ottaa röntgenkuva ja sitten katsotaan, tarvitaanko kipsi vai pitääkö leikata. Minä soitan auton hakemaan meitä. Tuolla jalalla ei astuta enää askeltakaan! hän julisti ja lähti saman tien huoneesta.

– Ei miul oo semmosii rahoja, Darja sanoi kauhuissaan ja suuret kyynelkarpalot vierivät hänen poskilleen.

– Ei hätää, lapsikulta! Me hoidamme kaikki kustannukset, lottarouva vakuutti kiirehtiessään tohtorin jälkeen.

– Miten kiertueen käyp? Darja takertui hädissään käsivarteeni.

– Rauhoitu, Darja, hätätilassa minäkin pystyn esittämään Anastasiaa, vastasin tyyntä teeskennellen, vaikka kauhu kuristikin kurkkuani. Tohtorin puheista ja ilmeistä oli helppo päätellä, ettei Darjan nilkka tulisi kuntoon vielä moneen viikkoon.

– Jos mie en kävele enää koskaan? Darja alkoi nyyhkyttää.

– Totta kai ne saavat täällä jalkasi kuntoon, vakuutin tyttöparkaa halaten, vaikka itse olin juuri ajatellut kauhistuen aivan samaa.

Darjan nilkka leikattiin seuraavana aamuna. Poikkesimme Hämeenlinnan asemalle mennessämme lääninsairaalaan katsomaan häntä. Darja ei ollut kuitenkaan vielä herännyt nukutuksesta, kun meidän oli jo pakko lähteä junalle. Myöhemmin kuulimme, että nilkassa oli ollut kaksikin murtumaa, toinen oikein paha ja toinen pienempi. Tohtorin mielestä oli ollut täysin käsittämätöntä, että Darja oli konkannut toista vuorokautta sellaisella jalalla.

– Olihan se Darjuska jo toissailtana mahottoman kipeä, Anni tunnusti. – Ei vain tahtonut jättää meitä pulaan, ko pelkäs, jot koko kiertue loppuu siihen.

Niin jouduin minäkin näyttämölle. Vaikka osasinkin jo Darjan vuorosanat melkein ulkoa, päädyimme siihen, että istuisin pöydän ääressä niin kuin Darjakin. Pitkään mietimme, mitä voisin puuhata siinä istuessani, jotta kykenisin kätkemään vuorosanavihon syliini. Minun piti näet toimia edelleen myös kuiskaajana. Lopulta Iivo keksi, että voisin kirjoa sorokan otsallista siinä istuessani ja piilottaa näytelmävihon kankaan poimuihin. Pellavakangasta ja punaista lankaa löytyi onneksi meidän matkatavaroistamme.

– Ei tästä mitään tule! sanoin Allille, kun ensiesiintymiseni Toijalan nuorisoseurantalolla oli ohi. Vaikka olin jo alkupuheessa selittänyt yleisölle, että toimin sairastapauksen takia sijaisnäyttelijänä, oli silti kiusallista unohdella omia vuorosanojaan, kun piti kuiskaajana seurata niin tiivisti muiden repliikkejä.

– Sitä paitsi Anni ei pysty yksin laulamaan niin kuuluvalla äänellä, että se kuuluisi salin perälle, lisäsin puoliääneen. Anni oli onneksi poikien kanssa vielä puhvetin puolella iltateellä.

– Yritän huomisaamuna saada jonkun kiinni Helsingistä, Elinin vaikka tai Enäjärven Elsan, sanoin toisille, kun mekin ehdimme puhvettiin. – Ehkä he tietävät jonkun, joka voisi tulla Darjan tilalle loppuajaksi. Tässä on kuitenkin vielä viikkojen kiertue edessä.

Ei Annikaan vastustellut, totesipa vain, ettei heikäläisistä tainnut olla apua tähän hätään.

– Myökii Darjan kanssa, vaikka ollaan rohkiampia kuin muut, niin monta viikkoa piti harjotella ennen kuin uskallettiin lavalle, hän sanoi. – Meil kun on aina opetettu, jot ei saa olla suuna päänä.

– No olettehan te nyt olleet äänessä ennenkin, Ontrei puuskahti ja kastoi pullanviipaletta teekuppiinsa. – Sillon Hallan harjoituskurssillakin työ olitte aina iltasella äänessä, millo laulamas ja millo pagisemas.

– Se olkii eri asia, Anni puolustautui. – Kun sai puhua omal kielel.

Me olimme jo aikaa sitten kömpineet vuoteisiimme, kun Alli ponnahti äkkiä istumaan sängyssään ja huudahti kätensä yhteen läiskäyttäen:

– Kaisu! Tietysti Kaisu!

– Mitä sie huuat? Anni kysyi säikähtäneenä kuin ainakin kesken unien herätetty ihminen. Minä sen sijaan ymmärsin, että Alli oli keksinyt jonkun, jonka voisi pyytää mukaan kiertueelle. Mutta kuka oli Kaisu?

– No se Riipan Kaisu, etkö muista? Alli tokaisi ja alkoi selittää, mitenkä he Kaisun kanssa olivat koko talven istuneet vieretysten Söderhjelmin luennolla ja puurtaneet vanhan kirjasuomen harjoituksissa.

– Kaisu voisi varmasti innostua kiertueelle lähdöstä, Alli jatkoi ja näytti hetki hetkeltä innostuvan yhä enemmän. – Kaisuhan on näytellyt niiden osakunnassa ja käynyt Maila-rouvan lukupiirissäkin.

– Niin mutta jos hänellä on muuta ohjelmaa? keskeytin Allin hekumoinnin.

– Sitä täytyy kysyä, Alli vastasi reippaasti ja heittäytyi jälleen pitkälleen. – Soitan heti huomisaamuna Helsinkiin Kertulle. Kaisu on Porista, mutta hän asui Kertun kotona alivuokralaisena viime talven. Siellä tiedetään varmasti, mistä hänet saa kiinni.

Niin liittyi Riipan Kaisu meidän piskuiseen seurueeseemme. Lempäälässä jouduin vielä esittämään Anastasia-muoria, mutta kun tultiin Tampereelle, Kaisu oli jo VPK:n talolla odottamassa meitä. Vasta kun kättelimme, tajusin, kenestä Alli oli puhunut.

Totta kai olin nähnyt tämän pitkän ja hoikan nuoren naisen vaikka kuinka monta kertaa yliopiston kuppilassa samassa pöydässä Allin ja muiden suomenlukijoiden kanssa. Äänikin tuntui tutulta. Se oli oikein kaunis ja sointuva, ihan niin kuin Alli oli luvannut.

Silti jokin häiritsi minua ensi hetkestä asti. Ehkä se oli se tapa, jolla hän kallisti sievää kiharatukkaista päätään tervehtiessään Iivoa ja muita seurueemme nuoria miehiä. Sekin tuntui kiusalliselta, että tulokas ryhtyi heti komentelemaan meitä muita. Ei Kaisu varmaan pahaa tarkoittanut. Se nyt vain oli hänen luontonsa, halu hallita muita.

– Aikamoinen primadonna, mutisin Allille, kun Kaisu ilmoitti, ettei missään tapauksessa pistäisi päähänsä sitä hirveää harmaata harakanpesältä näyttävää peruukkia, jolla Darja oli naamioitunut vanhaksi naiseksi.

– Näytän ihan riittävän vanhalta, kun sidon sorokan tällä lailla, hän julisti peilin edessä ja vetäisi samalla sorokan reunan alta muutaman tumman hiuskiehkuran näkyviin. Darjan ryysytkään eivät hänelle kelvanneet, vaikka niiden tarkoitus oli osoittaa, miten kurjissa oloissa vanhukset elivät.

– Ei, hyvänen aika, jos kerran Outi kulkee silkissä ja helyissä, pitää hänen äidilläänkin olla jotakin kaunista yllään, Kaisu väitti ja kietaisi hartcilleen kukkahuivin, joka oli oikeastaan alun perin tarkoitettu karjalaistyttöjen laulunumeron rekvisiitaksi.

Turha olisi ollut ruveta Kaisun kanssa riitelemään, kun en ollut näytelmän ohjaaja, pelkkä kuiskaaja vain ja puvustaja. Silti asetuin varsin sekavin tuntein paikoilleni kulissien taakse, kun näytelmä alkoi. Onneksi kaikki epäilyni joutuivat häpeään. En käsitä vieläkään, miten niin sorja ja notkea nuori nainen onnistui hetkessä muuttumaan koukkuselkäiseksi ja vapisevaksi vanhaksi naiseksi. Kun Anastasia näytelmän lopussa lyyhistyi Suomeen lähtevät lapsensa hyvästeltyään kolpitsapenkille piisin eteen ja itki siinä äänettömästi itseään huojuttaen, minäkin jouduin piilopaikassani pyyhkimään kyyneleitä.

– No, miten meni? Kaisu kysyi hymyillen Iivolta, kun taputukset vihdoin olivat vaimenneet ja kaikki olivat vetäytyneet sivuhuoneeseen riisumaan roolivaatteitaan ja siivoamaan sminkkiä kasvoiltaan.

– Hienost! Iivo vastasi punehtuen. – Mie en ois ikinä uskont, että joku voi tuost vaa oppii vuorosanat ja viel näytellä noin mahottoman hyvin.

– Mut väkkee ois saant olla enempi, Anni mutisi vaatteitaan viikaten.

– Salista se johtuu, Alli yritti lohduttaa. – Tämä on niin suuri sali, ettei se tule varmaan ikinä täyteen.

– No, jäljellä on vielä kaksi iltaa täällä Tampereella, muistutin toisia. – Toivottavasti niihin saadaan täydet huoneet.

Epäonni tuntui seuraavan kiertuetta sen jälkeen, kun Kaisu tuli Darjan tilalle. Vaikken uskokaan puheisiin pahanilmanlinnusta, totuus oli, että jo seuraavana aamuna heräsimme Tampereella ukkoskuuroon. Illalla väkeä oli vieläkin vähemmän kuin ensimmäisessä esityksessä, ja kolmantena iltana katsojia riitti vain muutamaan penkkiriviin, vaikka meidän esitystämme oli kehuttu lehdissäkin.

– Voivoi! Minä sanoin jo silloin keväällä, kun rouva Tamminen tästä kiertueesta soitti, että heinäkuu on huonoa aikaa, kun parempi väki on huviloilla, totesi puhvettia johtava komea lottarouva, jota jotkut tituleerasivat kauppaneuvoksettareksi. – Toivottavasti teillä on maalla parempi onni, vaikka kyllä sielläkin voi sade tai heinänteko verottaa yleisöä, hän lisäsi päätään pudistaen.

Oikeassa oli Fanny-rouva. Juupajoella, jossa esiinnyimme seuraavana iltana, tuli iltamiin vain puolensataa katsojaa, vaikka sade oli tauonnut parahiksi neljän tienoilla ja ilta oli oikein kaunis.

– Miten ihmeessä tämä kiertue on järjestetty näin huonosti?

Onkohan tästä edes ilmoitettu lehdissä? Kaisu kailotti kovalla äänellä esityksen jälkeen, vaikka yritin sormella hyssyttää häntä pitämään pienempää ääntä. Lotat jakoivat näet viereisessä huoneessa myymättä jääneitä voileipiä ja vehnäsiä keskenään. Me olimme jo saaneet kukkuraiset vadit kumpiakin.

– Sateelle ei kukaan mahda mitään, puolustin NYKS:in johtokunnan naisia, vaikka olin mielessäni harmitellut itsekin, miten vähin eväin meidät oli lähetetty kiertueelle. Toisissa paikoissa meistä oli toki pidetty hyvää huolta, mutta oli niitäkin paikkakuntia, joissa olimme olleet suorastaan heitteillä.

– Kyllä meillä ennen Tamperetta oli täydet huoneet joka paikassa, mutta silloin olikin vielä kauniit ilmat, Allikin yhtyi puolustuspuheeseeni, vaikka näyttikin viihtyvän paremmin Kaisun kuin meidän muiden seurassa. – Toivotaan nyt, että Vilppulassa ei sada huomenna.

Aamu valkenikin oikein kauniina. Junan ikkunasta katselimme, miten joka pellolla ja niityllä tehtiin heinää kuumeisella kiireellä. En toki halunnut latistaa toisten toiveikkuutta, vaikka epäilinkin, että hikisen heinäurakan jälkeen kovin moni ei jaksaisi lähteä iltamiin. Toisaalta, mistäpä sen saattoi tietää?

– Jospa aloitettais vasta puoli kahdeksan, tuli toinen kanttiinissa häärivistä lotista ehdottamaan vähän ennen seitsemää, kun odottelimme kulisseissa iltamien alkua. Lippuja oli kuulemma myyty vasta kolmisenkymmentä, mutta vielä oli toivoa, että väkeä tulisi lisää, kunhan ennättäisivät.

– Ne on heinässä olleet meilläkin koko väki, paitsi mää ja äite, emäntä sanoi ihan suoraan. – Tää kun on tämmöstä aikaa.

Kun iltamat vihdoin aloitettiin, ei salissa ollut kuin nelisenkymmentä ihmistä, vanhempaa väkeä enimmäkseen. Vaikka Kaisu oli kiukutellut taas kulisseissa, näyttämölle päästyään hän teki kyllä parhaansa. Silti aplodit päättyivät jo ennen kuin ehdin piisin takaa kumartamaan. Kaikilla tuntui olevan kova kiire kotiin.

– Tässä ei ole mitään järkeä! Kaisu puhisi kiskoessaan Anastasian mekkoa yltään. – Me tulemme hyvää hyvyyttämme tänne Jumalan selän taa, ja nämä eivät vaivaudu edes paikalle!

– Ei tämä nyt sentään mikään korpikylä ole vaan vauras maalaispitäjä ja rautatien risteysasema! vastasin sisuuntuen. – Puhvetissa naiset puhuivat, että täällä on maamieskoulu ja jonkinmoinen emäntäkoulukin...

– No missä ne kaikki sitten olivat? Ne sinun rautatieläisesi ja maamiehesi ja emäntäsi? Kaisu kivahti ja lähti niskojaan nakellen ulos.

– Älä nyt suotta ärsytä Kaisua, Alli pyysi tuskastuneen oloisena. – Harmittaa tämä meitä muitakin!

Olkoon, ajattelin, enkä sen jälkeen puhunut Kaisulle yhtään mitään, ellei ollut aivan pakko. Onneksi sentään Haapamäellä oli väkeä kohtuullisesti, vaikka iltapäivällä olikin ollut ukkoskuuro. Yöksi päästiin matkustajakotiin, joka oli aivan aseman vieressä. Kun tullessa kävi ilmi, että huoneet olivat kahden hengen huoneita, Kaisu oli heti ilmoittanut haluavansa samaan huoneeseen Allin kanssa.

– Mitähän Darjal kuuluu? Anni pohti haikeana, kun istuin yhteisen vinttikamarimme pöydän ääressä kirjoittamassa kuvakortteja kotiin ja kirjettä Miilille.

– Tuskinpa Darja on vielä päässyt pois sairaalasta. Eihän leikkauksesta ole kulunut kuin vähän toista viikkoa, arvelin ja ojensin hänelle sievän kukkakortin, jonka oli ostanut jo Tampereelta lähdettäessä. – Ota tästä kortti ja laita meiltäkin terveisiä! Vai kirjoittaisitko mieluummin kirjeen? On minulla kirjepaperiakin.

– En mie paperii tartte, Anni vastasi, mutta pyöritteli vain korttia hyppysissään ja mutisi lopulta, ettei hänellä ollut kynää. Ei minullakaan mustekynää ollut, mutta sentään tusinan verran lyijykyniä. Kaivoin yhden paketista. Siinä oli teräkin tehtaan jäljiltä ja kumi kynän päässä.

– Tuossa, ole hyvä, saat sen omaksi, naurahdin ja jatkoin kirjeen kirjoitusta. Tuntui hyvältä, kun saatoin edes kirjeessä purkaa Miilille turhautumistani. Äidin korttiin olin vain kirjoittanut, että me kaikki voimme hyvin ja täällä on kesä kauneimmillaan. Havahduin vasta kun Annin suunnasta kuului hiljainen nyyhkäys. Mitä ihmettä?

– Anni-kulta, onko sinun noin ikävä Darjaa? kiirehdin kysymään ja siirryin hänen viereensä istumaan.

Nyyhkytys muuttui itkuntyrskeeksi. Kun en muutakaan keksinyt, silittelin tyttöparan kapoista selkää ja harmittelin mielessäni, ettei Alli ollut meidän huoneessamme. Hän tunsi toki paremmin nämä läikkyvät Karjalan lapset, kun oli harjoitellut heidän kanssaan näytelmää koko kevään.

– Parin viikon päästä kiertue on ohi, yritin lohduttaa Annia. – Voihan olla, että Darja on vielä silloinkin sairaalassa ja me voimme käydä häntä katsomassa Vaasasta tultaessa. Kirjoita nyt se kortti vai kirjoitanko minä, niin käydään vaikka kävelyllä ja viedään nämä tuohon asemalle postilaatikkoon.

– No kun… en mie ossaa kirjoittaa, Anni sai vihdoin sanotuksi kyyneleitään pyyhkien.

– Hyvänen aika! Eihän korttiin tarvitse mitään ihmeellistä runoilla, vastasin naurahtaen ymmärtämättä ollenkaan, mistä oli kyse. – Kirjoitat vain, että täällä on sadellut ja meillä kaikilla on kovasti ikävä häntä.

– Mutta kun mie en ossaa kirjottaa! Anni huudahti vimmoissaan ja viskasi kortin ja kynän kauas permannolle. – Vaikka mie kuinka yritän niin kirjaimet sotkeutuu, aina jää joku pois ja toisia tullee liikaa! Tyhmä mie olen, tyhmä ja laiska, niin sano se opettajaneitikin opistolla, kun hermostui miun harakanvarpaisiin!

Ahaa, sitäkö tämä olikin? Totta kai meillä oli Naisylioppilaiden Karjala-Seurassakin puhuttu siitä, miten huonolla tolalla monen itäkarjalaistytön koulunkäynti oli ollut, kun perheet olivat vuosikausia olleet pakosalla. Siksihän NYKS tahtoi lähettää pakolaistyttöjä kouluun, jotta nämä saisivat kunnon ammatin ja voisivat elättää itsensä.

– Mutta osaathan sinä lukea? kysyin ihmeissäni. – Miten muuten olisit oppinut kaikki vuorosanasi?

– Darja luki ne miulle ääneen, Anni tunnusti. – Korvakuulolta mie opin kaikki helposti. Vaan jos kirjasta koittaa lukea, rivit vaan hyppii silmissä.

Yhtäkkiä muistin, miten Djursholmin Signellä oli ollut samanlaisia ongelmia. Silloin äiti oli ottanut sukkapuikon ja sillä näyttänyt oikeaa sanaa ja riviä.

– Odotas, sanoin kurottaen pöydänkulmalta näytelmävihon käsiini. – Tules tähän istumaan, niin näytän!

Arkana ja epäluuloisena Anni istui paikalleni pöydän ääreen. Nopeasti selasin esiin sellaisen sivun, jossa ei ollut hänen omia vuorosanojaan, ja näytin kynänkärjellä ylintä riviä.

– Koetapas lukea tuosta, sanoin rohkaisevasti. – Ei haittaa vaikka se kävisi hitaasti. Ei meillä ole mihinkään kiire.

– Jor… ma... koff, Anni tavasi. – Ei se Kui… Kuis… mas… ta… läh… de…

Niin käytiin läpi ensimmäinen sivu, hitaasti tavu kerrallaan, mutta Anni luki pitkätkin sanat aivan oikein, kunhan häntä ei hoputtanut.

– Osaathan sinä! kehaisin sivua kääntäessäni.

– No kun sie kynällä avitat, Anni vastasi.

Silloin työnsin kynän hänen omaan käteensä ja käskin hänen itse näyttää riviä. Ihme tapahtui. Puolessavälissä seuraavaa sivua Anni alkoi jo lukea lyhyemmät sanat kokonaisina. Kun ehdittiin siihen Juhon pitkään repliikkiin, jossa hän kuulustelee sisartaan, Anni oikein innostui eikä pelkästään lukenut vaan oikeastaan näytteli ääntään korottaen Juhon kiivastumista.

Hätkähdimme molemmat, kun ovelle koputettiin.

– Kuka siellä? kysyin ihmeissäni.

– Mie vaan, Iivo, kuului oven takaa käytävästä. – Mie tulin kysymään, jot aikooks Anni viiä miun repliikit.

Me Annin kanssa purskahdimme nauruun ja käskimme Iivon tulla sisälle, vaikka matkustajakodin tuikea rouva olikin jo tullessamme ilmoittanut, ettei huoneisiin saanut päästää mies- tai naisvieraita.

– Miul ukko veisti semmosen ällästikun, Iivo rupesi muistelemaan, kun Anni vähän häpeillen kertoi harjoitelleensa lukemista kanssani. – Sillä ko sanaa näytti, jo se aukesi kuin itestään, vaik meijän aapisessa oli ne vennään kirjaimet.

– Missäs toiset ovat? kysyin Iivolta, kun näytelmävihko oli pantu pois ja hänkin oli kirjoittanut nimensä Darjan korttiin.

– Simo ja Ontrei hyö hornaa omassa kamarissaan, Iivo vastasi. – Ja Aleksi, mis lienee, äsken hyö näkyi pasteeraavan tuossa asemanpuistossa sen Kaisun kanssa.

– Oliko Allikin heidän mukanaan kävelyllä? minun oli pakko kysyä.

– En mie Allii nähnyt, Iivo sanoi olkapäitään kohtauttaen. – Eikö hääki liene kamarissaan. Voithan sie käyä katsomassa.

– Allikin on varmaan mennyt jo nukkumaan, sanoin haukotellen. Herätyskello, jonka olin ensi töikseni nostanut laukusta pöydän kulmalle, näytti jo puolta yhtätoista, vaikka ulkona oli aivan valoisaa.

– Joks se on noin mahottoman paljon, Iivokin huomasi ja toivotti meille hyvää yötä lähtiessään omaan kamariinsa.

Hänen mentyään kävin kiertämässä oven lukkoon. Matkustajakodissa oli nimittäin muitakin kuin meidän seurueemme. Sillä aikaa kun Anni pesi itseään komuutin ääressä, nojailin ikkunalautaan kesäillan valosta ja tuoksuista nauttien.

Alhaalta asemaravintolasta kuului vaimeaa gramofonin soittoa. Jotakin haikeaa valssia siellä soitettiin, sitä samaa kai, jota Bärlundin Lasse oli soittanut osakunnassa pianolla viime syksynä fuksiaisten jälkeen. *Mä oon orpona mutten orjana*, niin siinä laulettiin.

– Näkyykö niitä? Anni tuli kysymään saatuaan yöpaidan ylleen.

– En minä Kaisua ja Aleksia katsellut vaan noita iltapilviä, vastasin ikkunan ääresta väistyen. – Katso miten kauniit värit!

– Miun käy niin sääli Iivoo, Anni mutisi mutta tyytyi vain vilkaisemaan ikkunasta ulos ja kiirehti sitten vuoteeseensa peitteen alle. – Tiijäthän sie, jot Iivokin kävi sitä Kaisua jo Tampereel taluttelemassa, hän lisäsi eikä äänen mustasukkaisesta sävystä voinut erehtyä.

En olisi oikein jaksanut ruveta märehtimään juoruja, mutta Anni ei antanut minun yksitavuisten vastausteni häiritä itseään. Iivo oli kuulemma Kaisun mielestä liian ujo ja maalainen. Niin hän oli ainakin selittänyt Allille, vaikka Anni oli ollut samassa huoneessa.

– Ja nyt hää on ruvennut Aleksia narraamaan, Anni tuhahti. – Onhan Aleksi komia briha, mut... miten se nyt sanotaan suomeksi... yksinkertainen, niin juuri. Ei ymmärrä, jot Kaisu vaan kurillaan, niinko kissa leikkii hiirel.

Oikeassahan Anni oli, tajusin sen kyllä, vaikka tyydyinkin vain sanomaan, ettei Kaisu varmaan ymmärtänyt, miten kokemattomia meidän karjalaispoikamme olivat ja tottumattomia sellaiseen hakkailuun, jota osakunnissa harjoitettiin. Onneksi jäljellä oli enää muutama paikkakunta. Sitten koko seurue hajaantuisi kuin akanat tuuleen. Aluksi olin ollut siitä vähän murheellinen mutta nyt suorastaan helpottunut.

Mitä lähemmäs Pohjanmaata tultiin, sitä kotoisemmaksi tunsin oloni. Asiat hoidettiin rivakasti ja turhia viivyttelemättä tai kursailematta. Alavuden asemalla meitä oltiin vastassa kolmella hevosella, niin ettei tarvinnut järjestää kyytiä kirkonkylään eikä murehtia matkatavaroita. Lotat kysyivät heti perille päästyämme, oliko meillä nälkä, samalla tutulla puheennuotilla, jota Iisakki käytti ja äitikin joskus oman äitinsä puheita muistellessaan.

Parasta oli, että sali oli pitkästä aikaa täynnä väkeä. Sen aisti jopa kuiskaajan piilopaikassa piisin faneeriseinän takana, miten yleisö eläytyi meidän näytelmäämme. Loppukumarrusten aikana moni näytti vieläkin pyyhkivän silmäkulmiaan.

Menestys teki hyvää kaikille. Kaisukaan ei marissut esityksen jälkeen vaan oli oikein hauska ja sukkela ja nauratti meitä kaikkia, kun istuttiin puhvetissa iltateellä lottien kanssa. Jo silloin huomasin, että muuan komeannäköinen vaaleatukkainen lottarouva katseli minua tutkivasti pöydän toiselta puolelta. Lopulta satuttiin vastatusten kyökin ovella.

– Niin, Erikssonhan se oli neidin nimi? hän seisahtui kysymään.

– Kyllä vain, vastasin kieltämättä vähän yllättyneenä. Tämä ei näet ollut se rouva, joka oli paikallisten lottien puheenjohtaja.

– Sitä minä vain, nainen sanoi punehtuen. – Kun neiti on niin tutun näköinen, suu ja nenä varsinkin, että onkohan sellainen Ida Eriksson neidille jotakin sukua? Me nimittäin kasvoimme yhdessä melkein kuin sisarukset täällä Alavuden asemalla, missä isäni oli siihen aikaan asemapäällikkönä, hän lisäsi.

– Asemapäällikön Bertta! huudahdin enkä voinut sille mitään, että riemastuin kuin pikkutyttö.

Yhtenä ryöppynä annoin tulla kaikki ne äidin ikivanhat tarinat, joita olin lapsena kuunnellut iltaisin. Kun Alli tuli paikalle, kerroin hänellekin, että tässä nyt oli se asemapäällikön Bertta, josta äiti on aina puhunut.

– Hyvänen aika, oletteko te sisaruksia? Bertta-rouva päivitteli, mutta Alli selitti hänelle olevansa minun kasvattisisareni.

Totta kai Bertta-rouva tahtoi tietää, mitä äidille kuului. Sen verran kerroin, että hän oli orvoksi jäätyään ollut pikkupiikana Topeliuksen luona ja lapsenpiikana Sibeliuksilla. Senkin kerroin, että äiti oli muuttanut Ruotsiin, mennyt siellä naimisiin nuoren perämiehen kanssa ja jäänyt leskeksi vain muutama kuukausi häiden jälkeen. Minä olin syntynyt vasta seuraavana syksynä.

– Olin kahdeksan vanha, kun muutimme takaisin Suomeen, ja äiti perusti täysihoitolan Albergaan. Vapaussodan jälkeen hän meni naimisiin erään niin ikään leskeksi jääneen jääkärin kanssa ja heillä on nykyään kaksospojat, päätin selostukseni.

– Täytyy ilman muuta kirjoittaa Idalle, Bertta-rouva totesi ja kävi kyökin puolelta etsimässä kynän ja palan paperia, johon kirjoitin meidän osoitteemme ja varmuuden vuoksi myös puhelinnumeron, jos rouva sattuisi joskus käymään Helsingissä.

– Kyllä äiti nyt tulee iloiseksi, Alli supatti tyytyväisenä, kun olimme hyvästelleet Bertta-rouvan. – Aika hassua! Ihan kuin olisimme löytäneet jonkun kauan kadoksissa olleen sukulaisen.

Kun meidät oli seuraavana aamuna kyyditty takaisin Alavuden asemalle, menin junaa odotellessamme katsomaan tarkemmin sitä pientä asemamiehen mökkiä, jossa äiti oli ilmeisesti asunut pikkutyttönä. Makasiini ei ehkä ollut sama kuin se, jonka edessä isoisä oli jäänyt tervatynnyreiden alle, sillä tämä oli suuri ja peltikattoinen. Asemapäällikön puutarhaa ympäröi yhä korkea aita niin kuin äidin tarinoissakin, ja aidan takana kasvoi valtavan suuria omenapuita, joiden oksat notkuivat raakileiden painosta.

Miltähän äidistä tuntuisi, jos hän pääsisi joskus käymään täällä?

– Mitäs sie mietit? Iivo kumartui kysymään, kun vihdoin istuttiin junassa, joka kolkutti kohti Seinäjokea. Päivä oli pilvinen, eikä ikkunan takana näkynyt juuri muuta kuin vuoroin karua korpea ja vuoroin loputtoman tuntuisia soita. Jokin pieni mäennyppylä vilahti silloin tällöin ohitse, mutta muuten maisema oli tasainen kuin pöytä.

– Mietin sitä, miten merkillistä on, ettei minua olisi eikä meidän äitiäkään, ellei tätä rautatietä olisi ruvettu rakentamaan joskus kauan sitten, sanoin Iivoon vilkaisten. – Minun isovanhempani tapasivat nimittäin täällä jossakin ratatyömaan ruokalassa. Isoäiti oli kotoisin Kuortaneelta ja isoisä Sipoosta.

Iivo nyökkäsi, mutta hymynhäive katosi hänen kasvoiltaan yhtä nopeasti kuin oli ilmestynytkin. Hän oli vielä Alavudelta lähdettäessä istunut käytävän toisella puolella Aleksin, Ontrein ja muiden poikien kanssa, mutta nyt näkyi Kaisu siirtyneen Aleksin viereen istumaan. Anni nukkui pää ikkunanpieleen nojaten minua vastapäätä, ja Alli luki vieressäni jotakin kirjaa eikä näyttänyt taaskaan näkevän eikä kuulevan, mitä ympärillä tapahtui.

– Mie istuin junassa ens kerran vasta kolme vuotta sitten, Iivo sanoi äkkiarvaamatta, kun olimme hetken tuijottaneet yksitoikkoista maisemaa. – Hirvittihä se, jot hajoaaks tää koppi, ko lähettiin menemää semmosella ryskeellä, hän lisäsi hymähtäen.

Ensimmäistä kertaa tajusin Iivon puhuessa, miten valtavia muutoksia näiden Suomeen paenneiden itäkarjalaisten nuorten elämässä oli tapahtunut. Sähkövalo, puhelimet, vesiklosetit, kylpyhuoneet, junat ja raitiovaunut, kiire ja hälinä olivat varmaan tuntuneet suorastaan pelottavilta niistä, jotka tulivat pirttien hämärästä Itä-Karjalan korpien keskeltä. Siellä kuulemma liikuttiin yhä jalan tai veneellä, kun tietkin olivat vielä kinttupolkuja.

Muistin itsekin, miten oudolta oli tuntunut Albergassa, kun valot eivät syttyneetkään nappulasta vääntäen niin kuin Djursholmin huvilassa, jossa olin elänyt äidin kanssa vauvasta saakka. Kun sähköt sitten saatiin vapaussodan jälkeen Albergaankin, tuntui kuin olisi taas harpattu ajassa kymmeniä vuosia eteenpäin. Joskus sentään puheltiin Allin kanssa, miten kodikasta oli ennen vanhaan, kun talossa oli vain yksi kirkas Lux-lamppu, jonka ääressä kaikki istuivat ruokasalin pöydän ympärillä.

Seinäjoella meitä oltiin vastassa vain yksillä hevoskärryillä, joihin saatiin pakaasit juuri ja juuri mahtumaan. Täällä oli esiintymispaikaksi saatu yhteiskoulu, joka oli hevoskuskin mukaan aivan lähellä rautatieasemaa.

– Tuasta vaan meettä torin poikki tuanne päin, hän selitti holkkitupakka suupielessä käryten ja näytti nyökkäämällä suuntaa. – Ja siitä vasemmalle kärelle Puskantiälle niin soon melkein heti oikialla airan takana isoo ja komia koulutalo.

Ohjeitakin helpompi oli seurata miehen kärrynjälkiä, jotka painuivat kuraiseen tiehen. Täällä oli ilmeisesti ollut yöllä oikein raju sadekuuro, sillä tie oli vieläkin suurilla lätäköillä. Me tytöt jouduimme remmikengissämme kiertelemään pitkin pientareita, mutta pojat saapastelivat tyynesti rapakoista välittämättä eteenpäin.

– Jassoo, tootta tullu kävellen, totesi nutturapäinen nainen, joka seisoi kädet puuskassa puisen koulurakennuksen portailla meitä odottamassa. Kuski oli jo käynyt hakemassa vettä ämpärillä ja juotti hevostaan porraspäässä. Nainen komensi pojat siivoamaan jalkansa märässä ruohikossa. Meidät tämä koulun siivoojana toimiva topakka naisihminen toivotti suoraan tervetulleiksi.

– Moon Luhran Sofia Heikkilänkylästä, hän ilmoitti. – Mutta sanokaa vaan Fiiaksi, niin ne muukkin sanoo.

Kun pojat tulivat saappaat siivottuina ovesta, Fiia käski heidän viedä pakaasit suoraan juhlasaliin.

– Tuasta nuan, mihnä on pariovet auki. Ja sitten kaffille tänne mun pualelleni kyäkkihin, hän huuteli keittiönsä ovelta käytävän toiseen päähän ja kääntyi sitten meihin päin. – Mollahan Hiljarouvan kans sovittu, notta te flikat saatte nukkua täällä alahalla mun kammaris ja pojat yläkerran luakas. Sinne on jo laitettu laattialle peti.

Kun Fiia käänsi meille selkänsä ja otti kahvipannun liedenkulmalta, Kaisu pyöritteli silmiään. Huvitti se minuakin, että meidät aiottiin pitää täällä siivoojarouvan valvovien silmien alla. Kun koulun rehtori ja hänen vaimonsa, jotka kai vastasivat Seinäjoen iltamien järjestelyistä, saapuivat vihdoin iltapäivällä yhteiskoululle, he varmistivat ensi töikseen, että olimme majoittuneet säädyllisessä järjestyksessä.

– Sehän on hyvä, että lavasteet on jo laitettu valmiiksi, niin ei tarvitse huomenna sitten hosua, rehtuurska totesi suopeasti, kun saavuimme salin puolelle.

– Eikös meillä pitänyt olla ensimmäiset iltamat jo tänään? kysyin ihmeissäni.

– Eihän toki, nainen sanoi napakasti ja näytti siltä, ettei aio sietää minkäänlaisia vastaväitteitä. – Ei tänne näin arki-iltana olisi kukaan joutanut. Huomenna kun on lauantai, pidetään varsinaiset iltamat, ja sunnuntaina kolmelta esitetään se näytelmä toiseen kertaan niin koulunuorisokin saa tulla paikalle.

Itse asiassa, kun tarkemmin ajatteli, tämä järjestys oli vallan mainio. Me saimme yllättäen kipeästi kaivatun vapaaillan, ja epäilemättä yleisömenestys olisi paremmin taattu lauantai-iltana ja sunnuntaipäivänä.

– Lähdetäänkö katselemaan kylää? Kaisu ehdotti meille muille heti kun rehtori ja hänen rouvansa olivat poistuneet koulun ulko-ovesta. – Kyselin jo Fiialta, onko täällä mitään nähtävyyksiä. Tuolla kylän toisella laidalla olisi kuulemma jokin kartano, jossa on kaunis puisto.

– Taidan jäädä pesemään pyykkiä, sanoin Allille ja Annille, kun nämä tulivat kiireesti vaihtamaan vaatteita Fiian peräkamariin.

– Lähtisit nyt sinäkin, kun on niin nätti ilma, Alli yritti houkutella, mutta pidin pääni. Sen sijaan tarjouduin pesemään myös tyttöjen pikkupyykit. Siinähän ne menisivät samalla kertaa.

Fiia oli selittänyt, että voisin pestä pyykin koulun saunalla, jossa oli muuripata. Siellä oli kuulemma myös pyykkinaru, jolle vaatteet voisi ripustaa kuivamaan. Saunan piti Fiian mukaan olla tontin toisessa laidassa puuliiterin, ulkohuoneen ja halkopinojen takana, mutta se oli niin piilossa syreenipuskien katveessa, etten olisi varmaan löytänyt perille ilman Iivon opastusta.

– Mikset lähtenyt kävelylle toisten kanssa? kysyin Iivolta, kun tämä rupesi pyytämättä virittämään tulta muuripadan alle kannettuaan sitä ennen useamman ämpärillisen vettä liiterin toiselta puolelta pumppukaivosta. Saman tien oli kiukaan allekin laitettu tuli.

– En mie jaksa kävellä ympäriinsä noin vain ilman aikojaan, Iivo vastasi. Hänen ilmeestään näki kuitenkin, että syitä taisi olla muitakin. Totta puhuen, ei minuakaan huvittanut lähteä retkelle, kun tiesin, että olisin joutunut vaeltamaan Kaisun tahdissa ja hänen johdollaan.

Siitä tuli leppoisa iltapäivä. Vaikka oltiin keskellä vilkasta asemanseutua ja joka puolelta kantautui kaikenlaisia ääniä junan vihellyksestä kärrynpyörien ratinaan ja moottorien jyrinään, me istuimme kaikessa rauhassa syreenipensaiden katveessa saunan seinustalla. Iivo oli hakenut koulun liiteristä kuivia koivuhalkoja. Palavan koivuklapin tuoksu, joka leijaili saunan vaiheilla, toi mieleen meidän savusaunan Albergassa.

Kai minä hetkeksi torkahdin. Olin näet sulkenut silmäni ja nojannut päätäni auringon lämmittämään hirsiseinään. Havahduin vasta siihen, että tuulenpuuska kahisutti syreenipuskia ja sai minut värähtämään vilusta. Kun avasin silmäni, näin Iivon istuvan etukumarassa vieressäni penkillä ja veistävän jotakin puukolla.

– Mitäs sinä vuoleskelet? kysyin venytellen. Kylläpä nokkaunet olivatkin tehneet hyvää!

– Tämmöisiä vaan, joutessani, hän naurahti ja näytti kämmenellään pientä puupalaa, jota oli veistämässä.

– Sehän on karhu, sanoi hämmästyneenä, vaikka työ oli vasta puolivalmis. – Sinähän olet oikea taiteilija!

– Tiijä häntä taiteista, mutta mie sain Ukolta ensimmäisen puukon, kun olin neljän vanha, Iivo totesi vaatimattomasti ja jatkoi veistelyään.

Unohdin koko pyykinpesun tuijottaessani lumoutuneena, miten taitavasti hän vuoroin kaiversi karhunkuvaansa puukon kärjellä, vuoroin silotteli sen jotakin kohtaa vuolemalla miltei läpinäkyviä lastuja puun pinnasta. Totisesti, Iivohan oli oikea mestari.

– Se taitaa se vesi kohta kiehua, Iivo huomautti, kun karhuveistos vihdoin oli valmis ja sain pidellä sitä hetken kämmenelläni.

– Herranen aika, havahduin minäkin ja kiirehdin saunan puolelle. Vesihöyry vyöryi vastaan, kun avasin porstuassa saunan oven. Onneksi Iivo älysi siinä samassa hakea kaivolta lisää kylmää vettä, niin että padan kupliva pinta saatiin asettumaan. Niin kuumaksi vesi oli kumminkin päässyt, että vielä oli haettava kaivolta toinenkin ämpärillinen, ennen kuin saatoin ruveta nyrkkipyykille.

– Siellä rupeaa jo olemaan kiuaskin kuumana, sanoin Iivolle, kun vihdoin tulin helmat märkinä ripustamaan pyykkiä narulle. – Fiia sanoi, että tuolta liiterin takaa voisi käydä tekemässä pari vihtaa.

Iivo ei sanonut siihen mitään, jätti vain karhunsa penkille ja meni puukko kourassa vihtoja tekemään. Otin karhun käteen ja katsoin sitä vielä kerran tarkemmin. Se näytti käsittämättömän elävältä. Iivon täytyi todellakin olla poikkeuksellisen lahjakas. Hänhän näytteli mainiosti ja soitti kantelettakin. Sitä paitsi hän oli neuvokas ja luotettava, se oli nähty jo moneen kertaan tällä retkellä. Jos Iivo saisi käydä kouluja enemmän, hänestä voisi tulla vaikka mitä.

– Kelpaaks nää? Iivo kysyi ilmestyessään saunan nurkan takaa ja ojensi minulle kaksi muhkeaa koivuvihtaa. Vähän nolona laitoin hänen karhunsa penkille, kiitin kauniisti ja lähdin sanomaan Fiialle, että sauna oli häkälöylyjä vaille valmis.

Loppujen lopuksi me menimme Fiian kanssa ihan ensimmäisinä saunaan, kun muut viipyivät vielä retkellään ja Iivo sanoi odottavansa toisia poikia.

– Porstaa sä mun selkäni niin mä porstaan sun selkäs, Fiia ehdotti löylyjen jälkeen. Ihan tuli lapsuus mieleen ja Johanssonska, kun pesin Fiian leveää selkää niin että saippuavaahto roiskui.

– Ja lopuksi pitää kaataa kylmää vettä päälle, hän ilmoitti ja hulautti vielä ämpärillisen kaivonkylmää vettä niskaansa. – Tästä se vasta tulookin oikeen friski olo!

Iivo istui ilta-auringossa koulun portailla ja katseli aidan takana kulkevia ihmisiä, kun me tulimme saunasta märät hiukset pyyhkeeseen kiedottuina.

– Ny kyllä keitetähän saunakaffeet, Fiia lupasi sisälle mennessään.

– Eikö niitä vieläkään kuulu? kysyin Iivon viereen istahtaen ja rupesin kuivaamaan tukkaani.

– Ovat tietyst jääneet johonkin paakelssia syömään, Iivo arveli. Hetkeen ei kumpikaan sanonut mitään. Sitten päätin ottaa puheeksi asian, joka oli pyörinyt mielessäni siitä pitäen, kun olin nähnyt Iivon veistelemässä.

– Oletkos koskaan ajatellut, että rupeaisit tekemään tuommoisia pieniä puuveistoksia ihan työksesi? kysyin tunnustellen.

– Olen mie muutaman myynytkin, Iivo myönsi. – Sortavalassa opettajat ostivat ja viime syksynä Tuusulassakin se Paloheimon rouva ja joku muukin. Karhu on helpoin tehä, vaikka olis millanen kalikka. Hirvellä tahtoo katketa ne jalat ja sarvet ja sama se on hevosen kanssa, että jalat ja häntä katkee heti, jos on huonompi kalikka.

– Sinun pitäisi ehdottomasti päästä jonkun oikean kuvanveistäjän oppiin, sanoin Iivon puheista rohkaistuen. – Meidän naapurissa asuu se kuvanveistäjä Ville Vallgren, tiedätkö, se joka on tehnyt Helsingin kauppatorille sen Havis Amandan.

– Ai sen, jonka päähän sie kuulemma laitoit vappuna lakin, Iivo naurahti ja vilkaisi minuun virnistäen. Alli oli tietysti kertonut, mokomakin lörppäsuu!

– Voisin puhua Ville-sedälle, jatkoin kumminkin sitkeästi, sillä olin todella sitä mieltä, ettei tuommoista lahjakkuutta kannattaisi hukata. – On sedällä ollut muitakin oppilaita. Ville-setä tekee tosin nykyään pienet veistoksensa enimmäkseen savesta, jota saadaan niiden omalta maalta.

– Kiitos vaan, mutta millä mie semmoset opit maksaisin? Iivo sanoi ja nousi viereltäni. Aidan takana näkyi nimittäin jo hilpeä joukko meikäläisiä maleksimassa kohti koulun porttia. – Pakko on mennä taas syksyllä rakennuksille taikka mehtätöihin.

Ei siitä tullut sen valmiimpaa, sillä kohta olimme keskellä hälisevää joukkoa, joka istahti ympärillemme koulun portaille tekemään selkoa seikkailuistaan. Ylimpänä kaikui tietysti Kaisun ääni:

– Ja kuvitelkaa, sitten törmäsimme Jaakkoon, jonka kanssa istuin koko viime talven vieretysten Suolahden luennoilla, hän selitti silmät säteillen. Kieltämättä Kaisu oli oikein sievä, varsinkin innostuessaan. – Ja sitten Jaakko kutsui meidät kaikki juomaan kahvia heidän verannalleen…

– Mennääs myö pojat saunaan! Iivo tokaisi ja nousi seisomaan kesken Kaisun vuodatuksen.

– Jättäkää meillekin löylyä! Alli huusi poikien jälkeen, kun nämä kolistelivat yläkertaan hakemaan pyyheliinoja ja puhtaita vaatteita. Pyykkiä olisi tietysti ollut heilläkin, ehdin ajatella, kun Fiia jo huuteli meitä tyttöjä saunakahville. Kaisu kai oli ottanut itseensä, kun hänet oli keskeytetty, tai sitten hän oli muuten vain väsynyt pitkästä kävelyretkestä.

– Ei kiitos, hän torjui Fiian kahvikutsun ja sulkeutui kamariin, kun me muut asetuimme kuuliaisesti pöydän ääreen.

– No, millaasta soli Östermyyras? emäntämme kysyi kahvia kaataessaan.

– Anteeksi missä? Alli kysyi ihmeissään. – Me ehdimme käydä vain siellä Törnävällä…

– No siällä justihin, niinhän mä sanoon, Fiia tuhahti mutta ymmärsi sitten itsekin, mistä väärinkäsitys johtui. – Jaa niin, minen muistanukkaan jotta tootta kotoosin ihan väärästä paikasta, hän naurahti. – Soli ennen Östermyyra sen ruukin ja koko kartanon nimi, mutta silloon kun se Törnutti sen osti, niin se tahtoo sille laittaa oman nimensä. Vaikka Östermyyrasta täällä viälä kaikki vanhemmat ihmiset puhuu!

Me istuimme pöydässä rupattelemassa niin pitkään, että pojatkin ehtivät jo tulla saunasta. Fiia rupesi keittämään heille uutta pannullista, kun Alli ja Anni lähtivät vuorostaan saunomaan ja saivat lopulta houkutelluksi Kaisunkin mukaansa.

Lähdin silloin vaivihkaa kamarin puolelle. Oikeastaan olisi pitänyt taas kirjoittaa kotiväelle, jotta kuvakortit ehtisivät perille ennen meitä, mutta päivä se oli huomennakin. Niinpä oikaisin pitkäkseni lattialle ovensuuhun sijatulle olkipatjalle, joka oli vuoteiden jaossa jäänyt minulle.

Ikkunan takana häämötti huikaisevan sininen iltataivas. Vaikka saunan jäljiltä oli miellyttävän raukea olo ja kahvi ja vehnänen maistuivat yhä suussa, mieli oli oudon rauhaton.

Totta kai minua harmitti Iivon puolesta. Tuntui niin epäoikeudenmukaiselta, että noin lahjakas nuori mies joutuisi taas koko talven taaplaamaan lautoja tai rämpimään pitkin metsiä justeeri kourassa. Jos kuitenkin puhuisin Ville-sedälle? Tai ehkä näistä meidän iltamarahoistamme voisi Iivolle järjestää vähän isomman stipendin.

Maurikin käväisi mielessä, mutta torjuin ajatuksen heti. Enhän oikeastaan tuntenut koko miestä. Jos Maurista ei kuuluisi mitään, kun palaamme kotiin, en rupeaisi soittelemaan hänen peräänsä. Heti kun päätös oli tehty, tunsin oloni ihmeen huojentuneeksi.

3. LUKU

ELOKUUSTA SYYSKUUHUN 1924

Kun juna lopulta elokuun ensimmäisenä päivänä jyskytti kohti etelää, olin sekä helpottunut että haikealla mielellä. Olimme selviytyneet kunnialla kiertueesta, vaikka se oli osoittautunut paljon raskaammaksi kuin olimme osanneet kuvitella. Viimeiset iltamat olivat onnistuneet mainiosti, ja pohjalaiset olivat pitäneet meistä hyvää huolta.

Kaisukin tuntui asettuneen viime päivinä eikä enää ollut niin koppava. Ilmeisesti Aleksi oli kääntänyt hänelle selkänsä nähtyään, miten innostunut toinen oli ollut komeasta ylioppilastoveristaan Seinäjoella. Sen sijaan Anni ja Aleksi näkyivät viihtyvän entistä paremmin keskenään, eikä Annia enää tuntunut lainkaan vaivaavan toisen hyväuskoisuus tai yksinkertaisuus.

– Myö Aleksin kanssa otettaisiin piletit Kotkaan, Anni oli tullut sanomaan aamulla aseman lippuluukulla, kun olin juuri ostamassa Kaisulle lippua Poriin ja meille muille Helsinkiin. – Jäähään Hämeenlinnassa junasta pois ja mennään Darjaa katsomaan.

– Entäs jos Darja onkin jo päässyt pois sairaalasta? kysyin epäröiden. – Tietysti Tampereelta voisi yrittää ottaa kaukopuhelun Hämeenlinnaan.

Nuoripari oli kuitenkin sitä mieltä, ettei puheluja tarvittu. Jos Darja olisi jo lähtenyt Kotkaan, he matkustaisivat perässä. Riihimäellähän heidän olisi joka tapauksessa pitänyt vaihtaa junaa.

Iivo ja muut karjalaispojat olivat sen sijaan tulossa Helsinkiin asti, sillä rouva Poppius ja Naisylioppilaiden Karjala-Seuran johtokunta tahtoivat vielä tavata heidät ja jakaa stipendit ennen kuin koko seurue hajaantuisi pitkin Suomea. Simo, joka oli itsekin Kyminlinnan pakolaisia, oli luvannut toimittaa Annin ja Aleksin stipendirahat perille.

– Mihin te menette yöksi? Alli kysyi pojilta, kun oli hyvästelty lähtijät Hämeenlinnassa ja juna nytkähti taas liikkeelle. Varmuuden vuoksi olin antanut Annille ja Aleksille matkakassasta vähän ylimääräistä siltä varalta, että he joutuisivat etsimään Hämeenlinnasta kortteeripaikan tai ostamaan Darjallekin junalipun.

Vaikka matkaan oli lähdetty jo aamuvarhaisella, oli Seinäjoella jouduttu odottamaan Oulusta tulevaa pikajunaa, joka oli myöhässä. Tampereella taas oli veturin vaihto junan toiseen päähän kestänyt tuskastuttavan kauan. Tällä menolla olisimme perillä Helsingissä vasta iltakahdeksalta, jos silloinkaan.

– Miun Miihkali-setä asuu Pitäjänmäellä. Kaipa myö sieltä kortteeri saahaan, Simo arveli. – Nukutaan vaik rivissä permannolla.

Sääliksi kävi väsyneitä nuoria miehiä, vaikka yhtä uuvuksissa mekin tietysti olimme. Jälleen kerran Alli oli minua nopeampi.

– Voihan teistä osa tulla meille tai vaikka kaikki, hän ehdotti. – Meillä on Albergassa iso talo, jossa on vinttikamari tyhjillään.

Kun pojat näyttivät epäröivän, minäkin vakuutin, ettei kotiväellä varmasti olisi mitään heidän yöpymistään vastaan. Olihan meille ennenkin tuotu yllätysvieraita.

– Vapaussodan aikaan, silloin kun Helsinkiä valloitettiin, meillä nukkui pelkästään salin permannolla ainakin parikymmentä saksalaissotilasta, Alli jatkoi naureskellen.

Niin sitten vaihdettiin junaa koko porukka. Lavasteet ja muut pakaasit oli päätetty kuljettaa vasta huomenna Ylioppilastalolle.

Simo jäi Pitäjänmäellä junasta, mutta muut seurasivat meitä Albergaan asti.

– Tääl on paljon pimeempää kuin Pohjanmaalla, Iivo totesi, kun käveltiin asemalta kotia kohti. – Ihan niin ku kesä ois jo ohi.

Tottahan se oli, että ilmassa oli jo syksyn tuntu. Alli ja muut kulkivat edellämme innokkaasti puhellen. Ihmeen reippaana Alli jaksoi esitellä paikkoja pojille. Me Iivon kanssa olimme jääneet joukon viimeisiksi. Jotakin Iivolla tuntui olevan sydämellään, mutta ennen kuin hän sai sen sanotuksi, Alli huusi:

– Mihin te oikein jäitte? Muut odottivat jo tienkäänteessä.

– Tullaan, tullaan! huusin vastaan. – Menkää vain edeltä!

Miten sattuikin, Iisakki oli lämmittänyt saunan ja istui Eliaksen kanssa vilvoittelemassa sen seinustalla.

– Tuotiin meidän kiertueen pojat tänne yöksi, kun näiden pitää huomenna olla kaupungissa ja lähteä sitten Kotkaan ja Sortavalaan, Alli kuului selittävän, kun me Iivon kanssa ehdimme paikalle.

– Tervetuloa, Elias sanoi ja nousi puristamaan poikien kättä, vaikka joutuikin pitelemään pyyhettä toisella kädellä vyötäisillään. – Kelpaiskos pojille löylyt?

Täytyy sanoa, että Elias oli hienosti tilanteen tasalla. Ensi hämmennyksestä toivuttuaan pojat jäivät tosiaankin saunomaan miesten kanssa. Alli ja minä riensimme sen sijaan sisälle kertomaan äidille yövieraista. Hän istui kaikessa rauhassa lukemassa sanomalehteä ruokapöydän lampun alla, kun kolistelimme sisään. Pikkupojat olivat jo yöunilla.

– Montakos niitä Itä-Karjalan poikia nyt sitten on? äiti kysyi tyynesti halattuaan meitä kumpaakin. Kuultuaan, että yösijan tarvitsijoita oli kolme, hän sanoi, että kaksi voitaisiin panna nukkumaan Manneliuksen neitien entiseen huoneeseen, jossa oli kaksi vuodetta valmiina.

– Ja kolmas voi varmaan nukkua maisteri Tikkasen huoneessa.

Hän lähti aamulla Urjalaan sisarensa hautajaisiin eikä palaa vielä pariin päivään. Vaihdatte vain lakanat vuoteeseen, hän neuvoi ja lupasi itse mennä laittamaan teepöydän valmiiksi.

– Voi teitä, tyttökullat, kovasti on kummankin posket kaventuneet, äiti huokasi lähtiessään kyökkiä kohti. – Ei se varmaan niin helppoa ole ollut kuin te korteissa kirjoittelitte.

– On teil Allin kanssa hienot vanhemmat, Iivo totesi, kun iltateen jälkeen lähdin yläkertaan näyttämään pojille heidän makuupaikkansa. Alli oli mennyt jo edeltä äidin kanssa saunaan.

– Kovilla nuo ovat olleet itsekin nuorempina, vastasin. Minäkin olin teepöydässä katsellut ihaillen, miten ystävällisesti äiti ja Elias suhtautuivat näihin kolmeen ventovieraaseen nuoreen mieheen, jotka olimme raahanneet heidän vaivoikseen.

– Aamulla saatte nukkua niin pitkään kuin haluatte, lupasin pojille hyvää yötä toivotettuani. – Ei meillä kaupunkiin ole mikään kiire!

Milloinkaan ei savusaunan löyly ollut tuntunut niin pehmoiselta kuin sinä iltana. Kun äiti vihtoi niskaani ja selkääni, oli kuin raskas taakka olisi vierähtänyt harteiltani. Me olimme kotona. Ei tarvinnut murehtia ruokaa eikä pakaaseja, ei aikatauluja tai rahan riittävyyttä, ei edes puheita tai seuranpitoa, kun Alli piti huolen siitä, että äiti sai kuulla matkan pienimmätkin yksityiskohdat.

Äiti oli tietysti iloinen ja ihmeissään kuultuaan, että olimme Alavudella tavanneet asemapäällikön Bertan. Harmitti vähän, ettemme olleet älynneet kirjoittaa muistiin hänen osoitettaan. Meillä ei ollut tietoa edes hänen nykyisestä sukunimestään. Ei siis auttanut muu kuin toivoa, että Bertta kirjoittaisi äidille, niin kuin oli luvannut.

– Hyvissä naimisissa Bertan täytyy olla, koska vasemmassa nimettömässä oli kaksi leveää kultasormusta, Alli arveli meistä kahdesta tarkkasilmäisempänä. – Ja lottapuku näkyi olevan sitä parempaa kangasta ja kaulukset ja kalvosimet samoin.

– No eipä se Berttakaan ole päässyt Alavudelta sen pidemmälle, äiti huokasi ja kumartui huuhtelemaan tukkaansa. Mieli teki kertoa, miten olin kuljeskellut Alavuden asemalla ja nähnyt sen pienen punaisen mökin ja ne suuret omenapuut. En kumminkaan saanut niistä puhuttua, kun en ollut varma, tulisiko niistä äidille hyvä vai paha mieli.

– Missäs Miili muuten on? älysin kysyä vasta kun kuljettiin pihan poikki taloa kohti. – Eikö hän tullutkaan tänne?

– Tuli toki, heti juhannuksen jälkeen ja lähti nyt vasta viime pyhänä, kun Manneliuksen Helmi oli tullut kaupunkiin ja tahtoi ompeluttaa uuden kävelypuvun, äiti vastasi ja alkoi sitten selittää, miten Miilistä oli ollut todella iso apu varsinkin pikkupoikien paimenena. Voitto oli kuulemma oppinut uimaan ja Veikkokin uskalsi jo polskuttaa muutaman metrin.

– Se agronomi Jaakkola soitti taas eilen, äiti muisti mainita vasta kun olin jo kapuamassa portaita yläkertaan. – Kyseli teidän tulostanne, mutten osannut sanoa sille mitään sen tarkempaa, kun meillä ei ollut tietoa, millä junalla te tulette.

– No kaipa se soittaa uudelleen, jos on asiaa, vastasin kepeästi. Äiti ei kuitenkaan antanut eksyttää itseään vaan tuli ihan vintinportaiden juureen ja kysyi puoliääneen, minkä takia se agronomi minun perääni jatkuvasti soitteli.

– En minä vaan tiedä, sanoin niin kuin asia oli. – Hän oli hauskaa vappuseuraa, mutten tunne häntä sen paremmin. Maurihan on meitä paljon vanhempikin, ainakin puolessavälissä kolmeakymmentä.

– Se nyt ei ole ikä eikä mikään, äiti hymähti eikä enää kuulustellut sen enempää, toivotti vain ruusunnuppu-unia niin kuin ennen vanhaan. En ollut ehtinyt vielä omaan kamariini, kun makuuhuoneen ovi jo kolahti alakerrassa.

Vai oli Mauri soitellut minun perääni? Vaikka kuinka olin Pohjanmaalla päättänyt, että antaisin koko asian olla, en voinut silti olla miettimättä vuoteeseen päästyäni, mitä tapahtuisi, jos tapaisimme jälleen.

Hullua kyllä, vaikka kuinka suljin silmäni ja yritin muistella, miltä Mauri näytti, en kyennyt saamaan mieleeni hänen kasvojaan. Leveät hartiat muistin kyllä ja tumman tukan ja vahvat käsivarret ympärilläni, mutta silmiä en muistanut enkä niiden katsetta. Yleensä muistin outojenkin ihmisten kasvot, vaikken välttämättä heidän nimiään.

Me nukuimme seuraavana aamuna melkein yhteentoista kaikki viisi, Allikin, joka yleensä oli ollut aamuvirkuin meistä. Äiti sanoi lähettäneensä välillä pikkupojat vinttiin kuuntelemaan ovien taakse.

– Mutta siellä vaan kuorsattiin! Voitto tokaisi.

– Ei kai me Allin kanssa sentään? vastasin pikkuveljeä kutitellen. Näki että pojilla oli ollut meitä ikävä. Voitto kiehnäsi koko ajan kyljessäni, ja Veikko oli kavunnut Allin polvelle istumaan.

– Ette te mutta nuo! Voitto sanoi ja osoitti Ontreita ja Vasilia, jotka joivat pöydän toisella puolella aamukahviaan.

– Kyllähän tekin kuorsaatte välillä, senkin höpönassut, äiti nauroi ja tarjosi meille lisää kahvia. Leipäkorissa oli enää jäljellä yksi viipale limppua. Nuoret miehet olivat selvästi nälissään.

Kun ei Olga-rouvan ja johtokunnan naisten kanssa ollut sovittu sen tarkemmin ajasta, Alli soitti rouva Poppiukselle ja minä rouva Tammiselle. Kumpikin lupasi tulla yhdeksi Ylioppilastalolle, joten ehtisimme vallan hyvin kaupunkiin. Asemalta saisi varmaan kuorma-ajurinkin, joka kuskaisi pakkilaatikot ja faneerilevyt Ylioppilastalon piharakennukseen. Naisylioppilaiden Karjala-Seuralle oli näet luvattu, että he saisivat syksyllä sieltä oman toimistohuoneen. Niin painavia pakaaseja ei kannattanut ruveta itse raahaamaan asemalta, vaikkei matkaa ollut kuin muutama sata metriä.

– Kiertuehan onnistui vallan mainiosti, Elin-rouva kehaisi, kun pakkilaatikot ja faneerilevyt oli saatu sullotuksi pieneen varastokomeroon. – Joka paikkakunnalla teitä on kovasti kiitelty, Hämeenlinnassakin, vaikka heillä oli niin paljon vaivaa sen... mikäs hänen nimensä nyt onkaan...

– Darja Timonen, Alli tokaisi ja kaivoi taskustaan hiukan rypistyneen paperinpalan. – Siitä pitikin puhua, että ylioppilas Kaisu Riipalle pitäisi maksaa matka Porista Tampereelle ja päivärahat kolmelta viikolta. Tässä on summakin valmiiksi laskettuna.

– Anteeksi, kukas hän nyt sitten on? Elin-rouva mutisi punehtuen ja tarkasteli paperia kulmat kurtussa.

– Kaisu tuli Darjan sijaiseksi päivän varoitusajalla, vastasin Allin puolesta. Rouva puheenjohtajatar näytti kuitenkin olevan edelleen kovin hämillään ja alkoi kierrellen ja kaarrellen selittää, että he olivat kyllä ajatelleet meidän selviävän kiertueesta muuten.

– Eikö Kirsti olisi voinut...

– Sitäkin yritettiin, mutta minun oli mahdotonta hoitaa samaan aikaan puvustusta, kuiskaamista ja kaikkia järjestelyjä ja näytellä Anastasia-muoria, jonka piti olla koko ajan näyttämöllä vanhukseksi maskeerattuna, vastasin tyynesti, vaikka minua raivostuttikin. Hyvänen aika, me olimme resunneet pitkin radanvartta yli kuukauden ja koonneet lottien kanssa seuralle varmaan tuhansia markkoja, ja nyt arvon puheenjohtajatar kehtasi kohotella kulmiaan parinsadan markan ylimääräisten kulujen takia.

Kaipa Elin-rouva vaistosi ärtymykseni. Niin nopeasti hän käänsi kelkkansa ja sanoi ilman muuta hoitavansa Kaisun maksun rahastonhoitajan kanssa jo tänään. Sen verran minua kuitenkin harmitti, että kieltäydyin kohteliaasti, kun rouvat kutsuivat meidät kaikki syömään Ylioppilastalolle. Pitihän kiertuetta ja stipendikuorien jakoa juhlia jollakin tavalla.

– Ikävä kyllä olen jo sopinut tapaamisesta erään ystäväni kanssa, selitin kohteliaasti hymyillen ja käännyin hyvästelemään poikia. Iivo seisoi vähän sivummalla. Kun olimme kätelleet, hän alkoi kaivella taskuaan.

– Ootahan, Kirsti, mie olin vähäl unohtaa, Iivo mutisi puoliääneen. – Huolisit sie tään Mötin muistoksi? hän kysyi ujosti hymyillen ja ojensi minulle sen pienen karhuveistoksen, jota olin ihaillut Seinäjoella.

– Voi kiitos! sanoin hämilläni. – Vaikken minä tätä kesää ja kiertuetta muutenkaan unohtaisi.

– Menitkö sinä Mauria tapaamaan? Alli kysyi kuiskaten, kun tulin illansuussa kotiin ja riisuin takkiani eteisessä.

– En tietenkään vaan Miiliä, vastasin hymähtäen. – Sovittiin, että menen huomenna auttamaan. Siellä on taas paljon tekemistä, kun naiset ovat jo ruvenneet kyselemään syyshattuja. Miili on saanut uusia ompeluasiakkaitakin, semmoisia, jotka teettävät uutta eivätkä vain korjauta vanhoja vaatteitaan.

– Minunkin pitäisi saada syksyksi uusi leninki, Alli sanoi ja kertoi sitten, että Olga-rouva oli ehdottanut uutta lausuntailtaa, jossa ei muita esiintyjiä olisikaan kuin Salolan Eero ja meidän Alli. – Sitä ruvetaan harjoittelemaan jo ensi viikolla, kun Eero tulee kaupunkiin, Alli selitti silmät loistaen.

– Voithan sinäkin tulla huomenna Miilin luo, ehdotin silloin. – Miili on taas saanut Pariisista uusia muotilehtiä. Katsotaan niistä vähän mallia, niin piirrän sinulle juuri sellaisen puvun, josta olet aina nähnyt unta!

– Voi Kirsti-kulta! Alli huudahti ja halasi minua mielissään. Juuri silloin puhelin alkoi piristä ruokasalissa.

– Mene nyt vastaamaan! Alli sanoi virnistäen. – Sehän voi olla vaikka se sinun agronomisi!

Alli oli oikeassa. Langan toisessa päässä oli todellakin Mauri, joka kysyi ilman sen pidempiä esipuheita, ehtisinkö tulla ensi sunnuntaina käymään maalla hänen kotonaan.

– Voisin tulla hakemaan sinut Albergasta, hän ehdotti.

Kai minuun iski jonkinmoinen pakokauhu. Ellei Alli olisi niin innoissaan seissyt ruokasalin ovella, olisin ehkä kieltäytynyt jollakin tekosyyllä. Kun en muutakaan keksinyt, kysyin, voisiko Allikin tulla sunnuntaina mukaan.

– Ei, ei, Alli huudahti. – Meillähän on koko päivä lausuntaharjoituksia rouva Poppiuksen luona!

– Totta kai Allikin olisi ollut tervetullut, kuulin Maurin naurahtavan puhelimessa. Ilmeisesti Allin huudahdus oli kantautunut hänen korviinsa. – Mutta sopiiko, että tulen noutamaan sinua puoleltapäivin? hän jatkoi. – Ja oliko niin, että teille tullaan Albergan kartanolta sitä Tarvaspään tietä ja käännytään oikealle ennen puronnotkoa?

Mistähän Mauri ne ajo-ohjeet oli mahtanut saada, jäin ihmettelemään, kun puhelu oli päättynyt.

– Lasselta tai Gusselta varmaan, Alli arveli. – Etkö muista, että silloin viidennellä melkein koko meidän luokka oli täällä laskiaissunnuntaina retkellä, kun Iisakki oli jäädyttänyt meille mäen alas rantaan.

Enemmän Alli oli innoissaan Maurin kutsusta kuin minä itse. Hän ryhtyi saman tien suunnittelemaan, mitä laittaisin päälleni, ja pohti jo sitäkin, pitäisikö varmuuden vuoksi ottaa yöpaita ja aamutakki mukaan, jos jäänkin maalle yöksi.

– En missään tapauksessa! torjuin koko ajatuksen naureskellen. – Olen luvannut olla Miilin puodissa maanantaina jo aamuyhdeksältä, kun sinne on tulossa asiakas sovitukseen ja jonkun pitää pitää hattukauppaa auki.

Mitä pidemmälle viikko kului, sitä enemmän minua alkoi hermostuttaa, vaikka kuinka yritin vakuuttaa itselleni ja muille, että kyseessä oli pelkkä huviretki maalle. Onneksi Alli oli saanut muuta ajateltavaa. Olga-rouva oli lainannut hänelle pinon uusia ja vähän vanhempiakin runokirjoja, joista oli tarkoitus etsiä sopivia runoja niiden kalevalaisten jatkeeksi. Kun Alli tuli perjantai-iltana kaupungista, hän pujahti huoneeseeni pari kirjaa kainalossaan lukemaan runoja ääneen. Ei ihme, että hän tuskaili valinnan vaikeutta.

– Nämä Eino Leinon *Helkavirret* sopisivat mitan puolesta parhaiten *Kantelettaren* runoihin, mutta kun ne ovat niin kamalan pitkiä, hän huokaili. – Ja sitä paitsi, jos Eero ottaa jonkun niistä, niin minun ei kannata kilpailla samassa lajissa.

– Onko sinun pakko lausua vanhoja runoja? Mikset lausu jotakin, joka on julkaistu *Nuoressa Voimassa?* ehdotin haukotukseni hilliten. – Ja eikös kaikki ne hattupääläisetkin ole olevinaan runoilijoita? Pyydä vaikka Olavilta sopivaa runoa.

– Tuossa voisi olla itua, Alli sanoi eikä näyttänyt lainkaan huomaavan, että laskin leikkiä hänen nerokkaista ystävistään. – Jos tosiaan ottaisin jokin ihan uuden runon, kukaan ei pääsisi sanomaan, että jäljittelen muita. Missähän ne meidän kaikki *Nuoret Voimat* ovat?

– Tuossa on uusin, sanoin kurottaen lehden ikkunalaudaltani. – Jonkin viimetalvisen taisin nähdä salin lehtikopassa ja ne vanhimmat äiti on tainnut niputtaa yläkerran vinttikomeroon. Siellähän on ne *Sunnuntaitkin* ja *Suomen Kuvalehdet.*

Me olimme Allin kanssa liittyneet Nuoren Voiman Liittoon jo pari vuotta sitten, kun olimme vielä koulussa. Alli oli saanut kuparimerkkinsä ennen minua samaan aikaan muiden Paavolaisen Olavin Torstai-seuran lausujatyttöjen kanssa. Kun en itse viitsinyt lähettää piirustuksiani kenenkään arvosteltavaksi, Alli oli lähettänyt niitä salaa minun nimissäni Liittoon.

Olin ollut aika tyrmistynyt, kun muutaman viikon päästä postin joukossa oli ollut minulle osoitettu kirje. Sen sisällä oli ollut Nuoren Voiman Liiton merkki ja arvostelu, jossa todettiin minun piirrosteni osoittavan ”taitavaa sommittelua ja erinomaista mittasuhteiden ja perspektiivin hallintaa”.

Ihme kyllä, myös Miili otti puheeksi minun matkani Maurin luo maalle, kun lauantaiaamuna laitettiin puodin ikkunaan uusia hattuja. Lisäksi olin tehnyt pariisilaisten muotilehtien mukaan pari piirustusta syksyn puvuista ja tekstasin juuri niiden yläpuolelle näyttävää kylttiä, jossa piti lukea kahdella kielellä: *Ommellaan arki-, kävely- ja juhlapukuja mittojen mukaan.*

– Mitäs laitat huomenna päällesi? Miili kysäisi ensin kautta rantain asetellessaan hattuja telineisiin.

– Sen sinisen pumpulipuvun kai, vastasin sen kummemmin asiaa ajattelematta. – Jos näyttää sateiselta, otan takin, muuten sen ohuen vaaleanharmaan villatakin, johon kirjailin ne siniset kukkaset viime keväänä.

– Siihen sopisi sitten tuo olkihattu, Miili sanoi ja kurottui ojentamaan minulle yhden niistä lemmikkikimpulla koristelluista kesähatuista, jotka oli otettu pois ikkunasta. Onneksi meidän ainoa ikkunamme oli kadun etelälaidalla ja avautui pohjoiseen päin niin ettei tarvinnut pelätä hattujen haalistuvan auringossa.

– En tiedä, kannattaako hattua ottaa ollenkaan, jos Mauri taas tahtoo ajella kuomu alhaalla, vastasin laittaessani olkihatun viereiselle tuolille. Juuri silloin mustaa tussia tipahti siveltimestä kartongille.

– Pahus! älähdin tietysti, työnsin siveltimen vesilasiin ja yritin pyyhkiä rätillä tahraa pois, mutta kartongin pinta muuttui vielä suttuisemmaksi. – Pitää tehdä uusi kyltti!

– Kuule Kirsti, Miili sanoi silloin ja kapusi varovasti näyteikkunan kaiteen yli permannolle. – Älä nyt pahastu, mutta haluaisin puhua yhdestä asiasta. Mennäänkö välillä takahuoneen puolelle? Pannunmyssyn alla on varmaan vielä lämmintä kahvia.

Vasta kahvikupin ääressä Miili alkoi lopulta kiertäen ja kaartaen selittää, mitä hänellä oli sydämellään. Ensin en ollenkaan ymmärtänyt, mitä tekemistä minulla oli sen viipurilaisen konttoristin kanssa, joka oli asunut samassa talossa kuin Miili ja hänen äitinsä. Vähitellen aloin kuitenkin ymmärtää, mistä oli kysymys.

– Silloin kun me tyttökoululaiset tulimme Helsingistä ylioppilaslakit päässä, Arvid oli vastassa asemalla äidin kanssa, muka laukkua kantamassa, mutta ei se sitä ollut, Miili puheli ja tuijotti miettiväisenä ikkunasta ulos. Takahuoneen ikkunan alla kasvoi sitkeä pihlaja, jonka marjoissa näkyi jo häivähdys punaista. – Kaikki naapurit oli käsketty meille kahville, ja Arvidin äiti oli leiponut pullakranssin. Hehän olivat meidän äidin kanssa hyviä ystäviä. Kun vieraat olivat lähteneet, Arvid kysyi, lähtisinkö kävelylle hänen kanssaan. Oikeastaan minun piti jäädä kotiin tiskaamaan, sillä äiti näytti kamalan väsyneeltä, mutta kun äiti oikein vaatimalla vaati, että minun oli mentävä, niin suostuin lopulta.

– Mitä sitten tapahtui? kysyin varovasti.

– Arvid kosi minua, Miili vastasi ja vilkaisi minuun.

– Ja sinä annoit kieltävän vastauksen, sanoin lopulta, kun Miili näytti unohtuneen miettimään menneitä. – Mutta sinähän olit silloin vasta minun ikäiseni.

– Vuoden vanhempi, Miili korjasi. – Ja Arvid oli melkein kolmenkymmenen. Hän sanoi ajatelleensa minua siitä asti, kun olin päässyt ripille.

– Mitä hän sanoi, kun annoit hänelle rukkaset? minun oli pakko kysyä.

– Ei mitään, Miili vastasi. – Arvid oli tietysti pahoillaan mutta sanoi ymmärtävänsä, kun selitin, että halusin itselleni ammatin ja lähtisin siksi Helsinkiin. Hän saattoi minut kotiin ja tervehti aina senkin jälkeen, jos satuttiin porraskäytävässä vastatusten. Hänen äitinsä sen sijaan lakkasi tervehtimästä, ja meidän äiti oli kai myös pahoillaan, vaikkei moittinut minua sanallakaan.

– Mutta ethän sinä olisi voinut hylätä kaikkia suunnitelmiasi tuosta vain! puuskahdin enkä itsekään ymmärtänyt, miksi kiihdyin niin Miilin puolesta. – Etkös sinä jo koulutyttönä päättänyt ruveta käsityönopettajaksi?

– Niin päätin, ja kyllä kaikki sen tiesivät, Arvidkin, Miili huokasi. – Eikä Arvid sitä kauan surrut. Lokakuussa äiti kirjoitti, että hän oli mennyt kihloihin jonkun konekirjoittajattaren kanssa, joka oli samassa konttorissa.

– No, sittenhän kaikki päättyi oikein hyvin, sanoin huojentuneena ja vein kahvikuppini tiskipöydän kulmalle. – Missähän sitä kartonkia olisi vielä?

– Odota, Miili sanoi ja pyyhkäisi kämmenselällä silmäkulmaansa. – Sitä minä vain… että aina kun tuosta ikkunan ohi kulkee joku lastenvaunuja työntäen tai pikkulasta taluttaen, minä mietin, olisiko sittenkin pitänyt vastata Arvidille myöntävästi. Minähän olen jo yli kolmenkymmenen enkä varmaan ikinä saa omaa perhettä.

Miilin tunnustus sai minut sanattomaksi. Olin kuvitellut, että oman hattuliikkeen ja kodin myötä hän oli vihdoinkin saanut kaiken, mitä oli toivonut. Tietysti oli haikeaa, ettei hänen äitinsä ollut ehtinyt nähdä tyttärensä menestystä, mutta tuskin elämä konttoristin vaimona olisi ollut yhtä itsenäistä ja innostavaa kuin oman puodin pitäminen.

– Mutta ethän sinä rakastanut sitä Arvidia, sain lopulta sanotuksi.

– Olisin varmaan oppinut rakastamaan, Miili huokasi. – Arvid oli raitis, kiltti ja rehellinen ja piti hyvää huolta perheestään ja äidistään.

– Oli? Onko hän kuollut?

– Hän oli yksi niistä, jotka surmattiin vapaussodan lopulla Viipurin lääninvankilassa, Miili sanoi ääni sortuen.

Koko kotimatkan mietin, miksi Miili oli halunnut uskoutua minulle. Kai hän oli tahtonut muistuttaa siitä, että elämässä oli paljon muutakin kuin opinnot ja tutkinto ja unelma omasta urasta. Toisaalta, jos Miili olisi suostunut Arvidin kosintaan, hän olisi jäänyt leskenä täysin tyhjän päälle ilman omaa ammattia. Eikä 31-vuotias suinkaan ollut niin ikäloppu vanhapiika, ettei voisi vielä perustaa omaa perhettä. Harvoin tosin hattukauppaan miehiä eksyi, se kun oli nimenomaan naisten valtakuntaa.

Jokin Miilin puheissa oli silti jäänyt kytemään mielen pohjalle ja sai minut katsomaan maailmaa uusin silmin. Junanvaunussa pieni punakolttuinen tyttö, kahden tai kolmen vanha korkeintaan, istui äitinsä sylissä ja piti silmäpeliä kanssani. Asemalaiturilla joku Harakan mökkiläisvaimoista oli tullut lastensa kanssa miestään vastaan. Nuorimmainen oikein hihkui ilosta, kun isä nosti hänet hartioilleen. Kotimatkalla tuntui ihan siltä, että jokaisen huvilan pihalta tai avoimista ikkunoista kuului lasten ääniä.

– Kirsti tuli! Voitto huusi jo ovelta, kun vihdoin tulin kotiin. Siinä samassa Veikkokin ilmestyi hänen selkänsä takaa.

– Tulkaas halaamaan siskoa, niin saatte Miili-tädin lähettämät karamellit! sanoin pojille. Ilosta kiljahdellen he hyökkäsivät kimppuuni, rutistivat minua hetken ja katosivat sitten tyytyväisinä tikkukaramellit kourassaan.

– Tuossa on lihasoppaa hellankulmalla, äiti sanoi, kun tulin keittiöön. – Menen jo pikkupoikien kanssa saunaan. Sanotko Eliakselle, että tulee perässä. Hän lähti äsken viemään Viiviä ja Villeä Kiloon. Enckellillä on kuulemma taas juhlat.

Kun ihmettelin, eikö Alli ollut vielä tullut kaupungista, äiti kertoi hänen soittaneen, että jää yöksi rouva Poppiuksen luo. Niinköhän vain, ajattelin itsekseni, mutten tietenkään paljastanut äidille epäilyjäni. Hattupääläiset olivat varmaan palailleet jo kaupunkiin.

Olin juuri lusikoimassa lihasoppaa keittiön pöydän ääressä, kun Eliaksen auto kuului tulevan pihaan. Samalla hetkellä kun ulko-ovi kolahti, ruokasalissa soi puhelin. Vaikka laitoin lautasen syrjään ja nousin mennäkseni vastaamaan, Elias oli minua nopeampi. En toki kuunnellut salaa. En vain voinut olla kuulematta, kun hän korotti ääntään ja lopulta suorastaan huusi:

– Koska? Ja samasta paikasta kuin ennenkin… Entäs maksu? Totta helvetissä se on maksettava saman tien tai en lähde mihinkään! Sano että hommaa rahat valmiiksi!

Ilmeisesti Elias oli kiirehtinyt ovelta suoraan ruokasaliin, koska kuulin hänen palaavan eteiseen. Otin lautaseni ja vein sen tiskipöydälle. Elias oli juuri riisunut koppalakkinsa ja takkinsa naulakkoon, kun ehdin kyökinovelle sanomaan, että äiti ja pojat olivat jo saunassa.

– Taisit kuulla, kun äsken hermostuin, Elias totesi ja katsoi minuun alta kulmiensa. Nyökkäsin. Mitäpä tuota kieltämään.

– Hemmetin elokuvamiehet! hän puuskahti. – Ne niiden filmikelat ja elokuvakoneet painavat ihan mahdottomasti! Hirveällä kyydillä pitäis ajaa milloin mihinkin maalaiskylään, toisiin ole edes kunnon tietä! Ja kun perillä ollaan, niin joutuu odottamaan rahojaan tuntitolkulla, kun niiden pitää saada ensin piletit myydyksi, jotta voivat maksaa kyydistä.

Ei ihme, että Elias oli tuohtunut mutta rauhoittui sentään, kun muistutin saunaan menosta.

– Keittäisitkö meille saunakahvit, hän pyysi lähtiessään. – Ja pikkupojille sitä suklaatia.

Maisteri Tikkanenkin tuli kaupungista juuri sopivasti kahville ja voileiville. Kun ilmoitin, etten lähde saunaan, maisteri ja Iisakki lähtivät vuorostaan löylyyn.

– Minä voin lukea pojille iltasadun, lupasin äidille ja Eliakselle, kun pikkumiesten suklaaviikset oli pyyhitty kostealla pyyhkeenkulmalla. – Saatte kerrankin juoda saunakahvinne kaikessa rauhassa!

Makuukamarissa Voitto ja Veikko kapusivat kerrossänkyynsä kuin kaksi pientä oravaa. Voitto nukkui yläsängyssä, Veikko alasängyssä. Veikon sänky taisi olla se sama laverivuode, jossa minäkin olin pienenä nukkunut. Elias oli vain rakentanut siihen korkeammat laidat ja tukevan yläsängyn.

– No, mitäs luetaan? kysyin pojilta.

– Ei kun kerro taas se Sika-Pelle-satu, Voitto sanoi leveästi haukotellen.

– Ai se kun Viivi-tädin ja Ville-sedän Sika-Pelle oli vähällä päästä karkuun? kysyin naureskellen ja vedin tuolin poikien vuoteen viereen. – No kuulkaas, sinä päivänä, kun me äidin kanssa tulimme tänne ensimmäistä kertaa, tämä talo ei vielä ollut valmis. – Missä meidän isä oli? Voitto kysyi aina tässä samassa kohdassa, ja selitin niin kuin ennenkin, että isä-Elias oli vielä silloin suuressa höyrylaivassa kaukana maailman merillä.

– Minun piti jäädä autoon istumaan, jatkoin taas, mutta silloin Veikko nosti päänsä tyynyltä ja katsoi minuun moittivasti sängynlaidan yli.

– Se lankku ensin, hän sanoi tuimasti. – Sitten vasta auto.

– No, tässä talossa ei ollut edes portaita, pelkkä lankku vain, jota pitkin mentiin sisälle, jatkoin kuuliaisesti. – Siksi minun piti jäädä autoon istumaan, mutta kun oli niin kuuma, tulin pois takapenkiltä ja menin kurkistamaan hirsituvan ikkunasta sisään. Siellä oli kamalan likaista ja pimeää. Silloin kuului alhaalta mäestä hirmuinen huuto.

– Sika-Pelle, Sika-Pelle, Sika-Pelle! Voitto ja Ville hihkaisivat kuorossa niin kimakasti kuin osasivat. Tämä oli selvästi tarinan kohokohta.

– Ja mitä minä näinkään? kysyin käheästi kuiskaten.

– Possun, vastasi Voitto samalla lailla kuiskaten.

– Eikä kun possun, jolla oli silkkinauha kaulassa, Veikko sanoi. Vaikka Veikko oli veljeään hitaampi, hän oli hyvin tarkka siitä, että tarina kerrottiin täsmälleen oikein.

– Ja mitäs se Viivi-täti huusi? kysyin taas kuiskaten.

– Sika-Pelle karkaa! Ottakaa porsas kiinni! Pojat osasivat kirkaista vuorosanansa niin osuvasti, että he kuulostivat melkein Viivi-tädiltä.

– Ja silloin minä hyppäsin ikkunan luota ja liukastuin ja kaaduin suoraan Sika-Pellen päälle ja otin sitä kaulasta kiinni ja huusin apua ja äiti ryntäsi talolta ja Viivi-täti mäkeä ylös eikä Sika-Pelle päässyt karkuun vaikka se kuinka potki ja kiljahteli, lopotin yhteen menoon pikkupoikien nauraa kikattaessa. Loppu pitikin sitten taas kertoa ihan tavalliseen tahtiin. – Ja niin me talutimme Sika-Pellen mäkeä alas. Viivi-tädin ja Ville-sedän huvilassa meille tarjottiin hyvää ruokaa ja kahvia ja kakkua ja mehua ja pullaa. Mutta Sika-Pelle oli niin väsynyt, että se nukkui iltaan asti Ville-sedän tuolin alla. Sen pituinen se!

Vielä oli pantava kädet ristiin ja luettava yhteen ääneen se sama iltarukous, jonka mekin Allin kanssa olimme rukoilleet joka ilta:

– Rakas Jeesus siunaa meitä, anna meille enkeleitä, siivillänsä meitä peitä, älä meitä koskaan heitä. Aamen.

Kun olin peitellyt pikkupojat ja antanut heille hyvänyönsuukon, oli lähdettävä nopeasti huoneesta. Muuten olisi Veikolle tullut äkkiä jano ja Voitolle pissahätä.

Ruokasalin lamppu oli jo sammutettu, mutta keittiön oven alta häämötti valojuova. Äiti seisoi kyökissä tiskipaljun ääressä pesemässä teekuppeja.

– Sika-Pelleäkö siellä taas tahdottiin? hän kysyi ja vilkaisi hymyillen olkansa yli.

– Mitäpä muutakaan, vastasin pyyheliinaan tarttuen ja rupesin kuivaamaan astioita.

– Minä en osaa kuulemma kertoa Sika-Pelle-satua oikein, äiti naurahti. – Veikko varsinkin on niin tarkka joka sanasta.

– Menikö Elias uudelleen saunaan? kysäisin, kun tiskit oli tiskattu ja äiti sammutti keittiön lampun. Ulkona oli ihmeen pimeää, vaikka oli vasta elokuun alku. Taivas oli kai vetäytynyt pilveen.

– Elias-rukan piti taas lähteä yötä myöten ajoon, mutta paremminhan siitä tietysti maksetaan, kun on yötaksa, äiti huokasi ja toivotti sitten hyvää yötä.

– Hyvää yötä, äitipieni, sanoin hänen selkäänsä hipaisten.

– Mikä pieni minä olen, hän naurahti, vaikka tottahan se oli. Äiti oli minua melkein puolta päätä lyhyempi.

Niin kapusin ylös vinttikamariini. Sininen puuvillamekko riippui vastapestynä henkarissa kaapin ovea vasten. Oikeastaan se olisi pitänyt silittää vielä tänä iltana, mutta olkoon. Ehtisi sen huomenaamullakin. Maurihan oli tulossa vasta puoleltapäivin.

Minkähän takia Mauri halusi niin innokkaasti viedä minut käymään kotonaan? Jotenkin tämän visiitin täytyi liittyä Maurin äitiin, siitä olin aivan varma. Mieluummin olisin halunut viettää hänen kanssaan aikaa kahden kesken, jutella ja heilastella niin kuin silloin juhannuksena Tuusulassa. Vieläköhän Maurin suudelmat tuntuisivat yhtä pyörryttäviltä?

Aamulla sataa tihuutti, kun heräsin kahvin tuoksuun. Pikkupojat olivat jo syöneet puuronsa ja leikkivät verannalla keppihevosillaan, jotka Iisakki oli heille nikkaroinut viime jouluksi. Minä olin maalannut niiden silmät ja turvat ja tehnyt villalangasta kummallekin komean harjan.

– Pitipäs nyt ruveta satamaan, äiti harmitteli kaataessaan kahvia maisterille, Iisakille ja minulle.

– Kyllä se kohta selkiää, Iisakki arveli ja kääntyi tähyämään ikkunasta. – Tualla näkyy jo sininen rantu meren päällä.

Maisteri Tikkanen oli ilmeisesti taas ollut Helsingin Sanomien korrehtuuria lukemassa, koska pöydänkulmalla oli uunituore sanomalehti. Otsikossa puhuttiin siitä unissasaarnaajasta ja Kokkolan nimismiehestä, jota oli ammuttu.

– Ne oli ne Kokkolan murhamiehet sen Maria Åkerblomin asialla, niin kuin huhuttiinkin, maisteri selitti äidille ja Iisakille. – Nyt ne on viety Kokkolaan ja siellä tunnistettu.

– Raivohullu soon Ookkerplummi kuulemma ja armotoon varas, Iisakki julisti tietävänä. – Nehän vei sen jo jouluna lääninvankilasta hullujenhuoneelle, kun soli käyny ihmisten päälle.

Olin kuullut Maria Åkerblomista ja hänen rikollisesta lahkostaan jo moneen kertaan Miilin luona. Muuan hänen tutuntuttunsa oli nimittäin naimisissa sen metsänhoitajan kanssa, joka oli joutunut unissasaarnaajan pauloihin. Nyt vaimo ja lapset olivat kuulemma lahkolaisten vankeina.

En ruvennut kuitenkaan juoruilemaan maisterin ja Iisakin kanssa, sillä aamu oli jo pitkällä. Oli lähdettävä kyökkiin silittämään leninkiä. Hetken perästä äitikin tuli tiskaamaan aamiaisastioita.

– Niitä lapsia tulee niin sääli, äiti sanoi yhtäkkiä karhealla äänellä. – Sitä ei kukaan ymmärrä, miten avuttomia tuommoiset kasvattilapset ovat ja kokonaan aikuisten armoilla.

– Ei se välttämättä kotona ole sen helpompaa, väitin vastaan. – Olihan Allinkin elämä aivan kauheaa sinä talvena, jolloin hänen isänsä ja mummonsa kuolivat. Alli on itse sanonut, että olisi varmaan joutunut hautaan, ellet sinä olisi ottanut häntä meille kasvatiksi.

Äiti rukka. Vaikka äiti oli selin minuun, hartioiden vavahtelusta näki, että häntä oli ruvennut taas itkettämään. Semmoinen äiti oli ollut niin kauan kuin muistin, liiankin hellämielinen. Ehkä se johtui siitä, että hän oli jäänyt orvoksi niin nuorena. Ei äiti oikeastaan koskaan puhunut meille niistä Östersundomin ajoista. Vain joskus Björnsössä käydessämme olivat äiti ja Fiina-täti muistelleet, miten rankkaa oli elämä karjapiikana kartanon piikamurjussa. Siellä äiti oli loukannut jalkansakin ja ontui sen takia.

– Ei se tuolla lailla siliä, äiti sanoi arkisesti saatuaan tiskipöydän pyyhityksi, kasteli pyyheliinan ja kiersi siitä ylimääräisen veden pois ennen kuin ojensi sen minulle. – Kankaan läpi tuollaiset on silitettävä!

Yhdentoista maissa, kun olin yläkerrassa pukeutumassa ja harjasin tukkaani, kuului ulkoa auton ääni. Ensin säikähdin, että

Mauri oli jo tulossa, mutta kun kävin vilkaisemassa Allin huoneen ikkunasta ulos, näin Eliaksen ajavan pihaan. Hän laski juuri eteisessä seteleitä äidin käteen, kun tulin hetken kuluttua portaita alas.

– Tansseihinko se Kirsti lähtee keskellä päivää? Elias leukaili minut nähdessään. – Silkkisukat oikein ja kukkia hatussa.

– Minut on kutsuttu kylään yhden tutun luo maalle, vastasin tyynesti Eliaksen pisteliäisyydestä piittaamatta ja seisahduin vielä oikomaan hattuani eteisen peilin ääreen. Kun se ei tuntunut asettuvan kunnolla päähän, ripustin hatun naulakkoon. Tietysti olisin voinut hakea yläkerrasta ylioppilaslakin, mutta sekin tuntui vähän turhanaikaiselta. Eihän tämä mikään osakunnan retki ollut.

Elias ei sanonut enää mitään vaan lähti keittiöön syömään. Äiti kävi sulkemassa kyökinoven hänen jäljessään ja sanoi minulle puoliääneen:

– Kirsti-kulta, veisitkö pikkupojat vaikka hirsituvan taakse leikkimään. Ne pitävät muuten niin kovaa ääntä pihamaalla, ettei Elias-parka saa nukutuksi. Nytkin oli pitänyt ajaa Asikkalaan saakka ja takaisin eikä silmäntäyttä unta koko yönä!

Totta kai lupasin viedä pojat kuulomatkan päähän ja pyytää Iisakkia pitämään heitä silmällä sitten kun minua tultaisiin hakemaan.

– Et kai sinä jää yöksi sinne? äiti kysyi avatessaan jälleen kyökin oven.

– En tietenkään, mutta jos tulen junalla, voi mennä myöhään, vastasin ulko-ovelle kiirehtiessäni ja sieppasin olkalaukkuni naulakosta.

Poikien hilpeät huudot kuuluivat nurkan takaa. Siellähän ne kykkivät, pikkumiehet, makuuhuoneen ikkunan alla ja härnäsivät tikulla kovakuoriaista, joka kyyhötti kivijalan juuressa.

– Antakaa sen sittisontiaisen olla! komensin Voittoa ja Veikkoa. – Mennääs maistamaan, ovatko karviaismarjat jo kypsiä.

Pojat pinkaisivat saman tien juoksuun ja herättivät Iisakin koiranpennun, joka oli torkkunut auringossa hirsituvan porraspäässä. Sekin lähti haukkuen juoksemaan poikien perään. Onneksi meteli vaimeni, kun kaikki kolme katosivat talon taakse.

– Mitäs ny? Iisakki kurkisti porstuakamarin avoimesta ikkunasta, kun ennätin poikien luokse. Nämä olivat jo seisahtuneet laitimmaisen tikkelperipensaan luo ja napsivat kilpaa tummanpunaisia marjoja suuhunsa.

– Näille pitäisi keksiä jotakin tekemistä, että Elias saisi nukkua, selitin Iisakille.

– Jaa nykkö se vasta tuli kotia? Iisakkikin ihmetteli. – Oli taas vissihin joku pirempi reissu.

– Äiti sanoi, että Asikkalaan, vastasin vaivihkaa tielle päin tähyillen. – Elokuvakone taisi olla kyydissä.

– Jaa, niinkö se sanoo? Iisakki tokaisi ja vilkaisi minuun alta kulmainsa mutta kääntyi sitten pikkupoikien puoleen ja kysyi, lähdettäisiinkö kaloja narraamaan.

– Kiitos, Iisakki! huusin heidän peräänsä, kun pojat jo pinkaisivat kohti rantaa ja Iisakki lähti saapastelemaan heidän jäljessään. Totta kai minunkin oli maistettava karviaisia. Ne olivat juuri sopivan kypsiä, joten poimin niitä muutaman evääksi. Samassa jotakin kirkasta välähti tienkäänteessä. Vaikka Mauri näkyi istuvan kuljettajan paikalla, auto ei ollut se sama, jolla oli juhannuksena ajettu, vaan musta ja umpikattoinen.

– Kerrankin nainen, jota ei tarvitse odotella, Mauri naurahti pysähtyessään kohdalleni.

– Tässä on kuskille vähän evästä, sanoin kaataen karviaiseni hänen kämmenelleen ja kiersin itse auton toiselle puolelle. Ovenkahva oli kuitenkin sen verran konstikas, etten saanutkaan ovea itse auki vaan Maurin piti kiertää avaamaan se minulle. Kun istuin etupenkille, hän vilkaisi ympärilleen ja kumartui antamaan suukon.

– Minulla on ollut ikävä sinua, hän kuiskasi, paukautti oven kiinni ja palasi kuskin paikalle. Kun auto kaarsi pihalla ympäri, näin äidin seisovan kyökinportailla. Maurin suudelma tuntui yhtä pökerryttävältä kuin ennenkin ja sai poskeni hehkumaan.

Kaikki oli paljon yksinkertaisempaa kuin olin kuvitellut. Ei tarvinnut varoa sanojaan eikä miettiä, mistä puhuttaisiin. Totta kai ihmettelin, miksi Mauri oli liikkeellä erilaisella autolla.

– Se toinen on minun ja tämä on isän peruja, hän selitti hymyillen. – Jäykkä ohjata ja olemattomat jouset, mutta äiti tahtoo, että hänet kuskataan tällä kirkkoon joka sunnuntai. Ajattelin, että tämä on sinusta mukavampi, kun tie pölisee niin mahdottomasti. No mutta kerro nyt teidän kiertueestanne! Oliko muualla yhtä paljon väkeä kuin Tuusulassa?

– Aika usein oli täysi sali, mutta oli niitä sellaisiakin paikkoja, joissa oli vain kourallinen ihmisiä, vastasin ja ryhdyin sitten kertomaan kiertueemme dramaattisista vaiheista.

Kun oli käyty läpi koko retki Hyvinkäältä Vaasaan, ajeltiin hetkinen aivan hiljaa. Sekään ei tuntunut kiusalliselta. Ei kuulunut muuta kuin moottorin hyrinä ja soran rapina renkaiden alla, kun Mauri ajoi varmoin ottein yhä mutkaisemmaksi muuttuvia maanteitä ja minä ihailin maisemia. Tunsin kyllä Maurin aina välillä vilkaisevan minua, mutten kehdannut ruveta silmäpeliin hänen kanssaan.

Elonleikkuu näkyi jo alkaneen. Tien molemmin puolin vilahteli syyskeltaisia peltoaukeita. Siellä täällä kylpivät jo kuhilaitten rivit elokuun auringossa. Täälläpäin ei ilmeisesti ollut satanut, sillä maantie oli rutikuiva ja auto lennätti jäljessään sankkaa pölypilveä. Lopulta Mauri vilkaisi taas minuun ja arveli, että olin varmaan alkukesästä ihmetellyt, kun hänestä ei ollut kuulunut vapun jälkeen pitkään aikaan yhtään mitään.

– En oikeastaan, tai no hiukan, tunnustin sentään.

– Olisi tietysti pitänyt kertoa jo silloin juhannuksena, että meidän pehtoori sai kesken kylvötöiden halvauksen ja kuoli, Mauri alkoi selittää. – Ja minun piti…

– Ei sinun tarvitse selitellä! Totta kai arvasin, että toukotöissä oli täysi tekeminen, keskeytin hänet. – Olihan Miilin hattukaupassakin kiireisin aika, ja sitten meidän pitikin jo ruveta valmistelemaan sitä *Pakolaisten* kiertuetta.

– Ei uskoisi, että olet vasta yhdeksäntoista, Mauri naurahti. – Sinähän puhut kuin aikaihminen.

– Minä olen aikaihminen, totesin tyynesti ja vaihdoin puheenaihetta. – Onko teillä Jaakkolassa tänään paljon vieraita?

– Vain omaa väkeä, äiti ja meidän Kerttu pikkutyttönsä kanssa, Mauri alkoi selittää selvästi huojentuneena, kun ei joutunutkaan tilille siitä viimekeväisestä.

Kerttu oli kuulemma Maurin pikkusisko, pari vuotta minua vanhempi ja naimisissa Maurin opiskelutoverin kanssa. Kun aviomies joutui koko kesän kiertelemään maatalousnäyttelyissä kunniakirjoja jakamassa, Kerttu oli tullut tyttärensä kanssa kaupungista maalle, "mummun ja piikojen passattavaksi", niin kuin Mauri naureskeli. Äänestä kyllä kuuli, että hän piti kovasti sisarestaan ja pienestä kummityttärestään Lillistä, joka oli syntynyt pääsiäisen aikaan.

Ihmeen nopeasti matka oli joutunutkin. Oikein säikähdin, kun erään joennotkon jälkeen Mauri jarrutti yllättäen ja käänsi auton koivukujalle, jonka päässä häämötti valkoinen pytinki. Kun ajettiin lähemmäs, huomasin vähän sivummalla komean kivinavetan ja rykelmän punamultaisia talousrakennuksia.

– Tuntuuko tutulta? Mauri kysäisi, kun kaarsimme pihamaalle.

– Tuntuu kyllä! Tosin silloin oli niin korkeat nietokset, ettei reestä näkynyt kuin huurteiset koivunlatvat, vastasin reippaasti. Silti jännitys kouraisi vatsanpohjaa, kun näin jonkun rientävän portaille meitä vastaan.

– Älä sitten välitä, vaikka Kerttu kuulustelee sinut pyörryksiin. Ei se pahaa tarkoita, on vain niin utelias, Mauri sanoi pysäytettyään auton katokseen sen harmaan avoauton viereen, jolla hän oli käynyt vappuna Tuusulassa.

– Tervetuloa Jaakkolaan, Kirsti! Kerttu sanoi käteltäessä, sillä Mauri oli jo esitellessään meidät kieltänyt neidittelemästä ja rouvittelemasta.

– Missäs pikku-Lilli on? hän kysyi sisareltaan, kun tultiin pitkälle lasiverannalle, jonka toisessa päässä oli kyökinrappu.

– Tuossahan se nukkuu vaunuissaan, keittiön oven vieressä, Kerttu kuiskasi. Tosiaan, avoimen kyökinoven toisella puolella näkyivät valkoisella harsolla peitetyt lastenvaunut.

– Meillä on päivällinen jo valmiina, Kerttu sanoi ja avasi oven hämärään eteishalliin. Yllätyin vähän, kun hän kysyi, haluaisinko pestä käteni pölyisen automatkan jälkeen.

Leveiden vintinportaiden alle oli rakennettu vesiklosetti. Posliinialtaan ainoasta hanasta tuli tosin vain kylmää vettä. Pellavapyyhe oli vastamankeloitu. Sen alakulmaan oli punaisella langalla kirjailtu koukeroiset nimikirjaimet S ja J. Hämärästi muistin, että talon emännän nimi taisi olla joko Sigrid tai Signe.

– Äiti odottaa ruokasalissa, Mauri sanoi, kun tulin käsiä pesemästä. Kerttu oli ilmeisesti mennyt jo edeltä ilmoittamaan meidän tulostamme. – Älä sitten purista kovin äidin kättä, mies kuiskasi ennen kuin avasi ruokasalin oven. – Hänellä on nimittäin sormissaan paha leini.

Maurin äiti istui ruokasalin pöydän toisessa päässä mustassa leningissä ja näytti paljon hennommalta kuin muistinkaan. En oikein tiennyt, miten häntä pitäisi tervehtiä. Kun nainen ojensi itse molemmat kätensä minua kohti, minäkin ojensin hänelle oikean käteni ja kumarruin sanomaan nimeni.

– Minä olen Signe Jaakkola. Tervetuloa, neiti Eriksson! Signe-rouva vastasi eikä heti päästänyt irti kädestäni vaan katsoi minua tarkkaan kirkkailla silmillään. – Mauri jo kertoikin, että te olitte minun sisarentyttäreni luokkatoveri ja kävitte täällä toissa talvena, kun Irman luokka oli täällä penkinpainajaisia pitämässä. Oletteko tosiaan niin nuori? Vasta yhdeksäntoista?

– Oikeastaan olen vasta kahdeksantoista, vastasin punastuen. – Olen nimittäin syntynyt joulun alla.

– Niinpä niin. Nuorena sitä laskee kuukaudetkin ja odottaa kovasti, että tulisi vanhemmaksi, Signe-rouva naurahti ja pyysi meitä sitten istumaan pöytään. Vaikka kuinka yritin olla katsomatta hänen koukkuisia sormiaan, ne olivat todella kipeän näköiset. Melkein joka nivelessä oli isot punaiset kyhmyt.

Päivällinen oli loppujen lopuksi oikein kotoisa, vaikka alku oli ollut vähän kankea. Samanlaista ruokaa meidän äitikin tapasi tarjota tähän aikaan kesästä, kun omasta maasta saatiin jo kaikkea hyvää. Uusien perunoiden ja porkkanoiden höystönä oli savukinkkua ja valkokastiketta, ja salaattikulho oli koristettu etikan kanssa vispatulla kermavaahdolla ja valkoisella munasilpulla. Kun kehuin ruisleivän maukkautta, Mauri nyökkäsi hyväksyvästi ja iski silmää äitinsä huomaamatta. En tosin ollut aikonut imarrella. Jaakkolan ruisleipä oli todellakin erittäin hyvää varsinkin tuoreen voin kanssa.

– Ruisleivän juuren toin Jaakkolaan kolmekymmentä vuotta sitten, Signe-rouva selitti. – Anoppivainaani ei siitä ensin pitänyt mutta myönsi sitten lopulta, että parempaa se oli kuin Jaakkolan vanha juuri. Siinä kun ei ollut makua. Paljon olen sen perästä leivänjuurta jakanut, kaikille kälyillekin.

– Meillä tehdään kaljakin äidin reseptillä, Kerttu kehaisi raikasta juomaa, joka maistui hiukan katajanmarjoilta. – Taas piti toissapäivänä panna lisää kaljaa kahteen tynnyriin tulemaan. Ensi viikolla ruvetaan puimaan rukiita ja töihin tulee toistakymmentä päiväläistä.

– Äiti onkin aina ollut oikein malliemäntä, Mauri yhtyi sisarensa ylistysvirteen ja kosketti hymyillen äitinsä käsivartta.

– Enhän minä ensin osannut muuta kuin sisätöitä, vaikka olin emäntäkoulun käynyt, Signe-rouva vähätteli, vaikka olikin selvästi mielissään lastensa puheista. – Se nääs Orimattilan emäntäkoulu oli silloin sikäli konu, ettei siellä ollut karjanhoitoa ollenkaan. Arvi nyt oli kumminkin heti isänsä kuoltua rakennuttanut tuon kivinavetan ja ostanut kalliit ayrshirelehmät. Kihlausaikana piti sitten käydä karjanhoitokurssi, että osasin emännäksi tullessani ruveta neuvomaan piikoja.

Vaikka Jaakkola oli talonpoikaistalo, sen verran herraskaista näkyi täällä olevan, että työväki söi väentuvan puolella. Meitä passasi tuhdin mutta rivakkaliikkeisen emännöitsijän lisäksi hintelä pikkupiika, jonka niskassa törrötti ohut saparo.

Juuri kun pöytään oli tuotu herkullisen näköinen jälkiruoka, ruokasalin ovelle koputettiin. Eteisen kynnyksellä seisoi nuori nainen, jonka navettatakin hajusta ei voinut erehtyä.

– Anteeks ny kamalasti, mutta voisko Mauri-herra tulla heti navettaan, kun Omena poikii eikä me saara vasikkaa ulos, hän selitti hätääntyneen näköisenä.

– Kauanko sitä on jo yritetty? Mauri kysyi noustessaan pöydästä, mutta kiirehti saman tien karjakko kintereillään ovesta ulos. Minä jäin yksin Jaakkolan naisten kanssa.

– Voi voi, Omena on meidän paras lehmämme! Signe-rouva päivitteli. – Tampereen näyttelyssä se sai jo hiehona ensimmäisen palkinnon.

– Kyllä Mauri sen poikimisen hoitaa, Kerttu rauhoitteli äitiään, mutta ilmeisesti säikähdys oli käynyt vanhan rouvan sydämen päälle. Hän ei nimittäin huolinut jälkiruuasta vaan tarttui pöydänkulmaan nojanneeseen keppiinsä ja sanoi lähtevänsä kamariin ruokalevolle.

– Syökää te vaan kaikessa rauhassa jälkiruokaa, ettei Lempi

pahastu, Signe-rouva kääntyi ovelta käskemään. – Kerttuhan voi sitten näyttää Kirstille taloa.

Jälkiruoka oli ilmeisesti emännöitsijän ylpeys. Siinä oli marenkien joukossa tuoreista mustaherukoista tehtyä sosetta ja vispattua kermaa. Se vain hiukan haittasi nautintoa, että Kerttu ryhtyi kahdenkesken jäätyämme oikein tosissaan kuulustelemaan minua ihan niin kuin Mauri oli ennustanutkin. Kaikki käytiin läpi: äidin vaiheet Alavuden asemalta Östersundomiin ja Helsinkiin, isän kuolema ja minun syntymäni, Djursholmen ja Albergá.

– Voi kun teidät olisi pantu Suomalaiseen tyttökouluun, niin olisimme käyneet samaa koulua! Kerttu huudahti, kun kerroin, miten olimme Allin kanssa päässeet Uuteen yhteiskouluun. Kerttu oli nimittäin käynyt Helsingissä kuusi luokkaa tyttökoulua ja valinnut sen jälkeen Porvoon naisopiston opettajatarlinjan päästäkseen seminaarin yksivuotiselle hospitanttikurssille.

– Olisinhan minäkin saanut lukea vaikka lääkäriksi, vaan kun ei tuota lukupäätä ollut, isä ehdotti jo ensimmäisten ehtojen jälkeen, että rupeaisin kansakoulunopettajaksi, Kerttu selitti naureskellen, eikä näyttänyt häpeilevän huonoa koulumenestystään. – Kai minut olisi Jyväskylään hyväksytty, mutta lähdin kesäkuussa Maurin kanssa Tampereen maatalousnäyttelyyn ja tapasin siellä Eeron. Se oli semmoinen rakkauden myrsky, että kaikki oli selvää jo parissa päivässä. Syksyllä aloitin emäntäkoulun Sammatissa, jouluna mentiin kihloihin ja helluntaina pidettiin häät. Äidin ompeluseurassa kuulemma laskettiin oikein sormilla, että Lilli syntyi varmasti yhdeksän kuukautta häitten jälkeen, hän naurahti mutta kumartui vielä huomauttamaan kuiskaten, että onneksi vauva oli vähän yliaikainen.

Kun kumpikin oli ottanut jälkiruokaa vielä toisen annoksen eikä Mauria kuulunut navetalta, me nousimme pöydästä. Kerttu lähti esittelemään minulle taloa niin kuin Signe-rouva oli käskenyt.

Ruokasalista tultiin suoraan saliin. Se oli melkein puolta suurempi kuin meillä kotona, mutta samalla lailla sieltäkin avautuivat pariovet puutarhan puoleiselle verannalle.

Etelänpuolen ikkunoiden edessä rehotti oikea ruukkukasvien metsä. Ylimpänä oli tietysti palmu, jonka latva ulottui kattoon. Kaikkia kasveja en edes tuntenut, mutta pylvään päässä värisevä hentoinen hienohelma oli meillä kotonakin ja tietysti fiikus.

– Äiti on oikea viherpeukalo, Kerttu totesi. – Sääli, etten ole perinyt hänen taitojaan. Sekin myrtti, jonka sain äidiltä, kuoli keväällä ikkunalle, kun olin kuulemma kastellut sitä liikaa.

– Oi, miten kaunis ryijy! huudahdin, kun käännyin ympäri ja silmäni sattuivat sinisen- ja ruskeankirjavaan penkkiryijyyn, joka peitti melkein koko ruokasalinpuoleisen seinän.

– Tuokin on äidin kutoma ja itse suunnittelema malli, Kerttu sanoi. – Nyt on pakaritupaan pantu minullekin ryijynloimet puihin. Hidastahan se on, kun en ehdi istua kangaspuiden ääressä kuin Lillin päiväunien aikaan. Varmuuden vuoksi luotiin kahden ryijyn loimet, jos vaikka Mauri toisi tänne vielä toisenkin kutojan, hän lisäsi virnistäen. – Sinähän olet kuulemma oikein näppärä käsistäsi.

– Kuka niin väittää? kysyin hämilläni.

– Pikkulinnut ovat laulaneet, Kerttu nauroi. – Taikka Irma oikeastaan. Olipa nyt sääli, ettei hän tiennyt teistä kahdesta. Olisit sinäkin saanut kutsun hänen häihinsä.

– Me olimme juhannuksena jo lähteneet kiertueelle, tyydyin vastaamaan. Vaikkei Kerttu tietenkään pahaa tarkoittanut noilla puheillaan, minua ne alkoivat ahdistaa. Niinpä kysyin, jatkettaisiinko kierrosta.

– Äidin kamariin mennään sieltä salin peränurkasta, Kerttu sanoi, kun tultiin eteiseen ja hän avasi oven, joka oli vastapäätä yläkertaan johtavia portaita. – Ja tässä on Maurin työhuone taikka isännän konttuuri, niin kuin isä aina sanoi.

Sääli, ettei Mauri itse ehtinyt esittelemään työhuonettaan, joka ei tosin ollut kovin suuri. Ei sinne juuri muuta mahtunutkaan kuin tummaksi ootrattu vanhanaikainen kirjoituspöytä karmituolineen, samasta puusta tehty korkea kirjakaappi ja pari kulunutta nahkaista nojatuolia, joiden välissä seisoi jalkalamppu ja soikea pikkupöytä. Kaakeliuunia koristi tosiaan samanlainen koivureliefi kuin Vallgrenin Laivurinkadun salissa, mutta täällä oli uuni tehty vihreistä kaakeleista.

– Tules katsomaan meidän kunniakirjoja! Kerttu kutsui ja viittoi minut peräseinän ääreen.

Kelpasihan niitä esitellä. Koko seinä oli nimittäin peitetty kehystetyillä kunniakirjoilla. Useimmat niistä oli näemmä saatu karjanhoidosta, sillä lehvien ja koukeroisesti tekstattujen kirjainten lisäksi niitä koristivat erilaiset kauniisti piirretyt ja väritetyt lehmänkuvat. Suurin osa kunniakirjoista oli kuitenkin osoitettu Arvi Jaakkolalle ja vain kaikkein uusimmat olivat Maurin nimissä. Parissa vaatimattomammassa kunniakirjassa luki sentään Signe Jaakkola. Toinen niistä oli saatu pyyheliinakankaasta ja toinen säilykkeistä Uudenmaan Maatalousseuran näyttelyissä parikymmentä vuotta sitten.

Kun kunniakirjat oli käyty läpi, siirryttiin yläkertaan. Tässä päässä taloa oli oikeastaan vain kaksi suurta vinttikamaria. Valtavan suuren ja avoimen ullakon toisella puolella oli kuulemma palvelusväen huoneita.

Suurempi yläkerran huoneista oli Maurin makuuhuone, jonne kurkistin ovelta. Kirjoja oli täälläkin kaksi kaapillista ja ikkunanuspöydällä vielä muutama kirja pinossa. Kertun entinen kamari oli säilytetty aivan samanlaisena kuin hänen tyttöaikoinaan. Nuketkin istuivat rivissä siron vaaleanharmaan kirjoituslipaston päällä. Ainoastaan sänky oli vaihdettu leveään parisänkyyn.

– Tämä on isän ja äidin vanha sänky, Kerttu sanoi ja istahti hetkeksi vuoteen reunalle. – Isähän kuoli sydänhalvaukseen, kun ne venäläiset matruusit tulivat kuorma-autolla punakaartilaisten kanssa meille rähjäämään ja veivät väkisin monta säkkiä perunoita ja viljaa. Siitä tulee nyt marraskuussa seitsemän vuotta. Me Maurin kanssa oltiin silloin Helsingissä koulukortteerissa Aino-tädin luona ja Yrjö oli vielä Saksassa. Onhan Mauri puhunut Yrjöstä?

– On sen verran, että hän kaatui Viipurin valtauksessa, vastasin.

– Sinä talvena äidin tukka muuttui lumivalkoiseksi, Kerttu sanoi ja pyöritteli sormuksiaan. – Onneksi äiti oli tullut kaupunkiin tuomaan meille ruokaa silloin tammikuun lopulla, kun punaiset ryhtyivät kapinaan. Aino-tädin luona oltiin kumminkin paremmassa turvassa kuin täällä. Jokisen Kalle, se meidän pehtoori, oli tosin kaukaa viisas ja käski heti kapinan alettua kaataa sen verran koivuja tielle, ettei tänne päässyt autolla eikä hevosellakaan taloa ryöväämään. Muutamat paikalliset punikit yrittivät kuulemma tulla hiihtäen lahtaamaan lehmiä, mutta Lempi pisti ne järjestykseen. Semmoinen kammo siitä kumminkin jäi, että ei kai teidän perheessä ole ollut ryssiä tai...

– ...punikkeja? tokaisin kieltämättä vähän yllättyneenä. – Ei tietenkään! Isäpuoli istui melkein vuoden Shpalernajassa kalterijääkärinä, taisteli Sihvon joukoissa Karjalassa ja haavoittui vähän ennen Viipurin valtausta niin että ontuu lopun ikäänsä.

– No hyvä, Kerttu totesi sovitellen. – Niin me äidin kanssa ajattelimmekin, mutta kun yritimme kysyä sitä Maurilta, hän suuttui niin tulenpalavasti, että lupasin äidille kysyä suoraan sinulta. Mennäänkö nyt katsomaan väen puolta?

Vähän sekavin tuntein laskeuduin Kertun jäljessä alakertaan. Turhaan ei Mauri ollut varoittanut sisarensa kuulustelusta. Meillä kotona Elias ei koskaan puhunut punikeista eikä äitikään. Totta kai sen ymmärsi, ettei Signe-rouva sietänyt sen paremmin ryssiä kuin punikkejakaan silmissään, kun oli heidän takiaan menettänyt sekä miehensä että poikansa. Silti en voinut olla miettimättä, mitä Kerttu ja hänen äitinsä olisivat sanoneet, jos olisin kertonut siitä punikin pojasta, jota äiti oli piilotellut meidän kellarissa.

Herrasväen puolelta kuljettiin ruokasalin kautta väentupaan ja keittiöön. Heti kun näin harmaat hirsiseinät, tunnistin väentuvan samaksi paikaksi, jossa meitä oli kestitty penkinpainajaisissa. Kun kerroin Kertulle, että täällä oli silloin tanssittukin haitarin tahdissa, tämä arveli soittajan olleen heidän pehtoorinsa, jonka Irma oli taivutellut pelimanniksi.

– Irma oli kaikista serkuistamme Jokisen Kallen ehdoton suosikki, Kerttu selitti naureskellen. – Kalle kun oli hevosmies henkeen ja vereen ja Irma samanlainen. Hevosmieheksi meidän pojat Irmaa aina haukkuivatkin, kun se viihtyi täällä ollessaan paremmin tallilla ja hevoshaassa kuin meidän tyttöjen kanssa leikkimökissä.

Emännöitsijä istui pöydän ääressä kahvia juomassa, kun tulimme Kertun kanssa väentuvasta kyökin puolelle. Keittiö oli kuulemma laitettu Maurin aikana uuteen uskoon, ja sen kyllä huomasi. Valkoinen kaakeli verhosi muurin ja lieden, ja työpöydät oli päällystetty kiiltävillä teräslevyillä. Terästä näkyivät olevan tiskipöydän paljutkin, joiden äärellä sisäpiika seisoi pesemässä äskeisiä päivällisastioita. Samassa kuului ulkoa askeleita.

– Lehmävasikka tuli! Mauri huikkasi iloisesti verannan ovelta mutta herätti huudollaan pienen sisarentyttärensä, joka alkoi parkua. Kun Kerttu riensi nostamaan pikkuisen syliinsä, Mauri kysyi minulta, jaksaisinko lähteä hänen kanssaan kävelylle.

– Totta kai, mielelläni, vastasin ja tartuin Maurin ojennettuun käteen.

– Älkää unohtako kolmenkahveja! kuului Kerttu huutavan jälkeemme, kun oltiin jo ehditty ulos aurinkoon.

Aittojen välistä kuljettiin alapihalle, jonka laidassa seisoi vanha pakaritupa. Mieli teki riisua sukat ja kengät ja juosta rinnettä alas pitkin pehmeää nurmea.

– Kun ei pakarituvalle ollut muutakaan käyttöä, äiti tahtoi laitattaa tänne kangaspuut, vaikkei hänen sormillaan enää ryijyjä solmitakaan, Mauri totesi meidän kurkistaessamme sisälle tupaan. Tuoksu oli aivan samanlainen kuin meidänkin hirsituvassamme. Oikeastaan olisi tehnyt mieli istahtaa hetkeksi kangaspuiden ääreen, mutta peräännyin nopeasti takaisin pihamaalle.

– Tuo tuolla on pehtoorinpytinki, Mauri selitti. – Sen toisessa päässä on renkitupa. Meillä ei nykyään ole kuin kaksi renkiä ja minä itse kolmantena, hän jatkoi ja suunnisti alapihan poikki kohti hirsirakennusta, joka vaikutti tallilta. Sen takana aitauksessa näkyi vaaleaharjainen tamma, joka oli muhkeista kyljistä päätellen kantavana. Talli oli tyhjillään, sillä talon muut hevoset olivat jokirannassa laitumella.

– Poiketaan navetalla myöhemmin ja mennään nyt ensin rantaan. Siellä on lampaatkin ja vanha Rex, meidän paimenkoira, Mauri ehdotti. Jostakin nurkan takaa oli ilmestynyt harmaaraidallinen kissa puskemaan hänen säärtään.

Kun kuljimme tallin päätyyn rakennetun kanatarhan ohi, kukko säikäytti minut kimeällä kiekaisullaan.

– Oles hiljaa, Keisari! Mauri komensi sitä ja selitti sitten, että kukko oli jo aika vanha mutta yritti aina hänet nähdessään kiekua, jottei joutuisi pataan.

– Taidat pitää eläimistä, sanoin hymyillen, kun mustan ja harmaankirjava koira lähti kuin nuoli kiitämään peltotietä meitä kohti kuultuaan Maurin vihellyksen.

– Jos Yrjö ei olisi kaatunut, olisin lähtenyt Hannoveriin tai Berliiniin lukemaan eläinlääkäriksi, hän sanoi kyykistyessään tervehtimään koiraa, joka painoi päänsä isäntänsä olkapäälle. – Mutta kun isäkin oli kuollut jo edellisenä syksynä...

– Tiedän, Kerttu kertoi, sanoin myötätuntoisena. Vasta nyt aloin ymmärtää, miten paljon Maurilla oli velvollisuuksia.

– No, mitäpä näistä! Menes taas hommiin, Rex, hommiin! Mauri komensi ja alkoi sitten selittää, että lampaita Jaakkolassa pidettiin vain heidän äitinsä takia. – Noiden mustien villa on kuulemma oikein harvinaisen hienoa, hän sanoi aidan viereen ehdittyämme. Pari karitsaa oli heti kipittänyt nuuskimaan meitä aidanraosta.

– Vielä on yksi paikka, jonka haluan näyttää, tule! Mauri sanoi ja tarttui taas käteeni. Me kuljimme hetken jokirantaa pitkin länteen päin, kunnes edessämme kohosi mäntyjä kasvava kallionnyppylä. Sen laelta avautui näköala yli syvällä uomassaan virtaavan joen ja sen takana levittäytyvien niittyjen.

– Jo pikkupoikana päätin, että teen tähän vielä joskus oman talon, Mauri sanoi eikä vieläkään päästänyt irti kädestäni.

– Mutta onhan sinulla nyt tuolla mäellä taloja kerrakseen, en voinut olla huomauttamatta.

– Jaakkolahan on sukutalo, Mauri huokasi ja veti minut syliinsä. – Se on äidin ja Kertun ja Aino-tädin ja Selma-tädin ja ties kenen kotitalo, jossa joka kunniakirjan on oltava omalla paikallaan. Siitäkin syntyi jo kauhea meteli, kun laitatin väentuvan nurkkaan sen uuden keittiön ja siihen vesijohdon ja viemärin. Silloin ei auttanut muu kuin lyödä nyrkkiä pöytään ja sanoa, etten jumalauta rupea asumaan missään ulkomuseossa.

Hetkeen emme kumpikaan sanoneet mitään. Paidan läpi kuulin, miten Maurin sydän jyskytti kiivaasti. Lämmin käsi siveli kuitenkin selkääni kuin rauhoitellen.

– Tiedätkös Kirsti, hän sanoi lopulta hiljaa, melkein kuiskaten. – Silloin vapunpäivänä, kun olin saattanut teidät Fredriksbergin asemalle ja päässyt lopulta kotiin, tulin istumaan tuohon kallion laelle. Koskaan en ollut tavannut semmoista naista kuin sinä, yhtä rohkeaa ja hauskaa ja rehellistä. Silloin päätin, että kysyn ihan suoraan, voisitko mitenkään ajatella, että me kaksi elettäisiin yhdessä koko loppuelämämme. Mitäs sanot? Tai älä sano mitään, ei sinun tarvitse tätä nyt päättää, hän lisäsi ja sulki suuni hetkeksi suudelmalla.

– Totuus on, etten osannut moneen viikkoon päättää, olinko hullu vai rakastunut, hän naurahti, kun haukoin yhä henkeäni uskomatta korviani. – Siksi et kuullut minusta niin pitkään aikaan silloin keväällä. Jotenkin kai toivoin, että tämä tunne menisi ohi, mutta se on vain vahvistunut.

Veri kohisi korvissani ja mieli teki huutaa kylläkylläkyllä. Silti jokin pidätteli, niin etten osannut muuta kuin nyökätä sanattomana ja tarttua jälleen hänen käteensä, kun lähdimme kapuamaan kalliolta alas. Ehkä minut sai epäröimään Signe-rouvan kirkas ja kysyvä katse, ehkä ne kaikki kunniakirjat, Kertun puheet ja kangaspuut, joihin oli luotu jo valmiiksi loimet minunkin ryijyäni varten.

Kun kävelimme taas peltotietä, Mauri alkoi puhua ihan arkisesti taloussuunnitelmistaan. Peltoa pitäisi kuulemma raivata lisää, sillä Jaakkolan vanhoille torppareille oli talosta lohkottu yhteensä melkein sata hehtaaria peltoa ja metsää.

– Maidosta saa nykyään parhaan hinnan, kun meillä on niin hyvä karja ja kaupunki on lähellä, hän selitti. – Navettaankin mahtuisi vielä kymmenkunta lehmää lisää, mutta lehmänpitoon tarvitaan myös laitumia ja heinäpeltoja. Ja tietysti koko ajan pitää rakennuksia korjata. Riihelläkin lentelee jo pääskyset katosta läpi. Hei, minäpäs näytänkin sinulle meidän hauskimman leikkipaikan! hän keksi yhtäkkiä ja lähti juoksuttamaan minua kohti peltojen keskellä kohoavaa ikivanhaa riihirakennusta.

Tuskin olisin yksin uskaltanut mennä Jaakkolan riiheen. Niin notkollaan olivat kaikki katot ja katokset ja osa seinistäkin. Pölyä ja olkisilppua oli joka puolella. Vähältä piti, etten kompastunut puimakoneen remmiin, joka lojui luuvan permannolla. Lopulta Mauri auttoi minut olkiladon puolelle. Pärekaton reikien läpi näkyi tosiaan sinistä taivasta. Haarapääskyt olivat tehneet pesiään katonrajaan ja suhahtelivat edestakaisin päittemme yläpuolella.

– Täällä me käytiin aina hyppimässä pehkuihin, vaikka äiti oli kieltänyt, hän naurahti heittäytyessään pahnakasaan selälleen ja veti minut kainaloonsa. Pakko oli sulkea silmät, kun ilma oli hetken sakeana pölyä ja roskaa.

– Jäädäänkö tänne? Mauri kuiskasi ja kumartui suutelemaan minua niin että henki oli salpautua. Mieli teki kietoa kädet hänen kaulaansa ja unohtaa kunniakirjat ja kolmenkahvit. Maurin kuuma kämmen siveli jo reittäni...

– Anna anteeksi, Kirsti, Mauri pyysi kavutessaan jaloilleen ja auttaessaan minutkin ylös pehkukasasta. – En minä ole sellainen, älä pelkää!

Pettymys vaihtui vähitellen helpotukseksi, kun ravistelimme roskia vaatteistamme. Mauri nyppi lopuksi oljenpätkät hiuksistani ja pyysi minua tarkistamaan, ettei hänenkään niskassaan näkynyt jälkiä pahnakasasta.

Puolimatkassa peltotiellä meitä alkoi jo naurattaa.

– Juostaanko kilpaa? ehdotin ja pinkaisin saman tien juoksuun. Mauri sai minut kiinni vasta aitan nurkalla.

Vielä kerran suutelimme hengästyneinä. Sitten lähdimme posket hehkuen ja käsi kädessä lasiverannalle. Kerttu, Signe-rouva ja emännöitsijä-Lempi istuivat siellä jo kahvia juomassa. Pieni Lillitylleröinen kiikkui äitinsä sylissä pitsimyssy puoliksi silmillään ja kujersi ilosta, kun eno kutitti ohimennessään tytön paljasta jalkapohjaa.

– Käytiin laitumella katsomassa lampaita ja poikettiin riihelläkin puimakonetta ihmettelemässä, Mauri ilmoitti ennen kuin hänen äitinsä tai sisarensa ehti kysyä mitään. – Olkiladon kattoon pitää laittaa jo huomenna ne paikkapäreet.

Navetassa oli iltalypsy alkanut, kun vihdoin ennen kotiinlähtöä poikkesimme katsomaan uutta vasikkaa. Se oli juuri imemässä emäänsä. Vaikka navetta oli valtavan suuri ja valkoiseksi kalkittu, haju ja äänet olivat silti ihan samanlaisia kuin meidän navetassa entisaikaan. Maito sirisi ämpäreihin, lehmät ynähtelivät ja rouskuttivat heinää. Se harmaaraidallinen navettakissa loikkasi naukaisten heinäluukusta ja tuli taas puskemaan Maurin housunlahjetta.

– Haluatko ruveta kummiksi? Mauri kysyi minulta kumartuessaan kyhnyttämään kissaa, joka alkoi hyristä autuaana. – Kun emän nimi on Omena, sen vasikalle pitäisi keksiä jokin samansukuinen nimi.

– Miten olisi Kirsikka tai Kriikuna, ehdotin hetkeäkään miettimättä ja sain Maurin purskahtamaan nauruun.

– Kumpiko pannaan, tytöt? hän kääntyi kysymään piioilta, jotka olivat keskeyttäneet lypsämisen ja tähyilivät meitä uteliaina lehmiensä takaa.

– Kirsikka on nätti nimi, sanoi karjapiioista rohkein, se sama joka oli hakenut Maurin avukseen.

Nuoria tyttöjä nämä olivat kaikki, minun ikäisiäni tai vielä nuorempia. Tuokion melkein kadehdin näitä maalaistyttöjä. Minäkin olisin halunnut painaa pääni lehmän kylkeen ja tuntea sormissani, miten lämmin maito suihkuaa ämpäriin. Jonkinlaista navettaikävää se varmaan oli, kaipuuta lapsuuteen, johon ei enää ollut paluuta.

– Pannaan sitten nimeksi Kirsikka, Mauri päätti. – Jos se emäänsä on tullut, siitä saadaan vielä oikein mainio lypsylehmä.

Ilta oli jo viilennyt, kun palattiin autolle, jonka Mauri oli jättänyt navetan päätyyn. Vielä kerran katsoin haikeana, miten Jaakkolan ikkunoista loistivat valot hämärtyvään elokuun iltaan.

Jos vastaisin nyt kyllä, pääsisin osalliseksi tästä kaikesta: Maurista ja Jaakkolasta, puutarhasta ja koivukujasta, kivinavetasta, pakarituvasta, lehmistä ja vasikoista, syksyn tuoksusta ja ikkunoista loistavista valoista.

Mauri käynnisti auton ja hetki meni ohi. Olin kyllä jo kolmenkahveilla ehdottanut, että voisin mennä Pitäjänmäeltä junalla kotiin, mutta Mauri oli ilmoittanut kyyditsevänsä minut Albergaan asti.

– Äiti taitaa pitää sinusta, Mauri totesi, kun auto kääntyi koivukujan päässä kohti kaupunkia. – Ei hän muuten olisi kutsunut sinua Signen päiville. Sinne on kumminkin tulossa puoli pitäjää ja Irma-serkkukin miehensä kanssa.

– Sehän on arkipäivä, eikö olekin? totesin. En halunnut luvata mitään.

– Ei sinun tietenkään tarvitse tulla, jos et halua, Mauri sanoi lempeästi ja laski hetkeksi kätensä polvelleni. – Kaikki aikanaan, Kirsti-kulta, eihän meillä ole mitään kiirettä.

Kaupungin valot alkoivat jo häämöttää edessäpäin, kun Mauri otti puheeksi minun opintoni ja kysäisi, minkä takia olin ruvennut opiskelemaan yliopistossa nimenomaan romaanista filologiaa.

– Eikös ranska ole aika vaikea kieli?

– Ei minusta, vastasin yllättyneenä. – Mutta ehkä se johtuu Vallgreneista. Kun olin kuullut pikkutytöstä asti naapurissa puhuttavan ranskaa, osasin sitä jo oppikouluun mennessäni muutaman sanan. Ville-setähän rupeaa aina puhumaan ranskaa, kun on vähänkin maistissaan.

– Ai nyt kieltolain aikanakin? Mauri oli selvästi huvittunut vastauksestani. Vielä enemmän häntä nauratti, kun kuvailin Villesedän omaperäistä juomakätköä ateljeerin permannon alla.

Rehellisyyden nimissä minun oli kuitenkin pakko tunnustaa Maurille, että akateemiset opinnot olivat ainakin näin ensimmäisenä lukuvuonna olleet hienoinen pettymys.

– Hirveästi pitää päntätä päähän kaikenlaista kielihistoriaa, seitsemännentoista vuosisadan sanastoa ja muuta aivan turhanpäiväistä, sanoin suoraan.

Tuntui ihmeen hyvältä, kun sain kerrankin uskoutua jollekulle. Mauri oli näet samaa mieltä, etteivät yliopisto-opinnot mitään tiedon juhlaa olleet vaan enimmäkseen ikävystyttävää pänttäämistä.

Kotona tästä ei voinut puhua. Alli oli ihan liian innoissaan kansanrunoudestaan, ja äidille meidän akateemiset opintomme olivat unelmien täyttymys. Kun viime syksynä valitin joskus ranskan ja latinan uuvuttavista pro exercitio -harjoituksista, Alli oli heti sitä mieltä, että minun pitäisi ruveta lukemaan samoja aineita kuin hän.

– Tekisitkö sitten mieluummin jotakin muuta? Mauri jatkoi kyselyään, vaikka oli jo ajettu Albergan aseman ohi. Väistettiin poikajoukkoa, joka seisoskeli kartanon kuusiaidan luona.

– Totta kai tekisin mieluummin jotakin käsilläni! vastasin. – Siksi Miilin hattukauppa ja ompelimo on oikea henkireikä, kun saan piirtää ja suunnitella ja tehdä itse. Kaikki ne värit, ihanat kankaat ja nauhat...

– Sittenhän sinun pitäisi olla taiteilija, Mauri naurahti ja kääntyi kartanon raitilta kohti Tarvaspäätä.

– Eihän toki, minun kärsivällisyyteni ei riitä öljyväreillä maalaamiseen eikä edes vesiväritöihin. Sitä paitsi taitelijana voisin tuskin elättää itseäni.

– Miksi sinun pitäisi elättää itsesi? Mauri keskeytti vuodatukseni kääntäessään autonsa vauhdilla kohti meidän pihamaata. Loppumatka oli niin kuoppainen, että olin lyödä pääni kattoon.

– Siksi että olen nykyaikainen nainen enkä tahdo jäädä kenenkään armoille! Enkä todellakaan halua ruveta piirustuksenopettajaksi, joka joutuu huutamaan äänensä käheäksi saadakseen oppilaansa tottelemaan. Ranskanopettajana on paljon vähemmän riesaa poikanulikoista, jotka yrittävät häiritä tunteja.

– Minä olin juuri sellainen poikanulikka, Mauri naurahti ja kumartui suutelemaan minua jäähyväisiksi.

Suudelma seurasi toista. Lopulta oli pakko irtautua hänen sylistään ja avata auton ovi. Äiti oli ilmeisesti laittamassa kaksosia nukkumaan, sillä heidän makuuhuoneessaan paloivat valot.

– Tässä menee nyt pari viikkoa puintihommissa, mutta tulen

joka tapauksessa hakemaan sinut Signen päiville, Mauri kumartui sanomaan, kun olin noussut autosta.

– Soita kumminkin etukäteen, pyysin.

Mauri nyökkäsi ja kurottautui nykäisemään etuoven kiinni. Kun hän käänsi autonsa ja lähti ajamaan kohti maantietä, näin auton valoissa jonkun seisahtuvan tien sivuun. Se oli Alli, joka oli vasta nyt tulossa kaupungista. Mauri pysäytti autonsa hetkeksi hänen kohdalleen. Jotakin he puhuivat keskenään, vaikka moottorin pörinä peitti alleen muut äänet. Sitten kumpikin jatkoi matkaa, ja minä jäin odottamaan Alliа.

– No, kosiko Mauri? Alli kysyi heti ehdittyään luokseni.

– Ei nyt sentään, vastasin kepeästi. – Käytiin katsomassa lehmät ja lampaat ja puimakone. Riihen katto pitää kuulemma paikata ensi viikolla.

– Ai miten romanttista! Alli nauroi. – No mutta ehtiihän tuo vielä kosia. Ainakin Mauri kysyi lähtiessään, tulisinko minäkin parin viikon päästä sinun kanssasi hänen äitinsä nimipäiville. Ne ovat varmaan aikamoiset kekkerit.

– Katsotaan nyt, ehditäänkö, vastasin vältellen. – Meillä on varmaan kiirettä Miilin kanssa, kun kaikki tulevat ostamaan syyshattuja ja ompeluttamaan uusia pukuja.

Ehkä olisin sittenkin tullut puhuneeksi Allille siitä, mitä Jaakkolassa oli tapahtunut, ellei hänellä itsellään olisi ollut niin paljon kerrottavaa. Hän oli kuulemma mennyt lausuntaharjoitusten jälkeen Eeron kanssa Hattupäähän ja tavannut siellä Gustafssonin Sirkan ja Wadenströmin Katin.

– Ja arvaa mitä! Alli huudahti silmät riemusta loistaen. – Katilta tulee syksyllä ulos oma runokokoelma, kuvittele, ja hän lupasi lähettää minulle siitä jo etukäteen muutaman runon. Saan valita niistä ne, jotka esitän meidän lausuntaillassa.

– Hetkinen? Kukas tämä Kati nyt olikaan? kysyin ihmeissäni.

– No se Katri Vala, joka on kirjoittanut runoja *Nuoreen*

Voimaan! Alli puuskahti. – Se nuori kansakoulunopettaja, etkö muista? Hän on se runoilijatar, josta Olavi oli jo toissa talvena niin innoissaan ja jonka kutsui Helsinkiin! Mehän järjestimme hänelle hienon vastaanoton, muttei Kati sitten kehdannutkaan tulla vaan väitti sairastuneensa ja koko juhla piti perua.

Niin tosiaan. Hämärästi muistin, miten pettynyt Alli oli ollut, kun he eivät päässeetkään illalliselle ravintola Börsiin, josta Paavolainen oli varannut kabinetin.

– Mistä minä voin kaikkia teidän runoilijattarianne muistaa, puolustauduin naureskellen. – Eikös Olavi itsekin ole kirjoitellut runoja naisen nimellä? Gusseko siitä juorusi, että ne on hylätty jo useammassakin kustannusliikkeessä.

– No se nyt on ollut vain sellaista leikkiä. Gusse on aina kadehtinut Olavia niin kuin muutkin meidän koulun pojat, Alli puolusteli Paavolaista. – Kirjoitin muuten jo Olavillekin ja pyysin häneltä muutaman runon. Olga-rouvan mielestä on hyvä ajatus, että yhdistäisin *Kantelettareen* jotakin aivan uutta. Kati on menossa torstaina Olavin luo Vienolaan ja lupasi katsoa hänen kanssaan sellaisia runoja, jotka sopisivat minulle.

– Entäs se sinun esiintymisasusi? kysyin puheenaihetta vaihtaen. – Sitä pitäisi nyt ruveta puuhaamaan ennen kuin lukukausi alkaa ja osakunta ja NYKS ja kaikki muut meidän kiireet!

– Hyvä on, herätä minut huomenna hyvissä ajoin, niin tulen kanssasi Miilin luo, Alli lupasi, pyörähti vielä kerran ruokasalin ovella kuin paraskin tanssijatar ja lähetti minulle lentosuukon.

Voi tuota meidän Allia! Tuommoinen sisko oli aina ollut, välillä niin iloinen ja irti maasta ja välillä murheen murtama. Allihan se meidän perheen taiteilijatar on, totesin huokaisten, kun korjasin meidän teekuppimme pöydästä ja vein leivän ja voin ruokakahveriin. Äiti oli varmaan nukahtanut pikkupoikien viereen. Kaipa hän olisi muuten ilmestynyt teelle meidän kanssamme. Elias oli ilmeisesti taas ajossa ja maisteri korrehtuuria lukemassa.

Ylhäällä kamarissani avasin ikkunan ja jäin sen ääreen rauhoittumaan hetkeksi. Kuu oli noussut Tarvaspään ylle ja pilkisti aina välillä pilvenriekaleitten lomasta. Tuuli puhalsi mereltä päin. Ei kuulunut muuta kuin kuusten huminaa ja koivujen havinaa.

Kaikki on mahdollista, vakuutin itselleni.

Kun maanantaiaamuna ilmestyimme Miilin hattukauppaan, oli tiskille pinottu puolenkymmentä upouutta kangaspakkaa.

– Nämä tuotiin ihan äsken, Miili selitti taitellessaan siistiksi pinkaksi pakkojen suojana ollutta karkeaa puuvillakangasta. – Eikö ole ihania värejä, paljon kauniimpia kuin niissä mallitilkuissa!

Alli ihastui heti sinivihreään crepe de chîneen ja halusi kokeilla, miltä se näyttäisi hänen ihoaan vasten. Ei auttanut muu kuin levittää puuvillaroiti takahuoneen permannolle vanhan trymoopeilin eteen niin että silkkipakka voitiin aukaista likaamatta kangasta.

– Tämä on täydellistä egyptinvihreää! hän huudahti ja ryhtyi poimuttamaan kangasta rintojensa yli. – Katso nyt, miten kauniisti tämä laskeutuu. Tästä saisi ihanan Tutankhamon-leningin.

Kieltämättä väri sopi loistavasti Allin mustaan tukkaan ja sai hänen ihonsa suorastaan hehkumaan, mutta miksi ihmeessä puvun pitäisi olla Tutankhamon-mallinen?

– Eikös se Tutankhamon-tyyli mennyt muodista jo toissakeväänä? Miilikin huomautti. – Nyt keväällä, kun laitoin yhteen vihreään hattuun koppakuoriaisen koristeeksi, se ei mennyt kaupaksi ennen kuin Kirsti otti skarabeen pois ja laittoi tilalle perhosen.

– Päinvastoin! Nythän vasta erämaat ja keitaat tulevat oikein kunnolla muotiin. Melkein kaikissa uusissa runoissa huojuvat palmut etelän kuumassa yössä, Alli väitti itsepintaisesti. – Sitä paitsi tämä sinivihreä sopisi hyvin myös niihin *Kantelettaren* runoihin, jotka on jo valittu. Minähän olisin tässä kuin Mielikki metsän emäntä, Metsän muori muoto kaunis!

– No hyvä on! keskeytin Allin deklamoinnin. – Tehdään niin kuin haluat. Pane nyt se kangas pois, ettei siihen tule tahroja. Ruvetaan selaamaan muotilehtiä.

– Katariina on muuten käymässä Suomessa, Miili huuteli puodin puolelta. – Kävi sunnuntaina täällä ja lupasi tulla tänään tai huomenna uudestaan. Hänen pitää lähteä jo ylihuomenna takaisin Pariisiin, kuvittele. Siellä raadetaan kuulemma aamusta myöhään yöhön, kun on sesonkiaika.

– Kuka se Katariina on? Alli kysyi puoliääneen.

– Muuan Miilin toveri kasvatusopillisen käsityökoulun ajoilta, vastasin sen kummemmin kuiskailematta. – Miili, mitä se Katariina tekeekään Pariisissa?

– On jossain muotitalossa mallimestarina tai semmoisena, Miili huuteli puodin puolelta.

Samassa kello kilahti ja joku tuli myymälään kysymään ikkunassa olevan huopahatun hintaa. Me Allin kanssa jatkoimme lehtien selaamista. Yhdestä vähän suttuisesta kuvasta löytyikin kauniisti drapeerattu miehusta ja toisesta alas lanteille kiedottu leveä huivi, jonka päät oli sidottu edestä keskeltä yhteen.

– Ja jos päähän ommeltaisiin samasta kankaasta tuollainen ohut panta ja hihat tehtäisiin pliseeraten noin niin kuin... odotas... tässä toisessa kuvassa, niin olisin aivan kuin egyptiläinen prinsessa, Alli selitti tohkeissaan ja levitteli lehtiä pöydälle.

– Siinä tapauksessa helmasta täytyy kyllä tehdä vähän pidempi, sanoin kuvia vertaillen. – Muuten mittasuhteista tulee aivan mahdottomat!

Kun Alli lähti lausuntaharjoituksiinsa, ryhdyin piirtämään hänen unelmapukuaan. Miili kävi välillä kurkistamassa olkani yli ja ehdotti, että hihojen sijasta Allille tehtäisiin pliseerattu irtoviitta, jonka voisi tarvittaessa riisua. Silloin puku toimisi myös iltapukuna, vaikkei ulottuisikaan aivan lattiaan asti.

– Allin lantio on kyllä sen verran leveä, että taidan tehdä sivusaumoihin pliseeratut piilovekit. Silloin voi helman sileän osan leikata kapeammaksi, totesin ja tein vielä yhden luonnoksen sivusuunnasta katsottuna.

Juuri silloin kilahti taas puodin puolella kello ja Miili kiiruhti takaisin tiskin taakse. Tervehdyksistä päätellen tulija oli Miilin tuttu. Kohta hän ilmestyikin takahuoneeseen mukanaan upeaan mustavalkoiseen leninkiin pukeutunut nainen.

– Katariina, tässä on Erikssonin Kirsti, josta olen puhunut, Alli esitteli minut. – Miten hauskaa, että te kaksi tapaatte lopultakin.

Tämä oli siis se Miilin pariisilainen ystävätär, jonka ansiosta meillä oli kaupungin tuoreimmat muotilehdet. Katariina oli itsekin kuin kävelevä muotinukke, mustien kiiltonahkakenkien kärkiä myöten täydellinen. Kapealieristä valkoista olkihattua koristi toisella korvallisella riippuva musta nyöritupsu ja samanlainen mutta pidempi tupsu oli sidottu myös hänen lanteillaan olevaan ohueen mustaan kiiltonahkavyöhön.

Kun Miili kysyi, olivatko leninki ja hattu hänen omasta muotitalostaan, Katariina purskahti nauruun ja sanoi, ettei hänellä todellakaan ollut varaa niin kalliisiin luomuksiin. Madame Chanel oli kuulemma jatkuvasti korottanut hintoja, kun hänen mallejaan oli ruvettu myymään myös Amerikkaan.

– Tein tämän kostyymin ihan itse, Katariina selitti. – Mutta Pariisissa en tietenkään voi pukeutua yhtä hyvin kuin matkoilla ja täällä. Meidän pitää olla... miten se nyt sanotaan... kun ei kukaan huomaa...

– Discrètes? ehdotin, kun kuulosti siltä, että pariisittaren oli vaikea löytää sanoja. – Siis huomaamattomia.

– Niin juuri, hän sanoi ilahtuneena. – Osaako Kirsti ranskaa?

– Kirsti opiskelee ranskaa yliopistossa, Miili kehaisi ja sieppasi pöydältä yhden pukuluonnoksistani. – Ja katsopas, miten ihanan puvun hän on juuri piirtänyt.

– Oh la la, Katariina huudahti. – Très chic, certainement! Todella hyvin tyylikäs. Kenelle tämä tulee, itsellesikö?

– Ei vaan sisarelleni, joka on lausuja, vastasin vähän hämilläni ja keräsin kiireesti luonnospaperini pöydältä. – Keitänkö kahvia vai käynkö ensin hakemassa Ekbergiltä jotakin?

– Musta kahvi riittää, Katariina kiirehti sanomaan. – Olen täällä mamman luona lihonut viikossa jo pari kiloa enkä kohta mahdu enää vaatteisiini.

Katariina oli todella hauska nainen. Miilikin, joka yleensä oli aika totinen, tirskui kuin koulutyttö, kun Katariina kuvaili elämäänsä Pariisissa ja kaikkia niitä outoja tyyppejä, joiden kanssa oli tultava toimeen.

Madame Coco oli kuulemma nerokas mutta äksy ja saattoi läimäyttää korville, jos joku oli tehnyt virheen ja turmellut kalliin kankaan. Madame Virginie, joka johti mallipukujen ompelimoa, oli yhtä vaativainen muttei sentään käynyt käsiksi, katsoi vain kylmästi ja osoitti ovea, jos hän oli tyytymätön. Oman merkillisen joukkonsa muodostivat asiakkaat, kaikki nuo rikkaat ja poispilatut ranskalaiset kreivittäret, kuumaveriset italialaiset principessat, viileät englantilaiset ladyt ja hemmotellut ja upporikkaat amerikkalaisnaiset.

– Te ette voi kuvitella, millaisia summia he tuhlaavat vaatteisiin, joita käytetään ehkä vain kerran, hän kuvaili silmiään pyöritellen. – Kaikkein tuhlaavaisimpia ovat flappers... mitä ne nyt ovat suomeksi... siis ne amerikkalaisten miljonäärien tyttäret, jotka on lähetetty Eurooppaan muka sivistymään. Mon Dieu! Ne elävät kuin nuoret miehet, polttavat, juovat, ajavat itse autolla ja... no te tiedätte, ei minkäänlaista... *pudeur*.

– Säädyllisyyttä? ehdotin.

– Niin juuri, Katariina huokasi mutta lisäsi sitten olkapäitään kohauttaen, että ikävä kyllä juuri he olivat madame Cocon parhaita asiakkaita.

Koska puodin kello kilahteli ahkerasti ja jouduin palvelemaan asiakkaita, en kuullut kaikkea, mitä Miili ja hänen vieraansa puhelivat keskenään takahuoneessa. Lähtiessään Katariina hyvästeli minut kuitenkin poskisuudelmin ja sanoi, että jos joskus tulen Pariisiin, minun on ehdottomasti tultava tapaamaan häntä.

– Kirsti on hyvin... talentueuse, siis taitava, hyvin taitava, hän kääntyi vielä ovelta sanomaan. – Minä uskon, että siitä vihreästä puvusta tulee *très elegant*.

Vieraan lähdettyä Miili kertoi Katariinan sanoneen minun piirroksiani katsellessaan, että näin taitavasta muotipiirtäjästä varmasti tapeltaisiin maailmalla.

– Mutta kielsin häntä ehdottomasti houkuttelemasta sinua Pariisiin, Miili naureskeli. – Mihin minä muuten joutuisin näiden hattujen ja ompelusten kanssa!

Allin puvusta tuli minun mestarityöni tai kisällinnäytteeni oikeastaan. Viisasta kyllä, Miili ehdotti, että tekisin ensin mallipuvun ihan tavallisesta halvasta puuvillakankaasta. Kiinankreppi oli nimittäin hirmuisen kallista, vaikka Miili olikin luvannut Allille kankaan alennuksella enkä tietenkään ottaisi ompelutyöstä palkkaa.

– Näytänköhän minä kamalan paksulta tässä? Alli aprikoi, kun loppuviikolla sovitettiin koepukua takahuoneessa.

– Enpä usko. Tuo on paljon jäykempää kangasta, Miili sanoi ovensuusta. – Mutta eikö puvusta kannattaisi tehdä kaksiosainen, niin se olisi helpompi pukea päälle ja muutenkin käyttökelpoisempi.

Niin tosiaan. Jos lannehuivin ompelisi kiinni yläosan selkäkappaleeseen, niin hameesta voisi tehdä paljon yksinkertaisemman. Yläosan ja alaosan pystyisi pesemään erikseen ja niitä voisi käyttää myös muiden vaatteiden kanssa.

Koko viikonlopun uurastin vielä uuden koekappaleen kimpussa. Alli alkoi jo hermostua, kun sitä piti sovittaa niin monta kertaa. Lopulta yläosasta saatiin juuri oikean mittainen, ja hame laskeutui kauniisti lantiohuivin alta. Sen sijaan pliseeratusta iltaviitasta päätettiin luopua suosiolla ja korvata se yksinkertaisesti hartiahuivilla, jota Alli voisi lausuessaan käyttää milloin huntuna, milloin siipinä tai muuna rekvisiittana. Ei se tosin työtä helpottaisi, sillä huivi piti päärmätä käsin ja täsmälleen oikeanvärisellä silkkilangalla.

Kaikkein pelottavinta oli puvun leikkaus. Moneen kertaan sovittelimme Miilin kanssa mallipuvusta purettuja kangaskaavoja kankaalle, ennen kuin kaikki langansuunnat ja hulpioreunat osuivat oikeisiin kohtiin. Turhia tilkkuja oli myös pakko välttää.

– Rauhallisesti, muista saumanvara, Miili opasti minun tarttuessani saksiin. Kun puotikello taas kilahti ja Miilin oli mentävä tiskin taakse, keskeytin leikkaamisen siksi aikaa, jotten tekisi virheitä keskittymisen herpaantuessa.

– Oi miten ihanalta tämä tuntuu, Alli hekumoi huivinkappaletta silitellen tullessaan iltapäivällä hakemaan minua Miilin luota. Nauratti vähän, kun Alli ryhtyi jo junassa pohtimaan, mistä voisi saada puvun väriset vihreät kengät.

– Onhan sinulla ne vaaleat remmikengät, jotka ostettiin ylioppilasjuhliin. Vie ne suutarille värjättäväksi. Saat pienen mallitilkun mukaan, ehdotin lopulta, mutta Alli suhtautui ajatukseen epäilevästi ja ryhtyi ihan tosissaan miettimään, voisiko esiintyä paljain jaloin.

– Eihän Maggie Gripenbergilläkään ole kenkiä jalassa, hän puolustautui, kun arvelin, ettei Olga-rouva ehkä suostuisi siihen.

– Alli-kulta, Maggie tanssii ja sinä lausut runoja, minun oli pakko huomauttaa, vaikka arvasinkin, että sisko loukkaantuisi ja murjottaisi koko loppumatkan.

Onneksi Allia odotti kotona iso ruskea kirjekuori. Äiti tuli jo eteiseen sanomaan, että nyt se taisi tulla se Kivennavan kirje, jota Alli oli koko viime viikon kaipaillut. Me muut ryhdyimme jo syömään illallista, mutta Alli ei malttanut tulla pöytään vaan lähti yläkertaan omaan kamariinsa tutkimaan uusia runoja, joita hänelle oli lähetetty.

– Onko se nyt niin iso asia tuommoinen lausuntailta, että sen takia pitää ommella kallis puku ja jää ruokakin syömättä? äiti mutisi äkeänä, kun seisoin jo tiskipaljun ääressä ja hän kulki edestakaisin kyökin ja ruokakahverin väliä. – Johan tuosta luvut kärsii. Eikös teillä kohta jo ala ne luennot?

– Ei vielä vaan vasta syyskuun puolivälissä, rauhoittelin äitiä. – On valtava kunnia, että joku saa esiintyä omassa lausuntaillassa Allin ikäisenä. Jos kaikki menee hyvin, ja miksei menisi, siitä voi tulla hänen ammattinsa.

– Kuka elättää itsensä runoja lausumalla? äiti tuhahti.

– No rouva Poppius esimerkiksi, vastasin hymyni hilliten. – Ei tietenkään pelkästään lausumalla vaan myös opettamalla toisia lausujia.

– Eikös sen Olga-rouvan mies ole joku pääjohtaja? äiti tokaisi. – On se nyt surkeaa, jos Allin pitää mennä rikkaisiin naimisiin vain siksi, että saisi lausua runoja. Maisterin papereilla saa elää niin kuin haluaa.

– Ai niin kuin maisteri Tikkanen? kysyin virnistäen.

– Ole irvimättä! äiti naurahti ja huiskaisi pyyheliinalla suuntaani. – Maisteri on kunnon mies eikä ole kenellekään velkaa.

Juuri silloin kuului vintinportaista juoksuaskeleita. Alli syöksyi paperilappu kourassaan kyökin ovesta ja huusi innosta hengästyneenä:

– Kirsti! Äiti! Kuunnelkaa tätä!

Äiti istahti penkillä ja minä nojasin tiskipöytään, kun Alli veti henkeä ja alkoi lukea tekstiä, joka näkyi olevan paperille käsin kirjoitettu:

– *Maa kuohuu syreenien sinipunaisia terttuja,*
pihlajain valkeata kukkahärmää,
tervakkojen punaisia tähtisikermiä.
Sinisiä, keltaisia, valkeita kukkia
lainehtivat niityt mielettöminä merinä.

Allin vihdoin lopetettua oli pakko myöntää, että teksti oli todella väkevää, vaikka runo oli luettu suoraan paperista. Äiti sen sijaan moitiskeli kyökistä lähtiessään:

– Liikaa sanoja! Samanlaista helskytystähän tuo on kuin Leinon värssyt, vaikkei noissa ollut edes loppusointuja. Ne kuohuvat syreenit ja pihlajat ja tervakot nyt vielä menettelivät, mutta mitä ovat kukkasydänten värisevät pohjat?

– Äiti ei ymmärrä runoista mitään! Alli sähähti, kun kyökin ovi oli kolahtanut kiinni.

– Älä nyt suutu, sanoin rauhoitellen. – Ilman loppusointuja tuota on vaikea ymmärtää. Tuollaisiin runoihin pitää löytää oikea rytmi, eikä saa pitää liian kiirettä. Muuten sanat ryöppyävät kuulijoiden korville kuin raekuuro. Minusta tuossa on hienoja vertauskuvia, vaikkei nyt kamalan omaperäisiä. On siinä kumminkin jotakin villiä ja raikasta!

– Kirsti-kulta! Alli huudahti ja tuli halaamaan minua. – Olet oikeassa! Arvaapa, kenen runo tämä on?

– Eikös Olavi ole aina hekumoinut sillä ”pakanallisella maalla”, arvelin. – Ja olihan sillä boksissaan taulukin niitten huvilan puutarhasta.

– Väärin arvattu! Alli sanoi paperilappua heiluttaen. – Tämä on Katin uusi runo siitä hänen runokokoelmastaan. Kati kirjoitti, että se tulee todennäköisesti painosta ulos vain muutamaa päivää ennen kuin meillä on lausuntailta.

– Ovelasti ajateltu, huomautin heti. – Teet ilmaista reklaamia hänen runokirjalleen!

– Hyi, Kati ei ikinä laskelmoisi tuolla lailla, Alli väitti vastaan ja lähti saman tien yläkertaan jatkamaan runoaarteittensa tutkimista.

Yllättävää kyllä, sain Allin esiintymispuvun valmiiksi jo torstaina. Kun olin ommellut kahteen kertaan koekappaleen, en enää tehnyt virheitä ja joutunut purkamaan saumoja. Hartiahuivi tosin oli vielä päärmäämättä, kun Alli tuli sovittamaan pukuaan.

– Sehän istuu kuin hansikas! Miili huudahti, kun Alli meni puodin puolelle näyttäytymään ja pyörähteli keskellä lattiaa hartiahuiviaan liehutellen. – Tuosta pitäisi ottaa valokuva, niin pannaan se ikkunaan. Minäpä soitan Sundströmille!

Onneksi Sundströmin ateljeeriin oli matkaa vain muutama kadunkulma, sillä seuraavana aamuna satoi kaatamalla, kun juoksimme sateenvarjot keikkuen pitkin Bulevardia. Allin puku oli taiteltu matkalaukkuun, jota kannoin toisessa kädessäni.

– Puku on mennyt varmaan aivan ryppyyn, Alli murehti, kun ravistelimme vettä sateenvarjoistamme ulko-oven syvennyksessä.

– Ei kiinankreppi niin vain rypisty, lohdutin häntä. – Ja jos rypistyykin vähän, se oikenee nopeasti päällä.

Sundströmin ateljeeri oli toki meille tuttu paikka, sillä täällä oli otettu ylioppilaskuvammekin. Eric-herra oli hyvin arvonsa tunteva mutta kieltämättä myös taitava. Kun Alli oli puettu sermin takana vihreään pukuunsa, valokuvaajamestari kierteli häntä hetken päätään kallistellen ja käski sitten apulaisensa ripustaa seinälle kankaan, johon oli maalattu palmut molemmille puolille.

– Juu, ei! Poispois nuo kamalat kengät! Tämä on karaktärkostum ja se pitää olla paljaat jalat niin kuin slavinna i en oas! Eric-herra komensi, kun Alli oli asettunut paikoilleen. Hän puhui suomea vahvasti murtaen, sillä oli kuulemma syntynyt Ruotsissa.

– Orjatar keitaalla! Tuon minä sanon Olga-rouvallekin, Alli nauroi, kun riensin riisumaan häneltä kengät ja sukat. Valokuvaajan apulainen sytytteli lamppuja joka puolelle. Niiden paahteessa alkoi tulla jo kuuma.

Koko aamupäivä kului siinä kuvaamistouhussa. Kun ei muutakaan tekemistä ollut, katselin valokuvia, joita oli ripustettu etuhuoneen seinälle. Komeimmat kehykset olivat Mannerheimin valokuvassa, mutta oli siellä muitakin tutun näköisiä herroja kuten presidentti Ståhlberg ja senaattori Svinhufvud. Kaikkein hauskimpia olivat mustavalkoiset silhuettikuvat. Luulin niitä ensin paperista leikatuiksi, kunnes kumarruin katsomaan tarkemmin ja huomasin, että ne oli tehty valokuvaamalla. Yksi näytti sivulta ihan Lucina-neidiltä, mutta hattu oli niin kruusattu, ettei arvoisa johtajattaremme olisi ikinä pannut sellaista päähänsä.

Meille ehti jo tulla nälkä ja jano ennen kuin Eric-herra oli tyytyväinen tulokseen. Kun vihdoin tultiin takaisin Miilin puotiin, meitä odotti takahuoneessa katettu kahvipöytä pasteijoineen ja paakelsseineen. Puvun Miili laittoi riippumaan henkarille siihen kaappiin, jossa olivat valmiit työt.

Kun Alli kysyi pettyneenä, eikö hän saakaan viedä pukuaan kotiin, me Miilin kanssa vakuutimme yhteen ääneen, että se on täällä paremmassa turvassa kuin Albergassa, jossa Voitto ja Veikko voisivat koska hyvänsä rynnätä hänen helmoihinsa likaisine naamoineen ja käsineen.

– Äitihän näkee sen sitten koko loistossaan siellä lausuntaillassa, lohdutin Allia.

Alli jäi vielä kaupunkiin, kun lähdin junalla kotiin. Nyt kun luomukseni oli käytännössä valmis, minulla oli tyytyväinen mutta hiukan tyhjä olo. Iltapäivä oli kaunis ja kirkas. Kartanon riiheltä kuului puimakoneen jyske, kun kävelin lätäköitä väistellen kotia kohti. Jokohan ne Jaakkolassa olivat päässeet puimaan?

Siinä se iski, totuus päin silmiä, elokuisena iltapäivänä keskellä tietä vähän ennen meidän tienhaaraa. Mauri oli hurmaava mies, jonka ajatteleminenkin sai punan nousemaan poskille. Hän oli kuitenkin sitoutunut elämään Jaakkolan isäntänä. Siihen hän tarvitsisi rinnalleen oikean emännän. Jaakkolaan olisi saatava sellainen emäntä, jonka kunniakirjat naulataan entisten jatkoksi, jolla on jo ryijynmalli katsottuna ja joka ei vaadi omaa huvilaa joenrantaan vaan osaa tulla toimeen Signe-rouvan ja muiden kanssa tahdikkaasti ja murtumatta. Minä se en ollut.

– Onko kukaan soittanut? kysyin äidiltä heti kotiin tultuani.

– En tiedä, hän vastasi viinimarjakeitosta hämmentäen. – Olin koko päivän pikkupoikien kanssa marjapuskissa.

Puhelin soi, kun olin vintinportaiden puolivälissä.

– Minä vastaan! huusin äidille ja kiiruhdin ruokasaliin.

– Juoksitko kaukaakin? Mauri kysyi naurahtaen. Olin kai vastannut vähän hengästyneenä. – Siitä huomisesta, sopiiko, että tulen puoleltapäivin? Ja tuleehan Allikin?

– Allilla on taas niitä harjoituksia koko päivän, sain sanotuksi. – Ja minä... minä taidan olla tulossa kipeäksi. Päätä särkee ja oksettaa. Ehkä on parempi, etten tule teille, jos tämä on vaikka jotakin tarttuvaa.

Vaikea sanoa, uskoiko Mauri minun hätävalhettani vai oliko vain uskovinaan. Hän sanoi soittavansa sunnuntaina uudestaan ja käski minun mennä kiltisti vuoteeseen sairastamaan. En kyennyt muuta kuin myöntelemään. Kun puhelu viimein päättyi, lysähdin istumaan lähimmälle tuolille. Polvet tuntuivat todellakin pettävän altani.

– Hyvänen aika, oletko kipeänä? äiti kysyi kyökin ovelta ja tuli käsiään esiliinaan pyyhkien koettamaan otsaani. – Ei sinulla ainakaan kuumetta ole.

– En minä ole kipeä, sain sanotuksi itku kurkussa.

– Muttet halunnut lähteä, niinkö? äiti kysyi tuimasti. – Minkä ihmeen takia sinun oli pakko valehdella?

– Siksi, että...

Pato murtui kerralla. Tunnustin äidille yhtenä ryöppynä koko sen ahdistuksen, joka oli piinannut minua näiden kahden viikon ajan. Äiti ei keskeyttänyt kertaakaan, istui vain viereeni ja kuunteli myötätuntoisen näköisenä. Kun lopulta olin saanut kaiken puhutuksi, ne kunniakirjat ja valmiit ryijynloimet, Signe-rouvan kipeät sormet ja Maurin ilmeen pikku-Lilliä kutittaessa, vaikenin kyyneleitä pyyhkien.

– Voi sinua, kultapieni, äiti huokasi, kaivoi taskustaan puhtaan nenäliinan ja ojensi sen minulle. – Tiedätkös, kauan sitten kun olin sinun ikäisesi ja lapsenpiikana Sibeliuksella, tapasin Keravalla yhden todella mukavan nuorenmiehen, ison talon tulevan isännän. Hän olisi tahtonut minut vaimokseen, vaikka olin pelkkä piikatyttö, hän alkoi kertoa hiljaisella äänellä. – Minunkin teki mieleni suostua, mutta silti sanoin ei, kun tiesin, etten osaisi olla semmoinen miniä ja emäntä, jonka hän tarvitsi. Sen verran olin kumminkin hänelle velkaa, etten ruvennut valehtelemaan enkä herättämään turhia toiveita.

Muuta äiti ei sanonut, sipaisi vain poskeani noustessaan pöydän äärestä. Kun keittiön ovi sulkeutui, niistin nenäni ja lähdin yläkertaan. Äiti oli oikeassa. Mauri ei todellakaan ansainnut valheita ja vetkuttelua. Kun kerran tiesin, etten voinut vastata hänelle myöntävästi, minun oli kerrottava totuus.

Kirjeestä tuli pitkä ja sekava. Välillä oli sutattava vääriä sanoja ja lisättävä oikeita sanoja nuolella lauseiden keskelle. Yritin kuitenkin kertoa rehellisesti, mikä minua ahdisti ja miksen uskonut, että koskaan kykenisin vastaamaan kaikkiin niihin odotuksiin, joita Jaakkolan emännän oli täytettävä. Senkin kirjoitin, etten ollut ikinä tavannut miestä, joka olisi herättänyt minussa yhtä väkeviä tunteita kuin hän. ”Mutta pelkät tunteet eivät riitä, kun on kyse niin monen ihmisen elämästä”, sain vihdoin kirjoitetuksi.

Kun kuori oli suljettu, minua alkoi itkettää. Osoitteesta en ollut aivan varma, mutta arvelin kirjeen toki löytävän perille, kun kirjoitin kuoreen agronomi Mauri Jaakkolan lisäksi Jaakkolan talo ja Helsingin pitäjä.

– Äiti, onko meillä postimerkkejä? kysyin alakertaan päästyäni. – Kävisin viemässä tämän nyt saman tien aseman postilaatikkoon.

– Ota ylimmästä pironginlaatikosta, äiti huusi keittiöstä. – Ja kun menet, käske Iisakki ja pikkupojat syömään!

Vaikken sen kummemmin penkonut äidin laatikkoa, huomasin postimerkkiä etsiessäni, että laatikon takaosassa oli kuminauhalenkillä sidottuna paksu seteliniippu. No, ainakaan ei äidillä ja Eliaksella ole rahasta pulaa, ajattelin liimattuani merkin kirjekuoren nurkkaan ja suljin laatikon.

Iisakkia ja pikkupoikia ei pihamaalla näkynyt, mutta löysin heidät hirsituvan takaa matoja kaivamasta.

– Me mennään tänä iltana ongelle! Voitto huusi minut nähdessään.

– Mutta ensin menette syömään! vastasin. – Äiti käski sanomaan, että ruoka on valmista!

Asemalle saakka marssin reippaasti. Olin helpottunut ja hiukan voitonriemuinenkin, kun olin vihdoinkin uskaltanut tehdä päätöksen. Mutta kun postilaatikon läppä kolahti alas ja tajusin, ettei tehtyä enää saanut tekemättömäksi, kurkkua kuristava tunne palasi entistäkin voimakkaampana.

Entä jos olin sittenkin erehtynyt? Jos minulle kävisi niin kuin Miilille, ja katuisin tätä vielä joskus katkerasti? Entä jos yksikään mies ei saisi minua syttymään niin kuin Mauri?

Ajatukset kiersivät samaa kehää ja itkettivät niin paljon, että kävelin meidän tienhaaran ohi ja kiersin venäläisten vanhaa tykkitietä Tarvon sillalle. Ties kuinka kauan seisoin siellä kaiteeseen nojaten ja annoin kyynelten tipahdella mereen. Vasta kun itkua ei enää tullut, lähdin hitaasti kotia kohti.

Elias oli taas saanut kyydin johonkin kauemmas, ja pikkupojat ja Allikin olivat jo nukkumassa. Äiti istui ruokasalin pöydän ääressä parsimassa sukkia. Arvasin hänen odottaneen minun kotiintuloani.

– Otatko teetä? hän kysyi ja lähti vastausta odottamatta kyökkiin. Kun istuimme vastatusten keittiön pöydän ääressä, äiti kysyi:

– Laitoitko kirjeen postiin vai tulitko katumapäälle?

– Laitoin postiin, vastasin huokaisten ja nostin katseeni kattoon, etteivät silmät taas alkaisi vuotaa.

– Se oli oikein, äiti sanoi ja alkoi selittää puoliääneen, että oli pelännyt puolestani siitä saakka, kun Mauri oli ruvennut soittelemaan meille.

– En minä sinun maineestasi ollut huolissani, olethan sinä järkevä ihminen, äiti sanoi hiukan punehtuen, sillä näistä asioista meillä ei ollut puhuttu sen koomin kun me Allin kanssa saimme ensimmäiset vuotomme. – Pelkäsin, että annat periksi ja luovut opinnoistasi. Olisi ollut niin sääli, jos olisit valinnut osan, johon et kumminkaan tyytyisi pidemmän päälle. Sinä nyt kumminkin olet ensimmäinen meidän suvun naisista, joka voi valita itse tiensä.

Pitkästä aikaa tuntui siltä, että äiti ymmärsi minua paremmin kuin tiesinkään. Varsinkin Eliaksen tulon jälkeen olin usein ajatellut, että Alli oli äidille läheisempi. Minä olin niin kiivas ja levoton ja halusin päättää itse.

– Ei puhuta tästä kenellekään, ei varsinkaan Allille, pyysin äidiltä.

– Ei tietenkään, äiti vastasi itsekin vesissäsilmin.

Päivänvalossa oli helpompaa olla urhea, kun sai keskittyä arkeen ja työhön. Seuraavalla viikolla Allin valokuva saatiin Sundströmin ateljeesta. Se oli suurennettu ja väritetty taitavasti ja näytti kullanvärisissä kehyksissä melkein maalaukselta, kun Miili laittoi sen ikkunaan hattujen keskelle.

– Pitäisköhän tuohon kylttiin vaihtaa tekstiksi Ompelimo? hän pohti, kun seistiin kadun puolella katsomassa, miltä kuva näytti näyteikkunan lasin takaa.

– Laita siihen Muotisalonki, ehdotin, mutta se ei kelvannut Miilille, kun parin korttelin päässä Erottajalla oli jo Helsingin Muotisalonki.

– No entäs Muotisalonki Paris tai Muotisalonki Chic? ehdotin virnistäen. – Onhan täällä kaupungin parhaat valikoimat pariisilaisia muotilehtiä.

– Antaa nyt olla toistaiseksi, Miili sanoi, kun pari vanhempaa rouvaa seisahtui viereemme ihailemaan ikkunaa.

– Jaa, teillä ommellaan myös? toinen naisista kysyi. – Onko tuo teidän ompelema?

– On kyllä, ja meillä on uusia kankaitakin, kiirehdin vastaamaan ja avasin rouville oven.

Reklaamin voima oli ihmeellinen. Ennen kuin viikko oli kulunut, meiltä oli tilattu toistakymmentä leninkiä ja puseroa ja yksi täydellinen kostyymi jakkuineen, hameineen ja kaksine puseroineen sekä niihin sopiva huopahattu.

– Kun sinun yliopistosi alkaa, minun täytyy kohta pestata tähän joku näppärä tyttö harsimaan, Miili tuskitteli.

– Hei, mikset ottaisi Darjaa tai jotakin muuta meidän itäkarjalaista tyttöämme tähän harjoittelijaksi? ehdotin Miilille. – Monet heistä ovat todella näppäriä käsistään, kun ovat pienestä pitäen tottuneet tekemään käsitöitä.

– Muuten kyllä, mutta pitäisihän hänelle saada jostakin kortteeri, Miili aprikoi. – Tuonne alkooviin ei mahdu toista sänkyä, enkä muutenkaan haluaisi tähän ketään vierasta, kun on lopultakin ihan oma asunto.

– Jos ei muuta löydy, niin meillähän on Albergassa yksi vinttikamari tyhjillään, lupasin siekailematta, vaikken ollutkaan puhunut äidin kanssa.

Soitin siitä paikasta Naisylioppilaiden Karjala-Seuran Elin-rouvalle ja kysyin, oliko hänellä Timosen Darjasta tietoa. Johtokunta oli kuulemma käynyt juuri Kotkassa ja tavannut siellä myös Annin ja Darjan.

– Darjan jalka on kyllä jo parempi, Elin-rouva kertoi. – Mutta karjakkokoulusta hänen oli pakko luopua. Navetassa joutuu kuitenkin olemaan jatkuvasti jalkojensa päällä.

Kuultuaan, että Miili voisi tarjota Darjalle ompelutyötä, Elin-rouva ilahtui kovin ja ehdotti, että kirjoittaisin Kyminlinnaan.

– Me kyllä autamme sitten asunnon hankinnassa, hän lupasi auliisti. Ilmeisesti NYKS:in johtokunnan naisilla oli hiukan huono omatunto, kun Darja-parka oli loukkaantunut seuran kiertueella ja jätetty sen jälkeen oman onnensa nojaan.

Viikkoa myöhemmin olin Darjaa vastassa rautatieasemalla. Kepin kanssa hänen oli pakko kulkea vieläkin, mutta muuten nilkka oli parantunut kohtalaisesti eikä enää särkenyt öisin. Darja osoittautui heti niin nopeaoppiseksi ja näppäräksi kuin olin arvellutkin, ja Miili oli häneen oikein tyytyväinen.

– Mie oon niin onnellinen, kun pääsin tänne, Darja uskoutui minulle, kun pari päivää myöhemmin istuttiin takahuoneessa kumpikin ompeluksemme ääressä, ja Miili esitteli hattuja puodin puolella.

Se kuitenkin oli selvää, ettei Darja olisi voinut kipeällä jalallaan kävellä joka päivä meiltä Albergan asemalle ja Helsingin rautatieasemalta Bulevardille. Ensi alkuun Miili sijasi hänelle vuoteen takahuoneen ison ompelupöydän alle, sillä ahtaan kamarin lattialla ei muuten olisi ollut tilaa. Loppujen lopuksi Darjalle järjestyi kuitenkin asunto aivan Miilin liikkeen kulman takaa Fredrikinkadulta, missä Elin-rouvan vanha täti asui palvelijattarensa kanssa.

– Eikä miun tarvitse maksaa mitään siitä huoneesta, Darja iloitsi. – Siellä on rouvalla niin paljo ompeluksii, ko kaikki vaatteet on käyneet suureks. Mie maksan työllä.

Ellei Alli olisi ollut niin tohkeissaan lausuntaharjoituksistaan ja viipynyt joka ilta yömyöhään kaupungissa, hän olisi varmaan ruvennut ihmettelemään, kun Maurista ei ollut kuulunut mitään Signen päivien jälkeen. Pari kertaa Alli taisi ohimennen kysäistä, onko Mauri soittanut, mutta unohti sitten koko asian, kun arvelin, että Jaakkolassa olivat syystyöt pahimmoillaan.

Meilläkin nostettiin perunoita syyskuun toisella viikolla. Darja oli jo oppinut työnsä niin hyvin, ettei minua enää tarvittu joka päivä Miilin apuna. Päivän verran siinä kului, kun me äidin ja maisteri Tikkasen kanssa noukittiin perunamaa tyhjäksi. Iisakki oli näet saanut Leppävaaran kartanosta lainaksi semmoisen uudenaikaisen elevaattorikoneen, joka nosti perunat siisteihin riveihin eikä viskonut niitä ympäriinsä. Samalla koneella nostettiin seuraavana päivänä Vallgrenienkin perunat.

Voitto ja Veikkokin olivat jaksaneet yllättävän pitkään täyttää omia pikkukorejaan, kun Iisakki oli yllyttänyt poikia kilpailemaan keskenään. Saunan jälkeen Veikko nukahtikin ruokasalin pöydän ääreen poski voileipää vasten, mutta Voitto kipitti jäljessäni omin jaloin, kun kannoin nukkuvan Veikon sänkyyn.

– Kirsti, kerro taas se Sika-Pelle, Voitto pyysi haukotellen, kun kumarruin peittelemään häntä.

– Huomenna sitten, Voitto-kulta, minunkin pitää päästä nukkumaan!

En ehtinyt edes valoja sammuttaa, kun Voittokin näytti olevan unessa.

– Alli soitti ja sanoi taas jäävänsä kaupunkiin Olga-rouvan luo yöksi, äiti ilmoitti, kun palasin ruokasaliin. Ilmeestä näki, ettei hän ollut oikein tyytyväinen. Silmien väliin oli ilmestynyt taas terävä ryppy.

– No, Poppiuksilla on iso lukaali, kyllähän sinne mahtuu, vastasin ja kaadoin itselleni lisää teetä. Äiti ei kuitenkaan ollut niin helposti harhautettavissa.

– Ei kai ne nyt yötä myöten harjoittele, hän tokaisi. – Tiedätkö sinä, missä se Alli luuhaa joka ilta niin myöhään, että tuli viime viikollakin joka ilta vasta viimeisellä junalla kotiin.

– Aika useinhan ne menevät sen Salolan pojan kanssa harjoitusten jälkeen vielä teelle Markan kahvilaan, vastasin kieli keskellä suuta. En halunnut valehdella äidille, mutten liioin kavaltaa Allia.

– Ai siihen, joka on Ylioppilastaloa vastapäätä? äiti kysyi. Kas kun muistikin, vaikka pääsi niin harvoin käymään kaupungissa.

– Juuri siihen, myöntelin. – Se on sellainen nuorten runoilijoiden kantapaikka, jossa ei paljon muusta puhutakaan kuin runoista ja kustantajista ja rahasta tietysti.

– Mikä se tämä Salolan poika oikein on miehiään? äiti jatkoi kuulusteluaan. Onneksi hän näytti heti rauhoittuvan, kun kerroin Eeron olevan Allia pari vuotta vanhempi ja valmistuneen keväällä kansakoulunopettajaksi.

Elias tuli ajosta juuri kun olimme lähdössä nukkumaan ja varoitti jo eteisessä saappaita riisuessaan, että yöllä taitaa tulla myrsky. Hän oli joutunut ajelemaan nyt illansuussa Porkkalan luotsiasemalle, ja siellä oli rannassa jo tyrskyt lyöneet tien yli.

– Kuka nyt pirssillä ajelee luotsiasemalle? äiti ihmetteli, mutta Elias ei vastannut, kysyi vain, saisiko vielä jotakin syötävää. Äiti ryhtyi passaamaan Eliasta, ja minä kapusin yläkertaan. Peltikatto paukkui jo siihen malliin, että Elias oli oikeassa. Myrsky oli tulossa meren yli, ensimmäinen syysmyrsky tänä vuonna.

Ensin en tajunnut, mikä rysähti, kun oli pilkkopimeää. Särkyikö jossakin lasia? Peltikaton jyminään sekoittui tuulen ulvonta. Tuntui ihan siltä kuin koko talo huojuisi. Samassa kuulin maisterin huutelevan oven takana, sattuiko pahasti.

– Ei sattunut, sain sanotuksi ja kurotuin hapuilemaan pöytälamppuun valoa, mutta ilmeisesti sähköt olivat katkenneet. Hetken päästä kuului portaista askeleita ja oveen kopautettiin. Elias kurkisti huoneeseeni taskulamppu kädessään ja valaisi sillä ikkunoita ja parvekkeen ovea. En ollut uskoa silmiäni. Näytti ihan siltä kuin ikkunan takana olisi ollut sankka metsä.

– Vinttikamarin ikkunat on ehjinä! Elias huusi olkansa yli. Alhaalta kuului pikkupoikien parkumista ja äidin rauhoittelua.

– Se perhanan rajakuusi rysähti suoraan verannan päälle, Elias selitti ja käänsi lampun minua kohti niin että häikäisi. – Ruokasalista särkyi ikkuna ja verannan pylväistä on osa murtunut. Kun nyt ei enää enempää puita kaatuisi!

Kun oli toivuttu ensijärkytyksestä, otin vuodevaatteeni ja menin Allin kamariin nukkumaan. Se kun oli pihan puolella, jonne tuskin kaatuisi puita. Sen sijaan ne kaksi suurta koivua, jotka kasvoivat meidän ja Vallgrenien rajalla, huojuivat myrskyn kourissa niin uhkaavasti, että pelkäsimme ainakin toisen niistä tempautuvan juuriltaan ja rojahtavan suoraan kamarini ikkunasta sisään.

Myrsky alkoi hellittää vasta puoleltapäivin. Semmoista tuhoa en ollut nähnyt täällä Albergassa ikinä, paitsi tietysti kymmenen vuotta sitten, kun ryssät räjäyttelivät kallioita ja kaatoivat kokonaisia metsiä linnoitustaan varten. Vallgrenien saunan peltikatto oli lentänyt laiturin toiselle puolelle mereen. Meidän vanhasta navetasta tuuli ei ollut saanut kattoa irti, mutta heinälato oli romahtanut kasaan, kun sen päälle oli kaatunut iso tervaleppä. Puu oli ollut niin laho, että oli pirstoutunut pieniksi kappaleiksi. Meidän veneen oli myrsky viskannut kumolleen perunapellon laitaan, ja oksia ja kaislaa ja muuta roskaa oli koko niitty ja rinne valtoimenaan.

Luojan kiitos, Elias oli jättänyt autonsa porraspäähän, jossa se oli ollut tuulensuojassa. Kun hän yritti iltapäivällä lähteä kaupunkiin, kävi ilmi, että tiet olivat poikki joka suuntaan. Elias oli yrittänyt autolla kiskoa meidän tien käänteeseen kaatunutta kuusenrunkoa sen verran sivuun, että olisi voinut ajaa siitä ohitse, mutta joku naapureista oli tullut sanomaan, ettei se kannattanut. Sekä maantiellä että kiskoilla oli kaatuneita runkoja sikin sokin kaupunkiin saakka. Tarvon silloistakin olivat tyrskyt sortaneet osan mereen.

Ensimmmäisenä saatiin raivatuksi rautatie, ja Alli pääsi junalla kotiin iltahämärissä.

– Eikö ollut mahtava myrsky? hän huudahti heti ovesta sisälle astuttuaan, mutta vaikeni sitten, kun näki, mitä verannalle oli tapahtunut.

Vasta kun oltiin kahden kesken, hän tunnusti olleensa Olavin ja Imman kanssa aamulla Ursinin kallioilla katsomassa tyrskyjä. He olivat kuulemma kastuneet litimäriksi ja menneet Olavin boksiin kuivattelemaan vaatteitaan.

– Kuka se Imma on? kysyin ihmeissäni.

– Pimiän Ilmari on Olavin naapurinpoika Kivennavalta, aikamies jo ja yli kolmenkymmenen, mutta aloittaa nyt syksyllä Ateneumissa ja yrittää valmistua mahdollisimman nopeasti kuvaamataidonopettajaksi, Alli selitti vilkkaasti. – Oikein mukava mies, vaikka onkin aika ujo eikä tietenkään yhtään niin komea kuin Olavi.

Vasta kun Viivi-täti ja Ville-setä tulivat kaupungista seuraavana päivänä, saimme kuulla, millaista tuhoa myrsky oli tehnyt kaupungissa. Kaivopuistossa ja Ullanlinnassa se oli temponut juuriltaan suuria puita ja irrottanut purjehdusseuran laiturista kalliita veneitä, jotka olivat päätyneet röykkiöiksi vastarannalle. Käpylässä oli seuratalon katto lähtenyt lentoon ja katkaissut savupiipun.

– Vähällähän me päästiin, Ville-setä naureskeli ja kohotti lasiaan. – Vain yksi vene päreinä ja saunan vanha peltikatto rutussa. Sekin oli jo ruosteessa ja olisi pitänyt vaihtaa joka tapauksessa.

Perjantaiaamuna lähdin Allin kanssa kaupunkiin yhtä matkaa. Me kävimme ensin yliopistolla tutkimassa ilmoitustauluja ja menimme sitten osakuntaan. Poijärven Irma ja Terhon Martti istuivat Grotenfeltin Osmon kanssa uudessa klubihuoneessa miettimässä beaanien vastaanottajaisia ja kutsuivat meidätkin sitä suunnittelemaan. Alli määrättiin tietysti lausumaan jokin nokkela runo, jonka hän saisi itse valita.

– Ja entäpäs kaunis Kirsti? Osmo kysyi venytellen ja katsoi minua ärsyttävästi hymyillen päästä jalkoihin.

– Tulen puhvettiin Irman kanssa, lupasin kiireesti. – Ja täytyyhän täällä siivotakin.

Muuton jäljiltä koko kerroksessa näkyi olevan kauhea sotku. ESO oli näet päässyt siirtymään juhlasalin toiselle puolelle suurempiin huoneisiin, kun hämäläiset olivat muuttaneet talon uuteen yläkertaan. Kun oli Irman kanssa sovittu, että järjestetään siivoustalkoot jo seuraavalla viikolla ennen osakunnan syyskokousta, jätin Allin miettimään metkuja beaanien päänmenoksi ja lähdin käymään Bulevardilla Miilin ja Darjan luona.

Tuuli oli vieläkin yllättävän voimakas ja viskoi lehtiä ja muuta roskaa pitkin Heikinkatua. Kun nenä alkoi vuotaa, seisahduin kaivamaan olkalaukustani puhdasta nenäliinaa. Laukun pohjalta osui silloin käteen jokin kova esine.

Iivon karhuveistos! Miten ihmeessä olin unohtanut puhua hänestä Ville-sedälle?

Ei Darjakaan Iivosta muuta tiennyt kuin että jossain Sortavalan puolessa tämä oli kai Ontrein kanssa metsätöissä.

– Sortavalassakin on kyllä joku toimisto, joka hommaa töitä ja jakaa meille avustuksia, Darja selitti. – Jospa ne siellä hyvinkin tietäisivät.

Tunsin itseni kamalan katalaksi, kun en kehdannut tunnustaa, että olin unohtanut Iivon lahjan laukkuni pohjalle.

Viiden aikaan tavattiin Allin kanssa rautatieasemalla. Illanvieton ohjelma oli kuulemma nyt valmiiksi suunniteltu. Alli oli jäänyt vielä Osmon kanssa kirjoittamaan osakunnan pilalehteä, joka luettaisiin juhlassa ääneen. Siihen tarvittaisiin myös kuvia, ja Alli oli luvannut minutkin lehden avustajaksi.

– Sen nimeksi tuli *Proletaarin nyrkki*, eikö ole hassua? hän hihitteli ja alkoi sitten selittää supattaen, miten he olivat keksineet lehteen jatkokertomuksen, jonka sankari oli nimeltään salapoliisi Hutchkinson, Jim Hutchkinson.

Koko loppumatkan annoin Allin rupatella ja torkuin silmät auki junan penkillä. Kun vihdoin käveltiin rinnatusten pitkin kuraista maantietä, meitä vastaan ajoi hitaasti jokin auto. Se sivuutti meidät valot häikäisten ja kaasutti sitten äkkiä tiehensä.

– Oliko se Elias? Miksei se pysähtynyt? Alli ihmetteli.

– Ei se Elias ollut, vastasin. – Tuo oli jokin vanhempi auto.

Olin varma, että Mauri oli ajanut ohitsemme, muttei pysähtynyt, kun näki minun olevan Allin seurassa.

Kotona pikkupojat olivat vielä hereillä ja ripustautuivat meihin kuin pienet marakatit. Tällä kertaa he vaativat Allilta iltasatua ja kiskoivat hänet mukanaan makuuhuoneeseen.

– Sinulle tuli kirje, äiti sanoi heidän mentyään. – Kävin viemässä sen jo kamariisi.

Kirjekuoressa ei ollut postimerkkiä eikä leimaa. Siitä tiesin, että Mauri oli varmaan käynyt tuomassa sen itse, vaikkei äiti sitä sanonutkaan. Kirje oli lyhyt, vain muutaman rivin pituinen. Se ei todellakaan ollut sellainen sotkuinen vuodatus kuin minun kirjeeni oli ollut.

Oikeastaan olisin toivonut, ettei Mauri olisi kirjoittanut niin ystävällisesti. Hän sanoi ymmärtävänsä, että olen sittenkin vain kahdeksantoistavuotias, ja pyysi anteeksi yksinäisen miehen malttamattomuutta. Kaikkein eniten minua satuttivat kirjeen viimeiset sanat: ”*Kerro minulle, jos on vähänkin toivoa. Voin kyllä odottaa, jos haluat kulkea omaa polkuasi ja kääntyä joskus myöhemmin takaisin.*”

Mieli teki repiä kirje pieniksi palasiksi, polttaa se ja unohtaa. Miten Mauri saattoi kuvitella, että pyytäisin häntä odottamaan vuosikausia siltä varalta, että tulisin katumapäälle?

Ei ikinä. Ei koskaan.

Oli pakko mennä parvekkeelle, vaikka sen kaide oli murtunut ja lattia oli vieläkin kuusenroskan peitossa. Hetken tunsin hirveää halua heittäytyä alas pimeyteen, mutta kun Alli koputti kamarini oveen ja kysyi, olinko jo nukkumassa, peräännyin sisälle. Tuuli paiskasi parvekkeen oven kiinni, kun Alli pujahti huoneeseeni.

– Onko teille Maurin kanssa tullut ero? hän kysyi ihmeissään nähdessään itkettyneet kasvoni.

– On, vastasin enkä enää yrittänyt hillitä kyyneleitäni.

– Voi Kirsti-pieni, Alli riensi kädet levällään halaamaan minua.

4. LUKU

MARRASKUUSTA 1924 TAMMIKUUHUN 1925

Tuskin syksy oli sen sateisempi ja harmaampi kuin muutkaan syksyt. Se vain tuntui siltä. Luennot ja harjoitukset eivät innostaneet enää senkään vertaa kuin ensimmäisellä lukukaudella. Kun kyyhötin luentosalin kovalla penkillä ja tuijotin sateen piiskaamasta ikkunasta kirjaston rauta-aitaa, tuli väkisin mieleen se Allin ehdotus, että minun pitäisi ruveta lukemaan jotakin muuta kuin romaanista filologiaa. Mitä ihmettä teen sillä tiedolla, että keskiajalla kuningas oli ranskaksi *reis* eikä *roi*?

Osakunnassakaan ei enää ollut yhtä hauskaa ja jännittävää kuin ensimmäisenä syksynä. Uusien osakuntalaisten tervetuliaisiltamissa Alli lausui kyllä mainiosti pari Eino Leinon vanhaa runoa, mutta muuten ei ohjelmassa ollut paljon kehumista.

Suominen luki fukseille ne samat typerät ohjeet kuin viime vuonnakin, ja tulokkaat tirskuivat kuuliaisesti hänen puujalkavitseilleen. ”Miksi ei voitaisi hyväksyä jo keväällä 1922 lääketieteellisessä tiedekunnassa tehtyä ehdotusta, että fukseilta kiellettäisiin pääsy Yliopistoon?”

– Toivottavasti Yrjö ei rupea taas tankkaamaan sitä iänikuista Praescriptiota, Irma kuiskasi korvaani puhvetissa, kun osakunnan herra sihteeri siirtyi puhumaan Vettenhovi-Aspasta. Toive oli kuitenkin turha. Siihen samaan hengenvetoon se jo alkoi: *Yxi lyhwcäne Osojte...*

Osa vanhemmista civiksistä näytti jo äänestäneen jaloillaan ja oli linnoittautunut uuteen klubihuoneeseen pelaamaan korttia, vaikka inspehtori oli nimenomaan vaatinut, että kortinpeluu kielletään kokonaan. Kun Leksa, yksi osakunnan vanhimmista juristeista, tuli hakemaan meiltä sitruunasuudaa, hänen henkensä haisi selvästi viinalle.

– Niillä on taatusti siellä taas pirtukätkö, Irma tuhahti. – Mutta turha siitä on meteliä nostaa, kun nuo fuksiparatkin ovat ensimmäistä kertaa täällä.

Kiinnostava ohjelmanumero oli sentään uusien osakuntalaisten esittäytyminen, jonka useimmat suorittivat ääni jännityksestä väristen. Vieläkin kihosi hiki otsalle, kun muistin, miltä oli viime syksynä tuntunut nousta kaikkien töllisteltäväksi. Onneksi Alli oli silloin pelastanut minut, pompannut viereeni seisomaan ja väittänyt, että me olimme siamilaiset siskokset Albergasta vaikkakin eri äidistä ja isästä. Väki oli puhjennut nauruun ja suosionosoituksiin. Kättelyjonossa moni oli kiittänyt meitä hauskasta esittelystä.

Suurin osa fukseista näytti taas olevan helsinkiläisiä, tai ainakin he olivat päässeet ylioppilaiksi joko meidän vanhasta koulusta tai Norssista tai Ressusta. Muutamat olivat olleet Allin ja minun luokallakin, mutta jääneet sitten kuka mistäkin syystä meistä vuoden jälkeen.

– Eikös ollut hauska se meidän jatkokertomus? Alli kysäisi, kun tanssi oli alkanut ja hän tuli posket hehkuen hakemaan puhvetista mehua.

– Oli joo, myöntelin kohteliaasti. – Vaikka ei se oikein kuulunut tänne puhvettiin, kun tuo klubihuoneen sakki piti niin kovaa meteliä.

– Tulisivat nyt tanssittamaan fuksityttöjä, mokomat! Alli puuskahti ja lähti saman tien mehulasi kädessään pitämään korttisakille jöötä. Ihme ja kumma, muutama peluri seurasikin häntä hetken päästä salin puolelle.

– Mene nyt ihmeessä sinäkin tanssimaan, Kirsti! Irma käski käytyään pyörähtelemässä Osmon kanssa.

– En pysty, selkää särkee, vastasin ja ryhdyin jotain tehdäkseni pyyhkimään murusia tiskiltä. Irma kai kuvitteli, että minulla oli ne päivät, eikä kysellyt sen enempää. Tosiasiassa en halunnut palata parketille muistelemaan niitä tansseja, joihin Mauri oli minut viime vapunaattona johdattanut.

Niin sitten istuin koko loppuillan jakkaralla puhvettitiskin takana ja katselin sivusta, miten ujoimmatkin fuksitytöt vähitellen rohkaistuivat ja unohtivat arkuutensa, kun osakunnan poikamieskerho ryhtyi oikein urakalla tanssittamaan ja naurattamaan heitä. Olihan Allikin ollut viime syksynä hiukan ihastunut Virangon Albiniin, kun tämä oli kuulemma niin hauska ja tyylikäs.

– Oli kyllä mahdottoman kivaa! sanoi muuan punaposkinen fuksityttö toiselle tampuurissa, kun illanvietto vihdoin päättyi. Etsin toista päällyskenkääni naulakoiden alta ja tunsin itseni sanomattoman vanhaksi.

Ainoa paikka, jossa apeus väistyi edes vähäksi aikaa, oli Miilin puoti taikka *Hattuliike ja ompelimo*, niin kuin uudessa kyltissä nyt luki. Poikkesin siellä melkein joka päivä. Jos ei ollut mitään kiireellistä ompelemista eikä kukaan ollut jättänyt toiveita puseron tai leningin mallista, istuin muuten vain juttelemassa tai selailemassa muotilehtiä. Taas oli saatu Pariisista uusi lähetys.

– Koskas se Allin lausuntailta onkaan? Miili kysyi, kun oltiin jo marraskuun puolivälissä. – Se on nimittäin se hartiahuivi vieläkin päärmäämättä.

Ellei Darja olisi ruvennut huolittelemaan huivia ja otsapantaa, ei esiintymisasua olisi saatu valmiiksi ajoissa. Kun näet Alli tuli muutamaa päivää ennen lausuntailtaa kokeilemaan pukuaan, hame oli käynyt vyötäisiltä liian ahtaaksi.

– Totta kai olin elokuussa laihempi, kun kiertueella syötiin milloin sattui, hän selitti. En ruvennut väittämään vastaan, vaikka kumpikin tiesimme, että Hattupään halvat perunaleivokset olivat tehneet tehtävänsä. Onneksi puku oli tehty kahdesta osasta. Ne pienet kiilat, jotka ompelin hameen sivusaumoihin, jäivät siististi piiloon leveän lantiohuivin alle.

Alun perin oli lausuntailta pitänyt järjestää Ylioppilastalon musiikkisalissa, mutta kun lippuja oli kyselty runsaasti jo etukäteen, rouva Poppius päätti siirtää sen juhlasalin puolelle. Kansan Näyttämö oli näet vierailulla Lahdessa, ja siksi sali oli vapaa. Alli oli ensin aivan kauhuissaan siitä, että joutuisi esiintymään suuremmassa salissa, mutta rauhoittui sentään, kun he olivat päässeet harjoittelemaan näyttämöllä muutaman kerran.

– Äidille, Eliakselle ja Vallgreneille on varattu paikat toiselta riviltä, hän selitti pyhäaamuna, kun olimme lähdössä jo etukäteen kaupunkiin. – Maisterille, Miilille ja Darjalle sain varatuksi paikat vasta viidenneltä riviltä.

– Entäs Kirsti? äiti kysyi kulmiaan kurtistaen.

– Minun pitää seistä kulisseissa siltä varalta, että Allin pukua pitää kohentaa kesken kaiken, vastasin kiireesti. – Ehdinhän minä katsoa koko ohjelman tänään harjoituksissa.

– No hyvä on, me tulemme sitten Eliaksen kyydillä kaikki jo ennen kuutta, äiti sanoi huojentuneena. – Iisakki on luvannut pitää pikkupojista huolta.

Olihan Alli Iisakillekin tarjonnut vapaalippua, mutta tämä oli torjunut sen naureskellen ja sanonut, ettei hän niistä värssyistä piittaa.

– Hassua, että nyt jo jännittää, vaikka tiedän, että osaan joka säkeen ulkoa, Alli huokasi, kun Töölönlahti pilkahti ensimmäisen kerran junan ikkunasta.

– Eikös ramppikuume kuulu asiaan? kysyin hymyillen, vaikka kieltämättä minunkin vatsaani nipisteli, kun tiesin, miten tärkeä ilta tämä oli Allille.

Yhtä matkaa kuljettiin räntäsateessa asemalta Ylioppilastalolle. Allin piti jo kiirehtiä harjoittelemaan, joten minä lähdin hakemaan hänen esiintymispukuaan Bulevardilta ja viemään Miilille ja Darjalle heidän vapaalippunsa. Taas piti leninki kaikkine tykötarpeineen pakata Miilin matkalaukkuun, kun räntäsade tuntui vain yltyvän.

– Näin huonol säällä jäävät vielä kotiin kaikki ihmiset, Darja murehti.

– Eiköhän sinne tule ihan riittävästi väkeä, arvelin. – Melkein kaikille rouva Poppiuksen oppilaille, niin entisille kuin nykyisille, on kuulemma myyty lippuja puoleen hintaan, samoin kaikille kansakoulunopettajille ja ilmeisesti myös oppikoululaisille. Jos meidän osakunta tulisi paikalle *in corpore*, ei saliin paljon muita mahtuisikaan. Niin, ja Paavolaisen Olavi on luvannut marssittaa saliin kaikki tulenkantajansa...

– Mitkä? Miili ihmetteli.

– *Tulenkantajat!* Jäämaa, se Nuoren Voiman johtaja, on kuulemma keksinyt nuorvoimalaisten uudelle albumille sellaisen nimen. Nyt Olavi kulkee ympäriinsä sitä kehuskellen, vaikka Alli väittää hänen sanoneen keväällä, ettei usko koko albumiin, selostin kieltämättä vähän vahingoniloisena.

– Hetkinen, mikäs tämä *Nuoret runoilijat* sitten on, jonka sain teiltä syntymäpäivälahjaksi? Miili kysyi.

– No se taas on sen yhden maisteri Haavion toimittama runokokoelma, ja siinäkin on Olavin ja kumppanien runoja, vastasin nauraen. – Niin ja tietysti siltä neiti Wadenströmiltä elikkä Katri Valalta on tällä viikolla tullut ulos omakin runokokoelma, josta Alli tänään lausuu ainakin yhden runon. Että kyllä nyt runua piisaa, sanoi jo Iisakkikin, kun Alli selosti eilen näitä ruokapöydässä.

– Voi hyvänen aika, kuka noita kaikki edes ehtii lukemaan! Miili päivitteli. – Johan niistä tulee ähky.

Kun tulin matkalaukkuni kanssa Ylioppilastalolle, vahtimestari kielsi minua menemästä saliin. Siellä kuulemma harjoiteltiin. Ei tarvinnut edes painaa korvaa ovea vasten, sillä Allin ääni kuului selvästi eteishalliin asti. Ihan suotta Alli oli sitä akustiikkaa murehtinut.

– Entä jos kierrän tuolta sivukautta pukuhuoneeseen? ehdotin herra Kerberokselle. – Minulla on tässä näet tuon neiti Tuomisen esiintymisvaatteet ja ne rypistyvät, jollen saa niitä pian henkariin roikkumaan.

– No, menee nyt sitten! mies antoi lopulta armollisesti luvan.

Allikin tuli pukuhuoneeseen käytyään oman osuutensa läpi rouva Poppiuksen kanssa.

– Kun ei vain nyt ääni katoaisi, hän mutisi huolestuneena. – Kurkku tuntuu karhealta.

– Mene nyt ihmeessä juomaan teetä tai mehua ja pyydä siihen hunajaa, komensin Alliaa. Siskorukka näytti niin viluiselta, että puin oman villatakkini hänen ylleen.

Näyttämöllä Olga-rouva hioi Salolan esitystä. Kuulosti aivan siltä kuin gramofonin neula olisi juuttunut paikoilleen, kun miesparka joutui toistamaan samoja säkeitä yhä uudelleen ja uudelleen. Jos Alliaa äsken harjoitettiin samalla tavalla, ei ollut mikään ihme, että kurkku oli tullut kipeäksi.

Olin juuri saanut Allin puvun oiottua henkarille ja huivin ripustetuksi levälleen vaatekaapin oven päälle, kun rouva Poppius tuli korot kopisten pukuhuoneeseen ja ihmetteli, mihin Alli oli kadonnut. Kerroin hänen valitelleen kurkkuaan ja lähteneen juomaan jotakin lämmintä. Olga-rouva oli jo lähdössä, kun hänen silmänsä sattuivat Allin pukuun.

– Mikäs tuo on? hän kivahti ja osoitti pukua sormellaan.

– Se on se Allin leninki, joka on ommeltu tätä iltaa varten, vastasin vaaraa aavistaen.

– Senhän piti olla musta! Olga-rouva huudahti. – Tuohan on... ihan liian kirkasvärinen!

– Ei, kyllä tämä on ollut egyptinvihreä alusta asti, vastasin tiukasti. – Eikä Allilla ole muuta pukua. Me arvelimme tämän sopivan oikein hyvin siihen Metsän emännän runoon samoin kuin niihin uudempiin, lisäsin varmuuden vuoksi.

– Niin mutta... no olkoon! Katsotaan, miltä se näyttää hänen yllään, rouva Poppius puuskahti ja lähti pukuhuoneesta.

Kun Alli lopulta tuli paikalle eukalyptuspastilleja imeskellen, kerroin Olga-rouvan visiitistä. Yllättävää kyllä, Alli ei ollut moksiskaan, naurahti vain ja sanoi puoliääneen, että hän oli toki puhunut puvusta rouvan kanssa jo aikaa sitten ja näyttänyt mallitilkunkin, jonka oli saanut kenkiä varten. Rouva Poppius oli tainnut jopa käydä joskus iltakävelyllä katsomassa sitä valokuvaa Miilin näyteikkunassa.

– Rouva Poppius jännittää vielä enemmän kuin me, Alli selitti kuiskaten. – Eero sanoi, että se on samanlaista hermoilua aina, kun hän on esiintynyt Olga-rouvan kanssa. Tänne ovat kuulemma tulossa kaikki, jotka runoista ja lausunnasta jotakin ymmärtävät, ja paljon niitäkin, jotka eivät ymmärrä.

– Mitenkä kurkku? kysyin huolissani, mutta siihenkin Alli suhtautui jo kepeästi, sujautti pastillin myös minun suuhuni ja vakuutti selviävänsä kyllä, jos nyt ei höpötettäisi turhia.

– Käy sinä kahvilla välillä tai on siellä soppaakin, jos haluat jotakin lämmintä, hän sanoi. – Minä luen vielä kerran kaikki tekstit läpi.

Ulkona oli jo pimeää, kun tulin kahvilasta takaisin pukuhuoneeseen. Alli oli heittäytynyt pitkälleen pukuhuoneen kapealle sohvalle ja nukahtanut siihen. Vihko, johon hän oli kirjoittanut käsin kaikki runot painotus- ja taukomerkkeineen, oli valahtanut permannolle.

Kello näytti jo puolta kuutta. Pakko oli herättää Alli pukeutumaan. Hiuksetkin piti harjata pöyheiksi ja sipaista poskille vähän punaa, jottei hän näyttäisi ramppivaloissa aivan kalmankalpealta.

Alli harjoitteli juuri hartiahuivinsa kieputtelua peilin edessä, kun rouva Poppius ilmestyi taas pukuhuoneeseen. Hänkin oli käynyt pukeutumassa ja oli pienestä koostaan huolimatta varsin vaikuttava ilmestys pitkässä mustassa samettipuvussaan.

– No mutta Allin pukuhan näyttää oikein upealta! hän huudahti jo ovelta. – Mutta missä sinun kenkäsi ovat?

– Ajattelin lausua paljain jaloin, Alli sanoi rohkeasti. – Sehän sopii niin Mielikille kuin puutarharunoonkin, vai mitä?

– Niin, miksei, tosiaan, rouva Poppius myönteli ja antoi lopulta periksi. Hän sanoi menevänsä nyt vastaanottamaan kutsuvieraita, syleili vielä kerran Alliaja vakuutti kaiken sujuvan mainiosti.

– Enkö mennytkin näppärästi, kun jätin tämän kenkäasian viime tinkaan? Alli nauroi Olga-rouvan mentyä. – Ja huomasitko, nyt kun ilta on jo alkamassa, hän on kuin itse aurinko. Käytkö vähän kurkistamassa, näkyykö jo tuttuja?

Olisi ollut vähän noloa tirkistellä pukuhuoneen ovenraosta katsomoa, joten menin reippaasti salin puolelle ja kuljin tuolirivejä tähyillen eteishalliin saakka. Viivi-tädin ääni kuului naulakoiden luota, ja siellä olivat jo kaikki muutkin. Elias ja maisteri eivät näyttäneet oikein viihtyvän mustissa puvuissaan ja jäykissä kauluksissaan, ja äitiä ja Darjaakin tuntui väenpaljous jännittävän. Viivi-täti ja Ville-setä sen sijaan olivat oikein elementissään ja tervehtivät äänekkäästi tuttaviaan, joita näkyi tungeksivan joka puolelta.

– Tulkaa, niin näytän teidän paikkanne, sanoin muille, kun

Vallgrenit tuntuivat kokonaan uppoutuvan rupatteluun ystäviensä kanssa.

Toiset seurasivat minua salin puolelle. Penkkirivit näyttivät jo täyttyvän, joten oli korkea aika viedä Miili, Darja ja maisteri Tikkanen omille paikoilleen. Äidin, Eliaksen ja Vallgrenien riville oli sentään pantu lappu, jossa luki *kutsuvieraille*.

Etupenkissä näkyi istuvan tutunnäköinen tummatukkainen nainen, joka tähyili haukankatsein ympärilleen. Joku lausuja tuokin oli, ajattelin, vaikken nimeä muistanutkaan ennen kuin Olga-rouva kiirehti toivottamaan hänet tervetulleeksi:

– Rakas Helinä, miten hauskaa, että pääsit tänne kesken kiertueesi! Onko Ilmarikin tulossa?

– On minun tietääkseni, nainen vastasi syvällä rintaäänellä, joka sai muutkin lähellä istuvat hätkähtämään. Ai niin, tämän täytyi olla se Helinä Svensson-Timari, jonka lausuntailtoja Alli ja muut Olavin torstaikerholaiset olivat jo kouluaikana käyneet kuuntelemassa.

– Minun täytyy nyt mennä Allin luo, kumarruin sanomaan äidille ja Eliakselle.

Vallgrenit olivat sentään päässeet salin puolelle, vaikka olivatkin juuttuneet käytävän puoliväliin puhumaan jonkun valkotukkaisen vanhan herran kanssa. No, kaipa hekin paikkansa löytäisivät. Olihan heillä liput.

Alli ei ollut enää pukuhuoneessa vaan seisoi kulissien takana niin lähekkäin Salolan kanssa, että luulin heidän suutelevan. Kumpikin näytti hätkähtävän, kun rykäisin kuuluvasti.

– Onneksi olkoon, sali on kohta aivana täynnä, ilmoitin heille.

– Ovatko Olavi ja muutkin jo paikalla? Alli kysyi ja näytti vähän pettyneeltä, kun sanoin, etten ollut nähnyt vielä ketään Hattupään joukkoon kuuluvaa.

– Olavihan tulee aina viime tingassa, jotta entree olisi mahdollisimman näyttävä, Eero totesi vinosti hymyillen. – Todella kaunis muuten tuo Allin puku, hän lisäsi. – Hienoa työtä, Kirsti!

Vihdoin oltiin niin pitkällä, että Olga-rouva tuli ilmoittamaan aloittavansa kohta tervetuliaispuheen ja kutsuvansa samalla näyttämölle kummatkin lausujat niin kuin oli sovittu.

– Esittelen ensin Eeron, kun hän on teistä vanhempi ja tunnetumpi, Olga-rouva supatti. – Ja sitten Allin. Muistakaa hymyillä, kun tulette lavalle ja kiittää aplodeista!

– Onko puku hyvin myös takaa? Alli kuiski Olga-rouvan mentyä. Varmistin vielä, ettei lannehuivin solmu aukeaisi ja korjasin vähän miehustan poimutusta.

Rouva Poppius oli aloittanut tervetuliaispuheensa kalevalaisilla säkeillä. Suosionosoitusten tauottua hän siirtyi esittelyihin:

– Hyvät naiset ja herrat, minulla on ilo ja kunnia esitellä teille kaksi poikkeuksellisen lahjakasta lausujaa ja monivuotista oppilastani, joista olen erittäin ylpeä. Ensimmäinen heistä on nuori mies, jonka sointuvasta äänestä ja mestarillisista tulkinnoista on saatu viime kesänä nauttia jo Pohjan perukoita myöten hänen maaseutukiertueellaan. Eero Salola, olkaa hyvä!

Eero, joka oli jo seissyt verhojen raossa lähtövalmiina, veti syvään henkeä ja astui parrasvaloihin hymy huulillaan ja kädet kohotettuina. Aplodit olivat reippaat mutta loppuivat melko lyhyeen. Jännittyneinä odotimme, mitä Olga-rouva mahtaa sanoa Allista.

– Ja sitten, hyvät ystävät, tämän illan toinen lausuja on nuori neito, joka on todellinen luonnonlahjakkuus. Hän on aitojen tunteiden tulkki, joka pystyy herättämään eloon niin vanhat kansanrunomme kuin uuden runouden oudot kukkaset. Alli Tuominen, olkaa hyvä!

Kun Alli astui verhojen raosta näyttämölle, hänen koko olemuksensa muuttui. Ihan kuin Allin sisälle olisi syttynyt valo, joka kirkasti koko näyttämön. Vaikkei hän levitellyt käsiään eikä hymyillyt leveästi kuin filmitähti, saatoin verhonraosta kurkistaessani nähdä, miten iloinen odotus levisi katsojien kasvoille ja väki taputti pitkään ja hartaasti. Totisesti, Allihan se varsinainen tulenkantaja olikin!

Esitys oli sikäli hauskasti rakennettu, että lausujat esittivät aluksi muutaman runon ikään kuin vuoropuheluna. Ne olivat pieniä runoja *Kantelettaresta.* Ensin Salola lausui *Äidin vaivain palkinnon* ja Alli liikuttavan *Morsiamen hyvästijätön.* Sitten oli Salolan vuoro mennä Metsolahan ja Allin kutsua Metsän tyttöä. Runot seurasivat toistaan niin tiiviisti, ettei yleisö ehtinyt taputtaa ennen kuin sikermän lopussa, jolloin molemmat kumarsivat.

Sitten Alli väistyi kulissien taa. Salissa oli aivan hiljaista, kun Salola ryhtyi vyöryttämään säkeitä *Kullervosta,* Kalervon pojasta, sinisukasta äijön lapsesta. Vaikka olimme koulussa lukeneet *Kalevalan* kannesta kanteen, vasta näin väkevästi lausuttuna Kullervon kova kohtalo sai kyyneleet silmiin. Ei ihme, että väki taputti seisomaan nousten.

Alli ei yhtynyt aplodeihin vaan seisoi vierelläni silmät kiinni ja kämmenet yhteen painettuina. Kun Salola saapui kulissien taakse, Alli avasi silmänsä, nosti leukansa pystyyn ja lähti näyttämölle kuin kuolemaa uhmaten. Luulin, että Alli lausuisi heti oman vuoronsa aluksi niitä uusia runoja, joita hän oli kotona harjoitellut. Sen sijaan hän aloittikin matalalla äänellä ja miltei kuiskaten Eino Leinon tutun runon:

Tuo oli tumma maammon marja
syntymässä säikähtänyt,
näki kauhut kaikkialla,
haltiat pahat havaitsi,
ei hyviä ensinkänä.

Allin esitys ei ollut ollenkaan niin mahtipontinen kuin Salolan kalevalainen *Kullervo.* Runo tuntui vielä liikuttavammalta, kun Alli ei paisutellut sitä yhtään, ei edes siinä kohdassa, jossa ääni Tuonen puhuu nurmen alta.

Suosionosoitukset eivät räjähtäneet ilmoille, ne alkoivat vähitellen ikään kuin tunnustellen, vahvistuivat sitten ja kestivät lopulta niin kauan, että Alli ehti jo palata kulissien taakse.

– Hieno tulkinta, kuulin Eeron kuiskaavan Allille lähtiessään jälleen omalla vuorollaan näyttämölle.

Mutta mitä ihmettä? Salola ei alkanutkaan lausua runoa vaan ryhtyi kertomaan outoa tarinaa kastematojen kongressista. Hänen äänensä oli hyvin asiallinen, vaikka teksti oli oikeastaan pähkähullu. Kesti hetken, ennen kuin tajusin tarinan olevan itse asiassa aika näppärä satiiri. Yleisökin alkoi vähitellen lämmetä ja hörähti tuon tuostakin nauruun. Kun toukka, jota kastemadot olivat kutsuneet ilmiöksi, lopulta kuoriutui kotelostaan, muuttui perhoseksi ja lähti lentoon, kastemadot eivät voineet käsittää, mitä oli tapahtunut.

Yleisön suosionosoituksista ei ollut tulla loppua. Ilmeisesti tämä oli Salolan viimeinen varsinainen numero, sillä hän viipyi pitkään näyttämön reunalla kumartelemassa.

Alli-parka, ajattelin, vaikken tietenkään sanonut sitä ääneen. Aika vaikeaa on tuollaisen esityksen jälkeen vielä saada yleisö innostumaan runoista. Ilmeisesti Alli itse pelkäsi sitä samaa. Nyt ei poskipunastakaan ollut apua, niin kalpealta hän näytti. Kun en muutakaan voinut, töytäisin häntä kevyesti selkään ja kuiskasin:

– Näytä niille.

Kuin taikaiskusta Alli sai luontonsa takaisin. Vihreä huivi liehuen hän juoksi keveästi lavalle omalla vuorollaan ja alkoi lausua runoa, jota en ollut koskaan ennen kuullut, en edes silloin, kun Alli oli harjoitellut kotona.

Minä tahdon taas olla lapsi,
naivi ja hellä kummastelevin silmin.
Tahdon rakastaa puhtaasti ja ilman ajatuksia
niinkuin sinikello tai himmeä heinä.
Tahdon iloita kaikesta vähäisestä,
pienestä, hiljaisesta ja kauniista:
Tahdon poimia keltaisen kukkasen hiekkapohjaisen joen rannalta,
suudella äitiäni,
istua ikkunalla Jumalaa odotellen tähtien syttyessä,
tahdon painaa näkinkengänkuoren korvalleni ja ihmetellä
elämäkö niin oudosti kohisee sen sisällä –

Nyt yleisö tuntui todella olevan ymmällään. Kun hiljaisuus vain jatkui ja jatkui, aioin jo ruveta taputtamaan kulissien takana. Silloin joku muukin teki saman johtopäätöksen. Yksinäiseen taputukseen yhtyi pian toinen, sitten kolmas ja kohta koko yleisö aplodeerasi pitkään ja riemukkaasti.

– Tämä äskeinen runo on peräisin tuoreesta runokokoelmasta *Nuoret runoilijat.* Se on lahjakkaan joskin vielä tuntemattoman Olavi Laurin runo *Sordiini*, Alli ilmoitti. – Lopuksi lausun toisen uuden runon, joka on nimeltään *Kukkiva maa.* Se on julkaistu Katri Valan juuri ilmestyneessä esikoiskokoelmassa *Kaukainen puutarha.*

Harjoitus oli todella tehnyt tehtävänsä. Vaikka seisoin näyttämön pimeimmässä sopukassa, Allin sointuva ääni sai syreenit ja pihlajat kukkimaan, niityt lainehtimaan, auringon paistamaan ja terälehdet aukeamaan. *Mitä siitä että kuolema tulee! Onhan kukittu kerta!*

Enää ei suosionosoituksia tarvinnut odottaa. Kaikki oli ollut täydellistä, runon rytmi ja keveys, tauot ja eläköön-huudot ja ennen muuta Allin äänessä soiva riemu ja uhma.

Aplodeista ei ollut tulla loppua, ja ne yltyivät, kun Salolakin palasi lavalle. Olga-rouva näkyi myös nousseen katsomon puolelta suojattiensa viereen poimiakseen osansa suosiosta. Kaikki kolme saivat sylinsä täyteen kukkavihkoja. Kun yleisö ryhtyi paukuttamaan rytmikkäästi käsiään saadakseen kuulla vielä jonkin ylimääräisen taidonnäytteen, Olga-rouva kuiskasi jotakin sekä Eerolle että Allille.

Yleisö hiljenikin heti mutta purskahti saman tien nauruun, kun Alli alkoi lausua melkein lapsen äänellä sitä tuttua lorua, jossa Hiiri metsähän menevi, lyhytjalka lynksyttävi. Eero oli mainio katti, kavala suorastaan, ja niin nuo kaksi juoksuttivat runoa nokkelasti aina sen murheelliseen loppuun saakka.

Tappoi hiiren hirviästi,
Ja kaotti kauhiasti.
Siihen loppui hiiren virsi,
Katkesi katin tarina.

– Olen aivan kuollut, Alli huokasi päästyään vihdoin kukkakuormansa kanssa pukuhuoneeseen.

– Ei mikään ihme, vastasin ja pelastin hänen kukkansa sivupöydälle. – Ota vettä nyt ensi hätään!

Alli joi vesilasin tyhjäksi henkeä vetämättä ja ravisti sitten itseään kuin koira, joka on selvinnyt sateesta katon suojaan.

– Arvaa, kuka rupesi ensimmäisenä taputtamaan sen Olavin runon jälkeen? hän kysyi pukiessaan villatakin ylleen.

– En tiedä, Olavi itsekö? Vai oliko hän edes paikalla?

– Oli, oli, siellä ne istuivat kaikki takarivissä, kun tulivat niin myöhään. Ei, se oli meidän Elias, ajatteles! Alli sanoi liikuttuneena. – Ja sitten alkoi äitikin taputtaa ja Ville-setä ja Viivi-täti ja lopulta kaikki muutkin.

Itku pitkästä ilosta, paska paljon naurannasta, Johanssonska tapasi sanoa, kun me Allin kanssa pidimme pikkutyttöinä hänen mielestään liian kovaa meteliä. En silti olisi uskonut, että kaikista niistä kiitoksista ja ylistävistä arvosteluista koitui Allille murhetta jo ennen kuin viimeinen ruusukimppu oli ehtinyt kuihtua.

Seuraavana lauantaina Alli tuli nimittäin kotiin yllättävän aikaisin vaikka oli suunnitellut jäävänsä Olga-rouvan lausuntakurssin jälkeen vielä kaupunkiin. Me muut olimme ruokasalissa syömässä illallista, kun ulko-ovi kolahti. Käännyimme jo katsomaan odottaen eteisen ovelle, mutta Alli kuuluikin menevän suoraan yläkertaan ja omaan huoneeseensa.

– Mikäs nyt? äiti kysyi ja vilkaisi minuun.

– Menen katsomaan, sanoin pöydästä nousten.

Allin kamarin ovi oli paiskattu kiinni. Kuulostelin hetken sen takana ennen kuin kopautin oveen ja avasin sen. Alli makasi vuoteellaan katkerasti itkien.

– Mitä nyt, Alli-kulta, mitä on tapahtunut? kysyin huolissani.

Sen verran Alli sai sanotuksi, että kyse oli Eerosta, joka oli ollut ilkeä ja pisteliäs koko harjoitusten ajan.

– Luulin, että hänellä oli vain huono päivä, Alli selitti nyyhkäisten ja tarttui nenäliinaan, jonka ojensin. – Mutta kun kysyin naulakoilla, lähdetäänkö Hattupäähän, Eero ei sanonut sanaakaan, käänsi vain tylysti selkänsä ja auttoi takin päälle sille vaalealle kansakoulunopettajattarelle, jonka hän oli tuonut tullessaan muka katsomaan harjoituksia. En tajua, mitä olen tehnyt väärin!

– Et mitään, kultapieni, vastasin tyrmistyneenä, ja äkkiä koko kuvio loksahti paikoilleen. – Sinä lausuit vain liian hyvin viime sunnuntaina.

Aluksi Alli ei tahtonut uskoa selitystäni, mutta alkoi lopulta itsekin tajuta, mistä Eeron äkillinen ynseys johtui. Salola oli epäilemättä kunnianhimoinen nuori mies, joka oli tottunut olemaan Olga-rouvan suosikki ja lausujatyttöjen ihailun kohde. Tähän saakka Alli oli ollut yksi hänen pikku ihailijattaristaan. Onnistuneen lausuntaillan jälkeen Allista oli kuitenkin tullut vaarallinen kilpailija.

Todennäköisesti se Kailaan Uunon kirjoittama arvostelu, joka oli julkaistu uudessa Ylioppilaslehdessä, oli ollut viimeinen pisara. Vaikka kaikissa lehtiarvosteluissa oli kiitetty Eeron kaunista ääntä ja erinomaista tekniikkaa, moni kokeneempikin arvostelija kuin Uuno oli antanut ymmärtää, ettei Salola ollut mikään erityisen eläytyvä tulkitsija. Sen sijaan Allia olivat kaikki ylistäneet nimenomaan hänen aitoudestaan ja uskalluksestaan.

– Olisit sinäkin käärmeissäsi, jos sinua olisi kaikissa arvosteluissa verrattu vaikkapa Olga-rouvaan ja kirjoitettu siihen sävyyn, ettei sinusta koskaan tule suurta taiteilijaa, selitin Allille, joka nyökkäsi sanattomana.

– Mitä minun pitää tehdä, että saisin Eeron lepytetyksi? hän kysyi murheellisena.

– Ei mitään, sanoin lujasti. – Joka syyttä suuttuu, se lahjatta leppyy, niin kuin äiti aina sanoo. Jos rehellisiä ollaan, sinuna unohtaisin koko miehen. Eero on hauska ja komea ja lahjakaskin, mutta jos hän ei pysty iloitsemaan sinun menestyksestäsi, teillä ei voi olla yhteistä tulevaisuutta.

Alli nyökkäsi apeana, heittäytyi sitten uudelleen pitkälleen vuoteeseen ja hautasi kasvonsa tyynyyn.

– Anna minä suren vielä tämän illan, hän pyysi. – Mutta sano äidille, ettei minulla ole mitään hätää.

Yllättävän nopeasti Alli toipui sydänsurustaan. Osasyynä siihen oli varmaan se tummakulmainen tamperelaismies, jonka Olavi oli tuonut Hattupään pöytäkuntaan jo aiemmin syksyllä.

– Ajatteles, Jylhän Yrjö sanoi tänään, kun oltiin Brondalta tulossa, että hänestä olisi hauska kuulla joskus minun lausuvan omia runojaan, Alli selitti silmät sädehtien, kun joulukuun alussa tulimme yhtenä iltana sattumalta samalla junalla kotiin.

Olin ollut Miilin puodissa kirjailemassa silkkipuvun hartialiinaa, joka piti saada valmiiksi joulukuun kuudenneksi. Darjalla oli nimittäin täysi työ itse puvun viimeistelyssä. Rouvan aviomies oli kuulemma joku korkea virkamies, ja heidät oli kutsuttu itsenäisyyspäivänä presidentin linnaan iltapäivävastaanotolle.

– Ne Jylhän runothan ovat semmoista paukuttelua ja kamalan synkkiä muutenkin, vastasin haukotellen. – Darja oli lainannut Miililtä *Nuoria runoilijoita* ja kyseli juuri äsken, oliko se Jylhä ihan päästään terve, kun se kirjoittaa semmoisia murharunoja.

– On Yrjöllä rakkausrunojakin, Alli kiirehti vakuuttamaan, vaikka myönsikin, että ne *Nuorissa runoilijoissa* julkaistut runot olivat kyllä olleet aika pelottavia.

– Ai jaa, missäs sinä olet hänen rakkausrunojaan lukenut? minun oli pakko kysyä.

– No, joskus on istuttu hänenkin boksissaan, Alli tunnusti punastuen. – Siellä riippuu muuten nyrkkeilysäkki katosta. Minäkin yritin muksauttaa sitä, mutta ranne tuli heti kipeäksi.

– Aika hassua, että semmoinen urheilijanuorukainen viihtyy teidän joukossanne, huomautin Allille. – Kun ajattelee, millainen keikari Olavi on, eikä se Pimiän poikakaan nyt mikään atleetti ole, Uunosta ja niistä muista hintelistä rillipäistä nyt puhumattakaan.

– Hyi Kirsti, nyt olet ilkeä, Alli sanoi moittivasti. – Sehän meidän porukassa juuri on hauskaa, kun kaikki ovat niin erilaisia. Sääli vain, että Kati ja Keke pääsevät niin harvoin istumaan iltaa meidän kanssamme.

– Kukas se Keke nyt sitten taas olikaan? kysyin kieltämättä vähän ärtyneenä, sillä Allilla oli aina tapana kutsua ihmisiä lempinimillä ja kuvitella minun tuntevan ne kaikki.

– Keke on Vaaran Elina tai siis Sirénin Kerttu Tampereelta, etkö muista? Se tyttö, jota sanoit ihan japanilaisen nuken näköiseksi ja jonka runokirja ilmestyi jo viime keväänä.

– Miksi ihmeessä kaikki vaihtavat koko ajan nimiään? ähkäisin tuskastuneena. – Lapsellisia naamioleikkejä tuommoiset!

– Älä nyt, Alli puolusti ystäviään vaikka olikin laskevinaan leikkiä. – Ajattele itse, millaisia runoja Kati ja Keke kirjoittavat. Intohimoa, väristyksiä, miehiä ja naisia, jotka vaipuvat syleilyyn.

– No hyvä on, annoin periksi. – Ne ovat täysin sopimattomia nuorten naisten runoja ainakin tanttojen ja setien mielestä ja varmaan mamman ja papankin. Ehkä on hyvä, etteivät he esiinny julkisesti omilla nimillään.

– Katin isä on kyllä kuollut jo aikaa sitten, Alli huomautti vakavoituen. – Siksi hän ei päässyt yliopistoonkaan vaan joutuu raatamaan kansakoulunopettajana kaiken maailman syrjäkylillä. Ymmärrätkö, Kirsti, kuinka etuoikeutettuja me olemme?

Totta kai ymmärsin, että ilman äidin täysihoitolaa ja nyttemmin myös Eliaksen pirssiautoa meitä kahta ei olisi koskaan voitu kouluttaa ylioppilaiksi. Jos ylipäätään olisimme päässeet edes kansakouluun, olisimme joutuneet etsimään sen jälkeen itsellemme mahdollisimman pian jonkin työpaikan. Emme me silti tuhlanneet äidin ja Eliaksen rahoja, vaikka asuimme ilmaiseksi kotona. Minä olin jo vuosia ansainnut omat taskurahani auttamalla Miilin puodissa, ja Alli oli ollut kesäisin Leppävaaran kartanossa kaalintaimia istuttamassa ja raparperia poimimassa.

– Voi Kirsti! Eikös elämä sentään ole aika ihanaa! Alli huudahti, kun käveltiin asemalta kotiin ja taivaalta alkoi äkkiä leijua suuria pehmeitä lumihiutaleita. – Ajatteles, kohta on joulu ja uusivuosi ja loppiaisena päästään Viipuriin Nuoren Voiman talvijuhlille.

– Hetkinen, ketkä pääsevät? kysyin epäluuloisesti.

– Sinä ja minä, olen jo ilmoittanut meidät! Ja Olavi aikoo kutsua meidät kaikki talvijuhlien jälkeen kotiinsa, kuvittele! Alli selitti hilpeänä.

– Mitä ihmettä minä siellä talvijuhlilla tekisin? Tai Olavin kotona, kivahdin ehkä turhankin kiukkuisesti. Alli ei millään tahtonut uskoa, että halusin itse päättää menemisistäni.

– Kirsti-kulta, enhän minä voi lähteä sinne yksin! Alli huudahti. Hän katsoi minuun tyrmistyneenä ja näytti purskahtavan kohta itkuun. – Minua on pyydetty lausumaan siellä, ja jos Eerokin tulee niin...

– No, katsotaan nyt, riittävätkö edes rahat sellaiseen reissuun, mutisin ja lähdin jatkamaan matkaa. Alli kiirehti rinnalleni ja ripustautui käsipuoleeni.

– Kirsti hei, siitä tulee ihana matka! hän vakuutteli. – Ja kuka ties sinäkin tapaat siellä jonkun...

– Ja kenet sinä tapaat? Sen Yrjön tietysti! keskeytin Allin typerät puheet. En halunnut tavata enää ketään, joka järkyttäisi mielenrauhaani.

Päivisin pystyin sentään pitämään ajatukseni kurissa, mutta iltaisin ja joskus öisin unissakin ikävä sai yliotteen. Vaikka olimme oikeastaan tavanneet Maurin kanssa vain muutaman kerran, muistikuvat olivat liian väkeviä, jotta ne olisivat pyyhkiytyneet pois. Puheet ja naurut olisi vielä voinut unohtaa, mutta huulet muistivat hänen suudelmansa ja iho kosketuksen.

Silloin ei auttanut muu kuin sulkea silmät ja ajatella kunniakirjojen rivistöä, salin palmua ja Signe-rouvan harmaiden silmien tutkivaa katsetta.

Vähitellen joulumieli sai kuitenkin yliotteen syksyn ankeudesta. Vesi- ja räntäsateet muuttuivat viimeinkin lumikuuroiksi, ja valkoinen vaippa peitti armeliaasti rapaiset tiet ja peltojen mustat kynnökset. Aurinko pilkahti matalalta pilvien raosta, kun palasin kaupungista pitkästä aikaa hilpeällä mielellä. Aamulla oli ollut minun vuoroni tulla herätetyksi laululla. Olimme äidin kanssa nimittäin syntyneet peräkkäisinä päivinä. Me olimme eilen vieneet äidille aamukahvin prikalla sänkyyn. Sen kummemmin ei näitä syntymäpäiviä meillä juhlittukaan, kun joulu oli jo niin lähellä.

Lukukausi oli ohi, ja edessä oli kuuden viikon hengähdystauko. Olin käynyt hakemassa opintokirjaani viimeiset merkinnät Tallgrenilta ja von Kraemerilta, joka oli kai armosta antanut minulle arvosanaksi *bene,* vaikka oikeastaan olin omasta mielestäni menestynyt käännösharjoituksissa vain tyydyttävästi.

– Tuu kattomaan! Me tehtiin lumiukko! Voitto huusi nähdessään minun tulevan mäen takaa.

– Onpas se hieno, kehuin poikia. He olivat ihan itse pyörittäneet nuoskalumesta kaksi palloa ja nostaneet ne päälletysten keskelle pihaa. Kuivia lehtiä ja heinäroskaa oli tosin tarttunut lumen sekaan, kun maa ei ollut kunnolla roudassa.

– Sille pitäs saada silmät, Veikko mutisi lumista lapastaan imeskellen. – Me laitettiin jo kivet, mutta ne putoo koko ajan.

– Odottakaas, minä käyn saunalla, sanoin pojille ja laskin laukkuni maahan. Muuripadan alta löytyikin kourallinen hiilenkappaleita, toiset pieniä ja toiset vähän isompia.

– Pitäkääs te ukkoa pystyssä, niin laitan nämä paikoilleen, sanoin pojille ja kysyin varmuuden vuoksi, pannaanko ne kaksi suurinta lumiukon silmiksi. Pojat nyökkäsivät totisina.

– Ja tehdäänkös näistä pienistä sille suu? jatkoin kyselyä.

– Joo, sanoi Veikko.

– Laita ne niin että se nauraa, ehdotti Voitto.

Pikkuveljien omakin hymy leveni, kun he tulivat viereeni ihailemaan lumiukon naamaa. Kummaltakin puuttui jo maitohampaita, Voitolta kaksi ja Veikolta yksi.

– Tehdään näistä napit, ehdotin vielä ja annoin poikien ihan itse painella kouransilmään jääneet hiilenkappaleet alemman lumipallon kylkeen.

– Voitto laittoi vinoon, Veikko totesi, mutta riita vältettiin, kun selitin, että tuommoiset diagonaalinapit ne ovatkin nykyään muotia, lumiukoilla varsinkin.

– Kädet puuttuu, Veikko huomautti, vaikka olin jo lähdössä sisälle, sillä varpaitani paleli.

– Hakekaas halkokatoksesta pari semmoista rimanpätkää, joita jäi yli, kun verantaa korjattiin, sanoin pojille. – Ja katsokaa, onko siellä seinustalla niitä ruskeita kukkaruukkuja. Ottakaa yksi niistäkin, mutta älkää rikkoko!

Pojat juoksivat mäkeä alas verannan alle halkokatokseen ja palasivat kohta huohottaen rimanpätkineen ja ruukkuineen. Piki hyppeli innoissaan heidän jaloissaan. Se oli kai ollut kaivelemassa talon alla omia luukätköjään.

– Voi yhyren kerran kun Kirstiäki nuan lapsettaa! Iisakki naureskeli tullessaan hetken kuluttua rassaamaan piippuaan hirsimökin rappusille. Hän oli kai ikkunasta seurannut meidän touhujamme jo hyvän aikaa. – Kyllä tootta poijat aika värkkäriä!

Komea lumiukosta tulikin, kun sen päähän oli pantu hatuksi kukkaruukku kumolleen. Pojat innostuivat vielä enemmän, kun lupasin tehdä ukolle tonttulakin jouluksi.

Seuraavalla viikolla lähdimme Allin kanssa kaupunkiin hankkimaan joululahjoja. Olimme päättäneet yhdistää vähät rahamme ja ostaa kaikille kirjoja. Sen verran löytyi Miilin tilkkuarkusta onneksi punaisia kankaanpaloja, että sain niistä ommelluksi pikapikaa lumiukon hiippalakin. Alkoi jo hämärtää, kun lopulta pääsimme lähtemään Miilin puodista Suomalaiseen Kirjakauppaan Aleksanterinkadulle. Oli pidettävä kiirettä, ettei Albergassa tarvitsisi kävellä asemalta kotiin ihan pilkkopimeässä.

– Hei, otetaanko tuo Voitolle ja Veikolle iltasatukirjaksi? Alli ehdotti jo ennen kuin ehdittiin sisälle kirjakauppaan. Laitimmaisessa näyteikkunassa oli nimittäin esillä hauskannäköinen satukirja, jonka nimi oli *Nukkumatti ja Unijukka seikkailulla.* Kirjan kannessa kaksi pikkupoikaa lenteli yötaivaalla punaisen sateenvarjon kahvasta roikkuen.

– Näyttää hauskalta, mutta ehkä meidän kannattaa katsella muitakin lastenkirjoja eikä tyytyä ensimmäiseen, vastasin ovenkahvaan tarttuen, mutta Alli ei malttanut vielä lähteä näyteikkunoiden ärestä mihinkään.

– Hei, näetkö! Tulenkantajien albumi on lopultakin ilmestynyt! hän huudahti innoissaan ja osoitti sormella keskelle toista näyteikkunaa aseteltua vaaleakantista kirjaa, jonka kannessa paloivat punaiset liekit. – Ostetaan tuo äidille, ja Vallgreneille voisi ostaa omansa ja Miilikin varmaan pitäisi...

– Hei, hei, hei, oli pakko toppuutella Allia. – Ei kai niitä kannata täältä kirjakaupasta ostaa kalliilla rahalla! Luulisi, että teikäläisillä on näitä tekijänkappaleinakin ja he myisivät niitä ilomielin.

– En minä kehtaa kysyä keneltäkään, Alli sanoi nolona. – Täytyy katsoa, paljonko noista täällä pyydetään.

Loppujen lopuksi rahaa kului vähemmän kun olimme pelänneet, sillä löysimme kirjakaupan takaosasta hyllyllisen vähän nuhjaantuneita vanhempia kirjoja, joita sai ostaa hiukan halvemmalla. Sieltä poimin Eliakselle Henry Fordin *Elämäni ja työni*. Alli tosin epäili, ettei Elias viitsisi lukea niin paksua kirjaa.

Maisteri Tikkaselle valitsimme pitkän jahkailun jälkeen ylioppilaspakinoita vanhoilta hyviltä ajoilta. Kirjan nimi oli nimittäin *Juupeliylioppilas*. Olin aika varma, että maisteri Tikkanen oli joskus kutsunut sillä nimellä erästä vanhaa opiskelutoveriaan, joka ei ollut koskaan saanut opintojaan päätökseen.

Iisakille löytyi samasta pöydästä kuin vahingossa kirja, joka sai meidät melkein hihkumaan ilosta. Olimme jo pelänneet, ettei kirjakaupasta löytyisi mitään Iisakille sopivaa. Löytömme nimi oli *Oottako kuullu: sen tuhannen prätinöötä Pohjanmaalta*, ja kirjoittajaksi oli merkitty joku Vaasan-Jaakkoo.

– Hei, tämähän on se toimittaja, joka kävi Vaasassa kiittämässä meitä *Pakolaisten* esityksen jälkeen! Alli totesi lukaistuaan kirjan takakansitekstin. Itse olin jo ehtinyt tarkistaa, että kirjan kaikki jutut oli kirjoitettu juuri sillä murteella, jota Iisakki itse puhui.

Äidin kirjaa etsiskelimme pitkään ja kinasimmekin siitä vähän, sillä Alli ei olisi millään tahtonut luopua Tulenkantajien albumista. Lopulta sanoin Allille suoraan, että ostan sen mieluummin hänelle itselleen joululahjaksi.

– Silloin äiti voi lainata sen sinulta ja lukea jos haluaa.

Ennen kuin löysimme äidille mitään sopivaa, Alli keksi uutuuksien joukosta Erkki Räikkösen *Heimokirjan*, josta oli ollut jo puhetta Naisylioppilaiden Karjala-Seurassa. Minusta se olisi kumminkin ollut liian raskasta luettavaa Darjalle. Onneksi samalta pöydältä löytyi myös ohuempi kirja, jossa kerrottiin Vienan-Karjalan tavoista ja uskomuksista.

– Tämä muuten perustuu ihan oikean vienankarjalaisen runonlaulajan Anni Lehtosen haastatteluihin, totesin vilkaistuani esipuhetta.

– Ai sen vuonnislaisen lesken? Hänestä oli viime talvena puhe meidän luennollakin, Anni sanoi ja innostui kurkkimaan olkani yli. – Jaa, se on Paulanharjun kirja, sen oululaisen opettajan, hän sanoi, kun käänsin kannen näkyviin. – No, hauskasti se kirjoittaa, vaikka meidän luennolla kyllä annettiin ymmärtää, että Paulaharju on enemmänkin sellainen itseoppinut keräilijä.

– Kuka niin väitti? kysyin ihmeissäni.

– Oliko se nyt Krohn vai Aarne, en muista, jompi kumpi professoreista kumminkin, Alli sanoi. – Hehän ovat kovin tärkeitä akateemisesta arvostaan niin kuin kaikki professorit.

Olin jo vähällä taipua siihen, että äidillekin ostetaan Tulenkantajien albumi tai sen Elina Vaaran viime keväänä ilmestynyt runokirja. Onneksi vilkaisin vielä kerran alennettujen kirjojen hyllyä. Silloin silmäni sattuivat kirjaan, jonka leveässä selässä luki *Topelius: Elämäkerrallisia muistiinpanoja.*

Äitihän oli ollut pikkupiikana Topeliuksilla. Hänellä oli vieläkin kirjakaapissa kaikki ne kirjat, jotka hän oli saanut Björkuddenissa palvellessaan. *Maamme-kirjaa*, *Lukemisia lapsille* ja *Lasten evankeliumia* minullekin oli luettu jo muinoin Djursholmissa.

– Otetaan tämä! sanoin Allille ja kumarruin poimimaan kirjan hyllystä. – Kukaties tässä on kerrottu äidistäkin!

Siinä kyllä erehdyin, sillä kirjassa puhuttiin vain Topeliuksesta itsestään ja hänen sukulaisistaan ja ystävistään. Pääasia kuitenkin oli, että äiti ilahtui lahjastaan. Kun varhain joulupäivän aamuna lähdin käymään alakerrassa klosetissa, äiti istui shaali ympärillään ja tohvelit jalassa ruokasalin lampun alla lukemassa.

– Et kai ole lukenut sitä kirjaa täällä koko yön? kysyin ihmeissäni, mutta äiti vain hymyili ja nosti sormen huulilleen.

– Tämä oli paras lahja, jonka olen saanut pitkään aikaan, hän kuiskasi. – Anna minun nauttia tästä kaikessa rauhassa!

En tiedä, lukiko Elias koskaan omaa kirjaansa, jonka olimme sujauttaneet pukinsäkkiin. Sama römeä-ääninen ja tappurapartainen joulupukki kuin meidän lapsuudessamme oli taas käynyt aattoiltana nakkaamassa säkin ulko-ovesta sisään. Kuinka ollakaan, Haapaluoman Iisakki oli lähtenyt vähän aikaisemmin katsomaan, ettei Piki ollut päässyt karkuun.

Vaikea oli olla nauramatta, kun pikkupojat olivat samalla kertaa niin innoissaan ja kauhuissaan nähdessään joulupukin vilaukselta äidin selän takaa. Meidän satukirjastamme ja uusista nahkarukkasistaan pojat eivät tosin aattoiltana piitanneet. Kaiken huomion vei nimittäin upouusi rattikelkka, jonka joulupukki oli jättänyt portaille. Iisakki sen siitä löysi tullessaan sisälle ja käski poikien lukea itse lapusta, kelle se oli tarkoitettu. Samalla lailla minäkin olin aikoinaan saanut oman potkukelkkani.

– Tuo on minun kirjain, Voitto sanoi heti lapun nähtyään ja aikoi ottaa kelkan saman tien haltuunsa, mutta Veikkopa oli nopeampi ja tavasi komeasti ääneen:

– Vee oo ii voi… tee oo äl tol… Voi-tol-le... ja Veikolle! hän huusi tunnistaessaan suoraan oman nimensä.

– Se on teidän yhteinen kelkkanne, kiirehdin sanomaan. – Kokeilkaapas mahdutteko molemmat istumaan sen kyytiin!

Uudesta kuvakirjastaan Voitto ja Veikko innostuivat vasta joulupäivänä, kun sitä ruvettiin lukemaan heille iltasaduksi. Tosin he eläytyivät vähän liikaakin Nukkumattiin ja Unijukkaan ja rikkoivat jo uutena vuotena äidin sateenvarjon hypättyään yläsängystä alas. Onneksi rysäyksestä selvittiin muutamalla naarmulla ja kuhmulla. Yhtä hyvin pojat olisivat voineet taittaa niskansa.

Kaikkein iloisin oli omasta kirjastaan varmaankin Haapaluoman Iisakki, joka kertoi meille monta päivää ruokapöydässä Vaasan-Jaakkoon juttuja ja höysti niitä omilla sananpaukahduksillaan.

– Mutta ei se Jaakkoo nuata oo omasta päästänsä keksiny, hän vakuutti. – Tuan leskifrouvajutunki moon kuullu jo aika päivää sitte Kuartanehella.

Alli oli saanut minulta Tulenkantajansa ja minä Allilta ne Elina Vaaran runot, mutta jos totta puhutaan, en oikein jaksanut innostua Keken hempeistä satukuvista ja ritarirunoista. Romanttiset runot ärsyttivät senkin takia, että Mauri oli lähettänyt minulle joulukortin.

Kortin kuvassa ei ollut tonttuja eikä enkeleitä, ei edes joulukelloja. Ihan oikea painettu joulukortti se oli, varmaan jonkun taiteilijan tekemä, mutta kuva oli kaikkea muuta kuin joulurauhaa huokuva. Sinihohtoinen hanki peitti männikköisen mäennyppylän, jonka taakse aurinko laski verenpunaisena. Vaikkei maisema ollut ihan sama kuin Jaakkolan jokirannassa, tiesin kyllä, mistä Mauri tahtoi minua muistuttaa.

Lämmin jouluntervehdys ja hyvää Uutta Vuotta t. M, oli kirjoitettu kortin kääntöpuolelle. Ei muuta. Onneksi Miili oli viettämässä joulunpyhiä meillä ja nukkui huoneessani. Muuten olisin valvonut yöt yksinäni ja murehtinut sekä Maurin että itseni puolesta.

Miilikin oli saanut meiltä sen Tulenkantajien albumin. Niinpä lueskelimme sitä joulunpyhinä ääneen salissa, kun pikkupojat olivat ulkona laskemassa mäkeä. Äitikin tuli silloin aina välillä parsimuksineen istumaan kanssamme ja kuunteli meitä selvästi huvittuneena.

Jokaisella meillä oli tietysti omat suosikkimme. Miili piti eniten Elina Vaaran hempeistä runoista, kun taas Alli lausui mielellään ääneen Katin, Olavin ja Yrjön runoja. Kaikkein eniten me kuitenkin nauroimme, kun hän esitti oikein ilmeikkäästi Uunon mainion runon *Suomalainen sonettiparaati*. Siinä pilkattiin vapaan mitan arvostelijoita, jotka vaativat, että runoparaatissa "univormussanne moitteeton on joka rytmi-sauma, riimi-nappi ja että ryhti teillä uljas on!" Ei olisi uskonut, että Uuno osasi olla niin hauska, kun hänen runonsa olivat yleensä kovin totisia.

– Tuollaisia runoja se Einokin sepitti nuorempana arvostelijoita pilkatakseen, mutta niissä oli riimit paremmin kohdallaan, äiti totesi hymähtäen. – Ne ovat aina olleet kovin herkkänahkaista väkeä nuo runoilijat.

Minä pidin eniten Enäjärven Elsan harvinaisen selväjärkisestä Nuoren Voiman runoilijoiden esittelystä, vaikka Alli oli loukkaantunut niiden puolesta, jotka vain mainittiin ohimennen. Minusta oli aivan luonnollista, että Elsa keskittyi sellaisiin runoilijoihin, jotka olivat jo julkaisseet oman kokoelman. Sitä paitsi Elsa osasi selittää nasevasti, miten Keke ja Kati erosivat runoilijattarina toisistaan. Katri Valan runoissa oli "trooppista hehkua" kun taas Elina Vaara oli "lumottu prinsessa", jonka runonsäkeissä oli "autereista suloa".

Samalla lailla Miili ja Allikin erosivat toisistaan, vaikka kumpikin oli ystäväni. Miili oli hiljainen ja haaveksiva, Alli kiihkeä niin vihassaan kuin rakkaudessaan. Itse en oikein kuulunut kumpaankaan lajiin, vaikka istuinkin usein Miilin tavoin sivussa omissa ajatuksissani. Oli minunkin sisälläni hehku, mutta se oli pidettävä aisoissa. Muuten liekki olisi ryöstäytynyt roihuksi, joka olisi polttanut kaiken ympäriltään.

Uudenvuoden päivänä Miili lähti takaisin kaupunkiin, vaikka Darja vielä viipyikin yli loppiaisen sukulaistensa luona Kyminlinnassa. Me lähdimme varhain lauantaiaamuna laukkuinemme kohti Viipuria. Miili oli näet järjestänyt meille ilmaisen kortteerin entisen naapurinsa luota Luostarinkadulta läheltä Suomalaista lyseota, jossa talvijuhlat pidettiin. Olisimme me tietysti voineet saada koulultakin kortteerin, mutta siitä olisi pitänyt maksaa erikseen. Nytkin olisi tehnyt tiukkaa pilettien ja ruokarahan kanssa, ellei äiti olisi väkisin tuputtanut meille kummallekin satamarkkasta.

– Ottakaa nyt edes varuiksi, hän sanoi. – Voittehan te tuoda loput takaisin, jos tuosta jää yli.

Jo asemalle käveltäessä Alli oli taas innoissaan kuin pikkutyttö ja ihaili huurteisia puita ja vaaleanpunaisena hehkuvaa aamuruskoa. Väkisinkin toisen toiveikkuus tarttui myös minuun, vaikka koko matka ja varsinkin se Kivennavalle lähtö epäilyttivät. Mikäs Allin oli ollessa tutussa joukossa, mutta minä en tuntenut useimpia kuin näöltä Markan kahvilasta.

– Saa nähdä, tuleeko Kekelle ja Katille talvijuhlilla riitaa miehistä, Alli rupesi aprikoimaan, kun odotettiin junaa asemalaiturilla.

– Ai siitä Viljasesta vai, joka on Keken kanssa kihloissa? kysyin hämmästyneenä. – Vai Paavolaisen Olaviako tarkoitat? Niillähän on ollut vispilänkauppaa sen Katin kanssa jo pitkään.

– Ei, ei, Alli sanoi ääntään madaltaen ja tuli niin lähelle, että hengityksemme valkoinen pakkashöyry ympäröi meidät kuin pieni pilvi. – Yrjöstä tietysti.

– Jylhästäkö?

Alli nyökkäsi tietävän näköisenä ja ilmoitti vihreää huopahattuaan asetellen, että hän oli päättänyt jättää arvon runoilijattaret nuolemaan näppejään.

– Yrjö on sanonut, että Keke oli jo kouluaikaan Tampereella aina niin ollakseen, Alli selitti. – Ja Kati on sellainen oikkupussi, vaikka onkin olevinaan intohimon papitar. Yrjön mielestä minussa on parasta luonnollisuus ja se etten turhia kursaile…

– Älä nyt sitten heittäydy aivan mahdottomaksi, sanoin ihan suoraan. – En todellakaan halua ruveta lapsenvahdiksesi!

Mielessäni siunasin jälleen kerran, että olimme yötä omassa kortteerissamme emmekä jonkin koulutalon sokkeloissa. Jollei juna olisi siinä samassa puuskuttanut laiturille, olisin sanonut Allille kukaties tiukemmin, ettei hänen kannattanut pilata mainettaan yhden mustakulmaisen nyrkkeilijän takia. Minä en ainakaan antautuisi miehelle, joka oli kirjoittanut sellaisia säkeitä kuin ”ken ei helly kyynelistä, nöyrtyy alla nyrkkien”.

Miili odotti meitä jo asemalaiturilla, kun nousimme Turun junasta. Hänellä oli mukanaan laukku, jossa oli Allin vihreä mekko. Sitä oli näet pitänyt taas levittää vyötäisiltä.

– Älä nyt sitten siellä Viipurissa esiinny näillä pakkasilla paljain jaloin, Miilikin neuvoi Allia meidän hyvästellessämme Viipurin junan kupeella. Äidin rahoilla olimme ostaneet oikein paikkaliput, ettei tarvinnut kesken matkan ruveta vaeltamaan vaunusta toiseen etsimässä vapaita istuimia.

– Yllättävän paljon väkeä, Alli mutisi, kun päästiin oikeaan vaununosastoon ja häädettiin meidän paikoiltamme pari koulupojan näköistä nulikkaa. – Ovatkohan nämä kaikki talvijuhlille tulossa?

– Ei kai sentään, sanoin ympärilleni vilkuillen. – Nehän alkavat vasta huomenna. Moni tulee Viipuriin varmaankin yöjunassa.

Allilla oli se lausuntavihkonsa matkalukemisina, sillä hän ei ollut vieläkään varma, mitkä runot lausuisi tiistaina iltajuhlassa. Olin saanut äidiltä lainaksi sen Topelius-kirjan ja uppouduin siihen niin perusteellisesti, että havahduin vasta kun konduktööri kuulutti meidän tulevan Kouvolaan.

– Voi kun olisi rahaa mennä syömään kunnolla, Alli sanoi haikeana, kun vaunun läpi kulki pari kovaäänistä vanhempaa isäntämiestä, jotka kehuivat ääneen ravintolavaunun sipulipihvejä.

– Onhan meillä eväät, sanoin ja nousin ottamaan laukkuni ylhäältä verkkohyllyltä.

– Typerää syödä eväitä kuin mitkäkin torimuijat, Alli mutisi nolona, kun ojensin hänelle villasukan sisään laitetun kahvipullon ja voileipäkäärön. Äiti oli aamulla paistanut kananmunaa meidän eväsleipiemme väliin. Kyllä näillä leivillä nälkä lähti, vaikka kahvi olikin haaleaa. Siinä oli kumminkin valmiiksi laitettuna maito ja sokerikin.

Sen verran tuhtia ruokaa oli jo ensimmäinen halkaistu ruisleivänkappale kananmunineen, etten saanut enää toista syödyksi. Kun se ei kelvannut Allillekaan, joka oli ahminut yhteen mittaan molemmat leipänsä, silmäni sattuivat laihaan nuoreen mieheen, joka oli seurannut syömistämme kaihoisin katsein.

– Maistuisiko voileipä? kumarruin kysymään käytävän yli. Nuori mies hätkähti ja karahti korviaan myöten punaiseksi.

– Ei tuota... tai oikeastaan kiitos, hän mutisi ja otti melkein kädet vapisten vastaan leipäkäärön. Vasta silloin huomasin miehen rintapielessä Nuoren Voiman Liiton merkin.

– Olettekos tekin Viipurin talvijuhlille tulossa? kysäisin, kun nuorimies oli saanut leivän syötyä ja oli käynyt juomassa lasillisen vettä vaunun ovensuussa olevasta karahvista.

– Joo, kyllä, hän vastasi ja punastui jälleen. – Piti lähteä näin hyvissä ajoin sitä radionäyttelyä rakentamaan.

Ahaa, tämä oli niitä Liiton Radioyhdistyksen poikia, jotka olivat järjestäneet jo kolme vuotta sitten Turun talvijuhlilla radiokonsertin. Pakkohan meidän oli tietysti esittäytyä, kun kummallakin oli hopeamerkit rintapielessä.

– Erikssonin Kirsti, sanoin käteni ojentaen. Nuorimies sanoi nimekseen Lauri Lund. Alli oli ehtinyt jo nukahtaa talvitakkinsa suojaan, joten kerroin hänen olevan lausuja ja sitä paitsi kasvattisisareni.

– Entäs sinä? Lausutko sinäkin? Lauri kysyi.

– En todellakaan, vastasin naurahtaen. – Minä piirrän tai oikeastaan suunnittelen ja ompelen vaatteita enkä ole mikään erityisen innokas nuorvoimalainen, tunnustin suoraan. – Tämän merkinkin sain oikeastaan ihan vahingossa, kun Alli oli lähettänyt minun piirroksiani Jäämaalle.

Olisin mielelläni lukenut sen Topelius-kirjan loppuun, mutta kun Lauri näytti kaipaavan puhetoveria, laitoin kirjan laukkuun. Mies tarjoutui itse nostamaan laukun takaisin verkkohyllylle. Niin sitten puhuttiin koko loppumatka niitä näitä ja katseltiin outoja maisemia, kunnes lyhyt talvipäivä vaihtui siniseksi hämäräksi ja lopulta pimeydeksi. Lauri Lund oli itse asiassa aika hauska kaveri, kun hän rohkaistui olemaan oma itsensä.

– Pitää varmaan herättää tuo toinen neiti, Lauri totesi, kun juna jo jyskytti pitkin rautatiesiltaa ja edessä häämöttivät Viipurin valot.

Alli oli tolpillaan tapansa mukaan muutamassa minuutissa ja ryhtyi saman tien pukemaan päällysvaatteita ylleen. Lauri nosti meidän laukkumme penkille ja otti oman kapsäkkinsä hyllyltä. Kun kysyin, mihin hän oli menossa yöksi, hän sanoi menevänsä sukulaisten luo ja enonsa tulevan vastaan.

– Nähdään huomenna lyseolla, Lauri huikkasi mennessään vaunun eteiseen odottamaan, sillä juna mateli jo kävelyvauhtia. Me odotimme paikoillamme, kunnes pahin tungos oli ohitse, ja laskeuduimme sitten varovasti jäisiä vaununportaita asemalaiturille.

– Mitä katua meidän pitikään kävellä? Alli kysyi, kun oli oikaistu asemahallin läpi kaupungin puolelle. Olimme saaneet Miililtä sellaisen ohjeen, että meidän tuli lähteä rautatieaseman pääovelta vinosti oikealle yli asema-aukion ja kävellä sitten Karjalankatua Espilän ohi, kunnes tultaisiin Luostarinkadun kulmaan.

– Siitä pitää kääntyä taas oikealle, seisahduin lukemaan paperilapusta, jonka olin saanut Miililtä aamulla ja pannut taskuuni.

– Matala puutalo Possenkadun ja Luostarinkadun kulmassa, sisään portista ja ensimmäisistä portaista ylös. Ovessa lukee Virkki.

– Varo! Alli huudahti ja kiskaisi minut syrjään. Joku ajoi kuorma-autolla täyttä vauhtia ohitsemme.

Autoja ja vossikkakärryjä väistellen luovimme asema-aukion poikki. Ihmeen paljon täällä oli väkeä liikkeellä. Kadunkulmassa piti vielä tarkistaa, että olimme varmasti Karjalankadulla ennen kuin lähdimme kävelemään sitä pitkin.

– Olisiko pitänyt kumminkin ottaa vossikka asemalta, Alli mutisi, kun katua tuntui aina vain riittävän ja olimme jo jonkin kamalan suuren tiilisen kasarmin kohdalla. – Eihän tämmöisiä kasarmeja voi olla keskellä kaupunkia!

– Kysytään tuolta rouvalta, sanoin Allille, ja ennen kuin hän ehti estellä, pysäytin vastaantulevan vanhanrouvan, joka oli kietoutunut turkkiin ja sipsutti varovasti eteenpäin.

– Anteeksi mutta missähän päin on Luostarinkatu? kysyin häneltä.

– *Pardon*? Ei puhu suomi, nainen vastasi ja aikoi jo jatkaa matkaansa, kun älysin kysyä samaa asiaa ranskaksi.

Nainen alkoi hymyillä ja kääntyi selittämään vilkkaasti viittoen, että Luostarinkatu oli seuraava poikkikatu vain korttelin päässä meistä. Kiitin tietysti kauniisti ennen kuin lähdimme eteenpäin.

– Outoa, Alli mutisi. – Miten älysit kysyä ranskaksi?

– Nainen oli varmaan venäläinen emigrantti, selitin tarpoessani reippaasti eteenpäin. – Etkö muista, että everstinnakin puhui juuri samalla lailla?

Luostarinkatu oli siinä missä pitikin. Seuraavassa kadunkulmassa luki Hovioikeudenkatu.

– Hei, eikös se Suomalainen lyseo ole Hovioikeudenkadulla? Alli huudahti ja kääntyi saman tien poikkikadulle.

– Mihin sinä menet? huusin hänen jälkeensä.

– Mennään katsomaan, missä se koulu on, niin osataan huomisaamuna! hän huikkasi vastaukseksi mutta seisahtuikin saman tien torinkulmaan ja osoitti sormellaan kadun toiselle puolelle. – Sehän on tuossa, ihan lähellä varmaan! Alli selitti palatessaan takaisin luokseni. – Aikamoinen pytinki muuten.

– Mistä tiedät, että se oli oikea paikka? kysyin kärsimättömänä, sillä pakkanen kirveli jo poskipäissä.

– Se lukee siinä katonrajassa suurilla kirjaimilla, Alli vastasi ja kiristi tahtiaan. Minun oli otettava pari juoksuaskelta pysyäkseni hänen perässään. Vielä oli ylitettävä yksi katu, ennen kuin tultiin oikeaan risteykseen. Kadun toisella puolella oli omituinen matala kivirakennus, ja sen päässä kohosi korkea kellotorni.

Me menimme portista sisälle puutalojen ympäröimään pihaan ja nousimme Miilin ohjeen mukaan ensimmäisiä portaita rautakatoksen peittämälle ovelle. Pihamaata valaisi vain ikkunoista häämöttävä valo. Niinpä oli pakko kumartua katsomaan oikein läheltä oveen kiinnitettyä messinkilaattaa.

– Virkki, ehdin sanoa, kun avainta jo kierrettiin lukossa. Hädin tuskin ehdimme väistyä syrjään, kun ovi avautui.

– Terveisiä Miililtä! sanoin kuuluvalla äänellä, kun pieni harmaatukkainen mummo katsoi meitä tuimasti pyöreäsankaisten silmälasiensa yli. Miili oli näet kertonut neiti Virkin olevan vähän huonokuuloinen.

– Tervetulloo! vanha nainen sanoi, ja tuima ilme vaihtui leveään hymyyn. – Männääks myö sissää, täälhä jäätyy vallan!

Kaikesta näkyi, että meitä oli jo odotettu. Liedenkulmalla oli lihasoppa lämpimänä ja keittiön pöydälle oli katettu kolme sinireunaista lautasta. Kamariin Hilja-neiti oli sijannut meille jo vuoteet valmiiksi, toisen pukkisänkyyn ikkunan luo, toisen korkeaselkäiseen sohvaan, jonka molemmissa päissä oli pienet lasioviset kaapit.

– Mie aattelen, jot jos tää pitemp neiti, Kirstiköhää ol, nii justiisa, jos hää käyp tähä sohval ja tää Alli sit tähän pukkisänkyy, ko hää on lyhemp, emäntämme selitti.

– Missäs te sitten nukutte? kysyin ihmeissäni, sillä asunnossa ei tuntunut olevan muita huoneita kuin kyökki ja kamari.

– A mie nukun täs kyöki puusohvas, emäntä selitti pyörähdettyään saman tien takaisin keittiöön. Ikäisekseen hän näytti olevan todella vikkeläjalkainen. – Tääl on komuutis oven vieres vati, jos työ tahotte pestä käet ja huussi on tuo piha peräl. Siel on sähkövalo sielkii, sen kun ovenpielest vääntää.

Ennen ruokaa kävimme Allin kanssa ulkohuusissa.

– Ihmeellistä, että keskellä kaupunkia on vielä näin alkukantaista, Alli supatti hampaat kalisten. Olisi pitänyt panna päällysvaatteet niskaan, ajattelin minäkin, sillä ulkona oli todella purevan kylmä. Merestä ja kosteudesta se varmaan johtui niin kuin Helsingissäkin.

Hilja-neiti oli kaatanut meille pesuvatiin valmiiksi niin kuumaa vettä, että kynnet tuntuivat irtoavan, kun kohmeiset kädet upotti pesuveteen.

– Ja sit ei muuta ko syömää, hän kehoitti meitä ja kauhoi lautaset kukkuroilleen lihasoppaa, josta ei sattumia puuttunut.

Nälkä oli meillä kummallakin. Siinä keittoa lusikoidessamme tein selkoa Miilin hattukaupan ja ompelimon menestyksestä. Hilja-neiti tuntui olevan kovin mielissään kuullessaan, että Miili oli jo voinut palkata itselleen apulaisen.

– Saimi-vainaa ain murehti, jot Miilin ois pitänt naia joku, mut mie sanoin, jot mitä Miili siihe ottais miestä vaivoiksee, en miekää ottant ja näin hyvin täs eletää, ko sain sukavartee sen verran, jot ennää ei tarvi toril tiskin takan kärvistellä, Hilja-neiti selitti vilkkaasti ja heläytti päälle naurun.

Ties kuinka kauan puhetta olisi piisannut, ellei Alli olisi haukotellut niin että leuat olivat nyrjähtää sijoiltaan. Kyllä minuakin väsytti, kun edellisyönä olin nukkunut huonosti ja Alli oli patistanut minut jalkeille jo aamulla ennen kuutta. Niinpä toivotimme ystävälliselle emännällemme pian hyvää yötä ja vetäydyimme kamariin yöpuulle.

– Jätän villasukat jalkaan, Alli sanoi kiskottuaan yöpaidan päälleen. – Lattia on kamalan kylmä.

– Kaakeliuunin kylki on kyllä niin lämmin, että kättä polttaa, sanoin vuoteeseeni kömpien. Untuvatyyny oli upottavan pehmeä, mutta muuten vuode oli kapea ja kova, vaikka aluslakanan alle oli taiteltu täkki kaksinkerroin. Sohvassa ei ilmeisesti ollut vietereitä, vain ikivanha jouhitäyte, josta ei paljon ollut iloa.

– Hyvää yötä, Alli, sanoin haukotellen, kun lopulta olin löytänyt oikean asennon. Alli ei enää vastannut vaan nukkui jo sikeästi.

Aamulla Hilja-neiti syötti meidät hyvin. Pakkaspäivän aurinko oli vasta nousemassa taivaanrannalle, kun lähdimme koululle katsomaan, olisiko meistä apua messunäyttelyiden järjestelyissä. Toissa vuonna Helsingissä olimme olleet todella iloisia, kun muutama kauempaa tullut oli tarjoutunut heti avajaispäivän aamuna avuksi.

Majapaikastamme ei tosiaan ollut matkaa Suomalaiselle lyseolle kuin parin korttelin verran. Sisäänkin pääsimme heti pääovesta parin paikallisen nuoren miehen vanavedessä, kun heidän toverinsa tuli aukaisemaan oven. Eteisaulassa oli ovi, jossa luki ILMOITTAUTUMINEN, mutta se näkyi olevan vielä visusti kiinni.

– Arvi, missä se ruokala nyt onkaan? toinen tulijoista huusi ovenavaajalle, kun kysyimme, missähän keittiöväki mahtoi olla. Se Arviksi kutsuttu oli ilmeisesti koulun vanhoja oppilaita, koska hän kääntyi kannoillaan ja lähti opastamaan meitä oikeaan paikkaan.

– Tääl ois teil vähä talkooväkkee, hän huusi keittolan ovelta ja katosi omille teilleen.

Tähän aikaan aamusta paikalla ei ollut vielä kuin keittolan oma keittäjätär apulaisineen ja nuori kiharatukkainen nainen, joka vastasi ilmeisesti talvijuhlien ruokapuolesta. Hän ilahtui kovin saadessaan apua ja pyysi, että tekisimme voileipiä talkooväelle, jolle oli luvattu yhdeksäksi teetä ja kahvia.

Leivänteko sujui nopeasti, kun teimme sarjatyötä. Alli leikkasi limpusta tasaisia siivuja, ja minä voitelin ne vadille ja laitoin lopuksi makkaranpalan joka leivän päälle.

– Vieläkö näitä pitäisi tehdä lisää? kysyin kiharatukalta, kun hän kulki ohitsemme.

– Ei veikkonen, kyl nuo riittää, hän sanoi iloisesti yllättyneenä. – Työhä riuskoi oottekii. Mie luulen, jot tuol juhlasalis hyö tarviit appuu. Siel on tuolit viel iha vinksin vonksin.

Suunnistimme juhlasaliin tuolien kolinaa kuulostellen. Salissa oli kyllä tusinan verran riskejä miehiä kantamassa tuoleja varastosta, mutta tuoliriveistä ei ollut tietoakaan. Kukin oli jättänyt kuormansa siihen, mihin sai sen mahtumaan. Me Allin kanssa aloitimme rivien laiton takaseinältä ja saimme vähitellen osan kantajistakin samaan hommaan.

– Mahtuvatkohan kaikki istumaan? Alli aprikoi, kun olimme ehtineet salin puoliväliin.

– Ainahan väkeä on istunut lattioilla ja seissyt seinän vieressä, sanoin seuraavaa riviä oikoen. Kun ovelta tultiin käskemään talkooväkeä kahville ruokalaan, oli vielä pari tuoliriviä kesken. Allin kanssa jäimme kahden uurastamaan niitä suoriksi, kun miesjoukko häipyi paikalta.

Ruokalassa väki näytti jakautuneen miesten ja naisten pöytiin. Me Allin kanssa tulimme sisään viimeisinä ja asetuimme kahvikuppeinemme ja voileipinemme laitimmaisen pöydän ainoille vapaille paikoille vastapäätä sitä kiharatukkaista pääemäntää, joka oli ottanut meidät vastaan aamulla. Hilpeästä puheensorinasta päätellen kaikki muut taisivat olla tuttuja keskenään.

– Mitähän sitten pitäisi tehdä? kysyin pääemännältä, kun noustiin pöydästä. – Salissa ovat tuolit nyt valmiina.

– Myö kyl tarvittais käsityönäyttelys appuu, ko kaik postis tulleet täytys silittää, tummatukkainen nainen kiirehti sanomaan.

Hän ei ollut enää mikään tyttönen vaan varmaan jo yli kolmenkymmenen.

Mikäs siinä. Seurasimme naista ylös portaita koulun toiseen kerrokseen ja marssimme hänen kintereillään pitkän käytävän toiseen päähän. Käsityönäyttelyä pystytettiin ihan tavalliseen luokkahuoneeseen, jonka pulpetit oli yhdistelty pöydiksi ja peitelty puhtailla lakanoilla. Silitysalusta oli levitetty luokan takanurkkaan työnnetyn opettajanpöydän päälle, jotta sähkösilitysraudan johto ulottui töpseliin.

– Onko täällä puhdasta prässiliinaa? kysyin ensi töikseni, kun näin pöydänkulmalla pinon ryppyisiä pikkuliinoja.

– Jaa, pittääks sähköraualki olla prässiliina? joku nuorista naisista ihmetteli. Lopulta sentään löytyi jonkun laukusta puhdas pyyheliina, jonka kävin kastelemassa käytävän juoma-altaalla.

– No nythä alko lyyti kirjottaa! tummatukkainen huudahti huojentuneena, kun nostin ensimmäisen vielä höyryävän mutta moitteettoman sileän pikkuliinan silitysalustan kulmalle.

Neuleita en sen sijaan ruvennut prässäämään vaan sanoin suoraan, että niiden pinta ja kuviot litistyisivät muuten liikaa. Kaikkein ohuimpien sisälle käskin hommata jostakin kartonkia, niin ne oikenisivat itsestään ja pysyisivät muutenkin paremmin kuosissaan pöytien päällä.

– Sie taijat itekkii olla käsityöimmeisii? se tummatukkainen sanoi, kun viimeinenkin suur-urakka, nyplätyin välipitsein koristettu pellavaliina, oli saatu prässätyksi ja levitimme sen näyttelypöydälle.

– No joo, vastasin. – Auttelen välillä yhtä ystävääni, jolla on Helsingissä hattuliike ja ompelimo.

– Sepäs sattu, nainen huudahti. – Miulkii on yks entine luokkatoveri, jolla on hattupuoti Bulevardil. Hää on nimeltää...

– ...Miili Weckman, eikö olekin? sanoin nauraen. – Oletko sinä se Hakkaraisen Anna, josta Miili on usein puhunut?

Ilo oli molemminpuolinen. Me jäimme Annan kanssa tekstaamaan käsitöihin siistejä lappuja, kun Alli sanoi lähtevänsä katsomaan, joko Olavi ja muut tutut olivat tulleet paikalle. Toiset käsityönäyttelyn pystyttäjät olivat jo lähteneet pukeutumaan avajaisia varten. Anna asui kuulemma maalaiskunnan puolella ja oli siksi jo valmiiksi juhlapukeissa. Minäkin olin jo aamulla pannut päälleni tummanpunaisen villakangasleninkini.

Kun viimeinenkin myöhässä tuotu sohvatyyny oli saatu paikoilleen messuosastolle, Anna sulki oven ja lähdimme ruokalaan syömään. Hernekeiton tuoksu oli jo pitkään leijunut käytävillä. Nyt olivat varmaan jo junantuomatkin ehtineet paikalle, sillä koulun ala-aula oli täynnä väkeä ja kanslian ovella oli tungosta. Me Allin kanssa olimme jo päättäneet käydä ilmoittautumassa vasta avajaisten jälkeen.

Naulakkojen luona näkyi seisoskelevan Paavolaisen Olavikin, ja siellä vilahti myös Allin punainen kaulahuivi, jolla hän oli halunnut piristää mustaa villaleninkiään. Se vihreä silkkipuku piti säästää ylihuomisen esitykseen.

Myöhemmin, kun istuttiin jo vierekkäin juhlasalin takaosassa, kuulin Allilta, että Olavi oli vienyt koko seurueensa syömään ravintola Lehtovaaraan.

– Kuka maksoi? kysyin kuiskaten.

– Minä itse tietysti, Alli vastasi niin hiljaa, että hädin tuskin kuulin hänen ääntään. – Otin munakkaan, kun se oli halvin.

Avajaisjuhla sujui tutuissa merkeissä. Jäämaa piti avajaispuheen ja paikalliset kyvyt tekivät parhaansa. Koko juhla huipentui radiokonserttiin, jonka alkua tosin jouduttiin odottamaan, kun yhteydet eivät toimineetkaan heti kunnolla. Se junassa tavattu Turun Laurikin näkyi siellä olevan johtoja vetelemässä.

Kun talvijuhlat ja messut oli julistettu avatuksi ja väki lähti vaeltamaan yläkerran messuosastoille, me Allin kanssa menimme kansliaan ilmoittautumaan ja jouduimme todistamaan aika merkillistä välikohtausta.

– Siis mikä jäsennumero se olikaan? kysyi pöydän takana istuva nuori nainen kulmat kurtussa ja katsoi honteloon nuoreen mieheen, joka nojasi pöytään molemmin käsin.

– Viiskymmentäkahdeksan eli viis kahdeksan, johan mää sen sanoin, mies toisti kovalla äänellä ja näytti jo hermostuvan.

– Hetkinen, tuota...

Me jäimme kaikki ihmettelemään, kun nuori nainen nousi nopeasti paikaltaan ja meni supattamaan jotakin niiden kahden naisen kanssa, jotka istuivat huoneen perällä papereita selaten.

– Viisikymmentäkahdeksanko se oli? tuli naisista vanhempi vielä sanomaan.

– No viisikymmentäkahdeksan! Tässä on merkkikin, mies kivahti ja esitteli takkinsa rintapielessä olevaa jäsenmerkkiään.

– Kuulkaas, kun tässä on nyt varmaan tapahtunut jokin sekaannus, vanhempi nainen sanoi ääntään madaltaen, mutta totta kai mekin kuulimme hänen äänensä, kun huone oli muuten aivan hiljainen. – Meidän papereiden mukaan te olette kuollut...

Emme voineet Allin kanssa mitään sille, että purskahdimme kumpikin nauruun. Nuori mies vilkaisi meihin ensin tuikeasti, mutta alkoi sitten itsekin nauraa hohottaa. Se vanhempi naisihminen ei kuitenkaan vetänyt edes suutaan hymyyn.

– Juu, minä muistan nyt teidän nimennekin, hän ilmoitti. – Me vietimme viime vuonna Tampereen talvijuhlilla hiljaisen hetken teidän muistoksenne.

– No hemmetti, senkös takia multa ei viime vuonna kyselty edes jäsenmaksua, nuori mies päivitteli ja kaivoi saman tien lompakon taskustaan. – Jos maksan tältä ja viime vuodelta, niin herätättekö minut taas henkiin?

Silloin alkoi naistakin jo naurattaa, ja välikohtaus päättyi sulaan sopuun. Meidän nimemme löytyivät toki listasta suoraan, ja saimme omat merkkimme.

– Mennäänkö välillä käymään kortteerissa? Alli kysyi, kun tultiin kansliasta. – Jos siellä olisi vaikka sitä soppaa vielä, niin ei tarvitsisi maksaa ruuasta.

Aurinko oli jo painunut kattojen taa ja taivas oli pakkasen kirkas, kun tultiin lyseon portaita alas. Ei hassumpaa, ajattelin, kun kuljimme käsikynkkää kohti Luostarinkatua. Edessä oli vielä kaksi hauskaa päivää vieraassa kaupungissa. Mitä tahansa saattaisi tapahtua, jos katselisin avoimin silmin ympärilleni enkä torjuisi yhtäkään ystävällistä yhteydenottoa.

Häpeä tunnustaa, mutta emme Allin kanssa ehtineet jumalanpalvelukseen, jonka piti alkaa kuudelta NMKY:n talolla. Hiljaneidin lihakeitto ja omenahillolla sivellyt letut tekivät nimittäin tehtävänsä. Olimme ajatelleet vain hetkeksi heittäytyä pitkällemme kamariin, mutta heräsimme vasta kun vanha neiti kurkisti ovesta ja kysyi, eikös meidän pitänyt vielä lähteä johonkin.

– Voi ei! Kello on jo puoli seitsemän! Alli huudahti vääntäydyttyään pukkisängyn uumenista keittiön ovelle.

– Ei auta muu kuin lähteä suoraan lyseolle, sanoin silmiäni hieroen. – Ehditäänpä ainakin saada istumapaikat tutustumisillanviettoon.

Se oli kuitenkin siinä ja siinä, että ehdimme edes seitsemäksi juhlapaikalle. Alli ei nimittäin osannut päättää, laittaisiko sen vihreän unelmansa jo tänään ylleen vai vasta ylihuomenna.

– Se ylihuomisen lausuntaesitys on paljon tärkeämpi! kivahdin lopulta. – Pannaan vain nämä villaleningit niin ei ainakaan palella! Jos haluat, voit kietoa sen vihreän silkkihuivin kaulaasi, niin olet oikein tyylikäs.

Vaikka kiirehdimme puolijuoksua koululle, oli juhlasali jo melkein täynnä, kun saavuimme huohottaen ovelle. Ilmeisesti moni muukin oli jättäytynyt pois jumalanpalveluksesta. Sellaisia me olimme, kadotettu sukupolvi, niin kuin meitä aina moitittiin.

– Mennään tuonne taakse, ehdotin Allille ja löysinkin meille rivin päästä kaksi vapaata tuolia. Alli ei kuitenkaan tyytynyt niihin, vaan kävi vielä erikseen kurkkaamassa, olisiko etupenkissä varattu meillekin paikat Olavin seurueessa. Hetken kuluttua hän palasi pettyneenä takaisin.

– Eturivi on kuulemma varattu tämän illan ohjelmansuorittajille ja *Tulenkantajat*-albumin tekijöille, hän mutisi istuessaan viereeni.

Hyvin näkyi korokkeelle meidänkin paikoiltamme, kun istuimme niin reunassa. Tervetuliaissanojen ja alkusoiton jälkeen alkoi se tavanmukainen läsnäolijoiden esittely, joka eteni rivi riviltä. Hullulta tuntui, että Jäämaa itsekin esittäytyi korokkeelle nousten, mutta ehkä joukossa oli kaukaa tulleita tai vasta jäseniksi hyväksyttyjä, jotka olivat nähneet hänet vain *Nuoren Voiman* suttuisissa valokuvissa.

Se Turusen poika, jonka sävellyksiä oli välillä julkaistu *Nuoressa Voimassa,* pani onneksi vauhtia esittelyihin. Niinpä hän komensi kaikki *Tulenkantajat*-albumin tekijät kerralla riviin korokkeelle, jottei portaissa ramppaamiseen kuluisi turhaa aikaa. Joukkoa johti Katin veli Erkki Wadenström, joka oli toimittanut albumin. Keke ja Viljanen nousivat portaita käsi kädessä, ja heidän jäljessään saapui koko muu konkkaronkka yhtenä jonona. Mutta mihin olivat jääneet Olavi ja Katri Vala?

Muistin, mitä Salola oli sanonut syksyllä Paavolaisen näyttävistä sisääntuloista, kun Olavi juoksi ketterästi portaat ylös. Hän ei kuitenkaan siirtynyt paikalleen Yrjö Jylhän viereen vaan jäi portaiden yläpäähän ja ojensi kätensä. Koko sali kohahti, kun Kati nousi portaita Olavin käteen tarttuen ja poseerasi hetken kuin mallinukke lavalle päästyään. Lopulta hän pujotti kätensä Olavin kainaloon ja hekin liittyivät esittäytyjien riviin.

Missä oli se vaatimaton, villatakkiin ja tummaan puolihameeseen pukeutunut opettajatar, jonka olin nähnyt vielä päivällä avajaisissa?

– Katso pukua! Hävytöntä! Alli sähähti ja puristi käsivarttani niin että siihen jäi punaiset jäljet.

Katin puku oli väriltään musta, mutta muuten se oli egyptiläistyylisiltä poimutuksiltaan täsmälleen samanlainen kuin se puku, jonka olin ommellut Allille. Kati oli kuitenkin Allia runsasmuotoisempi niin että syväänuurrettu kaula-aukko ja lantiota korostava huiviosa saivat hänet näyttämään suorastaan säädyttömältä. Kaiken kukkuraksi Katilla oli jalassaan oudosti kimaltavat kengät, joiden koristeena törröttivät kirkkaanvihreät strutsinsulkatöyhdöt.

Esittelyt olivat onneksi lyhyitä, mutta kun tuli Katin vuoro, hän laittoi jälleen kädet lanteilleen ja sanoi kumpaankin kavaljeriinsa vilkaisten:

– Katri Vala, kansakoulunopettaja Askolasta.

Yleisö purskahti nauruun, ja joku mies huusi keskeltä salia:

– Salainen synti muodoks muutettuna!

Nyt taputtivat jo muutkin *Tulenkantajat*-albumin kirjoittajat paitsi Kati itse. Hän heitti lentosuukon yleisölle ja purjehti Olavin käsipuolessa portaita alas paikoilleen.

Onneksi ohjelma jatkui Turusen ja jonkun lausujapojan esittämällä melodraamalla sekä parilla viulusoololla. Jälleen marssitettiin väkeä lavalla rivi kerrallaan, mutta osa esittäytyi niin hiljaisella äänellä, ettemme kuulleet salin perälle edes heidän nimiään.

Lopulta tuli meidänkin rivimme vuoro. Alli marssi ensimmäisenä lavalle, kun istui reunimmaisena, ja me muut seurasimme hänen jäljessään.

– Alli Tuominen Helsingistä, hän esittäytyi silmät säihkyen. – Opiskelen toista vuotta kansanrunoutta ja suomen kieltä ja kirjallisuutta Helsingin yliopistossa ja kuulun näyttelijäin ja lausujien harrastuspiiriin, mutta siitä kuulette enemmän ylihuomenna.

Vaikka väki ei ollut enää jaksanut pitkään aikaan taputtaa joka esittäytymisen jälkeen, Allin merkillinen säteily teki taas tehtävänsä ja häntä tervehdittiin aplodeilla. Minä sanoin vain lyhyesti nimeni ja sen että opiskelin romaanista filologiaa Helsingin yliopistossa ja harrastin piirtämistä ja käsitöitä.

Me emme enää Allin kanssa palanneet takaisin paikallemme, vaan lähdimme ruokalan puhvettiin. Teekupin ja vehnäpullan ääressä Alli supatti kiukkuisesti korvaani eikä minun auttanut muu kuin kuunnella kärsivällisesti. Hullua kyllä, pukuakin enemmän Allia tuntui suututtavan se, että Kati oli päivällä ravintolassa ängennyt väkisin istumaan Jylhän Yrjön toiselle puolelle ja ollut koko ajan suuna päänä.

– Aina kun Yrjö yritti puhua minun kanssani, Kati kysyi häneltä jotakin tai puuttui meidän puheisiimme, Alli selitti. – Luulin ensin, että hän yrittää vain tehdä Olavin mustasukkaiseksi, mutta tuon äskeisen esityksen jälkeen olen varma, että hän yrittää tosissaan sysätä minut syrjään.

– Älä nyt ole vainoharhainen, Alli! minun oli pakko sanoa. – Näithän itse, miten Kati hymyili Olaville noustessaan portaita. Olen aivan varma, että Kati on hankkinut sen mustan pukunsa ja ne hassut sulkakengät ihan vain tehdäkseen vaikutuksen Olaviin. Onhan se nähty, ettei Olavia kiihota mikään niin kuin tuollaiset eksoottiset vaatteet.

– ...paitsi alastomuus, Alli totesi puoliääneen. – Ne juoksentelivat kuulemma viime kesänä alasti pitkin metsiä, kun Kati oli käymässä Olavin luona.

– Kuka kertoi? kysyin tietysti.

– Elli, Immun sisarentytär, Alli vastasi ja näytti vähitellen toipuvan äskeisestä tyrmistyksestään. – Oltiin Lehtovaaran naistenhuoneessa kahdestaan ja puhuttiin Katista ja Olavista.

– Juoruiletko tosiaan ystävistäsi ventovieraiden kanssa? puuskahdin kiusoitellen, mutta Alli puolustautui sillä, että oli ollut niin suutuksissaan Katin yrityksistä hakkailla Yrjöä.

– Kyllä sen muutkin olivat huomanneet, Alli väitti. – Elliä ainakin kiukutti Imman ja Olavin puolesta. Hänestä Kati on oikea miestennielijä.

– Ai, ”salainen synti muodoks muutettuna”, naurahdin. – Kukahan sen oikein huusi?

– En tiedä, mutta sehän on siitä Pimiän Ilmarin *Maariankämmekkä*-runosta, Alli supatti tietävänä. – Elli sanoi, että Imma on kirjoittanut sen Katista.

– No jopas nyt jotakin, en voinut muuta sanoa. – Sinuna pysyisin erossa noista. Minä en ainakaan lähde sinne Vienolaan, jos siellä pelataan tuollaista peliä.

– Ei, älä nyt sano noin, Alli hätääntyi ja joi kiireesti teekuppinsa tyhjäksi. – En minä aio niin vähällä luovuttaa!

Salissa oli sillä aikaa otettu kuulemma yhteiskuva kaikista juhlijoista. Allia se tietysti harmitti, vaikka lohdutin häntä, että moni muukin puhvettiin kiirehtinyt oli jäänyt kuvasta pois. Nyt oli jo salin puolella korjattu tuolit sivuun ja orkesteri oli aloittanut. Jokin paikallinen yhtye se taisi olla, mutta soitti hyvin yhteen. Kaikkein taitavin oli nuori harmonikansoittaja, joka näytti ihan rippikoulupojalta.

Tuskin olimme ehtineet salin ovesta sisään, kun Yrjö Jylhä tuli hakemaan Allia tanssiin. Upea pari he olivatkin, varsinkin kun yhtye parin tangon jälkeen vetäisi repäisevän polkan. Allilla oli rytmi veressään, eikä Yrjö jäänyt häntä huonommaksi. Väki teki tilaa lattialla, kun he pyörivät kuin hurmiossa. Se soittajapoika tuntui ihan tahallaan kiihdyttävän tahtia.

– Hei Kirsti, käheä naisen ääni sanoi äkkiä selkäni takana. Kati istui salin ovensuussa ja näytti tuskaiselta. Toinen niistä korkeakorkoisista sulkatöyhtökengistä oli potkaistu hänen tuolinsa alle.

– Venäytin nilkkani tuon hemmetin kengän kanssa, hän puuskahti, kun istuin hänen viereensä. – Olavi lähti hakemaan jostakin kylmää käärettä, mutta voisitko käydä etsimässä pienen mustan iltalaukkuni tuolta korokkeen luota. Minun on pakko päästä tupakalle!

En ollut erityisen innostunut juoksutytön tehtävästä, mutta

olihan toista autettava. Ylpeys käy lankeemuksen edellä, ajattelin pujotellessani tanssijoiden välistä salin etuosaan. Pieni musta kiiltonahkalaukku löytyi erään seinustalle nostetun tuolin alta. Joku tanssijoista oli varmaan potkaissut sen sinne. Varmuuden vuoksi kurkistin laukkuun ja näin siellä askin Heimo-savukkeita ja pienen vihreän höyhenen, joka oli kai irronnut Katin kengästä.

Kun palasin laukkua roikottaen takaisin ovensuuhun, Olavi oli tuonut ulkoa lunta, jolla Kati hautoi nilkkaansa.

– Lähdetkö tanssimaan, Kirsti? Olavi kysyi ja tarjosi jo käsivarttaan varmana siitä, että vastaisin myöntävästi.

– Kiitos vain, mutta lupasin auttaa Katin tupakalle kanttiinin puolelle, vastasin ihan kiusallanikin.

– Pääsen toki itsekin, Kati kivahti ja yritti nousta seisomaan, mutta lysähti takaisin paikalleen kivusta irvistäen. Pelkäsin jo, että hänelle oli käynyt yhtä huonosti kuin Darjalle viime kesänä meidän kiertueellamme.

Samassa Haavio, se laiha ja pitkäkoipinen maisteri, joka oli toimittanut *Nuoret runoilijat* -kokoelman, harppoi Olavin luo ja kuiskasi tälle jotakin. Miehet katosivat vähin äänin juhlasalista, ja lähdin hakemaan lisää lunta Kati-paran nilkkaa varten. Kun palasin takaisin sopivan kokoisen jäämurikan kanssa, Keke ja Lauri olivat ilmestyneet pitämään seuraa potilaalle.

– No ainakin tätä voi liikuttaa, Kati totesi ja pyöritteli nilkkaansa edestakaisin. Silkkisukan läpi näkyi, että säihkykengän hihna oli hiertänyt ihoon punaisen juovan. Ongelmana taisikin olla, että kengät olivat hänelle vähän liian pienet.

Nostin seinustalta toisen tuolin Katin eteen niin että jalka saatiin vaakasuoraan asentoon. Jääpalaa oli silloin helpompi pitää kipeää kohtaa vasten.

– Kirstihän on oikea sanitääri, Jylhän Yrjö sanoi tullessaan Alli kainalossaan ihmettelemään, mitä oikein puuhasimme ovensuussa.

– Pitäisiköhän koettaa uudelleen, joko jalka kannattaa, Kati pohti ja oli silmin nähden tuskastunut ympärilleen kertyneeseen ihmismuuriin. – Yrjö, autatko, ja Lauri!

Herrat riensivät tietysti avuliaina kannattelemaan Katia molemmin puolin. Hetken hän seisoi yhdellä jalalla, pyysi sitten Kekeä laittamaan kengän uudelleen jalkaansa ja lähti lopulta ontumaan miesten tukemana kohti puhvettia. Kati oli jälleen varannut seurueen molemmat miehet itselleen.

– Vietkö tuon Katin laukun! sanoin Allille, joka seisoi kädet lanteilla myrtyneen näköisenä katsomassa saattueen menoa. – Siellä ovat hänen tupakkansa.

Alli kohautti olkapäitään ja lähti toisten jälkeen. Kun käännyin ympäri, se turkulainen radiomies seisoi takanani.

– Tulisitko tanssimaan? hän sai kysytyksi vaikka punastuikin korviaan myöten.

– Kiitos mielelläni, vastasin hymyillen. Johan tässä oli tarpeeksi toisia palveltukin, ajattelin tarttuessani hänen käsivarteensa.

Me tanssimme koko loppuillan yhdessä. Lundin Lauri osasi valssia paremmin kuin shimmyä ja muita uudempia. Niissä ei onneksi tarvinnut tanssia niin lähekkäin, että olisimme sotkeutuneet toistemme jalkoihin.

Kun kävimme välillä puhvetissa juomassa mehua, Kati näytti pitävän hoviaan tupakansavun keskellä ruokalan takimmaisessa pöydässä. Allia ja Yrjöä siellä ei näkynyt, ei liioin Kekeä ja hänen Viljastaan, mutta Olavin ja Imman lisäksi ”salaisen synnin” ympärillä parveili ainakin puolentusinaa nuorta miestä.

– Jokos ehdit käydä tänään meidän näyttelyssä? Lauri kysyi, kun palattiin salin puolelle.

Orkesteri oli kai mennyt tauolle, koska musiikkia soitettiin nyt gramofonilevyltä. Jotakin jazzia se oli ilmeisesti, mutta soitto hukkui puheensorinaan. Kukaan ei näyttänyt tanssivan. Sen sijaan ihmiset seisoskelivat ryhminä pitkin lattiaa ja puhuivat ja nauroivat keskenään.

– En ehtinyt! Meidän piti käydä kansliassa ilmoittautumassa ja siinä meni oma aikansa, vastasin hymyillen ja kerroin sitten, miten jäsen 58 oli herätetty henkiin.

Juuri kun soittajat palasivat lavalle, Lauri vilkaisi taskukelloaan ja totesi pahoitellen, että hänen on pakko lähteä. Eno oli kuulemma tulossa hakemaan häntä hevosella jonnekin Maaskolan perukoille.

– Vanha äijä jo, mutta mukava, hän sanoi. – Nähdäänhän huomenna?

– Eiköhän, vastasin hymyillen ja tartuin hänen ojennettuun käteensä. – Kiitos tanssittajalle!

– Kiitos itsellesi, Lauri sanoi ja karahti taas aivan punaiseksi. Poikarukka, ajattelin ja tunsin itseni vanhaksi tädiksi, vaikka Lauri olikin sanonut olevansa minua neljä vuotta vanhempi.

Kello kävi jo yhtätoista, ja uni alkoi painaa silmäluomia. Kaipa Yrjö voisi saatella Allin Luostarinkadulle, niin minun ei tarvitsisi odottaa häntä. En löytänyt heitä kuitenkaan sen paremmin salin kuin puhvetin puolelta. Kun Imma tuli minua ruokalan ovella vastaan, hän arveli Yrjön ja Allin olevan yläkerrassa. Siellä oli jonkinlainen salonki niille, jotka olivat koululla yötä.

Tietysti olisin voinut livahtaa tieheni sanomatta Allille mitään, mutta jo kouluaikana oli sovittu, ettei kumpikaan katoa ilmoittamatta toiselle, jos kerran on yhdessä tultu. Niinpä kapusin portaat kolmanteen kerrokseen. Käytävät näyttivät kumpaankin suuntaan tyhjiltä, mutta vasemmanpuoleisen käytävän perukoilla näytti olevan luokkahuoneen ovi raollaan, ja sieltä kuului puhetta. En todellakaan hiiviskellyt vaan kuljin ihan tavallista tahtia pitkin käytävää, kun äkkiä erotin Olavin äänen.

– Tiedätkö, mikä sinussa on vikana, Elsa? hän kuului pauhaavan sillä oppimestarin nuotilla, jota inhosin. – Sinulla on aina ollut menestystä rakkausasioissa... ei älä kiellä, vai haluatko, että rupean luettelemaan valloituksiasi? No, puhutaan nyt sitten vain Haaviosta, joka on palvonut sinua vuosikausia, ja Ykoosta, joka on koko päivän seurannut sinua kuin uskollinen piski valtiatartaan! Jos sinuun rakastutaan, sinä et rakasta! Se on sinun ongelmasi, usko minua!

Samassa ovi avautui kokonaan. Ehdin juuri ja juuri painautua käytävällä seisovan suuren kaapin varjoon, kun Enäjärven Elsa kiirehti ohitseni itku silmässä ja lähti melkein juoksujalkaa portaita alakertaan. Minäkin olin jo menossa kohti portaita, kun kuulin Olavin kutsuvan minua nimeltä:

– Kirsti! Mitä sinä täällä hortoilet?

– Ai jaa, luulin, ettei täällä ole ketään, vastasin niin viattomasti kuin pystyin. – Oletko nähnyt Allia missään?

– Ne kai lähtivät Yrjön kanssa vähän aikaa sitten Espilään, Olavi arveli sytyttäen savukkeensa. – Ja minäkin olen sinne menossa. Lähdetkö mukaan?

– Ei kiitos, olen väsynyt, kiirehdin vastaamaan. – Sanotko Allille, että menin jo meidän kortteeriimme nukkumaan.

En jäänyt odottamaan Olavin vastausta vaan lähdin alakertaan. Naulakolla näin Suomisen Yrjön auttavan takkia Enäjärven Elsan ylle ja kuiskaavan jotakin hänen korvaansa. Vai hänestä se Olavin saarna johtui! No, olihan Yrjö meidän osakunnan poikamiesklubin kantavia voimia, lauloi YL:ssä, oli tuleva lääkäri ja Vapaussodan sankarikin ja sitä paitsi paljon hauskempi ja komeampi kuin Haavio, joka näytti usein synkältä ja kärsivältä.

Monet muutkin näyttivät vielä olevan lähdössä kaupungille. Sieltä täältä kuului naurua ja puhetta, kun kävelin pitkin seinänvierustaa katua alas. Olimme jo lähtiessämme varoittaneet ystävällistä emäntäämme, että saattaisimme tulla kotiin vasta puolenyön tietämissä. Hän oli luvannut jättää avaimen luudan alle porraspäähän, mutta arveli että tuskin heräisi, vaikka vähän kolistelisimmekin.

– Mie en kuule mittää, ko laitan tyynyt tälviisii, hän oli selittänyt hymyssä suin.

Äkkiä sitä ihminen kotiutuu vieraaseen paikkaan. Kun tulin vanhan puutalon portista pihamaalle, tuntui kuin olisin päässyt kotiin. Avain löytyi sieltä mistä pitikin. Avasin oven, panin avaimen takaisin paikalleen luudan alle ja loksautin oven kiinni jäljessäni. Hilja-neidillä oli nimittäin samanlainen uudenaikainen lukko kuin osakunnan ulko-ovessa. Kunhan ei Allilla nyt menisi kauhean myöhään, ajattelin riisuessani päällysvaatteita pimeässä eteisessä.

Kyökissäkin oli niin hämärää, että kolautin itseni pesukomuutin nurkkaan, mutta onnistuin sentään lopulta luovimaan kamarin ovelle ja sulkemaan sen hiljaa jäljessäni.

– Mitä kello on? Alli kysyi käheällä äänellä ja oli säikäyttää minut hengiltä.

– Mitä sinä täällä teet? kuiskasin. – Olavi sanoi sinun lähteneen Yrjön kanssa Espilään.

– No niin oli puhe, mutta kun palelee niin kamalasti ja ääni on menossa kokonaan pois, niin Yrjö saattoi minut tänne nukkumaan, Alli kähisi peittonsa alta ja sai rajun yskänkohtauksen. Otsa oli kuuma kuin kekäle. Ei epäilystäkään, etteikö kuume ollut nousemassa.

– Nyt tarvitaan asperiinia ja kuumaa juotavaa! sanoin puoliääneen. – Onkohan Hilja-neidillä kamferttisalvaa?

Samassa alkoi keittiöstä kuulua kolinaa ja ovenrakoon ilmestyi valojuova. Kun avasin kyökinoven, Hilja-neiti oli jo virittämässä tulta hellaan.

– No mie jo aattelin, ko tää Alli tul, jot onha mahoton köhä, hän ilmoitti ja käski ottaa vihreän astiakaapin ylälaatikosta kuumepulveria ja kamferttisalvaa.

Alli tyhjensi irvistellen kuumepulverin kielelleen ja huuhteli sen maun pois suustaan kuumalla viinimarjamehulla. Minä hieroin kamferttisalvaa hänen selkäänsä ja kaulaansa ja kiedoin punaisen kaulaliinan lämmittämään kipeää kurkkua. Hilja-neidin vaatimuksesta kamferttisalvalla voideltiin myös Allin jalkapohjat ennen kuin hän puki villasukat jalkaansa.

– Vesi valuu silmistä, Alli valitti kahden täkin alle topattuna, kun lisäsin vielä kaakeliuunin pesän puita täyteen.

– Niin pitääkin, vastasin. – Pane silmät kiinni ja rupea nukkumaan!

Yöstä tuli kuitenkin aika levoton. Vaikka kuume laskikin, Alli köhi pitkin yötä. Hän ei itse herännyt yskänpuuskiinsa, mutta minä havahduin valveille enkä saanut pitkään aikaan unta, kun kuu paistoi kamarin ikkunasta ja vanhat hirret naksahtelivat pakkasen kiristyessä. Hilja-neidin keittiön käkikello kukahteli puolen tunnin välein muistuttaen siitä, että aamu lähestyi vääjäämättä.

Minuakin vilutti, mutta kylmyys tuli enemmän sisältä kuin ulkoa. Haikeana muistelin meidän ensimmäisiä talvijuhliamme koulutyttöinä Helsingissä. Miten viisailta ja lahjakkailta kaikki vanhemmat nuorvoimalaiset olivat tuntuneet! Olimme kuunnelleet kyyneleet silmissä Jäämaan puhetta pyrkimyksen pyhästä voimasta.

Sen puheen huikaisevimman kohdan muistin vieläkin ulkoa, sillä olimme kirjoittaneet sen vaaleansiniselle kartongille, jonka olimme kiinnittäneet nastoilla tyttöjenhuoneen seinälle: *Maailman avaruuden pienellä kiitävällä tomuhitusella elää ihminen, pieni maan mato, joka tuntee, toivoo ja pettyy, iloitsee ja suree, lakastuu kuin ruoho ja kuitenkin elää vuosituhansien halki, on heikko kuin korsi ja kuitenkin nerokas ja väkevä kuin Jumala.*

Mihin oli kadonnut usko ja into ja toiveikkuus? Kyllä kai Paavolainen ja ne hänen tulenkantajansa olivat lahjakkaita, mutta kovin pieniltä tuntuivat heidän puheensa ja tekonsa. Hekin kerskuivat ja keikaroivat, kadehtivat toisiaan ja leikkivät toistensa tunteilla mustasukkaisuutta lietsoen.

Aamulla heräsin tulen rätinään kaakeliuunissa. Allin ääni oli vielä hiukan käheä, mutta kuume oli poissa.

– Kauheaa, miten haisen kamfertilta, hän supatti, kun pukeuduimme kamarin puolella.

– Älä valita, vastasin virnistäen. – Ilman kamferttisalvaa olisit varmaan puolikuollut.

Me joimme kiltisti teen, jonka Hilja-neiti oli keittänyt, vaikka tiesimme, että aamuteetä olisi tarjottu lyseollakin yhdeksän aikaan. Kun vihdoin tulimme koululle, olivat harrastuspiirien kokoukset juuri alkamassa.

– No, Alli, mennäänpäs sitten, sanoi Salolan Eero kiirehtiessään ohitsemme portaikkoon.

– Kas vain, olette taas puheväleissä, sanoin Allille.

– Vaalista tässä on kysymys, Alli vastasi hymähtäen. – Eero haluaa paikan liittohallinnosta. No, menen nyt kumminkin, että tiedän, mistä puhutaan, hän lisäsi ja lähti yläkertaan.

Minun olisi tietysti pitänyt etsiytyä kuvaamataiteilijain harrastuspiirin kokoukseen, mutta luvalla sanoen, en tuntenut siitä joukosta ketään.

Kun en muutakaan keksinyt, lähdin Allin mentyä kiertelemään yksin näyttelyitä. Koska suurin osa talvijuhlan osanottajista oli omissa harrastuspiireissään kokousta pitämässä, näyttelyluokissa oli sopivan väljää. Vastapäätä käsityönäyttelyä oli taidehuone. Ikkunoiden eteen oli tehty pulpeteista pitkä pöytä, jossa oli sekalaisia koriste-esineitä pienistä patsaista maalattuun posliiniin ja puisiin kynttilänjalkoihin.

Huono omatunto kouraisi taas kerran, kun muistin nuorvoimalaisten kipsi- ja puuveistoksia katsellessani sen Iivon mainion puisen karhun. Heti kun pääsen kotiin, puhun Iivosta Villesedälle, päätin mielessäni.

Luokkahuoneen päätyseinälle oli ripustettu kaikenlaisia piirustuksia, vesivärітöitä ja jokunen öljymaalauskin. Muutama lyijykynätyö oli oikein hyvä, mutta tekijöistä ei saanut selvää, kun töistä puuttuivat kunnon nimilaput ja signeeraukset olivat niin epäselviä. Turhaan olisin tänne muotipiirroksiani lähettänyt, vaikka Alli oli siihen yllyttänyt ennen joulua. Toista oli silloin, kun se Haapaluoman Iisakin sivukuva, jonka olin piirtänyt koulutyttönä, oli Helsingissä talvijuhlan messuilla ripustettu koko kuvaseinän keskipisteeksi. Siitä olin sitten saanutkin sen hopeamerkin, joka nyt koristi rintapieltäni.

Kaikkein eniten pidin valokuvanäyttelystä, joka oli rakennettu luokkahuoneen käytävänpuoleiselle seinälle. Kerrankin kuvat olivat riittävän isoja eivätkä sellaisia pieniä lappusia, joita olisi oikeastaan pitänyt tirkistellä suurennuslasin kanssa. Useimmat valokuvat oli kai otettu viime kesänä. Erityisen liikuttava oli se pieni paljasjalkainen kiharapäätyttö, joka kantoi risuja sylissään ja tirkisteli silmät sirrillään kohti aurinkoa. Pitäisiköhän hommata kamera, ajattelin lähtiessäni luokasta.

Vastapäätä veistosluokkaa oli radiokerholaisten osasto. Ensin luulin, ettei siellä ollut ketään näyttelyä valvomassa, kunnes huomasin jonkun istuvan kuulokkeet korvillaan ikkunalaudalle nostetun radiokoneen ääressä. Vasta kun mies kääntyi, tunnistin hänet Lauriksi.

– Hei Kirsti! hän tervehti iloisesti minut huomatessaan ja otti kuulokkeet korviltaan. – Etkö ole kokouksessa?

– Ethän ole itsekään, vastasin hymyillen. – Mitä oikein kuuntelet?

– Berliiniä, hän vastasi. – Tänään on oikein hyvä radiokeli. Haluatko kokeilla? hän lisäsi ja ojensi kuulokkeita minua kohti.

– Mitä pitää tehdä? kysyin hämilläni.

– Odotas, laitetaan nämä vain korvillesi, näin, hän selitti ja kumartui ylitseni vääntämään varovasti radiokoneen kyljessä olevasta nappulasta. Se oli vähän samannäköinen kuin se, jolla lamppuun sytytetään valo.

Kuulokkeista ei ensin kuulunut kuin vaimeaa kohinaa, mutta äkkiä sen keskeltä alkoi erottua soittoa.

– Joku soittaa viulua, sanoin Laurille. – Ei, nyt se lakkasi kuulumasta!

– Etsi itse oikea kohta, hän sanoi raotettuaan toista korvakuulokettani. – Väännät tuosta vain varovasti ja pysäytät, kun jotakin kuuluu. Sitten pyörität sitä aivan pienin liikkein edestakaisin, kunnes olet löytänyt sen kohdan, jossa ääni kuuluu parhaiten.

Tein työtä käskettyä. Oli jännittävää kuunnella kohinaa, joka vaimeni ja voimistui. Ja taas, tuossa se vilahti, viulun ääni. Hitaasti takaisin päin, nyt se voimistui eikä kohissut oikeastaan enää ollenkaan. Ei, nyt taas käänsin liian pitkälle, ihan pikkuisen vielä takaisin päin.

Suljin silmät ja annoin soiton virrata korvista sisään. Minä kuuntelin radiota ihan itse. Joku soitti kaukana meren tuolla puolella. Melkein saattoi kuvitella jousen liikkuvan vinhaa vauhtia ylös ja alas ja soittajan sormien samoin. Vielä kolme vetoa ja viimeinen haikea sävel...

Kun joku alkoi ässät suhahdellen ja ärrät sorahdellen puhua nopeasti saksaa, avasin silmäni ja otin kuulokkeet korviltani.

– Uskomatonta, sanoin Laurille. – Kuuluiko tuo soitto tosiaan Berliinistä? Ainakin siellä ruvettiin puhumaan saksaa.

– Sääli ettei nyt voida kuunnella suomalaista yleisradioasemaa, Lauri harmitteli ja sammutti vastaanottimensa, jottei se suotta kuumenisi. – Toissa syksynä Tampereelta lähetettiin jo ohjelmaa, ja viime keväänä Helsingin Radiokerho perusti oman yleisradioaseman. Sen piti kumminkin lopettaa lähetykset jo syksyllä.

– Minkä takia? kysyin ihmeissäni. – Eikö kukaan kuunnellut?

Lauri naurahti ja arveli, että kuulijoita olisi varmaan tullut koko ajan lisää. Sanomalehtimiehet ja radiokauppiaat olivat kuitenkin asettaneet komitean, joka ehdotti jo ennen joulua, että valtio ottaisi haltuunsa kaikki lähettimet ja rupeaisi yksinoikeudella lähettämään ohjelmia niin että niitä voitaisiin kuunnella koko Suomessa.

– Eihän Suomessa ole vielä sähköäkään joka paikassa, puuskahdin. – Ja eikö tällainen vastaanotin ole kamalan kallis kone?

– Ei se kamalan kalliiksi tule, jos kidekoneen rakentaa itse, Lauri vastasi. – Mutta kauppiaat tietysti ottavat kiskurihinnan, kun tuovat radioita ulkomailta. Amerikassahan radiovastaanottimia on tehty jo pitkään ja Saksassakin useamman vuoden.

Ties kuinka kauan olisimme istuneet puhelemassa, elleivät radiokerholaiset olisi saaneet kokoustaan päätökseen. Yhtäkkiä näyttelyhuone täyttyi kiivaasti väittelevistä nuorista miehistä.

– Ilman muuta meidän kannattaisi erota Nuoren Voiman Liitosta, kuulin jonkun sanovan selkäni takana. – Muuten tämä jää pelkäksi poikasten puuhasteluksi!

Kun Laurikin liittyi väittelijöihin, pujahdin ulos luokasta ja lähdin etsimään Allia. Hän istui kahvilla lyseon ruokalassa Jylhän Yrjön vieressä vastapäätä Kekeä ja Katia. Sinne näyttivät pesiytyneen muutkin nuoret nerot, joten kirjallisuuden harrastajapiiri oli varmaan saanut kokouksensa pidettyä. Kaikki kolme naista näyttivät nauravan kovasti jollekin, mitä Yrjö oli juuri sanonut.

– Kirsti, tule tänne! Alli huusi nähdessään minun seisovan ruokalan ovella.

– Missäs meidän kaunis Kirstimme on seikkaillut? Pimiän Ilmari kysyi, kun istuin kahvikupin noudettuani pöydän päähän.

– Kävin tuolla yläkerrassa kuuntelemassa radiota, vastasin hymyillen. – Taisi olla Beethovenia Berliinistä.

– Miksei mieluummin shimmyä? Olavi naurahti. Silmien kiillosta näki, että hän oli jo ehtinyt lorauttaa kahviinsa muutakin kuin kermaa.

– Mitä järkeä on kuunnella musiikkia koneella, josta ei voi valita, mitä se soittaa? Viljasen Lauri totesi silmälasejaan kohentaen. – Gramofoniin voi itse valita levyt, ja sitä paitsi sen voi ottaa mukaansa mihin tahansa.

– Vielä kätevämpi on toki haitari, en malttanut olla tokaisematta ja sain koko joukon hörähtämään nauruun. – Siihen ei tarvita edes gramofonilevyjä, vain joku joka osaa soittaa.

– No mutta eikö meidän pitänyt puhua Tulenkantajien uudesta albumista? Viljanen huomautti keskustelunaihetta vaihtaakseen, ja pian sinkoilivat kysymykset ilmassa. Kuka toimittaisi seuraavan albumin? Keitä siihen otettaisiin ja keitä ei? Pitäisikö novelleja ja esseitä olla enemmän? Entä kuvia?

– Mie olen sitä mieltä, että mieluummin runoja kuin suorasanaista, Ilmari sanoi ääntään korottaen. – Yksi novelli vie helposti saman verran sivuja kuin kymmenen runoa.

Kun hälinä ja väittely tuntuivat jatkuvan loputtomiin, kuiskasin Allille, että pitäisi varmaan lähteä käymään kortteerissa syömässä ennen vuosikokouksen alkua. Hilja-neiti oli nimittäin ilmoittanut keittävänsä tänään kalasoppaa. Alli nyökkäsi, muttei vaikuttanut erityisen innostuneelta. Silloin nähtiin sellainen ihme, että Jylhä nousi paikaltaan Allin noustessa pöydästä ja ilmoitti lähtevänsä vähän kävelylle.

– Minä menen jo edeltä, sanoin naulakolla, kun Alli jäi etsiskelemään hansikkaitaan. Siinähän ne olivat, hyllyn päällä, mutta Alli ei ollut niitä huomaavinaan. Jokin salajuoni tämä oli varmaan, jotta hän saisi olla kahden Yrjönsä kanssa.

Pakkanen oli ehkä hiukan lauhtunut tai viima hellittänyt, sillä poskipäitä ei enää nipistellyt, vaikka kävelin koko matkan rivakasti. Hilja-neiti tuli juuri puukoria kantaen porraspäähän, kun tulin portista sisään. Raahasin puut kyökkiin ja kävin hakemassa liiteristä vielä toisenkin klapikorillisen puulaatikkoon.

– Mihis sie sen Allin jätit? vanha neiti kysyi, kun riisuin päällysvaatteet eteiseen.

– Kyllä se sieltä kohta tulee, vakuutin hänelle ja menin lämmittämään käsiäni hellan ääreen. Kalasoppa tuoksui lieden nurkalla. Äkkiä huomasin olevani hirveän nälkäinen.

Alli oli ilmeisesti lähtenyt sittenkin Yrjön kanssa jonnekin muualle syömään, sillä kahden kesken me Hilja-neidin kanssa jouduimme sen sopan lusikoimaan. Siinä samalla vanha neiti haasteli omia muistojaan torimuija-ajoiltaan ja minä kuuntelin kohteliaasti, vaikka ruoka alkoikin taas nukuttaa.

– No mut nyt sie menet potslojolleen! Hilja-neiti komensi huomatessaan vihdoin, miten vaikea minun oli pitää silmiäni auki. – Mie kyl herätän sillo ko sie tahot.

Keittiön käkikello oli juuri kukahtanut kerran kello yhden merkiksi. Nuoren Voiman Liiton vuosikokous alkaisi jo tunnin päästä, mutta mitä minä siellä oikeastaan tekisin. Minusta oli ihan sama, ketkä valitaan liittohallintoon tai paljonko ensi vuoden jäsenmaksuksi määrätään.

– Kiitos mainiosta ateriasta, muttei tarvitse herättää, sanoin pöydästä noustessani ja vein lautaseni ja lasini tiskipöydälle. – Jos otan ensin pienet nokoset ja tiskaan sitten, ehdotin, vaikka arvasinkin, ettei vanha neiti päästäisi vierastaan tiskipaljun ääreen.

– Ei veikkonen, kyl mie tiskaan, mäne sie vaan maate ko ei se Allikaa ole siin köhimäs, Hilja-neiti vastasi ja kumartui lisäämään hellan uuniin pari klapia. Olimme varmaan valvoneet viime yönä kumpikin Allin yskää kuulostellen.

Unta ei todellakaan tarvinnut odotella. Kun vihdoin heräsin, oli ulkona jo pimeää. Keittiöstä kuului astioiden kilinää muttei puhetta. Alli oli ilmeisesti yhä omilla teillään. Toivottavasti ei sentään joron jäljillä.

– Miul tullee kohtsillää naapurist yks Lyyti kohvil, Hilja-neiti ilmoitti ja nosti pullavadin pöytään, kun tulin hiukset kammattuani kyökin puolelle. Leningin olin onneksi älynnyt ottaa yltäni ennen kuin käperryin peiton alle. Muuten se olisi ollut aivan rypyssä. Sen merensinisen samettimekon olin päättänyt säästää huomisiltaan.

Lyyti asui pihan toisella puolella ja oli kai hankkiutunut kahville nähdäkseen meitä "Helsingin neitejä". Ilmeisesti hänkin oli tuntenut Miilin äidin, koska jouduin taas selostamaan tarkkaan, millainen puoti Miilillä oli Helsingissä ja millaisia asiakkaita siellä kävi.

– Mie jo silloin sanoin, ko Miili sukkaa kuto eikä ollu koulussakkaa, jot kästyöihmine hänest tulloo, Lyyti kehaisi. – Kyl sen näkköö, mihi päin laps on kallellaa.

Oikeastaan en olisi halunnut lähteä Salolan Eeron lausuntailtaan, mutten jaksanut loputtomasti vastailla Lyyti-rouvan kysymyksiin. Kun kello kukahti puoli seitsemän, kiitin kahvista ja seurasta ja selitin, että jouduin valitettavasti lähtemään takaisin koululle.

– Lausuuks tää Allikii? Hilja-neiti kysyi, kun kerroin että ohjelmassa oli tänään ensin lausuntailta ja sitten illanvietto.

– Ei tänään mutta huomenna, vastasin. – Tänäänkin pitää meidän kaikkien olla paikalla, että saadaan täysi sali.

Kun puin eteisessä päällysvaatteita ylleni, kuulin Hilja-neidin kiittelevän meitä yövieraitaan kohteliaiksi ja hyvätapaisiksi.

– Kyl sen heti näkkee, jot on tää Kirstikii herrasväkkee, Lyytirouva säesti. Pujahdin mahdollisimman nopeasti ulko-ovesta, jotten joutuisi kuuntelemaan, miten emäntämme ryhtyy tekemään selkoa meistä ja perhesuhteistamme.

Ilmeisesti Alli oli jo odotellut minua, sillä olin vielä naulakolla, kun hän kiirehti luokseni ja alkoi selittää, miten hän oli kyllä ollut tulossa Hilja-neidin luo niin kuin oli sovittu, mutta torin kulmalla he olivat Yrjön kanssa törmänneet johonkin tamperelaiseen tehtailijanpoikaan joka oli kihloissa viipurilaistytön kanssa ja kutsui heidät…

– Hyvä on! Kaikki hyvin, keskeytin Allin litanian. – Sain ottaa kaikessa rauhassa kunnon päiväunet. Mitä vuosikokouksessa päätettiin?

– Lauri ja Erkki valittiin liittokokoushallintoon, mutta Salolan Eerosta tuli vain varajäsen, Alli supatti selvästi mielissään.

– Entäs naiset? kysyin tietysti.

– Kukaan ei suostunut ehdokkaaksi, ei edes Keke, vaikka hän kehuu aina, että koko Liitto on syntynyt hänen aloitteestaan, Alli vastasi.

Semmoista se oli, naiset kyllä kelpasivat puhvetinpitoon ja rahaa keräämään, mutta päätöksiä tekemään hekin valitsivat aina miehiä.

– Aiotko mennä kuuntelemaan Salolaa? kysyin Allilta, kun väki alkoi ympäriltämme valua kohti juhlasalia.

– Totta kai, Alli vastasi ja tarttui käsipuoleeni. – Yrjö lupasi varata meille paikat.

Niin sitten istuin joukon jatkona eturivissä Allin vieressä, kun Eero nousi istuvassa puvussaan ja tukka laineille kammattuna korokkeelle. Alkupuheenvuoro oli sopivan nöyrä mutta silti itsetietoinen. Erityisesti hän kiitti eturivissä istuvaa kahta runotarta, joiden uusia runoja hänellä oli tänä iltana kunnia esittää. Kyse oli tietysti Kekestä ja Katista, jotka joutuivatkin seisten kiittämään suosionosoituksista. Katilla oli jälleen yllään se musta egyptiläisleninkinsä, mutta kengät hän oli vaihtanut tavallisiin.

Salola aloitti *Kullervolla* ja jatkoi sillä *Kantelettaren* metsästysrunolla, jonka olimme kuulleet Ylioppilastalollakin. Ehkä hän ei ollut ehtinyt harjoitella uutta ohjelmistoa, vaikka aika moni salissa istuja oli ollut paikalla Eeron ja Allin lausuntaillassa. Tosin väkeä oli nyt selvästi vähemmän kuin eilisiltana. Alli oli todennut sen vahingoniloisena tietämättä, että Salola oli päättänyt nöyryyttää häntä tänä iltana.

Kun Salola ilmoitti parin Aino Kallaksen runon jälkeen lausuvansa Eino Leinon runon *Hatara sydän*, Alli jäykistyi ja tarrautui käsivarteeni.

– Siivotonta, hän sihahti huuliensa välistä mutta jäi sentään paikoilleen ja kuunteli ilmeettömänä, miten lausuja sätti tyttöparkaa, jonka sydämessä on liian monta avonaista ikkunaa. Olisin muuten varmasti syyttänyt Allia vainoharhaisuudesta, ellen olisi omin silmin nähnyt, miten Eero loi tuiman silmäyksen vierustoveriini singotessaan runon raivoisat loppusäkeet hataran sydämen omistajalle:

Ken ei usko, se käyköhön koittelemassa,
ja minä en käske, en kiellä, –
mut sitä minä ain olen ihmetellyt,
miten itse sa tarkenet siellä.

Alli ei taputtanut enkä minäkään, vaikka runo kirvoitti runsaat suosionosoitukset. Ilmeisesti Allin ja Eeron välirikon taustalla oli jotakin muutakin kuin pelkkää ammatillista mustasukkaisuutta. Ehkä Alli oli osoittanut Brondalla tai Hattupään kahvilassa jo aiemmin syksyllä liian suurta mielenkiintoa Jylhän Yrjöä kohtaan.

Vielä pahempaa oli kuitenkin tulossa. Leinon pilkkarunon jälkeen Salola ilmoitti siirtyvänsä uuden runon pariin.

– Nyt ovat vuorossa kirjaimellisesti tuntemattoman runoilijan säkeet, nimittäin *Nuoret runoilijat* -kokoelman salaperäisen P. Mustapään runo *Vanhassa huvimajassa*. Mehän emme tiedä tästä lahjakkaasta runoniekasta muuta kuin hänen nimensä, mutta ehkä maisteri Haaviolla, joka on toimittanut kokoelman, on tarkempaa tietoa ja hän voi välittää runoilijalle kunnioittavan tervehdyksemme.

– Uskomatonta, Alli sanoi puoliääneen. – Salolahan yrittää selvästi vihjailla, että Haavio olisi ujuttanut Nuoriin runoilijoihin omia värssyjään salanimen turvin. Eihän Haavio mikään runoilija ole vaan tutkija pahinta lajia!

Jos en olisi tiennyt, että tämänkin runon piikki oli suunnattu Alliin, olisin pitänyt Salolan esitystä mainiona. Mustapään runohan oli tyylipuhdas balladi, riimeiltään moitteeton mutta sisällöltään viiltävä. Siinä nuoret rakastavaiset istuvat huvimajassa kuutamoisena iltana. Kutripäinen kaunotar on kuitenkin kauhuissaan, sillä harmaa kuollut vaeltaa puistossa.

...Se on sun kuollut ylkäs.
Hän ehtookävelyllään on
kun neito hänet hylkäs
niin hurjan onneton.

Moni muukin varmaan huomasi lausujan katsovan meidän suuntaamme. Äkkiä tajusin, että ne, jotka eivät meitä tunteneet, kuvittelivat varmaan hänen katsovan minua eikä Allia. No, kestin kyllä katseet selässäni ja kuiskuttelun, joka alkoi heti runon päätyttyä. Eihän minulla ollut tähän osaa eikä arpaa.

Tavallaan oli aivan luonnollista, että seuraavakin runo kiertyi saman aiheen ympärille. Se oli Elina Vaaran *Kosto*, jonka Keke oli julkaissut *Nuoren Voiman Joulussa* ihan äsken. Komea balladi oli tämäkin, mutta ehkä Eero lausui sen yksinkertaiset loppusäkeet hiukan liian kumeasti:

Kaviot iskevät kallion pintaa
polkien Marjatan valkeaa rintaa.

Verta on tulvilla pajarin talo.
Taivaalla liekkien punainen valo.

– Kas kun ei ”vaikeni iäksi jäinen salo”, kuului joku mies naurahtavan takanani, vaikka yleisö paukuttikin käsiään.

– Mitähän seuraavaksi? Varmaan se Katin *Erakon paluu*, jossa on se ”mikä kauhea valhe teidän rakkautenne on, te kääpiöt!”, kuiskasin Allille. Hän ei kuitenkaan hymyillyt vaan istui totisena eikä edelleenkään vaivautunut taputtamaan edes muodon vuoksi.

– Samantekevää, lausukoon nyt mitä hyvänsä, hän on pateettinen ja itserakas typerys, Alli mutisi sen verran kovalla äänellä, että Yrjökin kääntyi katsomaan häntä ihmeissään, vaikka supatteli parhaillaan Pimiän Ilmarin kanssa.

Silti Salolan kosto tyrmistytti meidät kaikki. Viimeisenä numeronaan Eero ilmoitti nimittäin lausuvansa Katri Valan runon *Kukkiva maa*. Sehän oli se runo, jonka Allin piti esittää huomenna! En yhtään ihmettele, että Alli nousi saman tien paikoiltaan ja lähti pää pystyssä salista pois lainkaan välittämättä siitä, että hänen korkojensa kopina häiritsi esitystä. En tietenkään voinut muuta kuin kiirehtiä hänen jälkeensä. Kesti hetken ennen kuin löysin Allin naistenhuoneen takimmaisesta klosettikopista.

– Tule nyt pois sieltä, täällä ei ole ketään! Kohta on koko huone naisia täynnä, kun Salola lopettaa lorunsa, sanoin koputeltuani aikani kopin lukittuun oveen. Lopulta Alli ilmestyi näkyviin kasvot itkusta kirjavina.

– En voi mennä tämän näköisenä mihinkään, hän sanoi peiliin vilkaistuaan ja alkoi taas itkeä.

Nyt ei auttanut lepertely eikä myötätunto, tajusin sen heti. Niinpä avasin kraanan valumaan kylmää vettä ja käskin Allin pestä kasvonsa.

– Käyn hakemassa meidän päällysvaatteet tänne, niin ei tarvitse viipyä naulakolla, sanoin ovelta. – Pidä kiirettä, siellä on meneillään jo kukitukset!

Juuri kun ehdimme lyseon ulko-ovelle, väki tulvahti salista eteisaulaan. Joku taisi huutaa Allin nimeä, mutta me emme pysähtyneet vaan kiirehdimme ovesta ulos ja seisahduimme vetämään henkeä vasta parin kadunkulman päässä Luostarinkadulla.

– Kaikki on pilalla! Alli huusi ääni käheänä mutta hiljensi saman tien ääntään, kun kadun toisella puolella kulkenut vanha mies seisahtui ihmettelemään, mikä oli hätänä. – Lähdetään huomenna aamujunalla kotiin, Alli jatkoi kuiskaten ja itkua pidätellen. – En tahdo nähdä sitä roistoa enää ikinä.

5. LUKU

TAMMIKUUSTA TOUKOKUUHUN 1925

Onneksi aamu oli iltaa viisaampi. Asiaa kai auttoivat myös Hiljaneidin luona iltateen kanssa tarjotut mainiot piirakat, ne semmoiset rypytetyt ruiskuoret, joissa oli riisipuuroa sisällä. Miilikin oli leiponut niitä joskus äidin kanssa siihen aikaan, kun asui vielä meillä.

Kun aamulla heräsin, oli Alli jo tutkimassa pöytälampun ääressä lausuntavihkoaan ja ilmoitti, ettei aio luovuttaa vaan vaihtaa runonsa.

– Jos Eero kerran varasti minulta Katin runon, minäpä lausun Yrjön *Keväällä*, hän julisti taistelutahtoa uhkuen, vaikka ääni kuulosti yhä käheältä. – Katsotaan, kuka on kuka!

Ehkä oli hyvä, ettemme lähteneet lyseolle heti aamusta. Sillä aikaa kun muut nuorvoimalaiset retkeilivät pakkassäässä ympäri kaupunkia, me Allin kanssa sulkeuduimme kamariin hiomaan hänen esitystään. Itse asiassa Jylhän kevätruno sopi mainiosti Allin ääneen ja ilmeisiin ja jopa hänen vihreään pukuunsa. Runohan oli täynnä kevättuulta ja posetiivin säveliä, jotka Alli sai tosiaankin helisemään. Melkein saattoi kuulla valssin soivan korvissa.

– Nätti värssyhän tää, vaan minkä takia hää siin lopus silviisii vihastuu ja huutaa jot sen soittoniekan pitäs männä pois? Hilja-neiti kyseli, kun Alli kävi lopulta esittämässä runon myös kyökin puolella.

– Hänen tulee ikävä entistä heilaansa, jonka tapasi ensimmäisen kerran posetiivin soidessa, selitin runoa parhaani mukaan. – Ja nyt kun muisto nousee taas hänen mieleensä, hän ei haluakaan enää kuulla soittoa. Se tekee liian kipeää. Niinpä hän käskee posetiivarin mennä soittamaan entisen rakastettunsa pihalle, jotta muisto satuttaisi häntäkin.

– A niinhä se onkii! Hilja-neiti huudahti ja läiskäytti kätensä yhteen. – Ehä miekää voinu vuoskausii käyä Monrepoossa, ko se Viljo läks merille ja jäi sille tielleen. Siel on vissii vielkii meiä nimikirjaimet siin sillankaitees.

Vaikka laittautumiseen meni melkein tunti, olimme hyvissä ajoin Raatihuoneella, jossa iltajuhla pidettiin. Sinne oli nimittäin vielä lyhyempi matka kuin lyseolle, sillä rakennukset sijaitsivat torin vastakkaisilla laidoilla. Meidän ei tarvinnut muuta kuin kiertää Luostarinkadulta korttelin toiselle puolelle.

Olimme vielä riisumassa päällysvaatteitamme, kun Olavi saapui joukkonsa kanssa Raatihuoneen ovesta sisään.

– Todella hävytön se Eeron temppu! En todellakaan tiennyt, että hän oli vaihtanut runoa, Kati riensi vakuuttamaan Allille. – Mutta älä ole milläsikään, Olavikin sanoi, että sinun esityksesi on paljon parempi!

– No, muutin kumminkin jo omaa ohjelmaani, ettei ihmisten tarvitse kuunnella samoja runoja joka ilta, Alli sanoi kohteliaasti hymyillen.

– Sepä hienoa, mitä aiot lausua? Keke kysyi ja ripustautui Allin käsipuoleen. Oltiinpas sitä nyt mielin kielin, ajattelin huvittuneena.

– Sen saatte nähdä sitten, Alli naurahti ja irroittautui kuin huomaamatta Keken otteesta. – Lähdetäänkö katsomaan, mihin meidät on plaseerattu?

Iltajuhla vietettiin tosiaankin juhlallisesti kristallikruunujen loisteessa pitkien pöytien ääressä istuen. Miehetkin olivat pukeutuneet parhaimpiinsa.

En tiedä, kuka oli pöytäjärjestyksen laatinut, mutta Alli oli selvästi pettynyt, kun ei päässytkään Yrjön viereen vaan joutui istumaan tätä vastapäätä. Minun paikkani löytyi Pimiän Ilmarin ja Viljasen Laurin välistä pöydän toisesta päästä. Keke oli sijoitettu sulhasensa viereen, mutta ihmeen vaitonaisina rakastavaiset istuivat koko illan, sillä Keken toisella puolella istui Yrjö, joka yritti jakaa tasaisesti huomiota kummallekin daamilleen. Kati oli nimittäin pantu hänen vasemmalle puolelleen.

– Hankala tämmöinen pöytäjärjestys, Lauri valitti, kun ohjelma alkoi.

Koska salissa ei ollut koroketta, oli vaikea nähdä ja kuulla, mitä etuosassa tapahtui, kun toinen puoli väestä istui puoliksi selin ohjelmansuorittajiin. Ilmeisesti paikallista nuorisoa oli tullut juhlaan enemmän kuin alunperin oli ilmoittautunut. Ohjelman alku nimittäin viivästyi hiukan, kun lämpiön ovensuuhun katettiin vielä kovalla kiireellä kaksi pöytää ylimääräisiä varten.

Alkusoitto kaikui sentään komeasti korkeassa salissa, sillä se soitettiin nelikätisesti. Maisteri Krohnin tervetuliaissanoista ei sen sijaan tahtonut saada mitään selvää. Paljon paremmin kuuluivat Ilmarin sisarentyttären esittämät yksinlaulut, jotka Martti Turunen oli säveltänyt Keken ja Imman runoihin. Varsinkin se Keken kehtolauluksi verhottu balladi oli todella kaunis joskin haikea. Yksi säe jäi soimaan mieleen muita pidemmäksi aikaa. *Kaikki kauniit laulut nukkuu nurmikummun alla.*

Imma oli koko alkuillan ollut ihmeellisen hermostunut ja hypistellyt milloin juomalasia, milloin edessään olevaa tuhkakuppia. Vasta kun kuulutettiin, että Ilmari Pimiä esittää itse juhlarunonsa *Vangittu laiva,* ymmärsin, mistä jännitys johtui. Ehkä runo olisi päässyt paremmin oikeuksiinsa, jos lausujana olisi ollut vaikka Alli tai Salola. Imma nimittäin liikuttui omista säkeistään ihan liikaa. Hänen äänensä tuntui suorastaan sortuvan runon mahtipontisissa loppusäkeissä:

Niin kestä kaikki tuskasi,
koht' tunteva oot, että
taas lohikäärmekeulasi
juo valtamerten vettä.

– Huonosti meni, Imma huokasi istuessaan esityksen jälkeen takaisin paikalleen. Pakkohan minun oli siihen sanoa, että runo oli minusta oikein vaikuttava.

– Niin mut mie en pystynyt lausumaan sitä oikein, hän totesi. – Ois vaan suutarin pitänyt pysyä lestissään.

– Harva meistä on kuule yhtä monipuolinen kuin sinä, lohduttelin miesparkaa. – Sinähän olet kuvataiteilija, runoilija, kirjailija ja laulatkin upeasti.

– Ja sie olet kiltti, kiltti ja kaunis, Imma kurottui kuiskaamaan korvaani, laski hetkeksi kätensä oman käteni päälle ja puristi sitä. Kylläpä hän olikin herkkä ja tunteellinen, tämä ujo karjalainen, vaikka hän oli minua varmaan kymmenen vuotta vanhempi. Jälleen näkyi kyynel kihonneen miehen silmäkulmaan.

Nyt oli minun vuoroni jännittää, sillä seuraavaksi kuulutettiin estradille Alli ja ilmoitettiin, että hän lausuu Yrjö Jylhän runon *Keväällä*. En ollut huomannutkaan Allin lähteneen pöydästä jo aikaisemmin. Mutta mihin hän oli kadonnut? Itse kukin meistä kurkotteli kohti salin etuosaa nähdäkseen paremmin. Vain Yrjö istui tyynesti hymyillen paikoillaan.

Äkkiä kävi kohahdus salin toisessa päässä. Sieltä Alli nimittäin tuli, kevein askelin ja vihreää liinaansa liehuttaen. Hän ei lausunut vaan riemuitsi kevään tulosta, kurkotti kasvonsa valovirtaan, pyörähti posetiivivalssin tahtiin. Runo soljui hänen huuliltaan kauniisti ja silti kuuluvasti. Koko yleisö tuntui pidättävän hengitystään.

En käsitä, miten Alli oli kyennyt laskemaan askeleensa niin tarkkaan. Juuri kun hän saapui salin etuosaan, runon sävy muuttui kuin taikaiskusta. Alli katsoi ympärilleen ja sanoi haikeana:

– Hänen soisin täällä nyt olevan...

Ja sitten, yhtäkkiä hän repesi raivoon, huusi niin kuin avoimesta ikkunasta pihalle huudetaan, kun joku haluaa karkottaa rauhanhäiritsijän:

– Mene, soittaja, pihalle rauhani rikkojan
tätä samaa nuottia veivailemaan!

Sali räjähti aplodeihin. Yrjö nousi seisomaan ja tuli suutelemaan Allia suulle, kun tämä saapui pari kertaa kumarrettuaan takaisin paikoilleen.

Alli oli illan ehdoton kuningatar. Voiton suloisuutta lisäsi tietysti se, että Salola ja monet muutkin helsinkiläiset joutuivat kiirehtimään yöjunalle ennen kuin tanssi alkoi. Toki minuakin tanssitettiin, Imma tietysti ja Olavi ja se Turun Lauri. Toinen niistä pianistipojistakin haki minut kerran valssiin. Tosin tanssimisesta ei hänen kanssaan tullut juuri mitään, sillä poika kyseli vain Allista silminnähden ihastuneena.

Puolenyön aikaan, kun virallinen juhla loppui, kävin sanomassa Allille, että lähden jo nukkumaan.

– Juhli sinä ihan niin pitkään kuin haluat, kuiskasin hänen korvaansa. – Jätän taas avaimen luudan alle.

Kuu valaisi jälleen toria niin kirkkaasti, että varjot näkyivät lähes yhtä selvinä kuin auringossa. Hetken häivähti mielessä kaipuu. Miten ihanaa olisikaan, jos saisi kulkea jonkun kanssa hänen kainaloonsa painautuneena niin kuin nuo kaksi, jotka vaelsivat edelläni alas katua kohti rantaa. Onneksi käännyin saman tien Luostarinkadulle ja karistin turhat haaveet mielestäni. Alli oli kerrankin onnellinen, se oli pääasia.

– No mite se män? Hilja-neiti kohottautui kysymään, kun yritin hiljaa ja kolistelematta hiipiä pimeän keittiön läpi kamarin ovelle.

– Todella hienosti! vastasin. – Paremmin kuin koskaan! Ne jäivät nyt kaikki juhlimaan Allia.

– Ottasit sie vielä teetä ja piirakoit? Hilja-neiti ehdotti ja vääntäytyi jo istumaan. Kiitin ja kerroin, että meille oli tarjottu oikea illallinen voileipäpöydästä. Niinpä tyydyimme toivottamaan vain hyvää yötä toisillemme, ja pujahdin kamarin puolelle.

Ei tarvinnut edes sytyttää lamppua, sillä kuu valaisi huonetta riittävästi. Kaakeliuunin luukkujen raosta näkyi vielä hiilloksen hehku. Riisuin samettipukuni ja ripustin sen korkeaselkäisen nojatuolin karmille. Silkkisukat irti sukkanauhoista, noin, varovasti, varovasti, ettei tule vahingossa silmäpakoa. Flanelliyöpaita tuntui hetken kylmältä ihoa vasten, mutta lämpeni nopeasti, kun pääsin peiton alle.

Kaikki kauniit laulut nukkuu nurmikummun alla...

Miksi ihmeessä se laulunsäe ei jättänyt minua rauhaan?

Alli ei tullut koko yönä nukkumaan. Kun Hilja-neiti sitä aamulla ihmetteli, valehtelin hätäpäissäni, että olimme sopineet hänen jäävän lyseolle yöksi niiden toisten naisten luo, jotka olivat kanssamme lähdössä Kivennavalle.

– Nii sinne Pekka Paavolaiseenko työ määtte? vanha neiti kysyi tietävän näköisenä ja alkoi sitten selittää, miten höveli mies se Pekka-tuomari oli. – Mie laiton viivain ain siihe lippuu, mis hääki ol, ja silhää hänest sitte tulkii kansanevustaja moneks vuueks.

Kun kello kukkui jo yhdeksää ja meidän piti tavata asemalla puoli kymmeneltä, ei auttanut muu kuin pakata Allinkin tavarat ja hyvästellä ystävällinen emäntämme.

– Muista sit sannoo Miilil ja Allil terveisii! Hilja-neiti jäi huutelemaan portin raosta, kun lähdin kahta laukkua kantaen kiireesti kohti rautatieasemaa. Puolessa välissä Karjalankatua kolisteli raitiovaunu ohitseni kelloa kilkattaen ja seisahtui seuraavalle pysäkille, mutta silloin oli jo turhaa juosta sitä kiinni, kun asemalle ei ollut enää matkaa kuin muutama sata metriä.

Hikisenä ja hengästyneenä kiirehdin asemahalliin, jossa meidän piti tavata. Väkeä tuli ja meni, mutta tuttuja ei näkynyt. Minua alkoi jo hermostuttaa. Mitä jos he olivatkin lähteneet Kivennavalle jo aiemmin tai heräisivät vasta puoleltapäivin?

Ei auttanut muu kuin istua penkin päähän miettimään, mitä tekisin seuraavaksi. Jos sitä konkkaronkkaa ei rupea kuulumaan, lähden seuraavalla junalla Helsinkiin, päätin kiukkuisena. Väkeä kulki koko ajan editseni, lammasturkkisia vanhoja miehiä, huivipäisiä naisia, muutama oikein tyylikäs nainen turkishatussa...

– Kirsti! Tänne!

Allin huuto kantoi yli puheensorinan. Missä? Missä? Tuolla! Alli seisoi asemalaiturien puoleisella ovella ja viittoi minua luokseen.

– Äkkiä junaan, se lähtee ihan kohta! hän huusi ääni särkyen ja lähti juoksemaan jo edeltä kohti lähintä junanvaunua. Sen ovella näkyi Yrjökin, joka kiskaisi minut kaikkine kasseineni ylös vaunun eteiseen juuri kun juna nytkähti liikkeelle.

– Mitä sinä sinne jäit istumaan? Meidänhän piti tavata laiturilla! Alli torui, kun oli päästy vaunuun istumaan. En jaksanut ruveta kinaamaan hänen kanssaan, vaikka aivan selvästi muistin, että olimme sopineet tapaavamme keskellä asemahallia.

Kesti hetken ennen kuin tajusin, etteivät Olavi ja Imma istuneetkaan siinä nuutuneessa joukossa, joka oli leiriytynyt käytävän molemmin puolin.

– He lähtivät jo varhain aamulla Kivennavalle, Alli tiesi kertoa. – Tulevat sitten meitä vastaan Raivolan asemalle, hän lisäsi leveästi haukotellen. Olipas Allin ääni käheä ja nenä tukkoisen kuuloinen.

Mieli olisi tehnyt kysyä, missä Alli oli ollut yötä, mutta kun Yrjö istui hänen vieressään ja Kati minun vieressäni, en ruvennut kuulustelemaan. Ilmeisesti seurue oli valvonut aamuyöhön, koska itse kukin näytti kohta nukahtavan istualtaan.

Minäkin olisin varmaan torkahtanut, ellen olisi säikähtänyt konduktöörin tuloa. Vapisevin käsin kaivoin jo kukkaroa laukusta, kun hän läheni matkalippuja tarkistaen.

– Älä suotta, Alli sanoi huomattuaan, että etsin seteliä lompakostani. – Totta kai ostin sinullekin piletin, kun pelkäsin, että tulet asemalle liian myöhään.

Enää ei kuitenkaan uni tullut silmään, vaikka Kati ja Keke nukkuivat jo sikeästi, Kati takkinsa suojassa ikkunanpielessä ja Keke Laurin olkaan nojaten. Alli ja Yrjö yrittivät sentään vielä pitää silmiään auki.

– Taisi mennä myöhään, totesin hymyillen.

– Ei kun varhain, Alli naurahti ja vilkaisi Yrjöön sen näköisenä, ettei ollut epäilystäkään, kenen kanssa aamuyötä oli vietetty.

– Huilataan sitten haudassa, Yrjö naurahti. – Hyvät oli pirskeet ja sama meno jatkuu varmaan perilläkin, kun Olavi on isäntänä.

Vähä vähältä ymmärsin heidän puheistaan, ettei seurue ollutkaan ollut lyseolla yötä vaan jonkun Olavin varakkaan sukulaisen asunnossa lähellä rautatieasemaa. Lukaali oli ollut iso eikä isäntäväki ollut kotona. Niinpä seurue oli saanut juhlia vapaasti aamuun asti.

– Kai te sentään siivositte jälkenne? kysyin kiusallanikin. En toki kadehtinut heidän juhliaan. Minua vain ihmetytti tuollainen... no, tuollainen huolettomuus.

– Olihan siellä palvelijatar kotona, Alli mutisi ja sulki silmänsä sen näköisenä, ettei aikonut keskustella asiasta sen enempää. Seura tekee kaltaisekseen, ajattelin huolissani ja päätin läksyttää Allia oikein kunnolla, kunhan päästäisiin kotiin joskus loppuviikolla.

Nukkuvien seurakunta virkosi vasta kun konduktööri kuulutti vaunun ovelta, että seuraavaksi juna saapui Raivolaan. Lähtötohinassa Alli oli vähällä unohtaa laukkunsa matkatavarahyllylle, mutta onneksi Viljasen Lauri huomasi sen ajoissa ja toi tullessaan vaunun eteiseen, jossa me muut jo odotimme poispääsyä.

– Otitko varmasti kaikki mukaan sieltä Luostarinkadulta? Alli kysyi laukkuaan punniten.

– Tarkista itse, jos jotakin puuttuu, vastasin toisen kiittämättömyydestä ärtyen. – Voithan sitten paluumatkalla käydä itse hakemassa tavarasi Hilja-neidin luota.

– Tuolla ne ovat, hevospuomin luona! Kati huudahti heti laiturille astuttuaan ja lähti johdattamaan joukkoa kohti asemarakennuksen toista päätyä. Aika paljon väkeä jäikin junasta tänne. Aseman luona oli hetken suorastaan tungosta.

Olavi ja Ilmari näyttivät kieltämättä huvittavilta seisoskellessaan turkit päällä ja karvalakit korvilla rekiensä vierellä kuin ainakin maalaismiehet. Olin helpottunut, kun Olavi komensi meidät Allin ja Yrjön kanssa Imman rekeen. En nimittäin luottanut oikein Paavolaisen keikaripojan hevosmiestaitoihin. Immahan oli sentään ollut postinkantajana ja tullivartijanakin ennen Ateneumiin tuloaan.

Hyvät vällyt näkyivät olevan kummassakin reessä. Meidät Allin kanssa peiteltiin niiden alle, niin ettei meistä näkynyt kuin vähän nenännipukkaa ja poskipäitä. Jylhän Yrjö sen sijaan kapusi kuskinpukille Imman viereen, vaikkei hänellä ollut yllään kuin ohut palttoo ja huopahattu.

– Vilustut vielä, Alli alkoi hätäillä, kun lähdettiin liikkeelle. Yrjö ei kuitenkaan huolinut edes Allin villahuivia kaulaansa, vaan vakuutti olevansa niin kuumaverinen, että tarkenisi vaikka paitahihasillaan.

Mikäs siinä oli ajellessa, kauniissa talvisäässä lumista tietä, joka polveili kummulta toiselle. Aina välillä Imma esitteli meille tienvarren taloja ja kertoi kaskuja niiden omistajista. Sen verran reenjalakset rahisivat jäisissä urissa, että kuulimme Allin kanssa vain sanan sieltä, toisen täältä. Alli torkkui jälleen silmät ummessa ja havahtui välillä yskänpuuskiin.

– Ettet vain olisi tulossa kuumeeseen, sanoin huolissani, mutta kun koetin paljaalla kädellä Allin otsaa, se ei tuntunut kovin kuumalta, kylmältä pikemminkin.

– Ei minua mikään vaivaa, Alli vakuutti ja kääriytyi tiukemmin villahuivinsa suojaan. Joko tie oli kääntynyt kohti pohjoista tai viima yltynyt, mutta minun oli nostettava takinkaulukset poskipäiden suojaksi. Yrjökin näkyi kääntyneen kuskinpukilla puoliksi sivuttain ja suojasi kädellä kasvojaan.

– Enää kilometri Vienolaan, ei sitäkään, Imma huikkasi olkansa yli, kun vihdoin tultiin Kivennavan kirkonkylään. Olavi, joka oli rekikuntansa kanssa ajanut edellämme, oli hävinnyt näköpiiristä jo aikaa sitten. Ilmeisesti hänellä oli parempi hevonen tai luistavampi reki.

Taas käännyttiin risteyksestä, ja viima kävi poskipäihin entistä rajummin. Seuraavan alamäen jälkeen hevonen hiljensi jo käymäjalkaan ja kääntyi sitten kinosten keskeltä kapealle metsätielle, jota reunustivat tuuheat kuuset. Kaviot kumisivat puisella sillalla, kun ajoimme jonkinlaisen joen tai pikemminkin lammen yli. Hevonen joutui vielä kiskomaan rekeä rinnettä ylös ja seisahtui sitten korkeapäätyisen puuhuvilan porraspäähän. Olavin rekikunta näytti tulleen perille vain vähän ennen meitä. Rengiltä näyttävä vanhempi mies piteli Olavin hevosta, kun tämä auttoi Katia reestä.

– Tervetuloa Vienolaan! Olavi huuteli meillekin.

Vähän arkaillen nousimme Olavin ja Katin jäljessä jyrkkiä portaita verannalle. Sen katosta kannattivat solakat puupylväät. Ulko-ovi oli auki. Kesti hetken, ennen kuin silmät tottuivat pakkaspäivän kirkkauden jälkeen eteisaulan hämärään. Tuoksui paistetulta sipulilta. Ilmeisesti pääsisimme suoraan ruokapöytään.

Herrasväen luona oltiin, sen näki kaikesta. Sisäkkö auttoi meiltä päällysvaatteita mustassa puvussa ja tärkätyssä valkoisessa esiliinassa. Eteisen trymoopeilissä oli kullatut kehykset, ja messinkiset seinälamput valaisivat yläkertaan johtavia portaita. Salin pariovet olivat vain vähän raollaan, mutta ikkunoiden kirkkautta vasten saattoi erottaa valtavien palmujen silhuetit.

– Äiti on jo ruokasalissa, mennäänpä tervehtimään, Olavi opasti meitä kuin olisimme olleet joukko luokkaretkeläisiä.

Jäimme Allin ja Yrjön kanssa ruokasalin ovella jonon viimeisiksi ja teimme niin kuin näimme muidenkin tekevän. Pitkän pöydän toisessa päässä seisoi nimittäin laiha nainen lilanvärisessä samettipuvussa ja kätteli jokaista. Kun tuli minun vuoroni, sanoin nimeni enkä voinut sille mitään, että nyökkäyksen lisäksi koukistin myös polveni pieneen niiaukseen.

Alice-rouva, joka tarkasteli meitä nenälasiensa lävitse, näytti ankaralta opettajattarelta. Hänen laihaa kaulaansa kiersi musta samettinauha, josta riippui kultakehyksinen kameekoru. Samanlaista oli everstinnakin käyttänyt mustan silkkipukunsa kanssa. Ehkä se oli entisaikain pietarilaismuotia. Tuomaria itseään ei näkynyt eikä häntä ilmeisesti odotettukaan aterialle, koska käteltyään Yrjönkin Olavin äiti kehoitti meitä asettumaan pöytään. Hän ei selvästikään osannut kovin hyvin suomea vaan puhui sitä oudolla korostuksella.

Ei Olavikaan kai kotioloissa puhunut äitinsä kanssa suomea. Kun keitto oli tarjoiltu, huomasin heidän kuiskailevan pöydän päässä jollakin vieraalla kielellä, joka kuulosti saksalta. Varsinaisista pöytäpuheista huolehti Olavi Imman säestämänä. Oikein tyylikkäästi he tekivätkin suomeksi selkoa talvijuhlien tapahtumista ja jakoivat tasaisesti kiitosta niin Katille ja Kekelle kuin Yrjölle ja Laurille sekä varsinkin Allin lausuntaesitykselle.

– No mutta, saisinko kuulla se herra Jylhän runo ja neiti... Tuomisen lausunto? Alice-rouva kysyi, kun oli päästy jälkiruokaan ja sisäkkö kaatoi kahvia kultareunaisiin kuppeihin.

– Voisitko Alli mitenkään? Olavikin pyysi.

Olihan se voitava, vaikka Alli valitteli ensin äänensä käheyttä, mutta lähti sitten ruokasalin ovelle. Jälleen kerran hän onnistui luomaan sen saman illuusion ikään kuin nauttisi posetiivin sävelistä, keväästä ja auringosta, kunnes kaipuu ja katkeruus purkautuvat rajuksi huudoksi. Ihan niin dramaattisesti Alli ei runon loppua esittänyt kuin eilen Viipurissa.

– Bravo, Alice-rouva sanoi käsiään taputtaen. Vasta kun rouva Paavolaisen ankara ilme suli hymyyn, huomasi, miten paljon Olavi oli äitinsä näköinen. Kummallakin oli uljas profiili ja korkea otsa.

Kun ateria vihdoin oli päättynyt, Alice-rouva nousi pöydästä, kiitti miellyttävästä seurasta ja erityisesti Allin loistavasta runoesityksestä ja toivotti meille oikein antoisia lomapäiviä. Vielä kerran hän kiersi kättelemässä meidät kaikki ja lähti sitten Olavin käsipuoleen nojaten eteiseen, missä sisäkkö näytti jo odottavan turkki käsivarrellaan.

– Mihin hän lähtee? kysyin kuiskaten Ilmarilta.

– Viipuriin miehensä kanssa, Imma vastasi puoliääneen. – Me saamme huvitella täällä kaikessa rauhassa.

Heti kun Alice-rouva oli lähtenyt, tunnelma muuttui kuin taikaiskusta. Olavi, joka oli niin hämmästyttävän nöyrästi esittänyt äitinsä läsnäollessa kohteliasta mammanpoikaa, muuttui taas itsevarmaksi maailmanmieheksi. Vasta nyt meillekin selvisi, mikä oikein oli tämän merkillisen vierailun tarkoitus. Kyse oli jonkinlaisesta itämaisesta roolileikistä – matkasta "runouden keitaaseen ajan tuolle puolelle", niin kuin Olavi itse sen ilmaisi.

Kati ja Keke tuntuivat olevan oikein innostuneita, mutta Lauri hankasi silmälasejaan nenäliinalla ja kysyi nyrpeänä, emmekö saa itse valita roolejamme.

– Ei, kaikki on jo valmista, Olavi ilmoitti. – Hyvät herrat, Imma vie teidät yläkertaan ja kertoo, mitä teidän pitää tehdä. Minä johdatan nämä kaunottaret seraljin muurien suojaan.

– Tuleeko meistä siis orjattaria? Kati kysyi hymyillen ja katsoi Olavia pää kallellaan.

– Eihän toki! Te olette valtiattaria, Olavi naurahti ja käski sitten vähemmän runollisesti meidän ottaa laukkumme ja päällysvaatteemme tampuurista. – Säädyllisyyden nimessä neitsytkammionne ovat pikkuhuvilassa, jottei kylällä tule puheita, hän selitti johdattaessaan meidät kyökinportaiden kautta pihapytinkiin, joka seisoi puistossa päärakennuksen takana. Pikkuhuvilan toisella puolella näytti olevan talousrakennuksia, talli ainakin ja ilmeisesti myös navetta.

– Hyvät naiset, asettukaa rauhassa taloksi, Olavi sanoi esiteltyään meille vierashuoneet, joihin päästiin suoraan eteisestä. Niiden välissä oli kylpyhuone ja vesiklosetti. Eteishallin toisella puolella oli salonki, josta näkyi päärakennukseen ja sitä ympäröivään puistoon. – Kun olette levänneet matkan rasituksista, toivon että pukeudutte niihin asuihin, jotka löytyvät vierashuoneittenne vaatekaapeista. Illan hämärtyessä teitä tullaan noutamaan tuhannen ja yhden yön pitoihin.

– Lentävällä matollako? Alli kysyi nauraen.

– Sen näette sitten, Olavi sanoi salaperäisesti hymyillen, kumarsi vielä ovelta ja jätti meidät neljä ihmettelemään, mistä oli kysymys.

– Jos me Keken kanssa otamme tuon oikeanpuoleisen kamarin, niin ottakaa te tuo toinen, Kati päätti meidän kaikkien puolesta. Kumpikin huone oli suunnilleen samankokoinen, mutta Katin ja Keken kamarissa oli iso katossänky. Meidän huoneessamme taas oli kaksiosainen parisänky, jonka korkeat mahonkipäädyt oli koristeltu kaiverruksin.

– Mitähän vaatteita Olavi on meille valinnut? Alli sanoi ja marssi suoraan vaatekaapille, jonka oveen oli upotettu soikea peili. – Voi ei! hän huudahti avattuaan kaapin oven. – Tule katsomaan, Kirsti!

Kaappi oli lähes tyhjä. Vain kymmenkunta puista henkaria riippui sen vaatetangosta. Kahteen niistä oli ripustettu huiveista ja vanhoista ikkunaverhoista ja tyllinkappaleista kootut omituiset asut, jotka ilmeisesti vastasivat Olavin ja Imman käsitystä haaremipuvuista.

– Miten päin tämä pitäisi pukea päälle? Alli ihmetteli yrittäessään hetkeä myöhemmin sovittaa hakaneuloilla toisiinsa kiinnitettyjä kankaansuikaleita ylleen. Minä en edes yrittänyt, kun olin todennut jo yhdellä silmäyksellä tehtävän mahdottomaksi.

Samassa oveen koputettiin. Keke ja Kati purjehtivat sisään samanlaiset luomukset mukanaan. Keke oli jopa riisunut alusvaatteisilleen sovittaakseen haaremiasua ylleen ja todennut, ettei se peittänyt edes hänen alushousujaan rinnoista nyt puhumattakaan.

– Auta meitä, Kirsti! Alli pyysi, kun kaikki olivat yksimielisiä siitä, ettei kukaan meistä ilkeäisi esiintyä miesten läsnäollessa tällaisissa asuissa.

Totta kai halusin auttaa. Ensi töikseni käskin tyttöjen irrottaa kaikki hakaneulat huiveista, ikkunaverhoista ja kankaankappaleista. Sillä aikaa kaivoin laukustani sen pienen neulakirjan, jota pidin matkoilla mukana. Eihän siinä ollut silmäneulojen lisäksi kuin mustaa ja valkoista ompelulankaa, mutta oli se sentään tyhjää parempi.

Ensimmäiseksi verhoilin Keken, jonka lantiolle harsin kahdesta verhonkappaleesta kutakuinkin säädyllisen hameosan. Koska Kekellä oli vain laamapaita, jota oli mahdotonta peittää harsoihin, käskin hänen riisua paitansa ja kiedoin pitkästä tyllinkappaleesta yläosan, joka peitti rinnat ja sidottiin lopuksi tukevasti niskan taakse.

– Näyttää paljon paremmalta, mutta kuinka tässä tarkenee? Keke tuskaili peilin ääressä. Niinpä harsin hänelle vielä parista silkkihuivista eräänlaisen boleron ja irtohihojen yhdistelmän. Kaikkein ohuin silkkihuivi sai toimittaa hunnun virkaa. Keken omista matkatavaroista löytyi pari rannerengasta ja riipus, josta tehtiin otsalla riippuva koriste.

– Kenen vuoro seuraavaksi? kysyin kädet puuskassa, kun Keke oli vihdoin tyytyväinen asuunsa.

Katin lantiohameeseen oli pakko käyttää kolme kapeaa pitsikappaa. Kun riittävän pitkää tyllinsuikaletta ei enää löytynyt, sovittelin yläosaksi vastaavan virityksen erivärisistä silkkiliinoista.

– Ethän vain pistä minua neulalla! Kati hermoili, kun harsin yläosaa paikoilleen.

– Pysy paikoillasi, komensin. – Kyllä tämän kokoon saa kursituksi, mutta saksien kanssa tämä täytyy riisua tai niin kuin meidän äiti aina sanoo: joka neulalla pukoo, se puukolla riisuu!

Onneksi Alli oli niin pieni ja hento, että lopuista kankaanpaloista ja hänen omasta vihreästä kiinansilkkihuivistaan sain kokoon ihan säädyllisen ja oikeastaan aika kauniin haaremiasun.

– Niin mutta mihin sinä sitten pukeudut? Alli kysyi, kun jäljellä oli enää yksi vaivainen silkkihuivi, johon oli painettu Eiffel-tornin kuva ja teksti *Paris 1900*. Ilmeisesti se oli matkamuisto Pariisin maailmannäyttelystä.

– No vaikka tähän, sanoin nauraen ja tempaisin omasta vuoteestani valkoisen pitsilakanan. – Minähän voin olla teidän imettäjänne, sanoin kietoutuessani valkoiseen kaapuun niin ettei minusta näkynyt muuta kuin silmät.

– Voi minäkin haluan tuollaisen, muuten palellun kuoliaaksi, Alli huudahti ja teki omasta lakanastaan samanlaisen kaavun haaremiasunsa peitteeksi. Kun Keke ja Katikin noudattivat esimerkkiämme, istuimme lopulta kuin neljä valkoista haamua salongissa odottelemassa noutajaa ja lentävää mattoa.

– Taidan mennä ottamaan nokoset, Alli sanoi haukotellen, kun oli kulunut puolisen tuntia eikä isossa huvilassa erottanut minkäänlaista liikettä. Talvi-ilta oli jo hämärtymässä, mutta päärakennuksesta näkyi valoa vain kyökin ikkunasta.

– Olkaa sitten varovaisia niiden pukujenne kanssa, etteivät

langat katkea, varoitin toisia, kun päätimme kaikki mennä hetkeksi pitkällemme.

Vasta kun oltiin Allin kanssa kahden meidän kamarissa, sanoin suoraan, etten käsittänyt, mitä järkeä oli tällaisessa pukuleikissä, jossa naisten piti värjötellä puolialastomina.

– Älä nyt ole ilonpilaaja, Kirsti, Alli sanoi unisena tyynyjensä keskeltä. – Kati kertoi, että Vienolan vintillä on oikea itämainen buduaari. Kunhan päästään sinne, tästä voi tulla hauska ilta.

Havahduin siihen, että oven takaa kuului miehen ääni. Ulkona oli jo pimeää. Alli nukkui vielä sikeästi lakanansa alla, kun hiivin ovelle ja kurkistin eteiseen. Keken ja Katin kamarin ovi oli auki. Kynnyksellä seisoi selin minuun omituiseen harmaaseen kaapuun ja suomupaitaan verhoutunut hahmo, jolla oli turbaani päässään ja keihäs toisessa ja kilpi toisessa kädessään. Miehen vyöllä riippui hirvittävän pitkä käyrä sapeli.

– Pitäkää kiirettä sitten, niin herätän nuo toiset, mies komensi. Tunnistin hänet äänestä Pimiän Ilmariksi jo ennen kuin hän käännähti minuun päin.

– Mitä ihmettä sinä esität? kysyin tyrmistyneenä.

– Teidän vartijaanne, lumoojatar, Imma ilmoitti rooliinsa heittäytyen ja kopautti keihäällään permantoa. – Olen Beshir Agha, haaremin pääeunukki. Suvaitkaa seurata minua!

No, mikäs siinä auttoi. Hetken kuluttua vaelsimme lakanat hulmuten lyhtyä kantavan eunukkimme jäljessä Vienolan pääovelle. Ilmeisesti Imma ei halunnut marssittaa meitä kyökin kautta, jottei palvelusväki alkaisi ihmetellä omituisia asujamme. Lakanat saimme sentään pitää suojanamme, mutta kengät piti jättää alakerran eteishalliin ja kavuta paljain jaloin huvilan ullakolle.

Yläkerrassa oli pimeää. Vain yksinäinen kynttilä paloi lepattaen pikkupöydällä ullakolle johtavien portaiden juurella. Jostakin kantautui imelä suitsukkeen haju. Muistin saman tuoksun ällöttäneen minua aikoinaan myös Olavin boksissa Bulevardilla. Viimeisten portaiden yläpäässä oli suljettu ovi, johon Imma löi nyrkillään kolme kertaa. Avainta kierrettiin lukossa. Lopulta ovi avautui naristen, ja Imma käski meidän astua sisään. Kati uskaltautui ensimmäisenä kynnyksen yli, pudotti lakanan jalkoihinsa ja kumarsi syvään.

– Orjattaresi, oi valtias, hän sanoi käheällä äänellään ja katosi sinisinä hohtavien spriilamppujen hämyyn. Suitsukkeen savu levisi portaikkoon niin väkevänä että silmiä kirveli.

Keke noudatti Katin esimerkkiä, ja sitten oli Allin vuoro. Hänen esittäytymisensä katkesi kuitenkin yskänpuuskaan. Vasta kun itse astuin kynnyksen yli, näin että meidät oli tuotu jonkinlaiseen verhoista tehtyyn telttaan, joka oli koristeltu palmunoksilla. Permantoa peittivät itämaiset matot ja tyynyröykkiöt, joiden välissä oli pikkupöytiä tai oikeastaan metallitarjottimia spriilamppuineen. Niiden ympärille oli katettu erilaisiin kulhoihin taateleita, manteleita ja muuta syötävää.

Olavi istui tyynyihin nojaillen teltan perällä yläruumis paljaana ja jalat ristissä. Hänen otsalleen oli nauhalla sidottu omituiset pienet sarvet. Minusta asu oli sulttaanille aika outo. Kun Olavi ryhtyi myöhemmin illalla tanssimaan, kävi ilmi, että hän esitti faunia.

– Kukas tämä kaunokainen sitten on? hän kysyi, kun seisoin yhä tiukasti lakanaani verhoutuneena.

– Oi valtias, etkö tunne minua, olen imettäjäsi Urraca, vastasin lakanani suojasta, mutta äänestä varmaan kuuli, että minua nauratti.

– Lakana pois! Jylhän Yrjö huusi.

Vasta nyt huomasin hänen istuvan Katin ja Allin välissä niin ikään paidatta mutta musta panta otsallaan, punainen silkkiliina vyötäisillään ja pitkät mustat viikset ylähuuleen piirrettyinä. Myöhemmin kävi ilmi, että hän oli esittävinään kiihkeää toreadori Gallardoa.

– Minun sulojani ei ole tarkoitettu vieraiden miesten silmille, vastasin kipakasti ja istuin sen enempää lupia kyselemättä permannolle Allin viereen. Kaipa miehet ymmärsivät, etten luopuisi lakanastani ja jättivät minut rauhaan.

– Beshir Agha, nektaria kaikille! Olavi komensi, kun Ilmari oli sulkenut vinttikamarin oven. Kohta kiersi teltassa iso hopeanvärinen pokaali, josta kukin joi vuorollaan. Kun Alli lopulta ojensi astian minulle, siinä lainehti makeaa kotiviiniä, jossa oli omituinen sivumaku.

Keke istui minua vinosti vastapäätä teltan takanurkassa Olavin ja Laurin välissä. En ensin ymmärtänyt, miksi Lauri oli topattu niin lihavaksi, että hän pystyi hädin tuskin taipumaan istualleen tyynykasassa. Valtava turbaanikin tuntui valahtavan jatkuvasti hänen silmilleen. Ilman silmälasejaan hän ei ilmeisesti nähnyt hämärässä huoneessa juuri mitään.

– Oi Bagdadin kauppias, nyt on runosi vuoro, Olavi ilmoitti, kun malja oli kiertänyt vielä pari kertaa teltassa. Vaikka juoma oli ätläkkää, se lämmitti mukavasti. Matoista ja tyynyistä huolimatta permannosta ja teltan verhojen välistä huokui näet kylmää. Kun Alli-parkaa näkyi selvästi viluttavan, kurotuin sieppaamaan yhden lattialle pudotetuista lakanoista teltan ovensuusta ja työnsin sen muiden huomaamatta Allin aluseksi.

– Kiitos, hän kuiskasi ja pyyhkäisi vuotavaa nenäänsä kämmenselällään.

Vasta kun runoja ruvettiin lukemaan, huomasin, että pitkin telttaa oli neuloilla kiinnitetty kangasseiniin kapeita paperisuikaleita, joihin Olavi ja Imma olivat ilmeisesti jo etukäteen kirjoittaneet runoja. Keke joutui auttamaan Laurin pystyyn, mutta kun lukemisesta ei ilman laseja näyttänyt tulevan mitään, Olavi komensi Beshir Aghan hakemaan kauppiaalle hänen taikalasinsa. Saatuaan vihdoin silmälasit nenälleen Bagdadin kauppias kääntyi orjattarensa Keken puoleen ja luki hänelle runonsa niin hiljaa, että me muut hädin tuskin kuulimme hänen sanansa.

Jossakin etelämeren saarella runossa kai oltiin, purjehdittiin keltaisessa usvassa ja päädyttiin korkeiden marmoriportaiden juureen. Valkohuntuisella neidolla oli orvokintuoksuiset kasvot, kun hänet talutettiin laivaan ja he purjehtivat halki liekehtiväin aaltojen kohti auringonlaskua. *Katso, kuin liekkejä lainehet juo, punainen aurinko palaa!*

Liekö johtunut viinistä vai runosta, koskaan ennen en ollut nähnyt Keken suutelevan Lauria niin kiihkeästi, vaikka topattu vatsa näyttikin olevan tiellä. Taas Olavi käski eunukkinsa tarjota lisää juotavaa ja kehoitti vieraitaan nauttimaan myös tarjottimien antimista. Allilla oli selvästi jano, eikä ihme, hän oli nimittäin napostellut nälissään jo melkein puoli kulhollista taateleita siltä pikkupöydältä, joka oli lähinnä meitä.

Itse tyydyin vain pieneen kulaukseen kotiviiniä, sillä korvissa suhisi ja vatsassa kiersi oudosti. Ei kai Olavi vain ollut sekoittanut juomaan pirtua tai jotain vielä väkevämpää? Olihan jo kouluaikoina huhuttu, että hänen boksissaan oli kokeiltu oopiumia ja kokaiiniakin.

Niin jatkui tunnista toiseen, malja kiersi ja luettiin kiihkeitä runoja. Pielusten keskellä suudeltiin ja hyväiltiin yhä rohkeammin. Keke näytti tosin unohtavan kokonaan Bagdadin kauppiaan, kun Yrjö ryhtyi gramofonin säestyksellä tanssimaan toreadorin tanssia, riisui punaisen huivin vyötäisiltään ja härnäsi sillä vuoroin Allia, vuoroin Katia ja Kekeä.

– Nyt on minun vuoroni! Olavi huusi, kun Yrjö heittäytyi huohottaen pieluksilleen ja painoi päänsä Allin syliin. – Beshir Agha, huiluni!

Imma-parka joutui jatkuvasti säntäilemään sinne tänne isäntänsä käskyjä totellen. Kun Olavi oli aikansa loikkinut ympäri telttaa kuin säikky kauris ja esittänyt Panin huilua soittavaa satyyria, hän vaati Immaa tuomaan itselleen lisää juomaa ja tyhjensi yksin koko hopeamaljan. Tosin osa juomasta valui hänen paljasta rintaansa pitkin ja tahrasi ne tiukat trikoot, joiden toinen lahje oli punainen ja toinen musta. Kun Olavi lopulta viskasi tyhjän maljan keskelle lattiaa ja katosi verhojen taakse, luulin hänen lähteneen klosettiin.

Ilmeisesti kyse oli kuitenkin seuraavasta ohjelmanumerosta, sillä Imma kiersi kiireesti sammuttamassa kaikki spriilamput. Me istuimme hetken aivan pimeässä, kunnes ovensuuhun syttyi yksi ainoa kynttilä, jonka liekki lepatti vedossa.

– *Keltainen aurinko liukuu mereen. Kolme naista laulaa rannalla luuttujen tahtiin*, Olavi messusi näkymättömissä ja loikkasi äkkiä keskellemme valkeaan kaapuun tai oikeastaan viittaan verhoutuneena. Ilmari istui kynttilän vieressä ja takoi tamburiinia kämmentään vasten.

Olavi oli kai olevinaan jokin papitar, sillä hän tanssi itämaista napatanssia vuorotellen jokaisen edessä, jopa minun, ja tuijotti meitä haralleen levitettyjen sormiensa välistä. Kierrettyään teltan ympäri hän kääntyi meihin selin ja alkoi laskea viittaansa rummutuksen tahdissa lausuen samalla omaa runoaan kolmesta naisesta, jotka repivät vaatteet yltään ja ”ryntäävät alastomina hämäryyteen, karvaisten käsivarsien puristukseen, muuttuen menaadeiksi, viinistä märän Bacchuksen palvojiksi, huutaviksi, läähättäviksi, itsensä verille silpoviksi, yön ja pimeyden tukahduttamiksi...”

Voi ei! En voinut sille mitään, että purskahdin nauruun, kun Olavi pudotti viittansa ja niiden alta paljastuivat raitaiset uimahousut ja hänen karvaiset säärensä.

– Imma! Mitä helvettiä! Sinunhan piti sammuttaa kynttilä! Olavi ärjäisi, mutta tajusi kohta itsekin, että olisi vaikuttanut vielä naurettavammalta, jos olisi ruvennut kiukuttelemaan Immarukalle.

Niinpä hän palasi taas rooliinsa ja komensi Beshir Aghan tarjoamaan lisää juotavaa.

– Älä juo enää, kumarruin kuiskaamaan Allille, joka lojui silmät puoliummessa ja raskaasti hengittäen Yrjön kainalossa. Ennen kuin malja ehti meidän kohdallemme, lähdin alakerran vesiklosettiin ja join kämmenpohjastani kylmää kraanavettä, jotta sain imelän maun suustani. Kun palasin takaisin telttahuoneeseen, siellä oli meneillään jokin kärhämä Katin ja Olavin välillä.

– Enkö minä muka saa itse valita, kenen kanssa jaan runoni? Kati kysyi kädet lanteilla eikä lainkaan vaikuttanut nöyrältä orjattarelta, vaikka hänen äänensä vähän sammalsikin ja posket hehkuivat juoman nostattamaa punaa. Juuri nyt Kati oli tosiaan se ”salainen synti muodoks muutettuna” niin kuin Imma oli runoillut.

– Totta kai, lumoojatar, Olavi mutisi ja lysähti takaisin paikalleen.

– Tule siis, oi Suuri Gallardo, sinun kanssasi tahdon jakaa tämän runon, Kati kuiskasi käheästi ja ojensi kätensä Yrjöä kohti. Tämä nousi kuin noiduttuna Allin vierestä ja seurasi Katia keskilattialle. Sytytettyään lisää suitsukkeita Imma istui taas tamburiinia helskyttämään, sillä Olavi oli tempaissut runoliuskan seinältä ja alkoi lukea ääneen Katin *Etioopialaista fantasiaa*:

– Aurinko putosi suuren leipäpuun taa kuin kannastaan irtaantunut pyöreä ja punainen hedelmä. Metsästä kaukaa kuului ibiksen kaamea vaikerrus, mutta tamarindien alla kylässä kumisi häränvuotainen rumpu...

Alli sai kauhean yskänkohtauksen, joka sai hänet haukkomaan henkeään niin että pelkäsin hänen tukehtuvan. Riensin auttamaan Allin tyynykasasta ja talutin hänet kiireesti ovesta ulos. Heti kun ovi sulkeutui jäljessämme ja portaikosta virtasi raitista ilmaa, Alli veti sitä keuhkoihinsa ja yskä hellitti.

– Mennään pois, hän kuiskasi ja katsoi minuun tuskaisena. – Ei jäädä enää tänne!

– Pääsetkö yksin alakertaan, niin käyn hakemassa lakanasi? kysyin häneltä, mutta Alli takertui käsivarteeni ja pyysi, etten menisi. Uusi yskänkohtaus alkoi alhaalla tampuurissa, kun olimme panemassa kenkiä jalkaan, mutta tällä kertaa se meni nopeammin ohi. Koska en ollut puolipukeissa vaan minulla oli ollut omat vaatteeni kaavun alla, kiedoin lakanani Allin suojaksi.

– Viis puheista, sanoin aukaistessani kyökkiin johtavan oven. – Nyt ei ruveta kiertämään etupihan kautta!

Se sama totinen sisäkkö istui renkimiehen ja vanhan harmaatukkaisen naisen kanssa keittiön pöydän ääressä teetä juomassa, kun kiirehdimme heidän ohitseen. He kääntyivät katsomaan meitä kummissaan, mutteivät sanoneet sanaakaan.

– Hyvää yötä, toivotin ulko-ovelta ja suljin sen jäljessäni.

Aamuyöllä heräsin siihen, että Alli paleli kuin horkassa ja yski yskimistään. Kun huvilan kyökistä näkyi valoa, puin kiireesti päälleni ja menin kysymään, saisinko kuumaa hunajavettä tai jotakin muuta lääkettä, jolla voisin helpottaa potilaan oloa.

– Jos mie laitan sitä Alice-rouvan inkivääriteetä, sil hääki itsens troppaa ja herran myös, harmaatukkainen keittäjätär ehdotti ja osoittautui oikein myötätuntoiseksi.

Kun palasin hetken kuluttua pikkuhuvilaan, oli mukanani purkillinen kamferttisalvaa ja iso tuoppi höyryävää juomaa, joka tuoksui hunajalta, inkivääriltä ja saunavihdalta. Kuumepulveria ei keittäjätär ollut löytänyt.

– Rouval on kyl kammarissa vaik mitä pulverii, mut sitä pittää kysyä Olavi-herralta, jahka hää taas tokenee, nainen selitti. Vintillä oli kuulemma meteli hiljentynyt vasta tunti sitten. Kun kävin varmuuden vuoksi portaikossa kuuntelemassa, ylhäällä oli haudanhiljaista.

Vaikka juoma oli kuumaa ja teki kuulemma kurkulle hyvää, Alli hytisi yhä, kun sivelin hänen selkäänsä ja rintaansa kamferttisalvaa.

– Lähdetään kotiin nyt heti, hän pyysi. – Jos joku veisi meidät asemalle, niin päästäisiin seuraavalla junalla Viipuriin ja sieltä kotiin.

Kun arvelin, ettemme voi lähteä noin vain hyvästelemättä ennen kuin Olavi ja toiset heräävät, Alli katsoi minuun itkuisin silmin ja kysyi:

– Miksi ei? Eivät ne meistä välitä, nähtiinhän se eilisiltana, hän lisäsi itkuun purskahtaen. – Yrjökin... näithän itse, miten hän ja Kati... Vie minut pois täältä, Kirsti-kiltti, minun on päästävä kotiin!

– Hyvä on, lupasin. – Yritän järjestää meille kyydin. Nuku sinä sillä aikaa ja koeta kerätä voimia.

Ensin ajattelin kääntyä Katin ja Keken puoleen, mutta kun aikani kolkuttelin heidän huoneensa ovea ja lopulta kurkistin sisään, totesin, etteivät he olleet edes käyneet huoneessa eilisillan jälkeen. Täkit lojuivat yhä permannolla, kun lakanat oli kiskaistu sängystä. Ei siis auttaisi muu kuin kavuta ullakolle ja yrittää saada Olavi hereille.

Tällä kertaa menin suoraan pääovesta sisään ja lähdin kapuamaan portaita yläkertaan, sillä joku kuului juuri huuhtelevan klosettia. Ilmari ilmestyikin yläkerran aulaan kalpeana ja katsoi minuun verestävin silmin. Sen öisen suitsukkeen lemu leijui yhä vahvana hänen ympärillään.

– Kas, Kirsti... hän sai lopulta sanotuksi.

– Alli on kipeänä ja meidän pitää saada kyyti Raivolaan mahdollisimman pian! ilmoitin päättäväisesti ja ilman sen pidempiä esipuheita.

– Niinkö... niin tietysti...

– Onko Olavi jo herännyt? kysyin Imman hitauteen hermostuen.

– Ei, eikä taida aivan kohta edes tulla tajuihinsa, Ilmari mutisi ja näytti äkkiä ymmärtävän, ettei voinut enää vitkastella. – Ei, turha on Olavia vaivata! Mie hoidan tän itse, hän sanoi ikään kuin olisi äkkiä herännyt ja lähti kaiteesta pidellen laskeutumaan alakertaan.

Imma ei mennytkään keittiöön vaan marssi suoraan eteisen toisella puolella olevaan kirjastohuoneeseen, joka oli kai tuomari Paavolaisen työhuone. Sen seinässä riippui telefooni. Jäin ovensuuhun odottamaan, kun Ilmari väänsi kaksi kertaa puhelimen kammesta. Ilmeisesti soitto ei mennyt keskukseen vaan saman linjan toiseen numeroon. Kun sieltä vastattiin, Ilmari ilmoitti lyhyesti Olavin toivovan, että joku lähtisi nyt saman tien viemään pari vierasta junalle.

– Niin, Raivolaan, kuulin hänen sanovan. – Ei, vaan pikkuhuvilan ovelle... hyvä!

Kyytimies tulisi kuulemma neljännestunnin päästä hakemaan meitä. Kun kiitin Ilmaria kyydin järjestämisestä, hän sanoi olevansa pahoillaan. Tiesimme kumpikin, mitä hän tarkoitti. Se eilisiltainen spektaakkeli ei todellakaan ollut mikään miellyttävä elämys, ei ainakaan Allin eikä minunkaan kannaltani. Luojan kiitos, olin lopettanut ajoissa sen litkun juomisen. Muuten olisin varmasti ollut yhtä pohmeloinen kuin Immakin, joka lähti minut hyvästeltyään kapuamaan hitaasti yläkerran portaita.

Oli pidettävä kiirettä, että sain Allin puetuksi ja meidän tavaramme pakatuksi. Ne Allin haaremihepenet jätin vaatekaappiin, mutta vuoteita en sijannut. Reki odotti jo porraspäässä, kun tulimme ovesta ulos. Se sama vanhempi renkimies istui kuskinpukilla. Autoin ensin Allin rekeen ja peittelin hänet vällyihin. Kun olin kavunnut toiselta puolelta rekeä Allin viereen, liikkumattomana istunut mies vilkaisi olkansa yli ja kysyi, joko lähdetään.

En ehtinyt vastata, kun mies jo maiskautti hevosen liikkeelle. Silta kopisi taas kavioiden alla, kun kuski hoputti hevosen raviin. Tienkäänteessä vilkaisin vielä lumista puistoa. Huvila näytti aavemaisen pimeältä aamuhämärissä kuusikon takana. Olin aivan varma, ettemme koskaan enää palaisi näihin maisemiin.

Olimme matkalla melkein kaksikymmentä tuntia. Moneen kertaan ehdin jo katua, että olin suostunut Allin pyyntöön ja lähtenyt kuljettamaan häntä keskellä talvea Karjalan toiselta laidalta kotiin Albergaan. Terveenäkin semmoinen matka olisi näillä pakkasilla ottanut voimille. Silti meillä oli paljon onnea matkassa. Ensinnäkin se Vienolan renki ajoi paljon rivakammin kuin meidän eilisaamuiset kyytimiehemme. Vähän ennen Raivolan asemaa hän kääntyi kysymään, yritämmekö ehtiä postijunaan, joka on kohta lähdössä.

– Jos se vain onnistuu, vastasin Alliin vilkaisten. Häntä oli taas ruvennut yskittämään.

– No sit mie ajan laiturille, kuski murahti ja ajoi tosiaan täyttä ravia aivan junan viereen. Se oli kyllä juuri lähdössä mutta viivytteli sen verran, että sain Allin autetuksi reestä ja meidät ja matkatavaramme vaunun ovesta sisään.

– Ostitko silloin Viipurista meille menopaluupiletit? kysyin Allilla, kun pääsimme vaunuun istumaan. Alli ei kyennyt vastaamaan, yski vain yskimistään, mutta osoitti takkinsa taskua. Sieltä liput löytyivätkin juuri kun konduktööri ilmestyi niitä tarkastamaan.

– Koskahan Viipurista lähtee seuraava juna Helsinkiin? kysyin häneltä, vaikka arvelinkin, ettei mies ehkä osaisi antaa vastausta.

– 12.40 lähtee postijuna Helsinkiin, mies sanoi ja kaivoi taskustaan pienen aikataulukirjasen. – Ja se on perillä... 9.58 elikkä siinä kymmenen maissa illalla. Teille jää hyvin aikaa vaihtoon, tämä junahan tulee Viipuriin jo varttia vaille kymmenen.

Vasta kun konduktööri oli mennyt ja Alli käpertyi junan penkille pitkälleen minun päällystakkini peitteenään, tajusin, että me joutuisimme odottelemaan Viipurissa yli kolme tuntia.

Mitä ihmettä teen, jos Allin kuume tuosta vielä nousee? Pitäisikö hänet viedä lääkäriin? Ehkä voisin ottaa ajurin ja viedä hänet lepäämään Hilja-neidin luo, mutta mitä teen, jos vanha neiti ei olekaan kotona. Ne äidiltä saadut ylimääräiset matkarahat eivät pitkälle riittäisi. Jo nyt oli Alli tuhlannut omiaan Viipurin ravintoloihin.

Aamulla olimme lähteneet liikkeelle niin kiireesti, ettemme olleet syöneet suupalaakaan. Kun niissä Olavin telttakemuissakin oli tarjottu vain taateleita, rusinoita ja manteleita, ei ihme, että nälkä lisäsi ahdistusta ja teki voimattoman olon.

Onneksi Alli oli sentään virkistynyt sen verran, että kykeni Viipurin asemalla tulemaan omin jaloin vaunusta alas minun jäljessäni. Rajajoelta tullut postijunamme oli pysähtynyt sivuraiteelle kauas asemarakennuksesta. Niinpä mekin vaelsimme väentungoksen mukana yli kiskojen ja pitkin asemalaitureita. Pääraiteella lähimpänä asemaa seisoi juna, jossa oli sekä matkustaja- että tavaravaunuja. Sen kupeella hortoili kaikenlaisia matkustajia, miehiä enimmäkseen.

– Joko se uus veturi kohta tulee? kuulin erään vanhemman miehen kysyvän nuoremmalta, joka tuli takki auki leuhottaen meitä vastaan.

– Puolta tuntia veikkaavat, nuorempi vastasi. Silloin huomasin kyltin vaunun kyljessä. HELSINKI–HELSINGFORS. Mitä ihmettä? Oliko tämä juna lähdössä Helsinkiin?

– Joo, Helsinkiin piti lähteä jo pari tuntia sitten, selitti se nuorempi mies, kun käännyin kysymään häneltä, mihin tämä viereinen juna oli lähdössä. – Vaan kun veturista katkesi yhden pyöräparin akseli jo tossa ennen siltaa, niin ne joutuivat hinaamaan meirät takasin asemalle ja nyt ootellaan uutta veturia.

– Luojan kiitos! huudahdin miesten kummastukseksi ja lähdin kapuamaan lähimpään vaunuun. – Tule, Alli, me pääsemme suoraan junaan!

Koska olimme junan viimeisessä toisen luokan matkustajavaunussa, se oli melkein tyhjä. Vain yksi meitä vähän vanhempi huivipäinen nainen söi eväitään ja ilahtui selvästi saadessaan matkaseuraa.

– Ootteks työ kuulleet, jot lähteeks tää juna ollenkaan? hän kyseli ja selitti sitten, ettei ollut uskaltanut poistua vaunusta, kun pelkäsi jäävänsä kyydistä. Kerroin sen minkä tiesin samalla kun nostelin meidän laukkumme ylös ja sijasin Allille makuupaikan tyhjälle penkille.

– Voi mahoton, onks hää nuin kippee? nainen päivitteli ja kysyi sitten, voisinko vahtia hänen matkatavaroitaan, jos hän kävisi junan klosetissa. – Siin kyl lukkee, jot saa käyttää vaa junan kulkeissa, vaan mie ko vähä vaa lorotan, niin tokkoks se mittää haittaa, hän selitti lähtiessään.

Niin sitten odottelimme junan lähtöä hyvässä yhteisymmärryksessä, sillä palattuaan paikalleen nainen kysyi, maistuisiko meille voileipä.

– Miun mamma hää ain tekkee nii mahottomast evästä, mut enhä mie näitä saa syötyy enne Kausalaa, vaik seistäis täs viel puol päivää, hän selitti.

Harvoin on voilla voideltu tuore rievä maistunut niin hyvältä kuin sinä aamuna. Palan painikkeeksi joimme sitä haaleaa vettä, jota oli tarjolla karahvissa vaunun ovensuussa.

Alli oli taas nukahtanut ruokaa saatuaan eikä enää yskinyt niin paljon kuin Raivolan junassa. Tämä vaunu oli sitä paitsi lämpimämpi ja penkitkin paremmin pehmustettuja. Kun konduktööri lopulta ehti meidän vaunuumme, hän mulkaisi kyllä takkien alla makaavaa Allia muttei sanonut mitään. Eihän vaunussa ollut meidän kolmen lisäksi muita matkustajia.

– Koskahan ollaan perillä Helsingissä? uskaltauduin kysymään, kun lippuihin oli napsaistu reikä.

– Kyllä se iltamyöhään menee, konduktööri mutisi. – Tämä kun on tällainen sekajuna ja pahasti myöhässä, niin joudutaan odottelemaan vähän joka välissä.

Totta se olikin, sillä Riihimäelle saakka juna joutui odottamaan vastaantulijoita melkein kaikilla asemilla. Raiteita ei tällä välillä ollut nimittäin kuin yksi. Matkatoverimme hyvästeltyä meidät Kausalassa olimme Lahteen saakka kaksin koko vaunussa. Allin nukkuessa luin äidin Topelius-kirjan loppuun ja jäin sitten tuijottamaan ikkunan takana vilahtelevia lumisia maisemia. Pakko on yrittää pysyä hereillä, ajattelin hammasta purren.

Lahdesta meidän vaunuumme nousi hattupäinen nainen, jolla oli mukanaan pari sieviin turkissomisteisiin takkeihin ja lakkeihin puettua pikkutyttöä.

– Miksi tuo täti makaa penkillä? nuorempi tytöistä seisahtui kysymään, kun hänen äitinsä nosteli pakaaseja verkkohyllyyn.

– Hiljaa, Emmi! isosisko suhahti ja yritti vetää pikkusiskoaan pois meidän luotamme.

– Ei, totta kai voit kysyä, vastasin hymyillen. – Hänellä on kuumetta. On parempi nukkua, kun meillä on niin pitkä matka.

– Annillakin oli jouluna kuumetta, mutta nyt se on jo ihan terve, Emmi selitti reippaana.

– Tulepas pois sieltä häiritsemästä tätejä, tyttöjen äitikin puuttui jo puheisiin, mutta kun sanoin, ettei Emmi meitä häirinnyt, päinvastoin, nainenkin ryhtyi juttusille. Ensin tietysti päiviteltiin junan myöhästymistä. He olivat lähteneet jo välillä takaisin kotiin ja kuulleet sitten asemalle palattuaan, että muut odottajat olivat sillä välin päässeet junaan, joka oli tulossa Kuopiosta Helsinkiin.

– Miksei kukaan sanonut meille, että sieltä oli semmoinen tulossa, hän harmitteli. – Nyt joutuu kyytimies odottamaan meitä Riihimäellä vaikka kuinka kauan!

– Papalla ja mammalla on Haapaniemessä sata lehmää, pikku-Emmi selitti topakkana. – Ja siellä on semmoinen torni, missä kummittelee!

– Ei saa puuttua aikuisten puheisiin, pikku lörppäsuu, hänen äitinsä komensi, mutta kertoi sitten itse, että he olivat matkalla Lopelle hänen vanhempiensa luokse.

– Pappa on saanut slaagin ja safööri hakee meidät autolla,

Emmi lisäsi mutta vaikeni sitten äkisti, kun isosisko pukkasi häntä kylkeen.

Kun kerroin, että olimme tulossa Viipurista Nuoren Voiman Liiton talvijuhlilta, nainen arveli, että hänen sisarensakin olisi tahtonut lähteä samoihin juhliin mutta joutui jäämään kotiin papan sairastuttua.

– Meidän Kyllikki käy Wetterhoffin kotiteollisuusopistoa, hän lisäsi. – Luulen, että hän lähetti Viipuriin näytille sen ison pellavaliinan, jonka oli tehnyt joululahjaksi meidän mammalle.

– Sellaisenko, jossa oli käsinvirkatut pellavaiset välipitsit? kysyin hymyillen. – Itse asiassa taisin silittää sen näyttelyä varten.

Vähän ennen Riihimäkeä Allikin oli vihdoin herännyt ja yski taas ankarasti. Kuume oli nousemassa ja häntä paleli. Onneksi Emmin ja Annin äidillä oli käsilaukussaan kuumepulveria. Hän oli kuulemma koulutukseltaan sairaanhoitajatar, vaikka olikin jäänyt kotiin mentyään naimisiin samassa sairaalassa toimivan lääkärin kanssa.

– Onko teillä Helsingissä pitkä matka kotiin? nainen kysyi puoliääneen, kun Alli oli saanut irvistellen pulverinsa niellyksi vesitilkan kanssa ja palasi hoippuen vaunun ovelta.

– Me asumme Espoon puolella Albergassa Turun radan varressa, vastasin. – Mutta täytyy varmaan ottaa pirssiauto Helsingin asemalta. Tuskin Alli jaksaa enää uutta junamatkaa, ja Albergassa joutuu kumminkin kävelemään melkein kilometrin verran. Iltasella siellä saa harvoin kyytiä asemalta, ellei siitä ole sovittu etukäteen.

– Voi kun Elias olisi kaupungissa, Alli huokasi päästyään meidän kohdallamme ja oikaisi jälleen pitkälleen penkille. Yskänpuuska iski entistä ankarampana, kun nousin peittelemään häntä.

– Juna ei taida seistä niin kauan Riihimäellä, että ehtisin ottaa kaukopuhelun kotiin, selitin Allille. – Ja jos Elias on jo lähtenyt kaupunkiin, äiti ei kumminkaan saa hänelle sanaa.

– Hetkinen, nainen sanoi. – Jos saisin teidän puhelinnumeronne, voisin toki soittaa meiltä kotoa teidän äidillenne. Ennemmin me olemme Haapaniemessä kuin te Helsingissä. Junahan pysähtyy loppumatkalla melkein joka asemalla.

Kovin paljon en laskenut ystävällisen tohtorinnan puhelinsoiton varaan. Kello kävi nimittäin jo yhdeksää, kun vihdoin tultiin Helsinkiin. Tohtorinnan kuumepulverista oli ollut sen verran apua, että Alli oli kyennyt istumaan Järvenpäästä alkaen. Meidänkin vaunumme oli loppumatkasta ollut täynnä väkeä.

– Eikö tuo ole Elias? Alli kysyi laskeuduttuaan varovasti vaunun portaiden puoliväliin. Olin tullut jo edeltä laukkujen kanssa asemalaiturille ja käännyin juuri auttaakseni hänetkin alas.

– Siinähän te olette! Elias tokaisi ehdittyään meidän kohdallemme. – Mitä se rouva oli puhelimessa sanonut, että Alli on sairastunut...

Juuri silloin Alli sai taas niin hirvittävän yskänpuuskan, että oksensi lopulta lumeen asemalaiturin toiselle laidalle. Lyhdyn valossa näytti ihan siltä, kuin hangelle olisi singahtanut veripisaroita.

– Alli on ihan kamalan kipeä, sanoin Eliakselle. – En tiedä, pitäisikö viedä hänet suoraan johonkin sairaalaan.

– Ei, ei, Alli parahti. – Mennään vain kotiin! Kyllä minä tästä tokenen, kunhan pääsen äidin luo ja omaan sänkyyn.

Muutaman päivän päästä näyttikin siltä, että Alli oli ollut oikeassa. Kuume laski jo samana iltana, kun äiti kietoi Allin siihen kamalaan märkään lakanakääreeseen, jolla meitä oli hoidettu jo pikkutyttöinä. Seuraavana aamuna yskäkin alkoi helpottaa, kiitos kamferttisalvan ja vesihöyryn, jota äiti pani Allin hengittämään pyyheliinan alla.

– Mitenkä se Alli nyt tuolla lailla meni itsensä vilustuttamaan? äiti tivasi minulta, kun Alli oli kavunnut jälleen yläkertaan nukkumaan aamiaisen ja höyryhengityksen jälkeen. – Olisit sinäkin voinut katsoa vähän hänen peräänsä, että olisi pukenut kunnolla päälleen eikä olisi liehunut siellä juhlissa kaiken maailman hepenissä, hän motkotti.

Sanoin niin kuin asia oli, että pakkanen oli Viipurissa ollut erityisen purevaa emmekä me koko ajan olleet liikkuneet yhdessä, sillä Allilla oli lausujana tietysti omaakin ohjelmaa.

– Se Kivennavan retki nyt ainakin oli aivan turha, äiti mutisi. – Ettehän te ehtineet olla siellä kuin yhden illan ja yöseudun!

Ei minulla ollut minkäänlaista mahdollisuutta puolustautua. Jos olisin vihjannut sanallakaan niistä Olavin haaremijuhlista, äiti olisi nostanut kauhean metelin. Niin lempeä ihminen kuin hän muuten olikin, raivostuessaan hän ei pelännyt mitään eikä ketään. Allikin väitti ihan tosissaan, että äiti oli silloin kymmenen vuotta sitten uhannut hänen isäänsä kirveellä, kun tämä ei ollut antanut meidän auttaa tytärtään.

Miilille sen sijaan kerroin seuraavalla viikolla koko jutun, mutta vasta sen jälkeen, kun Darja oli työpäivän päätteeksi lähtenyt omaan kortteeriinsa ja olimme jääneet kahden ompelimon takahuoneeseen.

– Kyllähän siitä Paavolaisen pojasta juoruttiin kaikenlaista jo vuosia sitten. Äidillä oli sukulaisia Kivennavalla ja ne sitä puhuivat kaupungissa käydessään, Miili paljasti, vaikkei hän yleensä puhunut kenestäkään pahaa. – Se Olavi on kuulemma juoksennellut rippikoulupojasta asti pitkin metsiä alasti, ja puhutaan, että niillä oli semmoinen taideseura... tai no olkoon, mitäpä siitä.

– Ai Kivennavallakin? kysyin huvittuneena. – Ilmeisesti Olavi on aina koonnut ympärilleen jonkinlaisen hovin.

– Hän taitaa olla niitä ihmisiä, jotka oikein nauttivat siitä, että saavat toiset tanssimaan pillinsä mukaan, Miili totesi ja kaatoi meille lisää teetä. – Ja aina niillä pitää olla joku, jota ne oikein juoksuttavat ja pitävät pilkkanaan.

Muistin Imma-parkaa ja nyökkäsin. Vaikka Olavi ja hänen

ystävänsä olivat olevinaan nuoria neroja, heissä oli paljon samaa kiusanhenkeä kuin niissä poikanulikoissa, jotka olivat koulussa pilkanneet meitä pikkutyttöjä ja yrittäneet nujertaa meidät. Lucina-neiti oli sitten pannut pojat kuriin, kun olimme Kuusisen Hertan kanssa joutuneet käsirysyyn heidän kanssaan ja päätyneet johtajattaren kuulusteltaviksi.

– Luulenpa, ettei Allikaan enää tänä keväänä halua vetelehtiä siinä seurassa pitkin kahviloita vaan keskittyy enemmän opintoihinsa, sanoin Miilille. – Kunhan nyt tauti hellittäisi ennen lukukauden alkua!

Sinä iltana tulin kotiin vasta viimeisellä junalla. Olimme Miilin kanssa innostuneet tutkimaan tuoreita ranskalaisia muotilehtiä ja suunnitelleet uusia keväthattuja koko loppuillan. Uusinta muotia näkyivät Pariisissa nyt olevan vähän leveälierisemmät hatut. Ne olivat meidänkin kannaltamme hauskempia, sillä niitä saattoi koristella eri tavoin. Kaikille ei sitä paitsi sopinut sellainen syvälle päähän painettava kapealierinen hattu, joka oli ollut muodissa jo useamman vuoden.

– Täytyy panna heti helmikuussa pari tuommoista uudenaikaista hattua ikkunaan, Miili suunnitteli, kun rupesin tekemään lähtöä asemalle.

– Niin ja voihan siihen avata näytiksi tuon *Gazette du Bon Tonin* hattusivun, muistutin häntä. – Laita se lehti nyt heti talteen johonkin, jottei se huku noiden muiden muotilehtien joukkoon!

Hyvillä mielin kävelin pikkupakkasessa asemalta kotiin. Vaikkei enää ollut täysikuu niin kuin Viipurissa, valoa riitti mainiosti metsätiellekin. Toivottavasti Alli ei ollut vielä nukkumassa. Olisi hauska kertoa…

Mitä ihmettä?

Miksi Allin huoneessa paloi valo? Ja miksi Eliaksen pirssiauto seisoi meidän huvilan porraspäässä vinottain niin kuin se olisi ajettu siihen kauhealla kiireellä?

Pahaa aavistaen kiirehdin puolijuoksua sisälle. Äiti tuli juuri keittiöstä höyryävä pesukannu kädessään ja seisahtui nähdessään minut ulko-ovella.

– Piti hakea tohtori Heikel katsomaan Allia, hän sanoi.

– Mitä on tapahtunut? kysyin järkyttyneenä.

– Alli hourii ja viskoo päätään, äiti sanoi ääni sortuen ja katosi yläkertaan.

Vasta nyt huomasin, että Elias ja Iisakki olivat ruokasalissa. Teepöytä oli kyllä katettu, mutta ilmeisesti teenjuonti oli jäänyt kesken, sillä voileipävati oli koskematon ja samovaari kylmillään. Iisakki istui omalla paikallaan taskukelloaan hypistellen, ja Elias seisoi ikkunan ääressä.

– Soon vissihin se keuhkokuume tullu uurestansa, Iisakki totesi, kun ilmestyin ruokasalin ovelle.

– Tohtori sanoi autossa, että se voi olla keuhkotautiakin, kun kuume on sahannut edestakaisin, Elias mutisi ja kääntyi kysymään minulta, eikö Alli ollut jo Viipurissa kuumeinen.

Nyökkäsin sanattomana. Itse asiassa Alli oli jo joulunpyhinä ollut iltaisin oudon viluinen. Me Miilin kanssa olimme pilkanneet häntä vilukissaksi, joka vain kyyhöttää sisällä uuninkyljessä, kun kävimme päivisin laskemassa mäkeä pikkupoikien kanssa. Entä jos Allilla oli silloin jo ollut kuumetta?

Vaitonaisina kuuntelimme, kun äiti ja tohtori tulivat yläkerrasta alas ja puhelivat jotakin matalalla äänellä. Vihdoin äiti tuli ruokasalin ovelle sanomaan Eliakselle, että tohtori on lähdössä.

– Saanko mennä ylös Allin luo? kysyin äidiltä, mutta tämä vain ravisti päätään. Tohtori oli antanut Allille jonkin ruiskeen niin että kuumekouristus oli hellittänyt. – Antaa hänen nyt nukkua aamuun asti, äiti huokasi. – Tohtori tahtoo ottaa hänet huomenna sairaalaan tutkimuksia varten.

– No tuata, jos mä nyt tästä meenkin maate, hyvää yätä vaan, Iisakki sanoi ja lähti raskain askelin kyökin kautta ulos.

– Entäs tee? äiti havahtui. – Voi hyvänen aika, eikö kukaan sytyttänyt samovaaria!

– Söin justihin äsköön yhren niistä leivistä, kyllä se mulle piisaa, Iisakki huuteli kyökinporstuasta. Me äidin kanssa istuimme ruokasalin pöydän ääreen.

– Puhuiko tohtori todella keuhkotaudista? kysyin lopulta, kun äiti vain siveli etusormella pöydänreunaa ja oli kuin muissa maailmoissa.

– Puhui, äiti vastasi silmät kyyneltyen. – Ja otti ysköksestä näytteen mukaansa. Siinä oli verta seassa. Pikkupoikia ei saa aamulla päästää Allin luo emmekä me muutkaan saa mennä kovin lähelle varsinkaan, jos Alli yskii. Ihan vain varmuuden vuoksi tietysti, tohtori sanoi.

– Mitä se hyödyttää? huudahdin enkä voinut sille mitään, että säikähdys muuttui raivoksi ja epätoivoksi. – Me nukuimme Allin kanssa Viipurissa vieri vieressä, matkustimme samassa reessä ja vastakkaisilla junan penkeillä! Jos Allilla tosiaan on tubi, se on taatusti minullakin!

– Älä huuda, etteivät pikkupojat herää, äiti sanoi hiljaa ja nousi kaatamaan meille teetä. – Katsotaan nyt ensin, mitä tutkimuksissa selviää. Kerrankos ne lääkäritkin erehtyvät.

Sinä yönä en nukkunut kuin muutaman tunnin. Joskus aamuyöllä olin kuulevinani valitusta Allin huoneesta ja hiivin hänen vuoteensa ääreen. Ulkoa tuli verhojen raosta sen verran valoa, että näin Allin nukkuvan tapansa mukaan käppyrässä ja tyynyä syliinsä puristaen. Mieli olisi tehnyt silittää hänen hiuksiaan, mutta pelkäsin häiritseväni hänen untaan.

Kun olin palannut omaan vuoteeseeni, ajatukset kiersivät samaa kehää. Eihän Allilla voinut olla keuhkotautia? Mistä ihmeestä hän olisi sen saanut? Mistä hyvänsä, tiesin sen kyllä. Jo oppikoulun terveysopin tunnilla meille oli opetettu, että tuberkuloosi saattoi tartunnan jälkeen piileksiä elimistössä vuosikausia ja iskeä vasta sitten, kun vastustuskyky heikkeni jonkin toisen taudin tai uupumuksen tai aliravitsemuksen takia. Allin äitihän oli kuollut lentävään keuhkotautiin. Eikö hänen isoäitinsäkin ollut menehtynyt verensyöksyyn?

Jos Allilla on keuhkotauti…

Ei, en saa nyt ajatella, mitä siitä seuraisi, yritin tolkuttaa itselleni. Alli nukkui kaikessa rauhassa vastapäisessä huoneessa. Tohtorien tulikin pelätä pahinta ja tutkia varmuuden vuoksi. Yhtä hyvin Allilla saattoi olla vain sitkeä keuhkokuume. Eikös siinäkin kuume sahannut edestakaisin ja jos oikein pitkään yskitti, saattoi yskiä myös verta. Pitkään aikaan en ollut rukoillut, mutta nyt teki mieli ristiä kädet ja pyytää niin kuin joskus pikkutyttönä, että Jumala varjelisi meidät kaikelta pahalta.

Aamulla heräsin äidin ääneen. Hän oli kai jo lähdössä Allin huoneesta, sillä käski tämän ruveta uudelleen nukkumaan. En kuullut, mitä Alli kysyi, mutta äidin vastauksesta arvasin, että kyse oli sairaalaan lähdöstä.

– Elias on luvannut puoleltapäivin tulla hakemaan meitä, hän sanoi. – Tulen tietysti mukaan. Kirsti saa hoitaa huushollia ja pitää pikkupojista huolta.

Kun äiti oli mennyt alakertaan, nousin sängystä ja koputin Allin oveen.

– Tule sisään, Kirsti, hän sanoi käheällä äänellä ja katsoi minuun itkettynein kasvoin. – Ei, älä tule lähelle, hän parahti, kun istahdin hänen sänkynsä jalkopäähän ja työnsin paljaat varpaani hänen peitteen alle.

– Höpsistä, sanoin niin reippaasti kuin pystyin. – Mehän nukuttiin Kivennavallakin parisängyssä! Enkä sitä paitsi usko, että sinulla on keuhkotauti.

– Miten niin? Alli kysyi ja veti jo hiukan suutaan hymyyn.

– Olet ihan liian lihava, sanoin virnistäen. – Ajattele nyt itse!

Olen jo kaksi kertaa leventänyt vihreän pukusi vyötäröä. Jos sinulla tosiaan olisi keuhkotauti, pukuasi olisi pitänyt kaventaa jo kahdesti.

– Niin mutta tohtori Heikel...

– Tohtori Heikelin pitää jo virkansa puolesta tutkia kaikki vaihtoehdot, jos taudista ei olla varmoja, keskeytin Allin puheet alkuunsa. – Se on hyvä, että sinut kuvataan edestä ja takaa ja otetaan näytteet ja tehdään kokeita. Sitten ainakin tiedetään, mikä sinua ei vaivaa.

– Sinä saat sen kuulostamaan niin... helpolta, Alli huokasi.

– Ei se helppoa ole, kiirehdin vastaamaan. – Totta kai on ikävää maata sairaalassa muutama päivä, mutta olen varma, että ne päästävät sinut kotiin viimeistään viikon päästä.

Sen verran minun puheeni valoivat Alliin toivoa, että hän nousi hetken päästä vuoteesta ja alkoi pukea vaatteita päälleen. Minä olin jo siinä vaiheessa kiirehtinyt alakertaan, pukenut Voiton ja Veikon lämpimästi ja lähettänyt heidät kelkkamäkeen. Ulkona paistoi näet aurinko. Äiti antoi minulle ohjeita kyökissä, kun Alli tuli laukkuaan kantaen alakertaan.

– Sinähän näytät oikein reippaalta, äiti ilahtui nähdessään Allin pukeissa ja punaposkisena. – Mutta mene nyt vaikka tuonne salin sohvalle lepäämään. Elias tuskin tulee vielä puoleen tuntiin.

Olin jo kuorimassa perunoita, kun Elias vihdoin tuli lumiset pikkupojat kintereillään. Kyökin ovelta näin, miten äiti säpsähti, kun Voitto ja Veikko ryntäsivät halaamaan Allia.

– Hui kun te olette lumisia! Alli huudahti ja sai siinä samassa yskänkohtauksen.

– Tulkaas pojat tänne, komensin veljeksiä. – Riisutaan ne lumiset saappaat tänne kyökinporstuaan.

Ei siinä ehditty hyvästelemään sen kummemmin. Kopistelin lunta poikien saappaista kyökinportailla, kun Alli tuli ulko-ovesta ja heilautti kättään ennen kuin istui auton takapenkille. Pikkupojat ryntäsivät sukkasillaan vilkuttamaan kyökinportaille.

– Miksi Alli pääsee ajelemaan autolla ja meitä ei otettu mukaan? Voitto kysyi nyrpeänä, kun patistin heidät takaisin lämpimään.

– Allilla on semmonen... tuperkkelitauti, Veikko kuului selittävän, kun pojat livistivät salin puolelle leikkimään.

Kädet vapisten tartuin taas veitseen ja perunaan. Hyvä Jumala, älä anna sen olla totta!

Kolme viikkoa myöhemmin Alli siirrettiin kunnansairaalasta Nurmijärvelle Nummelan keuhkotautiparantolaan. Taudista ei ollut enää epäilystäkään, sen olivat vahvistaneet niin röntgenkuvat kuin tuperkkelikoe. Hänen ysköksestään oli viljeltäessä löytynyt niin paljon tuberkuloosibasilleja, että meidät kaikki kutsuttiin tutkimuksiin Iisakkia ja maisteri Tikkasta myöten.

Iisakki oli ainoa, jonka ihoon nousi paukama, kun siihen oli hierottu tuberkuliinisalvaa. Röntgenkuvissa hänen keuhkoissaan näkyi kuitenkin vain pieni selvärajainen tumma varjo. Niinpä tohtori Heikel arveli Iisakin saaneen tuberkuloositartunnan jo nuorena Pohjanmaalla, mutta bakteerit olivat koteloituneet eikä Iisakki ollut sairastunut eikä tartuttanut ketään.

– Soo mikään ihme, ku niitä pasiliskoja oli meilläkin joka paikas, Iisakki totesi huojentuneena, kun tultiin kaikki Eliaksen kyydissä kunnansairaalasta kotiin. Äiti ja Elias olivat saatelleet Allin parantolaan jo edellispäivänä. – Meitähän oli kaikkinensa kuus lasta, neljä mua vanhempaa ja yks nuarempi. Moltihin Kustaan kans ainuat, jokka pääsi hengis ripillen ja aikamiähiksi asti. Maiju kuali neljäntoista vanhana ja muut sitä nuarempina.

– Ei kai me kuolla? Voitto kysyi hädissään.

– Ei puhettakaan, Iisakki ehti vakuuttamaan meidän muidenkin puolesta. – Tootta kuulkaa hengis viälä monen saran vuoren päästä.

– Ai niin kuin se Turun linnan tonttu-ukko? Veikko kysyi epäilevän näköisenä. – Mutta sehän on satua.

– Älkää nyt sitten puhuko Allin taudista poikien kuullen, äiti sanoi meille iltateellä, kun pojat oli viety nukkumaan ja Elias oli kerrankin tarjoutunut lukemaan heille iltasadun. Kai hänkin oli helpottunut siitä, etteivät Voitto ja Veikko olleet saaneet tartuntaa, vaikka aina kiehnäsivät Allin sylissä.

– Pitikin mun pirskalehen ruveta niitä rumihia räknäämään, Iisakki harmitteli. – Paremminhan meikäläänen joutaas kualemahan kun tuallaanen nuari ja iloonen…

Enempää ei Iisakki saanut sanotuksi, nousi vain äkisti pöydästä ja käveli ovesta ulos.

– Nummelassa annetaan maan parasta hoitoa, maisteri Tikkanen yritti lohduttaa meitä lähtiessään yläkertaan. – Tunnen yhden faktorin, jolta on siellä leikattu toinen keuhko, ja hän käy töissä ihan niin kuin ennenkin.

Miesten mentyä jäätiin äidin kanssa kahden. Kumpikaan ei voinut kyynelille mitään. Ne vain alkoivat vieriä pitkin poskia kuin itsestään.

– Et usko, miten kamalalta tuntui jättää Alli sinne vieraitten ihmisten armoille, äiti sai lopulta kuiskatuksi. – Ihan niin kuin me olisimme hylänneet hänet…

– Äiti-kulta, lähden huomenna käymään siellä, sanoin kyyneleitäni pyyhkien. – Olisin lähtenyt jo tänään, mutta kun oli tuo sairaalareissu.

– Soita ensin Allille ja kysy, mitä pitää tuoda, äiti sanoi. – Ja jos tekisit muutaman nätin kuvan. Se oli niin kamalan kolkko se hänen huoneensakin.

Alli kuulostikin selvästi ilahtuneelta, kun otin varhain aamulla kaukopuhelun siihen numeroon, jonka äiti oli saanut parantolasta.

– Jos toisit ne runokirjat, jotka ovat kirjahyllyn päällä, ja tohvelit ja päiväpeiton, Alli pyysi hiukan hengästyneenä päästyään puhelimeen. – Tämä peitto joka täällä on nyt, on ihan oksennuksen värinen. Niin ja kamferttisalvaa. Ne eivät anna sitä täältä, mutta saisin varmaan nukutuksi paremmin, jos sitä laittaisi rintaan ja kaulaan. Ja jos jotakin hyvää, suklaata vaikka taikka äidin pikkuleipiä...

– Tuonko sen Tarvaspään kuvan, jonka annoin toissajouluna lahjaksi? kysyin äidin eilisiä puheita muistellen.

– Tuo ihmeessä! Ja jos löydät sen valokuvan, jossa me kaikki seistään Eliaksen uuden auton vieressä, toisitko senkin, Alli pyysi lopuksi. Äänestä kuuli, ettei itku ollut sittenkään kaukana.

Päivä oli jo pitkällä ennen kuin jäin junasta Röykän asemalla. Juoksujalkaa oli pitänyt vaihtaa junaa niin Fredriksbergissä kuin Hyvinkäälläkin. Kun seisoin siinä aseman kulmalla ihmettelemässä, mihin suuntaan lähtisin, pysäytti muuan nuori poika rekensä kohdalleni ja kysyi, olinko parantolaan menossa.

– Kyllä vain, mistä arvasit? kysyin hämmästyneenä.

– Näkeehän sen päältä, poika tokaisi ja ilmoitti samaan hengenvetoon, että kyyti maksaisi markan. Ahaa, kyse oli ilmeisesti nuoren miehen omista tienesteistä eikä mistään parantolan järjestämästä kyydistä.

– Onko sinne pitkä matka? kysyin varmuuden vuoksi.

– Pari kilometriä, poika vastasi. – Mutta kyydillä pääsee nopeammin, jos siellä vaikka odotetaan.

Olkoon menneeksi, markka sinne tai tänne, ajattelin kavutessani rekeen. Kantamuksistani hankalin oli se Tarvaspää-taulu, joka oli kehyksissä. Olin maalannut sen koulussa viimeisenä syksynä ja saanut siitä paljon kehuja.

Poika oli oikeassa. Hevosella matka sujui muutamassa minuutissa. Hetken päästä ajettiin jo pitkin mäntykangasta, ja pian kohosi puiden takaa näkyviin uljas kivilinna.

– Pääovelle vissiin, poika sanoi kaartaessaan pihamaalle ja seisautti hevosensa kiviportaiden eteen. Markan saatuaan hän nykäisi ohjaksista ja ajoi kiireesti tiehensä.

– Taasko se Jussi sen markan tienasi? sanoi valkopukuinen nainen, joka oli ilmestynyt pääovelle. Kun kysyin, mistä löytäisin neiti Alli Tuomisen, joka oli toissapäivänä tullut tänne potilaaksi, hän käski minun seurata itseään.

– Tekö olette sukulainen? hän kysyi, kun kiipesimme kiviportaita ylöspäin.

– Sisar tai kasvattisisar oikeastaan, vastasin. Silloin nainen pysähtyi, vilkaisi vielä ympärilleen ja sanoi puoliääneen:

– Muistakaa sitten, että sisarenne ei ole turhan päiten eristyksissä. Tohtori arvelee, että hänellä saattaa olla miliaarituberkuloosi, joka tarttuu herkästi. Nyt olisi tärkeää saada hänet vahvistumaan. Kaikkea turhaa mielenliikutusta on vältettävä, hän lisäsi ja lähti jatkamaan kiipeämistä.

Se kurkkua kuristava kauhu, joka oli vallannut minut sinä yönä, kun tohtori oli kutsuttu hoitamaan Allia, palasi entistä rajumpana. Miten ihmeessä pysyisin rauhallisena, kun Alli alkaisi puhua taudistaan?

Porraskäytävän ikkunasta näkyi, että olimme nousseet jo ylimpään kerrokseen. Vielä yksi väliovi ja käytävä. Sen toisessa päässä hoitajatar koputti oveen, avasi sen sitten ja ilmoitti:

– Neiti Tuomiselle olisi täällä vieras.

Totta kai Alli juoksi kaulaani, enkä minä voinut työntää häntä luotani, vaikka hoitajatar rypisti kulmiaan ja rykäisi merkitsevästi.

– Neiti Tuominen, mitä me sovimme siitä koskettamisesta? hän sanoi lopulta ja sai Allin perääntymään säikähtäneenä takaisin vuoteeseen. Tämäkö oli hoitajattaren käsitys mielenliikutusten välttämisestä?

Naisen mentyä tulin Allin vastalauseista piittaamatta istumaan hänen viereensä vuoteen laidalle ja ryhdyin purkamaan kuormaani. Ilmeisesti joku toinenkin potilas oli joskus tuonut huoneeseen omia taulujaan, sillä seinästä löytyi valmiiksi pari naulankantaa.

Kokeilimme Tarvaspää-taulua kumpaankin ja valitsimme sen, josta taulu näkyi paremmin vuoteeseen.

Koko ajan pidin puhetta yllä. Kerroin, mitä pikkupojat olivat sanoneet ja tehneet, toin terveiset Viivi-tädiltä ja Ville-sedältä, jotka olin nähnyt Albergan asemalla, ja selostin tulomatkan kaikki vaiheet sitä markan-Jussia myöten. Alli ei kuitenkaan antanut eksyttää itseään.

– Mitenkä ne tuberkuliinikokeet menivät? hän kysyi, kun lörpöttelyyni tuli pieni tauko. – Onko joku saanut tartunnan minusta?

– Ei kukaan, vakuutin. – Iisakki oli ainoa meistä, joka on ilmeisesti saanut jo lapsena tubitartunnan kotoaan, mutta hänenkään keuhkoistaan ei löytynyt muuta kuin yksi vanha varjostuma, eli bakteerit olivat koteloituneet.

– Sepä hyvä, Alli huokasi ja sulki hetkeksi silmänsä. – Mutta Yrjö... Yrjölle pitää sanoa, että hänenkin on mentävä kokeisiin.

– Älä nyt sentään liioittele, yritin rauhoitella Allia. – Jos minäkään en ole saanut tartuntaa, miten sitten Yrjö.

– Me olemme suudelleet, Alli sanoi ja lisäsi hetken kuluttua tuskin kuuluvalla äänellä. – Ja olleet muutenkin... tekemisissä.

– Koska? kysyin tyrmistyneenä.

– Silloin Viipurissa, kun en tullut yöksi kortteeriin, Alli vastasi. – Oletko nyt kauhean pettynyt minuun?

– En tietenkään, yllättynyt vain, sain sanotuksi. – No siinä tapauksessa... kai minun täytyy käydä sanomassa Yrjölle.

– Ethän kerro äidille, Alli pyysi, kun olimme istuneet hetken aivan hiljaa.

– En kerro kenellekään, lupasin tietysti. – En tietenkään!

Siksi siis Alli oli ottanut niin raskaasti sen Yrjön ja Katin irstaan leikin Vienolan vinttikamarissa. Miten Yrjö oli saattanut? Ja Kati, eikö hän muka tiennyt? Vai oliko koko näytös pantu pystyyn vain Olavin suututtamiseksi?

– En syytä Yrjöä sen paremmin kuin Katiakaan, Alli sanoi niin kuin olisi arvannut ajatukseni. – Omaa tyhmyyttänihän se oli, että luulin todeksi sitä, mikä toisille oli vain leikkiä. Sitäkin olen jo ehtinyt miettiä, onko tämä Jumalan rangaistus...

– Älä puhu pötyä! ärähdin. – Ei Jumalalla ole tuberkuloosin kanssa mitään tekemistä! Sinä olet saanut taudin varmasti jo lapsena äidiltäsi ja mummoltasi, mutta se puhkesi nyt vasta, kun vilustuit niin perusteellisesti. Enemmän tämä on minun syytäni kuin Jumalan. Minun olisi pitänyt katsoa, että puet kunnolla päällesi!

Samassa kuului jostakin kaukaa kongin kumahdus. Kun kysyin, pitääkö Allin lähteä syömään, hän naurahti ja sanoi, että nyt oli mentävä parvekkeelle lepäämään.

– Tule peittelemään minut ja pitämään seuraa, hän pyysi ja veti syrjään verhon, jonka takaa paljastui parvekkeen ovi.

– Ajatella, että sinulla on ihan oma parvekekin, sanoin kaiteen yli kurkistettuani.

Vaikka ulkona oli vielä pakkasta, suojaisella parvekkeella, joka kylpi iltapäivän auringossa, oli suorastaan kesäisen lämmintä. Silti Alli piti peitellä huolellisesti paksulla valkoisella peitteellä. Itse otin sisältä huoneesta tuolin ja istuin hänen viereensä ottamaan aurinkoa.

– Kuuletko, talitintti laulaa, sanoin hetken kuluttua.

– Kevät on vielä kaukana, Alli huokasi silmät suljettuina. – Marja sanoi kuulleensa, että täällä on keväällä kieloja joka paikassa.

– Kuka on Marja? kysyin. Alli selitti Marjan asuvan käytävän toisella puolella ja potevan samanlaista lentävää keuhkotautia kuin hänkin.

– Hän on vasta seitsemäntoista, kuvittele, Alli sanoi. – Joutui jättämään koulun kesken viime syksynä ja on ollut täällä siitä asti. Minä olen sentään saanut elää ja rakastaakin hiukan.

Tulin Röykästä kotiin vasta iltamyöhällä. Äiti istui yksin ruokasalissa odottamassa minua. Elias oli taas ajossa ja kaikki muut nukkumassa. Kerroin äidille niitä asioita, joiden arvelin helpottavan hänen huoliaan. Alli oli virkeämpi eikä yskinyt yhtä paljon kuin ennen. Huone oli kyllä kieltämättä aika kolkko, mutta taulu, omat valokuvat ja se kauniin sininen päiväpeite olivat tehneet siitä heti paljon viihtyisämmän.

– Ja parveke on todella kaunis, vakuutin äidille. – Siellähän Alli makailee suurimman osan päivästä peittojen sisään käärittynä, katselee pilviä ja taivasta ja kuuntelee linnunlaulua. Ne pikkuleivät me kyllä syötiin heti jälkiruuaksi, tunnustin. – Vaikka eipä silti, talon ruokakin oli hyvää. Ne toivat minullekin oman annoksen, kun Alli pyysi.

Kun äiti kysyi, joutuiko Alli olemaan yksinään kaiket päivät, kerroin hänen jo ystävystyneen yhden vähän nuoremman tytön kanssa, joka asui samassa kerroksessa.

– Allilla on varmaan kohta liuta tyttöjä huoneessaan, sanoin äidille. – Muistatko, miten nopeasti hän ystävystyi minunkin kanssani?

– Alli on aina ollut semmoinen luonnonlapsi, äiti huokasi ja oli taas vähällä purskahtaa itkemään.

Joka viikko kävin Allia katsomassa. Vein hänelle kirjoja, lehtiä ja uutisia, makeisia ja äidin leipomuksia. Äitikin olisi mielellään tullut mukaani, mutta pikkupojat saivat vesirokon, ensin Voitto ja pari viikkoa myöhemmin Veikko. Kumpikin kutisi niin kamalasti, että heidän hoitamisessaan oli täysi työ.

– Joko olet tavannut Yrjön? Alli kysyi joka kerta, kun tulin hänen huoneeseensa. Vihdoin helmikuun lopulla saatoin vastata myöntävästi. Outoa kyllä, Alli ei sen jälkeen kysynyt enää muuta. Hän ei tahtonut tietää, missä olin Yrjön tavannut eikä liioin, mitä Yrjö oli sanonut tai kysynyt. Turha olisi ollut vääntää puukkoa haavassa, ajattelin, enkä ruvennut itse kertomaan meidän kohtaamisestamme.

Kun Yrjöä ei näkynyt sen paremmin yliopistolla kuin Osakuntatalollakaan, olin lähtenyt vihdoin eräänä aamuna Brondinin kahvilaan, jonne tiesin Olavin ja hänen kumppaneittensa kokoontuvan usein aamiaiselle. Sieltä he löytyivätkin talon alakerrasta kantapöytänsä ympäriltä, Yrjö, Olavi ja Pimiän Ilmari sekä pari muuta nuorta miestä, joita en tuntenut.

– Huomenta, Kirsti! Imma tervehti reippaasti huomatessaan minut ensimmäisenä koko joukosta. Herrasmiehenä hän nousi saman tien antaakseen minulle paikkansa. – Me tässä juuri ihmeteltiinkin, miksei teitä Allin kanssa ole näkynyt.

– Onko Alli sairaana vieläkin? Olavi kysyi. – Se meidän renki väitti hänen olleen kovassa kuumeessa silloin kun te lähditte Vienolasta niin äkkiä, hän lisäsi eikä äänen närkästyneestä sävystä voinut erehtyä.

– Alli on Nummelan parantolassa, sanoin niin asiallisesti kuin pystyin. – On ollut jo neljättä viikkoa.

– Keuhkotautiko? Imma kysyi järkyttyneenä ja lysähti istumaan takaisin tuoliinsa.

– Niin, vastasin huokaisten. Olin jo aikeissa lähteä kahvilasta, mutta kerroin vielä kumminkin, että koko meidän perheen oli pitänyt käydä tuberkuliinitestissä. – Onneksi kukaan meistä ei saanut tartuntaa, mutta sanokaa nyt kaikille, jotka olivat Viipurissa ja Vienolassa Allin kanssa, että jos tulee yskää tai kuumetta, kannattaa heti hakeutua hoitoon.

Enempää ei minulla ollut heille asiaa. Käännyin kannoillani ja kävelin ovesta ulos. Esplanadin puistossa pikkulapset pyörittivät touhukkaina lumipalloja. Oli suojasaa ja sininen taivas pilkahteli pilvien raosta. Arvasin Yrjön lähtevän minun perääni, mutta ehdin melkein Hattupään kahvilan kohdalle ennen kuin hän sai minut kiinni.

– Miten Alli jaksaa? hän kysyi. Silmien ilmeestä näki, että mies oli täysin pois tolaltaan.

– Nyt jo paremmin, vastasin huokaisten. – Mutta hän pyysi, että käskisin sinut tutkimuksiin, ihan vain varmuuden vuoksi. Ymmärrät varmaan, mitä tarkoitan.

Yrjö nyökkäsi ja sanoi hetken kengänkärkiinsä tuijoteltuaan olevansa pahoillaan siitä, mitä Vienolassa tapahtui.

– Me olimme niin... rajulla tuulella kaikki. Siinä kotiviinissä oli pirtua seassa, ja Olavi oli kuulemma sekoittanut suitsukkeisiinkin omiaan, hän selitti puolustellen. – Mutta kun seuraavana päivänä käytiin rekiretkellä ja syötiin kunnolla, niin saatiin aikaan monta hyvää runoa. Nyt on jo puhuttu, että julkaistaan uusi kokoelma keväällä.

– No, eihän se sitten hukkaan mennyt, totesin tylysti ja käskin sanoa Katille terveisiä ja Kekelle ja Laurille myös.

– Voinko kirjoittaa Allille? Yrjö kysyi arasti, kun olin jo kääntänyt hänelle selkääni. – Mikä se osoite onkaan?

– On parempi, ettet kirjoita, ilmoitin tiukasti. – Lääkäri sanoi, että kaikkia mielenliikutuksia pitäisi välttää.

Joskus mietin, olisiko Yrjön kirjeistä ollut sittenkin apua tai edes lohtua Allille, mutta kun myöhemmin luin Katin seuraavan runokokoelman, tajusin, että se kiihko, jota jouduimme todistamaan Vienolan vintillä, oli ollut vain jäävuoren huippu. Sinä keväänä Yrjö hylkäsi myös Katin ja tulisi varmasti vielä jättämään monta muutakin naista, jotka olivat menettäneet hänelle sydämensä. Niinhän Yrjö oli kirjoittanut rakkaudestaan, että se oli kuin pirunpolska.

Kun jälkikäteen muistelen sitä kevättä, mieleen nousee pimeyden keskeltä vain hajanaisia muistikuvia. Me istumme Allin kanssa parvekkeella ja puhelemme hiljaa entisistä asioista, katsomme sinistä taivasta ja kuuntelemme linnunlaulua, joka joskus äityy niin kovaääniseksi, että on pakko painaa kädet korville.

Äiti istuu iltaruskon aikaan verannalla ja säpsähtää, kun tulen ovesta. Mitenkä Alli? Samat puheet ja pienet hyvät uutiset. Kun äiti vihdoin pääsi palmusunnuntaina itse käymään parantolassa, hän tajusi, että Alli oli kutistunut koko ajan ja oli kohta yhtä pieni ja laiha kuin kymmenvuotiaana. Sen jälkeen emme enää puhuneet siitä, mitä sitten tehtäisiin, kun Alli pääsee taas kotiin.

Luennoilla ja harjoituksissa istuin omissa ajatuksissani. Muistiinpanojen sijaan piirtelin luentovihkoihini kukkia, lintuja, hattuja. Tenttipäivinä vatsa oli kipeä tai pää. Lopulta jäin pois luennoiltakin. Opintokirjaani ei kertynyt yhtään merkintää.

Enää en pystynyt käymään osakunnassa, en edes Naisylioppilaiden Karjala-Seurassa. Kaikki kyselivät Allista, vaikkeivät oikeastaan halunneet tietää, mitä hänelle todella kuului. Lentävä keuhkotauti oli kuin Musta surma. Jokainen toivoi, ettei se osu omalle kohdalle. Nyt vasta huomasin, miten usein lehtien kuolinilmoituksissa ja muistokirjoituksissa sanottiin "kuollut Nummelan parantolassa". Pääsiäisen jälkeen en halunnut lukea enää Ylioppilaslehteäkään.

Vain Miilin takahuoneessa sain olla oma itseni, itkeä kun itketti, nauraa kun nauratti. Uudet hatut kävivät mainiosti kaupaksi. Miili tilasi Katariinan kautta suoraan Pariisista sulkia ja koristeita. Samassa lähetyksessä saimme myös nipun hyvinistuvia pukinnahkahansikkaita. Niiden kämmenselässä oli kolme ommelta ja varsi oli lyhyt ja sisäpuolelta auki.

– *Gants de automobile?* Miili tavaili lähetyslistasta. – Autohansikkaita? Mutta nämähän ovat naisten kokoa!

– Mikseivät naisetkin voisi ajaa autoa? kysyin huvittuneena hatuntekeleeni ääresta.

– No, pannaan näitä näytille ikkunaan, Miili päätti. – Piirrä siihen autoilevan naisen kuva ja kirjoita alle tuo Gants de automobile!

Miili tunsi asiakkaansa. Hansikaspino hupeni nopeasti, eivätkä ne nuoret naiset, jotka autohansikkaita ostelivat, säikkyneet edes niiden kallista hintaa. Omilla rahoillaan he eivät yleensä tehneet ostoksia, vaan maksajana oli usein joku vanhempi herra, ilmeisesti pappa tai peräti aviomies.

Eräänä kevätpäivänä huhtikuun puolivälissä, kun oli minun vuoroni seistä tiskin takana, kadunvarteen pysähtyi kiiltäväkylkinen avoauto kuomu alhaalla. Vaikka päivä oli aurinkoinen, oli ilma silti viileä ja tuulinen.

Näin kyllä, että safööri riensi avaamaan auton oven ja sieltä nousi hattupäinen nainen kettupuuhka harteillaan. Vasta kun nainen seisahtui vilkaisemaan näyteikkunaamme, tajusin hänen olevan tulossa meille ostoksille. Harmi kyllä, Miili oli juuri lähtenyt sovittamaan pukua erään vanhanrouvan kotiin Kasarminkadulle. Hän osasi paljon paremmin käsitellä näitä puuhkanaisia, joilla oli tapana sovittaa kaikkia mahdollisia hattuja mutta jättää lopulta ostokset tekemättä.

– Hyvää päivää, god dag! tervehdin kuitenkin kohteliaasti hymyillen, kun nainen tuli ovesta kellonkilahduksen säestämänä.

– Guten Tag, nainen vastasi mutta hymyili sitten anteeksipyytäen ja toivotti suomeksi hyvää päivää. Ilmeisesti nainen oli ulkomaalainen tai sitten joku, joka oli pitkään asunut ulkomailla.

Kun kysyin, miten voin palvella, nainen sanoi etsivänsä hansikkaita, jotka sopisivat myös autolla ajoon.

– Haben Sie… tarkoitan, onko teillä noita vaaleita lyhytvartisia hansikkaita muita kuin tuo yksi pari ikkunassa? hän kysyi.

– On niitä muutama pari vielä jäljellä, vastasin epäröiden, sillä naisen kädet näyttivät yllättävän suurilta ja karkeatekoisilta. – Nämä ovat kuitenkin erittäin pientä kokoa, ranskalaista mallistoa, lisäsin kiireesti. – Haluatte varmaan sovittaa?

Kävi niin kuin arvasinkin. Niistä kolmesta parista kahdet eivät mahtuneet hänelle ollenkaan ja viimeisen parin hän sai hädin tuskin kiskotuksi käteensä.

– Ne kyllä venyvät hiukan käytössä, koska niissä ei ole vuorta, huomautin naiselle, kun tämä liikutteli hansikoituja sormiaan eikä selvästikään osannut päättää, ottaisiko hansikkaat vai ei.

– Entä se pari, joka on ikkunassa? hän kysyi lopulta ja alkoi nykiä kädessään olevien hansikkaiden sormenpäitä saadakseen ne riisutuksi. Sen verran kovakouraiselta hänen otteensa näyttivät, että pelkäsin pukinnahan repeytyvän, vaikka se olikin sitkeää laatua.

– Hetkinen, käyn tarkistamassa, mutta luulen, että ne ovat vielä pienempää kokoa, sanoin naiselle, kiersin tiskin takaa näyteikkunan ääreen ja kurotuin tarkistamaan hansikkaiden koon.

– Kyllä, ne ovat ikävä kyllä pienempää kokoa, käännyin sanomaan naiselle. Hän ei vaivautunut edes vastaamaan vaan oli jo ryhtynyt katselemaan seinätelineisiin ripustettuja uusia hattuja.

– Haluan koettaa tuota valkoista, nainen ilmoitti, kun olin palaamassa tiskin taakse. Hän osoitti sormellaan ylhäällä melkein katonrajassa olevaa leveälieristä hattua, jonka kupua kiersi lehmuksenvihreä harso.

Otin tiskin takaa porrasjakkaran ja kapusin ottamaan hatun telineestä. Nainen oli riisunut oman huopahattunsa ja seisoi hetken peilin edessä valkoista lierihattua asetellen. Mieli teki ehdottaa, että hän kokeilisi jotakin vähemmän leveälieristä. Noin lyhyenlännän ja tanakan naisen päässä leveälierinen harsounelma näytti luvalla sanoen naurettavalta.

– Nein, das geht nicht, nainen totesi puoliääneen ilmeisesti enemmän itselleen kuin minulle ja kääntyi sitten hymyillen ojentamaan hatun takaisin. Hän painoi peilin edessä oman hattunsa niin syvälle päähän, että lierin alta näkyivät vain hänen pistäväkatseiset silmänsä.

– Auf Wiedersehen, nainen kääntyi sanomaan ovelta. – Näkemiin!

Naisen mentyä kapusin viemään valkoisen hatun takaisin paikalleen ja työnsin pöydälle jätetyt hansikkaat myyntipöydän laatikkoon. Siinä samassa puodin kello kilahti jälleen ja kaksi nuorta naista tuli hattuostoksille. Puheista päätellen toinen heistä oli menossa naimisiin ja etsi nyt hattua häämatkaa varten.

– Ota joku vähän leveälierisempi, ystävätär neuvoi morsianta. – Caprilla on jo tähän aikaan keväästä mahdottoman polttava aurinko.

Loppujen lopuksi siinä kävi niin, että jouduin kapuamaan uudelleen porrastikkaille hakemaan sitä valkeaa lierihattua sovitettavaksi. Onneksi kaupat syntyivät ja naiset poistuivat tyytyväisinä hatturasiaa kantaen. Pian sen jälkeen tuli Miilikin kaupungilta ja joimme takahuoneessa kahvit.

Illansuussa, kun olin lähdössä polkupyörällä kotiin, Miili järjesteli myyntipöydän laatikoita ja totesi, että autohansikkaita täytyisi tilata lisää.

– Näitä on enää kaksi pientä kokoa jäljellä, hän sanoi. – Ja ikkunassa taitaa olla kolmas.

Hetkinen.

Kuva toisensa jälkeen vilahti silmieni edessä. Avoauto ja kumartava safööri, minä itse näyteikkunaan kurottumassa, valkoinen hattu, jonka puuhkanainen ojensi minulle hymyillen, hänen pistävä katseensa ulko-ovella.

– Kirottu ämmä! manasin kuin katupoika. – Se puuhkanainen varasti ne isoimmat hansikkaat! Tietysti, miksi muuten se olisi minua juoksuttanut sen valkoisen hatun kanssa!

Kun kerroin Miilille, miten ovelasti nainen oli temppunsa tehnyt, hän arveli, että kyse oli taas jostakin upporikkaasta rouvasta, joka haki yksitoikkoiseen elämäänsä jännitystä näpistelemällä puodeista.

– Tuskin hän tulee toista kertaa tänne, Miili arveli. – Yleensä ne osaavat pitää hyvin varansa.

Harmitti se silti koko kotimatkan, vaikka ilta oli kaunis. Tarvon sillalla seisahduin hetkeksi katselemaan sorsia, jotka uiskentelivat sulavedessä sillan ja salmen puolivälissä. Siinä oli virtapaikka, joka pysyi sulana kovallakin pakkasella ja höyrysi silloin kuin kuuma lähde. Äkkiä alkoi taivaalta kuulua kurkien moniääninen huuto. Komeana aurana ne lensivät ylitseni matkalla kohti pohjoista.

Alli.

Se musta murhe, jonka päivän kiireet ja harmit olivat peittäneet mielen pohjalle, nousi jälleen kuin usva sulasta vedestä ja peitti kaiken muun alleen. Oli pakko itkeä, antaa kyynelten tulvia ja nyyhkyttää ääneen, kunnes kipu sydänalassa hellitti ja merituuli kuivasi kyyneleet.

Ei tämä ollut ensimmäinen kerta eikä viimeinenkään, kun seisoin sillalla yksinäni suremassa Allin kohtaloa ja samalla omaani. Kotona en uskaltanut näyttää murhettani, sillä äidillä oli varmaan vielä suurempi suru sydämessään. Emme me olisi kyenneet toisiamme lohduttamaan, kun kumpikin yritti olla ajattelematta sitä, minkä tiesimme vääjäämättä tapahtuvan.

Alli ei näkisi kesää.

Vapunpäivänä lähdimme äidin ja Eliaksen kanssa autolla parantolaan. Pikkupojatkin olivat saaneet luvan tulla mukaan sillä ehdolla, etteivät riehuisi ja huutaisi. Parantolassa järjestettiin nimittäin vappujuhla, jossa Allikin esiintyisi.

Pitkään viivyteltyään kevät oli taas päättänyt kiirehtiä. Koivikot vihersivät tien molemmin puolin, ja haavat hehkuivat punertavina auringossa. Jaakkolan pellolla joku ajoi traktorilla ja sai pikkupojat hihkumaan innoissaan. Onneksi Elias ajoi täyttä vauhtia rusthollin tienhaaran ohi.

Kun puolivälissä matkaa piti seisahtua pissattamaan Voittoa ja Veikkoa, kuului yläpuoleltamme kiurun liverrys. Nousin autosta tähyämään ylös ja olinkin hetken näkevinäni mustan pisteen korkealla taivaan sinessä. Voi miten me olimme Allin kanssa odottaneet keväisin kiuruja ja peipposia ja pääskysiä ja toivoneet kesän vihdoinkin alkavan! Nyt kesän tulo tuntui pelottavalta.

– Tämmöisenä päivänä sitä toivoo, että aika seisahtuisi eikä aurinko laskisi ollenkaan, äiti sanoi istahtaessaan takaisin auton etupenkille.

– Saataisko me sitten valvoa koko yö? Veikko kurottui kysymään etupenkin selkänojan yli.

– Ette tietenkään, vastasin äidin puolesta. – Silloin vedettäisiin vain paksut mustat verhot ikkunoiden eteen.

– Muistatko ne pimennysverhot, jotka piti sodan aikaan panna ikkunoiden eteen, äiti kääntyi kysymään minulta. – Sametista ei jäänyt jäljelle kuin pieni pala. Siitä tehtiin Allille mekko hänen äitinsä hautajaisiin, hän lisäsi ääni särähtäen.

Siihen ajatukset taas kiertyivät, Alliin ja muistoihin. Kerrankin olin tyytyväinen, kun Elias ryhtyi sadattelemaan tien routakuoppia ja sai äidin sopivasti kimpaantumaan. Se vielä olisi puuttunut, että äiti olisi ilmestynyt vappujuhlaan itkettynein silmin.

Juna oli juuri tullut Röykän asemalle, kun ajettiin siitä ohi. Vieraita näytti olevan paljon tulossa, nuorta väkeä enimmäkseen. Monilla oli ylioppilaslakit päässään niin kuin minullakin, vaikken ollut eilisiltana halunnut lähteä osakuntaan vappua juhlimaan.

– Laittaako Allikin tuon lakin? Voitto kysyi, kun parantolan tienkäänteessä sivuutettiin hälisevä valkolakkisten joukko, joka väisti meitä tien molemmille laidoille.

– Laittaa tietysti, vastasin hymähtäen. – Äidillä on se laukussa mukana.

Kun ilma oli lämmin ja väkeä paljon, oli juhla päätetty pitää ulkosalla. Ehkä siinä oli ajateltu tartunnanvaaraakin. Parantolan puistoon loivaan ruohikkorinteeseen oli kannettu penkkejä ja tuoleja ja jopa iso musta flyygeli, jota joku oli välillä soittanut salissa. Pikkupoikien kannalta oli tietysti hauskempi istua ulkosalla, sillä jaloissamme pyöri jo ennen ohjelman alkua pieni pörröinen sylikoira, joka kuului ilmeisesti jollekin parantolan lääkäreistä. Pojat sitä leikittivät maasta löytyneellä koivunkarahkalla niin että

Elias joutui lopulta viskaamaan kepin pois, kun ohjelma alkoi.

Kävin hakemassa Allin yläkerrasta ja autoin häntä pukeutumaan. Olin jo edelliskerralla ottanut mitat ja kaventanut Allin vihreän puvun vyötäröä toistakymmentä senttiä molemmista sivusaumoista. Silti hame pyöri hänen ympärillään ja olisi valahtanut lantioille, ellei sitä olisi sidottu tiukasti huivilla.

– Minä näytän ihan kynityltä kanalta, kun solisluut törröttävät niin rumasti, Alli huokasi peiliin katsoessaan. – Ja tukkakin on niin ohentunut, ettei ylioppilaslakki tahdo pysyä päässä.

– Sinä näytät metsänneidolta, vakuutin Allille ja kiedoin hartiahuivin hänen laihojen käsivarsiensa ja liian väljän kaula-aukon peitoksi. – Ja minullakin on ylioppilaslakki kiinni pinneillä, odotas, näistä joutaa pari sinullekin. Noin, nyt se pysyy päässä vaikka vähän tuulisikin.

Kovin hitaasti laskeuduimme alas tornista. Minä talutin häntä toisesta käsipuolesta, ja Alli piti toisella kädellään tiukasti kaiteesta kiinni.

– Jäädään tänne taakse, Alli kuiskasi, kun vihdoin tultiin nurkan takaa juhlapaikalle. Niin tehtiin, vaikka näin, että äiti oli varannut meille paikat viereensä penkin päähän lähelle flyygeliä. Ilmeisesti Alli tahtoi keskittyä rauhassa omaan ohjelmanumeroonsa.

Melkein kaikki ohjelmansuorittajat olivat parantolan potilaita. Nelikätisen alkusoiton esittivät flyygelillä muuan vanhempi nainen ja joku aivan nuori tyttö. Tervehdyspuheen nousi etupenkistä pitämään pitkä valkopartainen herra, jonka Alli sanoi olevan parantolan ylilääkäri.

Sitten oli vuorossa taas soittoa. Se vanhempi nainen säesti viulistia, joka oli varmaan ennen sairastumistaan soittanut työkseen jossakin orkesterissa. Vaikka mies oli laiha kuin luuranko, hänen sormensa liikkuivat viulun kaulalla käsittämättömän nopeasti. Jokainen sävel kaikui puhtaana ja kauniina, eikä mies tarvinnut nuotteja vaan soitti silmät kiinni. Tuntui ihan siltä kuin puiston linnutkin olisivat hetkeksi vaienneet hänen viuluaan kuunnellessaan ja ryhtyneet sen päätyttyä laulamaan keskenään kilpaa.

Hämmästyin vähän, kun seuraavaksi flyygelin taakse kokoontui suurin osa puistoon saapuneista potilaista. Joukossa oli enimmäkseen nuoria ihmisiä, nuorimmat tuskin rippikouluikäisiä, mutta myös muutama vanhempi herra ja rouva. Se sama pianistinainen johti ilmeisesti myös potilaiden kuoroa ja ilmoitti, että he esittäisivät Hannikaisen *Kevätsointuja* ja Bellmanin kevätlaulun *Tuuli hiljaa henkäilee*.

– Mikset sinä ole kuorossa mukana? kysyin Allilta puoliääneen, kun ensimmäinen laulu oli esitetty ja yleisö taputti kohteliaasti.

– En pysty enää laulamaan, Alli kuiskasi. – Heti rupeaa yskittämään. Ylilääkäri kyllä sanoo, että laulaminen vahvistaa keuhkoja. Siksi tuolla ovat mukana nekin, jotka eivät oikein tahdo pysyä äänessä.

Kun oli vielä naurettu kahden nuoren miehen esittämälle Ollin pakinalle *Vahingosta vihastuu* ja kuultu sen nuoren pianistitytön soittama *Valse Triste*, oli lopulta Allin vuoro esiintyä.

Alli horjahti hiukan noustessaan paikaltaan, mutta veti sitten syvään henkeä ja aloitti sen saman posetiivirunon, jonka oli esittänyt Viipurin talvijuhlassa. Aluksi hänen äänensä vapisi hiukan, mutta jo muutaman sanan jälkeen se alkoi soida yhtä tummana ja täyteläisenä kuin entisaikaan.

– *Yli vartalon sävelet rientävät keinuen. Miten valssin sävel taas vallata voi!* hän huudahti ja otti hyräillen muutaman valssiaskeleen.

Mitä nyt? Allin rinta kohoili, ja hän otti tukea lähimmästä puunrungosta. Näki, että Alli oli hengästynyt. Heikkoutta kesti kuitenkin vain hetken. Alli kääntyi katsomaan yleisöä ja jatkoi runoa kertoen, miten posetiivin ääni on läpi elämän, vuodesta vuoteen keväisin herättänyt hänet.

– *Se on laulu lapsuuden päivien, se on tietoni onnesta, muistoni kultaisin, se on kaiken iloni sisältänyt,* hän lausui ja jokainen läsnäolija tunsi varmasti, että Alli puhui omasta elämästään. Ehkä siksi runon loppu liikutti ja järkytti niin monia, sillä Allin huudossa oli aitoa tuskaa, kun hän käski runon lopussa posetiivarin mennä soittamaan hänen rauhanrikkojansa pihamaalle.

Alli kumarsi hiukan saatuaan raikuvat aplodit, mutta horjahti taas. Silloin äiti nousi paikaltaan ja meni syleilemään häntä. Väki alkoi taputtaa uudelleen, kun äiti talutti Allin viereensä tyhjälle paikalle.

– Loistava esitys, neiti Tuominen! tuli ylilääkäri itse kiittämään, kun ohjelman jälkeen istuimme oman perheen kesken sivummalla. – Te olette todellinen taiteilija!

Parantolan seinustalle oli katettu pitkä pöytä, josta sai hakea simaa, kahvia ja munkkirinkeleitä. Pikkupojat mutustelivat tyytyväisinä munkkejaan naamat korvia myöten sokerissa, mutta kun Veikko unohtui epähuomiossa puoliksi syöty munkki kädessään ihmettelemään vierasta herraa, joka tervehti myös äitiä ja Eliasta, se pikkukoira nappasi äkkiä munkkirinkilän hänen sormistaan. Veikko hämmästyi niin ettei osannut edes huutaa, ihmetteli vain tyhjää kättään.

– Benni! Benni, tseh, ylilääkäri yritti tavoitella pöydän alta kuritonta piskiä mutta joutui lopulta käskemään yhden hoitajattarista ottamaan koiran kiinni ja viemään sen lukkojen taakse. Äidin pyynnöstä kävin hakemassa Veikolle uuden munkin ja annoin siitä palasen Voitollekin, jotta kumpikin oli saanut yhtä paljon herkkuja.

– Minun täytyy varmaan lähteä lepäämään, Alli ilmoitti hetken kuluttua ja halasi äitiä ja Eliasta hyvästiksi. Sääliksi kävi, kun pikkupojat takertuivat hänen helmoihinsa ja alkoivat kilpaa vaatia, että Allin pitää tulla kotiin.

– Ei Alli nyt jouda! sanoin pojille. – Hän on tässä linnassa prinsessana ja asuu tuolla korkeassa tornissa. Odottakaas hetki, niin näette kohta Allin vilkuttavan tuolta ylhäältä.

Pojat jäivät hölmistyneenä katsomaan sormeni osoittamaan suuntaan, kun me Allin kanssa kiirehdimme nurkan taakse. Puolessa välissä portaikkoa Alli seisahtui hetkeksi kokoamaan voimia.

– Ei minusta ole enää mihinkään, hän kuiskasi. – En jaksa lausua edes yhtä runoa ilman että hengästyn.

– Sinun esityksesi oli silti kaikkein paras, sanoin Allille.

Kun vihdoin olimme Allin huoneessa, menimme suoraan parvekkeelle. Minä huusin ensin Voittoa ja Veikkoa nimeltä, ja koko perhe kääntyi katsomaan ylös. Silloin Alli kurotti kaiteen yli ja huiskutti heille vihreää huiviaan.

Se oli viimeinen kerta, kun he näkivät Allin elossa.

Kun seuraavana sunnuntaina tulin junalla Röykkään, huomasin aseman takana eteläisellä koivikkorinteellä kielojen kirkkaanvihreiden lehtipiikkien työntyvän kohti aurinkoa. Erään kivenlohkareen juurelta löysin ensimmäiset kukkavanatkin. Vaikka kielonkukat olivat vielä nupussa, niiden tuoksu tuntui jo selvästi. Kun tiesin kielojen olevan Allin lempikukkia, poimin niitä pienen kimpun ja lähdin vasta sitten kävelemään kohti parantolaa. Tienkäänteessä se markan-Jussi ajoi ohitseni vanhempi pariskunta kyydissään ja heilautti minulle kättään.

– Neiti Tuomistako olette tulossa katsomaan? kysyi hoitaja, kun olin ehtinyt kavuta tornin yläkertaan ja seisahduin hämmästyneenä Allin huoneen ovelle. Vuoteessa oli pelkkä patja. Sen jalkopäähän oli siististi taiteltu Allin päiväpeitto. Tarvaspää-taulu lojui päiväpeiton vieressä kuvapuoli alaspäin ja sen päälle oli koottu ne valokuvakehykset, jotka olivat olleet Allin yöpöydällä.

– Missä Alli on? kysyin kauhuissani. – Onko hän…

– Neiti Tuominen siirrettiin eilen alakertaan, nainen selitti. – Siellä on helpompi hoitaa häntä. Jos haluatte, voitte viedä nämä hänen uuteen huoneeseensa. Se on pääovesta tultaessa vasemman käytävän perällä toinen huone oikealla puolella. Ovessa on numero 18.

Laitoin kielokimpun ja valokuvakehykset taulun ja päiväpeitteen päälle ja lähdin kuormaa kantaen varovasti portaita alas. Tiesin toki, mitä huoneenvaihto merkitsi. Allin kunnon oli täytynyt romahtaa.

Jo ovelle näki, että Allin kalpeilla poskilla paloivat punaiset läikät ja silmissä oli kuumeen kiilto.

– Tänne minä nyt sitten jouduin, hän sanoi ääni värähtäen. – Prinsessa karkoitettiin tornista.

– Avaanko ikkunan? kysyin Allilta, sillä huoneessa oli kuuma ja ilma tuntui tunkkaiselta.

– Jos viitsit, Alli huokasi ja sulki silmänsä. Kun linnunlaulu täytti huoneen, Allin huulille levisi vieno hymy, mutta vieläkään hän ei jaksanut avata silmiään. Niinpä asettelin valokuvakehykset yöpöydälle, hain lavuaarin kraanasta vettä tyhjään lasiin ja laitoin kielot siihen.

– Ihan niin kuin kielo tuoksuisi, Alli naurahti.

– Niin tuoksuukin, katsopas, sanoin nostaen kukat hänen kasvojensa eteen.

– Muistatko, kun keräsimme kieloja Johanssonskan seppeleeseen ja minä halusin viedä kielokimput äidin ja mummun haudalle? Alli kysyi avaten vihdoin silmänsä. Hänen katseensa oli ihmeen kirkas ja rauhallinen.

Totta kai muistin sen. Alli oli ollut niin onneton, kun ei muistanut, mihin hänen äitinsä oli haudattu. Silloin meidän äiti oli sanonut, että Allin äiti näkee kyllä pilven päältä omat kukkasensa.

– Kohta minäkin olen siellä pilven päällä ja katselen teitä täällä alhaalla, Alli puheli hiljaa. – Eikä sinunkaan tarvitse tuoda kukkia minun haudalleni. Kyllä minä omat kukkani löydän ja sinut myös, missä ikinä kuljetkin.

Nyökkäsin itkua pidätellen ja ojensin käteni. Alli tarttui siihen ja puristi heikosti. Siinä samassa Alli näytti muistavan jotakin ja yritti hätääntyneenä ponnistella istumaan.

– Se kirja! Kirsti, ota se kirja tuosta alalaatikosta! hän pyysi vaipuessaan takaisin tyynyjensä varaan. – Yrjö kävi täällä toissapäivänä ja toi sen kirjan…

Ensin ajattelin, että Alli hourailee tai oli nähnyt unta. Mutta yöpöydän alalaatikosta löytyi todellakin pieni pahvikantinen kirja, jonka kannessa luki *Hurmioituneet kasvot*. Olavi ja hänen itämainen seurueensa olivat siis sittenkin saaneet sen runokirjansa julkaistuksi.

– En minä jaksa sitä lukea, Alli huokasi. – Yritin, mutta en pysty. Ota sinä se… muistoksi Vienolasta.

Mieli teki sanoa, etten minäkään niitä muistoja halua, mutta avasin sentään kirjan selaillakseni sitä hiukan. Nimiölehdelle oli kirjoitettu Yrjön kulmikkaalla käsialalla säe siitä kevätrunosta, jonka Alli oli lausunut viimeksi vappuna täällä:

Näin kerran toisenkin kuulijan;
myös avatun ikkunan ääressä seisoi hän
hymyhuulin keskellä kukkasiaan.

Sinun Y 5. V.1925.

– Älä itke, Kirsti, me teimme sovinnon, Alli kuiskasi. – Kaikki on hyvin.

Ne olivat hänen viimeiset sanansa.

6. LUKU

KESÄKUUSTA LOKAKUUHUN 1925

Äiti oli ostanut Espoon kirkkomaan uudelta puolelta Allille hautapaikan. Kuolinilmoitusta ei kuitenkaan laitettu lehteen ennen hautajaisia vaan vasta niiden jälkeen. Vaikka suurin osa Allin opiskelijatovereista ja meidän osakuntalaisista oli jo matkustanut kesänviettoon, emme halunneet haudalle paljon väkeä. Kun äiti tuskaili, minkä värssyn voisi ilmoitukseen laittaa, ehdotin sitä säettä, joka oli jäänyt soimaan mieleeni Viipurin talvijuhlista. *Kaikki kauniit laulut nukkuu nurmikummun alla.*

Ei meitä haudalla ollut oman talon väen lisäksi kuin Miili ja Darja, Manneliuksen Helmi sekä Mikko Slöör, jonka Viivi-täti oli pyytänyt neljänneksi kantajaksi Eliaksen, Iisakin ja maisteri Tikkasen lisäksi. Porvoossa piti näet avata seuraavana päivänä Ville-sedän museo, ja Vallgrenit olivat joutuneet lähtemään sinne jo perjantaina.

– Niin oli köykäänen arkku, notta olsin mä sen yksinkin kantanu, Iisakki sanoi minulle puoliääneen, kun käveltiin haudalta Eliaksen autolle.

Hautajaispäivääkin murheellisempi oli seuraava päivä. Silloin Alli olisi täyttänyt 21 vuotta. Lähdin iltapäivällä polkupyörällä hautausmaalle. Umpeenluotua kumpua peittivät ne kukkakimput ja seppeleet, jotka sinne oli edellispäivänä laskettu, mutta kukat näyttivät jo nuutuneen auringossa. Olin poiminut meidän huvilan takaa puronnotkosta kielokimpun ja laskin sen haudan pääpuoleen. Juuri silloin purjehti pieni pilvenhattara auringon editse ja tuuli pyyhkäisi yli hiljaisen hautausmaan. Kun katsoin ylös, pilvi muutti muotoaan ja haihtui hetken päästä olemattomiin. En voinut olla ajattelematta, että se oli Allin tervehdys pilven päältä.

Kukin meistä murehti tavallaan. Hautajaisista ei ollut vielä kulunut viikkoakaan, kun Viivi-täti soitti äidille ja pyysi tätä tulemaan Ville-sedän ateljeeriin.

– Lähdetkö mukaan? äiti kysyi. – Ville on kuulemma tehnyt Allille hautapatsaan.

Ei se mikään iso korkokuva ollut, puoli metriä kanttiinsa korkeintaan ja punaisesta savesta muovailtu, mutta kaunis ja koskettava silti. Siinä näet enkeli lohdutti itkevää tyttöä.

– Tuohon jalustaan mahtuisi nyt Allin nimi ja syntymä- ja kuolinaika, Viivi-täti selitti. – Eikös se ollut 17. toukokuuta 1904, kun Alli oli syntynyt?

Ville-setä ei itse paljoa puhunut vaan istui sivummalla viinilasi kädessään. Takki ja kädet olivat vieläkin punaisessa savessa. Kun äiti kääntyi kiittämään kyynelsilmin Ville-setää, tämä nousi syleilemään äitiä ja lähti sitten silmiään pyyhkien ateljeerin ovesta ulos puutarhaan.

– Ville on ottanut kovin raskaasti Alli-rukan kohtalon, Viivitäti selitti ja arveli, että se oli muistuttanut häntä Antoinetten kuolemasta. – Vaikka totta kai Ville on sanonut, että olen hänen rakkain ystävänsä, hän lisäsi kiireesti.

– Viivi-parka on niin mustasukkainen Villestä, äiti totesi, kun kiivettiin polkua meidän pihalle. – Mutta sitä en käsitä, miksi hän kadehtii kuolleitakin. Kaikkihan sen tietävät, että Ville ja Antoinette elivät onnellisina yhdessä melkein kolmekymmentä vuotta, kunnes vaimo kuoli umpisuolileikkaukseen.

Parin viikon päästä Elias ja Iisakki hakivat Allin hautapatsaan

Ville-sedän ateljeerista ja pystyttivät sen haudalle. Pyöräilin vielä samana iltana hautausmaalle ja istutin paaden molemmin puolin kieloja ja orvokintaimia.

– Vilken vacker gravskulptur, totesi miesääni selkäni takana, kun kastelin istutuksiani. Tunnistin puhujan siksi taidemaalari Enckelliksi, jonka olin nähnyt joskus Vallgreneilla. Siksi sanoinkin, että kaunis hautaveistos oli Ville-sedän tekemä. Senkin kerroin, että hauta oli sisareni.

– Så synd om henne, Enckell huokasi ääni värähtäen ja lähti jatkamaan vaellustaan. En tiedä, miksi hän kuljeskeli hautausmaalla, mutta kun illalla istuimme äidin kanssa verannalla, kerroin äidille, miten Enckell oli pahoitellut Allin kohtaloa.

– Magnus on aina ollut niin ystävällinen, äiti sanoi ja unohtui tuijottamaan ohitseni hämärtyvään kesäiltaan. Laulurastas piti konserttia alhaalla kuusikossa. En uskaltanut kysyä äidiltä, missä hän oli tutustunut Enckelliin niin hyvin, että kutsui tätä etunimeltä.

Allin kuoleman jälkeisinä viikkoina me äidin kanssa raadoimme aamusta iltaan. Heti aamiaisen jälkeen lähdimme ulkotöihin pikkupojat mukanamme, siirsimme koko kasvimaan uuteen paikkaan, kylvimme siemenet ja perunat, istutimme taimet, kastelimme, perkasimme, teimme nokkosvettä ja levitimme kalkkia ja kompostia. Kun ulkotyöt oli saatu tehdyksi, siivosimme koko talon vinttikamareista kellarin viimeiseen sopukkaan, pesimme ikkunat ja lattiat, kiillotimme ovenkahvat ja uuninluukut, paperoimme komerojen hyllyt ja tomutimme jokaisen kirjan erikseen.

Allin huoneeseen emme kyenneet koskemaan. Äiti oli kiertänyt sen oven lukkoon ja pannut avaimen omaan talteensa.

– Ei sillä ole mitään kiirettä. Ehtiihän sen elokuussakin, hän sanoi, kun yritin varovasti ehdottaa, että kävisin läpi ainakin ne Allin pöydänkulmalle jääneet kirjat. Niiden joukossa saattoi näet olla seminaarikirjastosta tai rouva Poppiukselta lainattuja teoksia.

Omaa kamariani siivottaessa löysin pöytälaatikosta taas kerran sen Iivon antaman pienen puukarhun.

– Nyt menen kyllä saman tien näyttämään tätä Ville-sedälle, ilmoitin äidille, joka luuttusi yläaulan permantoa. – Muuten unohdan tämän jälleen!

Ville-setä olikin ateljeessaan ja ilahtui minut nähdessään. Pieni karhuveistos oli hänestäkin erinomaisen hienoa tekoa, mutta kun kysyin, voisiko hän ajatella, että ottaisi Iivon oppilaakseen, hän arveli olevansa jo liian vanha kenenkään oppimestariksi.

– Kirsti-kulta, täytän syksyllä seitsemänkymmentä, hän sanoi, mutta nähtyään pettyneen ilmeeni hän antoi hiukan periksi. – Jos se nuori mies nyt tulisi näytille tänne ja esittelisi noita töitään enemmänkin, niin ehkä voisin neuvoa häntä vähän alkuun. Mutta siitä hyvästä saat kyllä antaa minulle muiskun!

Totta kai Ville-setä sai suukkonsa. Samassa kuului portaista korkojen kopinaa. Viivi-täti tuli ateljeeriin kortti ja kirjekuori kädessään ja tuntui olevan oikein innoissaan.

– Oi miten hauskaa, me pääsemme häihin toisena juhannuspäivänä! hän kuulutti jo ovelta. – Brita menee lopultakin naimisiin!

– Kuka? Ville-setä kysyi ihmeissään.

– Se kummityttäreni Tampereelta! Viivi-täti puuskahti. – Etkö muista, sievä vaalea tyttö, jota kutsuit valkyyriaksi.

– Jaa, sekö? No kenen kanssa hänet nyt vihitään? Eikös hän jo kerran viskannut kihlasormuksen sulhasensa silmille? Ville-setä kysyi ja vilkutti minulle silmää.

– Odotas, en katsonutkaan tarkemmin, Viivi-täti mutisi ja ojensi hetken kutsukortin koukeroita tirkisteltyään sen minulle. – Lue sinä, Kirsti, kun täällä on niin huono valo!

Tosiasiassa Viivi-tädin olisi jo aikoja sitten pitänyt ruveta käyttämään silmälaseja, mutta turhamaisuuttaan hän piti ne mieluummin piironginlaatikossa ja syytti milloin valoja, milloin liian pientä pränttiä. Ryhdyin siis lukemaan käsin kirjoitettua ja kullanvärisin kukkaornamentein koristeltua kutsukorttia ääneen:

– Kutsumme ystävällisesti teitä läsnäolollanne kunnioittamaan tyttäremme Britan ja agronomi Mauri Jaakkolan vihkiäisiä...

Ihme kyllä, sain kortin luetuksi, vaikka silmissä sumeni. Kun Viivi-täti alkoi päivitellä, että Brita oli sittenkin menossa naimisiin vanhan sulhasensa kanssa, muistin sen kihlasormuksen, joka oli pudonnut toissavappuna Maurin housujen taskusta. B ja M.

Viivi-täti tuskin huomasi lähtöäni. Niin innokkaasti hän jäi selittämään Ville-sedälle, miten hauskaa oli, että Brita oli tullut järkiinsä, ja miten hyvin kummitytär sopikaan suuren kartanon emännäksi, kotitalousopettaja ja kaikkea...

En pystynyt lähtemään heti kotiin. Äiti olisi huomannut heti mielenkuohuni. Niinpä pujahdin Vallgrenien portista ulos ja lähdin kävelemään alas rantaan. Vasta laivalaiturin päässä seisahduin. Kaislat suhisivat tuulessa ja vesi kimalsi niin että silmiä häikäisi. Vedin syvään henkeä ja yritin rauhoittua.

Miksi ihmeessä olin näin järkyttynyt? Nythän Mauri saisi juuri sellaisen puolison, joka sopisi Jaakkolan emännäksi. Minun ei tarvitsisi enää jossitella eikä kantaa huonoa omaatuntoa. Elämä jatkuisi. Se ei pysähtynyt Allin kuolemaan eikä se seisahtuisi senkään takia, että Mauri menee jonkun toisen kanssa naimisiin.

Kaikki on hyvin, Alli oli sanonut juuri ennen viimeistä henkäystään. Siihen minunkin oli uskottava.

Varhain seuraavana aamuna lähdin polkupyörällä kaupunkiin. Äiti oli kirjoittanut listan kaikesta siitä, mitä piti käydä ostamassa. Albergan omissa puodeissa kun ei ollut paljon valinnanvaraa. Päivästä oli tulossa lämmin, sen aisti jo Tarvon siltaa ajaessa, kun leppeä etelätuuli puhalsi Laajalahden yli. Munkkiniemen metsätiellä vastaan tuli tien täydeltä tykinlavettien eteen valjastettuja hevosia ratsastajat selässään. Heidän lisäkseen ainakin parikymmentä nuorta miestä työnsi ähisten ja kiroillen tykkejä ylämäessä. Ei auttanut muu kuin nousta pyörän päältä ja väistää metsän puolelle.

– Anteeksi neiti, murahti ryhmän viimeisenä kävelevä upseeri sivuuttaessaan minut. Vasta hänen mentyään uskalsin taas nousta pyörän selkään.

Ilmeisesti tykkimiehet olivat kadettikoululaisia, sillä pyörien urat johtivat suoraan Kadettikoulun pihamaalle. Toisen kadettijoukon, joka marssi kaupunkia kohti laulaen ja lapiot olalla, sivuutin Merikylpylän tienhaaran kohdalla. Tienvarren huviloissakin heräiltiin jo. Se sama koira, joka aina ryntäsi Vårbergan pihamaalta ketju kilisten haukkumaan ohikulkijoille, ryntäsi taas räksyttämään portin taakse.

Kun vihdoin pääsin Läntiselle rantatielle, jouduin väistämään hevoskärryjen kolonnaa, joka mateli kävelyvauhtia edelläni. Kuormista päätellen nämä olivat torikauppiaita. Ei auttanut muu kuin kiertää Kammionkadun kautta Mechelininkadulle ja ajaa lopulta hautausmaan aidan sivua Hietalahteen. Kun vein pyörän Miilin puodin takapihalle, näin Darjan harjaavan hiuksiaan takahuoneen avoimen ikkunan ääressä.

– Mihinkäs sinä olet lähdössä? kysyin ihmetellen. Darjalla oli näet yllään sama tummansininen jakkupuku, jota hän oli käyttänyt Allin hautajaisissa.

– Kyminlinnaan, Darja vastasi hymyillen. – Eikö Miili ole kertont?

– Ei siitä tainnut olla puhetta hautajaisissa, Miili sanoi, kun ehdin puodin puolelle. – Darjalle on tarjottu Kyminlinnassa naisten työtuvasta ompeluohjaajan tointa.

– Hyö maksaat palkkaa ja mie saan asunnon, johon Domnatäti ja serkut saa muuttaa miun kanssa, Darja selitti silminnähden onnellisena.

Silloin muistin Iivon ja Ville-sedän lupauksen. Kun kysyin, saisiko Darja toimitettua kirjeen Iivolle, jos laittaisin sen hänen mukaansa, hän arveli sen hyvinkin onnistuvan.

– Ontrei on luvant tulla Kyminlinnaan juhannukseksi, hän sanoi. – Ja samal sahallahaa hyö on olt koko viime talven.

Niinpä kirjoitin hätäisesti lyhyen lappusen, jossa pyysin Iivoa kirjoittamaan Albergaan tai soittamaan meidän puhelinnumeroomme. Asia koski Ville Vallgrenia, joka näkisi mielellään lisää Iivon puuveistoksia.

– Nyt miun pittää mennä, jot mie en jää junast, Darja hoputti jo ovella ja kiitti vielä kerran vesissä silmin Miiliä kaikesta siitä, mitä oli saanut oppia.

– Täytyy kai laittaa ilmoitus lehteen, Miili huokasi Darjan mentyä. – Ompelutilauksia tulee koko ajan. Yhtään en ole ehtinyt tehdä hattuja varastoon.

– No mutta tässähän minä olen, sanoin villatakkini riisuen. – Mistä aloitetaan?

Toistakymmentä hattua ehdin tehdä valmiiksi ennen kotiinlähtöä. Oli huojentavaa huomata, että kykenin yhä innostumaan silkkinauhoista, värisävyjen valitsemisesta ja pienten yksityiskohtien näpertämisestä. Työ vei ajatukset niin kokonaan, ettei aikaa jäänyt murehtimiseen.

– Pitikö sinun käydä ostamassa teidän äidille jotakin? Miili kysyi, kun oli lähdössä ovesta ulos.

Herranen aika! Olin unohtanut ne ostokset. Onneksi Dahlinin Rohdoskauppa oli melkein nurkan takana. Myyjätär oli jo sulkemassa ovea, kun juoksin hengästyneenä paikalle. Listakin löytyi taskusta: kaksi kampaa, neljä hammasharjaa ja yksi vaateharja, parranajosuti ja partasaippuaa sekä hammastahnaa, merkillä ei väliä. Muutamaa minuuttia myöhemmin seisoin jo kadulla pakettia roikottaen.

Miili istui avoimen ikkunan ääressä teetä juomassa, kun tulin hakemaan polkupyörääni.

– Yritän tulla huomenna samaan aikaan, jos äiti ei tarvitse minua mihinkään, lupasin hänelle.

Aurinko paistoi suoraan silmiin, kun laskin Meilahdessa täyttä vauhtia mäkeä alas. Tie kiersi kallioita, sukelsi välillä kuusten varjoon ja jälleen aurinkoon. Tuuli suhisi korvissa ja metsä tuoksui. Munkkiniemen sillalla pysähdyin hengähtämään hetkeksi. Vasta kun raitiovaunu kolisteli editseni, lähdin jatkamaan matkaa.

– Mitäs Miilille kuuluu? äiti kysyi, kun tulin kantamuksineni keittiöön. Muut olivat jo syöneet päivällistä, mutta liedenkulmalle oli jätetty kattilan pohjalle kalasoppaa minua varten. Kun kerroin, että Miili oli jäänyt taas ilman ompelijaa ja tarvitsi kipeästi apuani, äiti totesi huokaisten:

– Totta kai sinun täytyy mennä auttamaan Miiliä, ja tarvitset tietysti rahaakin ensi talven opintoja varten. Kaipa Miili kumminkin syksyyn mennessä saa jonkun toisen palkatuksi, että saat opiskella rauhassa yliopistolla.

Siinä se taas tuli, äidin sitkeä toive minun maisterinpapereistani ja hyvästä virasta ranskankielen opettajana. Kun Manneliuksen Helmi oli ostanut muutama vuosi sitten uuden asuntonsa Freesenkadulta, äiti oli ensivisiitin tehtyään kehunut, miten kätevää olikaan, että virkanainen saattoi näissä uusissa taloissa tilata ruokahissillä valmiin aterian alakerran keittiöstä. Sellaiseksi äiti kai Allin ja minun elämää oli toivonut, helpoksi ja huolettomaksi.

Viikon verran sain ahertaa kaikessa rauhassa Miilin takahuoneessa. Kun hattuja oli tarpeeksi, innostuimme kokeilemaan käsinmaalattuja silkkihuiveja, joita oli esitelty Katrin lähettämissä uusissa muotilehdissä. Jälleen kerran täytyi ihmetellä sitä, miten monitaitoinen Miili oli. Silkkimaalausta hän oli käynyt omin päin opettelemassa jo Viipurissa erään vanhan neidin luona. Vaikka yleensä olin kärsimätön, jokin silkkimaalauksessa viehätti alusta alkaen. Ehkä se oli työn arvaamattomuus. Koskaan ei voinut etukäteen tietää, millaisen muodon ja värit saisi silkille loihdituksi.

Miili oli päättänyt matkustaa sukulaistensa luo vasta heinäkuun alussa. Niinpä hän tuli meille juhannuksenviettoon pikkupoikien suureksi iloksi. Aattoaamuna lähdimme Voiton ja Veikon kanssa Vallgrenien rantaan rakentamaan juhannuskokkoa. Viime syksyisen myrskyn jäljiltä lojui rantametsikössä vielä paljon poltettavaa. Kokosta näyttikin tulevan muhkeampi kuin koskaan.

– Tule katsomaan, mitä me löydettiin! Voitto huusi laiturilta, kun nostelin meidän puolelta tuotuja lepänrankoja kokkoon.

– Se on vene, ilmoitti Veikko. Kumpikin pikkumies makasi mahallaan laiturin päässä ja tirkisteli lankkujen raosta veteen. Ei auttanut muu kuin seurata heidän esimerkkiään. Kesti hetken ennen kuin silmät tottuivat veden väreilyyn, mutta lopulta oli pakko myöntää poikien olevan oikeassa. Laiturin kannatintolppien väliin oli kiilautunut särkynyt veneen kokka.

– Myrsky on varmaan painanut sen tuonne, sanoin pojille kömpiessäni seisomaan. – Mutta ei sitä kannata kokkoon laittaa noin märkänä.

Pojat eivät kuitenkaan antaneet periksi. Kun palasin uuden rankakuorman kanssa kokolle, näkyi Miili häärivän melan kanssa laiturin päässä.

– Tule auttamaan, Kirsti! hän huusi minut nähdessään.

Eihän siinä ollut mitään järkeä, että kaksi aikuista naista kasteli helmansa ja sai naarmuja käsivarsiinsa yhden särkyneen veneenkokan takia. Kun hylky oli vihdoin saatu kiskotuksi laiturille, sen kokkatuhdon alta löytyi tiukasti nuorilla sidottu peltikanisteri. Ehjä se oli vaikka lommoinen.

– Spiritus fortus, naurahti Ville setä, joka oli tullut myös laiturille ihmettelemään meidän touhujamme. – Missähän se loppulasti mahtaa olla?

– Onko siinä bensiiniä? Veikko kysyi kirkkain silmin, kun kanisteri oli saatu irrotetuksi ja Ville-setä hölskytteli sitä kokeeksi.

– Eiköhän siinä ole semmoista ainetta, jolla saadaan pensselit pestyä, hän sanoi silmää vilkuttaen ja lähti raahaamaan kanisteria ateljeehensa.

– Raahataan tämä kokanromu nyt kumminkin kokkoon, sanoin pojille. – Ehkä se ehtii kuivua illaksi. Onhan se ollut vahvasti tervattu.

Niin kauan kuin häärimme Voiton ja Veikon kanssa, oli helppoa pysyä hilpeällä mielellä. Lasten ilo ja into oli tarttuvaa. Mutta kun oli saunottu ja syöty, odoteltu malttamattomina verannalla tähystäen, koska Ville-setä ja Viivi-täti ilmestyisivät vieraineen rantaan ja lopulta päästy sytyttämään kokko, ikävä iski äkkiarvaamatta kipunoiden kohotessa kohti taivasta.

Vuosi sitten seisoin kokkotulen ääressä Tuusulassa Maurin käsipuoleen nojaten. Ylihuomenna hän menisi naimisiin toisen naisen kanssa. Viime juhannusaattona Alli ja Anni naureskelivat vieressäni eikä kukaan meistä osannut kuvitella, että yksi meistä sairastuisi ja kuolisi pois muutaman tuskaisen kuukauden jälkeen.

– Pojat riehuvat nyt siihen malliin, että meidän täytyy lähteä nukkumaan, äiti tuli sanomaan.

– Minuakin väsyttää, vastasin ja kaappasin syliini Voiton, joka juoksi kiljahdellen Veikon kanssa ympäri kokkoa. – Haluatkos ratsastaa reppuselässä kotiin?

Ei Miilikään halunnut jäädä yksikseen juhlimaan Vallgrenien remuavan vierasjoukon kanssa. Kun pikkupojat oli nukutettu ja juotu vähän teetä, äiti ja Elias sulkeutuivat omaan kamariinsa. Me Miilin kanssa jäimme verannalle istumaan. Ville-sedän ateljeen ovi oli kai auki, koska alhaalta kuului epävireistä laulua ja pianonsoittoa.

– Tämmöisenä iltana tuntuu siltä, että elämä virtaa ohitse ja minä olen unohtunut rannalle, Miili sanoi äkkiarvaamatta. Tunnustin, että olin itsekin miettinyt juuri äsken, osaanko enää ikinä heittäytyä pitämään hauskaa.

– Kun kuolema kulkee noin läheltä, tulee juuri tämmöinen

tyhjä olo, Miili sanoi ja katsoi minuun totisena. – Silloin kun meidän Erkki kaatui Helsingin valtauksessa, en osannut ainakaan vuoteen tarttua mihinkään. Vaikka Erkki oli ollut Saksassa niin pitkään, hän oli kumminkin minulle niin kuin isoveli.

– Miten tästä selviää? kysyin Miililtä. – En millään jaksa ajatella ensi talvea.

– Eihän sinun tarvitsekaan. Riittää että jaksat päivän kerrallaan, Miili sanoi haukotellen ja nousi lähteäkseen. – Mennäänkö nukkumaan?

Vaikka kuinka yritin pitää Miilin ohjeen mielessäni ja keskittyä kunakin päivänä vain siihen, mitä oli tehtävä, tunsin itseni yksinäisemmäksi kuin koskaan hänen lähdettyään sukulaistensa luo. Huomasin kyllä äidin vilkuilevan minuun huolestuneen näköisenä, kun unohduin tuijottamaan eteeni ruokapöydässä tai kasvimaalla. Eräänä sunnuntaiaamuna, kun tulin yläkerrasta, Viivi-täti istui verannalla äidin kanssa.

– Kirsti, kultaseni! hän sanoi pontevasti minut nähdessään. – Meidät on kutsuttu huomenna Tuusulan Syvärantaan Einon syntymäpäiville, tulethan sinäkin mukaan? Sinun täytyy ehdottomasti tulla!

– Einohan pitää sinusta kovasti, äiti säesti. – Itse kerroit, miten kesytit hänet toissajuhannuksena.

Hämmästyin vähän, mutten ruvennut Viivi-tädin kuullen väittämään vastaan. En taatusti ollut kertonut äidille juhannusaaton illasta Syvärannassa, mutta ilmeisesti Alli oli puhunut siitä.

Viivi-tädin tuntien olisi ollut turha vastustella. Niinpä lähdimme seuraavana aamuna varhain Eliaksen kyydissä Tuusulaan. Ville-setä istui hyväntuulisena etupenkillä ja me Viivi-tädin kanssa takana. Jaloissamme kilisivät lahjaksi tarkoitetut viinipullot korissa, joka oli häveliäästi peitetty punaruudullisella pyyheliinalla.

Ilma oli kaunis ja heinänteko parhaimmillaan. Väkisin muistuivat mieleen ne viimekesäisen kiertueen epäonniset esitykset, jotka olivat osuneet parhaaseen heinäaikaan. Ikävä kouraisi jälleen sydänalaa. Missähän Annikin nyt lienee ja kaikki muut, ja miksei Iivosta ole kuulunut mitään?

Ville-setä oli oikein juttutuulella ja muisteli koko matkan niitä maaseuturetkiä, joita he olivat tehneet nuorina taiteilijoina Pariisin ympäristöön. Viivi-tädin ilmeestä näki, ettei hän nauttinut tarinoista, joiden sankaritar oli joku muu kuin hän itse.

– Lopultakin, Viivi-täti mutisi, kun saavuimme Hyrylään ja ajoimme ohi Tuusulan kirkon ja Gustavelundin kartanon. Ville-setä väitti olleensa sielläkin joskus juhlimassa.

– Jonssonin Kalle toi meidät kaikki Fenniasta tänne illallisille, hän selitti ja ryhtyi sitten antaumuksella kuvailemaan ruokalistaa, josta ei herkkuja puuttunut eikä hyviä viinejä. – Ah, niitä aikoja ennen sotaa ja kirottua kieltolakia! hän päätti selostuksensa tuttuun huudahdukseen. Juuri silloin Elias käänsi auton nokan avoimesta seittiportista Syvärannan lomakodin pihamaalle ja pysäytti sen pääoven eteen. Talon toisessa päädyssä näkyi olevan muitakin autoja.

– Käyn tervehtimässä Lindenin Väinöä, ja tulen sitten illalla hakemaan teidät täältä, Elias sanoi minulle, kun Vallgrenit oli autettu autosta ulos ja he kiirehtivät ovesta sisään. – Koeta katsoa, ettei Ville ole silloin liian päissään.

Hätkähdin vähän nähdessäni autorivin toisessa päässä vaalean avoauton. Paha aavistus osoittautui pian todeksi. Kun tulin eteishalliin, sen keskellä seisoi se sama pistäväsilmäinen nainen, joka oli varastanut keväällä Miilin kaupasta hansikasparin.

– Oikealle, vielä vähän, varovasti, varovasti! hän komenteli miehiä, jotka olivat raahaamassa ruokasaliin suurta valkoista pianoa. – Hyvä, sinne peräseinälle, noin!

Tunnistettuaan Ville-sedän nainen riensi mairea hymy huulillaan esittäytymään. Jäin suosiolla ovensuuhun ihmettelemään, miten nopeasti nainen kykeni sulattamaan Viivi-tädinkin, joka oli aluksi näyttänyt hämmentyvän naisen imartelusta. Kohta paikalle riensi myös tummatukkainen mies, joka näytti olevan Ville-sedän ja Viivi-tädin tuttuja.

– No mutta Kirsti, tule toki tervehtimään, Viivi-täti kehotti ja esitteli minut neiti Minna Craucherille ja päätoimittaja Viherjuurelle.

– Olemmeko tavanneet jossakin? neiti Craucher kysyi hymyillen mutta puristi kättäni niin että siihen sattui.

– Tuskinpa, vastasin viileästi. Raivostutti, etten voinut suoraan huutaa hänelle päin silmiä, että minä olin se myyjätär, jonka nenän edestä hän oli varastanut ne nahkaiset pariisilaishansikkaat.

Päätoimittaja Viherjuuri oli onneksi oikein ystävällinen. Kuultuaan nimeni hän kysyi, olinko minä se Kirsti-neiti, jota Syvärannan Naima-emännöitsijä oli kehunut niin kovasti viime kesänä, kun Eino vietti täällä juhannusta.

– Taisinpa olla, vastasin hymyillen. – Olen tuntenut Eino-sedän lapsesta asti.

– Sepä mainiota, mies vastasi. – Oikein hyvä, Eino on nähkääs...

– Tiedän, ettei hän ole ollut oikein terve, vastasin niin diplomaattisesti kuin kykenin.

– Missäs Eino nyt on? Viivi-täti kysyi. Ville-setä näkyi jo kadonneen ruokasalin puolelle ja keskusteli siellä innokkaasti emännöitsijärouvan kanssa päivällisten ruokalistasta. Eino oli kuulemma yläkerrassa omassa huoneessaan sanelemassa muistelmiaan Valveelle.

– Kirjalla alkaa olla kiire, Viherjuuri selitti Viivi-tädille ja minulle. – Sen ensimmäisen osan pitäisi ilmestyä hyvissä ajoin ennen joulua, mutta työ on vielä pahasti kesken. Onneksi saatiin nyt Valve kirjuriksi. Hän on loistava pikakirjoittaja.

Ilmeisesti neiti Craucher ei ollut tyytyväinen siihen, ettei häneen kiinnitetty mitään huomiota. Hän oli marssinut pianon luo ja pimputti sitä äänekkäästi yhdellä sormella edestakaisin.

– Tämä pitää virittää, hän ilmoitti kuuluvasti. – Mitenkä ne Hellaksella eivät ole sitä virittäneet valmiiksi.

Ilmeisesti päätoimittajakin tajusi, miksi nainen oli niin äkeä. Hän ryhtyi selostamaan meille, miten neiti Craucher oli äärettömän hyväntahtoisesti lahjoittanut lehtimiesten lomakotiin pianon, kun sellaisen hankinta oli osoittautunut yhdistykselle ylivoimaiseksi siitä huolimatta, että Hellas oli luvannut pianon puoleen hintaan.

– Sehän on ystävällistä, Viivi-tätikin kiitteli. – Villehän voisi myös soittaa tänään, jos vain piano saadaan vireeseen.

– Täytyy käydä telefoneeraamassa kanttori Sointeelle, että hän tulee tänne vähän aikaisemmin, päätoimittaja totesi, kumarsi meille kuin ainakin herrasmies ja poistui paikalta. Kun Viivi-täti ja neiti Craucher ryhtyivät keskustelemaan pöytäjärjestyksestä, pujahdin verannalle, jonne lomakodin vieraat näkyivät vähitellen kokoontuvan.

Kunpa edes Gusse olisi ollut täällä, ajattelin haikeana istuessani verannan takimmaiseen pöytään. Puisen kaiteen takana oli hiekkakäytävä ja penkki. En ensin kiinnittänyt mitään huomiota niihin kahteen naiseen, jotka istuivat varjossa puhelemassa. Heristin korviani vasta kun toinen heistä sanoi puoliääneen:

– Ei tuo Minna Craucher ole mikään upporikas perijätär, ei todellakaan, vaan varas ja entinen ilotyttö.

Olisin puuttunut keskusteluun, olihan minullakin asiasta tietoa, mutta samassa joku huusi naisia nimeltä ja he lähtivät kiireesti rantaa kohti. Koko päivän asia kuitenkin poltteli mielessäni, varsinkin kun näin, miten neiti Craucher liehui koko seurueen keskipisteenä. Eino-rukka näytti herrasväeltä melkein unohtuneen, vaikka oli kyse hänen syntymäpäivistään. Ei neiti Craucheria sentään plaseerattu päivänsankarin viereen vaan kunnia oli varattu Viivi-tädille ja minulle.

Päivällisille ilmestyi myös Paavolaisen Olavi, joka oli kuulemma lomailemassa Syvärannassa.

– Erikssonin Kirsti, pitkästä aikaa, hän sanoi kätellessämme ja kysyi sitten, miten Alli jaksoi. Ehkä hän ei ollut lukenut Allin kuolinilmoitusta tai oli unohtanut koko asian.

– Alli kuoli toukokuussa, vastasin lyhyesti ja käännyin tervehtimään Eino-setää, joka juuri laskeutui yläkerran portaita jonkun nuoremman miehen taluttamana.

Ilmeisesti neiti Craucher oli iskenyt silmänsä Olaviin, sillä hän oli sijoittanut itsensä tämän pöytädaamiksi. Naisen helakka nauru kaikui yli puheensorinan, kun hän keimaili avoimesti kavaljeerilleen, joka näytti olevan kovin imarreltu. Totta kai minun olisi pitänyt varoittaa Olavia Minna-neidistä, mutta tuskin hän olisi minua uskonut. Sitä paitsi en voinut olla tuntematta vahingoniloa ajatellessani, miten helposti neiti Craucher näkyi lumonneen Olavin, vaikka tämä kuvitteli olevansa voittamaton naistenmies.

Me Viivi-tädin kanssa teimme parhaamme päivänsankarin viihdyttämiseksi, vaikka näimme kyllä, että Eino-setä oli väsynyt ja kärsimätön. Syynä saattoi olla myös se, että niistä tuliaispulloista oli kaadettu hänen lasiinsa vain tilkka viiniä. Vasta kun Viivitäti älysi ruveta kyselemään Eino-sedältä Paltamosta, hän innostui ja ryhtyi kuvailemaan, miten hän oli viime kesänä kulkenut synnyinkotinsa mailla ja ensin järkyttynyt siitä rappiosta, joka siellä oli vallinnut.

– Vaan sitten kävin uimassa siinä samassa rannassa, jossa nuorena pulikoin, hän selitti niin hiljaisella äänellä, että meidän kummankin oli kumarruttava hänen puoleensa. – Ja äkkiä se outous oli kadonnut. Ymmärsin, mitä puut puhuivat, ja kuulin, kuinka ruoho kasvoi. Silloin päätin, että kirjoitan kirjan muistoistani, en semmoisia pönäköitä professorien ja senaattorien muistelmia, vaan muistikuvia, jotka tulevat ja menevät niin kuin poutapilvet taivaalla.

– Siitä tulee varmasti ihana kirja, Viivi-täti tokaisi ja nousi sitten kiireesti pöydästä. Ville-setä oli näet liittynyt niihin herroihin, jotka parveilivat uuden pianon ja neiti Craucherin ympärillä.

– Tietääkö Kirsti, mikä on paras kirja, jonka olen koskaan kirjoittanut? Eino-setä kysyi minulta, kun olimme istuneet hetken aivan hiljaa.

– Minusta se on se *Mesikämmen*, jonka setä antoi meille joululahjaksi, kun me olimme muuttaneet Albergaan, vastasin hymyillen. – Äiti luki sen minulle iltasaduksi. Senkin jälkeen olen lukenut sen ainakin kymmenen kertaa.

– Niinkö, tyttöpieni, sepä on hauska kuulla, Eino-setä mutisi mutta sanoi sitten huokaisten, että hänen paras kirjansa olisi ollut se, joka katosi.

– Katosi? kysyin ihmeissäni.

– Niin, hän vastasi ja katsoi minuun murheellisin silmin. – *Mestarin* käsikirjoitus oli jo valmis, kun se katosi kuin tuhka tuuleen. Joku sen poltti juovuspäissään, minä itse tai joku muu, hän lisäsi hymähtäen ja huusi sitten sille miehelle, joka oli taluttanut hänet portaita alas, että tahtoisi päästä omaan kamariinsa pitkälleen.

– Näkemiin, pikku-Kirsti, Eino-setä sanoi, kun nousin hyvästelemään hänet. – Sano terveisiä äidillesi!

Hitaasti, kovin hitaasti ja lyhyin askelin Eino-setä lähti kulkemaan taluttajansa kanssa kohti ruokasalin ovea. Huomasin Eliaksen seisoskelevan jo verannalla ja lähdin hakemaan Viivi-tätiä ja Ville-setää. Kun lopulta istuimme autossa ja miehet puhelivat etupenkillä omiaan, kerroin takapenkillä puoliääneen Viivi-tädille, mitä olin kuullut sanottavan Minna Craucherista.

– Mahdotonta! Viivi-täti puuskahti. – Niin miellyttävä ja sivistynyt ihminen! Kyllä minä huijarin haistaisin jo kaukaa!

Siihen se jäi. Mitä hyötyä olisi ollut kertoa niistä varastetuista hansikkaista? Tuskin Viivi-täti minuakaan olisi uskonut. Sen kuitenkin päätin, että jos vielä joskus joudun kahden kesken neiti

Craucherin kanssa, otan puheeksi ne hansikkaat ja vaadin niistä maksun.

Kaipa Viivi-tätiä jäi hiukan vaivaamaan oma kiivas äänensävynsä, jolla hän oli puolustanut neiti Craucheria. Kun istuin niin pitkään mitään puhumatta ja katselin ulos ikkunasta, hän ryhtyi kyselemään ranskanopinnoistani.

– Mutta eikös teidän pidä jossakin vaiheessa matkustaa Ranskaan oppimaan oikeaa elävää kieltä? hän sanoi, kun olin vastaillut aikani mahdollisimman lyhytsanaisesti. Totta kai vastasin myöntävästi, mutta silloinkos Viivi-täti oikein innostui.

– Kuulehan, Kirsti, minä voisin kysyä, pääsisitkö johonkin meidän ystäväperheeseen! Mitäs sanot? Meillä on Pariisissa paljon hienoja tuttavia, jotka liikkuvat parhaissa piireissä.

Kun Viivi-täti sai jotakin päähänsä, hän ei hevillä luopunut aikeistaan. Selitin kyllä, että yleensä matkaan lähdettiin vasta kun opinnot olivat pidemmällä. Silloin saattoi hakea matkastipendejä ja suosituskirjeitä yliopistolta.

– Niin mutta eihän semmoisilla rahoilla pysty asumaan kuin jossakin rotankolossa, Viivi-täti huudahti. – Onhan se nyt aivan eri asia, jos voi tutustua ranskalaiseen kulttuuriin Pariisin parhaissa piireissä!

– Älä nyt pistä vastaan, Kirsti-pieni, kääntyi Ville-setäkin sanomaan. – Anna meidän mamman järjestää, kun mamma kerran tahtoo!

Kai minä jonkinlaisen myöntymyksen annoin. Kun Vallgrenit oli kyyditty kotiinsa ja ajettiin meidän pihamaalle, Elias kysyi äkäisenä, mitä ne Pariisin puheet olivat tarkoittaneet.

– Ei mitään! vastasin samaan sävyyn. – Viivi-täti halusi vain kehuskella hienoilla tuttavillaan.

En hetkeäkään kuvitellut, että Viivi-täti ottaisi todella asiakseen toimittaa minut Ranskanmaalle kieltä oppimaan koko talveksi.

Ehkä äiti oli jollain tavalla tietoinen hänen suunnitelmistaan, sillä toisin kuin minä, hän ei vaikuttanut lainkaan yllättyneeltä, kun Viivi-täti ilmestyi meille syyskuun lopulla kertomaan intoa puhkuen, että eräs varakas kauppiasperhe ottaisi minut mielellään koko talveksi asumaan luokseen.

– Erichseneillä on Pariisissa suuri talo aivan lähellä Louvrea ja Palais-Royalea, Viivi-täti selitti. – Lapset ovat jo aikuisia ja poissa kotoa. Emmy kirjoittaa, että hänestä olisi oikein hauskaa saada joku seurakseen. He ovat erittäin miellyttäviä ihmisiä ja hyvin rikkaita. Olimme heidän linnassaan muutama vuosi sitten viinikorjuussa Elvin kanssa, muistatteko?

– Koska sinne pitäisi lähteä? kysyin äitiin vilkaisten. Hän istui rauhassa kutimensa ääressä pieni hymy huulillaan.

– No niin pian kuin mahdollista! Viivi-täti huudahti. – Me lähtisimme Villen kanssa mielellämme samaa matkaa, mutta Villellä on vielä töitä museossaan ja sitten täytyykin jo ruveta valmistelemaan hänen seitsemänkymmentävuotisjuhliaan.

– Minun täytyy ensin puhua yliopistolla tästä, valehtelin aikaa voittaakseni.

Tosiasiassa en ollut vielä ilmoittautunut yhdellekään luennolle enkä harjoituksiin, vaikka lukukausi oli jo alkanut. Viime Ylioppilaslehdessä oli ollut Enäjärven Elsan kaunis muistokirjoitus Allista. Ilmeisesti hän oli saanut tietoja sisareltaan, koska siinä oli kerrottu myös, miten leskirouva Ida Eriksson oli ottanut Allin kasvatikseen hänen jäätyään orvoksi.

Lehden ilmestyttyä rouva Poppius oli soittanut minulle järkyttyneenä ja tivannut, miksei hänelle ollut ilmoitettu Allin kuolemasta. Yhtä loukkaantuneita olivat varmaan monet Allin opiskelutovereista. Siksi ajatuskin yliopistolle lähtemisestä tuntui ahdistavalta. En yksinkertaisesti jaksaisi viikosta toiseen nähdä ihmisten kyynelehtivän Allin takia, kun itse olin juuri ja juuri saanut suruni aisoihin.

– Totta kai sinä lähdet Pariisiin! Miili huudahti, kun seuraavana päivänä kerroin hänelle Viivi-tädin tarjouksesta. – Näistä töistä sinun ei kannata huolehtia. Laitoin jo eilen ensi sunnuntain lehteen ilmoituksen ompelijattaresta. Ja ajatteles, voit kirjoittaa minulle vaikka kerran viikossa Pariisin uutisia! Ei tarvitse enää olla niiden lehtien varassa, jotka Katariina lähettää, jos ehtii.

– Jokos olet ilmoittanut Viiville, koska pääset lähtemään? äitikin kysyi pari päivää myöhemmin. Kun sanoin ihan suoraan, etten haluaisi jättää häntä yksin nyt kun Allikin oli poissa, äiti oikein tulistui.

– Kirsti-pieni! Minä olen aikuinen ihminen enkä tarvitse ketään kyyneleitäni pyyhkimään. Onhan minulla Elias ja pikkupojat ja kädet täynnä työtä! hän pauhasi. – En todellakaan tahdo, että jätät näin hienon mahdollisuuden käyttämättä! Me Viivin kanssa olemme sitä mieltä, että sinun on päästävä täältä pois ja saatava uutta ajateltavaa. Koko kevään ja kesän olet ollut kuin muissa maailmoissa ja murheen murtama.

– Niin mutta matkat maksavat, enkä voi jättäytyä sen varaan, että joku vieras kauppiaanrouva maksaisi Pariisissa kaikki kuluni, väitin vastaan. Olin kieltämättä vähän järkyttynyt äidin äänensävystä. – Stipendiin minulla ei ole minkäänlaista mahdollisuutta, kun viime kevät sujui niin huonosti.

– Ei se rahasta ole kiinni! äiti ilmoitti. – Sinua varten on säästössä tuhat markkaa. Eihän se enää paljon ole, kun rahan arvo on huonontunut, mutta voin antaa meidän omista säästöistämme saman verran lisää. Kyllä kahdellatuhannella markalla ainakin matkaan pääsee, ja on siinä taskurahaakin. Saathan sinä perillä asunnon ja ruuan ilmaiseksi.

– Mistä tuhannesta markasta äiti puhuu? kysyin ihmeissäni.

– No, ne ovat tavallaan isänperintöäsi. Sain ne hänen kuoltuaan sinua varten, äiti vastasi. – Sodan aikana jouduin käyttämään osan sinunkin rahoistasi, mutta heti kun Elias tuli meille ja rahapula alkoi helpottaa, laitoin puuttuvan summan takaisin.

– Haluaako äiti todella, että lähden? kysyin hämmentyneenä.

– Haluan, hän sanoi ja kosketti poskeani. – Kirsti-kulta, haluan että saat taas elämästä otteen!

Niin minua ruvettiin varustamaan matkaan. Hyviä neuvoja sateli sekä Vallgreneilta että muilta. Kun oltiin kohta jo lokakuussa, Helsingistä Lyypekkiin kulki enää pari laivaa kuukaudessa. Ville-setä ja Viivi-täti varoittivat kuitenkin, että laivat olivat niin pieniä, että myrskysäällä ne joutuisivat kiertämään rannikkoa Gotlannin kautta. Matka meren yli saattaisi siksi kestää kolme tai jopa neljä päivää.

– Jos minä olisin Kirsti, lähtisin junalla Turkuun ja menisin sieltä laivalla Tukholmaan, maisteri Tikkanen ehdotti. – Yöjunalla pääsee kuulemma halvalla Hampuriin saakka ja sieltä toisella junalla suoraan Pariisiin.

– Kuka niin on sanonut? kysyin vähän epäillen, sillä tiesin, ettei maisteri itse ollut käynyt ainakaan meillä asuessaan kertaakaan ulkomailla.

– No se pojankloppi, mikä sen nimi nyt on, joka on Uudessa Suomessa toimittajana, Kivijärven Arvo, maisteri selitti. – Hän oli viime kesänä Pariisissa ja kehui kovasti, miten halvalla oli matkasta selviytynyt. Kun eilisiltana satuttiin latomoon yhtä aikaa, kyselin Arvolta, miten hän oli matkansa järjestänyt. Helpointa on kuulemma hommata piletit siitä matkatoimistosta, joka on Pohjoisesplanadilla Kappelia vastapäätä.

Vallgrenit olivat sitä mieltä, että voisin toki itse ostaa pilettini matkan varrelta, niin hekin aina tekivät, kun matkaan saattoi tulla muutoksia. Äidin mielestä oli kuitenkin viisaampaa kääntyä matkatoimiston puoleen, sillä melkein joka matkallaan Viivi-rouva oli joutunut jonkinlaisiin selkkauksiin.

Niinpä marssin lokakuun ensimmäisenä päivänä matkatoimistoon kaikki äidiltä saadut rahat mukanani ja kysyin tiskin takana istuvalta nuorelta mieheltä, miten voisin helpoimmin ja halvimmalla matkustaa Tukholman ja Hampurin kautta Pariisiin.

– Matkustatteko yksin? mies kysyi ensimmäiseksi ja katsoi minua hämmästyneenä. Saatuaan myöntävän vastauksen hän arveli, että viisainta olisi tehdä junamatkat toisessa luokassa ja laivamatkat ensimmäisessä luokassa, vaikka se tulisikin vähän kalliimmaksi.

– Kuinka paljon kalliimmaksi? kysyin epäröiden. Kun hintaero oli kumminkin vain sata markkaa, päätin noudattaa hänen neuvoaan.

Ilmeisesti moni muukin oli jo tehnyt saman matkan, sillä mies otti esiin valmiiksi koneella kirjoitetun reittisuunnitelman ja selosti sitä minulle kynällä kellonaikoja osoitellen. Laivajuna, jolla pääsi suoraan Turun satamaan, lähti Helsingistä tiistaisin ja torstaisin iltapäivällä neljännestä yli viiden. Laiva lähti Turusta puolenyön aikaan ja oli perillä Tukholmassa seuraavana päivänä kolmelta.

– Tukholmassa joutuu kyllä odottelemaan melkein yhdeksän tuntia, sillä yöjuna Hampuriin lähtee vasta vähän ennen puoltayötä. Trelleborgissa junanvaunut ajetaan laivaan, mies selitti. – Merellä menee sitten iltapäivään asti, ja Hampurissa on viisainta olla yötä. Meillä on siellä aivan aseman vieressä oikein siisti ja huokea hotelli, varataanko siitä huone?

– Paljonko se maksaa? kysyin kauhuissani.

– Eiköhän sen saa kohtuuhintaan tingityksi, jos ottaa pienimmän huoneen, mies naurahti. – Kalliimmaksi tulisi matkustaa makuuvaunussa suoraan Pariisiin. Aamulla juna lähtee Hampurista puoli yhdeksältä ja illalla samoihin aikoihin se on perillä Gare du Nordilla Pariisissa. Eihän tämä nyt kamalan vaikeaa ole?

– Ovat kai siitä muutkin selvinneet, vastasin huokaisten. – Mutta paljonko se kaikki maksaa?

Kun lopulta lähdin matkatoimistosta, oli matkakassani huvennut melkein puoleen. Sen vastineeksi minulla oli laukussani kirjava lippuvihko, johon oli merkitty matkan jokainen vaihe ja summa, jonka olin maksanut kustakin matkasta ja yöpymisestä. Osa lipuista oli ruotsin-, osa saksankielisiä. Lippuvihkon lisäksi olin saanut vielä painetut ohjeet, jossa oli junien ja laivojen aikataulut ja sen hampurilaishotellin osoite.

– Lähdetkö tosiaan jo viikon päästä? Miili ihmetteli. – Sittenhän meille tulee kiire pukujesi kanssa.

– Ei tässä nyt ehdi ommella mitään, sanoin Miilille, vaikka tiesinkin, että hän olisi mielellään varustanut minua matkaan. – Enkä voi ottaa matkatavaroitakaan kuin yhden matkalaukun verran, kun joudun raahaamaan sitä moneen kertaan junasta laivaan ja laivasta junaan. Täytyy sitten katsoa, jos vaikka saisin Pariisissa jotakin hankituksi.

Viimeinen viikko kului kuin siivillä. Sen verran oli pakko käydä yliopistolla, että ilmoittauduin poissaolevaksi. Koska professori Wallenskiöld oli peruuttanut vastaanottonsa, kävin kertomassa dosentti Tallgrenille lähteväni talveksi Pariisiin.

– Sepä mainiota, hän sanoi kuultuaan, että pääsen asumaan Vallgrenien tuttavaperheeseen. – Sittenhän neiti Eriksson puhuu erinomaista ranskaa palatessaan ensi syksynä takaisin opiskelemaan. *Bon voyage, mademoiselle!*

Vielä oli palautettava ne Allin viime syksynä lainaamat runokirjat rouva Poppiukselle. Olin onneksi saanut puhelimessa luvan jättää ne Ylioppilastalon vahtimestarille. Olga-rouvalla oli näet jälleen tekeillä lausuntailta, jota harjoiteltiin kuulemma lauantaisin Ylioppilastalon musiikkisalissa.

Aurinko pilkahti pilvien raosta, kun laskeuduin Ylioppilastalon portaita alas. Ensimmäistä kertaa lähtöpäätöksen jälkeen mieli oli kevyt ja huoleton.

– Kas, Kirsti! Sinuakin näkee, Viljasen Lauri oli seisahtunut portaiden juureen ja tervehti minua hattuaan nostaen. – Osanottoni Allin kuoleman johdosta, hän lisäsi puoliääneen puristaessaan kättäni.

– Kiitos, vastasin, mutten jäänyt puhelemaan hänen kanssaan vaan sanoin, että olin lähdössä matkoille.

– Menetkö kauaskin? Lauri kysyi, kun olin jo menossa.

– Pariisiin, vastasin kättäni heilauttaen. – Sano tutuille terveisiä!

Eihän minulla ollut mitään syytä ylvästellä Lauri-paralle, päinvastoin. Tiesin kuitenkin, että uutinen minun lähdöstäni herättäisi kateutta Olavissa ja muissa Hattupään nuorissa neroissa. He runoilivat kaukaisista maista, mutta minä olin se, joka oli lähdössä maailmalle.

Tiistai-iltana äiti tuli sanomaan, että minua pyydettiin puhelimeen. Ilahduin tietysti, kun kuulin Iivon äänen pitkästä aikaa. Hän oli vasta nyt saanut kirjelappuseni, mutta tulisi toki mielellään käymään parin viikon päästä, jos se sopii.

– Totta kai se käy ja voit olla varmasti meillä yötä, kiirehdin sanomaan. – Itse olen tosin lähdössä Ranskaan sitä ennen.

Iivo alkoi tietysti heti kursailla, mutta silloin sanoin suoraan, että hänen pitäisi tarttua tilaisuuteen. Niinhän minäkin olin tekemässä.

– Ja ota mukaan niitä pikkuveistoksia niin paljon kuin pystyt, muistutin vielä puhelun lopuksi. – Joka tapauksessa Naisylioppilaiden Karjala-Seura voisi ostaa niitä sinulta joulumyyjäisiinsä. Soitan siitä vielä Elin-rouvalle ennen lähtöäni.

Heti seuraavana aamuna soitin Naisylioppilaiden Karjala-Seuran toimistoon ja jätin rouva Tammiselle terveiseni. Äiti kuunteli puhelua kyökin puolelta.

– Kovastipa sinun pitää nähdä vaivaa sen karjalaispojan takia, hän huomautti, kun tulin keittiöön.

– Äiti, Iivo on todella lahjakas, taatusti lahjakkaampi kuin useimmat niistä Ville-sedän Terra-Cotta-yhdistyksen nuorista miehistä, jotka ovat käyneet hänen ateljeessaan savea sotkemassa, sanoin tiukasti. – Mutta jos et halua majoittaa Iivoa tänne...

– Ei tässä siitä ole kyse, äiti kiirehti sanomaan. – Hänhän vaikutti oikein siivolta ja kohteliaalta nuorelta mieheltä. Sitä vain ihmettelen, miksi juuri sinun pitää järjestellä hänen asioitaan.

– Siksi, että...

Niin, oikeastaan en osannut vastata äidille, miksi minusta oli synti ja häpeä, että semmoinen lahjakkuus kuin Iivo joutui elättämään itseään pihkakourana metsätöissä ja sahoilla.

– Minusta jokaisen pitäisi saada käyttää lahjojaan, vastasin lopulta. – Ihan siitä riippumatta, millaisiin oloihin hän on syntynyt ja mitä muut häneltä odottavat.

Siihen äiti ei sanonut mitään, nyökkäsi vain huoahtaen. Ehkä hän aavisti, että puhuin yhtä paljon itsestäni kuin Iivosta.

Voitto ja Veikko eivät kai oikein olleet ymmärtäneet, että lähtisin heidän luotaan koko talveksi pois. Vasta keskiviikkoiltana, kun toin matkalaukun yläkerrasta eteisen ovensuuhun, Veikko kysyi, koska tulen takaisin.

– Sitten kun on taas kesä, vastasin hänen eteensä kyykistyen.

– Niin mutta entäs jouluna? Voitto kysyi selvästi hätääntyen. Ei auttanut muu kuin vetää kumpikin pikkumies syliin.

– Jouluksi en ehdi, kun se Pariisi on niin kaukana, selitin pojille. – Mutta lähetän teille taas kuvakortteja autoista ja junista ja ilmalaivoista, jooko?

Kumpikin nyökkäsi, mutta ilmeestä näki, ettei heidän pahaa mieltään kuvakorteilla häivytetty. Vasta kun lupasin, että iltateen jälkeen kerron heille Sika-Pellen sadun, Voittoa ja Veikkoa alkoi taas hymyilyttää.

Äiti oli kutsunut Vallgrenitkin minua hyvästelemään, vaikka olin saanut jo edellispäivänä ateljeessa pistäytyessäni Viivi-tädiltä Erichsenien osoitteen Ville-sedän käyntikortin taakse kirjoitettuna.

– Ville löysi myös tämän Pariisin kartan ateljeerin hyllystä, Viivi-täti selitti heidän tullessaan ja luovutti minulle pienen vihreäkantisen karttakirjan, jonka jokaisella aukeamalla oli karttalehti. – Onhan sillä jo vähän ikää, mutta eivät ne Pariisin kadut ole paljoakaan muuttuneet kahdessakymmenessä vuodessa.

– Tuo katuhakemisto on oikein kätevä, Ville-setä lisäsi. – Ja siinä sivulla 22 on ruksilla merkitty minun entinen taloni, jonka se hullu naikkonen meni myymään pilkkahinnasta.

Tämä oli taas niitä Ville-sedän vakiojuttuja ja hullu naikkonen hänen toinen vaimonsa, se kokainisti. Toista tuntia Ville-setä ja Viivi-täti latelivat pöydän ääressä ohjeitaan. Missä minun pitäisi ehdottomasti käydä, keitä tavata, mitä syödä ja juoda, mihin mennä kävelylle ja retkelle. Pikkupoikia alkoi jo väsyttää. Iisakkikin haukotteli häpeämättömästi ja totesi lopulta kuuluvasti:

– Pitää vissihin mennä maate, kun Kirstin pitää huamenna lähtiä reissuhun!

Silloin vasta Vallgrenitkin ymmärsivät nousta teepöydästä ja syleillä minua hyvästiksi.

– Kerro Emmylle oikein rakkaita terveisiä, Viivi-täti huusi vielä portailta. – Voi miten hauska talvi sinulle tuleekaan!

Voitto ja Veikko jaksoivat juuri ja juuri pysyä hereillä Sika-Pellen tarinan loppuun asti. Kun ennätin ovensuuhun ja sammutin valot, he nukkuivat jo sikeää unta.

– Saa nähdä, haluavatko pojat enää kuulla Sika-Pellestä, kun tulen takaisin, sanoin äidille, joka korjasi astioita teepöydästä. – Hehän ovat silloin jo menossa kouluun.

– Halusittehan tekin vielä koulutyttöinä Allin kanssa, että kerron asemapäällikön Bertasta, äiti sanoi ja ihmetteli samaan hengenvetoon, ettei Bertta ollut lähettänyt edes joulukorttia vaikka oli saanut osoitteen.

– Ehkä hän kadotti sen paperilapun, vastasin äidin selkää sipaisten. – Se on joskus niin vähästä kiinni, tapaavatko ihmiset uudelleen.

– Kai se sitten menöö niinku on tarkootettu, niin kuin Iisakki aina sanoo, äiti naurahti. – Mene nyt sinäkin nukkumaan, että selviät huomispäivästä!

Kirkkomaalle ajoin vasta torstaiaamuna. Äidin mielestä Eliaksen olisi pitänyt lähteä minua kyytimään, mutta sanoin meneväni mieluummin yksin polkupyörällä. Kun lähdin pihamaalta, Elias oli pesemässä autoa.

– Älä sitten viivy kauan, hän huusi perääni. – Pitää lähteä ajoissa kaupunkiin!

Yöllä oli satanut kaatamalla, ja maantie oli täynnä lätäköitä. Allin haudalla oli yhdessä orvokissa vielä sininen kukka, muut olivat jo sateenpieksämiä. Harmitti, etten ollut älynnyt tuoda haudalle uusia kukkia tai vaikka pientä katajaseppelettä.

Kun olin siivonnut kuihtuneet kukat ja hautakiven juureen kasautuneet kuolleet lehdet, jäin vielä hetkeksi katsomaan Villesedän tekemää kuvaa. Äkkiä tajusin, ettei se tyttö, jota enkeli lohdutti, ollutkaan Alli vaan minä. Muistin, mitä Alli oli sanonut, kun viimeisen kerran istuin hänen sänkynsä ääressä. *Ei sinun tarvitse tuoda kukkia minun haudalleni. Kyllä minä omat kukkani löydän ja sinut myös, missä ikinä kuljetkin.*

– Näkemiin, Alli, kuiskasin hiljaa. – Nähdään Pariisissa.

Toden teolla matka alkoi jännittää vasta kun halasimme äidin kanssa huvilan porraspäässä. Vielä oli annettava suukot Voitolle ja Veikolle. Iisakkiakin syleilin, vaikka hän näytti siitä vaivautuvan. Maisterin olin hyvästellyt jo aamulla, kun hän lähti junalla kaupunkiin.

– Mennääs sitten, Elias sanoi ja nosti matkalaukkuni auton takapenkille. Minun piti nimittäin nousta laivajunaan Helsingin asemalla, sillä se ei seisahtunut Albergassa eikä muillakaan lähiasemilla.

– Lähetä jo Tukholmasta kortti, äiti pyysi. – Ja sähke heti kun olet perillä!

Ensimmäistä kertaa istuin nyt Eliaksen auton etupenkillä. Kaipa se tuntui oudolta meistä kummastakin, kun puheenaihetta ei tahtonut löytyä. Vasta kun Elias oli pysäyttänyt Kaivokadun varteen, hän kääntyi puoleeni ja ilmoitti antavansa minulle hiukan evästä.

– Siinä on pikkuisen käteistä rahaa, frangeja ja jokunen kruunu ja Saksan markka, hän mutisi ojentaessaan minulle kahtia taitetun ruskean kirjekuoren takkinsa povitaskusta. – Kai sulla on se pellavainen kaulapussi, jonka äitis sulle antoi? Pistä nuo talteen sinne äläkä rupea outojen kanssa juttusille, hän varoitti. – Eikä sitten kannata jättää kapsäkkiä silmistä junassakaan. Ne on nuo junat ja rautatieasemat semmoisia paikkoja, joissa ammattivarkaat käyvät helposti tuommoisten yksinäisten likkalasten kimppuun.

– Kiitos, Elias, lupaan olla varovainen, vastasin liikuttuneena. Ensimmäisen kerran teki mieli sanoa Eliasta isäksi, kun näin hänen olevan aidosti huolissaan minusta.

– No, menes nyt sitten, että pääsen töihin, hän murahti, kun kumpikin meistä näytti liikuttuvan. – Ja kirjoita, ettei äitis tartte öitä myöten valvoa ja surra!

Seisoin hetken kadun varressa ja katsoin, miten Elias kääntyi Ateneumin kulmalta Rautatientorille ja katosi asemarakennuksen taakse omalle pirssipaikalleen. Vielä oli odotettava raitiovaunua ja yhtä vossikkaa ennen kuin pääsin kadun yli. Aseman kello näytti vasta neljää. Junan lähtöön oli toista tuntia. Oikeastaan olisi tehnyt mieli käydä vielä Miilin luona Bulevardilla, mutta siihen oli aikaa liian vähän.

Ei tehnyt mieli mennä kahvillekaan, kun kotona oli noustu juuri ruokapöydästä. Niinpä maleksin aikani asemahallissa ja menin sitten rautatiekirjakaupan kioskille ostamaan muutaman kuvalehden ja yhden halvan romaanin matkalukemisiksi. Sen nimi oli *Vihreä hattu: romaani valituille.* Tuskin olisin muuten kirjaa ostanutkaan, ellei siinä olisi ollut melkein 300 sivua ja kannessa hattupäisen naisen kuva.

Turun juna oli jo laiturilla, joten kapusin siihen vaunuun, johon minulla oli paikkalippu. Laukun sain nostetuksi matkatavaraverkkoon, joka oli suoraan paikkani yläpuolella, ja istuin sitten selailemaan uutta kirjaani. Ensi alkuun tarina vaikutti aika nokkelalta ja nykyaikaiselta. Oltiin Lontoossa. Salaperäinen nuori nainen, jolla oli vihreä hattu, etsi veljeään ja sai oppaakseen kirjan kertojan. Ehkä kyseessä on rakkausromaani, ajattelin toiveikkaana, mutta laitoin kirjan olkalaukkuuni, kun vaunuun alkoi tulla lisää väkeä.

Vieruspaikkani jäi onneksi tyhjäksi, mutta vastapäätä minua asettui tuimailmeinen vanharouva, jolla oli kaulassaan paksut kultakäädyt ja sormissaan puolitusinaa sormuksia. Hänen poikansa, keski-ikäinen herrasmies, saattoi hänet vaunuun asti ja nosti kaksi suurta matkalaukkua tavaraverkkoihin.

– Ursäkta, men kan jag be fröken att hjälpa min mor med pakas när ni kommer till Åbo hamn? hän kääntyi kysymään minulta hikeä nenäliinaansa pyyhkien. Vastasin myöntävästi, vaikken tosin ymmärtänyt, miten saisin Turun satamassa vanhanrouvan laukut alas hyllyltä, kun noin iso ja vahva mies oli itsekin joutunut ponnistelemaan hiki otsalla niiden takia.

– Jag tackar, mies kumarsi kiittääkseen, hyvästeli sitten äitinsä poskisuudelmalla ja poistui silmin nähden huojentuneena junanvaunusta.

Vanharouva pysyi pitkään vaiti, mutta kun juna lopulta lähti liikkeelle, hän alkoi kuulustella minua. Olinko menossa Tukholmaan? Kenen luo olin menossa? Jatkaisinko matkaa Tukholmasta eteenpäin? Kuultuaan, että olin menossa yksin Pariisiin, hän vaikutti pöyristyneeltä eikä enää sanonut sanaakaan. Minua se ei lainkaan haitannut.

Vähän ennen Albergaa otin olkalaukkuni ja lähdin vaununsillalle, sillä äiti oli sanonut, että he tulisivat ehkä pikkupoikien kanssa vilkuttamaan minulle. Ikävä kyllä, asemalle oli seisahtunut Karjaalta tuleva paikallisjuna. Meidän junamme jyskytti takimmaista raidetta pitkin niin nopeasti, etten ehtinyt nähdä, seisoiko kotiväki asemalaiturilla. Palasin pettyneenä takaisin paikalleni ja kaivoin kirjani esiin. Turussa oltaisiin vasta iltamyöhäisellä.

Mitä pidemmälle luin *Vihreää hattua*, sitä oudommalta se minusta tuntui. Jotkut nokkeluudet kyllä huvittivat, mutta sankaritar oli minusta kummallinen ja kertoja vielä omituisempi. Kun vähitellen kävi ilmi, että nainen oli tosiasiassa pahamaineinen viettelijätär, panin kirjan pois ja päätin lukea sen loppuun joskus myöhemmin.

Ulkona oli jo pimeää. Vain silloin tällöin vilahtivat vaunun ikkunoiden takana asemien ja isompien kylien valot. Vanharouva oli nukahtanut ikkunanpieleen nojaten, ja uni oli pehmentänyt hänen tuikeat piirteensä. Nainen oli jo varmaan yli seitsemänkymmenen, ehkä vieläkin vanhempi. Poikansako takia hän oli lähtenyt näin vaivalloiselle matkalle Suomeen? Puheen nuotista päätellen vanha nainen oli nimittäin Ruotsista kotoisin.

Siinä samassa keksin, mitä tekisin Tukholmassa. Tietysti! Kyllä yhdeksässä tunnissa ehtisi vallan hyvin käydä Djursholmissa Mamman ja Papan ja Signen luona. Tottapa he asuivat edelleen entisessä paikassa Germaniavägenillä, sillä siinä joulukortissa, jonka äiti oli viime jouluksi saanut, oli ollut myös Signen nimi.

Hassua, miten ajatus tuttujen ihmisten näkemisestä teki niin iloiseksi ja samalla kärsimättömäksi. Kun juna vihdoin lähti Turun rautatieasemalta kohti satamaa, minulla oli jo päällysvaatteet yllä ja matkalaukku penkille nostettuna. Vasta silloin tajusin, että vanharouva nukkui yhä.

– Ursäkta! sanoin koskettaen hänen käsivarttaan. Nainen hätkähti hereille, vääntäytyi seisomaan eikä selvästikään tiennyt heti, missä oikein oli, ennen kuin selitin meidän tulevan juuri Turun satamaan ja autoin viitan hänen ylleen.

– Voisivatko herrat auttaa saamaan hänen pakaasinsa tuolta ylhäältä alas? kysyin viereisellä penkillä istuvilta nuorukaisilta, jotka tosin näyttivät koulupojilta. He punastuivat kumpikin, mutta tekivät työtä käskettyä ja kantoivat laukut asemalaiturille asti. Kun olin auttanut vanhanrouvan alas vaunun portaita, ketään ei enää näkynyt lähistöllä. Väki näytti jonottavan kauempana näkyvään rakennukseen. Sen takana odotti ilmeisesti laiva, johon mekin olimme menossa.

– Kantaja! huusin hädissäni. – Tänne tarvitaan kantaja!

Pimeyden keskeltä ilmestyikin lippalakkipäinen mies käsikärryjä työntäen. Hän nosti mitään puhumatta sekä minun matkalaukkuni että vanhanrouvan kapsäkit kärryjensä kyytiin ja lähti työntämään niitä kohti rantaa. Tarjosin käsivarteni rouvalle ja lähdin taluttamaan häntä samaan suuntaan. Ilman tukea hän olisikin kompastunut heti asemalaiturin reunaan.

Kun lopulta nousimme viimeisinä matkustajina laivaan, sen piipusta tuprusi jo sankka savu. Rouvalla näkyi myös olevan ensimmäisen luokan hytti, mutta onneksi hänet ohjattiin käytävän toiselle puolelle. Sitä sitkeää jupinaa ja marinaa, joka oli alkanut asemalaiturilta ja jatkunut konttorista laskusillalle asti, en olisi jaksanut kuunnella hetkeäkään kauempaa. Olin maksanut kantajalle itse ne kolme markkaa, kun vanharouva ei tehnyt elettäkään kaivaakseen oman lompakkonsa esille.

Vaikka hytissä oli kaksi vuodetta, ei sinne ilmestynyt muita matkustajia. Sen verran nälkäiseksi tunsin kuitenkin itseni, että lähdin vielä katsomaan, saisiko jostakin syötävää. Ensimmäisen luokan salongissa istuikin jo vanhempi pariskunta, jolle tarjoilijatar serveerasi teetä ja pieniä voileipiä. Häpeä tunnustaa, mutta söin lopulta koko leipävadin tyhjäksi, kun pariskunta poistui hyttiinsä hyvää yötä toivotettuaan ja tarjoilijatar lähti viemään heidän likaisia astioitaan tiskattavaksi.

– Täälläkö tarjotaan aamiainenkin? kysyin tarjoilijattarelta, kun hän tuli lähtiessäni käytävällä vastaan.

– Voin kyllä tuoda sen hyttiinkin, hän vastasi hymyillen. – Mutta lounas tarjotaan täällä kello yksi.

Olin kai nukkunut huonosti koko viikon. Kun vihdoin oikaisin itseni laivavuoteen pehmeälle patjalle, suljin silmäni huojentuneena. Toivottavasti olin muistanut kaikki ne varotoimet, joista Viivi-täti oli puhunut. Hytin ovi oli lukittu ja kaulapussi rahoineen, lippuineen ja passeineen oli tyynyni alla. Hytin ikkunaluukonkin olin tarkastanut, vaikka se tuntuikin hullulta, ja vetänyt verhon sen eteen. Kannelta olisi näet muuten voinut katsoa suoraan ikkunasta sisään.

Laiva tärisi vaimeasti höyrykoneen puskiessa sitä kohti länttä. Vielä oli meno tasaista, kun oltiin saarten suojassa. Merkillistä, miten tuntui ihan samanlaiselta kuin silloin, kun pikkutyttönä matkustin äidin kanssa ensimmäisen kerran laivalla Suomeen. Silloinkin uteliaisuus oli voittanut lähdön haikeuden. Joka päivä olisi edessä jotakin uutta.

Heti kun astuin Tukholmassa laskusillalta maihin, tuntui siltä kuin olisin tullut kotiin pitkältä matkalta. Kaikki oli niin merkillisen tuttua, kuninkaanlinnan kulmikkaat ääriviivat, lokkien huudot ja meren tuoksu ja ihmisten laulava ruotsin kieli. Skeppsbrolla jyristeli tietysti nyt enemmän autoja ja raitiovaunuja kuin ennen eikä hevoskärryjä näkynyt kuin muutama, muttei kaupunki silti tuntunut oudolta tai pelottavalta.

Passintarkastuksesta selvittyäni näin, että se ruotsalainen vanharouva seisoi jo sivummalla vastaanottajiensa ympäröimänä. Niinpä tartuin reippaasti matkalaukkuuni ja marssin kohti pirssiautoa, joka seisoi jonon ensimmäisenä. Kello kävi jo neljää, enkä halunnut tuhlata aikaa junamatkaan. Siispä ilmoitin haluavani kyydin Djursholmiin Germaniavägenille.

– Va kostar de? osasin kysyä ihan oikealla nuotilla. Kun hinta oli varsin sopiva niihin kruunuihin nähden, jotka Elias oli antanut, ojensin matkalaukkuni kuljettajalle ja istahdin takapenkille.

Tutunnäköisiä rakennuksia vilahteli ohi, mutta kun tultiin kaupungin laidalle, seudut kävivät oudommiksi. Niin paljon vanhoja rakennuksia oli purettu ja niiden sijaan oli pystytetty kokonaisia kivimuureja. Stocksundin sillankorvassa piti odottaa neljännestunti, sillä silta oli meidän tullessamme avattu proomuille. Niinpä pieni taskukelloni näytti jo puolta kuutta Djursholmin tienhaarassa. Kun ihmettelin ajan kulumista kuljettajalle, hän naurahti ja kysyi, olinko muistanut siirtää kellon tunnilla taaksepäin. Nauru kelpasi minullekin tajutessani, että sain samalla tunnin lisäaikaa.

– Vilket nummer? kuski kääntyi kysymään Restaurantenin pysäkin kohdalle. Mikä numero? Ai niin, Germaniavägenin talon numero. Siitä minulla ei ollut aavistustakaan, mutta arvelin, että osaisin kyllä tästä kävellen perille. Eihän matka voinut olla enää kovin pitkä, kun meidän pihaan oli kuulunut Djursholmsbanan vaunujen kellonsoitto.

Kun kuski oli saanut rahansa ja nostanut matkalaukkuni kadunvarteen, hän käänsi risteyksessä autonsa ja lähti ajamaan takaisin kohti kaupunkia. Hetken piti silmitellä, ennen kuin olin varma, mihin suuntaan oli lähdettävä. Oikealla näkyikin jo tuttu talo ja vasemmalla portti, jonka muistin. Sitten uhkasi kuitenkin usko loppua, kun seuraavat talot näyttivät aivan oudoilta. Puutkin olivat kasvaneet, ja siinä, missä ennen oli ollut niittyä, oli nyt korkea kiviaita.

Germaniavägenin kyltti oli puoliksi piilossa pensaikon keskellä, mutta sen huomattuani tiesin olevani jo melkein perillä. Tosin Vedeliuksen pensionaatin aita oli erivärinen kuin muistin, mutta ikkunanpuitteet olivat ihan samanlaiset kuin ennenkin. Kohta, ihan kohta olisin jo oikealla portilla, ajattelin kulkiessani pitkin korkean kuusiaidan sivua.

Mitä ihmettä?

Portti oli uusi ja pramea. Kivipylväiden päissä oli sähkölamppujen suojana kiiltävät messinkilyhdyt. Kivetty tie johti porraspäähän, jonka edessä seisoi iso vaaleanharmaa auto. Mutta huvila oli aivan väärän näköinen ja valkoiseksi rapattu. Kun kokeeksi yritin avata porttia, se oli lukittu.

Pettyneenä käännyin ympäri. Olivatko Johanssonit sittenkin muuttaneet jonnekin? Muistin kyllä, että heidän talonsa oli ollut tontin toisessa laidassa omenatarhan vieressä. Pitiköhän sinne kiertää nykyään jotakin toista kautta?

Samassa näin nuoren naisen tulevan pitkin katua lastenvaunuja työntäen. Naisella oli yllään tyylikäs samettikappa turkissomisteilla ja samanvärinen huopahattu, jonka koristeena oli kaksi pientä turkispalloa.

– Ursäkta, men kan ni...

Vaikea sanoa, kumpi meistä ensin huudahti ilosta, Signe vai minä, sillä Signe se oli, Johanssonin Signe ihan itse. Silmistä tunsin ja hymystä. Silmistä sanoi Signekin minut tunteneensa, ne kun olivat edelleen eriväriset.

Ainakin viisi minuuttia puhuimme yhteen ääneen, kysyimme ja vastasimme samaan aikaan. Nukkuva pikkuvauva, jota Signe työnsi vaunuissa, oli hänen omansa, Ida Kristina nimeltään. Meidän siinä puhuessamme tuli huvilasta valkoesiliinainen sisäkkö ja avasi portin. Kun hän puhutteli Signeä rouvaksi, tajusin lapsuudenystäväni asuvan valkoisessa huvilassa lapsensa ja aviomiehensä kanssa.

– Så synd, att Åke är bortrest just nu, Signe pahoitteli, kun tultiin sisälle huvilaan ja palvelijatar oli ottanut pikku-Idan huostaansa. Signen aviomies oli kuulemma matkustanut tätinsä luo Göteborgiin.

– Men nu skall vi gå till Trädgårdstugan, Signe sanoi hilpeästi ja johdatti minut keittiön kautta huvilan takaovelle. Johanssonien Puutarhamaja näytti olevan ihan entisellään, vaikka omenapuut olivatkin kasvaneet. Mamman hämmästyneet kasvot häivähtivät ikkunassa, kun kiirehdimme rinnatusten majan ovelle. Itku pääsi meiltä kummaltakin, kun Mamma sulki minut syliinsä.

– Kirsti, min lilla flicka! hän toisteli ja päivitteli samalla, miten suureksi olin kasvanut.

Yhtä iloinen oli Pappa Johanssonkin, vaikkei sentään pillahtanut itkuun, ryki vain ja taputteli selkääni. Lasiovisen kirjakaapin päällä olivat kehyksissä Signen hääkuva, pikku-Idan ristiäiskuva ja minun ylioppilaskuvani, jonka olin toissajouluksi lähettänyt heille.

Niin paljon oli puhuttavaa, kun aikaa ei kuitenkaan ollut kuin muutama tunti. Enimmäkseen puhuimme siitä, mitä täällä oli tapahtunut. Vanha huvila oli tosiaan revitty maan tasalle heti meidän lähtömme jälkeen ja sen tilalle oli tukkukauppias Sjögren rakennuttanut tuon uuden huvilan. Mutta miten ihmeessä Signestä oli tullut sen emäntä?

Pari vuotta olivat Johanssonit joutuneet kärsimään häikälemättömän naapurinsa edesottamuksista. Sitten maailmansota alkoi Ruotsissakin heiluttaa konjunktuureja ja Sjögren, joka oli tehnyt uhkarohkeita ja vähän hämäriäkin sijoituksia, oli menettänyt suuria summia. Niinpä uusi huvila oli pantu myyntiin. Lopulta sen oli ostanut tukkukauppias Sjögrenin käly, joka oli vasta jäänyt leskeksi. Hän muutti taloon ainoan poikansa Åken kanssa, joka oli juuri aloittanut lakitieteen opinnot.

– Jag var bara sexton då, Signe sanoi hymyillen. En lainkaan ihmetellyt, että 19-vuotias lainopin ylioppilas oli ihastunut 16-vuotiaaseen naapuriinsa. Toissakeväänä heidät oli vihitty, ja pikku-Ida oli syntynyt viime toukokuussa. Pientä ristivetoa taisi olla siitä, kuka lasta saisi hoitaa. Mamma kun oli sitä mieltä, että olisi aivan hyvin jaksanut pitää tästäkin pikkuisesta huolta.

Entä mitä oli tapahtunut tukkukauppias Sjögrenille? Pappa Johansson ei lainkaan salannut vahingoniloa kertoessaan, että heidän kiusanhenkensä oli kuollut elokuussa tukehduttuaan lihapalaan. Siksi Åke oli nyt matkustanut Göteborgiin tätinsä avuksi selvittämään kuolinpesän asioita.

Päivällistä varten me kaikki siirryimme uuteen huvilaan. Ruokasalin kalusto näytti tutulta. Signe kertoikin lunastaneensa sen takaisin siltä naapurilta, joka oli professorin huutokaupasta ostanut suurimman osan huonekaluista.

– Hon är en duktig husmor, hon, min lilla flicka, Mamma Johansson kehui tyttärentytärtään, kun tämä lähti ruokkimaan lastaan.

Totta kai Signe olikin mainio emäntä. Ruoka oli hyvää, vauvakin suloinen, mutta tunsin silti oloni vieraaksi talossa, jossa vauraus näkyi niin silmiinpistävästi. Kaikki oli moitteettoman kiiltävää, lattiat, huonekalut, hopeat, peilit ja kristallit. Yhtään kulunutta tai nukkavierua esinettä ei näkynyt missään.

Sillä aikaa kun Signe oli poissa, Pappa Johansson kysyi suoraan, miten oli minun sulhasteni laita. Vastasin hymyillen, ettei minulla ollut aikaa semmoiseen, kun oli opiskeltava ja hankittava kunnon ammatti. Ilmeistä näki, etteivät Johanssonit olleet vastaukseeni oikein tyytyväisiä, vaikkei kumpikaan sanonut sitä ääneen. Sen sijaan he alkoivat kysellä äidistä ja Eliaksesta ja kaksosista. Allin kuolemasta en puhunut mitään, kun arvasin, ettei se heitä olisi koskettanut, kauhistuttanut korkeintaan.

– Vet du, Kirsti, jag är litet avundsjuk på dig, Signe tokaisi, kun lopulta ajoimme iltapimeällä kohti kaupunkia. Signellä oli nimittäin ajokortti, ja hän oli välttämättä tahtonut lähteä kyyditsemään minut kaupunkiin. Mamma oli ensin pannut vastaan, mutta kun Signe oli pyytänyt häntä jäämään siksi aikaa pikku-Idan vahdiksi, hän oli sulkenut äkkiä suunsa.

Ensin en ymmärtänyt, miksi Signe, jolla oli kaikki, mitä nuori nainen saattoi toivoa, kadehtisi minua, mutta kun asiaa tarkemmin ajatteli, olihan se mahdollista. Signe sanoi suoraan, että hänen elämänsä oli kyllä helppoa mutta yksitoikkoista. Åke oli paljon poissa, eivätkä he enää liikkuneet niin paljon yhdessä maailmalla, kun tyttö oli syntynyt. Seuraavaksi suku odotti kuulemma poikaa.

– Men jag vill inte bli gravid igen, Signe tunnusti.

Ei ihme, ettei hän halunnut tulla raskaaksi ainakaan vielä, sillä Idan odotusaika oli ollut vaikea. Ensin Signe oli voinut pahoin ja saanut sitten jalkakramppeja ja selkäsärkyä niin että oli joutunut vuoteeseen päiväkausiksi.

Ei minusta ollut Signen lohduttajaksi. Kerroin kuitenkin Allin kuolemasta ja siitä, miten tyhjältä ja samalla pelottavalta elämä oli tuntunut viime aikoina. Senkin sanoin, että olin vasta nyt ymmärtänyt, kuinka ohuiden säikeiden varassa itse kunkin elämä ja onni tosiasiassa oli. Vaikken sanonut sitä suoraan, toivoin Signen ymmärtävän, mitä tarkoitin. Elämä oli liian lyhyt ja arvaamaton, jotta se olisi kannattanut tuhlata valittamiseen ja epämääräiseen tyytymättömyyteen. Niin kuin siinä vanhassa keittokirjassa sanottiin: *man tar vad man haver* eli otetaan se, mitä löytyy, ja tehdään siitä jotakin hyvää.

Nousin autosta rautatieaseman edessä. Signe olisi halunnut tulla opastamaan minua, he kun olivat Åken kanssa matkustaneet junalla häämatkalleen Pariisiin ja Roomaan. Sanoin kuitenkin selviäväni mainiosti, olihan minulla ohjeet laiturin ja vaunun numeroa myöten.

– Kör försiktigt, sanoin Signelle lähtiessäni, sillä toivoin todella hänen ajelevan vähän varovaisemmin. Kun auto oli kiitänyt pitkin Sveavägeniä, olin puristanut rystyset valkoisena olkalaukkua sylissäni.

– Var inte rädd, Signe vastasi virnistäen. En oikein ymmärtänyt, tarkoittiko hän, ettei minun kannattanut pelätä hänen vai itseni puolesta.

Aivan niin yksinkertaista ei ollut löytää Tukholman rautatieasemalta iltapimeällä oikeaa junaa. Alkoi olla jo vähän kiire, sillä olin ensin ostanut postikortin kotiväelle ja pistänyt sen postiin. Lopulta muuan kantaja tuli avukseni, otti matkalaukun kärryynsä ja johdatti minut oikealle laiturille ja oikean vaunun kupeelle. Vielä oli onneksi kruunuja jäänyt taskun pohjalle.

Toisen luokan makuuvaunuissa oli kaksi vuodetta päälletysten. En uskaltanut asettua vielä aloilleni, kun en tiennyt, minkälainen matkatoveri hyttiin putkahtaisi. Oven takaa kuului koko ajan askeleita ja ääniä, mutta kukaan ei koputtanut oveeni.

Kun juna vihdoin nytkähti liikkeelle, riisuin huojentuneena kengät jaloistani ja heittäydyin pitkälleni alavuoteelle. Juuri silloin oveen koputettiin. En ehtinyt edes nousta sängyn reunalle istumaan, kun ovesta vyöryi sisään kahden suuren kapsäkin kanssa tukevatekoinen nainen, joka näytti suunnilleen meidän äidin ikäiseltä.

– Guten Abend, hän sanoi ja kysyi, puhuinko saksaa.

– Ja, ein bisschen, vastasin epäröiden, sillä koulusaksani oli päässyt yliopistolla pahoin ruostumaan.

No, kovin paljon ei kielitaitoa tarvittukaan. Oli selvää, että minun oli nuorempana ja ketterämpänä kavuttava ylävuoteeseen. Sen verran naisesta oli apua, että hän nosti matkalaukkuni ylävuoteen jalkopäähän. Mutta sitten hän valtasi paitsi alavuoteen myös hytin permannon, kaikki vaatekoukut ja sen pienen pöytälevyn, joka oli ikkunan edessä.

Minun ei auttanut muu kuin laskostaa päällysvaatteeni ylävuoteen jalkopäähän matkalaukkuni päälle ja kömpiä alusvaatteisillani peiton alle. Hetken selailin sitä *Kotiliesi*-lehteä, jonka olin ostanut Helsingin rautatieasemalta, mutta kun alavuoteen rouva kysyi ärtyneenä, aioinko pitää valoja päällä koko yön, laitoin lehden syrjään ja sammutin valot. Nainen ei vaivautunut edes vastaamaan, kun toivotin saksaksi hyvää yötä.

Vaunun nitinä ja natina ja kiskojen kolke vaimensi jonkin verran alavuoteelta kuuluvaa kuorsausta, mutta uni antoi silti odottaa itseään. Vaikka oli ollut liikuttavaa tavata Johanssonin Mamma ja Pappa ja Signekin tietysti, jokin siinä vierailussa oli jäänyt kaihertamaan. Omissa kuvitelmissani Djursholmin huvila, Puutarhamaja ja meidän pieni leikkitupamme omenatarhan siimeksessä olivat aina olleet jonkinlainen kadotettu paratiisi. Ensimmäisen kerran tajusin nyt, miten pientä ja ahdasta elämämme tosiasiassa oli ollut.

Ehkä äiti oli professorin perinnön saatuaan lähtenytkin pakoon juuri sitä kaikkea, mikä minuakin nyt oli ahdistanut: Johanssonin Mamman ja Papan ehdottomia mielipiteitä, mitä sopi tehdä ja mitä ei, ja kaikkia niitä näkyviä ja näkymättömiä aitoja, joita ei saanut ylittää. Jos olisimme jääneet Djursholmiin, minäkin voisin olla Signen tavoin ahdistunut omasta onnestani ja tyytymätön siihen naisen osaan, joka oli kuin korsetti. Se teki sieväksi ja soreaksi mutta haittasi hengittämistä.

Heräsin siihen, että konduktööri koputti oveen. Trelleborgiin saavuttaisiin tunnin kuluttua. Kun kurotuin raottamaan ikkunan eteen vedettyä likaisenruskeaa verhoa, näin, että ulkona oli sateisen harmaata. Tasanko näytti ulottuvan taivaanrantaan saakka. Silloin tällöin vilahti ohi jokin valkoinen korkeapäätyinen maalaistalo. Tämän täytyi olla sitä Skånea, josta Nils Holgerssonissa kerrottiin.

Alavuoteen nainen nousi myös seisomaan, kivahti nyt sentään hyvän huomenen ja ryhtyi sitten pukeutumaan. Halvan kölninveden lemu aivastutti. Heti kun nainen oli lähtenyt käytävään etsimään klosettia, laskeuduin ylävuoteelta ja avasin ikkunan. Savun ja ratapölkkyjen haju sekottui kylmään syysilmaan ja peitti pian alleen kölninveden lemun. Pukeuduttuani hinasin matkalaukunkin alas ja lähdin matkatavaroineni etsimään ravintolavaunua.

Sellainen löytyikin muutaman vaunun päästä, kun ensin olin kävellyt parin vaunun verran väärään suuntaan. Kun kysyin, paljonko kunnon aamiainen maksaisi ensimmäisen luokan ravintolavaunun puolella, asetuin sinne mielihyvin. Vahva kahvi, tuore maito ja lämpimät sämpylät voin, juuston ja marmelaadin kera olivat juuri sitä, mitä tarvitsin, jotta mieliala vähän koheni ankean yön ja aamun jäljiltä.

Käytävän toisella puolella näkyi vanhempi herrasmies lukevan Sydsvenska Dagbladetia. Juna oli kai pysähtynyt varhain aamulla jollakin isommalla paikkakunnalla, koska lehti näytti tuoreelta. Yritin vaivihkaa katsoa, mitä siinä luki, mutta präntti oli niin pientä, ettei sitä erottanut kunnolla.

– Var så god, mies sanoi noustuaan pöydästä ja ojensi ohimennessään lehden minulle.

Nolotti vähän, mutta onneksi hän meni menojaan. Eipä silti, ei lehdessä juuri ollut luettavaa. Etusivulla kerrottiin siitä, että joku naiskauppias oli löydetty eilisaamuna murhattuna puodistaan Vaxjön lähellä eikä murhaajasta ollut tietoa. Urheilua oli parin sivun verran ja ilmoituksia yhtä paljon.

Juna seisahtui vielä Trelleborgin komealle punatiiliselle rautatieasemalle ennen kuin se ajoi satamaan junanvaunujen lastausta varten. Onneksi tarjoilija tuli kysymään, olinko ehkä menossa Saksaan saakka. Siinä tapauksessa minun pitäisi palata siihen vaunuun, johon minulla oli lippu. Muut vaunut jäisivät nimittäin tälle asemalle.

Kun hengästyneenä saavuin vihdoin oman hyttini ovelle, se oli auki. Saksalaisnainen istui laukkujensa keskellä alavuoteen laidalla ja luki lehteä sen näköisenä, ettei minulla ollut enää asiaa hyttiin. Kiukuissani mietin, turvaudunko konduktööriin, kun huomasin, että seuraavassa vaunussa oli aivan tavallisia penkkejä. En kuitenkaan uskaltanut istahtaa mihinkään, ennen kuin olin varmistanut ovensuussa istuvilta nuorilta miehiltä, että tämäkin vaunu oli varmasti menossa Saksan puolelle.

Trelleborgin satamassa kaikki matkustajat komennettiin kulkemaan laivakonttorin kautta laivaan. Sen ruumaan ajettiin ne junanvaunut, jotka olivat menossa Saksan puolelle. Viisaampien neuvoja muistaen raahasin taas mukanani koko omaisuuttani, vaikka moni näkyi jättäneen kapsäkkinsä junanvaunuun.

Koppalakkiset virkamiehet tarkistivat sekä passin että matkaliput. Huomatessaan, että minulla oli ensimmäisen luokan laivalippu, ystävällinen kaluunaherra viittasi luokseen laivapojan ja käski hänen opastaa minut yläkannelle ensimmäisen luokan salonkiin. Nyt jos koskaan olin kiitollinen matkatoimiston virkailijalle, joka oli suositellut tätä vaihtoehtoa.

Ensinnäkin salongin takana oli oma kävelykansi, jonka kaiteen ääressä saattoi mainiosti ihailla etääntyvää Ruotsin rantaa. Toisekseen salongissa oli koko ajan tarjolla kahvia, teetä ja virvokkeita pienten voileipien ja keksien kera. Oluttakin sieltä olisi saanut ja viiniä myös, tosin maksua vastaan. Eikä siinä kaikki. Pehmeiden sohvien ja nojatuolien välissä oli pikkupöytiä, joilla lojui sekä saksalaisia että ruotsalaisia sanomalehtiä ja muutama koirankorvalle luettu värikäs kuvalehtikin. Tungosta ei ollut, kukaan ei korottanut ääntään eikä käyttäytynyt töykeästi toisia kohtaan.

Laivapoika oli kantanut matkalaukkuni salongin ovensuuhun, mutta kun kyllästyin pitämään sitä kauempaa silmällä, kävin raahaamassa sen oman nojatuolini viereen ikkunan ääreen. Näin kyllä, että se vanhempi tarjoilijatar, jonka valtakuntaa salonki ilmeisesti oli, vilkuili välillä minua ja matkalaukkua tuikeasti, mutta kun en muuten aiheuttanut häiriötä, hän ei puuttunut asiaan.

Vaikka päivä muuttui merellä aurinkoiseksi, ei sitä jaksanut tuijotella määräänsä enempää. Tanskan puolellakaan ei ollut paljon näkemistä, kun rantaa tuskin erotti horisontissa. Kun olin lukenut kaikki Suomesta tuodut lehdet ja nekin, jotka löysin lähimmältä pöydältä, kaivoin lopulta laukustani sen hatturomaanin ja sain kuin sainkin sen luetuksi loppuun. Ei sille mitään voinut, että kirjasta jäi yhtä tympeä jälkimaku kuin neiti Craucherin näkemisestä.

Miksi piti kirjoittaa kirja Iriksestä, joka viettelee lapsuudenystävänsä Napierin kolme päivää ennen tämän häitä? Miksi tarinaan piti sotkea syfilistä ja itsemurhia? Ja lopulta, kun kaikki paljastuukin Napierin ankaran isän salajuoneksi, Iris istuu keltaisen Hispano-Suizansa ratin taa ja ajaa tahallaan täyttä vauhtia päin sitä puuta, jonka luona he kaikki lapsina leikkivät.

Mieli teki viskata koko kirja mereen, mutta työnsin sen kuitenkin laukkuuni. Ulkona alkoi jo hämärtää. En ollut huomannutkaan, että salongin toisessa päässä tarjoiltiin illallista. Varmuuden vuoksi raahasin jälleen matkalaukkuni lähietäisyydelle ja sujautin olkalaukkuni tuolin alle.

Tarjolla oli keittoa, paistettua kampelaa tai vasikanpaistia. Valitsin kalan, joka olikin maukasta, mutta juomaksi en uskaltanut ottaa muuta kuin kivennäisvettä. Oikealla puolellani pari miestä puhui niin leveää skoonelaista, etten ymmärtänyt heidän puheistaan puoliakaan. Toisella puolellani istui saksalainen perhe, isä, äiti ja kaksi puolikasvuista tytärtä. Herr Papa piti jonkinlaista yksinpuhelua ja torui äänensävystä päätellen vuoroin vaimoaan ja vuoroin tyttäriään. Nämä söivät kampelaansa ilmeettöminä ja näyttivät aivan siltä kuin olisivat sulkeneet korvansa miehen puheilta.

Juuri silloin saapui pöydän toiselle puolelle kaunis tummatukkainen nainen, joka kysyi ruotsiksi, oliko siinä vapaa paikka. Kun vastasin myöntävästi, hän istui alas, vilkaisi vierustovereihini ja hymyili tavalla, josta suorastaan säteili yhteisymmärrys. Minun teki mieleni purskahtaa nauruun.

Tuntia myöhemmin rupattelimme Carinin kanssa kuin vanhat tutut. Hän oli kertonut olevansa syntyjään ruotsalainen mutta naimisissa saksalaisen lentäjän kanssa. Mies oli nyt Ruotsissa sairaalahoidossa, ja vaimo oli menossa Saksaan noutamaan tavaroita, jotka oli jätetty sukulaisten huostaan. Kuultuaan, että olin matkalla Pariisiin, hän hymyili haikeasti ja kertoi, että oli käynyt siellä kauan sitten ensimmäisen aviomiehensä kanssa ja tahtoisi näyttää kaupunkia myös nykyiselle miehelleen heti kun tämä tervehtyisi.

Kun lautta vihdoin lähestyi Sassnitzia, oli jo sovittu, että tapaisimme Pariisissa viimeistään ensi keväänä. Carin ojensi minulle nimikorttinsa. Fru Carin Göring, née baroness Fock, siinä luki siroin kirjaimin. Totta kai minullakin olisi pitänyt olla nimikortteja mukana. Nyt ei auttanut muu kuin kirjoittaa paperilapulle nimeni ja se osoite, joka löytyi Ville-sedän nimikortin takaa. 7 Rue Hérold, 1er arrondissement, Paris.

Sassnitzin satamakonttorissa tarkistettiin jälleen passit ja matkaliput. Tungoksessa kadotin Carin-rouvan näkyvistä. Hänen junalippunsa oli ilmeisesti ensimmäiseen luokkaan ja siksi hänet ohjattiin eri tietä vaunuunsa. Tällä kertaa ehdin onneksi omaan hyttiimme ennen saksalaisnaista ja asetuin päättäväisesti istumaan alasängyn laidalle ikkunan ääreen. Enää en antaisi karkottaa itseäni käytävälle. Juna lähti liikkeelle, mutta naista ei näkynyt. Vasta kun oli ajettu pienemmällä lautalla Strahlsundiin ja juna jatkoi matkaansa kohti Hampuria, uskalsin asettua pitkäkseni vuoteelle. Todennäköisesti saksalaisnainen oli jäänyt Sassnitziin ja koko hytti oli loppumatkan minun käytössäni.

Kello kävi jo kymmentä, kun juna vihdoin pysähtyi Hampurin Hauptbahnhofin korkealle kaartuvan katoksen alle. Olin taas viimeinen, joka astui vaunusta ulos. Mutta mihin suuntaan piti lähteä? Asemahalli näytti nimittäin olevan avoin kummastakin päästä. Kesti hetken, ennen kuin tajusin, että piti nousta kävelysillalle, joka kulki poikittain kiskojen yläpuolella.

Kun lopulta olin ylhäällä, oli pakko kaivaa matkatoimiston paperi olkalaukusta. Ausgang Spitalerstrasse lähti vasemmalle, Ausgang Kirchenallee oikealle. Spitalerstrasse luki ohjeissakin, joten lähdin siihen suuntaan.

Vihdoin seisoin asemarakennuksen ulkopuolella. Kun mietin, miten ihmeessä selviäisin edessäni olevan kadun ylitse, toivoin hartaasti, että minulla olisi ollut matkatoveri. Autoja tuli ja meni yhtenä virtana, samoin raitiovaunuja. Oliko tämä nyt se Spitalerstrasse, jota pitkin piti kulkea ja kääntyä sitten Kurtze Mührenille? Samassa huomasin, että selkäni takana seisoi kaksi univormupukuista miestä, joilla oli omituiset korkeat koppalakit ja niissä suuret kokardit.

– Entschuldigung, sain sanotuksi, mutta sitten sanat loppuivat kesken. En kyennyt muuta kuin sopertamaan hotellin nimen – Hotel zum Bahnhof?

Ilmeisesti miehet olivat poliiseja tai jotakin kaartilaisia. Ensin he selittivät innokkaasti viittoillen jotakin Spitalerstrassesta ja Kurze Mührenistä. Kun ravistin päätäni ja levittelin käsiäni, toinen heistä tarttui lopulta käsipuoleeni, toinen vihelsi pilliinsä ja niin minut kuljetettiin puolijuoksua kadun yli. Spitalerstrasse lukikin jo kadunkulmassa, mutteivät miehet minua siihen jättäneet, vaan taluttivat minut seuraavaan kadunkulmaan.

– Kurtze Mühre, toinen miehistä sanoi ja viittoi pitkin lyhyttä kadunpätkää. Toden totta, sen toisessa päässä näkyikin jo Hotel zum Bahnhofin himmeästi valaistu kyltti.

– Danke, danke sehr, sanoin huojentuneena ja taisin niiatakin, otin laukkuni ja lähdin kiireesti menemään kohti hotellia. Miesten nauru kaikui vielä korvissani, kun pääsin hotellin ovesta sisään. Tiskin takaa nousi haukotellen näkyviin kaljupäinen vanha mies, joka katsoi minua silmälasiensa yli.

– Guten Abend, tervehdin ja kaivoin kaulapussistani lippuvihon. Miehen yrmeä ilme suli hiukan, kun repäisin irti puolet siitä kupongista, jossa luki hotellin nimi, ja ojensin sen hänelle.

– Ach so, hän sanoi, kääntyi ottamaan seinältä avaimen ja viittasi minut mukaansa.

Portaat olivat jyrkät ja pimeät, pitkässä käytävässäkään ei ollut muuta valoa kuin yksi ainoa sähkölamppu, joka killui katossa ilman varjostinta. Käytävän päässä oli ovi, jota mies kopautti ja sanoi:

– Das Klo.

Minun huoneeni oli aivan klosetin vieressä. Jos en olisi ollut niin uuvuksissa ja olisin osannut saksaa paremmin, olisin kysynyt, paljonko maksaisi vähän parempi huone. Oven takaa paljastui nimittäin ahdas ikkunaton koppi, jonka täytti melkein kokonaan kapea rautasänky. Huteran näköinen jakkara oli ahdettu sängyn ja seinän väliin. Ainoa valonlähde oli täälläkin korkealla katossa roikkuva sähkölamppu. Huoneessa ei ollut mattoa, ei kaappia, ei edes peiliä. Lakanat sentään näyttivät puhtailta ja vasta mankeloiduilta, mutta miksi ihmeessä vuoteen päälle oli laitettu valtavan suuri tyyny?

– Sie müssen immer die Tür verschliessen, mies sanoi, viskasi avaimen sängylle ja lähti huoneesta. Ilmeisesti hän tarkoitti sitä, että ovi piti aina panna lukkoon.

Ei auttanut muu kuin asettua taloksi. Ensi töikseni lähdin klosettiin ja lukitsin huoneeni oven varmuuden vuoksi. Samanlainen kalsea mutta siisti koppi klosettikin oli ja melkein yhtä suuri kuin huoneeni. Täällä oli kuitenkin katonrajassa pieni ikkuna, joka oli raollaan niin että posliinipöntöllä istuessa niskaan veti koko ajan. Toilettipaperin virkaa toimitti likaisenharmaa paperirulla, josta piti repäistä sopivanmittainen pala. Paperi ei ollut silkinohutta niin kuin meillä Suomessa vaan karheaa ja vähän niin kuin paksua kreppipaperia.

Lavuaarissa oli kyllä kaksi hanaa, mutta kummastakin tuli vain kylmää vettä, vaikka juoksutin sitä hetken. Saippua lemusi lysolilta. Kasvoja en sillä uskaltanut pestä vaan huuhtelin ne pelkästään kylmällä vedellä. Pyyhettä ei näkynyt missään, joten kuivasin kädet ja kasvotkin sillä toilettipaperilla. Niin näkyi tehneen joku muukin, sillä roskakorissa oli samanlaisia harmaita paperimyttyjä.

Kun avasin oven, olin säikähtää hengiltä. Käytävässä seisoi nimittäin iso mustaviiksinen mies, joka tarttui heti klosetinoveen, mutta väistyi sentään sen verran syrjään, että pääsin pujahtamaan hänen ohitseen. Vasta omassa huoneessani minua alkoi naurattaa hysteerisesti, kun tajusin säikähtäneeni täysin turhaan. Miesparka oli ollut vain jonottamassa klosettiin.

Koska huoneessa ei näkynyt minkäänlaista lämpöpatteria uunista puhumattakaan, riisuin vain päällimmäiset vaatteet jakkaralle ja jätin sukatkin jalkaan. Oikeastaan olisi pitänyt kaivaa matkalaukusta ne villasukat, jotka äiti oli pakottanut pakkaamaan mukaan, mutta kun huone oli niin ahdas, en ruvennut levittelemään kapsäkkiä.

Peitteen kanssa oli ensin tulla ongelma. Kun näet nostin syrjään sen ison tyynyn, ei vuoteessa ollutkaan peittoa, vain pari pienempää pielusta vuoteen pääpuolessa. Kesti hetken ennen kuin tajusin, että se iso tyyny olikin kaksinkerroin taitettu höyhenpeitto, joka oli työnnetty valkoisen lakanapussin sisään. Täällä ei ilmeisesti harrastettu kunnolla tikattuja täkkejä niin kuin meillä.

No, kävihän se näinkin. Kun vihdoin olin kömpinyt peitteen alle ja painellut sitä litteämmäksi, jottei se peittänyt kasvoja, huomasin unohtaneeni kattolampun palamaan eikä herätyskelloakaan ollut vedetty. Ei auttanut muu kuin kömpiä vielä kerran ylös ja raottaa matkalaukkua sen verran, että sain kaivetuksi esiin herätyskellon. Aika piti tarkistaa taskukellosta, sillä herätyskello oli tietysti jo ehtinyt pysähtyä. Kohta oli jo puoliyö. Kun Pariisin junan lähtöajaksi oli merkitty 9.15, laitoin kellon herättämään seitsemäksi. Varmuuden vuoksi jätin valot palamaan ja kääriydyin tiukasti peittoon.

Joskus myöhemmin nauran varmaan tällekin hotelliyölle, ajattelin juuri ennen uneen vaipumista.

Kovin toiveikkain mielin en lähtenyt aamuvarhaisella etsimään Hampurin rautatieasemalta Pariisiin lähtevää junaa. Aamiaista ei hotellissa kuulemma tarjottu. Se tiskin takana päivystänyt silmälasipäinen mies oli vaihtunut ynseän oloiseksi nuoreksi naiseksi, joka ilmoitti, että kahvia sai ostaa asemalta. Niin sitten seisoin hetken aikaa erään kojun kupeella, joka sijaitsi rautatieaseman kävelysillan päässä. Kojusta sai yhdellä saksanmarkalla ison peltimukillisen kahvia ja vastapaistetun suolaisen rinkelin. Ihmeen hyvin niilläkin nälkä lähti. Jälleen oli turvauduttava kantajaan, joka luotsasi minut oikean vaunun viereen. Onneksi saksanmarkkoja vielä riitti, sillä jos haluaisin syödä junan ravintolavaunussa jotakin, se maksaisi varmaan melkoisesti. Frangini halusin säästää Pariisia varten.

Junanvaunu oli sitä mallia, jossa kuljetaan vaunun toista laitaa ja istutaan pienemmissä hyteissä. Ensimmäinen iloinen yllätys oli se, että hytti oli tyhjä, kun tulin sinne. Sitä paitsi paikkani oli ikkunan vieressä ja sain istua kasvot menosuuntaan. Matkatavarahylly oli kuitenkin niin korkealla, että oli potkaistava kengät jalasta ja noustava kahden penkin varaan, jotta sain laukun keinotelluksi hyllylle.

Ei näitä totisesti ole tehty naisia varten, ajattelin kiukkuisena laittaessani kenkiä taas jalkaan. Vähän ennen junan lähtöä vaunuosastoon ilmestyi nuori tyylikäs nainen, joka ei ollut varmaan minua paljon vanhempi. Kun nainen toivotti ranskaksi hyvää huomenta, vastasin samalla kielellä. Uudella matkatoverillani oli mukanaan vain pieni kapsäkki ja hatturasia, eikä hän nostanut niitä hyllylle vaan jätti penkille lojumaan ja istahti ikkunan ääreen minua vastapäätä.

Kun juna lähti liikkeelle, konduktööri tuli tarkistamaan matkaliput vielä kerran, vaikka ne oli näytetty jo asemalaiturille tullessa ja junaan noustessa. Nähtyään lippuvihkoni, jonka päällä luki Suomen matkatoimisto, nainen purskahti nauruun ja huudahti:

– Ei voi olla totta, oletteko tekin Suomesta?

Niin tutustuin neiti Ingrid Penttilään, joka kertoi asuvansa Pariisissa ja toimivansa sihteerinä Suomen suurlähetystössä. Kuultuaan, että Viivi Vallgren oli hankkinut minulle paikan Erichsenin perheestä, Ingrid sanoi tavanneensa hänet joskus konsertissa, jonka Vallgrenit olivat järjestäneet Pariisissa ollessaan.

– Miten hauskaa, että Kirsti viipyy Pariisissa ensi kesään saakka, hän sanoi ja näytti todellakin tarkoittavan sitä. – Pariisi on keväällä ihanimmillaan!

Hauskassa seurassa matka sujui kuin siivillä. Silloin tällöin Ingrid keskeytti juttunsa ja esitteli minulle jokia ja kaupunkeja, jotka vilahtelivat ohitsemme hurjaa vauhtia. Juna oli todellakin nimensä veroinen erikoispikajuna. Puolenpäivän jälkeen Ingrid sanoi, että oli aika lähteä syömään lounasta ravintolavaunuun. Kun kysyin, pitäisikö ottaa matkalaukku mukaan, hän purskahti nauruun.

– Älä nyt loukkaannu, Kirsti, hän sanoi. – Noin minuakin oli varoiteltu, kun lähdin aikoinaan ensimmäisen kerran Pariisiin, mutta voit aivan hyvin jättää laukun tänne. En minäkään noita pakaasejani raahaa mukanani minnekään. Sitä paitsi ravintolavaunu on heti seuraavana. Ei meidän tarvitse juosta läpi koko junan.

Kieltämättä haukoin henkeä, kun tulimme ravintolavaunuun. Se näytti aivan hienolta ravintolalta samettiverhoineen ja hohtavanvalkoisine pöytäliinoineen. Elleivät ikkunoiden takana olisi vilahdelleet syyskirjavat lehtimetsät, olisi voinut aivan hyvin kuvitella astuneensa loistohotellin ruokasaliin.

Samaa tasoa oli henkilökuntakin. Ilmeisesti Ingrid oli matkustanut tällä junalla useamminkin, sillä valkotukkainen hovimestari tervehti häntä kuin vanhaa tuttavaa. Me saimme oman pöydän ja ruokalistan. Hirvitti, kun Ingrid tilasi saman tien pullollisen samppanjaa.

– Anna minä tarjoan, hän kiirehti sanomaan huomattuaan

kauhistuneen ilmeeni. – Lapsikulta, tiedän, ettei sinulla todellakaan ole liikaa rahaa tuhlattavaksi, hän lisäsi hymyillen.

Kiitin tietysti, vaikka Ingridin holhoava asenne vähän ärsyttikin. Tosin huomasin täällä paremmassa valossa, että hän taisi sittenkin olla minua selvästi vanhempi. Vaikka hänen sormessaan välkkyi kaunis jalokivisormus, se ei kuitenkaan ollut nimettömässä.

Ruoka oli mainiota, keitto kermaista ja herkullista, liha mureaa, pienet perunapalloset sopivasti maustettuja ja salaatti tuoretta ja rapeaa. Minä siemailin kuitenkin niin varovasti samppanjaa, että Ingrid joi pullosta suurimman osan ja muuttui yhä puheliaammaksi. Sain kuulla, että hän oli käynyt Hampurissa tapaamassa erästä rakasta ystäväänsä.

– Albert est mon cher ami, très cher, Ingrid kuiskasi ja katsoi sillä lailla, että tahtoi minun varmasti ymmärtävän, kuinka tavattoman rakas tuo mies oli. Koska hän ei puhunut sulhasesta, kyse oli varmaankin rakastajasta, joka oli naimisissa, päättelin mielessäni. En voinut sille mitään, että alkuihastukseni karisi nopeasti. Tuntui aivan siltä, kuin pöydän toisella puolella olisi istunut se *Vihreän hatun* Iris.

Ingrid olisi tahtonut tilata minullekin jälkiruuaksi likööriä, mutta kiitin ja sanoin juovani mieluummin kupillisen kahvia. Ehkä hän vaistosi kasvavan epäluuloni, sillä puhe tyrehtyi vähitellen ja kumpikin maisteli juomaansa mitään puhumatta. Kahvi oli vahvaa ja vaati paljon sokeria. Kun tuli laskun aika, tarjouduin maksamaan edes osan ateriasta.

– Minulla on vielä vähän saksanmarkkoja, sanoin ja ryhdyin jo kaivamaan kaulapussia puseroni alta, mutta Ingrid torjui kauhistuneena aikeeni.

– Älä hyvä lapsi vedä paitasi alta mitään, hän suhahti. – Mene vain jo edeltä vaunuun, minä hoidan tämän ja tulen aivan kohta!

En tiedä, tilasiko Ingrid itselleen vielä jotakin muuta juotavaa. Kesti melkein tunnin ennen kuin hän palasi vaunuosastoon.

– Huomenna alkaa arki, hän huokasi istuessaan paikalleen. – C'est la vie!

Hetken kuluttua juna sukelsi tunneliin ja kohta sen jälkeen toiseen. Kun jälleen ajettiin päivänvalossa, Ingrid näytti nukkuvan tai ainakin hän piti silmiään kiinni. Minuakin väsytti ja haukotus repi suupieliä.

Heräsimme vasta, kun junailija kuulutti, että olimme tulleet Belgian rajalle ja edessä oli passintarkastus. Kohta jatkettiin jälleen matkaa yhä vuoristoisemmaksi käyvässä maastossa. Kymmenen tunnelin jälkeen lopetin laskemisen. Auringonlaskun aikaan tultiin jälleen rajalle.

Nyt oltiin siis Ranskassa jo, mutta samanlaiselta kaikki radanvarret näyttivät iltapimeällä. Silloin tällöin vilahti ohi jokin valaistu talo tai kokonainen kylä, joskus kaupunkikin.

– No niin, kohta ollaan perillä, Ingrid ilmoitti. – Onko joku tulossa sinua vastaan Gare du Nordille?

Kuultuaan, ettei minulla ole vastaanottajaa, Ingrid lupasi hankkia minulle ajurin. Taksia ei kuulemma kannattanut ottaa, kun olin menossa niin lähelle.

– Ne ajeluttavat sinua muuten ympäri kaupunkia ja joudut maksamaan omaisuuden, hän selitti. – Hevoskuskit ovat jo vanhoja ja laiskoja eivätkä niin epärehellisiä.

Nöyrästi seurasin Ingridiä Gare du Nordin hallin tungoksesta aina kadulle saakka. Vain yksi ainoa vossikka odotteli rakennuksen varjossa pirssiautojen takana. Ingrid neuvotteli puolestani matkan hinnaksi kolme frangia ja kielsi antamasta sen enempää.

– Sinun täytyy oppia pitämään puolesi, lapsikulta, hän sanoi ja kumartui muiskauttamaan ilmaa molemmin puolin poskiani. Seisoin jäykkänä ja hämilläni, vaikka tiesinkin, että tämä oli nyt se kuuluisa ranskalainen poskisuudelma.

– Au revoir, Kirsti, tapaamme varmasti, Ingrid sanoi, kääntyi vielä vilkuttamaan ja katosi ihmisvilinään.

– Alors, kuski sanoi ja näytti kädellään, että minun oli noustava vaunuihin. Matkalaukun hän oli jo nostanut kyytiin. Varmuuden vuoksi sanoin osoitteen vielä kerran.

– Si, si! mies kivahti olkansa yli ja niin lähti hevonen kaviot kopisten katua alas. Koko ajan suhahtelivat autot ohitsemme, mutta hevonen ei näyttänyt piittaavan niistä, lönkytteli vain tyynesti eteenpäin.

Jälkikäteen olen ymmärtänyt, ettei matka ollut kovinkaan pitkä, ehkä korkeintaan kolmisen kilometriä, mutta pimeässä ja tihkusateessa se tuntui sujuvan toivottoman hitaasti. Ensin käännyttiin ainakin viiden, ellei kuuden tien risteyksestä kapealle kadulle, jota ajettiin ties kuinka pitkään. Lopulta tultiin taas risteykseen, ja jälleen kuski ohjasi hevosensa sille kaikkein kapeimmalle ja pimeimmälle kujalle. Juuri kun olin aivan varma, että hän oli eksynyt tai kolkkaisi minut kohta jossakin pimeässä nurkassa, mies seisautti hevosensa ja nousi nostamaan matkalaukkuni jalkakäytävälle.

Tässäkö se nyt oli, Viivi-tädin ylistämä palatsi?

Niin hämmentynyt olin, että annoin kuskille viisi frangia. Kohta kaikui taas kavioiden verkkainen kopse autiolla kadulla ja häipyi seuraavan kadunkulman taakse.

Talo oli kyllä korkea, ainakin viisikerroksinen, mutta kovin kapea. Alhaalla oli vain rautaportti, jossa oli jonkinlainen portinkolkutin. Yhtään valoa ei näkynyt talon ikkunoista, mutta portissa oli iso numero 7. Ehkä tämä sittenkin oli oikea osoite. Kun en muutakaan keksinyt, löin kolkuttimella rautaporttiin muutaman kerran. Ääni kimpoili muurista toiseen, ja pelkäsin, että se herättäisi koko naapuruston. Mitään ei kuitenkaan tapahtunut. Kokeilen vielä kerran ja hankkiudun sitten täältä jonnekin ihmisten ilmoille, päätin mielessäni. En ehtinyt kolkuttaa kuin pari kertaa, kun portin takaa kuului äkeä huuto:

– Arrêtez!

Lopetin tietysti heti ja astuin syrjään, kun porttia raotettiin vähän. Vanhalla naisella oli lyhty kädessään. Hän valaisi sillä minua ja kysyi kiukkuisesti, mitä oikein haluan keskellä yötä.

– Je suis mademoiselle Eriksson, esittäydyin mahdollisimman kuuluvasti ja selitin sitten, että olen se suomalainen opiskelijaneitonen, jota Emmy-rouva odottaa.

– Madame Erichsen? nainen ärähti epäuskoisena. Ei hänen tietääkseen madame ole odottanut ketään. Madame ja monsieur olivat sitä paitsi lähteneet jo viikko sitten Egyptiin, eivätkä he palaisi tänne ennen kuin keväällä, kun talo olisi jälleen asuttavassa kunnossa.

Pakko oli ottaa seinästä tukea, kun jalat tuntuivat pettävän alta. Kaipa vanhan portinvartijaeukon kävi minua sääli, tai sitten hän vain pelkäsi naapureiden hermostuvan. Hän avasi portin ja komensi minut sisään. Käytävän seinustalle oli pinottu kymmeniä säkkejä, ja betonimylly seisoi keskellä kivilattiaa. Ilmeisesti taloa todella remontoitiin. Laastin haju tuntui selvästi, ja kivinen permanto oli täynnä kuraisia jälkiä.

Portinvartijatar johdatti minut sivuovesta pieneen huoneeseen, jonka kaminassa paloi tuli. Hän pyyhkäisi kämmenellään penkinpäätä ja näytti, että siihen sopi istuutua. Mitään kysymättä hän laittoi eteeni pöydälle tuhdin palan sitä kapeaa vehnäleipää, jota sanotaan patongiksi, ja kaatoi viiniä kahteen lasiin, toisen itselleen, toisen minulle.

Niin ryhdyimme selvittämään hitaasti ja sanoja tankaten, mitä oikein oli tapahtunut. Kyllä, portinvartijatar tunsi toki madame Vallgrenin. Senkin hän tiesi, että pari kuukautta sitten oli Suomesta tullut kirje. Hän oli itse vienyt sen yläkertaan madamelle. Sitten oli kuitenkin tapahtunut kaikenlaista. Kun oli ollut niin kylmää ja sateista, madame oli pyytänyt, että salongin takkaan pannaan tuli ja sitten…

– Boum! vanha nainen huudahti ja näytti käsillään, miten tuli oli syttynyt ja levinnyt hormiin, jotakin oli kai räjähtänyt, ja kaikki yläkerran huoneet olivat peittyneet paksuun savuun ja nokeen. Sen oli täytynyt todella olla *horrible*, kammottavaa! Nyt kaikki huoneet oli tyhjennetty, huonekalut ja muu sisustus oli viety puhdistettaviksi ja uudelleen verhoiltaviksi. Kaikki herrasväen huoneet täytyi kalkita ja maalata ja tapiseerata uudelleen. Pihan puolelta oli ikkunoitakin särkynyt.

Herrasväki oli tietysti lähtenyt ensin maalle ja nyt siis Egyptiin, jossa he viipyisivät joka tapauksessa helmikuulle. Heidän advokaattinsa tuli kuulemma kerran viikossa noutamaan postin ja tarkistamaan, että työmiehet tekivät niin kuin oli sovittu.

– C'est tout! vanha nainen sanoi ja levitti kätensä. Siinä kaikki!

Ei ihme, että siinä mylläkässä Emmy-rouva oli unohtanut luvanneensa seuraneidin paikan jollekin tuntemattomalle suomalaistytölle. Epäilin vahvasti, oliko Viivi-täti edes ilmoittanut, että olin tulossa. Kun kysyin, oliko Emmy-rouvalle tullut viime viikkoina kirjettä Suomesta, portinvartijatar pudisti päätään. Ei missään tapauksessa, hän olisi huomannut sen kyllä.

Leipä maistui, kun en ollut tuntikausiin syönyt mitään. Viinikin lämmitti ja taittoi kärjen siltä kurkkua kuristavalta epätoivolta, joka oli äsken vallannut minut portilla. Kun vanha nainen nousi murtamaan minulle toisenkin leivänpalan, kiitin kauniisti enkä vastustellut, kun hän täytti lasini uudelleen.

Tuli oli hiipunut kamiinassa. Seinällä raksutti vanha kello, joka lähestyi jo puoltayötä. Minun oli pakko löytää yösija jostain. Siksi kysyinkin portinvartijattarelta, oliko tässä lähellä sopivaa halpaa hotellia.

Nainen naurahti ja sanoi, että halpoja hotelleja oli kyllä, mutta ne eivät olleet sopivia nuorelle tytölle. Niinpä hän ehdotti, että jäisin täksi yöksi hänen kamariinsa. Siellä oli leposohva, jolla voisin nukkua. Kiitin melkein kyynelsilmin hänen tarjouksestaan, sillä en olisi millään jaksanut enkä uskaltanut lähteä yksin ulos pimeään.

– L'espoir fait vivre, vanha nainen sanoi peitellessään minut karkealla huovalla muhkuraiselle leposohvalleen. Niin, se oli totta. Niin kauan kuin on elämää, on toivoakin. Keksisin kyllä huomenna jonkin ratkaisun.

Heräsin kahvin tuoksuun. Hetken kuvittelin olevani taas kotona, mutta sitten havahduin karmeaan todellisuuteen. Minulla ei ollut paikkaa mihin mennä. Kotiin en missään tapauksessa halunnut palata nyt saman tien. Silloinhan koko matka olisi ollut täysin turha ja parituhatta markkaa olisi heitetty hukkaan. Tietysti voisin hakeutua Suomen lähetystöön ja kysyä sieltä neuvoa, mutta siellä olisin joutunut vastatusten Ingrid-neidin kanssa ja sitä en halunnut.

– Katariina! sanoin ääneen kesken kahvinjuonnin niin että vanha portinvartijatar jäi tuijottamaan minua hölmistyneenä. Kun kysyin, tiesikö hän sellaisen muotitalon, jonka nimi oli Canel, nainen pudisti päätään. Hän ei muotisalongeista tiennyt muuta kuin että ainakin Rue Saint-Honorélla kalliita vaatekauppoja oli toinen toisensa vieressä. Hinnat olivat kuulemma pöyristyttäviä, sitä mieltä oli ainakin monsieur Erichsen.

Aamiaisen jälkeen kiitin portinvartijatarta, joka oli yrmeästä ulkomuodostaan huolimatta osoittautunut käsittämättömän ystävälliseksi. Niin seisoin jälleen kadulla matkalaukku kourassani. Hetken mietittyäni lähdin kävelemään siihen suuntaan, jossa vanha nainen oli arvellut lähimpien muotitalojen olevan. Luulisi nyt, että muotisalongeissa oltaisiin selvillä kaikista kilpailijoista.

Parin kadunkulman jälkeen päädyin lopulta Rue Saint-Honorélle. Kohta huomasinkin seisovani Palais-Royalin eli kuninkaallisen palatsin rautaporttien takana, ja edessapain haamotti jokin aukio, jolla kasvoi suuria puita. Tuuli pyöritteli niiden kullankeltaisia lehtiä pitkin katua. Aukion toisessa laidassa näin hattuliikkeen. Se ei tietenkään ollut mikään suuri muotisalonki, mutta ehkä sielläkin tunnettaisiin madame Canelin muotiliike.

– Canel? Hattuliikkeen punatukkainen nainen ravisti päätään.

Nimi tuntui aivan oudolta. Vasta kun sanoin, että muotiliikkeen omistajatar oli nainen, jolla oli jokin outo lempinimi...

– Coco? Aaa, vous voulez Coco Chanel, nainen huudahti nauruun purskahtaen ja sai minut punastumaan. Miten noloa! Olinhan nähnyt Coco Chanelin nimen kymmeniä kertoja niissä muotilehdissä, joita Katariina oli lähettänyt meille.

Kyllä, nainen tiesi aivan tarkkaan, missä Chanelin muotitalo sijaitsi. Se ei ollut edes kaukana täältä. Minun piti vain kävellä Rue Saint-Honoréa eteenpäin niin pitkään, että tulisin pienelle poikkikadulle, jonka nimi oli Rue Cambon. Kadunkulmassa piti kääntyä oikealle. Muotitalo löytyisi siitä heti vasemmalta puolelta katua. Numeroa nainen ei muistanut, mutta sanoi, etten voisi mitenkään kävellä sen ohi.

– Mais le Salon de Coco Chanel c'est très coûteux, hän huomautti ja arveli, ettei minulla olisi tarpeeksi rahaa tehdä ostoksia niin kalliissa muotisalongissa.

En ruvennut selittämään naiselle, etten ollut menossa ostamaan vaatteita vaan tapaamaan tuttavaani, joka oli salongissa töissä. Kiitin ohjeesta ja lähdin tarpomaan syystuulessa katua eteenpäin. Välillä oli seisahduttava katsomaan näyteikkunoita.

Millaisia pukuja täällä myytiinkään valmiina! Ja kenkiä, toinen toistaan näyttävämpiä, mutta hinnat hipoivat pilviä. Ilmeisesti tämä oli kalliinpuoleinen katu. Niinhän Ingridkin oli sanonut eilen junassa, että minun kannattaisi tehdä ostoksia suurissa tavarataloissa tai syrjäkatujen pikkuliikkeissä.

Vihdoin seisoin oikeassa kadunkulmassa. Rue Cambon oli samanlainen kapea katu kuin Rue Hérold, mutta talot eivät olleet aivan yhtä korkeita, ja siksi katu vaikutti valoisammalta. Pitkänokkainen viininpunainen avoauto seisoi kadun varrella. Kun ehdin sen kohdalle, huomasin seinässä pienen mustavalkoisen kyltin, jossa luki Chanel.

Ovi näytti painavalta, mutta sain sen auki helposti. Pari polkkatukkaista nuorta naista seisoi takimmaisen myyntipöydän ääressä sovittamassa käsineitä. Heitä palveli vanhempi rouvashenkilö mustassa puvussa. Tuskin olin ehtinyt laskea matkalaukkuni maahan, kun takahuoneesta tuli toinen mustapukuinen nainen, joka tervehti ja kysyi, miten voisi palvella.

Olin miettinyt jo kadulla kävellessäni lauseen valmiiksi ja toistanut sen mielessäni monta kertaa. Silti sanat tuntuivat juuttuvan kurkkuuni. Vain vaivoin sain sanotuksi, että haluaisin tavata mademoiselle Katariina Polénin, joka oli täällä työssä.

Nainen näytti hämmästyneeltä. Täällä boutiquessako? Ei vaan ompelimossa, sopersin sanoja haeskellen. Siellä missä kankaita leikataan. Mustapukuinen kääntyi kannoillaan ja meni supattamaan sen vähän vanhemman naisen kanssa. Naiset näyttivät vaihtavan vuoroa, ja nyt tuli vanhempi nainen kysymään minulta, kenestä oikein oli kyse.

– Katariina Polén, äänsin nimen niin selvästi kuin pystyin. Lisäsin sitten, että hänen alkuperäinen nimensä oli tietääkseni Jekaterina Polenkoff, mutta hän on kotoisin Suomesta.

– Aaa, la Finlandaise, nainen sanoi hymähtäen, kiirehti sitten takahuoneeseen ja soitti ilmeisesti johonkin. Kahden lasivitriinin välissä oli pieni rottinkisohva, jonne nainen viittasi minut istumaan, ja ilmoitti, että mademoiselle Katrine tulee heti kun pääsee.

Ne hansikkaanostajat olivat siirtyneet jo sovittelemaan hattuja ja puhuivat englantia keskenään. Sääliksi kävi myyjärouvaa, joka joutui koko ajan nostelemaan hattuja alas telineiltä ja takaisin paikoilleen. Lopulta Katariina ilmestyi takahuoneen ovesta valkoinen työtakki yllään ja seisahtui hämmästyneenä minut nähdessään.

– Kirsti, mitä ihmettä, hän supatti puoliääneen, kun kiirehdin hänen luokseen. Selitin niin nopeasti kuin pystyin, miksi olin pulassa. Katariina vilkaisi siihen vanhempaan mustapukuiseen naiseen ja kuiskasi, ettei voinut jäädä pidempään tänne tai mademoiselle Virginie suuttuu.

– Tuossa nurkassa on pieni kahvila, mene sinne odottamaan, hän sanoi. – Yritän päästä sinne puoleltapäivin syömään. Ole huoleti, kyllä me jotakin keksimme.

Siinä samassa Katariina oli jo kadonnut. Nyökkäsin hyvästiksi mustapukuisille, otin matkalaukkuni ja palasin kadulle. Kahvila löytyi seuraavasta kadunkulmasta. Se oli pieni ja tupakansavua täynnä, mutta ovensuussa oli sentään tyhjä pöytä ja yksi tuoli vapaana. Kun miestarjoilija ilmestyi pitkä valkoinen esiliina edessään ja pyyhe olallaan kysymään, mitä haluaisin, pyysin maitokahvin ja croissantin.

– Êtes-vous une étrangère? hän kysyi tuodessaan tilaukseni. Myönsin olevani ulkomaalainen ja kerroin tulevani Suomesta.

– Aa, la Finlande, Pavo Njurmii, hän naurahti ja pyörähti palvelemaan seuraavaa asiakasta.

Vai tunsivat ne täälläkin jo Paavo Nurmen, ihmettelin ensin, mutta muistin sitten, että viime kesänä täällä oli pidetty olympialaiset, joissa Nurmi oli kai saanut kultamitalin tai kaksi.

Kovin hitaasti kului aika. Parin tunnin päästä tilasin toisenkin maitokahvin, vaikka keittiöstä kantautui herkullinen sipulin tuoksu. Sitten olikin jo pakko lähteä klosettiin. En kehdannut mennä sinne matkalaukun kanssa vaan työnsin sen tiukasti pöydänjalan ja seinän väliin.

Kun palasin takaisin paikalleni, pari valkotakkista nuorta naista tuli ovesta sisään ja tervehti tiskin takana häärivää omistajaa kuin ainakin jokapäiväistä tuttua. Hetken perästä Katariinakin ilmestyi paikalle, otti viereisestä pöydästä tuolin ja istui minun viereeni.

– Anteeksi, että tulin häiritsemään sinua työpaikallesi, sanoin katuvana. – Toivottavasti siitä ei tullut ikävyyksiä!

– Ei mitään vakavaa, Katariina naurahti ja huikkasi sitten ohikulkevalle tarjoilijalle haluavansa sipulikeiton ja lasin talon viiniä.

– Oletko syönyt jo lounasta? hän kysyi minulta. Kun pudistin päätäni, Katariina tilasi minullekin samanlaisen annoksen. Tämän paikan sipulikeitto oli kuulemma ainakin yhtä hyvää kuin se, jota Halleilla tarjottiin.

Katariinalla oli hyviä uutisia. Hän oli puhunut mademoiselle Virginien kanssa, että minut otettaisiin kokeeksi harjoittelemaan ateljeehen.

– Tietysti saat ensin vain ojennella nuppineuloja ja harsia ja purkaa mallipukuja, hän naurahti. – Mutta kyllä ne kohta huomaavat, että pystyt muuhunkin. Samanlaisilla hommilla minäkin aloitin. Palkka on tosin olematon, vain sata frangia viikossa, mutta kyllä sillä saa huoneen jostakin pienestä hotellista tai täyshoitolasta ja ainakin yhden lämpimän aterian päivässä, hän jatkoi ja ojensi sitten paperilapun, johon oli kirjoitettu Hôtel de Suède, 15 Quai Saint-Michel.

– Tämä nyt on ainakin erittäin halpa hotelli, jossa on hyvässä lykyssä muitakin suomalaisia, hän selitti. – Paikka on vasemmalla rannalla melkein kolmen kilometrin päässä täältä, mutta sieltä saa vinttikamarin 70 frangilla viikossa. Etsitään sinulle sitten parempi asunto täältä läheltä, jos saat jäädä taloon. Minulla on tuossa ylhäällä pieni koppero, mutta sinne ei saa päästää ketään edes yhdeksi yöksi. Bon appétit!

Tarjoilija, jonka opin myöhemmin tuntemaan Andréna, oli tuonut höyryävät keittolautaset ja leipäkorin pöytäämme. Sipulikeitto oli polttavan kuumaa. Katsoin ihmetellen, miten Katariina musersi leipää keiton joukkoon ja alkoi sitten lusikoida sitä hyvällä halulla.

– Maista nyt toki, hän kehotti. – Tämä on todella hyvää!

En ollut ehtinyt syödä vielä puoliakaan, kun Katariina oli jo tyhjentänyt lautasensa ja viinilasinsa. Hän viittasi tarjoilijan luokseen ja ojensi tälle muutaman kolikon.

– Maksoin sinunkin puolestasi, Katariina sanoi noustessaan pöydästä. – Nyt pitää jo juosta! Mene hotelliin, sano terveisiä minulta, ota huone ja tule huomisaamuksi kello kahdeksaksi tänne.

Ei tuohon boutiquen ovelle vaan talon numero 29 alaovelle. Pääset varmaan sisälle samassa ovenavauksessa kuin muutkin. Olen ylimmässä kerroksessa, tule suoraan sinne, mutta älä myöhästy!

– Kiitos, sain sanotuksi, mutta Katariina oli jo ulkona kadulla ja heilautti hymyillen kättään liittyessään toisten valkotakkisten parveen.

Minulla ei ollut mitään kiirettä. Kun viiniä oli vielä tilkka jäljellä lasin pohjalla, kaivoin olkalaukustani sen Vallgreneiltä saadun vanhan karttakirjan ja ryhdyin etsimään siitä Quai Saint-Micheliä. Jossakin jokirannassa sen täytyi olla, koska quai tarkoitti satamalaituria tai jotakin sen tapaista. Katariina oli puhunut vasemmasta rannasta eli siis joen toisesta puolesta. Sitten muistin katuluettelon, jota Ville-setä oli kehunut. Se löytyi karttakirjan lopusta. Quai de Bourbon... Quai de Celestins... Tuossa! Sivu 6 ruutu A4. Siinähän se oli, aivan lähellä Notre Damea.

Oli palattava hiukan taaksepäin, jotta löysin Rue Cambonin.

Lähdin kuljettamaan sormea karttalehteä pitkin löytääkseni lyhimmän reitin. Viisainta oli kävellä takaisin Palais-Royalin luo ja kääntyä siitä suoraan oikealle jokirantaan. Pont Neufin siltaa pitkin pääsisi vasemmalle rannalle, ja sitten pitäisikin hotellin olla jo lähellä.

Kun tarjoilija tuli kysymään, haluaisinko vielä jotakin, join viinilasini tyhjäksi, kiitin hymyillen ja nousin pöydästä. Selviäisin kyllä, miksen selviäisi? Olinhan sentään äitini tytär.

Kolme tuntia myöhemmin nojasin avoimen ikkunan ääressä uuden vinttikamarini ikkunalautaan ja kuuntelin, miten jokin heleä-ääninen tornikello helähteli kauempana kattojen takana kolme kertaa. Se pieni vinttihuone, johon hotellin madame oli minut johdattanut kapeita ja narisevia portaita pitkin, ei avautunut kadun eikä joen suuntaan vaan etelään tai oikeastaan kai lounaaseen. Siksi laskeva aurinko näkyi niin kauniisti kattojen yli.

Myöhemmin opin senkin, että se neljännestunnin välein kilahteleva kello kuului Sorbonnen yliopistolle, joka oli vain muutaman sadan metrin päässä.

Matka Rue Cambonilta Hôtel de Suèdeen ei olisi matkalaukkua raahatenkaan kestänyt puolta tuntia kauempaa, mutta minun oli ollut löydettävä ensin lennätinkonttori, jotta saatoin lähettää sähkeen kotiin. Turha olisi ollut säikäyttää äitiä sillä tiedolla, ettei minulla ollutkaan paikkaa Erichsenien luona. Niinpä tyydyin vain lyhyeen tekstiin: *Pariisissa kaikki hyvin Kirsti.*

Kovin yksinkertaista ei sähkeen lähettäminen silti ollut, sillä virkailijalla ei ollut oikein käsitystä, mihin sähke piti lähettää. Ensin jankattiin Finlandea ja sitten Espoota ja Albergaa. En saanut itse kirjoittaa mitään lomakkeeseen, vaan joka sana piti tavata kirjain kirjaimelta. Vaikka olin pulittanut sähkeestä monta frangia, en totisesti voinut olla varma, menikö se edes perille.

Niinpä ostin lähimmästä lehtikioskista muutaman postikortin ja pysähdyin ensimmäiseen katukahvilaan kirjoittamaan kortit äidille ja Miilille. Ei niissäkään ollut tilaa pitkille sepustuksille. Äidille kirjoitin, että matka oli mennyt hyvin ja olin jo kotiutunut ja tavannut monia ystävällisiä ihmisiä. Miilille kerroin tavanneeni Katariinan, joka oli ollut jo suureksi avuksi.

Kun kortit oli kirjoitettu ja maitokahvi juotu, piti hakea vielä postimerkit tupakkakaupasta pienen sivukadun puolelta. Sitten oli löydettävä postilaatikko, johon kortit saattoi pudottaa. Sen verran eksyttävä oli korttikierros ollut, että jouduin selaamaan uudelleen karttakirjaa löytääkseni takaisin oikealle reitille.

Hôtel de Suède, johon Katariina minut oli neuvonut, oli jo nähnyt parhaat päivänsä. Kun seisoin tiskin takana kirjoittamassa hotellikirjaan nimeäni, portaikosta laskeutui alas sen näköinen naikkonen, että pelkäsin joutuneeni bordelliin. Myöhemmin kävi ilmi, että ensimmäisessä kerroksessa oli tosiaan tuntihuoneita, jonne madamen tutut ilotytöt toivat asiakkaitaan.

Mikään parittaja ei pörrötukkainen madame Elisabeth sentään ollut, mutta ilmeisesti todellinen kissojen ystävä. Ainakin kymmenen valkoista pitkäkarvaista kissaa lojui ympäri hotellin ala-aulaa. Yksi niistä makasi tiskillä soittokellon vieressä ja tuijotti minua kirkkaansinisillä silmillään.

Muuten madame oli tavattoman ystävällinen ja avulias kuultuaan, että olin mademoiselle Katherinen ystävä ja vasta tullut Suomesta. Kun suostuin maksamaan viikon vuokran etukäteen, sain viisi frangia alennusta. Sen lisäksi madame kertoi, että voisin syödä kunnon päivällisen, jos lähtisin hotellin nurkalta kapeaa kujaa korttelin toiselle puolelle. Siellä oli pieni bistro, jossa opiskelijatkin kävivät syömässä.

Kun olin asettunut taloksi, noudatinkin emännän neuvoa ja löysin vaatimattoman ravintolan, jota piti vanha pariskunta. Neljällä frangilla sai keiton, pääruuan ja ison korillisen leipää sekä pienen karahvin kirpeää punaviiniä. Haaleaa vettä olisi ollut tarjolla pöydällä olevassa isossa karahvissa, mutta Vallgrenit olivat varoittaneet juomasta sellaisista. Vesi saattoi olla jo viikkoja vanhaa.

Kun palasin takaisin hotelliin, madame tahtoi tietää, olinko onnistunut löytämään hyvän ruokapaikan. Kiitin häntä opastuksesta ja toivotin hyvää yötä.

Madame puhkesi kiihkeisiin vastalauseisiin. Hänen mielestään minun ei pitäisi missään nimessä mennä nukkumaan vielä tähän aikaan vaan lähteä jonnekin pitämään hauskaa. Nuoret suomalaiset herratkin olivat vasta lähteneet kaupungille.

Kerroin nukkuneeni huonosti jo viisi yötä. Huomenna piti sitä paitsi nousta työhön aikaisin. Se sai madamen vielä enemmän ihmeisiinsä. Olinko tullut Pariisiin tekemään työtä? Kun sanoin aloittavani huomenna harjoittelijana Chanelin muotitalossa, hän pudisti päätään ja kutsui minua lapsiparaksi.

Viimeisillä voimillani kapusin viidenteen kerrokseen ja kompastelin pimeässä omalle ovelleni. Kattolamppu oli ilmeisesti mennyt rikki, sillä valo ei ollut syttynyt käytävään, vaikka olin vääntänyt portaiden vieressä olevasta nappulasta. Avaimenreikä löytyi kuitenkin tunnustelemalla, ja lopulta sain myös oveni auki.

Huone oli kylmä, sillä olin lähtiessäni unohtanut ikkunan raolleen. Suljin sen nopeasti, mutta unohduin sitten katsomaan ylös taivaalle. Vaikka aurinko oli laskenut, taivas ei ollut vielä yönmusta vaan merkillisen syvän sininen. Tähtiä ei oikeastaan erottanut, mutta tiesin niiden olevan siellä.

Tuntui siltä kuin Allikin olisi katsonut minua taivaan sinestä, enkä enää ollut yksin ja eksyksissä.

– Hyvää yötä, Mötti, kuiskasin pikku karhulle, jonka olin nostanut yöpöydälleni.

7. LUKU

LOKAKUUSTA JOULUKUUHUN 1925

"Kun vaan alkuhun pääsöö, niin loppu menöö ittestänsä", lohdutin itseäni Haapaluoman Iisakin ikiaikaisella tokaisulla varhain tiistaiaamuna, kun marssin muiden töihin menijöiden mukana pitkin Seinen vasenta rantaa. Aamuruskon hehku heijastui joen toisella puolella kohoavan kukkulan rakennuksiin. Tuon täytyi olla se kuuluisa Montmartren kukkula, sillä kaikkien kattojen yläpuolelle kohosi kuvista ja tauluista tuttu Sacré-Coeurin kirkko. Sen kupolitornit hohtivat hetken aivan vaaleanpunaisina. Niin kylmää oli kuitenkin ollut yöllä, että Seinestä nousi usvaa. Kun lähdin ylittämään jokea Pont Royalin siltaa pitkin, näytti siltä kuin olisin kävellyt pilvien poikki.

Olin illalla tutkistellut vielä karttakirjaa ja tullut siihen tulokseen, että lyhin tie Quai Saint-Michelilta Rue Cambonille kulki Tuileriesin puiston poikki Rue de Rivolille. Sieltä pääsi näet suoraan Rue Cambonin alkupäähän. Puistoon noustiin kiviportaita, joiden yläpäässä oli kapea rautaportti. Pelkäsin, että se oli lukossa, mutta portti avautuikin keveästi. Kun se loksahti takanani jälleen kiinni, oli kuin olisin astunut toiseen maailmaan. Kadun hälinä kuului enää vaimeana kohinana muurien takaa. Edessäni aukenivat valtavan suuret ruohokentät yhä vielä kesänvihreinä. Vain hiekkatietä reunustavat keltaiset ja punaiset puut kielivät syksystä.

Kaikkein mieluimmin olisin istahtanut jollekin niistä penkeistä, joita oli siroteltu käytävien varrelle, mutta pakko oli kiirehtiä kohti puiston toista laitaa. Hiekka rahisi jalkojen alla. Vanha puutarhuri näkyi haravoivan lehtiä puiden välissä, mutta muuten puisto oli vielä tähän aikaan aamusta lähes autio. Vain pari nuorta miestä tuli kiivaasti keskustellen minua vastaan lähellä seuraavaa porttia. Ilmeisesti hekin käyttivät puistoa oikotienä.

Paluu kadulle tuntui miltei pelottavalta, sillä Rue de Rivoli oli ilmeisesti yksi kaupungin valtakaduista. Ainakin se oli tähän aikaan aamusta täynnä autojen pörinää ja pakokaasua, torvien törähdyksiä ja jalkakäytävien tungoksessa tuiman näköisinä eteenpäin taivaltavia ihmisiä. Onneksi seuraavasta kadunkulmasta pääsinkin jo kääntymään Rue Cambonille. Tosin sielläkin oli jalkakäytävä täynnä väkeä, mutta kaikki kulkivat samaan suuntaan. Puolivälissä matkaa tajusin, että suurin osa kulkijoista oli naisia. Ei kai koko tämä joukko ollut menossa töihin Chanelille?

Kun tultiin sille kadunpätkälle, jossa Chanelin salonki sijaitsi, osa naisista kääntyi jo ensimmäisten talojen porttikäytäviin. Parikymmentä pysähtyi kuitenkin juuri talon numero 29 portille. Ilmeisesti kesti hetken, ennen kuin porraskäytävään johtava ovi oli avattu, ja minäkin pääsin joukon mukana ovesta sisään. Hälinä oli melkoinen, kun me kaikki nousimme korot kopisten kiviportaita ylös. Osa naisista jäi toiseen kerrokseen ja suurin osa neljänteen, mutta oli meitä silti kuusi naista, jotka kapusivat viidenteen saakka.

– Bonjour! tervehti ruskeatukkainen nuori nainen, joka jäi pitämään minulle ovea auki, kun kiirehdin joukon viimeisenä ylätasanteelle. Ennen kuin hän päästi minut kynnyksen yli, hän kysyi, mitä varten olin tulossa ompelimoon. Kun kerroin, että olin tullut tapaamaan Katariina Polénia, hän väistyi syrjään hymyillen ja huudahti:

– Ah, la nouvelle finlandaise! Bon courage, ma petite!

Ilmeisesti ompelimoon oli jo eilen levinnyt tieto, että tänne oli tulossa uusi suomalainen koettamaan onneaan.

Sisälle päästyäni jäin odottamaan naulakoiden luo niin kuin Katariina oli neuvonut. Verrattuna viereisen talon alakerrassa sijaitsevaan Chanelin myymälään nämä tilat olivat todella vaatimattomat. Maali oli lohkeillut sieltä täältä seinistä ja katosta eikä seinällä ollut edes peiliä, vain virallisen näköinen lappu ovenpielessä. Siinä kiellettiin ehdottomasti viemästä ompelimon ulkopuolelle valmiita tai puolivalmiita asuja, kankaita tai ompelutarvikkeita, piirroksia tai valokuvia. Katariina oli kertonut Miilille ja minulle jo viime kesänä, että muotitalot kävivät ankaraa kilpailua keskenään ja pyrkivät urkkimaan toistensa seuraavan sesongin uutuuksia.

Olin tullut kymmenen minuuttia liian aikaisin, huomasin seinäkelloon vilkaistuani. Niinpä kävin toiletissa ja kampasin peilin edessä tukkani, joka oli litistynyt huopahatun alla. Uusi musta pihlajanmarjakoristeinen hattu olikin ainoa vaatekappale, jonka olin suostunut ottamaan Miililtä läksiäislahjaksi. Kun palasin takaisin eteiseen, kuului käytävältä jo askeleita.

Katariinahan se sieltä tuli valkoisen työtakin liepeet liehuen.

– Huomenta! hän tervehti jo kaukaa. – Hyvä, että tulit ajoissa. Mennään ompelimoon, mademoiselle odottaakin jo sinua!

– Tarkoitatko Coco Chanelia? kysyin hämmästyneenä, kun kiirehdin hänen perässään.

– Eihän toki, Katariina naurahti. – Mademoiselle Coco ei tule koskaan ompelimoon! Minäkin olen tavannut hänet vain aniharvoin. Hän ei puhu muiden kuin *premièresien* kanssa, mitä ne nyt ovat, pääompelijoita. Mademoiselle Virginie on yksi heistä ja johtaa nyt meidän osastoamme. Hän oli kuulemma mademoiselle Cocon uskottu jo siihen aikaan, kun tämä perusti ensimmäisen myymälänsä. Muista sitten, täällä ei kätellä, katsot suoraan silmiin etkä säikähdä, vaikka Virginie saattaakin olla aika tyly, Katariina kuiskasi käsi jo ovenkahvalla ja avasi ompelimon oven.

Huone oli valtavan suuri muttei kovin korkea. Sen kattoa kannattelivat paksut rapatut pylväät. Niiden välissä kulkivat pöytärivit. Joka pöydän ympärillä istui ompeluksensa yli kumartuneena neljä valkotakkista naista. Pöytiä oli ainakin kymmenen, ellei kaksitoista. Salin toisessa laidassa pari hyvin nuorta tyttöä näkyi lakaisevan lattioita.

– Tule, Katariina sanoi ja lähti kulkemaan pitkin salin seinänviertä. Sitä mukaa kun etenimme, naiset nostivat katseensa ompeluksistaan. Joku hymyilikin, mutta useimmat näyttivät totisilta tai peräti ynseiltä. Yhtään ompelukonetta ei näyttänyt olevan koko salissa. Se oli minusta todella omituista.

Vihdoin tultiin salin perälle ja lasiovelle, jonka takana näytti olevan työhuone. Sen seinillä riippui valmiita ja puolivalmiita vaatteita ja muotipiirroksia, joissa oli kaikenlaisia töherryksiä. Kämmenet hikosivat ja sydän alkoi jyskyttää. Mitä jos en sittenkään kelpaa tänne töihin?

– Mademoiselle Virginie, c'est Kirsti Eriksson, la Finlandaise! Katariina kuulutti ja päästi minut ohitseen peremmälle huoneeseen. Kauhukseni hän sulki oven. Jäin yksin sen tummatukkaisen naisen kanssa, joka nousi työpöytänsä takaa, otti silmälasit nenältään ja jätti ne roikkumaan rinnukselleen kullanvärisen ketjun varaan.

– Bonjour, mademoiselle, sanoin nyökäten tervehdykseksi. Nainen ei vastannut vaan mittaili minua silmillään päästä jalkoihin. Älä väistä hänen katsettaan, oli Katariina neuvonut. Niinpä katsoin häntä suoraan silmiin ja hämmennyin.

Ensimmäisen kerran elämässäni tapasin ihmisen, jolla oli samanlaiset silmät kuin minulla, toinen sininen, toinen ruskea. Ilmeisesti nainen oli yhtä yllättynyt kuin minäkin, sillä hän kohotti kulmiaan ja pyysi minua tulemaan lähemmäksi.

Ensin en ollenkaan ymmärtänyt, miksi Virginie-neiti käski minun näyttää käteni. Tein kuitenkin työtä käskettyä. Hän tarttui oikean käteni ranteeseen ja tunnusteli sormenpäitäni.

– Vous savez coudre? hän kysyi. Kyllä vain, minä ompelen. Olen ommellut koko ikäni.

Seuraavaksi nainen käski pyörähtää ympäri ja kysyi sitten, kuka oli ommellut mustan musliinileninkini. Olin pukenut sen aamulla ylleni, kun olin jo eilispäivänä huomannut, että melkein kaikilla oli täällä valkoisen työtakkinsa alla tummia vaatteita.

Vastasin ommelleeni puvun itse. Mademoiselle Virginie ei kuitenkaan tyytynyt siihen vaan tuli aivan lähelle, tutki hihojen istutusta, kurkisti kaula-aukon päärmeen alle ja kyykistyi lopulta kääntämään näkyviin myös helman palteen sivusauman kohdalta. Hän tuhahti ja näytti selvästi paheksuvan sitä, että puvun saumat oli ommeltu koneella. Helman ja kaula-aukon olin sentään päärmännyt käsin.

– Alors, mademoiselle Virginie sanoi lopulta ja ilmoitti, että pääsisin suoraan *petit mainiksi*. Kiitin tietysti, koska ymmärsin sen olevan jonkinlainen kunnia. Silti minulla ei ollut aavistustakaan, mitä tuollainen ”pikku käsi” joutuisi tekemään. Ilmeisesti harsimaan, ajattelin huokaisten. No, parempi sekin kuin lattioiden lakaisu.

Neljännestuntia myöhemmin Katriina oli vienyt minut omalle paikalleni ompelupöydän ääreen. Ensimmäinen tehtäväni oli harsia kokoon valkoisesta musliinista leikattu puku, joka oli kiinni vain nuppineuloilla. Neuloja ei kuulemma saanut pudotella lattialle vaan ne piti pistää saman tien neulatyynyyn, joka pujotettiin ranteeseen.

– Ilmeisesti mademoiselle oli sinuun tyytyväinen, Katariina supatti kumartuessaan näyttämään minulle, miten lyhyin pistoin täällä harsittiin. – Yleensä hän panee jokaisen tulokkaan ensin lakaisemaan lattiaa ainakin päiväksi ihan vain nähdäkseen, onko tällä kärsivällisyyttä.

– Mikä puku tämä oikein on? kysyin Katariinalta, kun hän toi mallipiirroksen eteeni.

– Se mitä harsit, on pelkkä mallipuku, *toile*, Katariina vastasi. – Et vielä pitkään aikaan saa ommella oikeita pukuja!

Ilmeisesti naiset eivät saaneet ompelimossa puhella keskenään. Nimensä pöytätoverini sentään suostuivat sanomaan. Se vanhempi nainen, joka istui samalla puolella pöytää kuin minä, oli Geneviève. Vastapäätä istui Martha, se sama ruskeatukkainen tyttö, joka oli aamulla pitänyt minulle ovea auki ja toivottanut onnea. Kolmas ompelijatar oli nimeltään Veronica. Hän näytti kovin hennolta ja kalpealta ja niiskautti aina välillä nenäänsä niin kuin olisi ollut vilustunut.

Aika oudoltahan se tuntui, ommella tuppisuuna, kun Miilin kanssa oli puheltu koko ajan. Oli siinä kumminkin myös järkeä. Nyt saatoin keskittyä joka pistoon. Koska ymmärsin, että työtäni seurattaisiin näin alussa erittäin tarkkaan, tein mahdollisimman tasaisia harsimapistoja.

Tasan kahdeltatoista kumahti jossain kauempana kongi ja sali tyhjeni hetkessä. Minulla oli vielä toinen sivusauma kesken, joten harsin sen valmiiksi ja nousin vasta sitten paikaltani venyttelemään. Kun vilkaisin Virginie-neidin lasioven suuntaan, näin hänen istuvan pöytänsä takana ja katsovan minuun kulmat kurtussa. Huomattuaan katseeni hän otti pöydältään muotilehden ja alkoi selailla sitä ikään kuin olisi etsinyt jotakin.

Katariina ei ilmeisesti ollut jäänyt odottamaan minua. Kun ulkona näytti paistavan aurinko, minäkin lähdin syömään pelkässä työtakissa siihen samaan kulmakahvilaan, jossa olin ollut eilenkin. Ensin näytti ovella siltä, etten löydä istumapaikkaa, mutta sitten Martha viittoi minut salin perälle ja teki tilaa vieressään penkillä.

Kohta minäkin sain soppani, leipäni ja viinilasilliseni niin kuin muutkin. Katariina kuulemma ehti harvoin syömään toisten kanssa. Hän kun oli mademoiselle Virginien *seconde* eli lähin apulainen, joka vastasi mallipukujen ompelusta ja niiden sovittamisesta. Kovasti Marthaa ja muitakin kiinnosti, mitä mademoiselle

Virginie oli sanonut ja tehnyt. Sen verran älysin kumminkin pitää varani, etten ruvennut juoruilemaan vaan kerroin hänen kyselleen aikaisemmista ompelutöistäni.

Meidän puhuessamme olivat pöydän toisella puolella istuneet naiset supatelleet ja tirskuneet keskenään. Lopulta yksi heistä huomautti, että minulla ja mademoiselle Virginiellä oli samanlaiset noidansilmät. Näytimme kuulemma ihan äidiltä ja tyttäreltä.

Kai se oli jonkinlainen koe sekin. Onneksi olin ennenkin kuullut huomautuksia silmistäni ja saatoin kankeasta kielitaidostani huolimatta vastata nauraen, että me suomalaiset olemme kuuluisia taikavoimistamme. Siksi meitä ei kannatakaan suututtaa. Ja mitä äitiini tulee, hänellä on kyllä siniharmaat silmät.

Jo iltapäivällä kävi koko ompelimolle selväksi, etten ollut mikään Virginie-neidin suosikki. Olin juuri saanut työni valmiiksi, kun hän tuli huoneestaan, laittoi lasit nenälleen ja otti puvun, jonka olin harsinut kokoon. Hän tarkasti sauman kerrallaan, viskasi sitten tekeleen eteeni pöydälle ja määräsi purkamaan toisen pitkistä sivusaumoista. Saumavara oli kuulemma toisesta päästä liian kapea.

Hänen mentyään takaisin huoneeseensa kurotin ottamaan mittanauhan keskeltä pöytää ja mittasin ihan piruuttani saumanvaran leveyden parin sentin välein. Pakko oli myöntää, että helman puolella saumanvara oli ehkä puoli millimetriä kapeampi kuin kainalon alla, mutta sillä ei olisi ollut puvun istuvuuden kannalta mitään merkitystä.

Martha kuiskasi pöydän yli, ettei kannata välittää. Helpommalla pääsee, kun purkaa sauman ja harsii sen uudelleen. Niinpä sitten kiskaisin harsinlangan pois ja aloitin sauman harsimisen alusta. Helmapuolella siirsin neulanpiston paikkaa parin langan verran, eikä mademoiselle Virginiellä ollut enää valittamista, kun hän seuraavan kerran tuli vilkaisemaan ohimennessään työtäni.

– Kiitä onneasi, että jouduit purkamaan vain yhden sauman,

Katariina lohdutti, kun työpäivän jälkeen menimme syömään yhdessä samaan bistroon. Se näytti olevan Chanelin ompelijattarien kantapaikka. Katariinan mukaan olin päässyt todella vähällä. Hän itse ja moni muu oli aluksi joutunut harsimaan joka sauman kahteen tai jopa kolmeen kertaan.

– En aluksi uskonut, että täällä ollaan niin tarkkoja, Katariina sanoi kananjalkaansa nakertaen. Minä yritin olla säästäväinen ja söin toiseen kertaan päivän keittoa. Nyt sitä oli jo ilmeisesti jatkettu vedellä.

Kello oli melkein yhdeksän, kun vihdoin kävelin kohti vasenta rantaa. Koska oli jo pimeää, en uskaltautunut puistoon vaan kuljin Rue de Rivolia niin pitkälle, että Notre Damen tornit alkoivat häämöttää rakennusten välistä. Silloin käännyin leveälle kadulle, joka johti kohti jokirantaa. Aivan joen partaalla seisoi kadun molemmin puolin vastatusten kaksi upeasti valaistua rakennusta. Kun seisahduin ihmettelemään niitä, tajusin ainakin toisen olevan teatteritalo, sillä sen julkisivuun oli ripustettu lakana, jossa luki isoin kirjaimin *Théâtre Sarah-Bernhardt.* Mutta eikös Sarah Bernhardt ollut kuollut jo pari vuotta sitten?

Vielä oli kuljettava Île de la Citén saaren poikki ja Pont Saint-Michelin kautta vasemmalle rannalle, ennen kuin Hôtel de Suèden rähjäinen kyltti tuli näkyviin. Hotellin ovella törmäsin kahteen nuoreen mieheen, jotka nostivat hattuaan minut nähdessään.

– Fröken Eriksson, eller hur? se tummempi miehistä sanoi hymyillen. Hämmennyin niin, etten tahtonut saada sanaa suustani, nyökkäsin vain ja kiirehdin ovesta sisään. Mistä ihmeestä miehet tiesivät nimeni?

Madame Elisabeth istui tiskin takana yksi kissa sylissään ja toinen hartioillaan ja tervehti minua iloisesti. Miten ensimmäinen työpäivä oli sujunut, hän tahtoi tietää. Vastasin tietysti, että oikein hyvin. Entä olinko tavannut äsken ne hauskat suomalaisherrat, jotka olivat taas lähdössä hummailemaan? Siihenkin vastasin myöntävästi ja toivotin sitten hyvää yötä. Madame vastasi toivotukseen, mutta pudisti samalla päätään ja pyöritti silmiään. Kun nousin portaita, kuulin hänen selittävän ilmeisesti kissoilleen, ettei nuorten naisten pitäisi raataa itseään hengiltä. Kieltämättä juuri sinä iltana olin aivan samaa mieltä.

Seuraavana päivänä sain luvan ryhtyä ompelemaan sen eilen harsitun puvun saumoja. Nyt piti pistojen olla niin pieniä ja tasaisia, että sauma näyttäisi melkein koneella ommellulta.

– Mitä järkeä on ommella mallipuku käsin? purnasin Katariinalle, kun istuimme taas päivän keittoa lusikoimassa. Kyse oli kuulemma periaatteesta ja koulutuksesta. Sitä paitsi eivät mallipuvutkaan hukkaan menneet. Mademoiselle Coco myi ne kuulemma hyvään hintaan joko jollekin tavaratalolle tai amerikkalaiselle tehtailijalle, joka sitten teki mallin mukaan halvempia pukuja tehdastyönä.

– Siksi hän haluaa, että mallipuvutkin ovat hyvin tehtyjä, Katariina selitti. – Huolellinen käsityö kun on hänen tavaramerkkinsä.

Niin sitten kyyhötin iltaan saakka paikoillani ja ompelin saumoja neula viuhuen. Pari kertaa Katariina kurkisti olkani yli ja kiitteli työni jälkeä, mutta Virginie-neitiä ei näkynyt huoneessaan. Hän oli kuulemma mademoiselle Cocon kanssa valitsemassa kankaita.

Tällä kertaa en jäänyt illalliselle Katariinan ja muiden ompelijattarien kanssa vaan lähdin suoraan majapaikkaani. Niskaa särki, oli pakko pyöritellä hartioita ja haukata vähän raitista ilmaa. Kun tulin jokirantaan, Notre Damen kirkonkellot alkoivat soida. Ilmeisesti oli iltamessun aika, sillä ohitseni kulki joukko nunnia äänekkäästi puhellen kirkon suuntaan.

Päätin käydä saman tien siinä pienessä korttelibistrossa, jossa olin syönyt myös ensimmäisenä päivänä näillä kulmilla. Vasta nyt huomasin, että sillä kapealla kujanpätkällä, jota kuljin korttelin toiselle puolelle, oli todella hassu nimi. Rue du Chat Qui Pêche?

Kalastavan kissan kuja? Mahtoikohan kyse olla madame Elisabethin kissakatraasta.

Hymyilin ehkä tavallista leveämmin astuessani bistron ovesta sisään ja tervehdin iloisesti isäntää, joka kaatoi juuri viiniä kahdelle miehelle.

– Men det är ju fröken Eriksson, välkommen! toinen miehistä huudahti ja nousi toivottamaan minut tervetulleeksi. Toinenkin miehistä ponnahti heti seisomaan ja pyysi kohteliaasti istumaan heidän seuraansa. Totta kai suostuin heidän pyyntöönsä, kun herrat esittäytyivät asianmukaisesti ja asuimme samassa hotellissa.

Vaaleampi heistä oli Birger Ackrell, tummempi Yngve Ström, taiteilijoita kumpikin ja minua hiukan vanhempia. Kumpikin puhui ruotsia äidinkielenään, vaikka toinen oli kotoisin Karjalasta ja toinen Pohjanmaalta. Itse jouduin välillä hakemaan sanoja, kun suomi ja ruotsi ja ranskan kieli tahtoivat mennä sekaisin varsinkin näin väsyneenä. Niinpä Birger ja Yngvekin ryhtyivät lopulta puhumaan suomea kanssani.

Siitä tuli oikein rattoisa ateria, sillä herrat olivat tulleet Pariisiin jo kesäkuussa ja osasivat kertoa yhtä ja toista lähitienoista. Kuultuaan, että kävin työssä toisella puolella Seineä, Birger ihmetteli, miksen käyttänyt metroa. Lähin metropysäkki kun oli aivan tuossa nurkalla.

Silloin Yngve kaivoi taskustaan nuhjuisen kartan, johon kaikki metrolinjat oli merkitty. Kun hänen metrokarttaansa verrattiin minun karttakirjaani, kävi ilmi, että joutuisin joka tapauksessa joko kävelemään joen toiselle puolelle tai vaihtamaan metroa Châteletissa, joka oli kuulemma kaikkien metrolinjojen solmukohta ja aamuin illoin kovin ruuhkainen.

– Mieluummin ajaisin polkupyörällä, tunnustin miehille. – Kotona ajoin usein Albergasta kaupunkiin ja takaisin. Mutta täällä polkupyörät ovat varmaan kauhean kalliita eikä minulla ole varaa hankkia sellaista.

Miehet vilkaisivat toisiinsa ja alkoivat yhteen ääneen selittää, että viereisen talon takapihalla oli verstas, jossa muuan nuorimies korjaili kaikenlaisia vehkeitä käsikärryistä polkupyöriin ja potkulautoihin. Olipa Yngve, jonka ikkunasta näkyi kuulemma suoraan verstaalle, todennut siellä aina välillä korjattavan myös autoja ja moottoripyöriä.

– Jos Kirsti haluaa, voisin käydä huomenna kysymässä, löytyisikö sieltä halpaa polkupyörää, Yngve ehdotti.

Niin sovittiin. Herrat saattoivat minut hotellimme ovelle, mutta sanoivat sitten vielä käväisevänsä kaupungilla.

– Kirstinkin pitää joskus lähteä meidän kanssamme katsomaan kabareeta, Birger sanoi naurahtaen ja kysyi saman tien, mitä aioin tehdä lauantai-iltana.

– Todennäköisesti pesen pyykin ja tukkani, vastasin kursailematta. – Mutta kiitos tarjouksesta, ehkä sitten, jos ompelimossa on vähän hiljaisempaa.

Madame Elisabeth säteili tyytyväisyyttä nähtyään, että olin lopultakin suostunut hänen nuorten herrojensa seuraan. Melko suorasukaiseen sävyyn hän kuitenkin tuli portaiden juureen supattamaan kissa kainalossaan, että molemmat monsieurit olivat hyvissä varoissa, eivät mitään tyhjätaskuja, vaikka taiteilijoita olivatkin. Vain vaivoin sain toivotetuksi madamelle vakavalla naamalla hyvää yötä. Nauruun purskahdin vasta ylhäällä huoneessani. Ehkä madame Elisabethissa oli sittenkin vähän parittajan vikaa. Sen verran hyvälle tuulelle oli lasi viiniä ja illallisseura minut saanut, että kirjoitin Miilille kirjeen ja kerroin siinä juurta jaksain, miten olin päätynyt Katariinan ansiosta harjoittelijaksi Chanelin muotitaloon. *Kunhan palaan täältä täysinoppineena haute couture -ompelijattarena, perustamme yhteisen muotitalon, johon Helsingin rouvat ja neidit oikein jonottavat,* kirjoitin kirjeen loppuun puoliksi tosissani, puoliksi piloillani. Jälkikirjoitukseksi laitoin kuitenkin, ettei Miili kertoisi vielä äidille minun seikkailuistani Erichsenien ja ompelijattarien parissa.

Vielä ennen nukkumaanmenoa otin kaulapussin kaulastani ja levitin kaikki rahani vuoteelle. Tällä menolla frangini riittäisivät juuri ja juuri jouluun. Onneksi lauantaina oli luvassa ensimmäisen viikon palkka. Paras olisi kuitenkin elää mahdollisimman vaatimattomasti, jotta minulle jäisi säästöön riittävästi rahaa kotimatkaa varten. Sen toki pystyisin tekemään vaikka kolmannessa luokassa nyt kun matkareitti oli tuttu.

Ei sille mitään voinut, että koti-ikävä iski heti, kun vähänkin ajatteli Suomea. Olin pakannut mukaani sen saman perhekuvan ja valokuvakehyksen, joka oli ollut parantolassa Allin yöpöydällä. Äiti oli varmuuden vuoksi pyyhkinyt sen spriillä, jotten saisi kuvasta tubitartuntaa.

Siinä me seisoimme, Alli ja minä kesäleningeissämme ylioppilaslakit päässä. Voitto ja Veikko hymyilivät leveästi merimiespuvuissaan Eliaksen ja äidin sylissä. Eliaksen auto kiilsi auringossa, ja taustalla erottui taivasta vasten meidän huvilan silhuetti. Kun oikein tarkasti katsoi kuvaa, Haapaluoman Iisakki taisi istua talon varjossa kyökinportailla.

Ei auttanut muu kuin laittaa kehys kuvapuoli alaspäin pöydälle. Muuten olisin kastellut sen kyynelillä.

Lauantaina olimme juuri ehtineet palata ruokatauolta ompelustemme ääreen, kun mademoiselle Virginie tuli ompelimoon, käveli kuin jotakin etsien ympäri salia ja seisahtui lopulta minun kohdalleni.

– Vous! hän tokaisi, osoitti minua sormellaan ja käski tulla mukaansa. Totta kai säikähdin. En todellakaan voinut kuvitella, mitä pahaa olin tehnyt.

Seurasin kuitenkin nöyrästi Virginie-neitiä siihen pitkään käytävään, jonka varrella meidänkin ompelimomme sijaitsi. Nyt ei käännyttykään eteisen ja portaikon suuntaan vaan jatkettiin aivan käytävän päähän. Siellä oli lukittu ovi, jonka kyltissä luki MADEMOISELLE. NE PAS ENTRER. Ilmeisesti pääsykielto ei koskenut mademoiselle Virginietä, sillä hän kaivoi taskustaan avainnipun ja valitsi yhden avaimista. Kun lukko rapsahti auki, hän astui sivuun ja minun piti mennä ensimmäisenä ovesta sisään.

Näytti siltä, että olimme tulleet viereisen talon ylimpään kerrokseen, sillä käytävä oli aivan erikorkuinen ja ovet toisenlaisia kuin meidän rakennuksessamme. Täällä oli se sama tuoksu kuin alhaalla myymälässäkin. Kun Virginie-neiti avasi seuraavan oven, tajusin tulleeni koko muotitalon kaikkein pyhimpään, mademoiselle Cocon ateljeehen.

Ensimmäisenä silmä kiinnittyi valtaviin trymoopeileihin, joita oli joka puolella. Kullanvärisessä antiikkituolissa istui laiha mustatukkainen nainen savuke suupielessään ja piirsi tai kirjoitti jotakin lehtiöön. Kun astuimme huoneeseen, hän vilkaisi meitä tuikeasti tuuheiden kulmakarvojensa alta. Mikään kaunotar nainen ei ollut eikä edes kovin nuori enää, mutta silti ei ollut epäilystäkään, etteikö tämä olisi ollut Mademoiselle itse, Coco Chanel.

En tiedä niiasinko vai kumarsinko, ehkä kumpaakin. Häkeltyneenä kuuntelin, miten molemmat neidit, Coco ja Virginie, keskustelivat minusta kuin olisin ollut jokin nukke tai muu eloton olento. Kelpaako tämä? Menettelee, mutta tukka on kauhea. Missä Yvonne on?

Kuin käskystä paikalle ilmestyi valkotakkinen vanhempi nainen, joka kuunteli hetken Mademoisellen ohjeita ja viittasi minut mukaansa. Me pujottelimme peilien, vaatetankojen ja kangaspakoilla kuormitettujen pöytien välistä viereiseen huoneeseen, jossa oli iso lampuin ympäröity peili ja parturintuoli. Huoneen peräseinällä oli leposohva. Sen päällä makasi kalpea nuori nainen yllään pelkkä alushame. Toinen valkotakkinen juotti hänelle juuri vettä ja kyseli, joko on parempi olo.

Ahaa. Tyttö oli ilmeisesti mannekiini, joka oli varmaan pyörtynyt kesken sovituksen. Katariinahan oli kertonut Miilille ja minulle, miten Mademoiselle saattoi suunnitella jotakin vaatetta tuntikausia mannekiinin päälle. Ei kuulemma ollut mitenkään epätavallista, että joku pyörtyi. Oliko minut siis haettu hänen tilalleen, kun muuta vaihtoehtoa ei ollut? Olimme tuon kalpean tytön kanssa aika lailla samankokoisia.

– Allez-y! valkotakkinen Yvonne komensi minua pitämään kiirettä. Heti kun olin istunut parturintuoliin ja saanut kampausviitan harteilleni, hän ryhtyi leikkamaan polkkatukkaani.

Oli pantava silmät kiinni, jottei niihin menisi hiuksenpätkiä. Kauan ei saksien napsutus kuulunut ympäriltäni, kun kasvojani jo harjattiin pehmeällä sudilla.

– Et puis les yeux! nainen murahti. Mitä ihmettä hän aikoi tehdä silmilleni?

Se oli todella hankalaa. Välillä piti katsoa ylös ja välillä alas. Nainen piirsi jonkinlaisella kynällä mustat viivat silmieni ympärille ja värjäsi ripset pikimustiksi. Huulipunan sain sentään laittaa itse metallipuikosta, mutta se oli tummanpunaista kuin veri. Lopuksi kasvoilleni tupsutettiin puuteria ja korvan taakse suihkautettiin hajuvettä, jossa oli sama tuoksu kuin koko talossa. Kun Yvonne jätti pullon hetkeksi pöydänkulmalle, siinä ei ollut nimeä lainkaan, vain pelkkä numero 5.

Jälleen minua hoputettiin. Oli riisuttava melkein alasti ja puettava päälle ihonvärinen alushame. Kaulapussini kätkin vaivihkaa aluspaitani sisään ja työnsin sen leninkini taskuun, joka oli piilossa sivusaumassa. Onneksi ne korkeakorkoiset kengät, jotka minulle tuotiin, olivat liian pienet. En olisi kyennyt ottamaan niillä askeltakaan, saati seisomaan paikallani paria minuuttia kauempaa. Niinpä minua armahdettiin ja sain laittaa omat kengät jalkaani.

Kun lopulta seisoin Mademoisellen edessä keskellä ateljeen peilejä, tunsin itseni uhrilampaaksi, joka kohta teurastetaan. Kesti hetken, ennen kuin ymmärsin, ettei Mademoiselle kiinnittänyt minuun mitään huomiota. Tummat silmät säihkyen hän poimutti ylleni kullanhohtoista sifonkia ja ryhtyi kiinnittämään sitä nuppineuloilla saumoiksi, poimuiksi ja laskoksiksi. Virginie-neiti seisoi hänen vierellään neulatyynyä pidellen ja otti myös kantaa, tosin varovasti, Mademoiselle Cocon ratkaisuihin. Mainiota! Hiukan alemmas ehkä. Ei, tuo on oikein hyvä!

Ensimmäinen neulanpisto oli varmaan vahinko, niin ainakin kuvittelin, vaikka hätkähdinkin hiukan.

– Restez debout! Mademoiselle kivahti. Totta kai yritin pysyä mahdollisimman liikkumatta. Seuraavan neulanpiston kestin ilman värähdystäkään, mutta kun Mademoiselle lähestyi olkapäätäni kolmannen kerran aivan selvästi nuppineulan terävä pää minua kohti sojottaen, tarrasin hänen ranteeseensa.

– Non! Minuahan et töki pelkkää ilkeyttäsi, olet kuka olet, sihahdin suomeksi hampaitteni välistä.

Hetken tuijotimme toisiamme kiukkuisesti silmiin. Sitten Mademoiselle karisti savukkeestaan tuhkat maahan, astui muutaman askeleen taaksepäin ja käski minun pyöriä hitaasti ympäri. Vielä korjailtiin poimutuksia sieltä ja täältä, mutta yhtäkään neulanpistoa ei enää osunut minuun. Lopuksi jouduin tekemään erilaisia liikkeitä, kumartumaan syvälle eteenpäin, nostamaan käteni kattoa kohti ja ylös etuviistoon niin kuin olisin laittanut ne kavaljeerin olkapäille. Ihme kyllä, mistään kohdasta kangas ei tuntunut kiristävän, vaikka vaate oli hyvin ihonmyötäinen.

Jalkoja alkoi jo särkeä, mutta jouduin vielä nousemaan korokkeelle. Madame ryhtyi näet leikkaamaan puvun helmaa oikeaan mittaan. Hitaasti, hyvin hitaasti piti kääntyä ympäri ja seistä täysin suorana ja hartiat rentoina. Hänkin leikkasi helman takaa vähän pidemmäksi niin kuin me Miilin kanssa olimme aina tehneet. Vaikka mannekiinina olo oli kaikkea muuta kuin helppoa, ainakin tässä näki todella läheltä, miten Mademoiselle Chanelin kuuluisat puvut syntyivät, lohdutin itseäni.

Vihdoin sain luvan laskeutua korokkeelta. Neuloilla kiinnitetty luomus riisuttiin varovasti yltäni ja levitettiin pöydälle. Olin jo menossa takahuoneeseen pukeutumaan, kun näin, että paikalle oli ilmestynyt kaitakasvoinen nuori mies, joka ryhtyi ilmeisesti tekemään äsken syntyneestä puvusta mallipiirrosta. Voi kunpa olisin saanut näyttää taitoni, ajattelin haikeana takahuoneessa. Kaulapussi löytyi onneksi sieltä mistä pitikin, mutta Yvonne katsoi pitkään, kun pujotin hihnan kaulaani ja työnsin pussin paitani alle.

Vaikka olin lopulta omissa vaatteissani, en ollut tunnistaa peilikuvasta itseäni. Silmät näyttivät luonnottoman suurilta ja vihaisilta, ja suu oli kuin verinen haava. Kampaukseen olin sen sijaan oikein tyytyväinen. Se ei ollut enää mikään ylimittaiseksi kasvanut polkkatukka vaan yhtä *chic* kuin muotilehtien kaunottarilla.

Kun palasin Virginie-neidin saattamana ompelimoon, olivat kaikki muut lähteneet. Ulkona alkoi jo hämärtää. Otin olkalaukkuni tuolin alta. Sitten muistin, että tänään oli palkkapäivä. Mademoiselle Virginie oli mennyt omaan huoneeseensa ja istui jälleen pöydän takana papereitaan tutkien. Kun koputin oveen, hän näytti ärtyneeltä.

– Excusez-moi, mademoiselle, pyysin anteeksi ja kysyin palkkaani niin kohteliaasti kuin osasin.

Virginie-neiti ei sanonut sanaakaan, avasi vain pöytälaatikkonsa ja viskasi kapean kirjekuoren pöytänsä kulmalle. Kun kävin ottamassa sen siitä, näin että kuoren päälle oli kirjoitettu *Kristi Erikson.*

– Merci, mademoiselle! kiitin nyökäten ja lähdin huoneesta taakseni katsomatta. Ovea en sentään paukauttanut kiinni vaan suljin sen varovasti jäljessäni.

Kirjekuoreen katsoin vasta porraskäytävässä. Kymmenen frangin setelit olivat kuluneen näköisiä, mutta niitä oli kymmenen niin kuin pitikin. Varmuuden vuoksi työnsin ne heti kaulapussiin ja taitoin tyhjän kirjekuoren taskuuni. En voinut olla ihmettelemättä, olisiko palkkakuori jäänyt antamatta, jos en olisi mennyt kyselemään sitä. Sen täällä ainakin oppi, että joka asiassa oli pakko pitää puoliaan.

Valot olivat jo syttyneet Rue de Rivolille. Autoja ja ihmisiä oli selvästi enemmän liikkeellä kuin eilisiltana. Kun kuljin erään ravintolan ohi, jouduin väistämään upeaan iltapukuun pukeutunutta kaunotarta, joka nousi valkoisesta loistoautosta. Naisen harteilla oli hunajanvärinen turkisviitta, joka ulottui maahan saakka.

Vielä enemmän kiiltäväkylkisiä autoja ja iltapukuisia ihmisiä parveili niiden kahden teatterin edessä jokirannassa. Vihdoin olin sillalla, jolta näkyi Hôtel de Suèden kyltti, ja kiirehdin askeleitani.

Juuri kun ehdin sillankorvaan, pimeydestä sukelsi eteeni lippalakkipäinen mies, joka yritti tempaista laukun olaltani. Onneksi olin pitänyt hihnasta kiinni. En päästänyt irti vaan kiljaisin niin lujalla äänellä kuin pystyin:

– Perkele! Apua, apua!

Mies yritti työntää minut kumoon, ja horjahdinkin sillankaidetta vasten, mutten silti päästänyt laukusta irti, vaikka sitä kuinka temmottiin, vaan huusin yhä suoraa huutoa.

– Au secour! kirkaisin, kun lopultakin muistin, miten apua huudetaan ranskaksi. – Au voleur! Au secour!

– Let her off! karjahti samassa joku ryöstäjän takana. Kuului nyrkinisku ja repeävän vaatteen ääni, kun roisto viskattiin katuun. Siinä samassa hän oli jo livahtanut sillan alle.

– Are you okay? pelastajani kysyi, kun nojauduin huohottaen sillan kaiteeseen. – Vous allez bien? hän tiedusteli vielä ranskaksi vointiani mutta puhui niin vahvasti amerikkalaisittain murtaen, ettei sankarin kansallisuudesta ollut epäilystäkään. Mies ei ollut kovin pitkä mutta hyvin harteikas. Hän muistutti hämmästyttävän paljon Jylhän Yrjöä.

– Je vais bien, merci, vastasin yhä vielä hengästyneenä. Eihän minulla ollut enää mitään hätää. Olin silti todella iloinen, että mies saattoi minut hotellin ovelle asti ja katosi sitten kättään heilauttaen Boulevard Saint-Michelin suuntaan.

Madame Elisabeth oli pöyristynyt kuultuaan, että minut oli yritetty ryöstää. Hän selitti, että roisto oli varmaan niitä apacheja, jotka asuivat kellareissa ja siltojen alla ja ryöstivät ja murhasivat kunniallisia ihmisiä. Minulla oli kuulemma ollut onnea, etten ollut päässyt hengestäni. Missään tapauksessa minun kaltaiseni nuoren naisen ei pitäisi iltapimeällä liikkua täällä yksikseen.

Polvet tutisten kapusin viidenteen kerrokseen. Vasta kun olin turvassa omassa huoneessani lukitun oven takana, säikähdys purkautui rajuna itkuna, jota en tahtonut saada millään loppumaan. Kaupunki, joka oli juuri alkanut tuntua melkein kodikkaalta, muuttui taas pelottavaksi. Järjellä sitä tunnetta ei voinut hallita. Se oli samaa kauhua, jota olimme pikkutyttöinä tunteneet Albergassa niitä pelottavia kiinalaisia kohtaan.

En uskaltanut lähteä edes syömään korttelin toiselle puolelle. Kissakujan pimeydessä minut olisi ollut helppo kolkata. Niinpä hankasin kasvoni puhtaaksi silmä- ja huulimaalista. Jotenkin se rauhoitti, kun sivelin yöpöydällä olevan puisen karhun kuonoa sormenpäälläni ennen nukahtamista.

Sunnuntaiaamuna heräsin kirkonkellojen pauhuun. Herätyskello näytti jo kahdeksaa. Ilmeisesti kellot kutsuivat aamumessuun. Eilisillan tapahtumat tuntuivat kirkkaassa auringonvalossa pelkältä pahalta unelta. Jos kylkeeni ei olisi sattunut, kun vääntäydyin istumaan sängynreunalle, olisi voinut luulla, ettei mitään ollut tapahtunut. Aikamoinen mustelma näytti kylkeen tulevankin, kun tarkastelin sitä peilin edessä, mutta tuskin sentään luita oli katkennut.

Kun avasin ikkunan, ulkoa kantautui kahvin ja vastapaistetun leivän tuoksu. Hyvä Jumala, miten nälkäinen olinkaan! Kädet vapisten puin vaatteet ylleni ja kiirehdin alakertaan. Sen verran siitä eilisestä oli kuitenkin jäänyt ahdistusta, että katsoin tarkkaan ympärilleni, ennen kuin lähdin hotellin ovesta kadulle.

Kalastavan kissan kujalla pistin juoksuksi, kun kukaan ei nähnyt, ja tulin hengästyneenä bistron ovelle.

– Kirsti-neiti, huomenta!

Birger ja Yngve istuivat kantapöydässään nuhjaantuneina mutta hyväntuulisina maitokahvin ja tuoreiden croissanttien ääressä. He olivat kuulemma tulleet yölliseltä retkeltään suoraan tänne aamiaiselle.

– Kuka nyt tyhjällä vatsalla menee nukkumaan? Birger nauroi, ja Yngve selitti, että tällä tavalla ei tullut lainkaan krapulaa, vaikka he olivatkin nauttineet viime yönä aika monta lasillista viiniä, samppanjaa ja absinttia.

Tilasin samanlaisen aamiaisannoksen kuin hekin. Piti oikein hillitä itsensä, ettei olisi ahminut sitä muutamassa minuutissa. Kun pojat olivat kehuneet uutta kampaustani, he kysyivät, mitä minulle kuuluu. Kerroin eilisiltaisesta hyökkäyksestä ja siitä, miten täpärällä pelastumiseni oli ollut.

Birger ja Yngve arvelivat tietävänsä sen amerikkalaisen nyrkkisankarin. Hän istui kuulemma usein samoissa ravintoloissa kuin hekin ja liikkui yleensä amerikkalaisten ystäviensä seurassa. Yngven mielestä mies oli toimittaja, mutta Birger väitti hänen olevan kirjailija. Nimeä ei kumpikaan muistanut.

– Ainakin puolet näiden kuppiloiden asiakkaista ovat nykyään jenkkejä, Birger selitti sytyttäen savukeensa. – En tiedä, mikä niitä tänne vetää.

– Ehkä se johtuu kieltolaista, Yngve nauroi ja kohotti calvadoslasiaan. – Kyllä minustakin täällä on hemmetin paljon mukavampaa kuin kotona Suomessa.

Olimme jo kukin maksaneet laskumme isännälle, kun Yngve muisti minun polkupyöräni. Hän sanoi käyneensä eilen puhumassa verstaalla. Siellä oli ollut yksi sopiva naistenpyörä, mutta siitä puuttui toinen sisärengas.

– Pitäisikö käydä katsomassa nyt heti? hän ehdotti. – Poika sanoi, että saisi sen varmaan kuntoon täksi päiväksi.

– Entäs hinta? kysyin huolissani.

– Parikymppiä, Yngve vastasi ja arveli, että saisin sen ehkä vieläkin halvemmalla, jos hymyilisin kauniisti.

Puoli tuntia myöhemmin olin polkupyörän onnellinen omistajatar. Tinkimään en kuitenkaan ruvennut vaan maksoin mukisematta sen kaksikymmentä frangia, joka pyörästä pyydettiin. Ilmeisesti verstasta pitävä nuorukainen jäi voiton puolelle, sillä joku jenkkityttö oli tuonut polkupyöränsä viime keväänä korjattavaksi eikä tullut koskaan hakemaan sitä.

– Tämä on ollut taatusti kallis vehje uutena, Yngve sanoi suomeksi, kun tutkimme pyörää yhdessä ja ajoin sillä pari kierrosta pihamaalla. – Tähän hintaan et saa mistään vastaavaa!

Olimme jo lähdössä pihamaalta, kun verstaanpitäjä juoksi jälkeemme ja ojensi minulle kettingin ja munalukon avaimineen. Ne kuulemma olivat tulleet pyörän mukana. Silloin hymyilin niin kauniisti kuin osasin ja kiitin häntä vuolaasti. Birger väitti poikarukan hoiperrelleen takaisin verstaansa uumeniin, mutta se nyt ainakin oli pötyä.

– Une bicyclette? madame Elisabeth huudahti järkyttyneenä, kun jätin polkupyörän hotellin ovensuuhun ja tulin kysymään, voisinko pitää sitä sateensuojassa hotellin takapihalla. Hän kumartui silmiään pyöritellen minun puoleeni ja kysyi kuiskaten, enkö muka tiennyt, mitä polkupyörällä ajo tekee nuorille naisille. Kun vakuutin, että olin ajanut pyörällä jo vuosia, hän levitti kätensä, teki ristinmerkin ja katsoi kohti kattoa vedoten Pyhään Neitsyeeseen. Lopulta hän kuitenkin lupasi, että voisin viedä polkupyöräni siihen katokseen, jossa oli hiilisäiliö ja pino polttopuita.

Ainakin puolet madamen valkoisista kissoista kerääntyivät ihmettelemään, kun lukitsin pyöräni yhteen katoksen kannatintolpista.

– Hieno pyörä, eikös olekin? sanoin niille. Silloin se kaikkein sinisilmäisin tuli puskemaan säärtäni. Sorbonnen kello helähti kaksitoista kertaa. Päivä oli vasta puolivälissä ja taivas huikaisevan sininen. Mitäpä jos lähtisin ajelulle?

Ihan suin päin en sentään syöksynyt katujen vilinään, vaan tutkin ensin kamarissani karttakirjaa. Sen tiesin jo koulun ranskantunneilta, että Boulognen metsä oli se paikka, jossa pariisilaiset kävivät ajelemassa niin hevosvaljakoilla kuin polkupyörilläkin. Meidän ranskankirjassamme siitä oli ollut kuvakin. Metsään olisi kuitenkin pitänyt ajaa puolen kaupungin halki. Sen sijaan melkein nurkan takana näkyi olevan Luxembourgin puisto. Sitähän Ville-setäkin oli ylistänyt oikeaksi pikku paratiisiksi.

Harmitti vähän, etten ollut pakannut mukaan sitä kätevää housuhametta, jota olin kotona käyttänyt usein pyöräretkillä. Äkkiä semmoisen tietysti täälläkin ompelisi, jos vain olisi ompelukone. Nyt ei auttanut muu kuin pukeutua tavalliseen pliseerattuun hameeseen ja paksuun villatakkiin. Jalkaan vedin kunnon puuvillasukat. Silkkisukkia ei polkupyöräretkelle kannattanut uhrata.

Talutin varovasti pyörän kadun yli. Bukinistit olivat juuri avanneet kirjalaatikkonsa, ja olisi oikeastaan ollut hauska seisahtua tutkimaan niitä, mutta polkupyörän kanssa se oli mahdotonta. Ajamaan ryhdyin kuitenkin vasta kun katu näytti hiljaiselta. Katuojat olivat täällä paljon syvempiä kuin Helsingissä, joten oli pakko ajaa melkein keskellä katua. Seuraavan risteyksen yli oli pyörää jälleen talutettava, enkä ollut enää ollenkaan niin varma, oliko polkupyörän hankkiminen ollut sittenkään viisasta. Onneksi Saint-Michelin puistokatu oli rantakatuja leveämpi, vaikka siellä oli enemmän ihmisiä liikkeellä.

Vähitellen pääsin taas polkemisen vauhtiin. Tosin katu vietti hiukan ylöspäin, niin että joutui todella ponnistelemaan päästäkseen eteenpäin. Kun ajoin täpötäyden katukahvilan ohitse, kuulin kimakan vihellyksen selkäni takaa. Ensin säikähdin, että se oli poliisi, mutta kun vilkaisin olkani yli, näin parin nuorenmiehen seisovan pöytänsä ääressä hattuaan heiluttaen. Ilmeisesti täällä päin eivät nuoret naiset paljon pyörällä ajelleet. Itse olin nähnyt vasta parin miehen polkevan minua vastaan kadun toisella puolella.

Vihdoin alkoi edessäpäin häämöttää puisto. Kesti hetken, ennen kuin löysin avoimen portin sen korkeasta takorauta-aidasta. Navakka tuuli lennätti kirjavia lehtiä pitkin hiekkakaytävää. Väkeä oli yllättävän vähän eikä penkeillä istunut yhtään ihmistä. Minuakin alkoi viluttaa, kun saavuin muhkeiden kivisten kaiteiden ympäröimälle aukiolle. Sen keskellä lainehti suuri vesiallas, jonka ympäri juoksenteli pari pikkupoikaa. Ensin ihmettelin, mitä he hihkuivat, kunnes näin ison leikkilaivan keikkuvan vedessä. Tuuli ajoi sitä altaan reunalta toiselle.

Samassa törähti selkäni takana torvi ja äänekäs marssi kajahti ilmoille. Puiden välistä näkyi soittolava, jolla pieni torvisoittokunta oli aloittanut konsertin. Siellä täällä näkyi muutama kuulija, mutten liittynyt heidän joukkoonsa vaan lähdin ajamaan kohti puiston toista laitaa. Jossakin täytyi olla kahvila, jossa voisi hetken lämmitellä.

Erään sivukäytävän varrelta löysin lopulta vihreän kioskin, jonka pöydät olivat sopivasti tuulensuojassa. Tilasin tarjoilijalta maitokahvin ja siirsin tuolini auringonläikkään. Pyöräni olin jättänyt puuta vasten niin lähelle, että saatoin pitää sitä silmällä. Täällä oli enemmän väkeä, ilmeisesti tuulensuojaa hakemassa niin kuin minäkin.

Eräs punatukkainen äiti juotti mehua palleroiselle pikkupojalle ja vilkaisi minuun hymyillen, kun unohduin katselemaan heitä. Viereisessä pöydässä muuan nuoripari kuherteli kiihkeästi. Miltä mahtaisikaan tuntua, jos voisi olla täällä rakastettunsa kanssa, ajattelin haikeana ja join kahvilasini tyhjäksi. Oli aika jatkaa matkaa.

Lähdin siis polkemaan samaa hiekkatietä umpimähkää eteenpäin, kunnes tulin kolmen polun risteykseen. Hämmästyin aika lailla, kun ruohokentän laidassa seisoi kovin tutunnäköinen patsas. Se oli naishahmo, joka ojensi soihtuaan taivasta kohti. Naisen päässä oli sädekruunu. Olin toki nähnyt siitä kuvia ennenkin. Patsashan oli täsmälleen samanlainen mutta paljon pienempi kuin se Vapaudenpatsas, joka tervehti Amerikkaan tulijoita New Yorkin edustalla. Miksi ihmeessä sen kopio oli täällä, puistossa Pariisin sydämessä?

Kun vastaani käveli keppiinsä nojaten valkopartainen vanha mies, en malttanut olla kysymättä, tiesikö hän patsaan tarinaa.

– Bien sûr, mademoiselle! mies myönsi naurahtaen ja alkoi sitten selittää vilkkaasti kepillään huitoen, että tuo tuossa oli se alkuperäinen Vapaudenpatsas. Tämän veistoksen mukaan oli valmistettu myös se jättiläispatsas, jonka Ranska oli antanut melkein neljäkymmentä vuotta sitten lahjaksi amerikkalaisille. Hän kertoi olleensa silloin nuori poika, kun jättiläispatsaan pää oli ollut näytteillä Pariisissa.

Kun näytti siltä, ettei mies olisi halunnut lopettaa tarinointiaan ollenkaan, kiitin kauniisti ja nousin taas pyörän selkään. Ikävä kyllä, hiekkatie päättyi pian aitaan. Kun lopulta löysin portin, en tiennyt lainkaan, mille puolelle puistoa olin päätynyt. Ei auttanut muu kuin lähteä ajamaan aidanvierustaa pitkin. Muistin kartasta, että Seine oli puiston pohjoispuolella, ja jätin siis auringon selkäni taakse. Lopulta oikealla puolella näkyikin Luxembourgin palatsin likaisenharmaa kivimuuri. Pian sen jälkeen saatoin kääntyä jälleen Saint-Michelin bulevardille.

Illallisaikaan tapasin Birgerin ja Yngven tutussa bistrossamme. Heitä huvitti kovasti kertomukseni puistoretkestä. Yngve neuvoi, että minun kannattaisi seuraavalla kerralla ajaa Boulevard Saint-Michelin yli ja jatkaa vasenta rantaa pitkin aina Mars-kentälle ja Eiffel-tornille saakka. Sieltä ei kuulemma enää olisi kovin pitkä matka Boulognen metsäänkään.

– No, huomisaamuna yritän joka tapauksessa mennä pyörällä töihin, sanoin pojille. – Täytyy katsoa, mikä olisi helpoin reitti.

Jälleen kerran Yngve ja Birger yrittivät houkutella minua mukaansa kaupungille. He olivat menossa johonkin teatteriin katsomaan amerikkalaista neekerirevyytä, joka oli kuulemma oikea sensaatio.

– Ai sielläkö se neekerityttö tanssii charlestonia pelkässä ruohohameessa? kysyin kulmiani kohottaen. Johan siitä oli kohistu ompelijattarien kantapöydässäkin.

– No, enemmän minua kiinnostaa se jazz-musiikki, jota siellä soitetaan, Yngve mutisi, mutta punastui selvästi ja sai Birgerin nauraa hekottamaan. Toivotin herroille hauskaa iltaa ja kiirehdin kissakujan kautta hotellille. Oli jo pimeää, enkä halunnut viipyä ulkona yksin yhtään pidempään kuin oli pakko. Se apachen hyökkäys oli kai tehnyt minusta säikyn tai sitten ihan vain viisaasti varovaisen.

Madame Elisabeth kinasteli sen kähärätukkaisen ilotytön kanssa, jonka olin nähnyt täällä melkein joka ilta. Mitähän äiti ajattelisi, jos tietäisi, millaista elämää täällä vietetään?

Ehkä on viisainta kirjoittaa tänä iltana se kirje, jossa kerron uudesta työpaikastani ja annan tämän hotellin osoitteen, päätin portaita kavutessani. Joskushan se on kuitenkin tehtävä.

En oikeastaan valehdellut äidille. Jätin vain kertomatta kaikki ne asiat, jotka olisivat tehneet hänet levottomaksi. Niinpä ilmoitin vain lyhyesti, että Erichsenien talossa oli ollut tulipalo juuri ennen minun tuloani. Siksi perhe oli joutunut lähtemään matkoille eikä ollut ehtinyt ilmoittaa siitä Viivi-tädille. Kerroin yöpyneeni talon portinvartijarouvan luona ja tavanneeni heti seuraavana päivänä sen Miilin ystävättären, joka oli Chanelin muotitalossa työssä. *Katariina järjesti minulle saman tien työpaikan ja uuden asunnon,* kirjoitin hiukan mutkia oikoen. *Työ on todella mielenkiintoista ja siitä maksetaan niin hyvää palkkaa, että voin maksaa tämän kauniin vinttikamarin vuokran ja kaikki ateriani. Tässä hotellissa, joka on Sorbonnen yliopiston lähellä, asuu muitakin suomalaisia ja emäntä on erittäin ystävällinen. Tänään oli ensimmäinen vapaapäiväni ja kävin retkellä siinä Luxembourgin puistossa, jota Viivi-täti ja Ville-setä suosittelivat.*

Loppuun laitoin terveisiä kaikille ja Hôtel de Suèden osoitteen. Nyt täytyi vain toivoa, etteivät Vallgrenit tienneet, millaisesta hotellista oli kyse. Viivi-täti oli tuskin käynyt viime aikoina tällä puolella kaupunkia. Hänhän oli edelliskeväänä ollut Pariisissa jonkun upporikkaan johtajan ja tämän vaimon tulkkina.

Vielä oli avattava ikkuna hetkeksi. Jostakin alempaa kuului gramofonin soittoa ja kissan käheä naukaisu. Taivas oli tänäänkin hehkuvan tummansininen. Birger oli arvellut sen johtuvan kaupungin miljoonista valoista.

Yksi ainoa tähti erottui selvästi, kun katsoin suoraan ylös. Jälleen kerran tuntui siltä kuin Alli olisi ollut aivan lähellä.

Kun seuraavana perjantaina tulin illansuussa hotelliin, madame Elisabeth huudahti heti minut nähdessään, että olin saanut kirjeen Suomesta. Jo käsialasta näki, että kirje oli kotoa.

Madame kysyi tietysti uteliaana, oliko kirje sulhaselta. Hän oli kovin pettynyt, kun vastasin, että se oli äidiltä. Jännitti vähän, miten kotona oli suhtauduttu uutisiini, mutta avasin kirjeen vasta omassa huoneessani. Ensimmäinen hyvä uutinen oli, että Vallgrenit olivat jo muuttaneet talveksi kaupunkiin eikä äiti ollut tavannut Viivi-rouvaa kertoakseen Erichseneistä. Iivo oli ilmeisesti käynyt tapaamassa Ville-setää ennen näiden muuttoa, koska äiti kirjoitti hänen asuneen meillä viikon verran ja kehui kovin, miten ahkera ja kohtelias nuori mies hän oli.

Muutoin näytti elämä jatkuvan kotona niin kuin ennenkin. Eliaksella oli paljon ajoja, Iisakki oli tehnyt talveksi paljon polttopuita ja pikkupojat olivat auttaneet niiden pinoamisessa. Äiti oli käynyt viime pyhänä Eliaksen ja poikien kanssa Allin haudalla ja vienyt sinne havuseppeleen. *Joku oli tuonut hautapatsaan päälle punaisen ruusun, joka oli jäätynyt kiveen kiinni,* hän kirjoitti ja ihmetteli, kuka se oli mahtanut olla. Ajattelin heti Jylhän Yrjöä ja sitä *Hurmioituneiden kasvojen* omistuskirjoitusta.

Itsestään äiti ei juuri kirjoittanut, mutta kertoi, että Miili oli tulossa jouluksi heille. *Millaisia ovat sinun joulusuunnitelmasi?* äiti kysyi, mutta arveli sitten itsekin, että tuskin minulla olisi aikaa ja rahaa tulla jouluksi Suomeen. *Pääasia on, että olet löytänyt paikkasi siellä Pariisissa,* hän päätti kirjeensä.

Äidin kirjearkin lisäksi kuoressa oli vielä kaksi puotipaperin palaa. Toiseen oli Voitto piirtänyt isänsä auton, toiseen Veikko Iisakin ja heidät puupinon ääressä. Laitoin piirustukset pystyyn peilin molemmin puolin ja päätin poiketa huomenna töistä tullessani ostamassa rasiallisen piirustusnastoja, jotta voisin kiinnittää kuvat kunnolla seinälle vuoteeni yläpuolelle.

Lauantaina pääsimme töistä tavallista aikaisemmin. Katariina kertoi jo ruokatauolla, että Mademoiselle Coco oli kutsunut luokseen joukon kuuluisia vieraita ja häntä ja Virginie-neitiä tarvittiin järjestelyissä. Kun ajoin sisäpihalta polkupyörällä Rue Cambonille, oli naapuritalon eteen pysähtynyt musta umpiauto. Kuljettaja piti sen ovea auki, sillä Katariina nousi juuri autosta syli täynnä valkokukkaisia kamelianoksia.

– Arvaapa, paljonko nämä maksoivat! hän huikkasi suomeksi minulle kiirehtiessään ovesta sisään.

Vaikka harmaat pilvet riippuivat alhaalla sadetta ennustaen päätin kerrankin mennä ostoksille. Niinpä en ajanutkaan suoraan hotelliin, vaan suunnistin Marthalta saatujen ohjeiden mukaan vasemmalle rannalle suureen tavarataloon, jonka nimi oli Bon Marché. Siellä kun oli kuulemma halvempaa kuin oikean rannan tavarataloissa. Matkaa ei pitänyt olla kuin vajaat kolme kilometriä, mutta silti jouduin pysähtymään pari kertaa ja tarkistamaan karttakirjastani, että olin menossa oikeaan suuntaan. Täällä päin kaupunkia kapeat kadut näet risteilivät miten sattuu.

Kun lopulta saavuin perille, en ensin ymmärtänyt, että kokonainen kortteli oli yhtä ja samaa tavarataloa. Sehän näytti olevan Louvreakin suurempi! Aioin jo kääntyä ympäri ja ajaa pois, kun huomasin erään sivuoven luona telineen, jossa seisoi muutama polkupyörä. Uteliaisuus voitti, ja laitoin oman pyöräni laitimmaiseksi. Varmuuden vuoksi kiinnitin sen ketjulla rautatankoon ja lukitsin siihen.

Sivuovesta tultiin halliin, jossa oli lasinen katto. Myöhemmin tajusin, että koko tavaratalo oli rakennettu samanlaisista halleista. Niitä tuntui riittävän silminkantamattomiin. Leveät kierreportaat johtivat ylempiin kerroksiin, jotka olivat kuin suunnattomia parvekkeita. Senaatintorin kulmassa oleva Stockmannin tavaratalo oli tähän verrattuna kuin pahainen kyläpuoti. Hetken seisoin neuvottomana portaiden juuressa, kunnes uskaltauduin kysymään lähimmän tiskin takana seisovalta naiselta, mistä mahtaisin löytää paperitavaroita. Hänen takanaan olivat hyllyt täynnä mitä merkillisimpiä pöytälamppuja.

Nainen huokasi kyllästyneen näköisenä, mutta viittasi sitten peukalolla selkänsä taakse. Kiitin neuvosta ja lähdin suunnistamaan osoitettuun suuntaan, mutta pysähdyinkin matkalla leikkikaluosastolle. Voi millaisia pieniä autoja, kaiken värisiä, kaiken kokoisia ja aivan oikean näköisiä! Kun myyjätär huomasi minun katselevan niitä, hän otti yhden autoista, pyyhkäisi sitä muutaman kerran kämmentään vasten ja kyykistyi laskemaan sen lattialle.

Auto lähti suristen kiertämään lattiaa. Pian seisoi ympärillämme sankka muuri lapsia ja vanhempia. Kaksikymmentä frangia oli vitriinissä merkitty yhden auton hinnaksi, ja se tietysti hirvitti. Neljälläkymmenellä frangilla saisi yhden viikon ateriat. Toisaalta joulu oli tulossa. Voi miten Voitto ja Veikko innostuisivatkaan näistä...

Olkoon, kerran se vain kirpaisee!

Pyysin myyjätärtä paketoimaan minulle yhden mustan ja yhden valkoisen itsestään kulkevan auton. Nainen otti hyllystä selkänsä takaa kaksi laatikkoa ja näytti, että kummassakin oli oikeannäköinen auto sisällä. Paketoidessaan niitä hän kysyi, tulevatko ne lahjaksi lapsilleni. Kun sanoin lähettäväni ne pikkuveljilleni Suomeen, nainen näytti yllättyneeltä. Olinko todella kotoisin sieltä kaukaa? Puhuin kuulemma niin hyvin ranskaa, että oli vaikea uskoa minun olevan ulkomaalainen. Kiitin kohteliaisuudesta, vaikka tiesinkin omasta kokemuksestani, miten tärkeää oli imarrella asiakasta.

Kun tuli maksun aika, nainen sanoi hinnaksi 36 frangia. Miten niin? Enkö ollut huomannut kylttiä, jossa kerrottiin, että pikkuautoja myytiin tänään kymmenen prosentin alennuksella? Siunattu Martha, ajattelin suunnistaessani kohti paperiosastoa. Tätä siis tarkoittivat Bon Marchén alennetut hinnat.

Kullanvärisistä piirustusnastoista piti tosin pulittaa kaksi frangia rasialta. Sivupöydälle oli myös levitetty uusimpia muotilehtiä. *La Vie Parisiennejä* Katariina olikin meille lähettänyt samoin kuin *La Modeja, Feminoita* ja *Gazette du Bon Toneja*, mutta täällä oli sellaisiakin, joita en ollut ikinä nähnyt. *Mode Pratique* näytti kiinnostavalta, samoin *Vogue,* jonka sisäsivuilla oli valokuviakin eikä vain piirroksia.

Selailin lehteä niin innoissani, etten huomannut myyjätärtä, joka oli ilmestynyt viereeni ja kysyi, aioinko ostaa jonkin näistä. No, kaikkihan ne oli ostettava. Siinä meni jälleen parikymmentä frangia, mutta sen olin totisesti velkaa Miilille. Ilman häntä ja Katariinaa en olisi nyt Chanelilla töissä, vaan olisin joutunut palaamaan pennittömänä takaisin Suomeen.

Olkalaukku tuntui jo painavalta, kun lähdin suunnistamaan takaisin sille sivuovelle, jonka luo olin jättänyt polkupyöräni. Ajauduin kuitenkin vielä hansikasosastolle, josta ostin alennettuun hintaan viidellä frangilla parin kunnon nahkahansikkaita, juuri sellaisia, joita tarvitsin pyöräillessäni. Kun vihdoin selvisin kadulle asti, oli ulkona jo pimeää. Olin joutunut kymmeniä metrejä sivuun ja tullut ulos väärästä ovesta. Lopulta löysin sentään polkupyöräni, joka nyt seisoi telineessä yksinään.

Mutta mihin suuntaan oli lähdettävä? Talutin polkupyörän lähimmän katulyhdyn alle ja kaivoin laukustani jälleen karttakirjan. Kesti hetken, ennen kuin löysin kartalta oikean kadunkulman. Onneksi olin jo ehtinyt risteykseen, josta piti jatkaa suoraan eteenpäin. En uskaltanut nousta pyörän satulaan, vaan talutin pyörääni risteyksen yli autoja ja hevoskärryjä väistellen, kunnes selviydyin Rue de Sèvresille. Kun katu jälleen seuraavassa risteyksessä jakautui kolmeksi kujaksi, valitsin niistä keskimmäisen. Sama toistui seuraavassakin risteyksessä. En vieläkään tiedä, miten lopulta päädyin Seinen rantaan aivan Hôtel de Suèden lähelle.

– Ça va, mademoiselle Eriksson? madame Elisabeth kysyi, kun vihdoin olin saanut pyöräni takapihalle talteen ja tulin olkalaukkuani raahaten ovesta sisään. Mieli teki kertoa, että olin aivan uuvuksissa, mutta tyydyin vastaamaan niin kuin pitikin:

– Ça va bien, merci!

Kuultuaan että olin käynyt Le Bon Marchéssa, madame hymyili leveästi niin että kultainen kulmahammas välähti. Aloin kuulemma oppia pariisitarten tavoille. On synti ja häpeä, jos nainen ei käy ostoksilla.

Syömään en enää jaksanut lähteä, kun olin kavunnut huoneeseeni. Vielä ennen nukahtamista selailin niitä muotilehtiä. Aika monissa niistä kirjoitettiin Mademoiselle Chanelista. Vaikkei minulla mallipuvun ompelijana ollut osaa eikä arpaa hänen maineeseensa, tunsin itseni oikeastaan aika ylpeäksi.

Pyhäinpäivän aatoksi oli meille ompelijattarille luvattu vapaapäivä. Kun perjantaina oltiin päivän keittoa syömässä, Martha kysyi minulta, joko olin suunnitellut, millaisen puvun puen ylleni neljän viikon päästä Pyhän Katariinan päivänä. Ensin luulin, että kyseessä oli vitsi ja katsoin kysyvästi Katariinaan, joka oli pitkästä aikaa ehtinyt syömään kanssamme.

– Onko sinun nimipäiväsi täällä suurikin juhla? kysyin suomeksi enkä voinut olla virnistämättä.

– Älä naura, Katariina varoitti ja selitti sitten ranskaksi, että Pyhän Katariinan päivä 25. marraskuuta on täällä kaikkien midinettien suuri juhla. Viime vuonna Mademoiselle tarjosi ompelijattarilleen ja näiden kavaljeereille balettinäytöksen ja illallisen Champs-Élysées-teatterissa.

– Tytöistä monet olisivat mieluummin menneet juhlimaan Moulin Rougeen tai muihin tanssipaikkoihin, vaikkei läheskään kaikilla ollut kavaljeeria, hän lisäsi suomeksi. – Mutta minusta Ballet Suédoisin esitys oli oikein hauska joskin pähkähullu.

Vähä vähältä minutkin vedettiin Pyhän Katariinan päivän valmisteluihin, vaikka seurasin ensin pitkään sivusta, miten ompelupöytien äärellä kuhistiin tulevasta juhlasta. Mademoiselle Coco oli kuulemma luvannut, että tänä vuonna kaikki catherinettien kulkueeseen ja juoksukilpailuun osallistuvat ompelijattaret saisivat valita pukunsa vanhojen mallipukujen varastosta ja koristella ne sitten miten itse haluavat, kunhan väri olisi valkoinen. Samaa väriä piti olla myös niiden hassujen hattujen, joita vanhemmat ompelijattaret taas valmistaisivat nuorille ja naimattomille. Pyhä Katariina kun oli täällä nimenomaan naimattomien nuorten naisten suojelija.

– Kristi! Martha huusi varhain keskiviikkoaamuna, kun olin lukitsemassa polkupyörääni sisäpihalla rautakaiteeseen. Täkäläisten näytti olevan mahdotonta oppia lausumaan nimeäni oikein. Olin märkä kuin uitettu kissa, sillä sadekuuro oli kastellut minut jo vasemmalla rannalla. Vieläkin sataa tihuutti.

Ensin en ollenkaan ymmärtänyt, miksi Martha tahtoi tietää, oliko minulla sulhanen jossain. Kun vastasin kieltävästi, hymy levisi hänen kasvoilleen. Loistavaa! Minä kun olin kuulemma ompelimon urheilullisin tyttö, he olivat päättäneet valita minutkin edustamaan heitä Chanelin juoksujoukkueeseen.

– Moi, pour faire quoi? kysyin hölmistyneenä. Mitä ihmettä hän tarkoitti?

Kun kello oli jo kahdeksan, meidän piti kiirehtiä yläkertaan. Vasta kun istuimme ompelupöydän ääressä, Martha selitti supattaen, mistä oli kysymys. *Le Petit Parisien*, se sanomalehti, jota kaikki lukevat iltapäivisin katukahviloissa, järjestää jälleen muotitalojen joukkueille kävely- tai oikeastaan juoksukilpailun Montparnasselta Montmartrelle. Joka joukkueeseen tarvitaan kymmenen kilpailijaa. Viestikapulan sijaan kukin joukkue kuljettaa oman muotitalonsa hatturasiaa.

Mikä pähkähullu idea, ja niin ranskalainen!

– Turha vastustella, Katariina neuvoi ruokatauolla. – Muuten koko ompelimon väki alkaa katsoa sinua kieroon. Etkö ymmärrä, miten suuri kunnia tämä on, että ne ovat valinneet sinut, vaikket ole ollut täällä töissä vielä kahta kuukauttakaan?

Koko viikko olikin yhtä hulinaa. Vasta nyt minulle selvisi, että kaikissa naapuritaloissakin oli Chanelin ompelimoita ja verstaita. Yhdessä ommeltiin pelkkiä iltapukuja, toisessa trikoita, kolmannessa hansikkaita, neljännessä huiveja, viidennessä laukkuja ja niin edelleen. Jokainen ompelimo teki tietysti parhaansa varustaakseen omat edustajansa mahdollisimman näyttävillä vaatteilla ja hatuilla.

Kun lauantaina seisoin peilin edessä pitkässä valkoisessa puvussa, jossa oli enkelinsiivet ja pyhimyskehän kaltainen päähine, sanoin suoraan, että tällaisissa vaatteissa olisin taatusti juoksukilpailussa oman osuuteni viimeinen. Niinpä Marthakin antoi lopulta periksi.

Kun olin hetken selannut tangolle ripustettuja mallipukuja, löysin vihdoin yhden, joka oli riittävän lyhyt. Siinä oli sitä paitsi harteilla pieni viitta. Se kyllä lepattaisi siipien tapaan selässä, jos juoksisin täyttä vauhtia. Sen verran annoin periksi, että Martha sai ommella viitan reunaan muutaman valkoisen untuvan niistä isoista enkelinsiivistä. Totta kai se pyhimyskehän mallinen hattukin oli hankala, mutta kun Martha lupasi ommella siihen tukevat nauhat, suostuin panemaan sen päähäni.

– Toivottavasti tätä ei pidetä pyhäinhäväistyksenä, mutisin Katariinalle suomeksi, kun hattua soviteltiin hiuksilleni.

– Ole huoleti, täällä on nähty matkan varrella kaikkea mahdollista, Katariina vakuutti.

Sunnuntai-iltana söin pitkästä aikaa illallista Yngven ja Birgerin kanssa. Pojat olivat oikein innoissaan kuullessaan, että osallistuisin catherinettien juoksukilpailuun. He lupasivat ilman muuta tulla kannustamaan minua kadun varrelle. Ongelmana oli vain se, etten tiennyt, minkä osuuden joutuisin juoksemaan.

Seuraavana aamuna sekin selvisi. Kun näet tulin töihin vähän ennen kahdeksaa, minut hälytettiin saman tien kadun toiseen päähään. Meidän kantabistromme portailla seisoi pontevan näköinen nuorimies, se sama, jonka olin nähnyt Mademoisellen ateljeessa piirtämässä. Yhdeksän tyttöä seisoi portaiden juurella. Marthan ja pari muutakin tunsin ulkonäöltä, mutta suurin osa oli aivan tuntemattomia.

Nuori mies oli ilmeisesti Chanelin joukkueen valmentaja. Kaikesta näki, että kilpailuun suhtauduttiin yllättävän vakavasti, vaikka tämän piti olla pelkkää hauskapitoa. Oli miten oli, meidät komennettiin yhteen riviin keskelle katua. Selkämme takana seisoi muutama vanhempi ompelijatar valkoisissa takeissaan ja sulki kadun. Samanlainen tätien sulku näkyi olevan myös kadun toisessa päässä.

Kyseessä oli jonkinlainen karsintakilpailu, jonka perusteella meille jaettaisiin juoksuosuudet. Katu oli sateesta märkä ja niljakas, oltiinhan jo marraskuun lopussa, mutta silti kaikilla muilla oli korkeakorkoiset pikkukengät. Vain minulla oli jalassani ne tukevat nyörikengät, jotka oli puolipohjattu viime syksynä suutarilla.

– Un, deux, trois! nuorimies laski kuuluvalla äänellä kolmeen ja läiskäytti lopuksi kätensä yhteen. Me ampaisimme kaikki liikkeelle. Joku oli kai vähällä liukastua, koska yritti tarttua hihaani, mutta riuhtaisin itseni irti ja pinkaisin korot kopisten kadunpätkän toiseen päähän.

– Bravo! huusi mademoiselle Virginie, joka seisoi turkki harteillaan valvomassa kilpailua. Muut tulivat maaliin selvästi minun jälkeeni. Kun vedin henkeä ja oikaisin itseni, näin jonkun nojaavan parvekkeen kaiteeseen myymälän yläkerrassa. Se taisi olla Mademoiselle itse.

Asia oli täysin selvä. Minut pantaisiin juoksemaan viimeinen osuus Montmartrella. Vaikka osuuteni olisi lyhin, kuten Martha yritti lohduttaa, tiesin se olevan kaikkein jyrkintä ylämäkeä. Harmitti, etten ollut aamuisessa kisassa jättäytynyt suosiolla toiseksi. Silloin olisin päässyt aloittamaan Montparnassen puolelta Raspailin metroasemalta.

Tiistaina lähdin töiden jälkeen polkupyörällä katsastamaan omaa taivaltani. Jo puolessavälissä jyrkkää Marttyyrien katua annoin periksi ja lukitsin polkupyöräni erään pienen viinikaupan kulmalle. Toivottavasti kadun nimi ei ole enne, puhisin mielessäni kavutessani yhä ylemmäs. Kostea katukiveys tuntui liukkaalta, vaikka oli aurinkoinen iltapäivä. Pahinta oli kuitenkin, että lyhyin reitti ylös Place du Tertrelle näytti kulkevan kaksien jyrkkien portaiden kautta. Kuvittelivatko juoksun järjestäjät todella, että meidän pitäisi kipittää korkokengissä näitä portaita ylös?

– Vous pouvez prendre n'importe quelle route, Martha selitti, kun meitä Katariinan päivän aamuna maskeerattiin kovalla kiireellä juoksua varten. Saisimme siis valita vapaasti reittimme

Montmartrella. Martha oli se, joka juoksisi toiseksi viimeisen osuuden ja toisi hatturasian minulle. Hänen puvussaan oli pidemmät helmat ja ne komeat sulkasiivet. Jokainen hattu oli kuitenkin erilainen. Hänen valkeassa hatussaan oli samanlaiset kartongista tehdyt säteet kuin Vapaudenpatsaassa.

Onneksi ei tarvinnut sentään kävellä tai ajaa polkupyörällä lähtöpaikkaan. Se nuori mies, joka oli järjestänyt karsinnankin, tarjosi minulle kyydin moottoripyöränsä selässä. Katariina oli viime tingassa tullut kietomaan viittansa harteilleni. Ilman sitä olisin paleltunut kuoliaaksi, kun pyörä kiisi pitkin katuja kohti Montmartrea.

Reitiltä ei ainakaan pääse eksymään, totesin Boulevard de Clichyn ja Rue des Martyrsin kulmaan päästyämme. Sankka ihmismuuri reunusti näet kadun kumpaakin puolta niin pitkälle kuin silmä kantoi, vaikka juoksun lähdön piti tapahtua vasta kymmenen minuutin päästä toisella puolella kaupunkia. Vähän yli puoli tuntia matkaan kuulemma kului, Martha oli selittänyt.

Pian samoille kulmille kertyi muidenkin joukkueiden ankkureita. Useimmat nauraa kikattelivat ja seurustelivat ystäviensä kanssa. Suurin osa kadunkulmaan kokoontuneista katsojista näytti olevan jonkun juoksijan kannustajia. Birgeriä ja Yngveä ei näkynyt, vaikka olin aamulla lähtiessäni kertonut madame Elisabethille, että juoksen viimeisen osuuden.

Jossakin lähellä löi kirkonkello kymmenen kertaa. Tähyilin puistokadun toiselle puolelle risteykseen, josta Marthan pitäisi ilmestyä tuomaan Chanelin hatturasiaa. Varmuuden vuoksi olin eilen vahvistanut sen kantonarun kiinnityskohdat liimapaperilla, kun solmut tuntuivat solahtavan niin helposti nuoranreikien lävitse. Samoin olin liimannut rasian kannen kiinni, vaikka se istuikin luonnostaan aika tiukasti.

– Tout va bien? yhä hermostuneemmaksi muuttunut nuori

mies kysyi, kun alhaalta alkoi kuulua huutoa, joka voimistui vähitellen. Vakuutin kaiken olevan kunnossa, vaikka kädet hikosivatkin. Riisuin Katariinan viitan harteiltani ja ojensin sen hänelle. Pian värisin vilusta, sillä ilma oli raaka ja kostea. Kylmä näytti olevan muillakin juoksijattarilla, jotka hyppelivät lämpimikseen tai antoivat jonkun nuoren miehen lämmittää itseään.

Oli meitä siinä joukkoa. Kukin muotitalo oli todella pannut parastaan. Yhdellä oli pingviinihattu, toisella merimiespuku ja hattu kuin purjelaiva, kolmannella oli päässään omenaseppele ja yllään vihreistä ja ruskeista tilkuista tehty puku, neljäs näytti pukeutuneen mustalaisnaiseksi, jonka hatunlieriä kiersi kokonainen mustalaisleiri. Oli intiaanityttö sulkapäähineineen, egyptiläinen asu ja faaraon päähine. Yhdellä oli hattu kuin pyramidi, ja toisen tytön kasvot oli maalattu mustiksi. Hänellä oli kyllä yllään tiukat mustat trikoot, mutta heinähame vyötäisillään. Ilmeisesti heidän muotitalonsa teemana oli se kuuluisa revyy.

Sitten ilmestyi ensimmäinen juoksija näkyviin kadun toiselle puolelle. Voi ei, se ei ollut Martha vaan joku pyramidihattuinen. Hänen kintereillään kipitti hampaat irvessä purjelaivahattuinen pieni tyttö, ja sitten, Luojan kiitos, heti kolmantena kadun yli juoksi minua kohti Martha, jonka toinen siipi laahasi jo maata. Juuri kun Martha oli vain parin kädenmitan päässä minusta, hän kompastui, mutta ehti sentään viskata valkoisen hatturasian minua kohti. Sain sen kiinni ja lähdin juoksemaan purjelaivan ja pyramidin perään. Väki huusi ja hurrasi kadun molemmin puolin. En nähnyt muuta kuin nauravia kasvoja.

Sydän hakkasi, hiki alkoi valua silmiin, kun juoksin purjelaivan ohi. Kaukana edessäpäin pyramidi näytti kääntyvän jo kulman taakse.

– Hyvä Kirsti! Juokse, juokse! kuulin Birgerin ja Yngven huutavan, kun tulin kadunkulmaan.

Missä pyramidi? Tuolla. Mutta tuossahan ovat ne portaat ylös!

Ei ollut aikaa harkita, käännyin kohti jyrkkiä kiviportaita ja ihmiset lakosivat tieltäni, kun lähdin kapuamaan niitä ylös.

Ei saa hosua, ei saa kompastua. Hatturasia osui jo kaiteeseen, mutta pysyi sentään kädessäni. Rauhallisesti nyt, porras kerrallaan. Vielä vähän!

Joku ojensi portaiden yläpäässä jo kätensä auttaakseen minua, mutta nostin vain kättäni ja syöksyin hänen ohitseen. Pyramidihattu häivähti alhaalla kadun kulmassa. Olin päässyt portaita pitkin hänen ohitseen, mutta vielä ei voinut antaa periksi.

Ihmisten huudoista päätellen olin johdossa. Hetken mietin, etten sittenkään oikaise toisten portaiden kautta vaan kierrän loivempaa reittiä katuja pitkin. Samassa alkoi selkäni takaa kuulua huohotusta. Kun vilkaisin olkani yli, näin parin miehen juoksevan pyramidin rinnalla ja kannustavan häntä.

Salamannopeasti olin jälleen seuraavilla portailla. Ne tulevat perässä, tiesin sen kyllä, vaikka ihmisten huudot peittivät kaikki muut äänet alleen. Punaisia pilkkuja vilahteli jo silmissä.

Älä kompastu, Kirsti, nosta jalka riittävän ylös, ota kaiteesta kiinni välillä. Kylmä rauta tuntui virkistävältä kämmenpohjaa vasten. Huuto voimistui, mitä lähemmäs portaiden yläpäätä pääsin. Oli pakko nostaa hatturasia ylemmäs, ettei se kolhiintuisi portaisiin.

Ylhäällä torin reunalla vihdoinkin, mutta missä on maali?

Kuja aaltoili edessäni, kädet taputtivat, huuto yltyi. Jalka iskeytyi kipeästi reunakiveen, mutten sentään kaatunut. Trikolorin värinen maalinauha lepatti päiden yläpuolella kahden riu'un varassa. Sitä kohti siis. Joku häivähti takanani, ei auttanut muu kuin syoksya maaliviivan yli.

Maailma musteni, oli pakko painaa päätä alaspäin. Hatun sädekehäreuna kolahti maahan, ja hatturasia putosi jalkoihini...

– Kirsti! Älä pyörry! Katariinan ääni kuului läheltä. Kädet tarttuivat minuun, tuoli työnnettiin alleni. Mustat pilkut alkoivat vaaleta silmissäni. – Tässä, vettä, juo varovasti!

Se piirtäjä ojensi vesipulloa, ja Katariina kietoi viittansa jälleen ympärilleni. Selkä oli näet hiestä märkä.

– Joko jaksat nousta hymyilemään ja ottaa vastaan palkintosi? Katariina kysyi ja auttoi minut ylös tuolista. Nilkkaa särki, nitkautin sen varmaan viime metreillä.

Oli hymyiltävä. Kukkakimppu oli valtava. Valokuvaajat vaativat lisää hymyä. Pyramidikin oli ilmestynyt viereeni ja suuteli poskeani, mutta missä oli purjelaiva? Kolmanneksi meidän viereemme talutettiin se neekerityttö, jonka kasvot olivat aivan juovikkaat hiestä.

– Kristii! Kristii! Icii!

Martha viittoi minua torin toiselle laidalle. Siellä olivat jo kaikki muutkin Chanelin valkopukuiset juoksijat, jotka tulivat yhtenä vyörynä syleilemään minua. Meidät komennettiin riviin. Piirtäjäpoika juoksutti minulle hatturasian ja laittoi sen käteeni niin että Chanelin nimi näkyi selvästi. Muutkin saivat samanlaiset kukkakimput kuin minä.

Vihdoin joku pönäkkä herra tuli ripustamaan kaulaamme koreat kultaiset mitalit. Niissä luki *1er Prix* ja *Marche des Catherinettes 1925*. Taas oli hymyiltävä valokuvaajille, vaikka jalkoja särki ja paleli, sillä viitan oli Katariina jälleen joutunut ottamaan huostaansa.

– Vive Kirsti Eriksson! kajahti äkkiä huuto kuvaajien takaa. Birger ja Yngve huusivat kolminkertaista hurraata ja saivat muutkin yhtymään siihen. Nyt alkoi jo naurattaa. Meille tuotiin samppanjalasit, joita kilistimme sen pönäkän mitaliherran kanssa. Myöhemmin sain kuulla hänen olevan sen sanomalehden omistaja, joka oli juoksukilpailun järjestänyt. Taas huudettiin eläköötä ja mekin huusimme. Vive Mademoiselle Chanel! Vive la Paris! Vive la France!

Jos totta puhutaan, en muista koko loppupäivästä paljoakaan. Olin niin uuvuksissa juoksusta, etten jaksanut syödä kunnolla niillä juhlapäivällisillä, jotka lehti tarjosi meidän kunniaksemme jossakin todella hienossa ravintolassa. Me tytöt menimme vähän sivummalle omaan pöytään istumaan sen piirtäjäpojan johdolla. Sen sijaan päivällisten kunniavieraina näkyivät olevan Mademoiselle Coco itse ja yllättävää kyllä, myös Virginie-neiti. Mademoisellella oli yllään linjakas musta samettipuku ja moninkertainen helmiketju, jonka Martha kuiskasi olevan peräisin venäläiseltä suuriruhtinaalta. Huvitti ja vähän suututtikin, ettei kumpikaan arvon neideistä vaivautunut onnittelemaan meitä vaan tyytyi vain nyökkäämään ohi kulkiessaan.

Siinä me istuimme, Chanelin catherinetit, hikisenä ja nuhjaantuneena enkelijoukkona hulluine valkoisine hattuinemme. Yhä uusia samppanjapulloja poksauteltiin auki. Heti kun lasi tyhjentyi, valkohansikkainen tarjoilijamies kumartui täyttämään sen piripintaa myöten. Keiton jaksoin vielä lusikoida, mutta osterit jätin lautaselle, josta Martha pelasti ne vaivihkaa parempiin suihin.

Lopulta nousin huojahdellen seisomaan ja kysyin tarjoilijalta, missä voisin puuteroida nenäni. Mies hymähti ja talutti minut ystävällisesti naistenhuoneen ovelle.

Havahduin siihen, että joku koputti klosetin lukittua ovea. Olin ilmeisesti torkahtanut housut nilkoissa ja pää seinää vasten.

– Kuka siellä? kysyin suomeksi, vaikken tiennytkään, että Katariina oli lähtenyt etsimään minua. Päivällinen oli ohi ja meidän pitäisi lähteä Rue Cambonille valmistautumaan iltaa varten.

– Arvaa mitä! Katariina kertoi silmät loistaen, kun ilmestyin oven takaa hänen viereensä peilin ja lavuaarien ääreen. – Mademoiselle on tilannut meille täksi illaksi oman näytännön La Revue Nègreen!

Turhaan yritin ehdottaa, että lähtisin nukkumaan omaan hotellihuoneeseeni. Katariinan mielestä se oli mahdoton ajatus. Olin koko joukkueen sankaritar. Koskaan ennen eivät Chanelin tytöt olleet voittaneet juoksukilpailua.

– Jos nyt luikahdat tiehesi, vaikuttaa siltä kuin olisit juonut liikaa, hän tokaisi lopuksi ja ryhtyi puuteroimaan hien kirjavoittamia kasvojani. Musta silmäväri oli valunut poskille, mutta se lähti sentään pois kostealla paperilla taputellen.

Ravintolan oven edessä odotti valtavan suuri valkoinen avoauto, johon toiset tytöt olivat jo pakkautuneet. Minut istutettiin etupenkille kuskin ja sen piirtäjäpojan väliin, ja niin lähdettiin ajamaan kohti Rue Cambonia. Kaduilla näytti olevan väkeä kuin karnevaaleissa. Siellä täällä erotti yleisön seasta hattupäisiä tyttöjoukkoja, jotka lauloivat ja tanssivat.

Rue Cambonilla meidän ompelimoomme oli katettu makeisia, kakkuja ja herkkuja notkuva pöytä. Itse kieltäydyin samppanjasta ja sainkin ison kupin maitokahvia. Kun Martha riisui päästäni sen hellarinkihatun, oli hiusrajaan painunut punainen jälki. Onneksi sen sai peitettyä otsatukalla.

Meitä juoksijoita varten oli rekkiin ripustettu joukko iltapukuja, joita toiset jo sovittelivat innokkaasti. Kun itse olin pidempi ja laihempi kuin muut, jäi lopuksi jäljelle vain kaksi pukua. Toinen niistä oli syvänpunainen ja toinen sitä kullanväristä organzaa, jota Mademoiselle Coco oli silloin kerran sovitellut nuppineuloin päälleni. Eikö puku ollut mennyt kaupaksi vai oliko tämä jokin toinen samalla mallilla valmistettu?

Kun sovitin kultapukua ylleni, se istui täydellisesti. Onneksi olin jättänyt kaulapussini hotellihuoneeseen visusti patjan ja lakanan väliin piilotettuna. Se ei todellakaan olisi sopinut tähän iltapukuun.

– Ota tämä, ettet vilustu, Katariina sanoi ja laittoi hartioilleni kermanvärisen turkisstoolan. Sekin oli ilmeisesti peräisin Mademoisellen varastoista. Totisesti, tänä iltana me olimme prinsessoja, vaikkei Coco itse suvainnutkaan onnitella meitä.

Saimme autokyydin myös siihen teatteriin, jossa Revue Négre esitettiin. Suureen saliin mahtui varmasti satoja ihmisiä, mutta meidät ohjattiin istumaan toiselle penkkiriville. Etupenkillä istui Mademoiselle itse ja joukko iltapukuisia naisia ja herrasmiehiä, jotka olivat ilmeisesti hänen kutsuvieraitaan. Vinosti meidän edessämme istui pari nuorta naista innokkaasti ylitsemme tähyillen ja englanniksi tutuilleen huudellen. Mietin ensin, miksi he vaikuttivat niin tutuilta. Lopulta tajusin nähneeni heidät Chanelin myymälässä silloin kun tulin etsimään Katariinaa.

– Keitä nuo ovat? kumarruin kuiskaamaan Katariinan korvaan ja nyökkäsin naisten suuntaan.

– Tuo toinen on joku amerikkalainen toimittaja, joka kirjoittaa Vogueen, Katariina supatti. – Toinen on varmaan hänen sisarensa. He ovat juuri niitä upporikkaita ja äänekkäitä flappereita, joita me kaikki inhoamme.

Revyy oli juuri alkamassa, kun suoraan edessäni istuva smokkipukuinen mies kääntyi vilkaisemaan taakseen.

– Hello! hän tervehti hymyillen tunnistaessaan minut.

Vaikka silloin sillankorvassa oli ollut pimeää ja hotellin ovellakin oli ollut aika hämärää, tunsin silti heti sen miehen, joka oli pelastanut minut apachen kynsistä.

– Bonsoir et merci encore, toivotin hämilläni hyvää iltaa ja kiitin häntä uudelleen.

Juuri silloin alkoi orkesteri soittaa ja esirippu nousi paljastaen lavasteen, joka näytti jonkinlaiselta satamalaiturilta. Mustat miehet lastasivat laivaa orkesterin soittaman venyttelevän jazzin tahdissa, kunnes lavalle ilmestyi joukko vähäpukeisia tanssijoita plyymeineen. Kesken heidän numeronsa näyttämölle loikkasi pitkäsäärinen tumma nainen, yllään vain pieni paita ja revityt housut, jotka hädin tuskin peittivät hänen pyöreät pakaransa. Nainen alkoi hurjasti silmiään pyöritellen tanssia charlestonia. Yleisö alkoi taputtaa, ja Katariina kuiskasi korvaani, että tämä nyt oli se Joséphine Baker, josta kaikki puhuivat.

Minusta tanssi oli hassu eikä lainkaan säädytön. Tuollaisina silmiään muljauttelevina iloisina hölmöinä mustat yleensä oli kuvattu myös niissä amerikkalaisissa elokuvissa, joita olimme Allin kanssa käyneet katsomassa Osakuntatalon Bio Civiksessä. Numeronsa päätyttyä tanssijatar heitti lentosuukon ja hänet kannettiin kulisseihin. Soitto kuitenkin jatkui, vaikka esirippu suljettiin välillä.

Kun se hetken päästä avautui jälleen, lavasteet olivat vaihtuneet. Appelsiininmyyjäksi pukeutunut klarinetisti aloitti soolonsa, ja näyttämölle ilmestyi ensin musta harlekiini ja sitten musta colombine, jonka harlekiini vietteli tanssiin.

Niin jatkui kuvaelmasta toiseen, eikä tansseissa minusta ollut mitään sen sopimattomampaa, jota ei elokuvissa olisi jo nähty. Välillä oltiin Louisianassa hartauskokouksessa, välillä puuvillapellolla ja jazz-luolassa ja lopulta harlemilaisessa kabareessa.

Silloin näyttämölle lehahti taas se sama Josephine, mutta tällä kertaa hän esiintyi rinnat paljaina ja puettuna pelkkään olemattomaan ruohohameeseen, jonka keskellä riippui todella rivon näköinen musta tupsu. Vielä vähemmän oli yllään miestanssijalla. Ei ihme, että Katariinakin peitti kädellä silmänsä ja niin näytti tekevän moni muukin. Useimmat kuitenkin katselivat tanssia sormiensa välistä.

Ohjelmalehtisen mukaan tanssin nimi oli *Dance de sauvage*, villi-ihmisten tanssi. Se oli hillitön, kiihottava ja todella säädytön esitys ja silti huikean taitavasti tanssittu. Kun numero oli lopulta ohi ja esirippu sulkeutui hetkeksi, osa yleisöstä nousi bravoota huutaen seisomaan, jotkut vihelsivät, toiset buuasivat. Muutamat vanhemmat ompelijattaret, jotka olivat istuneet meidän rivimme toisessa päässä, olivat ilmeisesti lähteneet pois kesken tanssin.

– No, nyt se on nähty, naurahdin Katariinalle, joka leyhytteli itseään käsiohjelmalla posket punaisina. Silloin se komea tumma amerikkalainen, joka istui edessäni, kääntyi kysymään, mitä kieltä oikein puhuimme. Kun vastasin, että se oli suomea, hän rypisti kulmiaan. Katariina selitti kiireesti ranskaksi, että Finlande oli maa, joka sijaitsi pohjoisessa Suèden ja Russian välissä.

– Aaa, Peivou Noormiii, mies naurahti ja nyökkäsi ymmärtäneensä.

Samassa toinen niistä amerikkalaisnaisista, joka istui hänen vieressään, kumartui kuiskaamaan jotakin miehen korvaan. He nousivat nopeasti ylös ja lähtivät kohti sivuovea. Näytti siltä, että he menivät näyttämön taakse tervehtimään esiintyjiä.

– Kuka se komea mies oli? Katariina kysyi, kun jonotimme tungoksen keskellä ulos salista. – Ihan niin kuin olisitte tunteneet toisenne.

– Tuo oli se amerikkalainen, joka pelasti minut ryöstöltä, selitin enkä tiedä, miksi punastuin. Jokin miehen katseessa ja hymyssä toi mieleen muitakin kuin Jylhän Yrjön, vaikka kuinka yritin olla ajattelematta Mauria.

Seuraavana aamuna *Le Petit Parisienin* etusivulla oli valokuva minusta, pyramidihattuisesta ja siitä neekeritytöstä, joka oli tullut kolmanneksi Marche des Catherinettes -kilpailussa.

Minun nimeni oli tällä kertaa kirjoitettu muotoon *Christie Erichsen*. Onneksi Viivi-tädin ystävätär oli vielä kaukana Egyptissä.

Pari päivää ompelimossa juoruttiin Katariinan päivän tapahtumista. Sitten uudet urakat ja uutiset syrjäyttivät vanhat. Ilmeisesti minun menestykseni oli kuitenkin tehnyt vaikutuksen Virginieneitiin ja ehkä itse Mademoiselleenkin. Seuraavana lauantaina minut komennettiin taas heti aamusta mannekiiniksi ateljeehen.

Nyt osasin jo suhtautua tehtävääni enkä enää jännittänyt edes neulanpistoja. Pari sellaista sattuikin, sillä tällä kertaa kangas oli paksua jerseytä, mutta toisella kerralla Mademoiselle jopa pyysi anteeksi. Kamalan vahvoja savukkeita hän silti poltti kuin korsteeni. Noista jää haju minunkin tukkaani, ajattelin ärtyneenä.

Kun sovitus oli lopulta ohi ja puvuntekele oli taas riisuttu pöydälle piirtäjää varten, nuori mies ei ilmestynytkään paikalle. Takahuoneeseen asti kuului, miten Mademoiselle Coco läksytti siitä Virginie-neitiä. Kun olin saanut omat vaatteet päälleni, menin rohkeasti naisten luo ja kysyin, saisinko minä yrittää.

– Je suis une dessinatrice, ilmoitin rauhallisesti ja kerroin, että Suomessa olin piirtänyt paljonkin vaatekuvia.

– Tout de même! Mademoiselle tuhahti halveksivasti ja ilmoitti, että hänelle se oli aivan sama, yritänkö vai enkö. Hän vetäytyi ärtyneenä tuoliinsa puhaltelemaan savurenkaita. Virginie-neiti ei sanonut mitään. Hän ojensi minulle kynän ja lehtiön ja asettui sivummalle katsomaan, miten selviytyisin tehtävästä.

Oikeastaan en jännittänyt lainkaan. Tiesin mihin pystyin, kynä oli juuri oikea, paperi mainiota. Olin nähnyt puvun syntyvän päälläni, tunsin jo joka sauman ja laskoksen. Niinpä minun ei tarvinnut edes kääntää pukua pöydällä vaan saatoin piirtää sen selkäpuolen ulkomuistista.

Muutaman minuutin päästä ojensin lehtiön mademoiselle Virginielle. Hän vilkaisi kuvaa ja puvuntekelettä. Suupielessä kävi pieni hymynväre, joka katosi saman tien, kun hän vei lehtiön Mademoisellelle itselleen. Minunkin oli vaikea olla hymyilemättä, kun Coco Chanel vilkaisi lehtiöön, otti sen sitten käteensä ja käveli pöydän ääreen.

Näki selvästi, että Mademoiselle vertasi piirrosta ja pukua kohta kohdalta. Lopulta hän viskasi lehtiön pöydälle eteeni, osoitti sormellaan puvun helmaa ja sanoi, että olin piirtänyt sen liian pitkäksi. Sitten hän poistui korot kopisten ja katosi viereiseen huoneeseen.

– C'est très bon, Virginie-neiti sanoi matalalla äänellä. Piirros oli hänen mielestään todella onnistunut. Kun kävelimme rinnatusten käytävää meidän ompelimoomme, hän kysyi yhtäkkiä, missä oikeastaan asuin nykyään. Kuultuaan osoitteeni ja hotellini nimen hän kohotti kulmiaan. Todellako? Sinnehän on niin pitkä matkakin.

Selitin niin kuin asia oli, ettei minulla ollut varaa hankkia asuntoa lähempää. Silloin mademoiselle Virginie teki ehdotuksen, joka sai minut mykistymään. Hänellä oli kuulemma asunnossaan tuon viereisen talon yläkerrassa palvelijanhuone vapaana. Siinä oli aikaisemmin asunut eräs hänen luotto-ompelijoistaan, mutta tämä oli lähtenyt keväällä kotiinsa Normandiaan hoitamaan sairasta äitiään. Nyt mademoiselle Virginie tarjosi huonetta minulle.

Kun sain puhekykyni takaisin, kiitin tarjouksesta, mutta pakko oli kysyä, millaista vuokraa hän oli ajatellut. Vielä enemmän hämmästyin, kun nainen kohautti olkapäitään ja sanoi, että voisin maksaa asumisesta työllä, jos siivoaisin kerran viikossa ja huolehtisin keittiön ja kylpyhuoneen puhtaudesta. Palvelijanhuoneen puolella oli kuulemma oma toiletti. Sen lisäksi huoneessa oli pesuallas. Keittiötä saisin käyttää, jos niin tahtoisin, mutta ruuat pitäisi tietysti hankkia itse. Jos haluaisin, voisin nyt pistäytyä katsomassa asuntoa vaikka heti.

Olin edelleen hämmästyksestä sanaton seuratessani mademoiselle Virginietä portaikkoon. Olin kyllä huomannut ylätasanteella suljetun oven, mutta luulin sen johtavan ullakolle. Kun Virginie-neiti avasi oven avaimellaan, astuimme suoraan naapuritalon porraskäytävään.

Viereinen talo oli hiukan korkeampi kuin se, josta me tulimme, joten jouduimme vielä nousemaan puoli kerrosta ylöspäin. Ylimmällä porrastasanteella oli vain kaksi ulko-ovea, toinen leveä ja lyijylasi-ikkunalla koristettu, toinen kapea ja vaatimaton. Se johti kuulemma suoraan palvelijanhuoneen pieneen eteiseen. Huoneeseen kuului siis myös oma sisäänkäynti.

Me menimme kuitenkin paraatiovesta Virginie-neidin asuntoon. Eteinen oli todella aistikas. Huonekalut olivat varmaan kalliita, mutta ne eivät näyttäneet prameilta, ja kaikki värit sointuivat kauniisti toisiinsa. Eteisaulasta johti kapea käytävä keittiöön, joka oli sekin tyylikäs kaakelikuvioineen ja teräspöytineen mutta selvästi täysin käyttämätön.

Keittiön takanurkasta avautui ovi palvelijan puolelle. Tämän puolen eteinen oli kyllä niin ahdas, ettei siihen mahtunut kahta ihmistä yhtäaikaa seisomaan. Niinpä yllätyin, kun mademoiselle Virginie avasi oven palvelijanhuoneeseen. Se ei ollutkaan mikään pimeä koppero vaan valoisa kamari. Siellä oli kirjoituspöytä ja tuoli, sievä korituolikin ja iso vaatekaappi sekä alkovi, jossa oli pesuallas, yöpöytä ja leveä vuode. Huoneen yhdellä seinällä oli iso peili ja toisella pari taulua. Ikkunoista näkyi naapuritalon kattojen yllä kaareutuva tummansininen taivas.

Kun kysyin, milloin voisin muuttaa, hän vastasi, että vaikka huomenna.

– Merci, mademoiselle Virginie, merci beaucoup, kiitin häntä melkein kyyneleet silmissä ja lupasin, että tekisin parhaani, jotta vuokraemäntäni voisi olla tyytyväinen minuun. Ennen kuin hyvästelimme, sain pikkuoven avaimen mukaani.

En uskaltanut enää lähteä polkupyörällä Hôtel de Suèdeen, niin typertynyt olin kaikesta. Sitä paitsi lauantai-ilta oli jo pitkällä. Niinpä jätin pyörän ompelimon takapihalle ja kävelin Rue de Rivolille. Siellä onnistuin pysäyttämään ensimmäisen kohdalleni osuneen vuokra-auton. Kuultuaan osoitteen kuski kääntyi kysymään, oliko minulla varmasti rahaa. Oli vilautettava violettia viiden frangin seteliä ennen kuin hän suostui ajamaan minut perille. Kun jätin hänelle hiukan juomarahaa, mies kysyi, tiesinkö, millaiseen hotelliin olin menossa. Silloin vastasin, että olin juuri muuttamassa sieltä pois.

Madame Elisabeth ei tietenkään riemastunut, kun ilmoitin lähteväni jo huomenna. Koska kuitenkin olin maksanut aina maanantaisin viikon vuokran etukäteen, ei rahasta tullut ongelmaa puolin eikä toisin. Totta kai madame ymmärsi, että asunto, joka oli työpaikan vieressä, oli todellinen onnenpotku. Sitä en kuitenkaan hänelle kertonut, että saisin asua siellä ilmaiseksi.

Minun oli pakko saada kertoa ilouutinen jollekin. Kun sitä paitsi huomasin olevani nälissäni, päätin pimeyttä uhmaten lähteä syömään vielä viimeisen kerran korttelin toiselle puolelle bistroon. Samalla toivoin, että tapaisin siellä Yngven ja Birgerin illallisella. Kun tulin paikalle, miehet olivat juuri aikeissa lähteä kaupungille, mutta jäivät mielellään seurakseni ja tilasivat lisää viiniä.

– Minä maksan, lupasin jalomielisesti. Niin monta kertaa oli jompikumpi jo maksanut puolestani. Nyt kun vuokrarahoja ei enää tarvinnut säästää, voisin toki tuhlata pikkuisen, kunhan se ei tulisi tavaksi.

Hiukan petyin siihen, ettei kumpikaan herroista innostunut minun suuresta uutisestani. Birger kysyi, olinko varma, ettei mademoiselle Virginien kanssa tule riitaa siivouksesta tai jostakin muusta. Yngve taas huomautti, että todennäköisesti minun menemisiäni ja tulemisiani valvottaisiin Rue Cambonilla paljon tarkemmin kuin täällä.

– Ei se minua haittaa, sanoin siihen. – Ei minulla ole mitään tarvetta viipyä öitä poissa tai kierrellä kapakoissa aamuyöhön saakka.

Pojat vilkaisivat toisiinsa hymähtäen mutta antoivat sitten asian olla. Hekin olivat kuulemma lähdössä Suomeen jo parin viikon päästä ja tulisivat takaisin vasta aikaisintaan huhtikuussa. Birgerin veli oli menossa naimisiin, ja Yngven isä oli sairastunut.

– Sitä paitsi on mukava käydä katsomassa sukulaisia ja vanhoja ystäviä, hän sanoi. – Muuten vallan vieraantuu heidän elämästään.

Kun olin syönyt ateriani ja maksanut meidän laskumme, herrat ilmoittivat, että nyt oli viimeinen tilaisuus tutustuttaa minut Pariisin yöelämään.

– Moulin Rouge vai Select? Birger kysyi Yngveltä. Lopulta he heittivät kruunaa ja klaavaa. Niin kohteeksi valikoitui Select, joka oli kuulemma melko uusi kahvila Boulevard du Montparnassella.

– Se on siitä kiinnostava paikka, että siellä aina sattuu ja tapahtuu, Yngve selitti, kun marssimme kolmisin Boulevard Saint-Micheliä ylöspäin. – Ja siellä voi hyvässä lykyssä olla suomalaisiakin, hän lisäsi.

Se oli hauska kävelyretki. Kuljimme kolmisin rinnatusten, minä keskellä ja pojat kummallakin puolellani. Matkan varrella oli monta katukahvilaa, joissa heillä näytti olevan tuttuja. Näiden kanssa pysähdyttiin aina välillä vaihtamaan muutama sana, milloin ruotsiksi, milloin ranskaksi ja välillä saksaksi ja jopa englanniksi. Birger varsinkin tuntui puhuvan sujuvasti kieltä kuin kieltä.

– Viini opettaa, hän naureskeli, mutta myönsi sitten, että hänen äidinäitinsä oli ollut saksalainen ja heillä oli pienenä ollut englantilainen nanny.

Minut esiteltiin kaikkialla Marche des Catherinettesin mestariksi ja tytöksi, joka on juossut ylös Montmartrelle nopeammin kuin kukaan ja vielä korkokengät jalassa ja hatturasia kainalossa. Aika moni varmaan ihmetteli mielessään, mitä tekemistä minulla oli näiden kahden iloisen veikon kanssa. No, maineestani täällä ei onneksi tarvinnut huolestua, kun kukaan ei tuntenut minua.

Olin poikien puheista saanut sen käsityksen, että Select olisi jotenkin aivan erityisen ihmeellinen ja nykyaikainen. Se oli kuitenkin ihan tavallinen nurkkabistro, vaikka markiiseissa rehenneltiinkin, että täällä on American Bar. Ulkopöydissä istui tosin yllättävän paljon väkeä, vaikka oltiin jo joulukuussa, mutta juomista ja tupakansavusta päätellen miehet lämmittivät itseään sisäisesti. Ne muutamat naiset, jotka istuivat heidän seurassaan, olivat sonnustautuneet turkkeihin.

Me pujottelimme baaritiskin ääreen keräytyneen väentungoksen läpi peremmälle. Takimmaisessa pöydässä kokoontui ilmeisesti jonkinlainen pohjoismainen veljeskunta, koska Birgeriä ja Yngveä tervehdittiin iloisin huudoin. Vaikka suhteellisen pienen kahvilapöydän ympärillä tuntui istuvan ainakin kymmenen ihmistä, meille kolmelle löytyi kuin ihmeen kaupalla istumapaikat.

– Haluatko kokeilla absinttia? Birger kumartui kuiskaamaan korvaani, kun tarjoilija tuli kysymään, mitä haluaisimme.

– En missään tapauksessa, vastasin hämmästyneenä. – Eikö se ole kiellettyä?

– Täältä saa mitä hyvänsä, kokaiiniakin, Birger vastasi puoliääneen, mutta tilasi sitten minulle lasin talon punaviiniä ja Yngvelle ja itselleen konjakit.

Koko pöytäseurue taisi olla kuvantekijöitä. He kuuluivat väittelevän ruotsiksi Art Deco -näyttelystä, joka oli päättynyt vähän aikaa sitten. Yngve ja Birgerkin näyttivät olevan eri mieltä uuden taideteollisuuden arvosta. Birgerin mielestä näyttelyssä oli ollut enimmäkseen esillä kallista ja tarpeetonta roskaa, kun taas Yngve ja ainakin yksi norjalainen, jolla oli punainen parta, väittivät, että eräät osastot olivat olleet hämmästyttävän moderneja.

En jaksanut kauan keskittyä heidän puheisiinsa vaan siemailin viiniäni ja katselin ympärilleni. Jenkkien siirtokunta, jota kuulemma kutsuttiin expatriooteiksi, näkyi linnoittautuneen American Barin liepeille. Se olikin ainoa seurue, jossa oli nuoria ja vähän vanhempiakin naisia yhtä paljon ellei enemmänkin kuin miehiä. Kun sali oli täynnä savua ja ihmiset kulkivat edestakaisin, en ollut aivan varma, olivatko ne teatterissa näkemäni jenkkisisarukset samassa joukossa. Toisen profiili näytti kyllä vähän samanlaiselta.

Kello läheni jo puoltayötä, kun ovensuussa alkoi kuhina. Hetken päästä saliin purjehti todella oudonnäköinen nainen, jolla ei näyttänyt olevan lainkaan kulmakarvoja. Naisen pikimusta otsatukka oli leikattu omituiseksi kolmioksi ja suu oli maalattu korostetuin aamorinkaarin niin kuin sirkuksessa. Hän kopsutti korkeilla koroillaan ja turkkiinsa kääriytyneenä suoraan viereiseen pöytään ja heittäytyi istumaan karkoitettuaan pöydästä viiden nuoren miehen seurueen yhdellä ainoalla kädenhuitaisulla. Karkoitetut näyttivät jääneen baarin nurkalle notkumaan ja tuntuivat olevan suorastaan innoissaan osalleen koituneesta kunniasta.

– Garçon! nainen huusi kovalla äänellä ja nosti jalkansa viereiselle tuolille.

Kun tarjoilija juoksutti pöytään avatun samppanjapullon ja lasin, nainen antoi turkkinsa valahtaa auki. Sen alla ei ollut yhtään vaatekappaletta. Nainen tarttui pulloon ja joi suoraan sen suusta. Huomatessaan minun tuijottavan itseään hän tervehti minua pulloaan nostaen ja nauroi pilkallisesti.

– Se on Kiki, Montparnassen kuningatar, Yngve kumartui kuiskaamaan korvaani. – Katso rauhassa, hän pitää siitä.

– Minun täytyy lähteä, sanoin Yngvelle. – Huomenna on muutto. Jääkää te tänne kaikessa rauhassa, otan pirssiauton ja ajan sillä hotelliin.

– Kirsti-kulta, ei Pariisissa ole pirssiautoja, Yngve naurahti. – Se on taxi niin kuin taximètre, mitä se nyt on suomeksi...

– Taksamittari, vastasin pöydästä nousten. – Minun isäpuolellani on pirssiauto. Hyvää yötä ja kiitos seurasta!

Sen verran Yngve oli kuitenkin herrasmies, että tuli saattamaan minut kahvilan eteen, pysäytti taksin ja sanoi osoitteen. Matkaan, johon pysähdyksineen oli kulunut kävellen melkein puoli tuntia, ei autolla kulunut viittä minuuttia kauempaa. Maksoin taksin ja menin hotellin ovelle. Pakokauhu oli vähällä iskeä, kun tajusin sen olevan lukossa. Onneksi huomasin soittokellon ovenpielessä. Sain kuitenkin painaa nappia useamman kerran ennen kuin madame Elisabeth saapui tukka hapsottaen ja kissa kainalossa avaamaan minulle oven.

Pyysin anteeksi ja puolustauduin sillä, että olin ollut herrojen taiteilijoiden kanssa Selectissä. Madame tuskin kuuli puheitani kadotessaan takaisin makuuhuoneeseensa, joka oli tiskin takana. Ensimmäisen kerroksen porrastasanteelle kuului seinän takaa voihkaisu, joka katkesi äkkiä. En halunnut ajatella, kuka siellä huusi ja minkä takia, vaan kiirehdin nopeasti ylimpään kerrokseen. Viininjuonnista huolimatta tai ehkä juuri siksi suuta kuivasi. En kuitenkaan uskaltanut juoda suoraan kraanasta vettä, kun pojat olivat siitä varoitelleet. Niinpä tyydyin vain huuhtelemaan suuni ja purskautin veden takaisin lavuaariin. Ikinä, en ikinä lähde enää notkumaan tuollaisiin kapakoihin, päätin sänkyyn kömpiessäni.

Hiukset haisivat tupakalta ja ohimoissa jyskytti. Miten ihmeessä jotkut viihtyivät ryyppäämässä illasta aamuun?

Seuraavana aamuna heräsin Notre Damen kellojen pauhuun. Oli aamumessun aika. Päätä särki ja suuta kuivasi eilistäkin pahemmin. Oli ollut todella typerää lähteä Yngven ja Birgerin mukana viftailemaan, soimasin itseäni kyyhöttäessäni käytävän päässä jääkylmässä käymälässä. Sen hajukin oksetti, vaikka yritin pidättää hengitystä.

Päätin etten suotta juoksisi enää portaita ylös ja alas. Niinpä pakkasin vähät tavarani matkalaukkuun ja raahasin sen mukanani alakertaan. Madame Elisabethin kuorsaus kuului takahuoneesta, enkä raaskinut herättää häntä. Se sama paksuposkinen valkoinen kissa makasi taas soittokellon vieressä katselemassa, kun kurotuin laittamaan tiskin taa pöydälle viiden frangin setelin ja pudotin sen päälle huoneeni avaimen.

– Au revoir, hyvästelin kissan kuiskaten ja pujahdin ovesta ulos.

Pitkästä aikaa oli kuulas ja kirkas joulukuun aamu. Yöllä oli varmaan ollut vähän pakkasta tai sitten tuuli oli kuivattanut kadut. Vielä viimeisen kerran lähdin aamiaiselle tuttuun bistroon hyvästelläkseni sen ystävällisen isäntäparin. Tuntui siltä kuin olisin ollut lähdössä toiseen kaupunkiin, vaikka tosiasiassa Rue Cambonille oli tästä vain kolmisen kilometriä. Niin erilaista oli kuitenkin täällä vasemmalla rannalla kuin Seinen toisella puolen.

Aivan kuten arvasinkin, Birger ja Yngve nuokkuivat verestävin silmin kantapöydässään ja ilahtuivat tietysti minut nähdessään. Olisi ollut sääli, jos olisimme hyvästelleet toisemme sillä tavoin kuin eilen Selectissä.

– Olipa hyvä, että lähdit viime yönä ajoissa pois, Birger totesi, kun olin saanut maitokahvini ja vastapaistetun voisarveni. – Siellä tuli parin tunnin päästä oikea tappelu. Pari amerikkalaista otti nyrkein yhteen ja kaatoi pöydän ja rikkoi laseja.

– Se toinen niistä taisi olla se sinun pelastajasi, Yngve arveli. – Niin kuin sanoin, se mies on aikamoinen nyrkkisankari varsinkin juovuksissa.

Kun olimme syöneet aamiaisemme, pojat tarjoutuivat saattamaan minut Rue Cambonille. Sanoin selviäväni kyllä yhden ainoan matkalaukkuni kanssa, mutta ilmeisesti Yngve ja Birger tahtoivat haukata hiukan happea ja nähdä samalla, minne olin muuttamassa.

Niinpä kävelimme kaikessa rauhassa sunnuntaiaamuun heräävän Tuileriesin puiston poikki. Nyt kaikki puut olivat jo lehdettömiä, mutta ruoho oli yhä merkillisen vihreä.

– Ei Pariisiin tule välttämättä talvea ollenkaan, Birger selitti. – Jos yöllä on vähän pakkasta, päivällä kaikki sulaa. Kosteus täällä on isompi ongelma, kun talojen ikkunat on niin huonosti tiivistetty. Onneksi pääsit ennen tammikuuta kunnon taloon asumaan. Ne madame Elisabethin vinttikamarit ovat nimittäin talvella jääkylmiä.

Hyvästelin pojat Chanelin liikkeen edessä. He jäivät kauhistelemaan hintalappuja näyteikkunoissa, kun menin porttikongin kautta sisäpihalle ja sieltä uuteen porraskäytävään. Täälläkin tuntui selvästi se Chanelin hajuveden tuoksu.

Nämä portaat eivät olleet lainkaan yhtä jyrkät kuin Hôtel de Suèdessa, mutta kun kerrokset olivat korkeampia, olin suorastaan hengästynyt päästyäni matkalaukun raahaten vihdoin ylimmälle porrastasanteelle. Toivottavasti avain sopisi kyökinporstuan ulko-oveen.

Lukko naksahti auki kevyesti, eikä ovi edes narahtanut avautuessaan. Yhtä äänettömästi se myös loksahti kiinni jäljessäni aivan itsestään. Vähän aikaa piti haparoida kattolampun nappulaa, kunnes tajusin, että se on tietysti keittiön ovensuussa. Kyökin ovi oli kiinni. Kuuntelin hetken sen takana, mutta sisältä mademoiselle Virginien puolelta ei kuulunut minkäänlaista ääntä. Riisuin päällysvaatteeni eteisen naulakkoon ja avasin vihdoin oven omaan huoneeseeni. Nyt kun päivänvalo tulvi huoneeseen kahdesta ikkunasta, se näytti todella kodikkaalta.

Oli pakko istahtaa hetkeksi korituoliin, ihailla kattolampun messinkikaaria, sinisiä silkkityynyjä vihertävän päiväpeitteen päällä, kermanvärisiä verhoja, joiden läpi valo siivilöityi kauniisti, ja tauluja, jotka näyttivät olevan jonkun ihan oikean taiteilijan maalaamia. Toisessa maalauksessa oli pikkutyttö, joka istui totisena tuolilla hämärässä huoneessa. Toisessa taulussa nuori tummatukkainen nainen istui vanhanaikainen hattu päässään katukahvilassa ja vilkasi olkansa yli katsojaan. Oli kevät. Sen näki utuisesta valosta ja taustalla häämöttävästä puistosta, jossa puut olivat heleänvihreitä.

Täällä tulen viihtymään varmasti, ajattelin toiveikkaana ja nousin avaamaan vaatekaapin oven. Kaappi ei ollutkaan aivan tyhjä. Tangon toisessa päässä riippui henkariin ripustettuna valkoinen kylpytakki. Olikohan se jäänyt huoneen edelliseltä asukkaalta?

Kun mademoiselle Virginie lopulta puolenpäivän aikaan kopautti oveeni ja ilmestyi kynnykselle, olin jo purkanut matkalaukkuni. Pikkupoikien piirrokset olivat vielä kirjoituspöydällä, mutta sen kotoa tuodun ikivanhan pienen kissataulun olin jo ehtinyt ripustaa vuoteeni yläpuolelle ja nostaa Mötti-karhun, herätyskellon ja perhekuvan yöpöydälleni.

Alkovista oli lavuaarin lisäksi löytynyt myös tummanvihreällä verkaliinalla peitetty kapea pöytä. Vasta kun olin kumartunut työntämään tyhjän matkalaukkuni vuoteen alle, olin huomannut verkaliinan reunan alta pilkistävät metallijalat. Hyvänen aika! Liinan alta paljastui ompelukone. Kun Virginie-neiti tiedusteli, puuttuiko jotakin, uskaltauduin kysymään, saisinko joskus käyttää ompelukonetta.

– Naturellement, hän sanoi naurahtaen, mutta osasinko ommella koneella. Silloin oli minun vuoroni vastata, että tietysti. Olinhan ommellut äidinkin ompelukoneella jo kymmenvuotiaasta asti. Kylpytakista kysyessäni mademoiselle huitaisi kättään. Jos jotakin löytyi kaapistani, saisin käyttää sitä vapaasti. Itse asiassa hänen pitäisi tyhjentää omastakin kaapistaan turhia vaatteita. Jos haluaisin valita niistä jonkun, se sopisi hyvin. Muut hän lahjoittaisi kaupungin köyhille.

Kaiken tämän sanottuaan mademoiselle ilmoitti lähtevänsä kaupunkiin eikä palaisi ennen kuin myöhään illalla. Teetä, kahvia ja sokeria saattaisi löytyä keittiöstä, mutta syömään joudun varmasti lähtemään jonnekin talon ulkopuolelle. Lähtiessään Virginie-neiti vielä muistutti, että kyökinpuolen ulko-ovi piti ehdottomasti muistaa panna lukkoon.

Pakko tunnustaa, että kun paraatiovi kolahti mademoiselle Virginien jälkeen ja hänen askeleensa katosivat portaikkoon, hiivin varovasti kyökin kautta eteishalliin ja kurkistin kaikkiin huoneisiin. Neidin makuuhuone oli malvanvärinen, salonki lehmuksenvihreään ja kultaan sävytetty. Vesiklosetti oli samanlainen kuin minullakin, mutta kylpyhuone valtavan suuri ja mustavalkoinen. Sielläkin oli korituoli ja lehtiä ja leijonakäpäläinen kylpyamme. Lavuaaripöytä oli kokonaan marmoria ja peili yhden seinän levyinen. Kylpyhuoneessa tuoksui siltä Chanelin parfyymilta mutta myös kookokselta ja vaniljalta.

Salongin ja mustavalkoisen ruokasalin välissä oli tummasävyinen kirjastohuone, jonka lasiseinäisissä kaapeissa näkyi olevan vain ranskankielisiä kirjoja. Sen sijaan lehtipöydän päällä ja alatasoilla oli kymmeniä muotilehtiä. Pihistin niistä muutaman mukaani omaan huoneeseeni. Tuskin mademoiselle Virginie osaisi niitä heti kaivata.

Kun keittiön kaapit näyttivät olevan todellakin aivan tyhjiä, lähdin syömään kadun päässä olevaan tuttuun bistroon. Tuodessaan vasikanpaistiani André, se tuttu tarjoilija, ihmetteli, miten olin näillä kulmilla sunnuntaina. Vastasin vain, että olin saanut asunnon Chanelilta. Olin jo mielessäni päättänyt, etten puhuisi uudesta asunnostani edes Marthalle tai muille tytöille. Katariinalle siitä oli tietysti kerrottava.

Ruuan jälkeen kävin siirtämässä polkupyöräni ompelimon takapihalta uuden asuintaloni roska- ja hiilikatoksen tolppaan. Meidän pihamaallamme näkyi olevan pieni vihreä keidaskin kivitalojen keskellä. Siinä oli tosin vain yksi ainoa tammi, muutama pensas ja kaistale sammaloitunutta ruohikkoa.

Minun huoneeni ikkunat näkyivät ylhäällä räystäsrajassa. Täältä päin katsoen huomasin myös, että mademoisellen makuuhuoneesta täytyi olla pääsy kattoterassille. Sen alla oli varmaan jokin Chanelin ompelimoista tai ehkä kaksi, sillä ikkunat olivat koko kerroksessa muita suuremmat.

Eilisilta haukotutti yhä. Kun olin jälleen kavunnut yläkertaan ja sulkeutunut muotilehtien kanssa huoneeseeni, pehmeät tyynyt alkoivat väkisin houkutella puoleensa. Miten ihanaa olikaan lojua mitään tekemättä, kuunnella herätyskellon naksutusta ja tietää, ettei huomisaamuna tarvitsisi nousta aamukuudelta, kun työhön ehtisi parissa minuutissa.

Ei enää polkupyöräilyä sateessa ja vastatuulessa, ei myöhäisiä kotimatkoja, ei pelottavia varjoja ja pimeitä kadunkulmia…

Kun vihdoin heräsin, oli ulkona jo pimeää. Sytytin ensin yöpöydän lampun, sitten kattovalon ja lopulta sen jalkalampunkin, joka valaisi korituolia ja kirjoituspöytää. Vaikka vastapäinen talo oli hiukan matalampi, vedin verhot ikkunoiden eteen.

Pitääpä kirjoittaa heti äidille ja Miilille ja kertoa uudesta osoitteesta, ajattelin haukotellen ja istuin kirjoituspöydän ääreen. Juuri silloin katse osui kirjoituspöydän yläpuolella riippuvaan tauluun, siihen, jossa pikkutyttö istui tuolilla ja tuijotti totisena suoraan katsojaan.

Ei voi olla totta!

Pakko oli siirtää jalkalamppua lähemmäs ja kumartua katsomaan taulua tarkkaan. Ihan niin kuin pikkutytöllä olisi toinen silmä ollut sininen ja toinen ruskea. Esittikö taulu mademoiselle Virginietä lapsena? Miksi ihmeessä se sitten oli ripustettu palvelijanhuoneeseen? Entä kuka oli taulun maalannut ja koska?

Ensin nimikirjoitusta ei tahtonut näkyä, mutta sitten huomasin sen jääneen osittain kehyksen alle. Ensimmäinen kirjain näytti aivan A:lta, ja sukunimen ensimmäinen kirjain saattoi olla T tai E. Signeeraus vaikutti siltä kuin se olisi piirretty siveltimen kärjellä tikkukirjainten tapaan. Vuosilukua ei kuvan alakulmassa ollut, tai sitten se oli kokonaan kehyksen takana piilossa.

Mieli teki nostaa taulu alas seinältä ja katsoa, mitä sen taakse oli kirjoitettu, mutta pelkäsin pudottavani painavan kehyksen lattialle. Siinä toisessa kevättaulussa ei nimikirjoitusta näyttänyt olevan ollenkaan, mutta kun sitä katsoi läheltä, se näytti siltä kuin olisi ollut saman taiteilijan tekemä. Hienoja tauluja joka tapauksessa, ajattelin tyytyväisenä. Upeita maalauksia oli ollut myös salongissa, mutta paljon suurempia.

Minkähänlaisesta perheestä mademoiselle Virginie mahtoi olla kotoisin? Ei hän ainakaan mikään rutiköyhä ompelijatar ollut, se oli varmaa. Kirjoista ja tauluista saattoi päätellä, että hän oli kasvanut säätyläiskodissa. Tuskin hän oli ostanut pelkäksi koristeeksi

Voltairen *Candidea* tai Balzacin koottuja teoksia nahkaselkäisinä. Perintökirjojahan tuollaiset tuppasivat olemaan.

Kun olin kirjoittanut äidin ja Miilin kirjeet valmiiksi, lähdin keittiöön juomaan teetä. Astiakaapissa oli kaikenkokoisia kristallilaseja ja kultareunuksinen 12 hengen astiasto. Veitset, haarukat ja lusikat olivat kaiverruksin koristettua painavaa hopeaa. Perintötavaroilta nekin vaikuttivat. Sen sijaan kattiloita oli vain yksi ja sekin pieni ja alumiininen eikä vesipannua löytynyt ollenkaan, vain sellainen pitkävartinen kuparipannu, jolla Ville-setäkin aina keitti sitä vahvaa kahviaan. Jos täällä haluaisi joskus laittaa ruokaa, olisi ostettava itse kattiloita ja paistinpannuja, totesin pettyneenä.

No, teeveden nyt kumminkin sai kuumaksi alumiinikattilassakin ja teesiivilä löytyi lusikkalaatikosta. Ulko-ovi kolahti, kun istuin keittiön pöydän ääressä juomassa teekuppostani. Askeleet kulkivat eteishallissa edestakaisin. Hetken kuluttua kuului, miten kylpyhuoneessa laskettiin ammeeseen vettä. Minä tiskasin vaivihkaa teekuppini ja siivosin jäljet tiskipöydältä.

Sen jälkeen sulkeuduin omaan huoneeseeni. Iltapesulle ryhdyin pesualtaan ääressä vasta kun toiselta puolelta ei kuulunut enää edes askeleita. Talo ei varmaan ollut niin vanha kuin miltä se näytti, sillä täällä oli keskuslämmitys. Vaikka uunissa räiskyvä tuli oli kodikas, osasin kyllä arvostaa sitä, että ikkunan alla hehkui lämmin patterinkylki ja lavuaariin sai juoksuttaa lämmintä vettä.

Kunpa vielä joskus pääsisi kylpyyn tai saunaan, ajattelin vuoteeseen kömpiessäni. Vielä hetken selailin niitä vanhoja muotilehtiä. Sitten sammutin yöpöydän lampun. Suljettujen verhojen takaa kuulsivat kaupungit valot, niin että huone oli turhankin valoisa. Jossakin vedettiin klosetti. Sitten oli talossa aivan hiljaista. Ulkoa kuului kuitenkin bulevardien vaimea humina, jonka katkaisi aina välillä autontorven kimakka törähdys.

Juuri ennen nukahtamista outo kaipaus häivähti mielessä. En toki kaivannut madame Elisabethin kymmentä kissaa, en ensimmäisen kerroksen naisparkoja asiakkaineen, en ikkunaa, jonka raosta veti tuulisella säällä niin etteivät paperit tahtoneet pysyä pöydällä.

Kaipasin Sorbonnen kellon hiljaisia kilahduksia ja ikkunan takana kaareutuvaa tummaa taivasta, jossa saattoi nähdä tähtiä ja tuntea Allin läsnäolon.

Maanantaiaamuna heräsin kahvintuoksuun ja keittiöstä kuuluviin vaimeisiin ääniin jo ennen kuin herätyskello ehti ruveta rämisemään. Huuhtelin kiireesti unen jäljet kasvoilta, puin päälleni puhtaat alusvaatteet, mustan musliinileningin ja sukat ja kengät. Vielä oli kammattava tukka ennen kuin uskaltauduin oveen koputtaen keittiön puolelle. Mademoiselle Virginietä ei näkynyt, mutta tiskipöydän kulmalla oli avonaisessa kuparipannussa vielä tilkka kahvia ja kristallinen sokeriastia oli jätetty sen viereen.

Juuri kun mietin, voisinko minäkin juoda kahvia, Virginieneiti purjehti keittiöön tyhjä kuppi kädessään ja jätti sen tiskipaljun reunalle. Hyvää huomenta toivotettiin puolin ja toisin. Kyllä, jos haluan, voin juoda kahvinlopun. Maitoa hänellä ei ikävä kyllä ole, hän juo aina espressonsa mustana sokerin kanssa.

Äkkiä semmoinen kahvitilkka oli juotu. Olin juuri tiskaamassa meidän kahvikuppejamme ja sitä kuparipannua, kun mademoiselle Virginie kävi sanomassa ovella, että hän lähtee jo ompelimoon. Ilmeisesti neidillä oli tapana aloittaa työpäivänsä jo paljon ennen meitä. Mademoiselle Coco ei kuulemma koskaan saapunut ateljeehensa ennen puoltapäivää, olivat tytöt juorunneet.

Kukaan ei sattunut porrastasanteelle, kun pujahdin vähän ennen kahdeksaa väliovesta ompelimon portaikkoon. Lasiovesta näin, että Katariina oli jo Virginie-neidin toimistossa. Jotakin paperia ne siellä kai tutkivat päät yhdessä ja puhuivat innokkaasti. Tartuin ompelukseeni, joka oli jäänyt perjantaina kesken. Yhä edelleen sain ommella vain mallipukujen saumoja, mutta nykyään minulle annettiin jo vaikeampia malleja kuin ennen.

Kun Katariina tuli sanomaan, että minun pitäisi tulla mademoiselle Virginien huoneeseen, näytin kai hiukan säikähtäneeltä, koska hän kuiskasi korvaani:

– Hyviä uutisia.

Sain ylennyksen. Niin kai se oli tulkittava, sillä minusta tuli Katariinan *seconde*, oikea käsi, jonka tärkein tehtävä oli tehdä jokaisesta valmistettavasta mallipuvusta työpiirros etukäteen. Helpompien pukujen valmistuksen saisin neuvoa ompelijoille, vaikeammat hoitaisi Katariina itse.

– Mademoiselle Virginie on sinuun uskomattoman tyytyväinen, Katariina selitti ruokatauolla. Onneksi meillä oli salakielemme. Saatoimme puhua suomeksi mitä hyvänsä, vaikka ympärillämme hälisi bistron täydeltä toisia ompelijattaria.

Olin juuri kertomaisillani uudesta asunnosta, kun jokin sai minut epäröimään. Ei kai Katariinan äänessä ollut pientä kateutta tai jopa katkeruutta? Hän oli sentään joutunut ponnistelemaan vuosikausia päästäkseen nykyiseen asemaansa, ja nyt minut oli korotettu melkein hänen rinnalleen. Täytyisi olla varovainen, etten astuisi hänen varpailleen. Katariinahan on ainoa ihminen täällä, jonka kanssa voin puhua muustakin kuin säästä, juoruista ja ompelutöistä.

Onneksi vierauden tunnetta kesti vain hetken. Kun kävelimme Rue Cambonia pitkin takaisin ompelimoon, Katariina uskoi minulle oman salaisuutensa.

– Tiedäthän sinä Suomen Kuvalehden? hän aloitti tunnustellen. Totta kai tunsin lehden, kun äiti oli ruvennut tilaamaan sitä meille heti sodan jälkeen, kun lehti alkoi taas ilmestyä.

– No, Leo tai siis päätoimittaja Viherjuuri on vanha perhetuttuni, Katariina selitti. – Meidän kummankin isät olivat rautatieläisiä, ja vähän aikaa asuimme Fredriksbergissä samassa talossa. Vaikka Leo oli minua vanhempi, sain olla mukana hänen ja toisten poikien leikeissä. Yleensä olin kai se intiaaniprinsessa, joka vuoroin sidottiin puuhun ja vuoroin vapautettiin vihollisten vankityrmästä, hän lisäsi hymyillen ja jatkoi sitten tarinaansa, kun kavuttiin portaita yläkertaan.

Muutama vuosi sitten Leo oli ollut käymässä Pariisissa ja he olivat Katariinan kanssa tavanneet Suomen lähetystön kutsuilla. Kun päätoimittaja Viherjuuri oli kuullut, että Katariina on töissä muotitalossa, hän oli pyytänyt tätä kirjoittamaan silloin tällöin lehteensä Pariisin muodista.

– Hyvänen aika! Sinunko ne ovat ne Kuvalehden muotijutut, joita me Miilin kanssa olemme lukeneet? huudahdin ompelimon ovelle seisahtuen. – Ja Miili peijakas ei kertonut mitään!

– Miili ei varmaan ole tajunnut, että se Katherine Poleschko olen minä, Katariina vastasi naurahtaen. – Viherjuuren mielestä on hienompaa, että otsikkona on *Parisin kirje* ja kirjoittaja kuulostaa ulkomaalaiselta. Tai siis ovat niitä Parisin kirjeitä välillä kirjoittaneet lähetystön rouvatkin ja suomalaiset naistoimittajat, jotka ovat olleet täällä käymässä. Muotikuvat ovat kuitenkin yleensä minun piirtämiäni. Niissä on aina hirmuinen työ, eikä palkkio ole mistään kotoisin. Voisitko silti ajatella, että rupeaisimme tekemään niitä kirjeitä yhdessä?

Totta kai innostuin heti ajatuksesta ja kerroin saman tien, että olin eilen muuttanut mademoiselle Virginien luo aivan Katariinan naapuriin.

– Ihana uutinen! hän huudahti. – Mikset heti sanonut? Itse asiassa minä taisin kertoa Virginielle, että asut Rive Gauchella surkeassa halvassa hotellissa.

Emme me tietenkään viikolla ehtineet puhua Kuvalehden Parisin kirjeistä, sillä ompelimossa tehtiin kamalalla kiireellä mallipukuja ensi kevään muotinäytöksiä varten. Seuraavana sunnuntaina lähdimme Katariinan kanssa katselemaan Rue Saint-Honorén muotitalojen näyteikkunoita. Samalla jo mietimme, millaisista muotiuutuuksista kertoisimme seuraavassa lehtijutussa. Se oli hyvin opettavainen kierros, sillä vasta nyt tajusin, miten poikkeuksellisen yksinkertainen tyyli Mademoiselle Chanelilla oli.

Varsinkin Pariisin entisen muotikuninkaan Paul Poiretin asuissa oli aivan liikaa kangasta, värejä ja koristeellisia yksityiskohtia. Enemmän pidin madame Lanvinin vaatteista, joissa oli kauniit värisävyt, mutta niissäkin oli kaiken maailman rusetteja, ruusukkeita ja liehuvia pitsihihoja. Monet aikuisten naisten puvut näyttivät aivan siltä kuin ne olisivat pikkutyttöjen mekkoja.

– Itse asiassa madame Lanvin tekikin ensin mekkoja tytöille ja ryhtyi sitten vasta vaatettamaan äitejä, Katariina selitti. – Hän kuulemma jumaloi ainoaa tytärtään.

Silloin vasta ymmärsin, miksi muotitalon näyteikkunaan oli laitettu kullanvärisiin kaapuihin puettuina iso ja pieni nukke. Nehän olivat aivan selvästi äiti ja tytär.

– Käydään vielä kurkistamassa Jean Patoun ikkunoita, Katariina ehdotti, kun olimme ehtineet Tuileriesin puiston lähelle. Patoun muotitalo oli pienen sivukadun varrella. Ikkunassa olevat puvut olivat kieltämättä kuin koruja. Yksi oli kirjailtu kauttaaltaan kristalleilla, ja toiseen oli ommeltu itämaisia kuvioita erivärisillä helmillä.

– Mutta miten nuo päällään voi edes istua? kysyin Katariinalta. – Ja miten nuo pestään?

– Jos pukeudutaan tuollaiseen vaatteeseen, ei istuta eikä paljon liikutakaan vaan seistään ja näytetään ylhäiseltä, hän naurahti mutta tunnusti sitten, että piti monsieur Patoun uusista parfyymeistä enemmän kuin Chanelin. – Luvalla sanoen, se Chanelin hajuvesi alkaa jo kyllästyttää, kun sama tuoksu on porraskäytävässäkin, hän puuskahti.

Me kävimme juomassa maitokahvit kalliissa kahvilassa Rue de Rivolin varrella. Samalla hinnalla olisi syöty siinä vasemman rannan bistrossa, joka oli Hôtel de Suèden lähellä. Kun Katariina ehdotti kotiinlähtöä, sanoin, että haluaisin vielä käydä vasemmalla rannalla etsimässä joululahjoja kotiväelle ja Miilille. Jos halusin saada lahjat poikien mukaan, minun pitäisi toimittaa ne Hôtel de Suèdeen heti alkuviikosta.

Niin sitten lähdimme eri suuntiin. Vaikken ollut viipynyt Saint-Michelin tienoilta poissa kuin viikon, minulla oli ikävä tuttuja kulmia. Niinpä lähdin kiertämään vasemmalle rannalle Pont Neufin kautta ja kuljeskelin sitten pitkin rantakatua bukinistien kojuja tutkiskellen. Siellä olisi ollut paljon hauskoja kirjoja pilkkahintaan saatavana, mutta kun ne kaikki olivat ranskankielisiä, en ostanut sieltä joululahjaksi muuta kuin kirjanpainajaa esittävän kehystetyn kivipiirroksen maisteri Tikkaselle ja tuoreen pilapiirroskirjan Viivitädille ja Ville-sedälle. Kuvat olivat nokkelia ja pikkutuhmat tekstit samoin. Ainakin ne naurattaisivat Ville-setää, niin arvelin.

Kun vihdoin saavuin Place Saint-Michelille, oli suihkulähteen ympärille pystytetty kaikenlaisia pieniä kojuja ja myyntipöytiä. Niitä näkyi olevan myös pitkin bulevardia. Väkeä oli valtavasti liikkeellä, ja paahdettujen manteleiden ja kastanjoiden tuoksu leijui kaiken yllä.

Heti ensimmäisestä pöydästä löysin mainion pienen puunuken, jonka jäseniä saattoi taivutella eri suuntiin. Se oli varmaan tarkoitettu taiteilijoille, sillä mittasuhteet vaikuttivat aivan oikeilta. Yhtä hyvin nukesta saisi hienon koristeen Miilin puodin näyteikkunaan, kun sille maalaisi kasvot, liimaisi hiukset ja tekisi oikean puvun ja hatun.

Vähän ylempänä Boulevard Saint-Michelin varrella muuan mies möi kokoontaitettavia taskuveitsiä, joissa oli puukonterän lisäksi ruuvimeisseli, naskali ja jokin koukkuvehje säilykepurkkien aukaisua varten. Myyjä esitteli pöytänsä ympärillä kerääntyneille miehille, miten mikin työkalu toimi ja miten kätevästi kaikki välineet saattoi taittaa puisen kahvan suojaan. Vaikka taskuveitsistä pyydettiin kymmenen frangia kappale, ostin niitä heti kaksi, toisen Eliakselle ja toisen Haapaluoman Iisakille.

Vielä olisi hankittava joululahja äidille. Niinpä lähdin vaeltamaan katua ylös. Tarjolla oli kaikkea mahdollista tauluista pitsiliinoihin ja posliinikoirista hopeoituihin kynttilänjalkoihin, mutta halusin löytää äidille jotakin kaunista ja henkilökohtaista. Kirjasta äiti varmasti ilahtuisi eniten. Niinpä mietin jo, pitäisikö lähettää Miilille rahaa ja pyytää häntä käymään vaikka Suomalaisessa Kirjakaupassa. Ehkä se Eino-sedän muistelmakirja oli jo ehtinyt joulumarkkinoille.

Yhdessä kojussa kovaääninen matroona myi bretagnelaista lambigia, jota sai maistaa pienestä pikarista. Se oli ilmeisesti todella väkevää viinaa, sillä yksi ja toinen tuli juomaa maistettuaan väkijoukosta kakoen ja irvistellen. Kun koko jalkakäytävä näytti olevan toisiaan tuuppivia ihmisiä täynnä, väistin suosiolla ajoradan puolelle.

Yhtäkkiä, täysin arvaamatta, vain muutaman askeleen päässä minusta pieni tuuheatukkainen poika juoksi ihmismuurin keskeltä nauraa kikattaen suoraan kadulle.

Kaikki kävi nopeasti. En tiedä, kuulinko takaa vyöryvän autobussin jyrinää vai toiminko vain selkäytimellä, kun syöksyin tempaamaan hänet syliini. Linja-auto tönäisi kipeästi kyynärpäätäni, muttei osunut lapseen.

Totta kai lapsi oli säikähtänyt ja ulvoi täyttä kurkkua. Autot soittivat torvea ja ihmiset huusivat ja hälisivät ympärillämme, kun palasin lapsi sylissäni jalkakäytävälle. Samassa näin jonkun yrittävän tulla tungoksen läpi meitä kohti. Mies karjui kuin hengenhädässä:

– Bumby! Where are you? Damn!

Kun mies ehti luoksemme, me kaksi tunnistimme toisemme.

– La Finlandaise? mies puuskahti, kun ojensin lapsen hänelle. Pikkupoika takertui isänsä kaulaan ja parkui entistä kovemmin.

Yhtä järkyttyneitä olimme molemmat. Mies oli näet se sama

amerikkalainen, joka oli pelastanut minut ryöstäjältä ja joka oli istunut edessäni Revue Nègressä. Väkijoukko alkoi jo hajaantua, kun luoksemme ehti toinen niistä polkkatukkaisista ja sminkatuista jenkkiflappereista, jotka olivat olleet teatterissakin. Mies ja nainen puhuivat yhteen ääneen. Ensin luulin, että nainen oli pojan äiti, mutta hän ei ottanut lasta syliinsä.

Hetken päästä kadun toiselta puolelta juoksi autoja uhmaten punatukkainen vähän vanhempi nainen. Lapsen itku lakkasi heti, kun hän pääsi äitinsä syliin. Sillä aikaa mies ja se tyylikäs nuori nainen olivat puhuneet kiivaasti englantia. Aina välillä jompikumpi oli puhutellut minua ranskaksi ja kysellyt, miten kaikki oli oikein tapahtunut.

Jos oikein ymmärsin, miss Pfeiffer ja mies, joka esittäytyi mister Hemingwayksi, olivat jääneet lapsen kanssa katselemaan kojuja, kun Hemingwayn vaimo oli halunnut pistäytyä nuottikaupassa kadun toisella puolella. Se miten pikkumies oli päässyt karkaamaan, ei selvinnyt koskaan. Hän oli ollut aluksi isänsä sylissä mutta tahtonut sitten alas taputtaakseen koiraa, joka pyöri heidän jaloissaan. Jompikumpi, mister Hemingway tai miss Pfeiffer, oli päästänyt irti pojan kädestä. Lapsi oli todennäköisesti lähtenyt jahtaamaan koiraa, joka kuljeksi yhä kadunvarressa puunrunkoja haistellen ja niitä merkkaillen.

– Alors, tout est bien qui finit bien! miss Pfeiffer huudahti lopulta, kun herrasväki Hemingway yhä jatkoi tapahtuneen vatvomista ja näytti kohta joutuvan ilmiriitaan.

Olin samaa mieltä. Loppu hyvin, kaikki hyvin. Olihan pikkupoika pelastunut, ja se oli pääasia. Olin jo aikeissa lähteä jatkamaan matkaa, mutta silloin miss Pfeiffer tarttui käsipuoleeni ja ilmoitti, että hän haluaa tarjota tämän urhean pelastajattaren kunniaksi päivällistä kaikille.

Vasta silloin lapsen äitikin tajusi, että minä olin estänyt pikku-Bumbya jäämästä auton alle. Kun hän syleili minua kyyneleet silmissä, muistin, missä olimme nähneet jo aikaisemmin. Tämä oli taatusti se sama nainen, joka oli juottanut pikkupojalleen mehua Jardin de Luxembourgin kahvilassa aiemmin tänä syksynä.

– Vous êtes… how do you say it in French… le doigt de Dieu! Bumbyn äiti selitti aivan tosissaan, kun istuimme päivällisellä ravintolassa, jonka nimi oli Closerie de Lilas. Minusta puhe Jumalan sormesta oli jo liioittelua, vaikka olihan se outoa, että mister Hemingway oli ensin pelastanut minut ja minä sitten heidän poikansa.

Iltapäivä venyi illaksi. Pikku-Bumby oli nukahtanut ravintolan penkille pää äitinsä sylissä ja isänsä takki peittonaan. Ilmeisesti miss Pfeiffer oli se, joka oli varoissaan. Muhkean päivällisen lisäksi hän tilasi nyt pöytään uuden pullon samppanjaa meitä naisia varten. Mister Hemingway sen sijaan oli siirtynyt jo viskiin ja tuli yhä enemmän humalaan. Me olimme jo aikaa sitten tehneet sinunkaupat. Jenkkitapoja varmaan sekin. Ranskalaiset eivät olisi suostuneet sinuttelemaan heti ensimmäisenä iltana.

Kauhistuin, kun Ernest laski yhtäkkiä pöydän alla kätensä polvelleni ja ilmoitti murteellisella ranskallaan olevansa minulle ikuisesti kiitollinen. Hän kumartui kuiskaamaan korvaani, että olen ihana noita jolla on merkilliset silmät. En ehtinyt sanoa sanaakaan, kun hän suuteli minua.

Samppanjasta se varmaan johtui, että mieli teki vastata hänen suudelmaansa, mutta silti käänsin pääni pois.

Outoa kyllä, Hadley-rouva ja Pauline-neiti eivät olleet huomaavinaan, että Ernest hakkaili minua. He supattivat keskenään englanniksi pöydän toisessa päässä. Vasta kun nousin paikoiltani ja kiitin päivällisestä, hekin nousivat hyvästelemään minua poskisuudelmin. Ernest sen sijaan näkyi nukkuvan istualtaan, tai ehkä hän vain kuunteli silmät kiinni ravintolan hälinää.

Vielä iltamyöhällä vuoteessa tunsin Ernestin kämmenen painon polvellani. Olin oikeassa. Hänessä oli jotakin samaa kuin

Maurissa, vaikkei suomalaisella agronomilla ja viskiä kittaavalla amerikkalaisella toimittajalla olisikaan pitänyt olla mitään yhteistä. Silti kummankin hymy, kosketus ja ääni olivat saaneet minut melkein menettämään järkeni.

Onneksi Hemingwayt olivat kuulemma lähdössä Alpeille moneksi kuukaudeksi, ja Pauline-neitikin lähtisi samaan paikkaan jouluksi. Ennen unen tuloa päätin, että vastedes yrittäisin pysyä visusti erossa noista kolmesta jo oman mielenrauhani tähden.

8. LUKU

JOULUKUUSTA 1925 TOUKOKUUHUN 1927

Ilman Katariinaa jouluni olisi ollut todella yksinäinen, sillä mademoiselle Virginie matkusti jo muutamaa päivää ennen joulua kahdeksi viikoksi Rivieralle mademoiselle Cocon ja tämän ystävien seurassa. Ompelimossa piti ahertaa tietysti aattoaamunakin ja heti joulupäivien jälkeen, sillä Chanelin kevätkokoelman tuli olla valmiina jo helmikuussa. Kun Mademoiselle ei itse ollut suunnittelemassa vaatteita, sain istua taas mallipukuja ompelemassa.

Vaikka saumanompelu oli hermolepoa Mademoisellen mannekiinina oloon verrattuna, kaipasin silti muotipiirrosten tekoa. Onneksi sain tehdä Katariinan seuraavaan Parisin kirjeeseen edes muutaman pukukuvan. Tosin lehtipiirroksissa ja mallipiirroksissa oli eroa, vaikken sitä ensin ymmärtänyt.

– Mallipiirroksessa puvun mittasuhteiden on oltava täysin oikeita, Katariina opasti minua, kun istuimme ensimmäisen kerran pari päivää ennen joulua minun huoneessani kuvia suunnittelemassa. – Joka sauman ja poimutuksen täytyy olla täsmälleen oikeassa kohdassa.

– Eikö se sitten lehtikuvassa ole vielä tärkeämpää? kysyin varmana asiastani. – Miten muuten lukijat tietävät, miltä puvun pitää näyttää.

– Nimenomaan ei! Katariina nauroi päätään pudistaen. – Lehdessä kuvan pitää näyttää paljon paremmalta kuin miltä se näyttäisi oikean ihmisen päällä. Sen pitää houkutella ja... miten se nyt sanotaan suomeksi... séduire...

– Vietellä? kysyin hämmentyneenä. – Ovatko lehtien muotipiirrokset siis huijausta?

– Lukijat haluavat tulla huijatuiksi, Katariina tokaisi vinosti hymyillen ja kertoi sitten, että esimerkiksi *Voguessa* oli piirrettyjä pukukuvia, jotka tehtiin kaunistelemalla ruhtinattarien ja dollariprinsossojen oikeita valokuvia oikeissa puvuissa. – Katso vaikka! hän sanoi ja kurottui ojentamaan minulle vuoteeni jalkopäästä viimeisimmän ranskalaisen *Voguen*.

Se oli tietysti selvää, että lehden kansikuvana oli piirros tai oikeastaan upean purppurasävyinen maalaus naisesta, joka ihastelee kallista helmisormusta Chanelin iltapuvussa pitkä helminauha kaulassaan. Ensimmäisellä kuvasivulla, jossa aina esitellään ylhäisiä seurapiirikaunottaria, oli iso valokuva Romanian kruununprinsessa Helenasta, mutta suurin osa seuraavilla sivuilla esitellyistä puvuista oli tosiaan piirrettyjä ja vahvasti tyyliteltyjä.

Piirrosten mannekiinit olivat nimittäin luonnottoman pitkiä, solakoita ja sirosäärisiä. Jos joku oikeassa valokuvassa olisi näyttänyt tuollaiselta, hänen olisi pitänyt olla vähintään parimetrinen eikä kengän koko olisi saanut olla numeroa 35 suurempi. Kaiken huipuksi *Voguessa* oli todella piirroksia, joiden kuvateksteissä kerrottiin niiden esittävän sitä ja tätä seurapiirirouvaa tai näyttelijätärtä sen ja sen suunnittelijan puvussa. Kuvat oli selvästi tehty naisten omien valokuvien mukaan, mutta piirroksissa heidät oli kuvattu niin pitkiksi ja laihoiksi, ettei se ollut luonnossa mahdollista. Ei ihme, että *Le Petit Parisienissakin* mainostettiin sivukaupalla korsetteja, kun naisparat yrittivät muuttua piirrosten näköisiksi.

– Hyvä on, vastasin huokaisten ja repäisin ensimmäisen luonnokseni piirustuslehtiöstä suoraan roskakoriin. – Tehdään siis luonnottoman näköisiä naishahmoja!

– Niinhän taiteilijatkin tekevät, Katariina lohdutti minua. – Oletko nähnyt koskaan Modiglianin naisia? Jaa mutta et tietenkään, hänhän kuoli jo viisi vuotta sitten. No mutta tiedätkö sen pienen espanjalaisen, Picassoko se nyt on, jolla oli tänä vuonna surrealistien näyttelyssä kolmea alastonta tanssijatarta esittävä taulu?

Pudistin päätäni. Missä välissä olisin ehtinyt taidenäyttelyihin, kun en ollut vielä käynyt edes Louvressa? Kun kuusi päivää raatoi pölyisessä ompelimossa aamusta iltaan, oli sunnuntaina pakko levätä ja päästä edes hetkeksi ulos.

Katariina selitti Picasson naishahmojen olevan juuri tuollaisia luikeroita kuin muotilehtien piirrosnaiset.

– Paitsi että se mies piirtää ne huolimattomasti kuin pikkulapsi, hän huomautti. – Voit siis vapaasti käyttää mielikuvitustasi, Kirsti!

No, tein työtä käskettyä. Koska Katariina halusi kirjoittaa seuraavan Parisin kirjeensä iltapuvuista, piirsin kaksi naista, joista toisella oli se Patoun ikkunassa ihasteltu puku, joka oli kauttaaltaan helmillä kirjailtu. Sen sijaan ne pikkutytöt, joiden vaatteista kirjeen lopussa kerrottiin, piirsin paljon luonnollisemmiksi. Eihän heitä muuten olisi erottanut aikuisista naisista, kun lapsillakin piti kuulemma olla kuvissa polkkatukka ja punainen suppusuu.

– Hienoa! Tämähän sujuu helposti, Katariina iloitsi, kun parin tunnin päästä sekä hänen kirjeensä että minun kuvani olivat valmiita. Teksti ja piirrokset, jotka oli varmuuden vuoksi numeroitu, pantiin suureen kartonkikuoreen, jonka Katariina kävi viemässä postiin, kun menimme päivälliselle kantabistroomme.

– Ajatteles, jos voisi perustaa oman muotilehden, hän unelmoi punaviinilasiaan pyöritellen, kun odottelimme annoksia pöytään. – Ei tietenkään sellaista, joka ilmestyy täällä, hän lisäsi. – Mutta sellaisen, joka ilmestyisi Suomessa vaikka kerran kuussa niin kuin *Vogue*...

– Mieluummin perustaisin Suomeen muotitalon, paljastin

oman unelmani. – Ei tämmöistä tehdasta kuin Chanelilla ja muilla suurilla vaan sellaisen, jossa minä ja Miili ja muutama näppärä ompelijatyttö tekisi kauniita, mukavia ja kestäviä vaatteita ihan tavallisille naisille.

– Niistä tulisi hirvittävän kalliita, Katariina huomautti heti. – Ajattele nyt, miten paljon menee rahaa jo pelkästään palkkoihin. Yhden ainoa puvun valmistamiseen menee Chanelillakin ainakin kymmenen päivää, jos ottaa huomioon kaikki työvaiheet Mademoisellen suunnittelupäivästä mallipuvun tekoon ja sen sovituksiin ja varsinaisen puvun ompeluun ja viimeistelyyn.

– Niin mutta meillä olisikin valmiit perusmallit, jotka sitten muokattaisiin juuri sellaisiksi kuin asiakkaat haluavat, väitin vastaan ja hämmästyin itsekin, miten valmiiksi olin jo kaiken ajatellut. – Mallipuku tehtäisiin vain silloin puuvillakankaasta, jos lopullisen puvun malli tai kangas olisi erityisen vaativa. Ja käsin ommeltaisiin vain se, mikä on välttämätöntä. Huolellisen ompelijan ompelukoneella tekemä sauma on taatusti yhtä kestävä kuin käsinommeltukin.

– No, mikä sinua estää palaamasta Suomeen ja yrittämästä? Katariina kivahti.

– En osaa vielä tarpeeksi, vastasin suoraan. – Mutta aion kyllä oppia.

Kieltämättä olin vähän pettynyt, kun heräsin varhain jouluaattoaamuna eikä kotoa ollut tullut edes kirjettä. Miili oli sentään lähettänyt kauniin joulukortin ja kiittänyt lahjasta. Siitä tiesin, että Yngve oli tosiaan vienyt ne yhteen pakettiin pakatut joululahjani Miilin ompelimoon heti Suomeen tultuaan. Yngven isoäiti kun asui Bulevardilla melkein häntä vastapäätä. Koska Miili oli joka tapauksessa menossa jouluksi Albergaan, olin laittanut myös kotiväen lahjat samaan pakettiin ja vienyt sen Hôtel de Suèdeen poikien lähtöpäivän aattona.

Viime jouluna näihin aikoihin me olimme Allin kanssa paketoineet joululahjoja ja keksineet niihin värssyjä, muistelin haikeana maitokahvia juodessani ja mursin palan eilisestä patongintyngästä, joka oli jo kuivunut korpuksi. Täällä Ranskassa jouluaattoa ei vielä juhlittu, joten minun piti lähteä kahdeksaksi ompelimon puolelle.

Siellä joulutunnelma alkoi vähitellen kohota, sillä tytöt olivat Marthan johdolla hankkineet jostakin pienen joulukuusen, joka koristeltiin tilkuista tehdyillä kangasruusuilla ja roskakorista pelastetuilla organzan suikaleilla. Totta kai myös ommeltiin, mutta aina välillä joku kaunisääninen aloitti joululaulun, johon muut yhtyivät. Itse en tunnistanut heidän lauluistaan muuta kuin sen *Heinillä härkien*. Siitäkin osasin vain suomalaiset sanat.

Ruokatauolta ei enää palattu töihin. Bistrossammekin oli jouluaaton kunniaksi ollut tarjolla hehkuviiniä ja suuria meheviä kalkkunaleipiä, joten tunnelma oli korkealla, kun poistuimme joulutervehdyksiä vaihtaen.

– Lähdetäänkö Halleille ostamaan jotakin syömistä joulunpyhiksi? Katariina ehdotti. – Sieltä saa vaikka mitä!

– Tuskin sentään lanttulaatikkoa, naurahdin, mutta suostuin tietysti, ja niin sovimme, että tapaisimme kadulla puolen tunnin kuluttua.

Oli hauska kävellä pikkupakkasessa Rue Saint-Honoréllä ja katsella samalla näyteikkunoita, joihin oli nyt ilmestynyt pieniä jouluseimiä ja muita koristeita. Vasta perille päästyämme ymmärsin, miksi Ville-setä oli niin haltioitunut näistä halleista. Yhdessä ainoassa valtavan suuressa paviljongissa oli pelkästään juustoja, toisessa pelkästään hedelmiä ja vihanneksia, kolmannessa leipiä ja leivonnaisia, neljännessä makkaroita, viidennessä kalaa…

Vaikka tungos oli hirmuinen, oli helppoa liikkua Katariinan vanavedessä, sillä kaikesta näki, että hän oli tehnyt täällä ennenkin ostoksia. Niin kertyi koreihimme vähitellen appelsiineja, päärynöitä ja omenoita, viikunoita, taateleita, pähkinöitä, manteleita, tuoretta salaattia, mehevä savukinkun kappale ja pari kalkkunan rintapalaa, rusoposkisia perunoita, salottisipulia, muhkea elsassilainen joululeipä, juustoja ja kimpale tuoretta voita, muutama viini- ja samppanjapullokin mutta myös pullollinen maitoa riisipuuroa varten.

– Riisiä minulla on kotona, Katariina sanoi ja lupasi tuoda myös suolan ja sokerin.

Korit painoivat melkoisesti. Onneksi matka ei ollut kovin pitkä. Olimme päättäneet tuoda kaikki ruuat mademoiselle Virginien keittiöön, sillä siellä oli tyhjä ruokakomero ja kylmäkaappi ulkoseinässä ikkunan vieressä. Koska olin tottunut jo portaisiin, ehdin ensimmäisenä ylätasanteelle.

Mitä ihmettä? Paraatioven edessä kivilattialla lojui murjotun näköinen ruskea paketti. Kun laskin korini ja kumarruin nostamaan paketin, löysin sen toiselta puolelta oman nimeni.

– Äidin joulupaketti! huudahdin iloisena. – Se tuli sittenkin!

Paketissa oli minulle erikseen syntymäpäivälahja. Valkoisen kääreppaperin sisältä paljastui Eino Leinon *Elämäni kuvakirja* ja mikä liikuttavinta, siinä oli Eino-sedän oma omistuskirjoitus *Pikku-Kirstille, vanhan Mesikämmenen ystävälle kunnioittavasti Eino Leino.*

Kukahan nimikirjoituksen oli käynyt hakemassa? Ehkä Vallgrenit olivat tavanneet Eino-sedän kaupungissa, kun tämän uutta kirjaa oli juhlittu. Äiti oli varmaan lukenut kirjan itse ennen kuin hän laittoi sen pakettiin. Minä taas olin ratkaissut hänen lahjansa hankkimalla pienen pullon Chanelin nro 5 -hajuvettä.

Muut paketit päätin säästää iltaan, mutta Voiton ja Veikon laudanpätkästä sahatun joulukuusen laitoin keittiön pöydälle kynttilänjalkaa vasten. Sahausjäljestä päätellen se oli varmaan Iisakin tekemä, mutta paksut vihreät maalinvalumat ja siellä täällä näkyvät pienet sormenjäljet kertoivat kyllä pienten mestareiden todella osallistuneen lahjan valmistamiseen.

– No, nyt meillä on joulukuusikin, totesin Katariinalle, kun tämä tyhjensi ruokakoreja keittiössä.

Ulkona oli jo pimeää. Kun Katariina lähti käymään naapuritalossa omassa asunnossaan, heittäydyin vuoteelleni lukemaan Eino-sedän kirjaa. Sen alaotsikkona oli *Erään aikansa lapsen muistoja, mielialoja ja mietelmiä.* Koska kyse oli ensimmäisestä niteestä, muistelmia varmaan jatkettaisiin vielä.

Oli jotenkin liikuttavaa, että kirja alkoi juuri niillä muistoilla, joista Eino-setä oli puhellut minulle ja Viivi-tädille Syvärannassa viime kesänä. Vanha mies kulki lapsuutensa maisemissa ja suri kaikkea sitä, mikä oli kadonnut. Oikeastaan ymmärsin noita tuntoja vasta nyt, kun olin itse käynyt Djursholmissa ja tajunnut, ettei lapsuuden paratiisia ollutkaan olemassa muualla kuin minun mielikuvituksessani.

Seuraava luku oli kuitenkin pettymys. Muistin, miten jo pikkutyttönä ärsytti, kun Eino-setä rupesi juovuspäissään säälimään itseään ja puhui väräjävällä äänellä taistelustaan kaiken hyvän ja kauniin puolesta. Nytkin hän vertasi itseään Hefaistokseen, Prometheukseen, Kullervoon ja ties kehen ja syytti lopulta vanhanaikaista omaatuntoamme, joka muka varoittaa vain silloin, kun ihminen yrittää löytää jotakin uutta ja tuntematonta.

Vai oliko niin, että minulla oli huono omatunto tästä matkasta? Ehkä hiukan, äidin takia, vaikka hän olikin sanonut toivovansa, että löytäisin oman paikkani maailmassa.

Heräsin siihen, että paraatioven kelloa soitettiin. Mitä nyt?

Olin nukahtanut poski avointa kirjaa vasten kesken tarinan, jossa Eino-setä muisteli vanhaa koiraansa Toveria.

– No niin, kohta lähdetään joulumessuun, Katariina ilmoitti, kun menin avaamaan oven.

– Miksi me menisimme katoliseen kirkkoon? kysyin hämmästyneenä.

En silloin vielä ymmärtänyt, että jouluyön messu oli pariisilaisen joulun huipennus. Vasta kun vaelsimme sankassa väkijoukossa kohti Madeleine-kirkkoa, käsitin, miksi Katariinakin tahtoi lähteä tänne. Liikkeellä näyttivät olevan melkein kaikki Chanelin ompelijattaretkin, jotka asuivat Rue Cambonilla.

Matkan varrella joukkoon liittyi yhä uusia ja uusia seurueita, pariskuntia, huolestuneita isoäitejä, lyhyin askelin köpötteleviä vanhoja herroja, ympärilleen pälyileviä nuoria tyttöjä ja poikia ja jopa innosta pomppivia pikkulapsia, joita vanhemmat koko ajan komentelivat puoliääneen. Se oli todellinen kansainvaellus.

Ulkoapäin Madeleine-kirkko tosin näytti kreikkalaiselta temppeliltä. Kesti pitkään ennen kuin pääsimme tungoksessa nousemaan sen korkeita portaita pääovelle. Sisältä kirkko oli kuitenkin niin suuri, ettei tungos ollut oikeastaan ahdistava, vaikka väkeä oli valtavan paljon.

Totta kai messu oli rituaalina outo kaikkine kulkueineen, ristinmerkkeineen ja kellonkilistyksineen, mutta ihanaa oli kuunnella kuoripoikien ja kuorojen heleää laulua ja urkujen pauhua. Ne tuntuivat kohoavan taivaaseen saakka.

– Tule, käydään katsomassa jouluseimeä, Katariina sanoi, kun messu oli puolenyön aikaan ohi ja väki alkoi hitaasti liikehtiä kohti ulko-ovia.

Madeleine-kirkon jouluseimi oli rakennettu puoliväliin kirkkoa kullatun kaiteen taakse ja kahden valtavan suuren pylvään väliin. Se oli oikeastaan kokonainen ranskalainen maalaiskylä, jonka keskipisteenä oli vaatimaton talli härkineen. Jeesus-lapsi makasi seimessään aidoilla oljilla vierellään Neitsyt Maria ja Joosef. Enkeleiden ja paimenien lisäksi kedolla oli kymmeniä villasta tehtyjä lampaita ja jopa pari lammaskoiraa. Itämaan tietäjät olivat jo tulossa kameleittensa selässä tuomaan lahjoja. Kyläläisten sankka joukko tähysti talojensa edessä tähteä, joka hohti kaiken yllä. Heidän jaloissaan oli porsaita ja kanoja, hevonen veti heinäkuormaa ja vanha mies kantoi risutaakkaa selässään.

Kaikkia yksityiskohtia ei kyennyt edes näkemään, sillä väkeä tungeksi vieläkin seimiasetelman kaiteen ääressä. Taloissa paistettiin leipää, syötiin aterioita, nukutettiin lasta, ommeltiin, veisteltiin, pelattiin noppapeliä. Koululapset lauloivat joululauluja opettajan johdolla, ja vanha nainen keri lankakeräksi vyyhteä, jota hänen lapsenlapsensa piteli.

– Kuka tämän on tehnyt? kysyin Katariinalta ihastuneena. Hän kohautti vain olkapäitään ja arveli, että seurakuntalaiset toivat kirkon seimikuvaelmaan joka vuosi uusia hahmoja.

– Tämä näyttää taas olevan entistä suurempi, hän sanoi ja osoitteli vielä yksityiskohtia, joihin oli ihastunut jo edellisenä jouluna. Mistelinoksan alla tyttö ja poika suutelivat. Tuulimyllyn siipiä pyöritti hitaasti jokin näkymätön kone, ja mylläri kantoi viljasäkkiä selässään.

– Ei täällä läheskään kaikissa kodeissa ole joulukuusta, mutta melkein kaikilla on jouluseimi, Katariina selitti, kun kävelimme käsikynkkää kirkosta kotiin. – Minullakin on oma seimi ikkunalla, hän tunnusti.

Kadunvarren asunnoissa loistivat kynttilät. Silloin tällöin kuului laulua avoimista ikkunoista ja ympäröiviltä kaduilta. Vähän väliä saattoi haistaa ruuan tuoksun, sillä nyt juuri ruvettiin joka perheessä syömään jouluyön ateriaa.

– Mennään mekin syömään ja avataan lahjat, sanoin Katariinalle. – Ihanaa, että tästä tuli sittenkin oikea joulu!

Jouluaamuna heräsin vasta kun ulkona oli jo aivan valoisaa. Me olimme illalla istuneet pitkään keittiössä herkuttelemassa ja juoneet vähän viiniä ja pullon samppanjaa. Minulla näkyi olevan vieläkin jalassani ne villasukat, jotka äiti oli kutonut. Mutta miksi ihmeessä keittiöstä kuului kolahdus?

– Riisipuuro on kohta valmista, Katariina ilmoitti lieden ääreltä. – Kävin hakemassa oman kattilani, kun tuo alumiininen on niin surkea.

– Miten pääsit sisälle? kysyin keittiön pöydän ääreen istahtaen. Olo oli oudon hutera. Se johtui varmaan samppanjasta.

– Otin avaimet sinun takkisi taskusta, kun lähdin kotiin, Katariina vastasi. – Sinä olit silloin jo nukahtanut.

Ei sille mitään voinut, että riisipuuro maistui sittenkin enemmän joululta kuin viimeöiset herkut. Puurolusikassani tuntui jotakin kovaa.

– Laitoitko tähän mantelinkin? kysyin puraistuani sen rikki.

– Totta kai, Katariina nauroi. – Arvasin, että se osuu sinun lusikkaasi. Toivottavasti et kuitenkaan retkahda kehenkään täkäläiseen hurmuriin, hän lisäsi yllättävän totisena ja katsoi ulos ikkunasta sen näköisenä, etten uskaltanut kysyä, oliko hänelle itselleen käynyt juuri niin.

Äidin joulupaketissa oli ollut myös pieni taatelikakku ja muutama selstoffiin kääritty piparkakku, jotka tosin olivat menneet murusiksi pitkällä matkalla. Ne nautittiin nyt juhlallisesti maitokahvin kera. Lopulta Katariina nousi haukotellen pöydän ääreltä ja sanoi menevänsä kotiin nukkumaan päiväunet.

– Sinä saat hoitaa tiskit, hän sanoi virnistäen ja oli jo menossa, kun muisti, että minun avaimeni olivat yhä hänen taskussaan. – Nähdään huomenna!

Tiskit oli äkkiä tiskattu. Palasin takaisin vuoteeseen ja jatkoin Eino-sedän muistelmien lukemista. Varsinkin ne Hämeenlinnan koulumuistot oli niin hauskasti kerrottu, että nauroin ääneen. Kun kirja oli luettu, oli taas nälkä. Kävin tekemässä pari voileipää ja keitin teetä. Valot oli jo sytytetty vastapäisessä talossa. Sininen hetki tummeni ihan silmissä talvi-illaksi, vaikkei kello ollut vielä kuuttakaan.

Kun en muutakaan keksinyt, lähdin Virginie-neidin kirjastoon katsomaan, löytyisikö sieltä jotakin lukemista. Avasin varovasti kirjakaapin lasiovet, ja huomasin, että nahkaselkäisten Balzacin koottujen päällä oli litteä hopearasia. Otin sen käteeni, jotten pudottaisi sitä kirjaa ottaessani, mutta samassa kuori ponnahtikin auki.

Se oli ilmeisesti jonkinlainen valokuvakehys, ikivanha jo, sillä kehyksen sisällä oleva kuva oli kehitetty metallilevylle ja peitetty lasilla. Kuvassa oli kaunis kiharatukkainen nainen pikkutyttö sylissään ja aviomies vierellään. Rasian kanteen oli kaiverrettu koukeroiset ja toisiinsa kietoutuneet nimikirjaimet *J, A* ja *E* sekä *Paris* ja vuosiluku 1883.

Vaikkei kuva ollut kovin suuri ja se erottui kunnolla vain tietystä kulmasta katsoen, pikkutyttö näytti minusta samalta kuin oman kamarini taulussa istuva tyttö, vaikka oli tätä varmasti puolta nuorempi. Niinpä otin kuvakehyksen ja lähdin omaan huoneeseeni vertaamaan kuvia keskenään.

Kyllä, silmien muoto ja ilme oli sama, samoin nenä ja suu, vaikka valokuvan palleroisen tyttölapsen posket olivatkin pulleammat. Hulluinta oli, että valokuvassa näkyvä mies näytti vieläkin tutummalta. Olin aivan varma, että olin nähnyt jossakin tuon uhmakkaan pään asennon, pitkät viikset, tuiman katseen ja tummat, melkein uhkaavasti kaartuvat kulmakarvat.

Oli päivänselvää, että valokuva esitti mademoiselle Virginietä ja hänen vanhempiaan ja maalaus häntä itseään pikkutyttönä. Eihän siinä mitään ihmeellistä ollut. Miksi kuvat sitten askarruttivat minua? Olin jo lähdössä palauttamaan kuvakehystä kirjastoon, kun satuin vilkaisemaan vaatekaapin ovessa olevaan peiliin.

Minun kulmakarvani olivat samanlaiset kuin kuvan miehellä ja Virginie-neidillä. Minun nenäni ja suuni, nekin olivat kuin samasta muotista valettuja. Ne ompelimon tirskujat olivat oikeassa. Mademoiselle Virginie voisi olla äitini yhtä hyvin kuin tuo mies tuossa kuvassa olisi voinut olla isäni. Tai ei sentään, jos mies yhä eläisi, hänen täytyisi olla ainakin yhtä vanha kuin Haapaluoman Iisakki.

Totta kai tiesin, että sellaista sattui. Maailmassa oli kuulemma useita samannäköisiä ihmisiä ja joskus he kohtasivat toisensa, useimmiten eivät. Minun kuolleesta isästäni äidillä oli vain kaukaa laivan partaan takaa otettu valokuva, josta ei kasvoja erottanut juuri ollenkaan. Äiti taas on aivan eri näköinen kuin minä. Yhteistä meillä oli korkeintaan päättäväinen leuka ja tuuhea tukka, mutta minun tukkani oli iän mukana tummunut melkein mustaksi kun taas äidin tukka oli vaalentunut.

Entä jos en olekaan äitini tytär vaan ottolapsi? Mitä hullua, torjuin ajatuksen saman tien. Eihän leskeksi jäänyt emännöitsijä olisi missään tapauksessa ottanut huollettavakseen jonkun toisen pikkulasta.

En puhunut valokuvasta Katariinallekaan, vaikka olin tutkinut vielä samana iltana myös ne valokuvat, jotka riippuivat kullatuissa kehyksissä mademoiselle Virginien makuuhuoneen seinällä. Niissä nainen oli sama mutta mies aivan erinäköinen. Oliko Virginien oma isä siis kuollut ja hänen äitinsä mennyt uusiin naimisiin?

Entä sitten? Niinhän minunkin äitini oli tehnyt. Lopulta tajusin itsekin, että tällaiset pohdiskelut olivat aivan turhia. Mademoiselle Virginiellä oli oma elämänsä, minulla omani.

Jätin pohdinnat sikseen ja marssin kylpyhuoneeseen ja täytin ammeen kuumalla vedellä. Kylpysuolaa uskalsin tiputtaa veteen vain hyppysellisen, mutta tuoksu tuntui silti iholla, kun nautinnollisen kylvyn jälkeen kuivattelin tukkaani.

Tapaninpäivänä lähdimme Katariinan kanssa kävelylle Boulognen metsään. Sielläkin oli paljon väkeä liikkeellä, sillä päivä oli kaunis eikä pakkasta ollut kuin pari astetta. Eihän Bois de Boulogne tietenkään mikään oikea metsä ollut, kun puiston läpi kuljettiin leveitä katuja pitkin eikä tietä voinut ylittää autoja ja hevosvaunuja väistelemättä.

Sen verran oli kuitenkin ollut jo yöpakkasia, että puiston järvellä rohkeimmat olivat luistelemassa. Me kiersimme rantatietä sillalle, sillä Katariina oli luvannut tarjota minulle päivällisen siinä alppimajan näköisessä ravintolassa, joka oli saaressa järven keskellä.

– Tämä on varmaan tekojärvi, arvelin sillalta tähytessäni ja olinkin kuulemma oikeassa. Vaikka paikka oli selvästi enemmän puisto kuin metsä, voisi olla hauskaa tulla ajelemaan tänne joskus pyörällä, ajattelin itsekseni.

Ruoka oli mainiota, ruokasalin takassa räiskyi tuli ja viereisessä huoneessa joku soitti pianolla joululauluja. Kun tuli jälkiruuan aika, tarjoilija työnsi pöytämme viereen tarjoiluvaunun, jonka päällä näytti olevan halko. Ei, ei sentään, kakku se oli, mutta yllättävän oikean kaarnan näköiseksi oli sen suklainen kuorrutus pursotettu.

Katariina nauratti tarjoilijaa kertomalla, että olin hetken luullut tosiaan tuijottavani halkoa. Mies leikkasi meille siitä halkokakusta muhkeat palat ja selitti samalla, että hänen kotonaan Provencessa poltetaan vieläkin ihan oikea jouluhalko, jonka tuhka sirotellaan pelloille ja eläinten rehuun, se kun suojaa tulelta ja myrkyiltä.

Paluumatkalla kaupunkiin puhuimme Katariinan kanssa taikauskosta ja enteistä. Hän kertoi isoäitinsä nähneen aina etiäisiä. Hänen mummonsa oli asunut pienessä mökissä Turuntien varrella. Koskaan sinne ei voinut mennä yllättäen. Mummolla oli yleensä ruoka jo valmiina ja kahvi selviämässä, kun joku tuli käymään.

– Oman kuolemansakin mummo näki ja leipoi pullan ja pikkuleivät valmiiksi, hän kertoi. – Mökki oli silloin jo myyty ja mummo asui meillä Fredriksbergissä. Aamulla kun äiti meni mummon porstuakamariin, tämä makasi puhdas paita yllään selällään sängyssä ja virsikirja ristittyjen sormiensa alla. Illalla mummo oli vaatinut päästä saunaan niin ettei ruumista tarvinnut pestä.

– Aika pelottavaa, sanoin siihen, ja ajattelin Allia. – Minusta olisi kauheaa tietää kuolevansa seuraavana päivänä.

– Enemmän pelkäisin synnyttämistä, Katariina totesi. – Meidän Aliina, minun isosiskoni, kuoli synnytykseen, eikä lapsikaan elänyt kuin pari päivää. Siksi en tahdo mennä ikinä naimisiin, hän lisäsi ja kiirehti askeleitaan.

Olinkin ihmetellyt, miksei Katariina ollut vielä aviossa. Olihan hän taitava ja tyylikäs eikä vielä mahdottoman vanhakaan. Hänen puheistaan olin saanut sen vaikutelman, että syynä oli joku kelvoton mies, joka oli särkenyt hänen sydämensä. Nyt ymmärsin, että kaiken takana olikin kuolemanpelko. Se tuntui kauhean surulliselta, mutta tiesin, etten voisi auttaa asiaa millään lailla. Tuskin Katariina siitäkään olisi rohkaistunut, jos olisin kertonut, miten lähellä äidin kuolema oli ollut Voiton ja Veikon syntyessä.

Oikeastaan olin sinä iltana iloinen, että seuraavana aamuna piti taas nousta töihin. Kun kuljeskeli yksin isossa asunnossa, alkoi helposti miettiä asioita, jotka eivät miettimällä parane. Totuus oli kuitenkin, etten edelleenkään ollut löytänyt täältä Pariisista sitä, mitä todella halusin.

Ompelimossa alkoi hirveä kiire heti Mademoiselle Cocon ja Virginie-neidin palattua etelästä. Taas paiskottiin kankaankappaleita lattialle ja purettiin saumoja. Katariina sai kuulla kunniansa, kun mallipukuja ei ollutkaan valmiina tarpeeksi. Minä selvisin vähemmällä, vaikka jouduinkin taas päivät pitkät seisomaan Mademoisellen mannekiinina. Iltaisin, kun muut jo lähtivät, jäin tekemään päivällä suunnitelluista asuista mallipiirrokset. Olin nimittäin päässyt sittenkin Coco Chanelin armoihin, koska olin nopeampi ja tarkempi kuin se nuori mies, joka oli ilmeisesti saanut potkut.

– Minun on kohta pakko saada joku toinen *seconde*, Katariina sanoi tuskastuneena, kun oltiin jo helmikuun alussa eikä Chanelin kevätkokoelman näytökseen ollut enää kuin vajaat pari viikkoa.

– Olen pahoillani, sanoin ihan suoraan. – Pitäisikö pyytää, että mademoiselle Virginie puhuu puolestamme? On aivan sama, ketä

Coco käyttää vaatepuuna. Joudun seisomaan siellä ihan turhan panttina päiväkaudet.

– Ei, älä missään nimessä sano mademoiselle Virginielle, ettet halua seistä mannekiinina, Katariina huudahti kauhistuneena. – Ymmärrätkö, jos täällä rupeaa pullikoimaan Mademoiselle Cocoa vastaan, saa saman tien lähteä. Meiltäkin on joutunut vaikka kuinka monta hyvää ompelijaa pois aivan mitättömistä syistä!

Niin siis jatkettiin edelleen helmikuun puoliväliin, jolloin se kauan odotettu näytös oli määrä järjestää Chanelin myymälän yläpuolella olevassa salongissa. Näytöksiä oli nykyään useampia, sillä kaikki halukkaat eivät mahtuneet yhtä aikaa paikalle. Tärkein oli kuitenkin ensiesittely, jonne kutsuttiin lehdistö ja kaikkein kuuluisimmat asiakkaat.

Edellisenä päivänä kokoelma valokuvattiin muodinluojien yhdessä perustaman suojelujärjestön eli PAISin arkistoa varten. Se oli kuulemma ainoa keino, jolla suunnittelijat saattoivat suojautua kopioijia vastaan.

Koko päivän me Chanelin vakituiset mannekiinit vaihdoimme pikavauhtia Virginie-neidin, Katariinan ja Yvonnen avustamina uuden kokoelman asuja yllemme ja kävimme sitten pyörähtämässä valokuvaajan kameran edessä. Äkkiä sen rytmin oppi: etupuolelta, välähdys ja naks, sivulta, välähdys ja naks, takaa, välähdys ja naks, toiselta sivulta, välähdys ja naks ja sitten kuvasta pois. Silmiä ja päätä alkoi kuitenkin särkeä se valojen välke. Sitä paitsi lamput tekivät huoneesta kuuman kuin pätsi, ja Mademoiselle istui itse sivummalla nojatuolissaan ja kärytti taas niitä väkeviä savukkeitaan ainakin askin ellei kaksi peräjälkeen.

– Onneksi ei huomenna tarvitse enää mannekeerata, sanoin Katariinalle, kun jäimme kaksin järjestämään asut rekkeihin huomista varten.

– Miten niin? Katariina kääntyi katsomaan minua kummissaan.

– Minähän olen pelkkä sovitusmalli. Ymmärsin Yvonnen puheista, että tänne tulee oikeita mallikoulun käyneitä esittäjiä, vastasin haukotellen.

Luulo ei taaskaan ollut tiedon väärtti. Kun kömmin väsyneenä asuntooni ja pujahdin keittiöön juomaan teetä, mademoiselle Virginie ilmestyi ovelle ilmoittamaan, että minun pitäisi olla salongissa valmiina sminkkaukseen ja harjoituksiin heti seitsemältä aamulla. Ovet avattaisiin yhdeksältä ja kymmeneltä alkaisi näytös.

– C'est d'accord! vastasin myöntävästi, sillä muistin liiankin hyvin sen Katariinan varoituksen. Kerrankin mademoiselle Virginie veti suunsa hymyyn ja sanoi minun olevan reipas tyttö.

Kävely ja pyörähtely ei loppujen lopuksi niin vaikeaa ollutkaan, kun toiset tytöt neuvoivat jo harjoituksissa. Ryhti oli tärkeä ja se että hymyili ja katsoi asiakkaisiin. Piti myös muistaa pysähtyä välillä valokuvaajia varten. Jos puvussa oli jokin yksityiskohta, tasku tai avattava jakku, se piti esitellä myös. Hyvä puoli Mademoiselle Chanelin kaikissa vaatteissa oli, ettei niissä ollut yhtään nappia ilman napinreikää. Taskut eivät olleet valetaskuja, ja jokaisen napin saattoi avata ja sulkea.

Näytöksen jälkeen meille tarjottiin samppanjaa ja pieniä voileipiä ylhäällä ateljeessa, kun kaikki puvut oli ensin korjattu visusti takahuoneeseen suojaan. Ne mannekiinit, jotka eivät olleet Mademoisellella vakituisesti työssä, narisivat kyllä, kun heitä ei kutsuttu päivällisille, jotka pidettiin näytöksen jälkeen. Olin siitä pelkästään tyytyväinen, sillä päivä oli aurinkoinen ja Virginie-neiti oli luvannut, että saisin loppupäivän vapaaksi. Nyt jos koskaan halusin lähteä Boulognen metsään pyöräretkelle.

Pyöräparkani oli päässyt pölyttymään, kun en ollut ajanut sillä pitkään aikaan. Oli haettava yläkerrasta rätti, jolla saatoin pyyhkiä sen puhtaaksi. Yhtä keveästi polkimet kuitenkin liikkuivat kuin syksylläkin. Kun lähdin ajamaan pitkin Champs-Élyséetä, huomasin, etteivät autot pelottaneet minua enää yhtä paljon kuin ennen. Bulevardi oli nimittäin niin suora ja leveä, että sinne mahtuivat autot ja pyöräilijät rinnatusten.

Riemukaaren luota jatkoin toista leveää puistokatua, joka vei suoraan Boulognen metsään. Viime päivien lämpimät ilmat olivat saaneet jo ensimmäiset krookukset ja narsissit työntymään mullan alta. Lehtipuiden silmutkin vihersivät. Ilmassa oli samanlainen kevään tuntu kuin Suomessa joskus huhtikuun lopulla. Linnut sirkuttivat puissa, ja hetken kuvittelin kuulevani taivaalta kiurun liverryksen.

En halunnut ajaa viivasuoria puistoteitä, vaan käännyin ensimmäiselle pienelle metsäpolulle, jonka arvelin vievän tekojärvelle.

Mitä? Olivatko nuo pienet siniset kukat vuokkoja?

Oli noustava pyörän päältä katsomaan, mitä polun reunalla oikein kasvoi. Eivät ne vuokkoja olleet vaan vähän pienempiä ja vaaleampia kukkia, mutta yhtä lyhytvartisia ne olivat ja terälehdetkin olivat samalla lailla alapuoleltaan nukan peitossa.

Olin juuri nousemassa uudelleen pyörän selkään, kun polun mutkan takaa ilmestyi näkyviin toisiinsa kietoutunut pariskunta, joka seisahtui suutelemaan keskelle polkua. Ei auttanut muu kuin odottaa, että he sivuuttaisivat minut. Niinpä tutkailin sitä pientä sinistä kukkaa, jonka olin poiminut malliksi polun varrelta. Kun suutelijat tulivat lähemmäs, tajusin, keitä he olivat. Hekin ilmeisesti tunnistivat minut ja irtautuivat salamannopeasti toisistaan.

– Hello, Kristi! Ernest huudahti ja riensi hymyillen puristamaan kättäni.

– Bonjour, Ernest ja Pauline, vastasin hymyillen, mutta Paulinen ilmeestä ja punehtuneista poskista näin, että olin yllättänyt heidät itse teossa.

En tajua vieläkään, mikseivät he yksinkertaisesti jatkaneet matkaa vaan halusivat välttämättä lyöttäytyä seuraani. Ehkä se oli jonkinlaista varmistelua. Voi olla, että Pauline päätti jo silloin tehdä minusta liittolaisen itselleen. Vaikea sanoa. En koskaan oikein oppinut ymmärtämään näitä kahta.

Joka tapauksessa me lähdimme yhdessä pieneen viinitupaan, jonka he olivat äsken löytäneet. Se ei sijainnut tekojärven rannalla vaan sivummalla. Istuimme ulkopöytään, ja tarjoilija kiikutti meille heti Paulinen tilaaman samppanjapullon. Nyt oli kuulemma syytä juhlia, sillä Ernest oli juuri palannut Amerikasta saatuaan kustantajan sille romaanilleen, jota hän oli kirjoittanut viime syksynä.

– C'est une histoire incroyable! Pauline hekumoi lasiaan nostaen. Niin joimme Ernestin uskomattoman tarinan maljan, ja toisenkin ja kolmannen myös. Hänen romaanissaan kerrotaan kuulemma seurueesta, joka on katsomassa härkätaistelua Espanjassa ja setvii matkalla myös omia suhteitaan.

Hetkinen? Eivätkös Ernest ja hänen vaimonsa ole käyneet Espanjassa katsomassa härkätaistelua? Muistin ihan selvästi, että siitä oli ollut puhetta, kun istuimme sen pitkän illan juhlimassa Bumbyn pelastumista. Ilmeisesti Ernest oli kirjoittanut romaanin omista seikkailuistaan. Jos hän oli hakkaillut toisia naisia yhtä kiivaasti kuin minua silloin ja Paulinea nyt, ei ihme, jos suhteissa olikin vähän selvittämistä.

Lopulta koitti hetki, jolloin pystyin kysymään, olivatko Hadley ja pikku-Bumby vielä Alpeilla. Pauline ja Ernest vilkaisivat toisiinsa, mutta lopulta Ernest vastasi aivan asiallisesti, että hän oli juuri lähdössä heidän luokseen, kunhan saisi hoidetuksi täällä Pariisissa muutamia käytännön asioita.

Arasta puheenaiheesta päästiin, kun Paulinea tuli tervehtimään poskisuudelmin komea baskeripäinen nuorimies, jonka kaulassa roikkui kameralaukku. Hän esittäytyi Roger Martiniksi. Puheista päätellen mies oli ranskalainen valokuvaaja, joka kulki usein Paulinen mukana muotinäytöksissä ja haastatteluissa.

– Vous étiez chez Chanel aujourd'hui, n'est-ce pas? hän kysyi katseltuaan minua hetkisen pöydän toiselta puolelta. Myönsin olleeni tänään mannekiinina Chanelin näytöksessä, kun ammattilaisia ei ollut tarpeeksi. Ilmeisesti Roger oli ollut yksi niistä kuvaajista, jotka olivat kykkineet portaiden juurella, kun laskeuduimme yläkerrasta. Sanoin kuitenkin olevani ensisijaisesti ompelija ja muotipiirtäjä.

Sen kuultuaan Paulinekin innostui ja ehdotti heti, että tulisin jonakin päivänä näyttämään hänelle piirroksiani. *Vogueen* tarvittiin jatkuvasti uusia piirtäjiä, kun lehden sivumäärä vain kasvoi. Monet reklaamitkin piti nykyään piirtää lehden tyyliin, jotta ne eivät pilaisi kokonaisvaikutelmaa.

Varmemmaksi vakuudeksi Pauline kaivoi taskustaan pienen hopeisen kotelon, jossa oli nippu elegantteja käyntikortteja, ja ojensi yhden niistä minulle. Rue Picot, jolla hän asui, sijaitsi kuulemma aivan tässä lähellä vain muutaman kymmenen metrin päässä Avenue Fochilta. Kortissa oli myös puhelinnumero. Olisin tervetullut koska hyvänsä, kunhan ilmoittaisin tulostani etukäteen.

Kiitin tietysti ja nousin hyvästelemään, mutta silloin kaikki muutkin ryhtyivät tekemään lähtöä. Roger halusi välttämättä esitellä, miltä kaupunki näyttää iltaruskon aikaan Trocadérokukkulalta. Talutin pyörääni toisten mukana aina sille pikkukadulle saakka, jossa Pauline asui. Kun Ernest sanoi menevänsä vielä keskustelemaan käsikirjoituksestaan Paulinen luo, jäimme yhtäkkiä kahden Rogerin kanssa.

– Bravo, mies kuiskasi silmää iskien heti kun Pauline ja Ernest olivat kääntäneet meille selkänsä. Hän kysyi, saisiko ajaa pyörälläni ja pyysi minua istumaan tavaratelineelle. Vähän arkaillen suostuin Rogerin pyyntöön, vaikka hän vakuutti ajelevansa jatkuvasti polkupyörällä pitkin kaupunkia.

Tuuli suhisi korvissa, kun lähdimme jatkamaan matkaa. Oli vaikea pysyä tasapainossa. Siksi jouduin pitämään Rogerin vyötäisiltä kiinni kaksin käsin, jotten olisi keikahtanut maahan kuoppaisella kadulla ja jyrkissä kadunkulmissa. Vihdoin hän pysäytti pyörän sille ylätasanteelle, josta avautui näköala yli koko kaupungin.

– Voilà! Roger sanoi ja levitti kätensä hymyillen valloittavasti. Olimme kuulemma ehtineet tänne juuri oikeaan aikaan, kun ilta-auringon hehku valaisi Eiffel-tornin ja koko kaupungin. Totta oli, että maisema oli vaikuttava. Lämmin kevätpäivä oli nostanut ilmaan ohutta utua, joka loi kaikkeen kullankarvaisen hohteen.

Kun Roger kysyi, saisiko ottaa minusta valokuvan, kielsin ensin jyrkästi. Hyvänen aika, minulla oli likainen tukka ja silmien ympärillä vielä aamuiset sminkit. Pyöräretkelle olin pukenut kaikessa kiireessä vanhan hameeni ja villatakkini sekä yhden niistä puseroista, jotka olin perinyt Virginie-neidiltä. Lämmin huopahattukin oli mademoiselle Virginien peruja, mutta olin kiinnittänyt siihen joulun alla koristeeksi tummansinisen rusetin, joka sopi talvitakkini väriin.

Lopulta Roger sai kuitenkin puhuttua minut ympäri. Hän sanoi, ettei halunnut ottaa muotikuvaa vaan tahtoi vain ikuistaa nuoren ja kauniin naisen maisemassa, jota rakasti. Kyllähän nämä puhua osaavat, ajattelin ja muistin Katariinan varoitukset. No, helpointa oli kuitenkin suostua seisomaan hetkinen paikoillaan pyöränsarviin nojaten. Onneksi Roger ei vaatinut minua hymyilemään tai muuten keikistelemään. Riitti, kun katsoin kameraan enkä liikkunut. Kovin monta kertaa mies ei ehtinyt kameraansa räpsäyttää, kun aurinko jo liukui taivaanrannan taa ja kullanhohtoinen valo katosi. Vaikka Roger tarjoutui viemään minut pyörällä rue Cambonille asti, pidin varani ja kieltäydyin kunniasta. En ruvennut edes väittelemään asiasta, vaan nousin reippaasti pyörän selkään ja heitin hänelle hyvästit kättäni heilauttaen.

En ajatellut mitään muuta kuin omaa vuodettani, kun kapusin portaita ylös ja avasin palvelijanhuoneen ulko-oven. Tuntui ihanalta potkaista kengät jalasta. Aamupäivän mannekiinikävely korkeissa koroissa ja iltapäivän pyöräretki tuntuivat pohkeissa ja reisissä. Juuri kun ehdin ajatella, miten ihanaa olisi päästä peiton alle, keittiön ovi avautui ja mademoiselle Virginie kysyi, tulisinko juomaan hänen kanssaan lasin viiniä, niin voisimme puhua huomisista näytöksistä.

Ei semmoiseen pyyntöön voinut vastata kieltävästi. Niinpä seurasin mademoiselle Virginietä hänen salonkiinsa, jossa oli jo kaksi kristallista viinilasia punaviinillä täytettyinä. Hän istui nojatuoliinsa ja viittasi minua istumaan toiseen.

– À votre santé! hän sanoi lasiaan kohottaen, ja niin joimme toistemme terveydeksi.

Ensin alkuun puhelimme vain aamupäivän näytöksestä. Mademoiselle Chanel oli kuulemma ollut hyvin tyytyväinen, ja lehdistökin vaikutti erittäin kiinnostuneelta. Suurin osa muista muotitaloista ei ollut vielä esitellyt kokoelmiaan, ja meillä oli monia uutuuksia, jotka herättivät nyt huomiota mutta olisivat muutaman viikon päästä jo kaikille tuttuja. Nyökkäilin ja myöntelin, mutta ihmettelin samalla koko ajan, mihin Virginie-neiti oikein pyrki.

No niin, tulihan se sieltä lopulta. Mademoiselle Chanel ja hän olivat ajatelleet, että lopettaisin kokonaan ompelimossa ja siirtyisin suoraan mannekiiniksi ja piirtäjäksi ateljeehen. Virginie-neiti totesi itse, miten erinomaista oli, että tunsin piirrettävät asut niin hyvin, kun olin ollut paikalla niitä suunniteltaessa. Olin itse samaa mieltä, totta kai, mutta suhtauduin lausuntoon ikään kuin olisin ensimmäisen kerran tullut ajatelleeksi tätä asiaa.

– Très bien! hän sanoi hymyillen ja kaatoi lasiini lisää viiniä. Asia oli siis sovittu.

Epäröin hetken ennen kuin avasin suuni ja puhuin Katariinan puolesta. Hän tarvitsee tietysti uuden *seconden*, kun minut siirretään ateljeehen. Pieni ryppy ilmestyi Virginie-neidin silmien väliin, ja arvasin menneeni vähän liian pitkälle. Ompelimo oli hänen valtakuntaansa, eikä minulla ollut oikeutta ottaa kantaa sen järjestelyihin. Mutta olkoon menneeksi, mademoiselle Virginie lupasi pitää huolta siitä, että Katariina saa apulaisensa. Me suomalaiset pidimme näköjään aina yhtä, hän totesi hymähtäen ja täytti jälleen lasimme.

Hetken oli aivan hiljaista. Sitten päätin vaihtaa puheenaihetta ja kysyin, mistä hänen kauniit taulunsa olivat kotoisin. Mademoiselle Virginie näytti olevan suorastaan huojentunut kysymyksestäni. Hän alkoi selittää vilkkaasti, miten hänen äitinsä oli aikoinaan toiminut mallina Pariisissa ja monet taiteilijat olivat lahjoittaneet hänelle teoksiaan. Äidin kuoleman jälkeen taulut piti siirtää tänne, kun talo myytiin. Virginie-neidin veli oli näet kaatunut Verdunissa eikä tällä ollut perhettä.

Nyt uskalsin kysyä jo enemmän. Oliko niin, että se minun huoneessani olevan taulun pikkutyttö, joka istui tuolilla ja jolla oli eriväriset silmät, oli mademoiselle Virginie itse?

– Peut-être! hän vastasi olkapäitään kohtauttaen. Ehkäpä, mutta sitä oli vaikea tietää. Hänen äitinsä ei koskaan puhunut noista tauluista. Iso osa niistä oli itseasiassa ollut heidän kotinsa ullakolla.

Sitten tapahtui jotakin käsittämätöntä. Viinistä se ehkä johtui, sillä pullo oli juotu tyhjäksi. Virginie-neiti ryhtyi uskoutumaan minulle ja kertoi isänsä olleen hyvin mustasukkainen äidin Pariisin-vuosista. Siksi niistä tai tauluista ei koskaan puhuttu kotona.

Kaiken huipuksi hän väitti, ettei hänen isänsä ollut todellisuudessa hänen oikea isänsä. Kun mykistyin hämmästyksestä, mademoiselle Virginie nousi tuolistaan, meni kirjastoon ja palasi sieltä hetken kuluttua se hopeinen valokuvakehys kädessään. Oli pakko näytellä yllättynyttä, vaikka olin jo epäillyt aivan samaa asiaa.

Vielä enemmän hämmennyin, kun hän näytti minulle vanhaa perhekuvaa ja kuiskasi, että hänen tätinsä väitti äidin olleen Pariisissa naimisissa tämän ruotsalaisen taiteilijan kanssa. Kun aviomies oli kuollut pennittömänä, äiti oli palannut kotiseudulleen meidän lasten kanssa ja suostunut lopulta vanhan ihailijansa kosintaan, vaikkei avioliitosta koskaan tullut onnellista.

– Avez vous un artiste suédois dans votre famille? hän kysyi napsauttaessaan kuvakehyksen kiinni. Ei, ei todellakaan. Meidän perheessämme ei ollut yhtään ruotsalaista taiteilijaa, vain nuori ruotsalainen perämies, joka oli hukkunut ennen syntymääni.

Jotenkin minua liikutti ja samalla järkytti, että mademoiselle Virginie halusi pelkän ulkonäön perusteella kuvitella meidän kahden olevan kaukaisia sukulaisia. Hänen täytyi olla todella yksinäinen ajatellessaan, että minun merimiesisäni ja hänen taiteilijaisänsä olisivat olleet sukua keskenään.

Niinpä vastasin kohteliaasti, että kaikki oli tietysti mahdollista, kiitin illasta ja toivotin hyvää yötä. Tyhjän viinipullon ja lasit vein mennessäni keittiöön, ja pesin ja kuivasin viinilasit vielä ennen nukkumaanmenoa. En ollut unohtanut asemaani Virginie-neidin vuokralaisena.

Me emme enää koskaan palanneet näihin sukupuheisiin. Aamulla mademoiselle Virginie oli jo mennyt ompelimoon, kun tulin keittiöön. Join kahvitilkkani ja otin komerosta korpun. Niillä eväillä piti selviytyä ruokataukoon saakka.

Kuka ties olisin unohtanut ne perhepuheet, ellei Katariina olisi muutamaa viikkoa myöhemmin saanut Suomesta nipun Kuvalehtiä. Niiden joukossa oli uusin lehti, jonka Parisin kirjeen olimme tehneet yhdessä, mutta myös muutama vanhempi numero, joissa oli Katariinan kirjoituksia ja kuvia.

– Haluatko, että jätän nämä tänne iltalukemisiksi? hän kysyi katsottuamme miltä piirtämäni kuvat näyttivät painettuina. Totta kai halusin. Sen viininjuonnin jälkeen en ollut saanut enää tilaisuutta etsiä lukemista mademoiselle Virginien kirjastosta. Jos lehdet lukisi oikein tarkkaan, niistä riittäisi iloa moneksi illaksi.

Lämpimän helmikuun jälkeen oli jo alkanut sateinen maaliskuu. Vaikka illat pitenivät, ei edes sunnuntaisin tehnyt mieli lähteä pyöräilemään. Niinpä lojuin kaikessa rauhassa kamarissani lehtiä lukien sinäkin sunnuntai-iltapäivänä, kun silmäni sattuivat kuvaan, joka sai minut kuohuksiin.

Samassa lehdessä, joka oli ilmestynyt jo viime joulukuussa, oli Ville-sedän 70-vuotispäivistä iso juttu mutta myös muistokirjoitus siitä taiteilija Enckellistä, jonka olin tavannut Allin haudalla. Ehkä juuri siksi luin lehteä tavallista tarkemmin. Aivan lehden lopussa huomasin äkkiä Otavan joululehden reklaamissa kuvan, joka näytti tutulta. Joululehden liitteenä oli nimittäin painokuvia, joista yhden kerrottiin olevan *Nuori parisitar, Daniel Mordanhin syövytys Albert Edelfeltin jäljettömiin kadonneen maalauksen mukaan.*

Nousin sängyltä ja menin Kuvalehti kädessäni kirjoituspöydän ääreen. Ei Edelfeltin maalaus suinkaan ollut kadonnut jäljettömiin. Tuossa se riippui, silmieni edessä, täsmälleen sama nainen, sama ilme, samanlainen hattu, mutta toisin kuin lehden mustavalkoisessa piirroskuvassa tässä maalauksessa hehkuivat kevään värit.

Nimikirjaimet tuon toisen taulun alareunassa täsmäsivät nekin, A ja ilmeisesti E. Entä valokuvakehyksessä? Siinäkin oli A ja E. Oliko siis Albert Edelfelt se kuollut ruotsalainen taiteilija, jota mademoiselle Virginie epäili isäkseen?

Ensimmäinen ajatukseni oli mennä heti kertomaan Virginie-neidille, että tiesin, kuka hänen isänsä oli saattanut olla. Ei ihme, että Edelfeltiä oli täällä luultu ruotsalaiseksi, olihan hän ollut ruotsinkielinen nimeään ja äidinkieltään myöten. Sitten tajusin, että jokin ei täsmännyt.

Jos Edelfelt olisi kuollut Virginie-neidin lapsuudessa, siitä olisi pitänyt olla jo vuosikymmeniä, ainakin kolmekymmentä ellei neljäkymmentä vuotta. Mutta Edelfelthän oli elänyt paljon kauemmin! Eihän siitä ollut varmaan kuin parikymmentä vuotta, kun hän oli maalannut Helsingin yliopiston juhlasalin seinään sen Akatemian vihkiäiskulkueen.

Ei sentään. Parempi oli antaa asian olla. En halunnut järkyttää mademoiselle Virginietä tiedolla, ettei hänen isänsä ollutkaan kuollut hänen lapsuudessaan. Ilmeisesti Edelfelt oli palannut Pariisista Suomeen ja hylännyt vaimonsa ja lapsensa. Ja olivatko he edes olleet naimisissa? Edelfelthän oli aatelismies ja tarkka arvostaan, niin ainakin Ville-setä oli kertonut. Tuskinpa hän olisi mennyt naimisiin jonkun taiteilijoiden mallina itseään elättäneen nuoren naisen kanssa. Sehän olisi ollut epäsäätyinen liitto.

Mademoiselle Virginien tarina äidistään ja hänen uudesta avioliitostaan sai kokonaan uuden merkityksen. Naisparkaa kävi sääliksi. Oli varmaan ollut hirvittävän nöyryyttävää palata kotiseudulle hylättynä ja häväistynä kahden aviottoman lapsen kanssa ja alistua siihen, ettei aviomies sallinut sanallakaan puhuttavan hänen menneisyydestään.

Vein Kuvalehdet vielä samana iltana Katariinalle. Hän istui pikkuruisessa huoneessaan muotilehtiä selaillen ja suunnitteli seuraavaa Parisin kirjettä.

– *Ensembleistä* pitäisi ainakin kirjoittaa, hän selitti ja näytti paria piirrosta *Mode Pratiquessa.* Mitä ne nyt olisivat suomeksi?

– Puku- ja takkiyhdistelmä, ehdotin, mutta Katariinasta se kuulosti liian asialliselta.

– On pakko käyttää vähän ranskan sanoja, hän selitti. – Silloin lukijatkin tuntevat itsensä hiukan ranskalaisiksi, kun he voivat puhua *ensembleista* ja *noteista*, *lamésta* ja *dekolteerauksista.*

En ruvennut väittämään vastaan vaan otin kynän ja paperia ja ryhdyin hahmottelemaan asuja, joista Katariina voisi kirjoittaa. Siitä olimme yksimielisiä, että ne pienet mustat juhla- ja iltapäiväpuvut pitäisi ehdottomasti mainita. Mademoiselle Cocon tämän kevään kokoelmassahan oli monta *petite robe noiria* eli pientä mustaa pukua. Se oli sikäli kätevä vaate, että arkisemmin asustein se kelpasi vaikka iltapäiväteelle, ja helminauhalla tai tekokukin koristeltuna sirompien kenkien tai sifonkisen hartiahuivin kanssa siitä sai hienon puvun teatteriin tai illallisille.

– Piirrä se musta sifonkipuku, jonka esittelit näytöksessä viimeiseksi, Katariina ehdotti. – Se, jossa oli se ruusunpunainen silkkivyö ja valtava tekoruusu vyötäröllä.

Jälleen kului vain pari tuntia ja uusi Parisin kirje oli valmis lähetettäväksi Suomeen. Edellisestä Katariina oli saanut sata markkaa ja tarjonnut siitä puolet minulle. Olin kuitenkin suostunut ottamaan vastaan vain neljäkymmentä frangia, sillä mielestäni Katariina oli kuitenkin tehnyt suurimman työn. Minähän piirsin huvikseni.

Seuraavalla viikolla seisoin taas joka päivä Mademoisellen mannekiinina. Nyt tehtiin jo seuraavaa kokoelmaa, joka esiteltäisiin toukokuussa Rivieralla ja Biarritzissa. Siihen kuului uimapukuja ja -viittoja sekä tennis- ja golf-asuja. Mieli teki ehdottaa, että Mademoiselle suunnittelisi myös pyöräilypukuja, mutta ymmärsin pitää suuni kiinni.

Kun jouduin viipymään ateljeessa iltamyöhään asti tekemässä mallipiirroksia, emme nähneet Katariinan kanssa kuin vilaukselta käytävällä. Hänelläkin oli täysi työ opettaa uutta *secondeaan*, joka oli Martha. Virginie-neiti oli siis pitänyt lupauksensa ja määrännyt Katariinalle uuden apulaisen.

Niin väsynyt olin monena iltana, etten jaksanut syödä edes illallista tai keittää teetä vaan hain keittiön ruokakaapista kourallisen rusinoita tai muutaman pähkinän ja mutustelin niitä ennen nukahtamista.

Onkohan tässäkään mitään järkeä, ajattelin, kun uupumus oli pahimmillaan. Mademoiselle Chanel ei näyttänyt tuntevan armoa tai myötätuntoa ainakaan meitä alaisiaan kohtaan. Totta kai olin tyytyväinen, että olin nähnyt läheltä niin monta niksiä ja oppinut, miten erilaiset kankaat käyttäytyivät ja miten niistä sai mahdollisimman näyttäviä mutta mukavia vaatteita. Lopuksi ikää en kuitenkaan aikonut jäädä Chanelin orjaksi. Kesä lähestyi. Olin luvannut palata kotiin. Kun tuhlailuun ei aikaa juuri riittänyt, oli kaulapussiini kertynyt jo matkarahojen lisäksi pientä pääomaa, jolla voisin maksaa äidille ja Eliakselle ainakin osan matkarahoistani takaisin.

Se iski kuin salama kirkkaalta taivaalta. Juuri kun kaikki sujui totuttuun tapaan ja Pariisin kevät puhkesi kukkaan.

– Kirsti, oletko nähnyt uuden *Voguen?* Katariina kysyi hiljaa, kun maanantaiaamuna tulin ompelimon eteisen ovesta sisään ja aioin jatkaa pitkin käytävää Mademoisellen ateljeen puolelle. Ilmeisesti Katariina oli odottanut minua, sillä hän näytti todella kalpealta ja hermostuneelta.

– En vielä, kuinka niin? kysyin hämmästyneenä. Lehti oli varmaan ilmestynyt eilen. En yleensä ostanut sitä itse, kun tiesin, että Katariina oli tilannut sen itselleen.

– Tule niin näytän, Katariina suhahti ja veti minut mukanaan naisten klosettiin. Olipa tämä nyt salaperäistä, ajattelin huvittuneena enkä tajunnut lainkaan kuinka vakavasta asiasta oli kyse. Kun olimme ahtautuneet samaan koppiin, Katariina lukitsi oven ja kaivoi paitansa alta *Voguen* uuden numeron, jonka kannessa muotinäytöksen mannekiini pyörähteli lamppujen valokeilassa. Hän selasi sitä hetken ja työnsi sitten lehden käteeni.

Oho.

Koko sivun kuvassa olin minä itse. Nojasin polkupyörään huopahattu silmillä, Virginie-neidin sinivalkoisessa puserossa ja virttynyt villatakki auki retkottaen. Takana häämötti Eiffel-torni ja se näköala, joka avautui Trocadérolta. Eikä siinä vielä kaikki.

Kuvan vieressä oli artikkeli, jonka otsikkona oli suomeksi käännettynä suunnilleen *Luonnollinen muoti kuuluu kaikille.*

– Etkö tajua, mitä olet mennyt tekemään? Katariinan ääni vapisi kiihtymyksestä, vaikka hän yritti kuiskailla. – Ei meillä ole lupa tehdä työtä kenellekään muulle kuin hänelle!

– En minä ole saanut tuosta kuvasta centimeäkään, puolustauduin. – Muuan valokuvaaja vain nappasi sen, kun olin pyöräilemässä silloin ensimmäisen muotinäytöksen jälkeen. Siksi nuo silmät ovat kuin hiilellä vedettyjä ja suukin näyttää melkein mustalta. Ja tuon jutun kanssa minulla on vielä vähemmän tekemistä. Miksei siinä muuten näy kirjoittajan nimeä?

– Ilmeisesti kirjoittaja ei ole uskaltanut esiintyä omalla nimellään, Katariina sanoi ja lysähti istumaan toilettipöntön kannelle. – Toivottavasti Mademoiselle Coco uskoo sinun selitystäsi, hän lisäsi ja kysyi, haluaisinko, että hän tulee kanssani ateljeehen.

– Älä nyt ihmeessä! Joudut vielä sinäkin ikävyyksiin, torjuin heti hänen tarjouksensa ja avasin klosetin oven. Pari ompelijatyttöä seisoi peilin edessä ja ihmetteli varmaan, miksi olimme sulkeutuneet samaan koppiin. – Kyllä minä saan tämän itse selvitetyksi!

Varmuuden vuoksi otin Katariinan lehden mukaani. Jos Mademoiselle ei itse olisi sitä jo huomannut, olisi parempi, että hän kuulisi asiasta minulta. Silti jännitti vähän, kun kaivoin avaimeni esiin ja avasin sen välioven, jonka takana Mademoisellen työhuoneet sijaitsivat. Yvonne tuli käytävällä minua vastaan, muttei vastannut tervehdykseeni. Se oli paha merkki ja sai kämmeneni hikoamaan, vaikka tiesin, etten ollut tehnyt mitään väärää.

– Bonjour, mademoiselle Chanel, bonjour, mademoiselle Virginie, tervehdin heitä ovelta. Naiset seisoivat rinnatusten Mademoiselle Cocon työpöydän ääressä ja lukivat ilmeisesti samaa lehteä, joka minulla oli kädessäni.

Kumpikaan ei vastannut tervehdykseeni. Mademoiselle Virginie kääntyi kannoillaan ja katosi takahuoneeseen. Mademoiselle Chanel sen sijaan sytytti savukkeen, puhalsi henkosen vedettyään savujuovan ilmaan ja...

Se oli kuin tulivuoren purkaus!

Vogue lensi yli huoneen minua kohti, mutta väistin sivuun. Huutoa en sen sijaan päässyt pakenemaan vaan jähmetyin ovelle. Mademoiselle kähisi ja kirosi, sylki silmilleni tullessaan aivan lähelle kasvojani ja marssi sitten taas raivoten ympäri huonetta. Olin pettänyt hänen luottamuksensa! Olin pettänyt myös Virginie-raukan, joka oli tehnyt kaikkensa auttaakseen minua eteenpäin! Olin käärme, jota he olivat elättäneet povellaan! Minäkö olin varastanut hänen mallinsa ja vienyt ne amerikkalaisille? Minut oli nähty ryyppäämässä jenkkien kanssa pitkin kaupunkia. Olin *une voleuse*, *canaille*, *fripouille!* Kaikkia kirouksia ja haukkumasanoja en edes ymmärtänyt.

Merkillisintä oli, etten hetkeäkään pelännyt häntä, vaan kuuntelin tyynesti Mademoisellen huutoa ja yhä käheämmäksi muuttuvaa ääntä, joka lopulta sortui kokonaan. Oli aivan selvää, ettei tuo raivotar kuuntelisi selitystäni enkä minäkään haluaisi tämän jälkeen seistä enää hetkeäkään hänen edessään.

Kun Chanelin huuto katkesi yskänpuuskaan, ilmoitin lyhyesti mutta kuuluvasti, että olin syytön, käännyin kannoillani ja sanoin vielä lähtiessäni *adieu*. Sitten suljin oven jäljessäni.

Varsinainen kujanjuoksu alkoi vasta käytävässä. Yvonnen lisäksi pukuhuoneen puolelta oli käytävään tullut meteliä kuuntelemaan koko joukko mannekiineja, pukijoita ja ompelijoita. Vielä enemmän väkeä oli kerääntynyt ompelimon eteiseen. Ilmeisesti Mademoisellen huuto tai ainakin tieto siitä oli kiirinyt myös entisille työtovereilleni. Katariinaa ei näkynyt, ei liioin Marthaa. Ehkä he pelkäsivät omastakin puolestaan ja pysyttelivät siksi piilossa.

– Adieu, käännyin sanomaan ulko-ovelta kaikille. Silloin Veronica juoksi äkkiä halaamaan minua ja vetäytyi sitten säikähtäneenä toisten selän taakse. Julistin näillekin ranskaksi, etten ole syyllistynyt mihinkään, ja toivotin heille hyvää jatkoa.

Tunsin itseni merkillisen iloiseksi ja keveäksi noustessani portaat palvelijanhuoneen ovelle. Oli selvää, etten voisi jäädä enää mademoiselle Virginien luo asumaan. Ryhdyin siis pakkaamaan vähiä tavaroitani. Kun kumpikin laukku oli täynnä, istuin vielä kirjoituspöydän ääreen kirjoittamaan kirjelapun Virginie-neidille. Kerroin siinä lyhyesti, miten valokuva oli otettu, ja sanoin, etten todellakaan ollut antanut lupaa sen julkaisemiseen missään. Ne häneltä saadut vaatteet, jotka olivat kuvassa, olin jättänyt palvelijanhuoneen komeroon.

En halunnut enää katsoa taakseni, sillä tiesin, että kyyneleet alkoivat olla jo lähellä, kun voimaa antava raivo alkoi laantua. Sen valokuvaajaroiston panisin kuitenkin maksamaan tästä, päätin mielessäni. Todennäköisesti saisin hänen osoitteensa Pauline Pfeifferiltä.

Nyt ei ollut aikaa puhelinsoittoon. Kun tulin laukkuineni kadulle, pysäytin taksin, joka oli juuri lähdössä Chanelin myymälän luota tuotuaan sinne aamun ensimmäiset asiakkaat.

– Rue Picot, sanoin kuljettajalle asettauduttuani takapenkille. Kun mies kysyi talon numeroa, muistelin sen olevan neljä.

Pauline Pfeiffer tuli kotiin vasta lounaan jälkeen. Paikalla ei ollut kuin hänen pikkusisarensa Ginny, joka näytti tyrmistyneeltä avatessaan oven. Palvelijatarta heillä ei kuulemma ollut, mutta portinvartijan vaimo kävi päivittäin siivoamassa ja pesemässä astiat ja pyykin. Sen verran kerroin Ginnylle, jota en oikeastaan tuntenut kuin ulkonäöltä, että olin saanut *Voguessa* julkaistun kuvan takia potkut Chanelilta.

Ginny sanoi kyllä *sorry*, mutta katosi saman tien omaan huoneeseensa. Hän oli ilmeisesti herännyt kesken unien, koska oli avannut oven silkkisessä pyjamaksessa ja pitkässä aamutakissa. Suljetun oven takaa kuului englanninkielistä puhetta, mutta vain Ginnyn oma ääni. Ilmeisesti hän puhui puhelimessa.

Aika kului toivottoman hitaasti, ja ehdin jo katua, että olin syöksynyt suin päin näiden jenkkiflappereiden asuntoon. Olisihan minun pitänyt heti ymmärtää, ettei miss Paulinen kutsu tulla näyttämään piirroksiani ollut mitään muuta kuin amerikkalaista kohteliaisuutta.

Pfeifferin sisarusten asunto oli kuin suoraan muotilehdistä leikattu. Kaikkialla näkyi upottavia sohvia ja nojatuoleja, kulmikkaita lasipöytiä, joiden päällä oli valtavia kukka-asetelmia, pehmeitä mattoja ja keveitä läpikuultavia verhoja. Seinillä oli moderneja maalauksia, joista vain vaivoin pystyi sanomaan, mitä ne esittivät. Tällaisessa asunnossa moni olisi varmaan halunnut asua, jos siihen olisi ollut varaa. Itse pidin enemmän siitä elegantista tyylistä, jolla Virginie-neidin koti oli sisustettu.

Ei. Nyt ei saa ajatella mitään, mikä saisi minut itkemään surkeuttani, komensin itseäni hammasta purren. Minä olin selvinnyt sodasta ja Allin kuolemasta. Tämä kaikki oli pelkkää leikkiä siihen verrattuna.

Kun Ginnyn englanninkieliset puhelinkeskustelut vain jatkuivat suljettujen ovien takana, vaelsin viereiseen huoneeseen, joka näytti olevan Paulinen työhuone. Ainakin siellä oli kirjoituskone pöydällä ja röykkiöittäin muotilehtiä joka puolella. Otin niistä yhden ja palasin takaisin salongin puolelle lukemaan sitä. Tämä oli jokin italialainen, jota en ollut ikinä nähnyt. Oli kiinnostavaa katsoa, miten dramaattisia muotikuvia siihen oli piirretty.

Lopulta, kun olin jo menettänyt toivoni ja aioin juuri lähteä hyvästiä sanomatta, jokin auto pysähtyi talon eteen. Portaikosta kuului kohta nopeaa korkojen kopinaa, sitten avain kiertyi lukossa ja Pauline tuli ovesta paria hatturasiaa kantaen.

– Hello Kristi, hän tervehti minua hämmästyneenä ja pahoitteli, etten ollut soittanut etukäteen. Sen pidemmittä puheitta kerroin, mitä tänään oli tapahtunut ja miksi. Sanoin, etten halunnut muuta kuin sen valokuvaajan osoitteen, jotta hän joutuisi vastuuseen teostaan. En tosin tiennyt miten se tapahtuisi. Hän nyt kuitenkin oli syynä minun onnettomuuteeni.

– Oh no, Pauline huokasi ja veti minut viereensä salongin sohvalle. Roger oli kuulemma lähtenyt eilen parin toimittajan kanssa Rivieralle tekemään laajaa reportaasia kesäkuun lehteä varten. He eivät palaisi sieltä ainakaan pariin viikkoon, varsinkaan, jos ilmat olisivat suotuisia rantaelämään ja purjehdukseeen.

Kun kysyin, kenen kirjoittama oli se artikkeli, johon kuvani oli liitetty, Pauline pyöritti ruskeita silmiään ja levitteli käsiään. Todennäköisesti se oli ollut päätoimittaja itse tai sitten joku muu. *Voguessa* ei läheskään aina mainittu kirjoittajaa etenkään, jos juttua tekemässä oli ollut useampi toimittaja.

Niin kauan kuin puhuttiin vain lehdestä ja jutusta, pystyin pitämään pintani. Vasta kun Pauline kysyi, oliko minulla paikkaa, mihin mennä, panssarini alkoi murtua. Oli pakko purra huulta, etten purskahtaisi itkuun. Lopulta sanoin, että menen ehkä takaisin vasemmalle rannalle siihen samaan hotelliin, jossa asuin Pariisiin tullessani.

– Non, pas la question! Pauline huudahti ja nousi nopeasti viereltäni. Hän meni eteiseen huutamaan sisartaan, joka tulikin kohta huoneestaan täysissä pukeissa ja sminkattuna. Hetken he puhuivat puoliääneen englantia. Sitten Pauline kääntyi hymyillen ilmoittamaan minulle, että ilman muuta voisin jäädä toistaiseksi heidän vierashuoneeseensa.

Hän arveli minun olevan hirvittävän väsynyt ja halasi lohduttaen. Kun hetkeä myöhemmin istuin vierashuoneen leveän parivuoteen laidalla ja Pauline oli sulkenut oven jäljessään, kumarruin riisumaan kengät ja käperryin pehmeälle vuoteelle.

Ehkä kaikki muuttuu vielä hyväksi, oli viimeinen ajatukseni ennen nukahtamista.

Havahduin siihen, että Pauline istui sänkyni laidalla ja ravisteli minua olkapäästä. He olivat Ginnyn kanssa lähdössä illalliselle ja halusivat minun tulevan mukaan. Totta olikin, että olin nälissäni, enkä siis pannut vastaan. Vasta eteisen kirkkaissa valoissa huomasin olevani oikea Tuhkimo Pfeifferin sisarusten rinnalla. He kun olivat jälleen pukeutuneet juuri sellaisiin pukuihin, joita oli viime viikot esitelty muotinäytöksissä. Kumpikin oli taidokkaasti sminkattu, Pauline tosin enemmän. Ginny kun oli luonnostaan kauniimpi ja naisellisempi.

Vielä enemmän tunsin itseni kolmanneksi pyöräksi, kun päästiin alas kadulle ja noustiin siihen viininpunaiseen Hispano-Suizaan, jonka olin jo viime syksynä nähnyt Chanelin liikkeen edustalla. Ginny asettui ratin taakse ja Pauline hänen viereensä. Auton takapenkki, jonne minun piti sulloutua, oli aivan olematon enkä tiennyt, miten olisin pitänyt pitkiä sääriäni, jotteivät ne olisi murjoutuneet mustelmille.

Niin ajettiin huimaa vauhtia avoautossa Riemukaarelle ja pitkin Champs-Élyséetä Place de la Concordelle. Kun käännyttiin kohti vasenta rantaa, kumarruin kysymään, mihin olimme menossa.

– À La Rotonde! Pauline kääntyi huutamaan olkansa yli. Hänen mustat hiuksensa lepattivat melkein pystysuoraan ilmassa. Minulla oli onneksi päässäni se huopahattu, jonka olin saanut Miililtä.

La Rotonde oli samanlainen kokonaisen kadunkulman vallannut brasseria kuin se Selectkin, jossa olin käynyt Yngven ja Birgerin kanssa ennen heidän lähtöään. Ginny pysäköi auton aivan katukahvilan kohdalle. Humalainen miesjoukko, joka istui markiisin alla ulkopöydissä, tervehti Pfeiffereita huudoin ja vihellyksin. Nämä näyttivät selvästi nauttivan huomiosta, vaikka marssivat sisälle ravintolaan pystypäin ja sivuilleen vilkuilematta.

– Hemingways are there, kuulin Paulinen sanovan Ginnylle, kun olimme sivuuttaneet baaritiskin.

Todellakin, Hadley, Ernest ja pikku-Bumby istuivat syömässä takimmaisessa ikkunapöydässä. Siinä oli tilaa vielä meille kolmelle. Kun sanoin, että voisin syödä vaikka päivän keiton ja ottaa lasin viiniä, Pauline vaati minua valitsemaan kunnollisen illallisen. Sitten hän ryhtyi selittämään englanniksi kovaa kohtaloani Hemingwayn pariskunnalle. Bumby, joka oli kasvanut ja vankistunut sitten viime näkemän, kiemurteli pöydän alle ja alkoi hetken päästä tehdä kanssani tuttavuutta kutittelemalla sääriäni.

Hadley oli se, joka alkoi puhua ranskaa huomatessaan, etten ymmärtänyt juuri mitään heidän englannin kielestään. Niin pöytään muodostui kuin huomaamatta kaksi seuruetta. Me Hadleyn kanssa puhuimme ranskaksi pikku-Bumbysta ja siitä itävaltalaisesta alppikylästä, jossa Hemingwayt olivat viihtyneet huhtikuun alkuun asti. Ernest, Pauline ja Ginny puhuivat englanniksi ilmeisesti siitä Ernestin uudesta espanjalaisaiheisesta romaanista, jonka oli tarkoitus ilmestyä ensi syksynä. Ainakin heidän puheissaan kuuluivat vilahtelevan sellaiset sanat kuin *fiesta* ja *matador*.

Ruoka oli hyvää, viini samoin, enkä vastustellut, vaikka Pauline maksoi meidän kaikkien puolesta. Hänellähän oli siihen varaa. Tällä kertaa Bumby oli nukahtanut minun syliini, kun olin ruuan jälkeen leikittänyt häntä samoilla sormileikeillä kuin Voittoa ja Veikkoa ihan pikkuisina. Harakan puuronkeitto oli naurattanut pikku jenkkiäkin, vaikkei hän ymmärtänyt suomen kielestä sanaakaan.

Oli kiusallista, että Ernest alkoi jälleen viiniä ja viskiä kitattuaan puhua minun noidansilmistäni ja hamuili polveani pöydän alla. Lopulta Hadley sanoi, että hänen pitää lähteä viemään Bumby kotiin nukkumaan. Mieli teki potkaista mister Hemingwaytä nilkkaan, kun hän ei tehnyt elettäkään auttaakseen vaimoaan. Vasta kun tarjouduin itse kantamaan Bumbyn heidän asunnolleen, Ernest havahtui ja nousi huojahtaen ottamaan pojan syliinsä.

– Poor Ernest, Pauline huokasi puoliääneen Ginnylle, kun Hemingwayt purjehtivat tungoksen lävitse kohti ulko-ovea.

Sen verran minäkin englantia ymmärsin, että hän tarkoitti Ernest-parkaa. Mikä parka tuo omahyväinen jenkki oli? Hadleyhän se tässä parka oli, jos kuka. Mahtoiko vaimo tietää, mitä Ernest oli puuhannut Paulinen kanssa palatessaan Amerikasta Pariisin kautta?

Pian taas viiletimme samaa tietä takaisin Rue Picotille. Perillä autoin Ginnyä ja Paulinea nostamaan auton kuomun paikalleen, sillä tähän aikaan keväästä ei koskaan tiennyt, milloin sade taas yllättäisi. Kun noustiin portaita Pfeifferien asunnolle, Pauline sanoi, että tahtoi huomisaamuna katsoa muotipiirroksiani. Hänellä saattaisi olla minulle töitä nyt heti.

En ryhtynyt purkamaan matkalaukkuani vaan otin sieltä vain yöpaidan ja puhtaat vaatteet huomiseksi. Automatkan jäljiltä oli pölyinen olo, joten peseydyin vierashuoneen lavuaarin ääressä. Hiukset haisivat taas tupakalle, mutta sitä ei kai voinut välttää tässä huushollissa, kun sekä Ginny että Pauline tupakoivat ahkerasti. He ovat todellisia flappereita, ajattelin sänkyyn kömpiessäni, vaikka oikeastaan minun olisi pitänyt olla heille pelkästään kiitollinen.

Seuraavana aamuna heräsin jo ennen muita. Ilmeisesti Pfeifferin sisarukset nukkuivat aina myöhään. Kun keittiössä ei näyttänyt olevan juuri mitään syötävää, laitoin tulitikun ulko-oven väliin, jottei lukko rapsahtaisi kiinni, ja kipaisin kadun toiseen päähän, jossa oli pieni leipomo. Lämmin patonki kainalossa ja tuoreet voisarvet paperipussissa palasin takaisin keittämään kahvia. Sen tuoksu houkutteli Paulinenkin vuoteestaan.

– Splendid! hän huudahti keittiöön astuessaan.

Tätä juuri hän oli kaivannut. Ginny, joka ei tehnyt mitään järkevää, nukkui kuulemma puoleenpäivään, eikä edes keittänyt hänelle kahvia, vaikka hän raatoi heidän kahden edestä, Pauline vitsaili. Sitten hän ryhtyi selittämään ikään kuin maailman luonnollisimpana asiana, että tosiasiassa heitä varten oli olemassa rahastot, joiden koroilla he elivät täällä Pariisissa varsin mukavasti.

Dollarin kurssi oli nimittäin frangiin verrattuna erittäin korkea.

Minusta oli outoa, että hän puhui raha-asioistaan noin avoimesti ventovieraalle. Mitä enemmän jouduin olemaan tekemisissä Paulinen kanssa, sitä ristiriitaisemmin tuntein suhtauduin häneen. Kaikista vioistaan ja itsekeskeisyydestään huolimatta Pauline oli vitsikäs ja laski usein leikkiä itsestään. Sitä paitsi hän oli todella aidosti avulias. Miksi muuten Pauline olisi ruvennut auttamaan minua töiden saannissa?

Aamukahvin jälkeen Pauline nimittäin vei minut työhuoneeseensa ja antoi minulle kynän ja luonnoslehtiön. Hän pyysi valitsemaan parista vanhasta *Voguesta* muutaman muotivalokuvan ja tekemään niistä sitten tyylitellyt muotipiirrokset. Muistin Katariinan neuvot ja ryhdyin työhön.

Tuntia myöhemmin Pauline palasi uuteen ja hyvin eleganttiin lehmuksenvihreään asuun pukeutuneena ja täydellisesti sminkattuna. Hän hämmästyi, sillä lehtiössä oli jo toistakymmentä piirrosta.

– Wonderful! Just great! And this is very *imposant*, hän ylisti kuviani niitä selatessaan. Olin huojentunut, sillä Paulinen innostus vaikutti aidolta. Hän sanoi ottavansa piirrokseni nyt mukaansa lähtiessään toimitukseen. Kyllä näillä näytöillä pitäisi töitä irrota.

Pauline oli jo pannut lehtiön salkkuunsa ja lähtenyt kaupungille, kun huomasin, että minun olisi pitänyt kysyä, paljonko *Vogue* maksoi piirtäjilleen. Nyt kun en enää saanut säännöllistä palkkaa, täytyi tarkoin miettiä, mihin rahani käytän ja elää sen mukaan.

Aivan ensimmäiseksi lähdin hakemaan polkupyöräni pois Rue Cambonilta. Ennen lähtöään Pauline oli antanut minulle oman avaimen, joten enää ei tarvinnut turvautua tulitikkutemppuun. Ginny näet nukkui vieläkin.

Aamu oli kaunis ja lämmin. Avenue Fochilla ja Champs-Élyséellä osa puista oli jo saanut lehtisilmunsa auki. Päivästä oli varmaan tulossa oikein helteinen. Tuntui oudolta kävellä kaupungilla tähän aikaan mitään tekemättä. Heti kun käännyin Rue

Cambonille, minua alkoi ahdistaa. Eilinen nöyryytys oli yhä tuoreessa muistissa ja täytti minut taas raivolla.

Chanelin ruokatauko oli juuri alkanut ja katu täyttyi hetkessä valkotakkisista, joita virtasi kaikista porttikäytävistä. Katariinaa ei kuitenkaan näkynyt, vaikka olin ennen lähtöäni kirjoittanut häntä varten kirjelipulle uuden osoitteeni ja Pfeifferien puhelinnumeron.

– Kristii! Kristii!

Martha huusi takanani. Vaihdoimme siinä keskellä katua muutaman sanan. Hän näytti olevan hyvin järkyttynyt tapahtuneesta, mutta lohdutin häntä vakuuttamalla, että kaikki oli hyvin. Totta kai hän toimittaisi kirjelapun Katariinalle! Erosimme poskisuudelmin ja toivotimme toisillemme kaikkea hyvää. Sitten Martha kiirehti toisten perässä kohti bistroa, ja minä pujahdin porttikäytävän kautta talon numero 27 takapihalle hakemaan polkupyörääni.

Kun olin irrottanut sen lukon ja kettingin roskakatoksen pylväästä, vilkaisin ylös kohti mademoiselle Virginien ikkunoita.

Joku seisoi kattoparvekkeella ja nojasi kaiteeseen: Virginie-neiti itse. Huomatessaan minun katsovan häntä nainen katosi nopeasti sisälle asuntoon.

– Au revoir! sanoin puoliääneen ja heilautin kättäni noustessani pyörän selkään. Tunsin pitkästä aikaa itseni vapaaksi polkiessani pitkin keväisiä puistokatuja.

Pauline piti lupauksensa. Kun hän palasi iltapäivällä kotiin, hänellä oli mukanaan nippu seurapiirikaunotarten valokuvia, joista piti tehdä piirretyt ja sopivasti tyylitellyt versiot. Kasvot saisivat tietysti, jos mahdollista, olla tunnistettavissa, mutta tärkeintä oli, että naiset näyttäisivät piirroksissa sievemmiltä ja sirommilta kuin valokuvissa.

– Et rappelez-vous les petits pieds, Kirsti! hän nauroi lähtiessään. Lupasin tehdä kuvien naisille niin pienet jalat kuin mahdollista.

Tänään Ginny ja Pauline oli kutsuttu päivällisille jonkun upporikkaan pankkiirin palatsiin. Saisin käydä syömässä, missä itse halusin. Jälleen kerran huomasin kuitenkin heidän lähdettyään, etten ollut vieläkään saanut kysytyksi piirrosten hintaa.

Joka tapauksessa oli hauskaa heittäytyä jälleen kunnon työhön, eikä aistikas ympäristö ainakaan vähentänyt nautintoa. Paulinen työhuone oli valoisa eikä liian kuuma, sillä sen ikkunat avautuivat kadun puolelle luoteeseen. Paperi oli erinomaista laatua, ja kynätelineestä löytyi nippu parhaita lyijy- ja värikyniä, kaikkia vahvuuksia, kaikkia värisävyjä. Kynänterotin oli kiinnitetty pöydän laitaan ja teki terävän kärjen vain muutamalla pyöräytyksellä.

Järjestin valokuvat vaikeusjärjestykseen. Pikkusievistä flappereistä oli helppo piirtää muodinmukaisia pitkäkoipisia mannekiineja. Kaikkein vaikein piirrettävä oli hevosnaamainen nainen, joku englantilainen lady ehkä, jolla oli ylenmäärin poimutettu ja koristeltu kirjava puku ja epäpukeva hattu. Ei auttanut muu kuin muuttaa kuvan mittasuhteita. Tein naisen päästä näköisen mutta todellista pienemmän, jolloin hattukin istui paremmin. Pienensin myös puvun poimutuksia ja naisen jalkoja, mutta venytin sääret pidemmiksi. Tulos oli yllättävän onnistunut, vaikka itse sanonkin.

Hassua kyllä, sitä tunsi itsensä jonkinlaiseksi hyväntekijäksi, kun urakka oli tehty. Suttuiset valokuvat, joista osa oli selvästi epäonnistunut, olivat muuttuneet näyttäviksi piirroksiksi. Ihan piruuttani pinosin työni tulokset niin, että alkuperäinen valokuva ja piirros tulivat päälletysten.

Ja nyt ulos ja syömään!

Ulkona oli kesäisen lämmintä. Melkein tänne saakka saattoi tuntea Boulognen metsän tuoksun. Sinne siis. Pian kiidin polkupyörän selässä pitkin Avenue Fochia. Kun tie lopulta sukelsi metsän siimekseen, seisahduin hetkeksi vetämään henkeä. Mikä tuoksu! Mikä linnunlaulu! Uskomatonta!

Sillä viikolla sain paljon aikaan. Torstai-iltana, kun Ginny ja Pauline olivat taas lähdössä viimeisen päälle tälläytyneinä jonkin näytelmän ensi-iltaan, puhelin soi ja kiirehdin vastaamaan. Langan toisessa päässä oli Katariina. Sovimme tapaavamme Riemukaarella ja menevämme yhdessä illalliselle.

Kun oli vaihdettu kuulumiset puolin ja toisin, kävi ilmi, että Katariina tarvitsi taas kuvia Kuvalehden Parisin kirjeeseen. Hän tarjosi minulle edellisestä jälleen puolet palkkiosta, enkä tällä kertaa kursaillut ottaa niitä vastaan. Chanelilla minusta ei kuulemma ollut puhuttu sanallakaan.

– Niin se aina on, Katariina lohdutti. – Jos Mademoiselle heittää jonkun talosta, hänestä ei saa edes puhua. Virginie-neiti näyttää kuitenkin murehtivan lähtöäsi tai sitten hänkin on joutunut Cocon epäsuosioon.

– Miten niin? kysyin huolestuneena.

– Mademoiselle Virginiellä on koko viikon ollut silmät turvoksissa kuin itkun jäljiltä, Katariina selitti. – Ja tänään hän oli sairaana ja poissa työstä. Sellaista ei ole sattunut vielä kertaakaan koko sinä aikana, jonka olen ollut Chanelilla.

Ei se minusta johtunut, niin halusin ainakin uskoa. Ahdisti jo pelkkä ajatus siitä painostavasta ilmapiiristä, joka Mademoisellen lähellä vallitsi parhainakin päivinä. Vasta nyt, kun olin vapautunut hänen valtapiiristä, ymmärsin, miten paljon Virginie-neiti ja muu muotitalon väki todellisuudessa joutui kestämään. Sen täytyi olla raskasta sillekin, joka oli tottunut elämään rajuilmaa varoen jo vuosikausia. Epäilemättä Mademoiselle Chanel oli nerokas, mutta alaisiaan kohtaan hän oli oikullinen hirmuvaltias.

Katariinalle siitä ei tietenkään kannattanut puhua. Hän oli jo osansa valinnut. Sitä paitsi hänen ei tarvinnut ainakaan toistaiseksi kohdata Mademoisellea silmästä silmään kuin aniharvoin. Virginie-neiti, niin vaativa kuin hänkin oli, suojeli tosiasiassa itsensä uhraten koko ompelimon väkeä.

Ruuan aikana ei vielä puhuttu Katariinan kanssa uusista töistä. Hän olisi tahtonut minun lähtevän sunnuntaina kanssaan elokuviin katsomaan sitä uutta ja kohuttua ranskalaista elokuvaa, joka oli tehty Victor Hugon *Kurjat*-romaanin pohjalta. Kokonaisuudesta oli kuulemma tulossa kuusituntinen, ja siksi se esitettiin neljässä osassa. Niistäkin jokainen kesti toista tuntia.

– Ikävä kyllä, lupasin lähteä jo huomenna Pfeifferien ja Hadley Hemingwayn kanssa autoretkelle Loiren laaksoon, vastasin. – Mutta ehkä se elokuvissa käynti onnistuisi seuraavana pyhänä.

– Sehän on hauskaa, että olet ystävystynyt niiden rikkaiden jenkkien kanssa noin hyvin, Katariina tokaisi, mutta hänen äänestään kuulsi aivan selvä kateus ja suorastaan mustasukkaisuus.

– Pauline on ollut kovin ystävällinen, ja eikä Ginnykään enää nakkele niskojaan yhtä paljon kuin alussa. Kuka muu olisi ottanut vierashuoneeseensa melkein ventovieraan ihmisen asumaan ja järjestänyt hänelle vielä töitä? Olen tehnyt tällä viikolla nipun piirroksia *Vogueen.*

– Paljonko ne maksavat kuvasta? Katariina kysyi. Nolotti vastata, etten vielä tiedä. Siksi kiirehdin sanomaan, ettei raha ole pääasia vaan se, että saan piirtää.

Kireä tunnelma helpotti vasta, kun illallisen jälkeen mentiin ulos katukahvilan puolelle tutkimaan niitä uusia muotilehtiä, joita Katariina oli ottanut mukaansa.

– Katso, tuossa on melkein samanlainen puku kuin se, jonka ompelit sisarellesi toissa kesänä, hän sanoi, kun selasimme kumpikin omaa lehteämme.

Ei sille mitään voinut, että aina kun muistin Allin, murhe häivähti mielessä. Katariina oli tietysti oikeassa, sillä kuvassa oli Allin vihreän puvun tapaan puvun yläosaan kiinnitetty lantiopoimitus, joka oli solmittu eteen. Muuten asu oli kyllä paljon arkisempi.

– Tehdään koko kirje kaksiosaisista asuista, ehdotin Katariinalle, joka innostuikin asiasta. Kevät ja syyssesongin kirjeet olivat kuulemma paljon helpompia. Vaikeinta oli keksiä sydänkesään ja talveen sopivia aiheita, jottei olisi toistanut itseään.

Oli hiukan haastavaa piirtää kuvia valmiiksi katukahvilan himmeissä valoissa, vaikka Katariina oli tuonut tullessaan sekä paperia että ne kynät, joita olin ennenkin käyttänyt. Lopulta olimme kumpikin tyytyväisiä lopputulokseen. Katariina sanoi kirjoittavansa tekstin valmiiksi viimeistään sunnuntaina, niin se ehtisi varmasti Suomeen ajoissa.

– Hauskaa Loiren-retkeä! hän toivotti erotessamme. – Tähän aikaan keväästä siellä on varmasti todella ihanaa.

Aluksi näyttikin siltä, että retkestämme tulisi unohtumaton. Tavallaan niin kävikin, mutta kokonaan toisella tavalla kuin olin kuvitellut. Järjestelyissä ei ollut mitään vikaa. Ginny, jolla ei ollut muuta tekemistä, oli suunnitellut kaiken valmiiksi. Meille oli varattu yöpymiset viehättävissä hotelleissa, ja kaikkiin kolmeen päivään sisältyi vierailuja vanhoihin linnoihin, jotka kohosivat jokilaaksoa ympäröivillä kukkuloilla. Kerralla ajettiin autolla korkeintaan muutamia kymmeniä kilometrejä.

Jotta kaikki olisi täydellistä, Pauline oli hankkinut jostakin perusteellisen opaskirjan, jossa oli esitelty tarkasti jokaisen linnan historia ja kaikki kiinnostavat erikoisuudet ja arkkitehtooniset yksityiskohdat. Kaikista linnoista puistoineen oli myös kartat. Koska olin seurueesta ainoa, joka ei tullut huonovointiseksi lukiessaan autossa, minusta tehtiin jonkinlainen epävirallinen turistiopas.

Ehkä kaikkein hauskinta oli nähdä, miten Hadley nautti retkestä. Pienen villin pojan äiti oli todellakin ansainnut muutaman vapaan päivän. Ernest oli kuulemma luvannut pitää Bumbystä hyvää huolta. Sen lisäksi heillä kävi ystävällinen siivoojarouva, joka oli huolehtinut pojasta aivan vauvasta asti ja oli todella luotettava.

Lauantai-iltana, kun takana oli kolme kellarista torninhuippuun koluttua keskiaikaista linnaa ja me söimme hotellia vastapäätä olevassa ravintolassa herkullista parsaillallista, puhe kääntyi lapsiin. Hadley sanoi suoraan, että heidän elämänsä sai kokonaan uuden suunnan ja mielekkyyden, kun Bumby syntyi. Raskaus ei kuulemma ollut mitenkään helppo ja synnytyksestä Hadley ei halunnut edes puhua, mutta lopputulos ratkaisee, kuten hän sanoi. Oli ihanaa nähdä lapsen kasvavan ja oppivan uusia asioita joka päivä.

– Et Ernest est un père tendre, hän lisäsi kauniisti hymyillen ja kohotti viinilasiaan ehdottaen maljaa Ernestille, Bumbyn hellälle isäpapalle.

En voinut sille mitään, että Paulinen kaksinaamaisuus tuntui suorastaan kylmäävältä. Siinä hän istui kilistelemässä parhaan ystävättärensä kanssa, ja kuitenkin olin nähnyt jo helmikuussa, miten hän oli suudellut kiihkeästi metsäpolulla tämän aviomiestä. Eikä se taatusti ollut pelkkään suudelmaan jäänyt. Miksi muuten Ernest olisi lähtenyt iltamyöhällä Pfeifferien asunnolle muka keskustelemaan käsikirjoituksestaan?

Onneksi Ernestin ylistelyä ei jatkettu. Sen sijaan Ginny tokaisi, ettei hänellä ollut mitään lapsia vastaan, mutta niiden isää hän ei haluaisi ottaa vaivoikseen. Me kaikki purskahdimme nauramaan, kun hän sanoi, että lisääntyisi mieluiten niin kuin kastemadot, neitseellisesti omista munistaan. Siihen Hadley totesi nokkelasti, että hänen tietääkseen kastematojenkin on pariteltava, vaikka ne ovatkin kaksineuvoisia ja kykenevät hedelmöittämään itse itsensä.

– Fine! Pauline huudahti ja kaatoi meille lisää samppanjaa. Hänen mielestään olisi sääli, jos matoparat eivät saisi nauttia erotiikasta.

Muita tämä nauratti ja vedin minäkin suutani hymyyn, vaikka koko ajan tuntui siltä, että kohta jokin räjähtää. Puheet liikkuivat nyt sellaisella alueella, jonne ei pitäisi eksyä ainakaan samppanjapullo eväänään. Niinpä lähdin nukkumaan Hadleyn ja minun yhteiseen hotellihuoneeseen.

Olin juuri sammuttanut valot, kun Hadley tuli jäljessäni. Ei, hän ei todellakaan ollut herättänyt minua, vakuutin ja sytytin valot uudelleen. Jostakin syystä Hadley ei kuitenkaan riisunut itseään vaan istui sänkynsä laidalle ja alkoi ajatella ääneen. Hänestä oli outoa, että Ginny ja Pauline, niin mukavia kuin he olivatkin, suhtautuivat äitiyteen niin pilkallisesti.

Kun Hadley aivan selvästi odotti minun kannanottoani, sanoin, että meidän, jotka emme ole äitejä, on vaikea ymmärtää, millainen kokemus se on. Todennäköisesti Ginny ja Pauline muuttavat mielensä, jos heistä vielä joskus tulee äitejä.

Kerroin senkin, että minun äidilläni on kaksoset, kaksi pientä villiä poikaa, jotka olivat vähällä viedä äidin hengen jo syntyessään. Pojat sairastelivat pienempinä paljon, itkivät öisin, potivat ensin hampaitaan ja sitten korviaan. Mekin Allin kanssa jouduimme niitä hoitamaan ja hyssyttelemään ja saimme silloin varmaan hetkittäin nauttia pisaran sekä äitiyden vaivaa että onnea.

– Qui est Alli? Elle est votre soeur? Hadley kysyi. Kerroin niin lyhyesti kuin kykenin, että Alli oli ollut kasvinsisareni, joka kuoli viime keväänä keuhkotautiin.

– Oh, c'est triste, Hadley huokasi pahoitellen ja ryhtyi lopultakin valmistautumaan yöpuulle.

Kun oli hetken maattu pimeässä toistemme hengitystä kuunnellen, hän sanoi yhtäkkiä, että minulla oli varmaan suurenmoinen äiti. Myönsin hänen olevan oikeassa ja sanoin, että toivoisin itsekin olevani vielä joskus samanlainen äiti omille lapsilleni.

– Ma mère... Hadley aloitti, mutta vaikeni sitten niin pitkään, että luulin hänen nukahtaneen. Lopulta hän kuitenkin sanoi hiljaa, oikeastaan melkein kuiskaten, että hänen äitinsä oli ollut liiankin suojeleva. Vasta kun äiti oli kuollut, hän saattoi ruveta elämään omaa elämäänsä. Siksi Hadley ei missään nimessä haluaisi tulla samanlaiseksi kuin oma äitinsä.

Seuraava päivä alkoi kehnosti. Pauline tuli aamiaiselle huonovointisena. Hän syytti eilisiltaista hollandaise-kastiketta, jota oli tarjottu parsan kanssa. Meille muille se ei tosin ollut aiheuttanut mitään oireita. Pari palaa syötyään Pauline lähti pöydästä äkisti, ilmeisesti oksentamaan. Hetken perästä Ginnykin poistui katsomaan, miten hän selviäisi. Me Hadleyn kanssa palasimme aamiaisen jälkeen hotellihuoneeseemme ja ryhdyimme tutkimaan matkaoppaasta seuraavaa kohdettamme. Se oli kermakakun näköinen linna, jossa Aurinkokuningaskin oli yöpynyt.

Pääsimme liikkeelle vasta puoleltapäivin. Ginny ajoi jälleen Pauline vierellään, ja me Hadleyn kanssa kyyhötimme takapenkin ahtaudessa. Päivä ei ollut yhtä kaunis kuin edellinen. Auringossa oli kyllä lämmintä, mutta viileä tuuli ajeli jatkuvasti paksuja pilvimöhkäleitä auringon eteen. Silloin tuntui siltä kuin kylmä henkäys olisi kulkenut maan yli. Hadley sanoikin, että tämä oli juuri sellainen päivä, jolloin talvi ja kesä ottivat vielä viimeisen kerran mittaa toisistaan.

Linna näytti ränsistyneemmältä kuin matkaoppaan kuvassa, mutta ryhdyin selostamaan tunnollisesti sen vaiheita, kun olimme nousseet autosta ja katselimme ympärillemme. Äkkiä Pauline hermostui ja sanoi, ettei halua nähdä koko paikkaa. Kun Hadley yritti houkutella häntä edes kurkistamaan sisälle linnaan, Pauline menetti kokonaan malttinsa ja alkoi rähistä Hadleylle.

Onneksi Ginny meni väliin ja talutti Paulinen kauemmas puhuakseen hänelle järkeä. Minun tehtäväkseni jäi tyynnytellä järkyttynyttä Hadleytä. Hän ei voinut käsittää, mitä oli tapahtunut. Jos Pauline ei halunnut häntä tälle matkalle, miksi hän oli järjestänyt sitä niin innokkaasti?

Siinä me seisoimme, loistoauton kupeella. Sen omistajat seisoivat kauempana lummelammen rannalla ja puhuivat kiihkeästi keskenään. Äkkiä näin Paulinen purskahtavan itkuun ja Ginnyn sulkevan hänet syliinsä. Hadley selasi matkaopaskirjaa ikään kuin olisi yrittänyt löytää siitä vastauksen kysymykseensä.

Niinpä tietysti. Kun pilvi ajautui jälleen auringon eteen ja kylmä tuuli sai minut värisemään vilusta, tiesin, miksi tämä merkillinen retki oli järjestetty. Niin sen täytyi olla. Pauline oli varmaan raskaana. Samalla lailla äiti oli oksennellut aamuisin ja saanut joskus itkukohtauksenkin, kun oli ruvennut odottamaan kaksosia. Me Allin kanssa olimme silloin olleet aivan varmoja, että hän on sairastunut vakavasti.

Miksi ihmeessä Pauline ei ollut puhunut suoraan Hadleyn kanssa? Tai paremminkin, miksei Ernest ollut kertonut totuutta vaimolleen? Tällaisessa valheellisessa ystävättärien retkessä ei ollut mitään mieltä. Tilannehan oli täysin kestämätön sekä Paulinen että pian varmaan myös Hadleyn kannalta. Ehkä minut olikin otettu mukaan vain siksi, että myös Hadleylla olisi joku tukenaan, kun totuus paljastuisi hänelle.

Se hetki koitti nopeammin kuin arvasinkaan. Ginny tuli pahoitellen luoksemme ja sanoi, ettei meidän kannattanut odottaa Paulinea muttei liioin mennä sisälle linnaan. Niinpä lähdimme kävelylle puistoon kaikki kolme. Ainoa meistä, joka oli äänessä, oli Hadley, joka luki iloksemme valittuja kohtia matkaoppaasta. Ginny näytti yhtä vaivaantuneelta kuin minäkin.

Sanoin käyväni autolla hakemassa vesipullon ja jätin heidät hetkeksi kahden. Pauline istui autonsa etupenkillä ja joi samppanjaa suoraan pullon suusta. Sitä oli ostettu eilispäivänä edellisestä linnasta monta pulloa auton tavaratilaan. Kun sanoin Paulinelle, ettei hänen pitäisi juoda tuossa tilassa, hän säpsähti ja kysyi, mitä tarkoitan. En ruvennut selittelemään sen kummemmin vaan kaivoin vesipullon laukustani.

– Êtes-vous satisfaite, Kristi? Pauline huudahti uhmakkaasti ja tyhjensi melkein täyden pullon kallista samppanjaa hietikolle auton viereen. Vastasin, että olisin vielä tyytyväisempi, jos hän ei enää satuttaisi Hadleyta. Silloin Pauline peitti kasvot kämmeniinsä ja alkoi itkeä äänettömästi.

Kun palasin puiston puolelle, Hadley istui kalpeana penkillä lummelammen vierellä. Ginny näkyi kuljeskelevan kauempana. Jo kaukaa näki, että totuus oli vihdoinkin valjennut Hadleylle. Kun tulin istumaan hänen viereensä, hän kysyi päätään kääntämättä, tiesinkö minäkin. En voinut muuta kuin vastata myöntävästi ja silittää hänen selkäänsä, joka vavahteli itkusta.

Me ajoimme takaisin Pariisiin painostavan hiljaisuuden vallitessa. Matka sujui kyllä nopeasti, sillä Ginny hurjasteli mistään piittaamatta, vaikka tiet olivat monin paikoin huonossa kunnossa. Välillä auto heittelehti niin rajusti, että niska oli nitkahtaa. Hadley istui pää painuksissa ja silmät kiinni, eikä Pauline tainnut olla yhtään sen enempää tajuissaan. Olin varmaan ainoa meistä neljästä, joka pelkäsi henkensä puolesta. En halunnut murskaantua tien sivuun tai puuta päin vain siksi, että Ernestin naiset olivat sotkeneet asiansa perin pohjin.

Kun lopulta tulimme Pariisin laitimmaisiin esikaupunkeihin, Ginnyn oli pakko hiljentää vauhtia. Kaupungissa oli lämpimämpää kuin maaseudulla. Iltapäivän aurinko lämmitti selkää ja niskaa, ja ihmisiä parveili kaduilla ja katukahviloissa ikään kuin mitään ei olisi tapahtunut. Näinhän se aina käy. Kun jonkun ihmisen elämä päättyy tai maailma romahtaa, tuntuu käsittämättömältä mutta samalla lohdulliselta, että maapallo jatkaa silti pyörimistään eikä suistu radaltaan.

Ginny ajoi pyytämättä ensin vasemmalle rannalle Hadleyn ja Ernestin asunnon eteen. Me kaksi hyvästelimme toisemme poskisuudelmilla. Kun Ginny nousi autosta antamaan Hadleyn laukun tavaratilasta, hekin syleilivät ja seisoivat hetken toisiaan rutistaen. Pauline istui liikkumatta kuin patsas etupenkillä eikä vastannut Hadleyn kädenheilautukseen.

– That's it, kuulin Ginnyn sanovan Paulinelle, kun lähdimme jälleen liikkeelle. Kai se tarkoitti jotakin sellaista, että asia oli loppuun käsitelty. Tuskinpa vain. Nythän todelliset ongelmat vasta alkoivat, kun Hadleykin tiesi totuuden. Sitä paitsi olin aivan varma, että Pauline odotti Ernestin lasta.

Seuraavana aamuna, kun Pauline oli lähdössä toimitukseen, otin puheeksi muotikuvani ja kysyin, paljonkohan Vogue maksaa niistä.

– Oh yes, hän sanoi ja kaivoi lompakostaan nipun kymmenen frangin seteleitä.

Laskin rahat nopeasti. Siinä oli vain 80 frangia, ja olin sentään urakoinut parikymmentä piirrosta. Kun kysyin, eikö lehti todellakaan maksanut enempää, hän selitti hinnan riippuvan siitä, missä koossa ne lehteen painettiin. Minun kuviani oli käytetty lehden jälkiosassa, jossa saattoi olla kuusi tai jopa kahdeksan pientä kuvaa samalla sivulla.

Olin tyrmistynyt ja samalla kauhuissani. Ajatus siitä, että voisin elättää itseäni Voguen muotipiirtäjänä haihtui tuhkana tuuleen. Sanoin suoraan Paulinelle, että minun oli pakko saada työpaikka ja palkka, jolla voisin maksaa asumiseni, ruokani ja kaikki muut kuluni täällä Pariisissa.

– Mais vous pouvez vivre ici gratuitement, hän huudahti eikä näyttänyt lainkaan käsittävän, etten aikonut jäädä pysyvästi asumaan ilmaiseksi heidän vierashuoneeseen.

Lopulta Pauline kuitenkin lupasi miettiä, tarvitsisiko joku hänen tuttavistaan taitavaa ompelijaa. Siitä hän oli samaa mieltä kanssani, että minulla oli tuskin mahdollisuuksia saada töitä mistään suuresta muotitalosta. Mademoiselle Chanel oli varmaan pitänyt huolen siitä. Vaikka kaikkien muotitalojen omistajat kilpailivat verisesti keskenään, he liikkuivat samassa pienessä seurapiirissä ja tiesivät tarkkaan, mitä kussakin talossa tapahtui.

Koko päivän olin kuin tulisilla hiilillä. Kun portinvartijan vaimo tuli siivoamaan Pfeiffereiden asuntoa, lähdin polkupyörällä

Boulognen metsään. Olin huomannut, että se oli paras paikka koko kaupungissa lepuuttaa hermoja, kunhan etsiytyi pikkupoluille. Vaikka linnunlauluun sekoittui metsässäkin suuren kaupungin humina, siellä oli kuitenkin puiden, mullan, ruohon ja kukkien tuoksu. Kaukana kaupungin vilinästä näki myös kirkkaammin oman tilanteensa.

Se oli selvää, etten enää halunnut jäädä asumaan Pfeiffereiden vierashuoneeseen. Pauline tiesi, etten hyväksynyt sitä, miten hän oli ehdoin tahdoin antautunut suhteeseen ystävättärensä aviomiehen kanssa. Se ei tietenkään vähentänyt Ernestin osuutta asiaan, mutta kun mies oli juovuspäissään valmis kopeloimaan ketä hyvänsä, järkevä nainen ei olisi lähtenyt siihen mukaan, olipa toinen miten hurmaava tahansa. Pauline oli tietoisesti antautunut vaaraan ja ruokkinut sitä. Miksi hän muuten olisi matkustanut jouluksi Itävaltaan Ernestin ja Hadleyn luokse?

Jos vain saan työpaikan jostakin, vaikka vain harsijana, hankin pienen asunnon siitä läheltä. Toinen vaihtoehto olisi tietysti lähteä nyt heti Suomeen. Matkakassa, jota olin säästänyt kaikki nämä kuukaudet, oli yhä tallella, ja olin onnistunut kartuttamaankin sitä hiukan. Lähtö olisi kuitenkin merkinnyt tappion tunnustamista. En halunnut palata kotiin häntä koipien välissä.

Kun palasin metsäretkeltäni, oli Pauline jo tullut takaisin kotiin. Hän istui työhuoneensa pöydän takana hakkaamassa kirjoituskonettaan ja ilmoitti sätelevästi hymyillen, että oli todennäköisesti onnistunut hankkimaan minulle työpaikan erään italialaisen ystävättärensä pienessä muotihuoneessa vasemmalla rannalla. Hän oli kutsunut naisen tänään syömään illallista meidän kanssamme.

Niin minusta tuli Elsa Schiaparellin ompelijatar ja jonkin aikaa olin myös hänen uskottunsa. Se oli sympatiaa ensi hetkestä alkaen, vaikka Elsa saapuikin myöhässä Rotondeen. Hänen tumma tukkansa oli tuulen tuivertama, suuret silmät tuntuivat näkevän kaiken ympärillään tapahtuvan ja leveä suu suolsi tauotta puhetta, josta ei aina tiennyt, oliko se ranskaa, italiaa vai englantia. Oikeastaan sillä ei ollut väliä, sillä Elsa puhui käsillään, pitkillä notkeilla sormillaan ja ilmeikkäillä kasvoillaan.

Elsan käytöksessä ei tuntunut olevan mitään laskelmoivaa. Vasta paljon myöhemmin ymmärsin, että tuo välittömyys oli itse asiassa tarkkaan suunniteltua. Parasta Elsassa oli kuitenkin hänen kykynsä innostua. Se ei ollut sellaista raivokasta täydellisyyden tavoittelua kuin Mademoiselle Cocolla eikä liioin Pfeifferien ja muiden flappereiden puolipilkallista heittäytymistä hetken vietäväksi.

Kun Elsa innostui jostakin, se tuli suoraan sydämestä. Hän antoi kaikkensa, ja vaikkei innostus välttämättä kestänyt kovin pitkään, se tuotti vaikuttavia tuloksia. Onneksi hän innostui sinä iltana minusta. Piirsin näet näytteeksi paperisen pöytäliinan laitaan tarjoilijalta lainatulla kynällä hänet itsensä siinä mustassa liehuvassa puvussa, johon hän oli verhoutunut sinä iltana.

– Fantastico! Elsa huudahti kuvan nähtyään ja ilmoitti, että voisin aloittaa heti huomisaamuna.

Hänen työhuoneensa ja samalla asuntonsa oli lähellä Seinen vasenta rantaa Rue de l'Universitéllä. Nyt osasin kysyä jo palkkaakin. Elsa purskahti nauruun ja sanoi kättään huitaisten, että pystyisi toistaiseksi takaamaan minulle vain sata frangia viikossa. Se riittää, vastasin ja niin paiskasimme kättä.

Kotimatkalla Pauline kertoi lisää tulevasta työnantajastani, ja Ginny kommentoi pilkallisesti hänen puheitaan. Elsa oli kuulemma Paulinea viitisen vuotta vanhempi. Hän oli varakkaan ja kuuluisan italialaisen tiedemiessuvun musta lammas. Elsan äiti oli napolilainen aatelisnainen, joka yhä lähetti tyttärelleen kuukausirahaa. Minun ei siis tarvitsisi olla huolissani palkasta. Elsa itse oli nainnut jo nuorena jonkun huijarin, joka esiintyi milloin psykologian professorina, milloin selvännäkijänä. He olivat lopulta päätyneet New Yorkiin, mutta kun perheeseen syntyi tytär, mies oli lähtenyt omille teilleen. Virallisen avioeron Elsa oli saanut vasta pari vuotta sitten.

Viime vuonna Elsa oli avannut oman pienen muotihuoneen itsensä Paul Poiretin suojeluksessa. Siellä valmistettiin lähinnä mielikuvituksellisia iltapukuja, mutta totuus oli, ettei Elsa itse ollut mikään erinomainen ompelija, vaikka hänellä olikin mahtavia ideoita. Siksi hän tarvitsi jonkun, joka pystyisi tekemään vaatteista käyttökelpoisia.

– Mais Kristi, Pauline sanoi puoliääneen, kun sanoimme toisillemme hyvää yötä. Minun ei pitäisi uskoa kaikkea, mitä Elsa kertoo vaiheistaan, hän varoitti. Elsa ei kuulemma pysynyt kovin hyvin totuudessa. Paraskin puhuja, ajattelin, vaikken sanonutkaan sitä Paulinelle ääneen. Aika vaikeaa todenpuhuminen näytti olevan myös hänelle.

Pfeifferit nukkuivat, kun lähdin seuraavana aamuna varhain suunnistamaan polkupyörällä uuteen työpaikkaani. Se Ville-sedän vanha karttakirja oli taas tarpeen. Kun en halunnut sotkeutua suurten katujen liikenteeseen yhtään sen enempää kuin oli pakko, ajoin Trocadéron kautta Eiffel-tornin juurelle. Sieltä pääsi suoraan Rue de l'Universitélle. Vaikka katu oli pitkä ja kapea, siellä liikkui tähän aikaan aamusta vain käveleviä tai pyöräileviä opiskelijoita ja käsikärryjään ja hevoskuormiaan kuskaavia työläisiä.

Talo numero 20 löytyi helposti, samoin se pieni liikehuoneisto, jonka ovessa luki Elsa Schiaparelli. Ovi oli kuitenkin lukossa eikä sisällä näkynyt minkäänlaista liikettä. Ei auttanut muu kuin lukita polkupyörä lähimpään vesiränniin ja lähteä maitokahville siihen bistroon, jonka ohi olin juuri ajanut. Kello oli vasta kahdeksan. Kuinkakohan kauan joutuisin odottamaan, ennen kuin Elsa-rouva olisi hereillä?

Yhdeksältä palasin jälleen oven taakse, mutta se pysyi yhä lukittuna. Joku vanha mies kulki ohitseni ja sanoi, ettei signora Elsa koskaan avaa ovea ennen kymmentä. No, hyvä on. Palasin takaisin bistroon ja tilasin uuden maitokahvin. Pöydällä lojui eilinen *Le Petit Parisien.* Ehdin lukea lehden kannesta kanteen urheiluuutisia myöten ennen kuin bistron seinällä oleva kello heläytti kymmenen lyönnit.

Vieläkään ovi ei ollut auki, mutta kun kolkutin siihen, yläkerrassa avautui ikkuna ja Elsa kurkisti siitä ulos. Hän ei pyydellyt anteeksi vaan tuli aamutakkiin kietoutuneena avaamaan minulle oven. Ompelimo näytti käsittämättömän sotkuiselta. Lattialla lojui tilkkuja ja kankaanriekaleita. Nurkassa taisi olla myös ompelukone, mutta se oli peitetty pölyisellä mustalla kankaalla.

Kun Elsa kysyi, haluaisinko tulla yläkertaan kahville, sanoin juoneeni juuri pari kupillista ja kysyin, voisinko siivota alhaalla hiukan. Samalla voisi liikkeen jo avata, kun kerran olin paikalla.

– Fantastico! hän huudahti jälleen ja katosi yläkerran portaisiin.

Oikeastaan oli aika tyydyttävää panna paikat jotakuinkin säälliseen kuntoon. Kun lattia oli lakaistu ja pölyt pyyhitty, nuppineulat ja tuolien alle pudonneet lankarullat nostettu talteen ja viikattu sinne tänne viskotut kankaanpalat siististi hyllyille sekä ripustettu pari lattialta ja tuolinselkämykseltä löytynyttä pukua seinälle henkariin, huone alkoi vähitellen näyttää ihan oikealta ompelimolta.

Kesti melkein tunnin, ennen kuin Elsa saapui itse valtakuntaansa. Tosin yhtään asiakastakaan ei ollut ilmaantunut. Kun kysyin varovasti, oliko tälle päivälle sovituksia, Elsa pyöritteli hetken suuria silmiään ja kaivoi lopulta työpöytänsä laatikosta nahkaselkäisen muistikirjan. Kyllä, kahdelta oli eräs hänen ystävättärensä tulossa sovittamaan naamiaispukua.

Niin sitten vain odoteltiin. Elsa itse lähti yläkertaan ja jätti minut päivystämään mahdollisia asiakkaita. En kuitenkaan jaksanut kauan istua selailemassa ikivanhoja muotilehtiä, joita oli pinottu peräseinän takahyllylle. Kun toinen lattialle pudonneista puvuista näytti olevan vasta sivusaumoista harsittu, kävin yläkerrassa kysymässä, voisinko ommella sen valmiiksi joko käsin tai koneella.

Totta kai se sopi Elsalle ja konesaumat kuulemma riittäisivät. Hänen asiakkaansa eivät vaatineet *haute couture* -laatua saumoihinsa.

Kone oli yllättävän hyvässä kunnossa ja teki tasaista jälkeä. Vaikutti aivan siltä, ettei sitä juuri ollut käytetty. Kun olin saanut saumat ommelluksi, ryhdyin huolittelemaan pääntietä. Sinänsä puku, joka oli leikattu varsin vartalonmyötäiseksi vaaleankeltaisesta kiinankrepistä, olisi varmaan aika näyttävä oikean kantajan yllä. Helmaan en kuitenkaan koskenut, kun sitä ei nähtävästi ollut vielä mitattu asiakkaan yllä.

Jälleen tulvi yläkerrasta kahvin tuoksu, ja lopulta Elsa tuli kahta pikkuruista espressokuppia kantaen alakertaan luokseni. Näytti ihan siltä, kuin hän olisi huomannut vasta nyt, millaisen muodonmuutoksen hän ompelimonsa oli aamupäivän mittaan kokenut.

– Fantastico, hän huudahti jälleen ja alkoi sitten vuolaasti ylistää minua. Pohjoisen ihmiset olivat kuulemma juuri tuollaisia kuin minä, he rakastivat järjestystä, mutta pelkäsivät rikkoa rajoja. Etelän ihmiset toimivat Elsan mukaan aivan päinvastoin.

– Nord et sud, hän sanoi osoittaen sormellaan ensin minua ja sitten itseään. Meistä tulee varmasti fantastinen yhdistelmä, hän julisti. Fantastico näytti selvästi olevan Elsan mielisana.

Kun Elsan ystävätär vihdoin saapui, hämmästyin hänen jalokivikorujaan ja autonkuljettajaa, joka oli jäänyt odottamaan kadun varteen harmaan loistoauton viereen. Nukkavierusta ompelimostaan huolimatta Elsa näytti seurustelevan samoissa piireissä kuin suuremmatkin muodinluojat. Ehkä se johtui hänen syntyperästään. Ranskassa sellaisista asioista oltiin hyvin tarkkoja.

Suunnittelijana Elsa oli juuri sitä sorttia, joka pyörii asiakkaan ympärillä kangasta toisensa jälkeen poimutellen, innostuu välillä yhdestä, välillä toisesta ideasta. Kaikkiaan puvun suunnitteluun käytettiin koko iltapäivä. Tuloksena oli kuitenkin huikea purppuranpunainen kukka, jonka terälehtien keskeltä nousi kullanväriseen sifonkiin verhottu vartalo. Fantastico, olin minäkin valmis myöntämään. Kaikki oli kuitenkin kiinnitetty vain nuppineuloilla paikalleen, ja osa niistä oli nypittävä irti, ennen kuin nainen pystyi riisumaan puvun yltään. Ei auttanut muu kuin katsoa neulanreiät valoa vasten ja koota puku neuloilla uudelleen.

Sillä välin Elsa ja hänen ystävättärensä olivat lähteneet illalliselle. Hämmästyin todella, kun Elsa palasi muutamassa minuutissa yläkerrasta täydelliseen ja ilmeisen kalliiseen iltapukuun puettuna päässään siihen sointuva silkkiturbaani. Minut hän komensi lähtemään kotiin ja sulkemaan ompelimon avaimella, jonka hän oli antanut. Voisin tulla aamulla jatkamaan töitä siihen aikaan kun haluaisin. Mitään kiirettä ei ollut, sillä pukua tarvittiin vasta ensi viikolla.

Aika sekavin tuntein pyöräilin sinä iltana Pfeiffereiden asunnolle. Sielläkään ei ollut ketään kotona, mutta portinvartijan vaimon jäljiltä oli huoneisto siisti ja hyvin tuuletettu eikä keittiössä näkynyt yhtään käytettyä viinilasia. Kun ilta oli vielä nuori, lähdin lähimpään bistroon ja söin siellä päivän keiton. Jälkiruuaksi tilasin vielä yhden viinilasillisen.

Kovin pitkäaikaiseksi en uskonut pestiäni Elsan ompelimossa. Se oli minusta eräänlainen leikkitupa, jonne hän ja hänen ystävättärensä kokoontuivat leikkimään prinsessaleikkejä. Tilkkujen sijaan he käyttivät kalliita kankaita, mutta todennäköisesti tuotakaan naamiaispukua, joka oli tänään suunniteltu, ei käytettäisi kuin kerran.

Ihme kyllä, pestini jatkui viikosta toiseen, vaikka kesä tuli Pariisiin kuumana ja helteisenä. Sain palkkani säntillisesti joka lauantai, eikä työtunteja koskaan laskettu. Asuntokysymys oli kuitenkin yhä ratkaisematta. Oli selvää, ettei Elsan yhden huoneen asuntoon mahtunut muita. Hänen omakin pikkutyttärensä, joka kuulemma sairasti poliota, oli hoidettavana jossakin lääkäriperheessä.

Aamupäivisin olin käynyt kyselemässä lähtitaloista vuokrattavia huoneita, mutta koska tämä oli yliopiston aluetta, joka loukko oli jo varattu ja hinnat olivat minusta suhteettoman korkeita. Onneksi Elsa lähti kesäkuun puolivälissä pariksi kuukaudeksi Italiaan. Hän maksoi kahdeksan viikon palkan etukäteen ja pyysi, että asuisin sen aikaa ompelimon yläkerrassa.

Ginny ja Pauline olivat jo aikaisemmin matkustaneen Yhdysvaltoihin, joten minun ei tarvinnut hyvästellä ketään, kun pakkasin matkalaukkuni ja kuljetin sen polkupyörän takatelineeseen sidottuna Rue de l'Universitélle. Portinvartijan vaimo oli toivottanut onnea ja menestystä, kun olin palauttanut hänelle Pfeifferei-den avaimen. Elsa, joka tunsi ilmeisesti kaikki vasemman rannan amerikkalaiset expatriootit, mainitsi ohimennen Ernestin lähteneen Espanjaan ja Hadleyn olevan lapsensa kanssa lomalla Rivieralla. Ainakin he olivat riittävän kaukana toisistaan.

Ilmeisesti kaikki, jotka kynnelle kykenivät, pakenivat tähän aikaan vuodesta Pariisin helteitä jonnekin muualle. Katariinakin lähti juhannuksen jälkeen Suomeen ja aikoi viipyä siellä elokuun alkuun. Minua ei päivien kuumuus haitannut, sillä vanhojen talojen kivimuurit ja liuskekivikatot säilyttivät huoneet pitkään viileinä, kunhan muisti sulkea ikkunaluukut heti aamulla ja avasi ne vasta iltapimeällä.

Olin saanut Elsalta luvan käyttää vapaasti kaikkia niitä pieniä kankaankappaleita, joita oli jäänyt puvuista yli. Elsa itse tarvitsi melkein joka vaatteeseen paljon kangasta. Metriset palat eivät hänelle riittäneet mihinkään, mutta minä sommittelin niistä itselleni ihan tyylikkään kesäpuvuston. Onneksi juuri nyt olikin suurinta muotia yhdistellä kaksiosaisiin asuihin useamman värisiä ja laatuisia kankaita.

Oltiin jo heinäkuun puolivälissä, kun sain ensimmäisen oman asiakkaan. Olin näet ripustanut näyteikkunaan osittain näkösuojaksi yhden rantapuvun, jonka olin ommellut edellispäivänä. Säikähdin oikein, kun ompelimon ovikello kilahti iltapäivällä siestan jälkeen ja sisään astui nuori nainen, suunnilleen minun kokoiseni. Hän puhui ranskaa vieraalla korostuksella, muttei vaikuttanut jenkiltä. Myöhemmin kävi ilmi, että nainen oli erään portugalilaisen professorin nuori vaimo.

Halusiko rouva ehkä tilata jotakin? Ei, hän halusi sovittaa tuota asua, joka oli ikkunassa. Mieli teki sanoa, ettei se ollut myytävänä, mutta sen verran minussa oli kauppiaan vikaa, etten tehnyt moista virhettä vaan kurotuin ottamaan puvun vaatepuulta. Ompelimon nurkassa oli sermi, jonka takana nainen saattoi vaihtaa vaatteita. Kun hänen palasi minun pukuni yllään pyörähtelemään peilin eteen, oli pakko myöntää, että puku sopi hänen tummaan ihonväriinsä vielä paremmin kuin minun vaaleaan ihooni.

– Fantastico! huudahdin Elsaa matkien.

Nainen oli samaa mieltä ja kysyi, mitä puku maksoi. Ensin hätäännyin. Enhän tiennyt, mitä Elsan asiakkaat yleensä maksoivat vai maksoivatko mitään. Minkäänlaista kassaa ei ompelimossa ollut, enkä ollut nähnyt vielä koskaan Elsan ottaneen vastaan rahaa keneltäkään.

Pakko oli kuitenkin salamannopeasti laskea puvulle ja työlle jokin hinta. Vaikka kankaanpalat olivat ilmaisia, oli Elsa maksanut niistä varmasti jotakin. Vuokra ei päätä huimannut, niin olin ymmärtänyt, kun talo oli vanhanaikainen ja talvella jääkylmä.

Olin ommellut puvun muutamassa tunnissa, joten työlle ei tarvinnut laskea paljonkaan hintaa. Kun ilmoitin hinnaksi kaksikymmentäviisi frangia, nainen suorastaan hölmistyi ja kysyi, että niinkö vähän.

Sanottu mikä sanottu. Seuraavasta puvusta pyytäisin jo enemmän, päätin mielessäni, kun nainen poistui käärö kainalossaan ja minä työnsin setelit kaulapussiini. Varmuuden vuoksi merkitsin summan Elsan nahkakantiseen kirjaan.

Samana iltana kirjoitin Miilille kirjeen ja kysyin, mitä mieltä hän olisi, jos todella perustaisimme yhteisen muotihuoneen, jossa voitaisiin myydä sekä tilauspukuja että yksinkertaisempia ja edullisempia valmiita asuja. Äiti oli viime kirjeessään ihmetellyt, miksi olin vaihtanut taas työpaikkaa ja asuntoa ja miksen jo voinut palata kotiin. Hänellekin kirjoitin nyt vastauskirjeen, jossa selitin, että työnantajani oli jättänyt salonkinsa kokonaan hoitooni enkä ollut varma, koska hän palaa Pariisiin.

Ensimmäisen kerran moneen kuukauteen nautin todella elämästäni Pariisin sydämessä. Minulla oli asunto, jota ei tarvinnut jakaa kenenkään kanssa, ja työ, jota rakastin. Naapuribistrossa minut tunnettiin jo mademoiselle Kristina ja naapurit tervehtivät ja jäivät joskus juttelemaankin, kun palasin torilta tai syömästä.

Kaikella oli tarkoituksensa. Jopa sillä lehtikuvalla, joka sai Mademoiselle Chanelin raivostumaan suunniltaan. Ilman sitä seisoin vieläkin hänen ateljeessaan neulanpistoille ja kiukunpuuskille alttiina.

Eräänä iltapäivänä, kun ompelin taas koneella uuden kesäpuvun saumoja, ompelimon oven kilikello kilahti. Surautin kuitenkin sauman valmiiksi, ennen kuin nousin koneen äärestä.

– Bonjour, mademoiselle Kristi, enfin!

Roger Martin, se kirottu valokuvaaja, seisoi ovella ja tervehti minua aurinkoisesti hymyillen. Hän ilmoitti olevansa todella mielissään, että oli lopultakin löytänyt minut.

Minä en hymyillyt vaan kysyin ihan suoraan, miten miehellä oli otsaa ilmestyä silmieni eteen. Eikö hän tiennyt, että menetin työpaikkani sen valokuvan takia, jonka hän oli myynyt ilman lupaani *Voguelle?*

Rogerin hämmästys vaikutti aidolta. Miten niin kuva oli julkaistu ilman lupaa? Pauline oli nimenomaan sanonut kysyneensä luvan minulta, mies puolustautui ja alkoi sitten selittää vuolaasti, miten

Pauline oli kirjoittanut juttua, jossa arvosteltiin suurten muotitalojen kalliita hintoja. Hän oli pyytänyt sitä varten Rogerilta kuvan ihan tavallisesta tyylikkäästä tytöstä ja valinnut kaikista tarjolla olevista juuri sen, jossa minä olin Trocadérolla viime keväänä.

Hyvä Jumala, millaista kaksinaamaisuutta!

Hadley ei todellakaan ollut ainoa, jonka Pauline oli pettänyt. Ilmankos hän oli niin auliisti ottanut minut vierashuoneeseensa asumaan. Jos miss Pfeiffer olisi ollut paikalla, olisin vääntänyt häneltä niskat nurin!

Rogerkin oli pöyristynyt mutta sanoi, että Pauline tunnettiin juonittelijana, joka ei epäröinyt käyttää likaisiakaan temppuja saadakseen sen, minkä halusi. Kiitin miestä siitä, että hän oli kertonut totuuden, mutta hänen valokuvattavakseen en enää suostunut. Erosimme silti ystävällisissä merkeissä, kun olin ottanut vastaan Rogerin nimikortin siltä varalta että muuttaisin mieleni.

Sinä iltana makasin taas karhuani silitellen ja mietin, pitäisikö minun kirjoittaa Paulinelle kirje, jossa paljastaisin tietäväni hänen vehkeilystään. Lopulta päätin unohtaa koko asian. Niin kuin äiti aina sanoi, elämä kyllä rankaisee, ei siihen minua tarvita. Silti tuntui vähän haikealta, kun tajusin, etten ollut kohdannut täällä yhtään vilpittömän ystävällistä ihmistä. Jokainen tuntui täällä miettivän, miten voisi hyötyä toisesta.

Elsa palasi Pariisiin pari viikkoa myöhässä. Hän oli ruskea ja pyöreäposkinen ja täynnä uusia suunnitelmia. Mukanaan hänellä oli ohuesta langasta neulottu pusero, joka oli siitä erikoinen, että sen toinen puoli oli musta ja toinen tummanpunainen. Siellä täällä oli silmukoita vaihdettu niin että punaiset pilkut näkyivät mustassa neuleessa ja mustat punaisessa.

Tämä oli kuulemma jokin vanha armenialainen kudontatapa, johon Elsa oli törmännyt sattumalta eräillä kutsuilla. Vaikka armenialaisten kansanmurhasta oli kulunut jo yli kymmenen vuotta, pakolaiset kiersivät edelleen ympäri maailmaa. Pariisissakin heitä asui aivan lähikortteleissa.

Minäkin sain koettaa puseroa ylleni, ja se oli yllättävän miellyttävän tuntuinen. Lämminhän se oli näin kesähelteillä mutta syksyllä ja talvella varmasti todella tarpeeseen. Mikä parasta, pusero näytti pysyvän hyvin kuosissaan eikä näyttänyt niin raskaalta kuin esimerkiksi ne norjalaiset villapaidat, joita käytettiin talvisin, kun seurapiirit lähtivät Alpeille hiihtämään.

Vähitellen Elsan innostus tarttui minuunkin. Jos vain löydettäisiin kutojia, näitä voisi tehdä valmiiksi erikokoisia ja erimallisia. Todellinen onnenpotku olisi tietysti, jos amerikkalaiset innostuisivat näistä.

– Pauline, mais où est-elle? Elsa tuskaili yritettyään turhaan soittaa Pfeifferien asuntoon. En minäkään osannut sanoa, missä Pauline viipyi. Rotondessa oli joku väittänyt hänen olleen heinäkuussa lomalla Rivieralla ja lähteneen uudelleen Yhdysvaltoihin.

Tietenkään Elsa ei antanut periksi. En tiedä, mitä kautta hän löysi sen armenialaisnaisen, joka yhdessä naapureittensa kanssa kutoi tällaisia puseroita tilauksesta. Elsa halusi käyttää puseroitten kudottamiseen oman osuutensa niistä viidestäsadasta frangista, jotka olin saanut ”tilkkupuvuistani”, kuten Elsa niitä kutsui. Kun lupasin omankin osuuteni samaan yritykseen, Elsa lähti tilaamaan ensimmäisiä näytepuseroita, jotka kudottaisiin hänen omien malliensa mukaan.

Helppoa se ei tietenkään ollut. Ensimmäiset puseronkappaleet, jotka kutojan veli toimitti meille, olivat aivan liian pieniä. Seuraavan koekappaleen etu- ja takakappale olivat erikokoisia ja toinen hiha pidempi kuin toinen. Lopulta teimme puseroa varten kankaiset kaavat ja Elsa kävi oikein kädestä pitäen näyttämässä, miten kudottaessa piti koko ajan mitata, että kappaleiden muoto oli täsmälleen oikea.

Kolmatta puseroa päästiin kokoamaan vasta syyssateiden aikaan. Silloinkin kesti hetken, ennen kuin pystyimme ratkaisemaan, miten puseroiden saumat saataisiin mahdollisimman kapeiksi ja näkymättömiksi. Kun Elsa lopulta sovitti puseroa ylleen, se istui täydellisesti.

– Fantastico, huudahdin käsiäni läiskäyttäen ja sain hänet purskahtamaan nauruun.

– Aaaaah, Kristi! Kristii! hän hihkui ja tuli rutistamaan minua. Me tiesimme jo silloin, että näistä puseroista tulisi vielä kerran menestys. Olisin ollut valmis ripustamaan ensimmäisen koekappaleen heti ikkunaan, mutta Elsa pysyi lujana. Myöhemmin ymmärsin, että hänen strategiansa oli täsmälleen oikea.

Puseroa ei saanut näyttää kenellekään. Vaikka kudotimme jo ennen joulua useamman mallikappaleen, niitä ei saanut milloinkaan jättää ompelimoon näkyville. Kun asiakkaita muutenkin oli entistä vähemmän, Elsa laittoi jo syyskuun lopulla ompelimon oveen lapun, jossa ilmoitettiin, että se oli suljettu. Näyteikkunaan ripustettiin tummat verhot. Ne pidettiin yötä päivää vedettynä ikkunan eteen, jottei kukaan pääsisi kopioimaan Elsan loistavaa ideaa.

Muuten elimme kuin ennenkin. Minä olin muuttanut toistaiseksi alakertaan ompelimon puolelle asumaan, kun Elsa oli löytänyt jostakin vanhan rautasängyn, johon hankittiin uusi patja ja vuodevaatteet Bon Marchésta. Kahvit keitettiin edelleen yläkerran pienellä primuskeittimellä. Elsa söi yleensä kaupungilla, sillä päivälliskutsuja riitti. Minun kantapaikkani oli naapurin bistro. Ilman Elsan jalosukuisen äidin kuukausirahaa emme olisi selvinneet syksystä, sillä kaikki, mitä olin kesällä ansainnut tilkkupuvuillani, kului lankoihin ja mallikappaleisiin.

Väriyhdistelmistä parhaaksi näytti osoittautuvan musta ja valkoinen. Joulukuussa valmistui ensimmäinen mallikappale uudesta puserosta, jonka valkoinen nurja puoli oli näkyvissä puseron hihansuissa ja kauluksessa ja muodosti sen etumukseen solmukkeen. Kauempaa se näytti aivan siltä, kuin villapuserossa olisi ollut kangaskalvosimet ja kaulukset ja irtosolmuke.

– Ça y est! Elsa huudahti tutkiessaan puseroaan ja sen antamaa vaikutelmaa ompelimon suuren seinäpeilin edessä. Olin samaa mieltä, että nyt oli löytynyt oikea malli. Tuo pusero oli niin hauska ja erikoinen, että se huomattaisiin varmasti kaikkialla.

Vieläkin Elsa viivytteli puseronsa esittelyä. Hän sanoi, että oli turha tuoda sitä näytille joulumarkkinoille, kun joka muotitalolla oli omat juhlavaatteensa ja *Vogue* ja muut muotilehdet olivat täynnä koru- ja alusvaatereklaameja. Hän sanoi odottavansa mieluummin helmikuuhun, jolloin muotitoimittajat kerääntyisivät Pariisiin muotitalojen kevätnäytöksiin.

– À propos, Pauline, Elsa muisti äkkiä ja kysyi, olinko jo kuullut, että Hemingwayt ovat eronneet ja Pauline on menossa toukokuussa naimisiin Ernestin kanssa. Kun kysyin, mitä Hadleylle ja pikku-Bumbylle mahtoi kuulua, Elsa kohautti olkapäitään.

Jälleen kerran en voinut kuin ihmetellä näitä pariisilaisia seurapiirejä, joissa vain syntyperällä, rahalla ja maineella oli merkitystä. Hylätty vaimo ei enää kiinnostanut ketään, kun valokeila kohdistui siihen, joka oli voittanut sankarin itselleen.

Joulun vietin taas Katariinan kanssa. Me olimme tavanneet syksyllä vain muutaman kerran Parisin kirjeitä tehdessämme. Katariina ei mielellään tullut käymään luonani Elsan ompelimossa. Mademoiselle Chanel valvoi tiukasti alaisiaan ja piti Elsankin pikkuputiikkia kilpailijanaan.

Jouluna Katariina teki kuitenkin poikkeuksen, sillä Mademoiselle Coco ja Virginie-neiti olivat jälleen joulunvietossa jossakin etelässä ja Elsa oli taas matkustanut äitinsä luo Roomaan. Tänä jouluna kävimme jouluyön messussa Notre Damessa, mutta siellä oli liikaa väkeä eikä tunnelma ollut enää samanlainen kuin edellisjouluna, vaikka kuorot lauloivatkin kauniisti.

Kun paluumatkalla kuljimme väkijoukon mukana Hôtel de

Suèden ohi, sanoin kaihoisasti, että oikeastaan haluaisin muuttaa sinne takaisin.

– Miksi ihmeessä? Katariina kauhisteli.

– Tähtitaivaan takia ja Sorbonnen tornikellon helähdysten vuoksi, vastasin hymyillen. Tosiasiassa madame Elisabeth oli paljon rehellisempi ja myötätuntoisempi ihminen kuin kaikki ne, joihin olin tänä aikana tutustunut. Ei minulla enää ollut harhaluuloja Elsankaan suhteen. Hän oli ystävällinen ja suurpiirteinen vain niin kauan kuin minusta olisi hänelle hyötyä.

Helmikuussa se nähtiin selvästi, kun Elsa lopulta suostui pukeutumaan siihen hartaasti piilossa pidettyyn solmukepuseroonsa. Hänet oli kutsuttu elegantille lounaalle, johon oli tulossa Paulinen lisäksi muitakin ulkomaisia muotitoimittajia. Tilaisuutta emännöi joku niistä aatelisnaisista, jotka olivat Pariisin seurapiirien ylintä kermaa.

Tapansa mukaan Elsa ei pitänyt lähdön kanssa kiirettä. Kun aloin jo hermostua ja sanoin, että hän myöhästyy, Elsa ilmoitti sen olevan tarkoituskin.

– L'entré c'est tout! hän naurahti ja selitti, että tulemalla viimeisenä paikalle hän varmistaisi kaikkien huomion. Mieleen tuli Paavolaisen Olavi, joka oli käyttänyt samaa tekniikkaa koulupojasta saakka. Meitä muita sen sijaan myöhästyminen nolotti.

Olin jo nukkumassa, kun Elsa palasi voitonriemua uhkuen. Lounas oli venynyt illalliseksi, ja lopuksi hän oli vielä käynyt toimittajien kanssa kabareekierroksella. Pusero oli todellakin ollut sensaatio. Naiset olivat tulleet kilpaa kyselemään, mistä niitä saattoi ostaa, mutta Elsa oli väittänyt saaneensa puseron eräältä vanhalta ystävältään. Tietysti, jos hinnasta sovittaisiin, hän voisi tiedustella, kutoisiko vanhus toisen samanlaisen.

Kolme päivää myöhemmin Elsalla oli jo kymmeniä tilauksia. En edes tiedä, miten paljon hän oli ottanut niistä etumaksua. Koska ompelimosta pitäisi nyt tehdä kutomon varasto, Elsa ehdotti, että hän maksaisi minulle tähänastisesta osuudestani 500 frangia ja auttaisi minua löytämään uuden asunnon. Rahat otin kyllä vastaan, mutta sanoin, että minulla oli jo asunto tiedossa.

– Mademoiselle Erikson! madame Elisabeth huudahti riemuissaan, kun seuraavana aamuna tulin pyöräni ja matkalaukkuni kanssa Hôtel de Suèdeen ja kysyin, olikohan se sama vinttihuone sattumalta vapaana, jossa olin asunut ensimmäisenä syksynä.

– Bien sûr, hän vakuutti ja ojensi saman tien avaimen.

Tiskillä loikova kissa nousi venyttelemään. Tämä oli pienempi ja laihempi kuin se, joka tässä oli maannut. Niin, Mimi-rukka oli kuollut. Kissoja oli kuulemma enää kahdeksan. Kaikkein nuorin niistä oli jäänyt kesällä auton alle Saint-Michelin sillalla.

Jätin matkalaukkuni tiskin viereen ja kävin viemässä polkupyörän samaan paikkaan hotellin takapihalle kuin ennenkin. Juuri silloin helähti Sorbonnen kello kolme kertaa. Kun katsoin ylös ränsistyneiden piharakennusten ja rapistuneen hotellin rajaamaa taivasta, se näytti täällä sinisemmältä kuin missään muualla Pariisissa.

Kaikki se, jota olin oudoksunut ensimmäisinä päivinä ja viikkoina, kuten vähäpukeiset naiset ja heidän vähäpuheiset seuralaisensa, ei enää häirinnyt vaan tuntui suorastaan kotoisalta. Se kähärätukka tuli halvalta kölninvedeltä lemuten portaissa vastaani ja tervehti iloisesti. Totta kai ylimmän kerroksen käymälä haisi käytävälle saakka ja vinttikamarin ikkunapuitteiden välistä tuuli suoraan sisään, mutta se kaikki tuntui nyt tutulta ja turvalliselta. Täältä minua ei kukaan häätäisi pois, kunhan maksaisin vuokrani säntillisesti.

Ne rahat, jotka olin saanut Elsalta, riittäisivät ainakin kuukaudeksi ja lisää tulisi joka viikko, sillä olimme sopineet, että kävisin edelleen hänen luonaan viimeistelemässä puseroita, joita armenialaisnaiset rupeaisivat nyt kutomaan urakalla. Ompelijoitakin Elsa joutuisi ilman muuta palkkaamaan lisää, mutta se oli hänen ongelmansa, ei minun.

Pääsiäinen oli tänä vuonna huhtikuun puolivälissä. Olimme sopineet Katariinan kanssa, että tapaisimme pääsiäissunnuntaina Boulognen metsässä siinä pikkuravintolassa, joka oli järven takana.

Olin kyllä ohimennen tavannut alhaalla sen suomalaisen lääkärin, joka oli majaillut jo syksystä saakka kolmannen kerroksen suurimmassa huoneessa. Siihen kuului kuulemma oma kylpyhuonekin. Joku muukin suomalainen miesvieras oli madame Elisabethin mukaan saapunut hotelliin jo viime maanantaina, mutta ilmeisesti hänen vuorokausirytminsä oli kovin toisenlainen kuin minun. Niinpä hämmästyin kovin, kun sunnuntaina puoleltapäivin olin lähdössä huoneestani. Äkkiä nimittäin avautui vastapäisen huoneen ovi ja tutunkuuloinen ääni huudahti:

– Erikssonin Kirsti! Mitä herrantähden sinä täällä teet?

Se oli Paavolaisen Olavi, paitahihasillaan ja silmät verestäen. Vanhan viinan hajusta ei voinut erehtyä.

– Minä asun täällä, vastasin, mutta ojensin sentään käteni, kun toinen tuli käsi ojossa minua kohti.

Ainahan Olavi oli ollut kova puhumaan, mutta nyt sanat tulivat sellaisena ryöppynä, ettei niistä tahtonut saada selvää. Hän oli ollut täällä jo melkein viikon ja kävellyt ympäriinsä niin että oli joutunut hankkimaan uudet kengät, mies selitti. Hän tunnusti suoraan, ettei ollut moneen päivään puhunut kuin muutaman sanan, koska osasi ranskaa niin huonosti eikä saanut täkäläisten puheesta mitään selvää.

– Olen lähdössä Boulognen metsään tapaamaan erästä suomalaista ystävääni, sanoin lopulta, kun Olavi seisoi sitkeästi lörpöttelemässä keskellä käytävää ja tukki tieni. – Haluatko tulla mukaan?

En vieläkään oikein ymmärrä, miksi ihmeessä suostuin ottamaan Paavolaisen Olavin vaivoikseni. Ehkä tunsin olevani sen velkaa, olihan Olavi kutsunut meidät kotiinsa Kivennavalle, vaikka retki olikin päättynyt niin onnettomasti Allin sairastumiseen.

Tai ehkä syy oli raadollisempi. Oli hauska nähdä meidän keikariprinssimme ja johtava seuramiehemme kerrankin avuttomana kuin orpo piru.

Joka tapauksessa minun oli luovuttava polkupyörästä. Sen sijaan opetin Olavin käyttämään autobussia. Me ajoimme sillä Riemukaarelle saakka ja jatkoimme siitä kävellen Avenue Fochia. Kun tulimme Rue Picotin kohdalle, vilkaisin varovasti siihen suuntaan. Pfeiffereiden auto taisi seistä kadun varressa. Missään tapauksessa en halunnut tavata tulevaa rouva Hemingwayta.

Koko matkan Olavi puhui omiaan: mitä hän oli nähnyt ja tehnyt, mitä missäkin ajatellut ja mitä kirjoittanut ja lähettänyt mihinkin lehteen. No, kieltämättä Olavi oli ehtinyt jo kiertää monissa sellaisissa museoissa ja näyttelyissä, joista minulla ei ollut aavistustakaan. Minä olin kuitenkin tekemässä täällä töitä, en herrastelemassa vaaleanvihreässä hatussa ja keltaisissa kengissä, jotka sitä paitsi puristivat Olavin varpaita. Niiden kenkien takia oli pakko välillä istua puiston penkille levähtämään.

Kun kengännauhoja oli löysätty, jatkoimme kohti puistoa. Olavin takia olin jo myöhässä ja pelkäsin Katariinan kyllästyneen ja lähteneen omille teilleen. Hän tulikin meitä vastaan metsäpolulla.

– Missä ihmeessä... Katariina aloitti, mutta vaikeni hämillään, kun näki minut herraseurassa. Esittelin Katariinan ja Olavin asianmukaisesti toisilleen enkä voinut olla huomaamatta molemminpuolista kiinnostusta, joka syttyi välittömästi. Mainiota, ajattelin itsekseni hykerrellen, jos hyvin käy, Katariina voi ruveta Olavin oppaaksi ja minä selviän kuin koira veräjästä.

Suunnitelma todella onnistui, ja siitä oli iloa molemmille. Olavi sai oppaan, joka osasi täydellisesti ranskaa ja tunsi Pariisin kuin omat taskunsa. Katariina sai puolestaan seuraa pitkille kävelyretkille, teatteriin, elokuviin ja konsertteihin. Elsan luona tehtiin nimittäin nyt pitkää päivää. Ompelimossa mahtui tuskin enää kääntymään, kun valmiiden puseroiden varasto kasvoi koko ajan. Elsa oli varma, että syksyllä kaikki revittäisiin hänen käsistään.

Kun vapunaaton iltana tulin väsyneenä pyörällä hotellille, seisoi kadun varressa taksiauto kadunpuolen takaovi avoinna. Ilmeisesti kyytimaksun kanssa oli ongelmia, sillä kuulin jonkun sanovan auton takapenkillä suomeksi:

– Anna olla! Ainahan meitä tyhmiä jymäytetään!

– Voinko auttaa? tulin kysymään pyörääni taluttaen ja tivasin samalla ranskaksi kuljettajalta, oliko hän todella ajanut suoraan Gare du Nordilta hotellille vai yrittikö vain petkuttaa kokemattomia matkustajia.

– Merde! kuski kirosi, nousi rattinsa takaa, avasi auton takaluukun ja viskasi kaksi matkalaukkua kadulle. Suomalaismiehet ehtivät hädin tuskin kömpiä ulos takapenkiltä, kun auto jo kaahasi tiehensä.

– Se kymppi sitten riitti kuitenkin, toinen miehistä naurahti ja kääntyi sitten kiittämään minua. Toinenkin oli saanut matkalaukkunsa maasta ja kääntyi minua kohti.

– Kirsti! hän huudahti ja pudotti kapsäkkinsä uudelleen maahan.

– Iivo, laske alas, kenkä putoaa! minun oli pakko huudahtaa, kun karjalaispoika tempasi iloissaan minut syliinsä ja pyöritti hyrränä ympäri. Polkupyöräni oli jo kaatunut rämähtäen maahan.

Miten? Miksi? Kuinka?

Me puhuimme niin innokkaasti yhteen ääneen, että madame Elisabeth joutui kilistämään kelloaan kysyäkseen, kuinka kauan herrat aikoivat viipyä.

– Heinäkuun loppuun, Iivo sanoi. – Miten tuo lie sanotaan ranskaksi?

Vastasin heidän puolestaan madamelle, joka näytti silminnähden iloitsevan saadessaan viidennen kerroksen halpoihin vinttikamareihin lisää asukkaita. Se toinen nuori mies, joka oli vähän Iivoa vanhempi, oli nimeltään Matti Annala. Puheennuotista kuuli hänen olevan kotoisin Pohjanmaalta.

– Et monsieur Aaltonne? madame kysyi avainta kilisyttäen.

– Miten niin Aaltonen? ihmettelin, kun Iivo otti avaimen haltuunsa ja sanoi *merci madame* melkein oikean kuuloisesti. Sitä oli kuulemma junassa harjoiteltu.

– Mie olen nykyään Ilmari Aaltonen, Iivo selitti. – Vallgrenin Ville, vanha kettu, neuvoi vaihtamaan nimmee, kun ryssän nimillä on vaikee saaha apurahhaa. Ja heti nappas, niin kuin sie näät.

Me kolistelimme kolmisin ylimpään kerrokseen. Iivon huone oli minun kamarini oikealla puolella, Matin huone Olavin huoneen vieressä. Varmuuden vuoksi kopautin Olavinkin oveen, mutta sisällä tuntui olevan hiljaista. Ilmeisesti hän oli vielä tähän aikaan kaupungilla tutkimusretkillään.

– Mennäänkö nyt syömään? ehdotin, kun pojat olivat saaneet matkalaukkunsa huoneisiinsa ja katsastaneet paikat. Klosetin haju ei heitä sen kummemmin kauhistanut, maalaispoikia kun olivat kumpikin. Olavi oli sen sijaan ollut siitä aivan pöyristynyt.

Oi, miten hauskaa oli johdattaa heidät Kalastavan Kissan Kujaa pitkin naapuribistroon, esitellä herrat isännälle, neuvoa, mitä kannatti tilata illalliseksi ja kertoa, mikä oli halpaa mutta hyvää viiniä. Kaikkea he ihmettelivät, kaikkea kyselivät, kaikkea ihastelivat ihan niin kuin itse olin tehnyt pari vuotta sitten.

Pitkin iltaa huomasin katsovani Iivon hymyileviin silmiin. Kun Matti meni käymään toiletissa, Iivo sanoi olevansa minulle ikuisesti kiitollinen siitä, että pakotin hänet Villen oppilaaksi.

– Ai hän todella otti sinut huostaansa? kysyin iloisesti yllättyneenä ja kerroin sitten, miten olin saanut häneltä lopulta puristetuksi varovaisen lupauksen.

– Parasta Vallgrenin Villessä on se, että hän sanoo suoraan, mikä veistoksessa on vikana, mutta rohkaisee silti tekemään siitä entistä paremman, Iivo selitti, kun Mattikin oli jo palannut pöytään. Tuskin Iivo olisi kehdannutkaan ruveta itseään kehumaan, mutta Matti ylisti avoimesti ystäväänsä, jota pidettiin kuulemma taideakatemian koulussa yhtenä lahjakkaimmista nuoren polven kuvanveistäjistä. Iivon hirviveistos oli annettu lahjaksi Ruotsin kuningattarelle, kun tämä oli viime kesänä käynyt valtiovierailulla tutustumassa Ateneumin taidekokoelmiin.

– No, tuskin hyö sitä Tukholman linnas on kunniapaikalle panneet, Iivo tokaisi ja vaihtoi sitten puheenaihetta kysymällä, mitä oikein puuhasin nykyään. – Viivi-rouvan puheista päätellen sie oot nykyään Pariisin johtavia mannekiineja, hän lisäsi.

– Kaikkea vielä! sanoin nauruun puhjeten ja kuvailin sitten kaikki vaiheeni Erichsenien tulipalosta Schiaparellin Elsan villapuseroihin.

– Ei se siullakaan sitte ole helppoa ollut, Iivo totesi, kun olin lopettanut. – Eipä se äitis suotta ole siun takias murehtinut.

Kun kysyin, milloin Iivo oli viimeksi käynyt Albergassa, hän kertoi lähteneensä sieltä suoraan tälle matkalle.

– Miehän olen asunut teijän vinttikamarissa koko viime syksyn, Iivo selitti ja ihmetteli, eikö äiti ollut maininnut siitä mitään kirjeissään.

– Enhän minä ymmärtänyt, että sinä olet se herra Aaltonen, vastasin tirskahtaen. – Ihmettelin vain, miksi joku tuntematon lähettää joka kirjeessä terveisiä.

Viimeisten viinilasillisten jälkeen matkalaisia alkoi jo haukotuttaa. Poikien vastalauseista huolimatta halusin maksaa illallisen, sillä tiesin, ettei kummallakaan ollut taatusti liikaa varoja.

Käytävällä toivoteltiin vielä hyvää yötä. Koska huomenna oli vapunpäivä ja samalla sunnuntai, varoitin varsinkin Mattia, ettei hän säikähtäisi, kun Notre Damen kellot alkaisivat soida aamumessuun. Kadun puolen ikkunat kun avautuivat suoraan kohti kirkontornia.

Olin juuri avaamassa puseroni nappeja, kun ovelta kuului hiljainen naputus.

– Iivo? kysyin ovelle seisahtuen.

– Saanko mie tulla? kuulin hänen kuiskaavan.

Totta kai tiesin oven avatessani, mitä tulisi tapahtumaan. Olihan se värinä ollut ilmassa koko illan. Kun Iivo veti minut syliinsä, minua alkoi itkettää. Vasta silloin ymmärsin, miten yksinäinen olin ollut.

Aamulla heräsin omassa vuoteessani mutta Iivon kainalossa. Notre Damen kellot pauhasivat, ja sininen taivas kaartui ikkunan takana. Iivo nukkui sikeästi kuin lapsi, enkä raaskinut herättää häntä. Yöllä Iivo oli sanonut rakastuneensa minuun heti ensimmäisenä päivänä, kun olimme ryhtyneet rakentamaan lavasteita sitä *Pakolaisten* kesäkiertuetta varten.

Mietin, miksen voinut sanoa samaa, vaikka olisin niin halunnut. Jos olin oikein rehellinen, ehkä se johtui siitä, että olin vielä silloin nokkava filosofian ylioppilas ja beaanityttö, joka suhtautui itäkarjalaiseen luonnonlapseen suojelevasti. Minun sankarini oli tuolloin ollut se komea ja uhkarohkea agronomi, joka vei minut pyörryttävään tangoon ja sai värisemään pelkällä kämmenensä kosketuksella.

Nyt vasta tunsin, että Iivosta oli kasvanut aikuinen mies. Ehkä olin siksi niin sitkeästi halunnut hänen pääsevän Ville-sedän oppiin. Ja siltikin, nyt kun muistelin yhteistä kiertuettamme ja sitä hetkeä Seinäjoella vanhan saunan seinustalla, Iivo oli ainoa mies, jonka kanssa minulla oli ollut tyyni ja rauhallinen olo.

– Mitähän kello mahtaa olla? Iivo kysyi venytellen, kun Notre Damen kellot lakkasivat kilkattamasta eikä ulkoa kuulunut muuta kuin liikenteen vaimea kohina. Käytävästä erottui matalaäänistä puhetta. Ilmeisesti Matti oli herännyt ja törmännyt ehkä Olaviin.

– Mitähän Matti sanoo, kun et olekaan huoneessasi? kuiskasin Iivon korvaan.

Olin jo ehtinyt rakastua hänen tuoksuunsa, vaaleaan parransänkeeensä, arpeeen olkapäässä. Tiesin kyllä, että sitä oli kuula raapaissut Itä-Karjalan taisteluissa.

– Kylläpä tuo arvaa, missä mie olen, Iivo sanoi puoliääneen ja kumartui suutelemaan minua. Sitten hän naurahti ja käänsi karhuveistoksen tuijottamaan seinään päin.

Kun tuntia myöhemmin ilmestyimme posket punaisina ja vain vaivoin jatkuvaa hymyilyämme hilliten bistroon aamukahville, olivat Matti ja Olavi jo syöneet ja väittelivät parhaillaan surrealisteista.

– Hyvää vappua! sanoin pojille ja istuin Iivon viereen. – Nyt pitäisi oikeastaan laulaa *Taas leivoset ilmassa leikkiä lyö!*

Matti alkoi heti laulaa ja Iivo myös. Vihdoin Olavikin uskaltautui lauluun mukaan, vaikka vilkuilikin ensin häpeissään ympärilleen. Bistrossa oli paljon väkeä tähän aikaan sunnuntaiaamusta. Kun pojat lopettivat, väki puhkesi kättentaputuksiin.

– Lähdetäänkö Luxembourgin puistoon? ehdotin aamiaisen jälkeen. – Se on tässä aivan lähellä. Siellä on varmaan torvisoittoa ja muutakin ohjelmaa, kun on sunnuntai.

– Sitä paitsi siellä on upea taidemuseo, Olavi jatkoi kuin paraskin matkaopas.

Me Iivon kanssa jäimme jälkijoukkoon, kun Olavi ja Matti harppoivat edellämme kohti puistoa. Ensimmäinen kielonmyyjätyttö oli jo Saint-Michelin metroaseman portaiden yläpäässä. Iivo tahtoi välttämättä ostaa minulle oman kielokimpun. Mistäpä hän olisi voinut tietää, että se toi niin vahvasti mieleeni Allin viimeisen päivän.

Puisto tuntui olevan täynnä pikkulapsia ja heidän vanhempia. Heti kun poikettiin syrjäpoluille, melkein joka pensaan takana oli jokin nuoripari toisiaan suutelemassa ja hyväilemässä.

– Näät sie, tääl on rakkautta ilmassa, Iivo nauroi ja suuteli minua jälleen, niin että henki oli salpautua.

Me livistimme takaisin hotelliin ja jätimme Matti-paran Olavin armoille. Se oli kuin hulluutta. Sellaista kiihkoa en ollut kokenut ikinä. Loppumatkan juoksimme käsi kädessä katua alas ja pöllähdimme hengästyneinä hotellin ovesta sisään. Madame Elisabeth nyökytteli kissojensa keskellä hymyillen, kun Iivo veti nauraen minua kohti portaikkoa.

Kun kiersin huoneeni oven lukkoon, Iivo oli jo riisunut paidan päältään. Se mikä yöllä oli ollut hellää, arkaa ja tunnustelevaa, oli nyt rajua, kiihkeää ja rajatonta. Kun lopulta makasimme sylityksin ja huohotus tasaantui, tunsin sisälläni oudon lämmön.

– Mitä sitten, jos tulen raskaaksi? kuiskasin Iivolle.

Hän kohotti päänsä, katsoi minua hymyillen silmiin ja sanoi, että me menemme joka tapauksessa naimisiin.

HALUATKO TIETÄÄ LISÄÄ?

Olavi Paavolaisesta ja muista Tulenkantajista on ilmestynyt lukuisia muistelmia ja elämäkertoja, joita on käytetty tämänkin romaanin tausta-aineistona.

Matti Kurjensaari: *Loistava Olavi Paavolainen.* Tammi 1975
Jaakko Paavolainen: *Olavi Paavolainen – keulakuva.* Tammi 1991
Ilmari Pimiä: *Jäivät seudut rakkahimmat.* WSOY 1980
Panu Rajala: *Tulisoihtu pimeään. Olavi Paavolaisen elämä.* WSOY 2014
Kerttu Saarenheimo: *Tulenkantajat – ryhmän vaiheita ja kirjallisia teemoja 1920-luvulla.* WSOY 1966
Kerttu Saarenheimo: *Katri Vala. Aikansa kapinallinen.* WSOY 1984
Kerttu Saarenheimo: *Elina Vaara. Lumotusta prinsessasta itkuvirsien laulajaksi.* SKS 2001

Tärkeitä lähteitä ovat tietysti olleet myös seuraavat Tulenkantajien antologiat

Nuoret runoilijat. WSOY 1924
Tulenkantajat. Nuoren Voiman Liiton kirjallisen piirin albumi I NVL 1924
Hurmioituneet kasvot. Runoja. WSOY 1925

Nuoren Voiman Liitosta ja sen talvijuhlista on löytynyt paljon hauskoja yksityiskohtia Nuori Voima -lehden vuosikerroista 1924 ja 1925

Uutta yhteiskoulua ja Eteläsuomalaista osakuntaa ovat valaisseet mm. nämä teokset:

Aarne Rahunen (toim.): *Uusi yhteiskoulu 1899-1924*. Muistojulkaisu 1924

Anton Eskola: *Ajan aallokossa seisoo uusmaalainen kansa. Eteläsuomalaisen osakunnan historia vuoteen 1940*. ESO 2005

Naisylioppilaiden Karjala-Seurasta ja sen näytelmäkiertueesta voi lukea näistä teoksista:

L. L. Jyrähmi: *Pakolaiset. Karjalaisaiheinen näytelmä.* WSOY:n näytelmäsarja 93 WSOY 1924

Me uskomme. Naisylioppilaiden Karjala-Seuran 15-vuotisjulkaisu. NYKS 1937

Pariisin muotitalojen arkeen ja juhlaan on voinut perehtyä mm. näistä lähteistä

Axel Madsen: *Coco Chanel.* Otava 1991

Meryle Secrest: *Elsa Schiaparelli. A Biography.* Benguin Books 2014 sekä *Vogue*-lehden vuosikerrat 1925-1927

Hemingwayn Pariisia ja hänen naisiaan on kuvattu mm. näissä teoksissa

Ernest Hemingway: *Nuoruuteni Pariisi (A Moveable Feast, ilm. 1960)* Tammi 2010

Paula McLain: *Nuoruutemme Pariisi.* Gummerus 2011

Lisää arkistojen aarteita ja verkkolinkkejä löytyy Syrjästäkatsojan tarinoiden omilta Facebook-sivuilta.